中華大藏經

續編 176

漢傳撰著部（一） 第二册

中華書局

第一七六册目録

○九三一　物不遷正量論……〔明〕鎮澄著　一
正量論序……一
物不遷正量論序……二
物不遷論卷上……三
物不遷正量論卷下……一八
○九三二　物不遷正量論證……〔明〕道衡述　三五
○九三三　物不遷論辯解……〔明〕真界解　四一
物不遷論辯解題辭……四一
物不遷論辯解序……四一
物不遷論辯解……四三
○九三四　大乘義章……〔隋〕慧遠撰　五七
大乘義章目次……五七
大乘義章卷第一……六九
大乘義章卷第二……一三三
大乘義章卷第三本……一八八
大乘義章卷第三末……二三四
大乘義章卷第四……二六七
大乘義章卷第五本……三三三
大乘義章卷第五末……三五〇
大乘義章卷第六……三七四
大乘義章卷第七……四一五
大乘義章卷第八……四五九
大乘義章卷第八末……四八三
大乘義章卷第九……五一四

物不遷正量論[一]

五臺山獅子窟沙門鎮澄著

正量論序

嗚呼，若論向上一事，如急石火，似閃電光。直下承當，蚤成鈍滯，纔涉思惟，便入迷倒。況乃馳騁章句，競辨是非，正眼觀來，無非戲論。然人根不一，法藥多端。如來偏[二]爲中下演諸契經，後賢解釋契經，乃興衆論。既有衆論矣，則辨諍波騰，是非鋒起。其如建化門中，不舍一法。而況是雖佛祖却趨妄而背真，那個聖賢不棄惡而從善。故曰是則是，非則非，人無是非之心，非人也。

往嘗讀肇公《物不遷論》，大都以物各住位，成立不遷。而後以物之今昔有無，不去不來，以明物性之各住。要之，辭意婉切，乃肇師獨見之玅，但於契經不甚允合耳。何者？夫古今，時也。有無，物也。不遷，性也。而亦謂性其性者，執綱維是孰宰持。是不知性，性則又安得不爲時遷而物改耶？而又何以契神於即物乎？故往往讀其書者愛其辭，多不校其意也。

空印澄公，燕山一布衲耳，生於千載之下，而與肇公相見於千載之上，故作《正量論》以校其說。中間旁引曲喻，一以修多羅爲法印，即肇公之論，昭如日月矣，獨非徑寸夜光乎？昔古德不落不昧，通身遍身，一字照宗，千古膾炙，而謂澄公可結舌乎？謬也。蓋理在尚佛[三]，雖佛祖有所不讓也。昔者外道一言負墮，猶斬首謝過，肇公乃人天眼目，肯以訑訑之聲音顏色，拒人於千里之外乎？必欲强起而文賤之，斷非肇公也。大率觀來，肇公以僚丸之手，舞公孫之劍以奇然者也。澄公運摩尼於鉅鹿之陳，持空印於赤壁之鏖以正然者也。故非肇公之論，無以起澄公之辨，非澄公之辨，無以發肇公之蘊。謂之相成則可，謂之相左則不可。故海内諸名師宿衲，皆有酧唱，務要疏明，此一大事，非起生滅心也。如有毫髮我人然能萌於方寸，吾恐於罔象玄珠，未有觸手日在。

旹明萬曆庚子仲冬穀旦，淨土居士燕人李天麟書。

校勘記

〔一〕底本據《卍續藏》。

〔二〕「偏」，底本原校疑爲「俯」。

〔三〕「尚佛」，底本原校疑爲「當任」。

物不遷正量論序

《般若》云，諸法無去來相無動轉者，肇公本此爲《物不遷論》，而其釋義，則物各性住而已矣。嘗試思之，法無去來義偏諸聖教，迺吾法之玄綱也。而性住之談，果能盡之乎？竊自疑焉。於是考諸聖言，聖言罔證，求諸正理，正理勿通。然言或有證也，我未之見也，理或可通也，我未之窮也。天下亦有能窮者乎？蓋嘗質諸海内名流，莫不忿然作色，以愚昧見責，求其爲之出理引證者，則未見其人。彼性住之論，果非吾佛之意耶？抑有深旨存乎名教之外，固非意智思惟可得而知耶？然理固絶言，而言無越理。如來聖教垂範萬世，天魔外道不得而沮者，賴名言有在故耳。若孔子之作《春秋》，殺活與奪，只在片言隻字之間，千載之下無能易者。況茲一論，段段結歸物各性住，豈曰言在此而義在彼乎？經云，不退諸菩薩，不能測佛智。信矣。夫余嘗條陳所滯，證正聖言，間出吾佛不遷本旨，以正其說。然則是論也，非駁肇公也，將以駁天下之所是也。肇師其心，空而無物者矣。得與失，於彼何加損焉？天下後世如其言而取之，使一大藏教實相常住之旨，淪於物各性住之談，不辨可乎？雖然，庸詎知今之所是者，其果真是歟，果不真是歟？天下後世必有具金剛眼者，覷著那事，於是非情量之表，迴觀是論，可發一笑已。

昔皇明萬曆戊子冬，賢首後學空印鎮澄書於臺山之獅子窟。

物不遷[一]論卷上

五臺山獅子窟沙門鎮澄著

澄初讀肇公《物不遷》，久之不喻，及閱《雜華鈔》，觀國師則以爲濫同小乘不從此方遷至餘方之説，遂再研其論，乃知肇師不遷之説，宗似而因非，有宗而無因也。觀其《般若無知》《涅槃無名》之論，齊有一空，妙叶真俗，雅合修多羅，雖聖人復起，不易其言也。獨於《物不遷》則失之。嗚呼。千里之驥，必有一蹶，大智之明，必有一昧，不其然乎。

言宗似者，即所謂不釋動以求靜，必求靜於諸動。又曰，江河競注而不流，旋嵐偃嶽而常靜等，蓋即動而靜，即遷而不遷也。以此名宗，與修多羅似之，即《般若》諸法無所從來，去亦無所至，《華嚴》云一切法無生，一切法無滅等。所言似者，以其因非故也。

言因非者，修多羅以諸法性空爲不遷，肇公以物各性住爲不遷。言性空者，《大品》云，色性自空，非色壞空，又云，色前際不可得，中際、後際皆不可得，又云，色即是空，此不遷因也。又云是諸法空相不生不滅等，不生不滅即不遷宗也。《華嚴》云，身意諸情根，一切空無性，此不遷因也。次云，以此長流轉，而無能轉者，即不遷宗也。彼經又云，云何説諸蘊，諸蘊有何性，蘊性不可滅，是故説無生。蘊無生滅，即物不遷也。次偈出其因云，分別此諸蘊，其性本空寂，空故不可滅，此是無生義。此等皆言物性空故不遷，非謂有物而不遷也。

言性住者，即彼所謂昔物住昔，不來於今，

今物住今，不往於昔。乃至新故、老少、成壞、因果等物，各住自位，不相往來，皆若是也。然凡有所住，即名有爲，既墮有爲，即屬生滅，非不遷也。故《涅槃》三十。云，住名有爲，如來永斷，去來住相，云何言住？《中論》云，去者則不住，不去者不住。離去不去者，當於何有住？《般若》云，應無所住而生其心。無住即無爲也。然《般若》言法無去來無動轉者，非謂法有所住也。蓋住猶去來，既無去來，安得有住。而肇公《不遷》本宗《般若》無去來義，却以物各性住釋之。然彼物性果有住乎哉，果無住乎哉？則住與無住，必有辨焉。故肇師出不遷之所以云，求向物於向，於向未嘗無。責向物於今，於今未嘗有。於今未嘗有，以明物不來。於向未嘗無，故知物不去。覆而求今，今亦不往。是謂昔物自在昔，不從今至昔。今物自在今，不從昔至今。一論大旨，意不出此，人多妄解，今爲助明。

肇公意謂，動物之所以得不遷者，以物各性住於一世，而不相往來也。何者？求向日之物於向日則有，求向日之物於今日則無。故知昔物自住於昔，若不住昔，於昔應無，昔既不無，故知昔物原住於昔也。不來於今也。若來於今，今則應有，今既不有，則知昔物不來於今也。昔物既爾，今物亦然。謂求今日之物於今日則有，求今日之物於向日則無。故知今物自住於今，不往於昔也。反上思之。故曰覆而求今，今亦不往。如求周公於周時，於周未嘗無，求周公於晉時，於晉未嘗有，故知周公自住於周，不來於晉也。求羊祜於晉時，於晉未嘗無，責羊祜於周時，於周未嘗有[三]，故知羊祜自住於晉，不往於周也。譬如二舟，前後各行，前舟載魚，後舟載筭，舟行千里，而魚筭之物各住本舟，未嘗動也。求前舟之魚於前舟則有，責前舟之魚於後舟則無。後舟亦爾，求後舟之筭於後舟則有，求後舟之筭於前舟則無也。若後舟中有前舟之魚，可說前舟之物移來。後既無魚，則不可謂前舟之物移來也。若前舟中有後舟之筭，可說後舟之物移去。前既無筭，則不可謂後舟之物移去也。大意秖是昔物住昔，不來於今，今物住今，不往於昔，是謂物各性住於一世，所以得不遷也。其曰新不至故，故不至新，少不至老，老不至少，因不至果，果不至因等，舉之一論，秖此意耳。細而推之，其曰江河競注而不流等，亦秖此意。謂求前波於前，於前未嘗無，責前波於後，於後未嘗有。於後未嘗有，以明波不來，於前未嘗無，故知波不去。前波既爾，後波亦然。是則前念之波住於前念，不來後念。後念之波住於後念，不往前念。念念波流，念念各住，故曰競注而不流也。是謂物各性住於一世，不相往來，此肇公不遷之本旨也。

今以聖教勘之似不然。何則？肇公求向物，既曰於向未嘗無，於今未嘗有，是則此物向有而今無也。若物向有今無，是無常法，非不遷也。故《涅槃》二十。云，若世間法，本有今無，則名無常。譬如瓶等，本無今有，已有還無，故名無常。是則向有今無，不直不成不遷之宗，反成所遣遷滅宗也。《中論》云，若法先有性，是則名爲常，先有而今無，是則名爲斷。是則向有今無，非常即斷，安得以成般若不遷之旨耶？

或問：肇公《宗本》云，言非有非無者，非如有見常見之有，無見斷見之無，今曰向有今無，豈非不有之有，不無之無耶？答曰：不然，肇公自謂求向物於向，於向未嘗無，責向物於今，於今未嘗有。此分明以向物在向緣未散，故名之爲有。今求向物緣已散，故遂以爲無。是以向在爲有，今滅爲無也。向在爲有，是執有爲有。今滅爲無，是計無爲無。執有爲有，是爲常有，不知緣性之本空。計無爲無，是爲斷無，不識無性之緣起。《中論》云，定有則著常，定無則著斷。是故有智者不應著有無。然緣生無性，法非有無，乃肇公所常譚者。至論不遷爲成性住，却墮此咎，可怪也。蓋悮認莊周夜壑負趨，非謂肇師有此計執也。如《宗本》云，有而性常自空，故曰性空。若然，則向物在向緣未散時，不亦性常自空乎。向物性空，則不得謂向有矣。向既非有，則不可謂今無矣。故知性空、性住，如明與暗，敵體相違矣。其曰昔物自在昔，今物自在今等者，愚謂既稱在昔，乃既滅之物也。物若不滅，即應常今，自不名昔矣。又昔物住昔，今物住今，是異物異世。凡異物異世者，定是無常。故涅槃聖行，廣説異法無常，以破外道異執之常。今以異物異世以釋不遷，教理俱違，故無因也。且夫時無別體，依物假立，物有流變，生住滅位，立三世名。今其言曰昔物住昔，今物住今，是有爲法，墮去來今，既墮三世，而曰不遷，未之有也。故《涅槃》二十。云，常住之法，三世不攝。如來法身，非三世攝，故名爲常。反顯三世攝者必無常也，誰謂無常而不遷乎？

或曰：肇公約俗物論不遷，《涅槃》約法身説常，理既不侔，不應成難。答曰：《涅槃》云，吾今此身，即是常身。此身，化身也。常身，真身也。應、化無性，全體即真，是亦即俗而談真也。且肇公俗物不遷，此物爲即真故不遷耶，爲不即真而不遷耶？若不即真，即是有爲，俗物非不遷也，若以有爲俗物爲不遷者，自是情執妄計耳，豈有俗物不遷者耶？若以俗物即真故不遷者，則昔物今物俱無自性矣。既無自性，則昔本非生，今亦非滅。昔非生故有而不有，則不可謂之向有，今非滅故無而不無，則不可謂之今無。又一切法既同如矣，則有物即無物，無物即有物，一物即多物，多物即一物，今物即昔物，昔物即今物。蓋非滅有而爲無，生無而爲有，有無一質也，亦非離一而爲多，合多而爲一，一多一真也，亦非排今而入昔，遷昔而來今，今昔一念也。是之謂物不遷，豈容以今昔有無分疎者哉？是則即一塵之物，前際莫得而生，後際莫得而滅，厥外不見其表，厥微不見其內，如金剛王無動無壞，安得以去來生滅而遷之哉？故《大品》云，色前際不可得，中際、後際俱不可得等。若見此理，則不得謂昔物自在昔，今物自在今也。觀國師以爲濫同小乘者，然小乘以有爲之法刹那滅故，不從此方遷至餘方，不違大乘空義。肇公以昔物不滅、性住於昔而説不遷，則於大乘性空之義背矣。謂物若生滅，則無自性，無性則空，故《涅槃》羅刹偈云，諸行無常，是生滅法。雪山大士歎曰，此乃大乘空義也。肇公物各性住於一世而不化，便有定物，故違空也。故其言曰，是以如來功流萬世而常存，道通百劫而彌固，成山假就於始簣，修途託至於初步，果以功業不可朽故也。故物雖在昔而不化，不化故不遷。又曰，果不俱因，因因而果。因因而果，因不昔滅。果不俱因，因不來今。不滅不來，不遷之致明矣。愚謂若昔因不滅不化者，則衆生永無成佛之理，修因永無得果之期，大小乘經俱無此説也。一切聖教皆言因滅果生，種子爛壞果方熟。故《涅槃》二十九。云，如日垂没，山陵堆阜，影現東移，理無西逝。衆生業果，亦復如是。此陰滅時，彼陰續生，如燈生暗滅，燈滅暗生。又如蠟印印泥，印與泥合，印滅文成，而是蠟印。不變在泥，文非泥出，不餘處來，以印因緣，而生是文。現在陰滅，中陰陰生，中陰陰滅，後陰陰生，亦若是也。故四緣中有等無間緣，若前念不滅，後念決定不生。若謂如來昔因不化則常，菩薩安能至佛果耶？以此乃知肇師昔物不化之説，有同常見矣。

問曰：彼云因不滅，故墮常，今云因滅，豈不墮斷？答曰：今言因滅則果生。《唯識》云，因滅故非常，果生故非斷。肇公許果生不許因滅，故墮常也。因因而果，許果生也。因不昔滅，不許因滅也。問曰：彼云成山假就於始簣，修途託至於初步，豈非昔因不滅，集因成果耶？答曰：《涅槃》十三。出外道常計云，若筭數之法，從一至二，以成百千，若無常者，初一應滅。一若滅者，誰復至二，乃至百千，以是義故，諸法是常，正與此同。如來總舉異色異心，無非無常，已破之矣。愚謂初步非後，後步非初。異作異時，是無常法，非不遷也。又初步不滅，常應在初，終不至二，況千里耶？積簣例知，皆無常也。況佛金口所印，又何疑哉？問曰：肇公引經云，三災彌綸，業行湛然，非業因常耶？答曰：常有二義。

一、凝然常，真如不遷之義也。《楞嚴》云，性真常中，求於迷悟，生死去來，了無所得。二、相續常，業果不失之謂也。《華嚴》云，因自相剎那壞，而次第集果不失相。偈云，因壞果集皆能了，以八識藏中等無間緣熏習力故，前念滅時，熏起後念，雖劫火洞然，而業果不失也，故謂之相續常。則雖曰湛然，乃屬有爲遷變之法。肇師以證真如不遷，於義左矣。問：若因滅者，云何善因得樂果，惡因得苦果耶？答曰：《涅槃》云，如燈雖念念滅，而光明破暗，食雖念念滅，而能合[三]饑得飽，藥雖念念滅，而能愈病，日月光明雖念念滅，亦能增長草木，是故因滅果得生也。請觀蠟印之喻，於理自明。謂印之高者，厥文必下，印之下者，厥文必高。雖印不作文，而文常肖印，毫髮不爽，要待印滅，而文始成也。善惡因果亦若是矣，謂因能熏果，因滅果生，雖因不至果，以熏習力故，果常肖因，善惡苦樂，毫髮不忒也。《涅槃》又云，如人服甘露，甘露雖化，以其力故，能合不死，亦其義也。或問：昔物既化，如佛本生之事如何可說？答曰：以名字故，可得説也。如人夢中見種種物，覺已皆空，夢物雖滅，歷然可説也。若謂實有夢物住於過去而不化者，則爲愚執。《中論》云，若諸法滅時，是則不應住，法若不滅者，則無有是處。安得有物住於過去而不化哉？然縱使昔因不化，致得今果，亦是無常，非不遷也。故《涅槃》云，常住之法，無因無果。虛空常故，無有因果。蓋凡有因果，即是可作。空非可作，故無因果。肇師以可作證不遷，故違宗矣。

問曰：肇師約俗物明不遷，故即因果，《涅槃》約實性顯常住，故簡因果。宗趨不同，不應爲難。答曰：除諸法實相而以異因異果爲常者，法王法中無是義也。故《入楞伽》云，大慧，妄法是常相不異，故非諸妄法有差别相，以分别故而有别異，是故妄法，其體是常，是以不異，因成常住宗也。《涅槃》亦云，一切異法，皆無常故。所言異者，謂因時非果，果時非因。因時非果，果則先無。果時非因，因則後斷。《涅槃》云，本無今有，已有還無，是無常故。見不異者，達性空也。因果性空，體無二故，不二之體，何可遷乎？今肇師以異因異果證不遷，是以無常之因，欲成常住之宗，豈可得耶？

問曰：《般若》諸法無來去，《涅槃》常住非因果，如何會通？答曰：《般若》蕩相名空，故説法無去來，謂求去來相不可得故，非謂顯常也。《涅槃》直示實性，故説常住非因果。故經云，無常者生死，常爲大涅槃。空者生死，不空爲大涅槃。此言有爲，因果是生死法故皆無常。無常之法，無有自性，徹底唯空。是則無常即空，空即無常，無常與空一。有爲法故，皆屬生死，非涅槃佛性也。是則《涅槃》以因果爲無常，即《般若》諸法空義。《般若》法無去來，即《涅槃》空者，謂生死也。其涅槃常住不空之體，是如來藏佛性真我，堅凝不變，則非無常，真實有體，則非空也。般若經中言未及此。昧者以般若法無去來，類涅槃實性常住，則二宗皆失矣。

其曰人謂少壯同體，百齡一質，徒知年往，不覺形隨。是以梵志出家，白首而歸，鄰人見之曰：昔人尚存乎？志曰：我猶昔人，非昔人也。鄰人愕然非其言。此中梵志意者，謂昔人少年也。今則白首，安得謂之昔人哉？故《涅槃》云，一切諸法，前滅後生，相似相續，凡夫見已，計以爲常，實非常也。然少年，因也。白首，果也。雖依少年而得老狀，要待少顏既化，老狀方現。若少壯不化，安得有白首人哉？以少顏既化，老相始生，而因果相似，故曰吾猶昔人非昔人也。此正無常相續義，肇師以證不遷，計亦左矣。然此中梵志、鄰人、肇師三人所見不同，學者應知。其梵志謂，昔人已化，不來於今。以有爲法，前滅後生，相似相續，故曰我猶昔人非昔人也。此固合聖教正因緣義也。鄰人謂，昔人不滅不化，可以遷到今日，故曰昔人猶在。肇師謂昔人不滅不化，性住於昔，但不來今耳。今日之身，原自住今，不從昔來，此二俱是常見。但鄰人以今昔一質爲常，故昔日之身可到今日。肇師以今昔異質，各住本世不動爲常。是則肇師與鄰人俱在梵志所破之中矣。

問曰：世間可有自昔不滅不化之物至于今日

者乎？曰：有。何者是耶？曰：非刹那行者是也。何物非刹那耶？曰：金金剛佛舍利虚空等是也。曰：虚空是無爲法，無刹那行，信矣。金剛舍利是有爲法，何非刹那？曰：現量可見，故有聖言，故現見金銀之性，經千萬年不變不殞。故《楞伽經》云，復次，大慧，如金金剛佛舍利，得奇特性，終不損壞。大慧，若得無間有刹那者，聖應非聖，而聖未曾不聖。如金金剛雖經劫數，稱量不減。云何凡愚不善於我隱覆之説，於一切法作刹那想？釋曰：此明聖人於無間道所，證無爲非刹那行不屬生滅，舉金剛佛舍利爲類也。問曰：世間頗有一物性住於昔，而不滅不來者乎？曰：未之有也。何則？世間諸法不出二類，謂有刹那行者，前滅後生，非前不滅後得生，故有情等是也。非刹那行者，昔時之質，不變不易，得至後時，金剛佛舍利等是也。何有一法住於過去而不滅乎？是則世人之見，物或有之，肇師之見，物理皆無也。思之。問：《涅槃》梵行廣説一切，異色異心，莫非無常。金與金剛佛舍利既有異形，那非無常？矧二經相違，如何會通？曰：二皆聖言，實難通會。愚意思之，《楞伽》在先，是有餘意，《涅槃》居後，是無餘意。譬如後勑，能破前勑。況金剛寶等，劫水所成。如來舍利，熏鍊而有。本無今有，故是無常。金與金剛，可分析故，亦無自性。如來舍利，應此人、天，劫國而有，劫盡界空，理應當盡。經約其長時堅住，以爲非刹那類耳，非畢竟不壞也。如來應化，有起盡故，唯真無爲性，是刹那際，非是刹那，堅凝常住，畢竟不壞。然肇公不遷，所以總之，不出四計，謂有、無、一、異。求向物於向，於向未嘗無，是有計。責向物於今，於今未嘗有，是無計。昔物自在昔，今物自在今，是異計。唯闕一計耳。四計乃般若之大病，有一於此，則與般若之理背矣，尚何不遷哉？愚固所謂肇師《不遷》，有宗而無因也。

或問：竊觀肇公遷與不遷，未嘗偏滯，今獨

破其不遷何也？答曰：彼雖兩言，意成不遷耳，故以不遷爲名。不遷，一論之主也。其曰：言常而不住，稱去而不遷。雖靜而常往，雖往而常靜。兩言一會，去住一致，可與神會，難以事求等，是皆相似語，未可以判其是非。但看他徵釋所以處，秖是物各性住於一世，不相往來之意，更無異說。謂世雖遷去，物各住於本世，未嘗動也。自世而觀，物則雖動而常靜。自物而觀，世則雖靜而常動。如舟行千里，而物不離舟，物靜舟動，二不相離也。故其言曰：人之所謂動者，以昔物不至今。我之所謂靜者，亦以昔物不至今。意謂，人謂昔物不至者，以隨世遷去，如物隨舟移，故曰動而非靜。我謂昔物不至今者，以物原住昔，如物原住舟，故靜而非動。俱知昔物不至今，故曰所造未嘗異。彼見物隨昔去，我見物原在昔，故曰所見未嘗同。實則我所謂住，即彼所謂去。彼所謂去，即我所謂住。要之，則三世遷流，物各住於一世而不動，此肇師動靜不二之旨也。而吾般若不遷之旨，果如是乎？若果如是，則佛不出世也。然肇公不遷，雖引般若標本，其釋所以，皆自莊周夜壑負趨抽繹而出，卒以涉異焉。

問曰：彼論既違，請示不遷正義。答曰：不遷之義，徧諸聖教，大意已見於前。今先示總要，後別彰義門。總則十方法界，總爲一大圓覺心。譬如清淨摩尼，萬象森羅，去來生滅，於中影現。諸愚痴者說，淨摩尼實有如是去來之相。遷也。智者了知此去來相即是摩尼，實無一物可去來也。即不遷也。妙圓覺心，亦復如是。聖凡依正，生滅去來，於中影現。諸無明者說，淨圓覺實有如是去來之相，慧眼觀之，此去來相當體寂滅，即是圓覺，實無一法可去來也。又如有人頃刻假寐，夢經百年，其間少壯至老所爲之事，更代歷然。癡人不了，謂於夢中實有如是更代之相。遷也。智者了知，夢想所現，終不以此爲真實也。即不遷也。衆生亦爾，以無明故，妄見諸法生滅去來。以佛眼觀，真空冥寂，實無一法可去來也。《華嚴》云，不可説諸劫，即是須臾頃，莫見修與短，究竟刹那法。法無去來，即物不遷矣。若別説者，依諸聖教，義門有三：一、諸法無常義，二、常住不遷義，三、二俱無礙義。且初義者，一切有爲緣生之法，皆是無常，刹那變易，非不遷也。故《華嚴》云，一切凡夫行，莫不速歸盡。《涅槃》云，諸行無常，是生滅法。《涅槃》廣説諸法無常，皆此義也。二、常住不遷義者，此中有二義：一、性空故不遷，謂即上有爲生滅之法，因緣所作，無自性故，當體即空，無少法生，無少法滅，故不遷也。《般若》云，是諸法空相，不生不滅等。《中論》云，諸法不自生，亦不從他生，不共不無因，是故説無生。無生即不遷也。二者，真實不遷，謂即由諸法無自性故，全體即是常住真心，如金剛王，無動無壞，故不遷也。《華嚴》云，知一切法，即心自性。《楞嚴》云，性真常中，求於迷悟，生死去來，了無所得。《起信》云，是故一切法，從本以來，離言説相，離心緣相，畢竟平等，無有變易，不可破壞，即是一心，故名真如，即斯義也。言無障礙義者，此中復有二義，謂理事無礙，事事無礙。言理事無礙者，即上遷與不遷相即無礙也。謂由不變之理，能隨緣故，其不生滅，性全體徧，在生滅法中，如濕徧波，則不遷而遷也。故《華嚴》云，法性本無生，示現而有生。又經云，如來藏與七識，俱若生若滅，猶如技兒。又經云，法身流轉於五道，名曰衆生。復由緣生之事無自性，故全生滅法即是不生滅理，如波即濕，則遷而不遷也。《楞嚴》云，幻妄稱相，其性真爲妙覺明體。《法華》云，是法住法位，世間相常住。《華嚴》云，一切法無生，一切法無滅。此二同時，遷與不遷，無障礙也。二、事事無礙者，謂由三世諸法，全真心故，若時若物，即同真心，含容周徧，猶鏡燈然。故經云，一念普入無量劫。又云，不動道場而身徧十方。又云，過去無數劫，安置未來今，未來無數劫，迴置過去世。是則不動一塵，而充徧十方，不離刹那，而涉入三世。一遷一切遷，無遷無不遷，不可得而思議矣。遷不遷義理，盡於是焉。此上諸義，前因後宗，展轉相成。謂由諸法刹那變易，故無自性。由無自性，故全體即真。以即真故事理無礙，由事理無礙故能令事事如理而無礙也。此三義門偏諸聖教，皆非不化因論也，不識肇公何所據耶？如無聖言可據，則愚未敢聞命矣。

或問：肇公物各性住，豈非《法華》世相常住耶？答曰：非也。彼言性住者，物各性住於一世。所謂昔物自在昔，今物自在今，如求向物於向，於向未嘗無，是以有物住於昔也。《法華》云是法住法位世間相常住者，法位迺真如之異名，龍樹解《大品》法住法位，實相異其名。真如即諸法之正位。若見諸法有無、一異、生滅、去來，皆是妄想偏計，非見諸法之正位也。譬如餓鬼見恒河水以爲流火，則不見恒河之正位也。喻出《楞伽》。如彼恒河實無有火，餓鬼見之以爲流火，燄燄相續，起滅有無。彼恒河水，體常自若，曾無變異。諸法亦爾，有無、一異、生滅、去來，皆不可得，然衆生妄見有無、一異、生滅、去來。而法住法位，曷嘗變異哉？故曰，是法住法位，世間相常住。若謂此法於向爲有，於今爲無，是墮有無。若謂今物自在今，昔物自在昔，是墮一異。未有有無一異，而非生滅去來者也。有無、一異、生滅、去來，妄想偏計耳。而欲同《法華》實相之旨，詎可得耶？然世相所以得常住者，以無性故耳。世間無性即是真如，故世間相即常住相，其猶流火無性，即是恒河無變異也。故經云，諸佛兩足尊，知法常無性。而言常無性者，有常即無也，非推之使無，非先有後無，非彼有此無也。如彼諸鬼，所見流火。然此火性，即水而求，既不可得，離水而求，亦不可得也。正見火時，火無可生，或不見時，亦無可滅。性本自無，非推之使無也，非先有後無也，非彼有此無也。諸法亦爾，所謂從本以來，非自非他，非合非散，湛然常寂，故曰常無性也。以無性故，一一天真，一一實相，無動無壞，故得常住。若謂此物於向爲有，於今爲無，即先有後無，彼有此無，斷非《法華》無性之旨也。又以諸法無自性故，皆同一性，絶待之一。是謂真如，無有變易，不可破壞，是謂世間相常住也。若謂物各性住於一世而不化者，是爲定法，定法即有自性矣。既有自性，即乖真如。既乖真如，而欲世相常住，未之有也。又常住相即寂滅相也。故經云，諸法從本來，常自寂滅相。既曰寂滅，則即一切法有無、一異、生滅、去來，皆不可得矣。謂之昔物在昔，今物在今，可乎？謂之向有今無，可乎？蓋言常寂滅者，當生即滅，即不待緣散方曰滅也。故《楞伽》云，初生即有滅，不爲愚者説。今曰〔四〕求向物於向，於向未嘗無，是以物生爲有也。責向物於今，於今未嘗有，是以物滅爲無也。以生爲有，是謂定有，以滅爲無，是爲斷無。而欲同法華常寂滅旨，吾不知其可也。然法住法位之名，《大品》具載，龍樹菩薩以爲真如異稱。近世異解師云，法住法位者，天位在上，地位在下，水性自濕，火性自燥，甘蔗性甜，黄連性苦，乃至鵠白玄烏，花黄竹翠，法法各住自位，不可移易，是謂世間相常住。若如此見得，各各物狀互不相參，月〔五〕得世間相耳，常住相猶未夢見在。若謂此物各住自位，定不移易，不出情執妄計耳。用當《法華》實相之旨，是猶鬼見未忘，而覓恒河之水，則徒增餤熱耳。是則物各性住與《法華》實相常住，敵體相違，有以爲同之者，安得不謗《法華》哉。嗚呼，吾非好辯也。所惡於紫，爲其亂朱也，所惡於似，爲其亂真也。今夫直言而非之者易曉，似言而亂之者難明，是故非謗之害細，似亂之害深，吾欲無言，可乎？

右據聖言量辯竟。

若更作比量者，肇公出不遷因云，求向物於向，於向未嘗無。責向物於今，於今未嘗有。是則向有今無，迺法自相相違，因向異品上轉也。量云，向日少年是有法，決定遷滅爲宗。因云向有今無故，同喻如前陰。前陰今不有，前陰已遷滅。少年今不有，少年亦遷滅也。其曰昔物自在昔，不從今至昔等，是亦違因。量云，昔日少年是有法，非不遷滅爲宗。因云不可留至於今故，同喻如昨夢。昨夢不到今，昨夢已遷滅，少年不到今，少年已遷滅也。其曰往物不化，是亦違因。量云，往業是有法，非不遷化爲宗。因云，以能至果故，同喻如昨日。謂因若不化，則應常因，終不至果，此以業果成無常也。又量云，往業是有法，決定至果爲宗。因云，業性無常故，謂若不至果，業性應常，此以無常成業果也。是則無常業果二義相成，誰云業果常不遷乎？然肇公往業不化之説，聖教無憑，有同異見。量云，往業不化是有法，濫同常見異執爲宗。因云，教理俱違故，同喻如斷見。違理者，如白首老人少壯仍在，千尺長松本種猶存，決無是理也。教違者，一切聖教皆言因滅果生故。

問曰：彼説既違，請示正義，先示因緣法。量云，一切有爲是有法，無常遷滅爲宗。因云，因緣所作故，同喻如燈燄。燈燄從緣生，燈燄是無常。有爲從緣生，有爲是無常也。其不遷有二義。一云：緣生之物是有法，決定不遷爲宗。因云，無有自性故，同喻如空花。空華無所有，空花不可遷。緣生性不有，緣生故不遷，此無物可遷也。二云：無性之物是有法，決定不遷爲宗。因云，全體即真故，同喻如鏡像。鏡像體即鏡，鏡像不可遷。緣生體即真，緣生即不遷，此真實不遷也。此二無礙，復有二義。一云：遷與不遷是有法，相即無礙爲宗。因云，理則不變隨緣，事則成相體空故，同喻如水波，是則不遷而遷，遷而不遷也。二云：念劫刹塵是有法，周徧含容爲宗。因云萬事如理故，同喻如帝網。

或問：肇公乃聖師也，所立不遷，千有餘載，凡名師大匠，輿辭樹義，每以爲引證。未聞有議其非者。爾何人，乃敢妄窺先覺耶？曰：噫，澄固一業識僧耳，豈敢與先覺辯哉？直據吾佛之言以證正耳。使吾佛之言果不可異，則肇師雖聖，又豈聖於吾佛哉？觀國師曰，常取信於佛，無取信於人。吾事斯語矣。

續論

註《物不遷論》者，甚多好説，多是證龜成鱉。有師用《楞嚴》匿王章註求向物於向，於向未嘗無。註云，童子之時，膚腠潤澤，向有童顔。責向物於今，於今未嘗有。註云：衰老之年，形色枯悴，今無童顔。此證既合論語，其義却與肇公作敵。何則？肇公向有今無，爲成不遷。《楞嚴》向有今無，爲成遷變。因同宗異，敵體相違。肇公果是，《楞嚴》必非。《楞嚴》果是，肇公必非。人師於此，莫知辯，可怪也。《涅槃》亦然。已如前引。問：且如色身既有童耄彼此之異，如何成立真常？答曰：若見色異，即屬無常。見色不異，即真常也。所謂童顔性空，不異白髪性空。張三寂滅，不異李四寂滅。此言不異者，同體不異，非相似不異。諸法性空，體無二故。不二之體，即真常也。故《般若》云：色清淨，乃至一切智智清淨，無二無二分，無別無斷故。故《涅槃》廣説異物無常，以破外道異執之常。蓋外道不見性空不二之體，妄謂異法常住，豈真常住耶？則肇公昔物住昔、今物住今爲不遷，與執異物常住者，爲有辯焉，爲無辯焉？

問：何知異物皆無常耶？答曰：據二量故。一、聖言量，《涅槃》聖行，廣説異物皆無常故。二、理量，如空不異，則名爲常。形器異故，諸皆無常。竪論異者，如今物非昔，昔物非今，昔日之物在昔爲有，於今爲無，是則此物先有而後無也。今日之物於今爲有於昔爲無，是則此物本無而今有也。時乎而有，時乎而無，故爲無常。若横論者，如此物非彼，彼物非此。謂求此物於此則有，求此物於彼則無，彼物亦爾。有處而有，有處而無，故名無常。《華嚴》云：譬如河中水，湍流競奔逝，各各不相知，諸法亦如是。又云：以此常流轉，而無能轉者。此與肇師江河競注而不流等四句之義，言陳相似，求其所以，能成立因，則大不侔矣。何則？脩多羅以性空無體，故雖終日流轉，而實無一物可流轉者。如陽燄之水，流即無流也。故經先標因云，諸法無作用，亦無有體性，是故彼一切，各各不相知。後出因云，眼、耳、鼻、舌、身，一切空無性。則以性空故，無流明矣。肇師以物各性住爲不遷，故世雖常流，而物各性住於當世，未嘗動也。如前舟載魚，後舟載筍，舟雖行去，而魚筍之物各住自舟，未嘗動也。故其言曰：今而無古，以知不來，古而無今，以知不去。事各性住於一世，有何物而可去來。麤則各住一世，細而觀之，念念各住。即前念之波，住於前念，不來後念。後念亦爾，是則念念常流，念念各住，故曰競注而不流也。既以有物各住一世，而不滅不化，則物有定性矣。有定性，則與無性之旨作敵，豈特朱紫之濫哉？

問曰：肇師物各性住，豈非《華嚴》各不相知之意耶？答曰：經言各各不相知者，謂不相觸也，不相爲緣也。良由諸法體用皆空，以體空故，如鏡中像，妍醜不相觸也，以用空故，不相爲緣，如空中華，不生果也。則因不作果，果不酧因，是不相知義也。故曰：諸法無作用，亦無有體性，是故彼一切，各各不相知。肇師云：因因而果，果不無也。因不昔滅，因有性也。物各性住，體不空也。功流常存，用不空也。《華嚴鈔》判爲俗諦，濫同小乘。然小乘以刹那滅故，前不至後。肇師以前念不滅，性住於前，不到後念，豈同小乘哉？經云：眼耳鼻舌身，心意諸情根，以此常流轉，而無能轉者。以此常流轉，無性緣生也，即不遷而遷。而無能轉者，緣生無性也，即遷而不遷。肇師知此，安用物各性住一世而不化者，用當不遷哉？

有云：肇公物各性住，是以無性爲性。若果無性爲性，則向物在向，其性本無，則不得謂之向有矣。向有不有，是即有而無也，即不待緣散方始曰無，則不得謂之今無矣。今求向物，則曰於向爲有，於今爲無，是執有爲有，固無爲無，凡常之謂耳，何由見其無性爲性耶？若果無性，無性則無生，無生則無滅，無生滅則無去來，無去無來則不遷之致明矣。又安用膠粘古今，昔物在昔，今物在今。釘定有無，向有今無。而固招萬世之蔽惑耶？曰：天下之物，莫非無性緣生，豈肇公性住獨不然哉？曰：若然，則百家異論與夫九十六種之執，何嘗有自性哉？蓋由吾人無事而生定耳，悲夫。

《般若》云，諸法無去來相，無動轉者，其性則如陽燄之水，非有流相，非無流相。若謂此水有流動相則妄也，若謂無流動相亦妄也。若謂此水前波住前，後波住後，互有互無，豈非固空華之濃淡，實兔角之短長者耶？

物不遷正量論卷上

校勘記

〔一〕「遷」，疑後脱「正量」二字。

〔二〕「嘗有」，底本作「有嘗」，據文意改。

〔三〕「合」，底本原校疑爲「令」，下二「合」字同。

〔四〕「曰」，疑爲「日」。

〔五〕「月」，底本原校疑爲「見」。

物不遷正量論卷下

五臺山獅子窟沙門鎮澄著

或問肇公云：仲尼之所以臨川，莊周之所以藏山，斯皆感往者之難留，豈曰排今而可往，是果仲尼、莊周之意乎？曰：非也。肇師意謂，往時之物自在往時，不可留至於今日，故曰往者難留。今日之物亦只在今日，不可排向昔日去也。故曰：豈曰排今而可往。如前舟之物，不可留至於後舟。後舟之物，不可排向前舟去。是謂昔物自在昔，今物自在今。不相往來，謂之不遷。此從夜壑負趨中來，却失莊周意也。莊周云，藏山於澤，藏舟於壑，謂之固矣。夜半大力者負之而趨，昧者不覺。此喻世人爲計，至深至密，以爲永久不失，不知暗中都爲造化遷去，時乎失滅，不可留也。故曰：藏小大有宜，猶有所遯。遯者，遷滅也。肇公却以爲不遷，豈莊周之意哉？次云：藏天下於天下，則不得所遯。以吾宗求之，即古所謂通玄峰頂，不是人間。若見此理，即世間相是常住相，故曰是謂恒物之大情。恒，常也，情，實也。是萬物之實，恒常不變，則不可得而遷滅也。故曰不得所遯。肇師胡不引此以爲不遷之證乎？

孔子臨川歎曰，逝者如斯夫，不舍晝夜。逝猶遷也，往也，失也。此歎造化之流行，新新不住。往者過，來者續，曾無一息之停。非謂昔物住昔，今物住今也。肇師乃曰，斯皆感往者之難留，豈曰排今而可往。意謂往物自住於往，不可留至於今，今物自住於今，不可排向於往。故其言曰：昔物自在昔，今物自在今等是也。仲尼之旨，果如是乎？昔仲尼嘗告顔子曰：丘以是日徂，吾終身與汝交一臂而失之，可不哀歟？汝殆著乎吾所以著也。彼已盡矣，而汝求之以爲有，是求馬於唐肆也。今肇師謂昔物住昔，今物住今，豈非求馬於唐肆者乎？

昔者齊景公下牛山之淚曰：美哉，國乎。若之何滴滴去此國而死乎？晏嬰笑之，以爲不仁之君。曰：使賢者常守之，則太公、桓公將常守之矣。使勇者常守之，則莊公、靈公將常守之矣。數君者常守之，何有吾君今日事乎？據晏子之言，粗似吾教四緣中生滅次第緣，亦名等無間。而肇公却固往物不化，又遭晏子怪笑。

肇公云：既曰古今，而欲遷之者，何也？意謂若可移今爲古，易古爲今，可説有遷。今既不可，何有遷乎？若然，則今應常今，古應常古，理既不成，教亦無證。今翻案曰，既曰古今，而欲不遷者，何也？謂古非定古，曾已稱今，今不定今，將必爲古。則念念遷流，曾無暫住矣。其不遷義者，謂古今雖殊，不離一念，念無自性，今古一如，何可遷也？《華嚴》云，無量無數劫，解之即一念，知念亦無念，如是見世間。此非性住之論。

《不遷》一論，只説箇物各性住於一世，所謂昔物住昔今物住今等。故物雖在昔而不化，因雖在昔而不滅。今詰之曰，據世有三，過、現、未也。《不遷》只説物住今昔，不言未來，何也？對曰：已生之物住於過去，現生之物住於現在，未來未生，物既未生，則物本無也，故不言有物住未來也。詰曰：若爾，則未生既本無物，已滅者豈有物乎？既曰滅已，安得有物住於過去而不化哉？若已滅之物尚住過去而不化者，彼未生之物亦住未來而不闕也。未生有物，何名未生？已滅尚存，何名已滅？然物之生也，刹那刹那，生滅相續。正相續時，説名現在。如旋火輪，痴兒見已，以爲實狀，智者觀之，刹那相續，亦不可得。則現今且無刹那之住，安得固彼已謝之法，欲令常住而不遷耶？

如來無量法門，無非因病設藥。唯諸法無性義，如摩竭他藥，無病不治也。經云，色即是空，則色無性也，空即是色，則空無性也。空無性故，空非空也，則除斷見。色無性故，色非色也，則去常見。又今不定今，將必爲古，今無性也。古不定古，曾從爲今，古無性也。生滅有無，一切皆然。故觀諸法無性者，求世間不可得，則煩惱結業，無自而生。以至出生死會涅槃，此即談無性之益也。不識肇師物各性住之談，往物不化之論，所治何病，所成何益耶？

或曰：西天論者有所立破，必以因明爲準。若三支闕謬，則所立不成。今肇師不遷，有何過謬而破之耶？曰：肇師立今昔不遷云，求向物於向，於向未嘗無，責向物於今，於今未嘗有。此昔物不遷之因也。次舉因成宗云，於今未嘗有，以明物不來，於向未嘗無，故知物不去。此昔物不遷宗也。今物亦然，故曰：覆而求今，今亦不往。且如向有今無因，成立昔物不遷宗，因明之法犯二種過，謂法自相相違因，法差別相違因。法自相相違因者，即向有今無因於不遷宗法，言陳自相相違，謂不遷言常，向有今無是無常，故於彼常言自相相違。法差別相違因者，謂若據言陳，則向有今無即是無常。若推肇師意，許向有今無爲成性住，以向物住向，不滅不化，但不來今，故曰今無，非謂昔物已滅也。差別相違者，此向有今無因如能成立，意許皆物住昔，不滅不來，不遷之宗，如是亦能成立。於此相違。向有今無，無常遷滅宗也。此中亦犯聖教相違，以諸聖教向有今無是無常故。若望《宗本》，亦自語相違。《宗本》云，若以有爲有，則以無爲無，此斥常有斷無者也。及立昔物不遷，則曰於向非嘗無，於今未嘗有，豈非以有爲有，以無爲無耶？

或問：四論出乎一人，獨不遷有滯耶？若不遷有滯，其他安得不滯哉？若三論無滯，則不遷亦必無滯矣。答曰：人之立言，自非無生大聖，不能淳全無弊。彼英哲間氣，平生發言，務求中理，而一或失之，古德所謂，大智面前，有三尺暗，此之謂也。雖然，詎可以一言不善，便謂平生所言皆不善耶？又詎可以諸言無弊，便似一言之非爲是耶？夫以一言之非，而非平生之善者，是不仁也。以諸言之善，而善一言之非者，是不智也。不仁不智，不足以語道也。故以不遷之塞，以塞三論，是不可也。若以三論之通，而通不遷，亦不可也。嘗試觀之：三論之旨，窮幽洞妙，乃法藏之要義，聖教之炙言也。至於不遷，則有間然，關乎大法綱宗，故不容不辯矣。且肇師論中之雄者，惜乎彼時佛法初來，未窺全體，初未有人徵詰辯難，而肇師以生知之才，輒爲是論，雖有間然，非其才也。使若人出于台涼之後，吾知其爲震旦一人矣。豈區區凡庸可能議哉。澄爲是駁，世有以愚不議賢誚之者。澄竊謂曰：我之所以得見肇公者，非我也，是因吾佛聖教光明耳。使吾不聞聖教，吾必以性住爲至論矣。

答幻有禪師書

《涅槃》云，如來亦説常樂我淨，世間亦説常樂我淨。常樂我淨，其名一也，所以常樂我淨者，異也，豈可混然一觀者哉？今肇師即動求靜之説，與修多羅相似。觀其所以不動之意，則大不侔矣。何則？修多羅以諸法性空爲不動，肇師以物各性住爲不動。性空義者，由色即空故，動而常靜，空即色故，靜而常動。諸部《般若》，皆此意也。性住意者，即所謂昔物自在昔，今物自在今。故物雖在昔而不化，因雖在昔而不滅等。不知此意出何聖教耶？觀其即動而靜之語，彼此一也。而性空性住，敵體相違。世人徒見一語相似，遂以爲必同。不觀所以建立之意，遂混然一途，而朱紫莫辨焉。座下必欲主張肇公，必能爲其引證出理，如何得與聖教不違，而後不肖所駁，不言自敗矣。今座下既不能爲其引證出理，乃硬主張其是，其孰與之哉？

又其引《華嚴》《法華》等證昔物不化。

來諭《華嚴》毗盧身住三世、《法華》述燈明智勝等，是皆往物不化之證者，愚謂此證不成。何則？若毗盧真身，十方三世，隨處充周，間不容髮，非若肇公向有而今無也。若燈明等，則化跡雖滅，不妨可説。燈明章云，彼佛滅度後，如薪盡火滅。智勝章云，彼佛滅度來，如是無量劫。豈謂有物住於過去而不滅耶？若約法身，則昔本非生，今元不滅也。來諭云，若空故不遷，一切斷滅，更説甚物爲不遷者。蓋不委色空一物耳。雖色空不二，要見色即是空，始曰不遷。經云，觀一切法空無動轉者，豈曰有物而不遷耶？若以有物爲不遷，大似斬空華而不卸，固夢物以久留，不亦昧或。

答界上座

來謂求向物於向，於向未嘗無，乃肇公破世人之無見，謂時人求向物於向爲無，是邪見斷見之無，肇公破之曰於向未嘗無，是破其無也。細而推之，翻成世人破肇公。何則？肇公自説求向物於向，於向未嘗無，責向物於今，於今未嘗有，此分明以向在爲有，今滅爲無。向在爲有，是執有爲有，今滅爲無，是執無爲無。執有爲有，是爲常有，執無爲無，是爲斷無。

來謂世人以向物在向爲無者，則世人却知向在爲無，今滅不無也。向在爲無，是即有而無，今滅不無，是即無而有。即有而無，則有非有也，正破向在爲有之實有，即無而有，則無非無也，正破今滅爲無之斷無，此所以翻成世人破肇公也。且世人豈有如是見哉，但是仁者謬解耳。向有今無，向在今滅，亦世人常情。而肇公亦謂向有今無，此即所造未嘗異也。而世人謂昔物在昔爲有，今求昔物，昔物已滅，故曰今無。肇公謂昔物原住於昔，但不來今，故曰今無，非謂昔物已滅也。此即所見未嘗同，則世人見物無常，故説昔有今無，肇公見物常住，故説昔物在昔而不化也。

來謂初簣若滅，山亦不成。初簣不滅，山亦不成，若然，則仁者欲其滅耶，不滅耶？滅與不滅，二俱不成，斷滅見也。亦滅亦不滅，非滅非不滅，相違戲論耳。且肇師自釋云，故物雖在昔而不化。又云，因因而果，因不昔滅。而仁謂滅與不滅，二俱不成，豈非仁者自破肇公乎？

又答

來謂世人求向物所以起無見者，如求張三於去年，而去年張三已死，故起無見，是於無執無，即邪見斷見之無。而肇公曰，去年張三未嘗無，是破其無見也。若爾，次句云，責向物於今，於今未嘗有，定是破世人有見矣。則世人應計張三去年是無，今年是有。若爾，則去年死張三，今年却活也。不然，世人何自起有見耶？既無是見，何故肇公道於今未嘗有而破之耶？若謂後句未嘗有不破有見，則前句未嘗無定亦不破無見矣。且向年尚張三既無却活之理，則向無今亦無矣。而仁謂肇公於向未嘗無，是即張三無處説有，是以無物爲物。則次句於今未嘗有，却又於張三無處説無，是又以無物爲無物也。則不唯淺陋，又且乖離，不足以爲肇公輔，適足以增肇公累也。

對無名尊者語附其語。

善説法者，貴在得旨，不在執言，貴在變通，不在固泥。如來遺教，猶孫子兵法也。善用兵者，貴在臨時神變。若固守常法而不知通變者，鮮不敗矣。肇公説法，神變者也，豈可以死殺法而難哉？如《涅槃》説，諸法無常，佛性是常。六祖却道，佛性無常，諸法是常。豈可以定法爲難哉？

祖師門下，曾不以實法繫人，此又因病施藥之一端耳。由人聞修多羅説，即如言生執，以爲佛性定常，諸法定無常。見祖師翻案曰，佛性無常，諸法是常。意謂若佛性一向定常，諸法何自而生？以佛性無常，諸法乃生也。若諸法定無常者，則不即真常，離真之外，有物性矣。然祖師之言本爲破執有等，聞此便定執佛性爲無常，諸法定常，則令涅槃成無常，生死爲常矣。生死若常，則終無解脱。涅槃無常，則諸佛證後還受生死。則令三世諸佛已利利人之法，總成虚誑，而邪惡之見，豈有加於是哉？《涅槃》云，法眼未徹，不應分别如來之身定常無常，但應仰信。若言如來定無常者，舌根當裂，死入地獄，護法菩薩寧捨身命，不説佛身是有爲也。當説佛身是無爲法，決定恒常，不可變易。蓋佛身即法身也，法身、涅槃、佛性，三者易其名耳。此如來最後抖搜枯腸，盡情露布，如此豈可以《涅槃》之説爲未了耶？談教者可不慎哉。

然祖師禪即吾般若宗也。六百卷《般若》，

世出世間，不説一法真實。即祖師所謂不用求真，唯須息見。但願空諸所有，慎勿實諸所無，宗門無肯路是也。故六祖指佛性爲無常，即古德所謂理不成就事不成就之論，皆《般若》之旨焉。故《大般若》中，真如、佛性、菩提、涅槃一皆蕩去，乃至云，設有一法過涅槃上，我亦説爲，如夢如幻。學般若菩薩，固當如是。若不如是，不足以明般若。蓋若不如是，一番縱説真如、佛性、菩提、涅槃，無出夢想顛倒耳。又烏足以見涅槃真常之性乎？至於《楞嚴》《涅槃》《勝鬘》《如來藏》等圓極終實之典，皆説佛性真常不變，諸法皆客塵生滅無體。既無自體，則亦不離乎真矣。故《法鼓經》云，一如空經，是未了義，即此謂也。蓋修多羅乃諸佛法印也，自古人師悟後，千説萬説，未有不與修多羅合者。所謂書同文，車同軌，不合則非，異即邪矣。如善用兵者，雖千變萬化，未有不合兵法者也。

問曰：六祖云，佛性無常，與何經同？答曰：《淨名》云，不生不滅，是無常義。涅槃亦有此義，謂煩惱佛性本有今無等是也。以理求之，理事各有常無常義，理則隨緣故無常，不變故常，事則成相故無常，體空故常。則六祖之言常無常義，自合教義矣。是則六祖之言，求之於教，於教有證，求之於理，於理亦通。而肇師往物不化性各異住，求之於教，於教無考，求之以理，於理未通。如有可通，則必聞命耳。

對密藏開禪師語附來書。

《詩》云，率土之濵，莫非王臣。或者固執舜爲天子，瞽瞍北面而朝之。釋之者曰，周餘黎民，靡有孑遺，是誠周民無孑遺乎哉？善説《詩》不以辭害意可也。肇師《不遷》，愚意觀之，大都直是法法不相到，法法住本位爲宗。其引《般若》等經，及昔有今無不滅不來之説，廣借曲譬，意蓋如此。竊觀所駁，以昔有今無爲斷常遷滅之見，是即是矣，恐亦未免瞽瞍北面而朝、周民無孑遺之過也。且如來演教，有大小偏圓，因病設藥，初無定方，豈得盡以《華嚴》《法華》圓頓之旨繩之哉？駁中不遷二義，一、性空，二、真實。愚意肇公不遷，即真實義也。其引《般若》等經，似皆借意，非其本宗。不爾，肇師何人，而顧反昔支離一至此乎？

禪師判肇公《不遷》，以法法不相到、法法住本位爲宗，徒見其言而未詳厥義也。然如來法王有二種法印，印一切法，一、因緣生滅印，二、真空實相印。自如來之後，凡所説者，要與二印相應，即爲正説，不與二印相應者，即爲邪説，此固不讓古今凡聖也。且初印者，亦名無常印，凡是一切緣生之法，必歸散滅，如有毫物不散滅者，則佛不出世也。故《涅槃》云，本無今有，本有今無，三世有法，無有是處。又云，諸行無常，是生滅法。《華嚴》云，一切凡夫行，莫不連歸盡。此等皆言因滅果生，前念滅、後念生，非若肇公往物不化、昔因不滅也。第二印者，謂如來以一真空實相印印一切法，無有一法不空寂者，如有毫髮有體不空，則佛不出世也。《大品》云，色前際不可得，中際後際皆不可得，色即是空，萬法皆然。《法華》云，離相滅相，終歸於空。然此二印，只是一印。蓋由諸法無常故無自性，無自性故空也。是以雪山童子，聞羅刹偈，諸行無常是生滅法，歎曰，此大乘空義也。是則要必無常，始得空寂，要必空寂，始得物物全真也。今肇師以物雖在昔而不化，因雖作果而不滅，不滅不化，則與無常法印相違。既違無常，而不滅不化，則物有定性矣。物有定性，則與大乘空印背之矣。既背性空，而曰真實不遷，與夫固陽炎之水，實空華之果者，何以異耶？

夫言實相者，古之實相不異今之實相，今之實相不異古之實相也。有物之實相，不異無物之實相，無物之實相，不異有物之實相也。所謂有無不二也，古今一如也。達此義者，靈山一會，即今儼然，非若肇公求向物於向爲有、於今爲無也。禪師判肇公《不遷》，以法法不相到、法法住本位爲宗。果如禪師之言，還與法王法印不相背乎？然法法不相到義，據聖教有二説，不出二種法印。一、因緣生滅義，經云，有爲之法刹那滅故，無容從此遷至餘方。夫此方前念也，餘方後念也。是以前念滅故，不至於後念也。《涅槃》喻如蠟印印泥，印與泥合，印壞文成，而是蠟印不變在泥。此中印壞文成，喻因滅果生也。不變在泥，即因不至果也。是皆前念滅故，不至後念。非若肇公物雖在昔而不化，因雖作果而不滅也。二、真空實相義，以法法性空，故不相到，非曰不到，到即無到也。《華嚴》云，諸法無作用，亦無有體性是。故彼一切，各各不相知。如陽炎之水，波波不相觸也。是以前念之物，空無性故，不觸後念，後念亦爾。達此義者，則知水不觸濕，火不觸燥，地不觸塵，風不觸氣，塵塵不相到，念念不相到。非若肇公昔物不滅，性住於昔，不到今也。

夫言性空者，有性即空也。則昔物在昔，緣未散時，體性即空，豈謂於向爲有、於今爲無哉？且夫如來聖教，亘百千年，而外道邪説，不能壞亂者，以二種法印名言有在耳。是故聖教以名言爲體，蓋此二種法印，千佛出世不能異也。而博地凡夫，敢以世俗戲論之説，擬欲變革法王之法乎。禪師引《詩》，率土之濵，莫非王臣，而容有瞽瞍不臣舜帝，不以辭害意也。無乃以如來聖言本有今無，莫非無常遷滅，而獨許肇公所説本有今無爲常住不遷耶？若然，則令《涅槃》金口所談三世有法，無有是處，翻成妄誕見。殆以世俗戲論之説爲質，而欲變革法王之法印也。夫法王法印，千聖不可異，豈以世俗之説而能壞哉？言之者自壞其見也。然如來四十年中説法，不無隱覆隨機方便未了之談，末上盡與發開。如云一切江河悉皆曲折，而亦有不曲折者，一切女人悉皆諂曲，而亦有不諂曲者。殺父殺母必墮地獄，而亦有成聖道者，殺無明父及貪愛母故也，廣如《涅槃》。所以盡與發開者，恐疑悮衆生故也。然佛説本有今無必爲無常遷滅，未聞容有此説爲常住不遷者也。佛説有爲諸行刹那即滅，未聞昔物住昔而不化者也。佛説前陰滅後陰生，未聞因不滅而果生者也。佛説諸法體用皆空故不相知，未聞物性各住一世不相到也。是皆法王法外新出此條件也，吾何以從之哉？

來諭如來説法，自有大小偏圓，初無定方，不當槩以圓頓之旨繩之。意謂肇師不滅不化，自是一種法門，不當以二種法印繩之。愚謂如來説法，大小偏圓，雖逐機萬變，不離法印。若小乘法，必與因緣生滅相應。若大乘法，必與真空實相相應。離此則非，異即邪矣。蓋若不以法印印定，則九十六種之説，皆佛法矣。如來聖教，豈到今日？

來諭肇公《不遷》即真實義，非性空義，其引《般若》皆借意，非其本宗。不爾，肇公何人，顧反昔支離一至此乎？然肇公《不遷》既引《般若》標本，而曰非其本宗，此又仁者自駁肇公矣。且性空與真實相去幾何，豈有背乎性空而能契真實者哉？背乎性空而責真實者，即所謂固空華而實陽炎也。禪師必謂《般若》性空、《法華》性住，肇公《不遷》雖標本《般若》，而其立義則從《法華》，固不可以《般若》性空，駁《法華》之性住者。愚謂《般若》法無去來，與《法華》法住法位，異其言耳。人徒知《法華》明實相，曾不知六百卷《般若》純談實相。蓋若見諸法有無、一異、生滅、去來，則法不住位也。譬如餓鬼見恒河水以爲流火，則不見恒河之正位也。《大般若》中具載法住法位之名，龍樹菩薩以爲實相異稱。後人妄解云，法住法位者，天位在上，地位在下，古自住古，今自住今，成不至壞，因不至果，甘蔗性甜，黄連性苦，水性本濕，火性本燥，各住自位，不可移易。究之無非妄想戲論，多見世人以此用當《法華》實相之旨，是猶鬼見未亡，而欲覔恒河之水，徒增炎熱，豈識恒河哉？禪師必謂《法華》異乎《般若》，而所判法法各住自位之旨，想必不同世人戲論之見，但但未聞開示所以異耳。

答海印大士書附來書。

顧不肖鈍根，波流幻海，華落寒空，不啻曳尾泥途，自甘逃逝已也。回視金色界人，端若靈山一會，惟時白毫東注，幽邃蒙光，豈不見此頭陀如是度衆生，而作菩薩行耶？承示《不遷》駁草。云云。竊觀所駁，若按名責實，雖肇公復起，不易其言。若忘言會旨，雖清涼再出，亦追其武也。然彼覃思造論立意，命名不曰無見，且以不遷當俗，不真爲真，由是觀之，是物不遷，非真不遷也。以其物有遷變故，今示之以不遷爲妙，若真不遷，又何足云？故云是法住法位，世間相常住，其旨良哉。若高見摘其遷流之語駁之，言言有據，即肇公對詰，亦俛首無辭。但彼亦自解云，所造未嘗異，所見未嘗同。意恐足下責其言未諒其心耶，亦所見未嘗同耶？故曰正言似反，誰當信者。且肇公明指不遷在物，而足下以真冤之，斯爲門不同，宜其相左耳。云云。不盡。

海印大士：慧書千言，其要則言肇公約俗物立不遷，非真如不遷也。駁中已斥此非，大士既主張此，胡不爲其伸理遮難耶？今更詰之曰，肇公俗物不遷，爲此俗物即真故不遷耶，爲不即真而不遷耶？若俗物即真故不遷者，則真不遷矣，而論固違真。若俗物不即真而言不遷者，然不出二義。一謂有爲之法刹那滅故，不從此方遷至餘方，此小乘正解也。二謂物各性住，昔物不化，性住於昔，故不遷，此外道常見也。故《涅槃》出外道常計云，若筭數之法，初一若滅，尚無至二，況成百千。初一不滅，故有第二，乃至百千，以是義故，諸法是常。今肇公師不許因滅，而許果生。因因而果，許果生也，因不昔滅，不許因滅也。斷非二乘不遷之義，觀國師以爲濫小者，悞矣。人謂昔物已化，不來今日。肇師昔物不滅，原住於昔，但不來今耳。此即所見未甞同處。

據大士自謂，於是論中，頗有自信之地，主張俗物不遷非真不遷。其所謂俗物不遷，想必不同二乘外道之見，不識大士何所謂耶？胡不當陽指出所以俗物不遷之義，開示愚蒙耶？且論中云，談真有不遷之稱，導俗有流動之説，而大士却判定俗物不遷不當以真寃之，大士何失意至此耶？來謂不肖所駁，若按名責實，雖肇公復起，不異其言。若忘言會旨，即清涼再出，亦當追其武。良哉是言。若果如是，即九十六種之言，與夫百家世諦之談，苟能忘之，皆第一義，又奚止肇公之言哉？又謂不肖責其言未諒其心，夫言者心之跡，心者言之本，所謂心尚無多觸言以賓無，故得其言必得其心，因跡以見其本也。若大士之言，豈肇公心存白而言道累乎，言在東南而意在西北乎？不肖固不得其心，若大士所判俗物不遷，豈非肇公之心哉？若果其心，不肖早年亦甞得之矣。但未愜鄙意耳。所以未愜鄙意者，於修多羅未允合耳。大士既判是物不遷非真不遷，且引《法華》實相之旨成之，豈謂《法華》實相唯物而非真耶？想大士謂天下未有不真之物，亦未有不物之真，今言物者全真之物耳。若爾，何謂是物不遷非真不遷耶，豈有離真之物不遷者耶？大士謂諸方話成兩橛，觀此言却似大士話兩橛，非諸方也。

對一幻道人語

一幻道人自海上來，謂余言：物不遷義，我得之矣。我聞諸尋香蝶主人有言曰：昔者甞遭屬虚子于槐國之野，相與商略物不遷旨。屬虚子曰：只是個物各性住而已矣。曰：何謂性住？屬虚子曰：天在上，地在下，水性冷，火性熱，牛只是牛，馬只是馬。曰：何謂不遷？屬虚子曰：不可將牛作馬，將馬作牛。曰：何所據乎？屬虚子曰：《法華》云，是法住法位，世間相常住，此其良證也。尋香蝶主人與之，我亦與之。時，有小兒立于傍，空印道人指香爐顧問曰：這個是什麽？兒曰：香爐。又指華瓶曰：這個是什麽？兒曰：華瓶。即指華瓶而問焉，曰：喚這個作香爐得麽？兒曰：不得。指香爐曰：喚這個作華瓶得麽？兒曰：不得。余曰：此兒不曾參屬虛子，亦知物不遷矣。若以如是見解用當《法華》實相之旨，謗法之罪何逃？

一幻子怫然作色曰：爾童子者徒知彼物非此，此物非彼，豈知物物全真耶？余曰：夫一切聖教以名言爲體，所以亘百千年魔外邪説不能亂者，以其名言有在故耳。仲尼曰：必也正名乎。蓋名無越實，實無越名，名斯正矣。今屬虛子之言與小兒所見無殊，安知其獨物物全真耳。且夫真則不異，異則不真，今見異牛異馬而曰全真，未之有也。蓋既曰真矣，則牛不異馬，馬不異牛。所言不異者，非謂遷牛作馬，易馬爲牛也。蓋以牛之實相不異馬之實相，馬之實相不異牛之實相故耳。則牛馬幻殊，實相不二，不二之體，何可遷乎？蓋見牛馬相異者，則不見牛馬之實相也。不見牛馬之實相，而曰牛馬不遷，詎可得耶？夫見牛之實相者，非特不異於馬也。即此一牛，與十方諸佛，六道衆生，依正因果，皆不異矣。斯言不異者，非相似不異也，非移易不異也，以實相天真體無二故云不異也。今其言曰牛不是馬，馬不是牛，是異物也，豈有異物不遷者耶？《涅槃》聖行，廣説異物無常，以破外道異法之常。今屬虛子以異牛異馬爲不遷，正與外道同宗，於如來作敵也。今吾子以異物成不遷，亦有聖言可據乎？

一幻子曰：於《法華》有之。《法華》云，如是相，如是性，乃至如是本末究竟等，此等一一皆實相故。余曰：子言悮矣。實相尚不名一，而有十乎？實相若十，則同有爲，非常住矣。蓋諸法實相，一切言説所不能示，一切有心所不能到。故經初標云，唯佛與佛乃能究盡諸法實相。次云，所謂諸法如是性、相等，但列諸法名件而已，彼實相者不容聲矣。要人向諸法中着眼，所謂即一切法默得乎色、心之外，豈可以此物類名件便當實相耶？蓋見諸法有，則不見諸法實相也。見諸法空，見諸法亦空亦有、非空非有，皆不見諸法之實相也。豈得以有牛無馬、有馬無牛而見實相哉？又於牛有牛，是有見也，於牛無馬，是無見也。觀馬亦然。有無、斷常，邪見論矣。吾子欲以有無、斷常之見用當《法華》實相之旨，復有何說不墮謗法之愆乎？

一幻子曰：噫唏，彼亦一幻也，此亦一幻也，得亦一幻也，失亦一幻也，吾何咎焉？余曰：若果如是，吾將從其後矣。

雲棲律師

有以肇公物各住位立不遷，意其不知緣生性空而駁之者，余謂不然。使肇公前無《宗本》，後無三論，則如所駁也。今前之《宗本》，後之三論，其示緣生性空之旨，委曲詳盡，豈《物不遷》輒迷是義哉？蓋肇公爲世人執今昔之物遷流，故返之曰：汝之所謂遷者，正我所謂不遷耳。是謂就路還家，以賊攻賊。位不轉而易南爲北，質不改而變鍮爲金，巧心妙手，無礙辨才也。以其爲反世人今物昔物遷流之見，故始終惟論物各住位，不言性空，使觀《宗本》，可以貫通默會耳。今以不知性空而駁之，彼豈心服哉？又曰：肇師若知有今日事，論尾聊增數語結明此意，則駁何由生？此説肇公必首肯，不知駁者能信否乎？

雲棲主張《不遷》雖無聖言爲據，且有道理可申，非若諸方捺硬杜撰，反成誣累肇公也。其道理者，意謂肇公以緣會性空立宗本義，則四論一以貫之矣。故《不遷論》中雖言不及此，而以本統末，則性空之理可不言而會也。今謂《宗本》雖言性空，而《不遷》却言性住，本末相反，敵體成，違因明之法，謂之自語相違過也。且夫聖教皆言因滅果生，肇公却道因不滅果生。《涅槃》云，本無今有是無常法，肇公謂有今無却成不遷，不遷則常也。《涅槃》云，若筭數法，初一不滅，乃有百千，以是義故，諸法是常，此外道常見也。肇公亦立初簣不滅，乃有高山，初步不滅，乃有千里，與外道所討會不少異。雲棲既主張性住，胡不爲其出理，如何得内不違于聖教，外不濫于邪宗乎？

且性住之談，既合佛意，則三藏聖教，豈無片言隻語爲之證乎？既無聖言可證，而徒以《宗本》之是，而是《不遷》之非，謂之本末一貫者。若然，則亦可以堯之聖而聖丹朱，太玄之善而善美新乎？若可以彼是而是此非，則亦可以此非而非彼是也。余固謂以三論之通而通《不遷》者，不可也，以《不遷》之塞而塞三論者，亦不可也。其曰就路還家，巧心妙手等語，徒誇其妙，未見其所以妙也。若世人執今昔之物遷變無常，無常故無性，無性故空而觀之者，可以厭生死，趣涅槃。故經云，諸行無常，是生滅法，生滅滅已，寂滅爲樂。雪山大士歎前二句曰，此是大乘空義，半如意珠也。是則世人之今昔無常遷變之説，於教有證，於理有通，於人有益[二]。而肇公反之曰：昔物不滅，今物不動，各住一世。未委此説於教何據，於理何優，於人何益？三者既無，而欲反彼成此，豈非以似亂真，抱鍮而棄金乎？巧心妙手，固如是耶？

或曰：大凡看先哲語言，當於有過中求無過，不可於無過中求有過。《不遷》雖有少差，當求通可也，安得以異見而破之耶？曰：余於是論，欲求其通也久矣。而卒不能得，遂爲之駁。所以駁者，憂夫後之學者，執似而迷真也。彼高明之士尚惑其言，以爲必當，況其他哉？使一代聖教實相常住不遷之旨，淪于不化因論，以肇師之明，於此甘自肯乎？又安知今爲此駁者，非肇公之所使耶？

物不遷正量論卷下

校勘記

〔一〕「盆」，疑爲「益」，下一「盆」字同。

（王文江整理）

○九三二

物不遷正量論證(一)

慧日永明寺道衡述

理固有讚歎無足以揚其休，務加彈駁以發其奧者。肇師《物不遷論》意淵詞麗，文短義周，非徒學者之指南，實海藏之精華也。而數千百年未有知其解者，盡將性空不遷之旨，認作確定死常之執。故有月川澄禪師者，愍其精義之淪没，悲彼聾俗之難喻，知詮釋之無補於頽靡，故彈駁以揚其休奥，所謂正言若反，以楔出楔者也。

雖然，是豈無説乎？請試爲論之。蓋澄師駁論，雖不下數萬言，約其要不過以其因非也。今論其要，則餘可忽矣。所謂因非者無他，脩多羅以諸法性空故不遷，而肇師以物各性住爲不遷。據澄師之駁意，則性空性住似同水火。其實性空之於性住，但異其名，非異其體也。所謂性空者，以色性自空，非推之使空，故謂之性空，即《般若》云「色即是空，空即是色」是也。所謂性住者，以諸法恒住於真空實性之中，故謂之性住，即《妙華》云「是法住法位，世間相常住」是也。能如是見，則澄師能破之真因，即肇師能立之玅趣，曷容有所異同其間哉？

而澄師佯爲不知，謬解性住云，言性住者，即彼所謂昔物住昔不來於今，今物住今不往於昔，乃至新故、老少、成壞、因果等物各住自位，故謂性住。嗚呼冤哉！性住之義若果如是，肇師不遷之　義且置，而《玅華》是法住法位、實相常住之宗，豈亦同於外道死常之執，及勝宗六句定異之見耶？是固近日人師之物不遷，非肇師之物不遷也。故澄師曰，吾非駁肇公也，駁是肇公者也。良有以哉。雖然「昔物住昔不來於今，今物住今不往於昔」等云云，皆肇師本論之文，是乃即以不遷之語，用釋性住之理，是何容間然而非之耶？蓋其言實未嘗異，而其所以言恐未嘗同耳。

夫肇師云「昔物自在昔，不從今以至昔，今物自在今，不從昔以至今」者，皆即相明空之玅旨，而澄師悉誤作定異死常之偏執，又何怪夫所談之不水火然也，又何怪夫性住之不違性空也。

夫言昔物自在昔，相有也，非從今以至昔，體寂也。體寂則性空，相有則用妙。用妙故雖有而常寂，性空故雖寂而恒照。斯皆會空有於同致，齊體用於一言。以是而釋性住，則性住爲不遷之真因也明矣。豈同澄師所謂性住爲定常，而各住爲定異哉。所以《涅槃》指化身爲即真，《法華》稱諸相而咸玅，本論亦云「言去不必去，稱住不必住」。可以神會，難以事求，則肇師明告之矣，又安可滯於事跡而難性空不遷之理哉？

澄師云，肇公求向物，既曰「於向未嘗無，於今未嘗有」，是則此物向有今無也。冤哉澄師，此豈肇師之意耶？夫肇師但曰於向未嘗無，而不曰決定是有，但曰於今未嘗有，而不云決定是無也。蓋言未嘗無者，但遮空見斷見之無，非執有見常見之有；言未嘗有者，但遮有見常見之有，非執斷見空見之無。豈如駁家以有爲有之有，以無爲無之無？所以論云，所造未嘗異，所見未嘗同。逆之謂之塞，順之謂之通。然則論所謂昔物未嘗有無者，本無通塞，而通塞自在人情之逆順而已。

本論又云，果不俱因，因因而果。因因而果，因不昔滅。果不俱因，因不來今。不滅不來，不遷之致明矣。而澄師非之曰，若昔因不滅不化，則衆生永無成佛之理。是皆澄師左會論意，以咎肇師耳。夫肇師云「果不俱因」者，謂正當果時因相已滅也。「因因而果」者，謂果雖非因，因用不忘也，故曰因因而果。「因不昔滅」，即《淨名》所謂「性雖空寂，所作不忘」也。以果不俱因，故雖有不有。以因因而果，故雖空不空。不有不空，而不遷之致明矣。豈凝然有物，不滅不化，方謂之不遷也耶？又豈昔因必定斷滅，而謂之性空也耶？若必曰因滅故然後果生，是何異索死雞之再鳴，而求焦芽以結果也。既知昔因不滅不化，衆生永無成佛之理，然則昔因已成斷滅者，衆生亦安有成佛之理耶？是皆澄師但知錐頭利，而不知鑿頭方也。又曰，既有因果，即是無常。無常則遷流轉變，何以謂之物不遷？蓋澄師不知常與無常、遷與不遷，非犂然兩法，但昧者異之耳。苟能的見無常之致，便可徹悟性空之理。既悟性空，則恒居性住，而物不遷矣。如是則不遷、性住、無常、性空四言一會，所以《圓覺》云，知是空華，即無輪轉也。

故知肇師每發一言，必忘空有於機先，而融真俗於言外。且章必寄言，以簡其過，又安從而求其疵焉。澄師固欲指鹿爲馬，肇師豈肯心伏哉？雖然，此皆澄師大權方便，佯爲不知，以賊攻賊，用謬闢謬而已，豈其實然也哉？

或曰，澄師駁論以來，海内尊宿大老駁其駁者，亡慮數十家，何以皆不能杜澄師之口？每一議發，徒資其電辨之風，以益肇師之過，是豈諸尊宿識果不逮澄師，抑不遷之義果有墮而決不可救耶？是皆非然也。蓋此數尊宿者皆忘名大士，爲法通人，見澄師駁義有所不周，而人師之見有所未盡，故一一拈出，與澄師發揮之，豈誠學不足而識不逮也，豈不遷之義果有墮也？不然，諸尊宿何以徒有是肇之婆心，並無匡肇之手眼。且因明乃破立之綱維，推邪之良範，澄師方挾此以爲破肇之本，諸師皆忽而不論，是何異欲救長平之百萬，而將空拳以拒强秦？又何異公輸方執檃括以繩材，而離婁恃己明而横諫？雖離婁之明固無惑於材之美惡，要非公輸所心伏，亦非彼材之知己也。如是而救肇，非但數尊宿之所不能正，恐將大千世界盡抹爲塵，一塵一尊宿，每一尊宿復有如塵之口，猶恐愈辯則愈增肇師之過，而不足以伏澄師之辯也。吾故知此皆非諸尊宿之本意，盡是裝聾作啞，務欲互相發揮不遷之休奥而已。

夫澄師既以因明破肇師之宗，吾今亦即借因明而立不遷之義，是所謂借手行拳，就路還家也。

澄師破立之宗因具在駁論，皆澄師佯爲謬立。略引一條，試爲評之。其一法自相相違，因云：「求向物於向，於向未嘗無。責向物於今，於今未嘗有。」是則向有今無。此因向異品上轉，故犯法自相相違也。此甚不然，蓋因明之法，自許寄言簡過。肇師不曰是有，而曰未嘗無，不曰是無，而曰未嘗有。斯皆兩言一會，空有雙融。言未嘗無者，但釋人之斷見，豈執有而膠常，言未嘗有者，但閑彼之常執，豈墮無以明斷。乃知未嘗之爲語，正寄言以簡過也。如是，則肇師之三支本圓，而破家之諸過徒顯。其他違因，一皆類此，故不繁引。雖然，此且就澄師所立而施辨。要之，皆非肇師之本意。若准論立，應云物是有法不遷爲宗，因云各住真空即寂之性故，同喻如江河競注即瀑之靜流，異喻如洶涌奔波隨風之動浪。斯論有明文，乃真能立也。是則物乃性家之物，性乃即物之性，舉一物而全體即性，語斯性而無物不備矣。所以布毛拈起，則豁悟本心，吹息紙燈，而大千照破。如是而言性住，《法華》有法住法位之真詮，如是而語性空，則《般若》有即色即空之明訓。《華嚴》譚各不相到，《淨名》演業因不忘，是皆澄師引以駁不遷者也，吾皆藉以證不遷而已。此非所謂所造未嘗異，所見未嘗同耶？雖然，亦豈澄師實有所不同耶？蓋有是論而無是駁，雖予亦必草草同近日人師而讀過矣。故吾曰理固有讚歎不如彈駁者，第顧所駁何如耳？故知澄師之駁論，非駁不遷也，乃善於解不遷者也，讀《不遷》者其可忽乎？

是則不遷之義，決是大乘性空之妙理。何以清涼國師亦云濫同小乘有見之常情？此亦清涼語自昭然，讀者昧之耳。夫既曰濫同，決非真同也。如曰珷玞之濫玉，魚目之濫珠，豈珠與玉即魚目與珷玞耶？清涼語其濫同者，正恐學者誤同近日人師也。安可反因是以證其謬哉？嗚呼，據斯衆義，則知觀國師之唱於前，澄禪師之和於後，以至諸尊宿之交攻於傍，皆其言似相胡越，其意實相表裏，務欲互相發揮不遷之休奥者也。予故爲之證云。

正量論跋

或曰，肇公以物各住位立不遷，而澄僧駁之，何謂也？曰：據不遷義有五，曰刹那滅，曰性空，曰即真，曰事理無礙，曰事事無礙。是五者各有聖經爲據，即爲小始終頓圓之五教也。而物各住位之談，五教不攝，是以駁之。香山子曰：咦唏，若果如是，則肇師迸逸絶塵不可以見也。以其超然獨見於五教三乘之外，故昔者釋迦老子四十九年説法，猶不能於此敢措一辭，而況辯者乎？汝能於是體取少分，便得徹困，何用駁爲？又曰：肇師因不昔滅，而果得生。澄僧引經曰：如食雖念念滅，而能令饑得飽，藥雖念念滅，而能令病得瘥。乃至日月光明雖念念滅，而能生長草木。由是而知，一切有爲生滅，無性乃能轉變增長，成辦衆事。若法不滅，其性常定，則無因無果，世界不成安立矣。又如會《楞伽》《金剛》佛舍利非刹那之説，可以破千古之疑。此等理趣甚多，不能枚舉。使微澄公，吾恐終不得而釋耳。則《正量》之作，其大有功於聖教矣乎？香山子曰：不然，子只見錐頭利，不見鑿頭方也。譬之長風所吹，若無百竅，則異響焉生？肇公略開孔竅，以俟知音久矣。二千年來風恬浪静，更無一人正眼覷著。邇來塞上出一多口阿師，忍俊不禁，憤底一吹，而異響俱聞。然則是響也，於竅有之乎，於風有之乎？即二有之乎，離二有之乎？法本常寂，因緣適會耳。澄僧何有焉？雖然，如是二俱不了，一則不合師悟，一則不合泥經。若無事道人門下，更須買草鞋始得至。是舉筆云，還委息麽？自是鳥棲林麓易，從來人出是非難。

旹皇明萬曆癸卯夏，香醉山隱者無似道人書于獨寐菴中。

校勘記

〔一〕底本據《卍續藏》。

（潘桂明、李永晟整理）

○九三三

物不遷論辯解

物不遷論辯解題辭[一]

常人即不遷見流動，智者即流動見不遷。故曰，人之所謂動者，以昔物不至今，吾之所謂靜者，亦以昔物不至今。而或者駁之，謂肇公立昔有今無爲斷常遷滅之法，是大不然。甞爲之頌曰，昔自在昔昔非來，今自在今今不往，昔今非往亦非來，以是知法相常住。或者執藥成病，刻舟求劒，不慧甚矣。幻居界公《物不遷解》之所由出也。日照四天下本無次第，而方位湛然，智者作日軌察之，愚者倒操日軌，方位亦倒。界公之解，其操日軌之法與。乃刻而流通之。

萬曆己丑五月望日，真實居士憑[二]夢禎題。

校勘記

〔一〕底本據《卍續藏》。

〔二〕「憑」，疑爲「馮」。

物不遷論辯解序

夫至虛無物，物非物以皆離，法性不遷，遷非遷而俱泯。蓋物形無物，遷待不遷，乃心意之所通，而言説之可及也。豈動靜不異難言之旨乎？然所謂物不遷者，非物無物也，非遷不遷也。但執藉法除，病須藥治，故對計常者即不遷以明遷，而因執遷者即遷以明不遷，是皆導物之假名，應病之良藥耳。則不遷之理，豈容以遷不遷而思議者歟？而或者因藥致病，捫虛爲實，不解物各性住之言，是明真諦無性之旨，而抑之駁之，是一夢也。余復從而辯之，又一夢矣。則非遷非不遷之理，又豈容以夢語而達之者哉？雖然，因夢而覺夢，是又不可無説也。同志者決之。

萬曆丁酉孟秋朔日，寓雙徑沙門真界謹序。

物不遷論辯解

檇李沙門真界解

夫生死交謝，寒暑迭遷，有物流動，人之常情。

此述常人所迷，爲《不遷》一論之發起也。蓋常人謂生死去來，交相遷謝，寒暑去來，迭互變遷。然不知諸法，本來常自寂滅，本無身心生死，亦無寒暑去來，是以妄見物遷，而不知物不遷也。所言物不遷者，事像可觀稱之爲物，物體寂滅故號不遷。不遷故，則物物當處而自寂。爲物故，與四象更互而爲依。然物性無差，悟即真理。真本不變，物自湛然。常情所封，於不動中妄以爲動，所謂雲駛月運，舟行岸移。故《宗鏡》云，若了真心不動，則萬法不遷。若見萬法遷謝，皆是妄心。以一切境界，唯心妄動。若離心識，則尚無一法常住，又豈況有萬法遷移？故下廣引經論之言，以對破也。

余則謂之不然。何者？《放光》云，法無去來，無動轉者。

此反上以明不遷也。夫諸法之體，離去來相，無動轉相。何者？謂一切諸法，緣會而來，來無所從，緣離而去，去無所至。是則即去來而無去來，即動轉而無動轉。故《放光》云，法無去來，無動轉也。雖然，而常人不達緣生無性，無有去來，則妄見諸法去來。故於身見生死交謝，於世見寒暑迭遷。論主愍之，遂本法無去來、無有動轉立論，以破常人有物流動之見也。

尋夫不動之作，豈釋動以求靜？必求靜於諸動。必求靜於諸動故，雖動而常靜，不釋動以求靜故，雖靜而不離動。

此原《般若》立言之意，以爲作論之本也。蓋不動之作，既非釋動求靜，而必求靜於動，則動靜不異。故於下文説遷即不遷，以明遷不異不遷，説不遷即遷，以明不遷不異於遷也。

然則動靜未始異，而惑者不同。緣使真言滯於競辯，宗途屈於好異，所以靜躁之極，未易言也。

呈上以明立言之難也。然動靜不異，則遷與不遷不相異也。以不異故，遷而不遷，不可謂之遷，不遷而遷，亦不可謂之不遷矣。而惑者不同，則遷與不遷不相同也。以不同故，執遷者則謂之遷，執不遷者又謂之不遷，致使離言之真滯於競辯，不異之宗屈於好異，所以動靜不異，未易言也。

何者？夫談真則逆俗，順俗則違真。違真故迷性而莫返，逆俗故言淡而無味。緣使中人未分於存亡，下士撫掌而弗顧。近而不可知者，其唯物性乎。然不能自已，聊復寄心於動靜之際，豈曰必然？

徵釋難言所以，即結舉難知之性以起説也。何靜躁之極未易言耶？談真下釋也，謂談不遷則逆於遷，順於遷則違不遷，違不遷迷性莫返，逆於遷言淡無味，故使中人聞之如存若亡，下士聞之撫掌弗顧。今欲談不遷不逆於遷，説遷不違不遷，而使中下聞之各得信解者，誠不易言。故靜躁之極，未易言也。是以下常人謂昔物不至今，而論主亦謂昔物不至今，雖談説不遷，不離其遷，故不逆於遷。以不逆遷而言不遷故，則意深而有味，故能使中下聞之而各得信解也。又下云，人命逝速，速於川流。蓋對計常者以無動無滅而言遷，言雖似遷，而遷即不遷，故不違不遷。以不違不遷而言遷故，則迷性而可返，故二乘之人聞而悟解，以成道即真也。然則不異之極，非惟言之不易，抑亦知之甚難，故云近而不可知者，其唯物性乎。然雖難言難知，而不能自已，故聊復寄心於動靜之際，以明遷與不遷。豈曰必然，蓋以説遷，乃即不遷以明遷，豈必於遷，説不遷，乃即遷以明不遷，豈必不遷。故云聊寄動靜，豈曰必然也。試論之曰：《道行》云，諸法本無所從來，去亦無所至。《中觀》云，觀方知彼去，去者不至方。斯皆即動而求靜，以知物不遷明矣。

此引經論之言，以明不遷也。蓋一切諸法，來有所從，去有所至，可謂之遷。以來無所從，去無所至，法不相至，故不遷也。言觀方知彼去者，如人從東至西，以方而觀，如似有去，故云觀方知彼去。去不至方者，謂去無所去也。故論偈云，已去無有去，未去亦無去，離已去未去，去時亦無去。《鈔》云，如人初在東方，卓立不動，即名未去。未去故未去，不得名爲去，以去法未萌故。若動一步，離本立處，反望立處，則名已去。已去故已去，不得名爲去，由去法已謝故。惑人便轉計云，動處則有去，此中有去時。非已去未去，是故去時去。龍樹便以相待破云，若有已去未去，則有去時。若無已去未去，則無去時。如因兩邊短，有中間長，若無兩邊短，即無中間長。故偈云，離已去未去，去時亦無去。是則三時無去，以明去無所去。非以無去爲無去，故云去者不至方也。斯皆下，會經論意，宗歸不遷。然此不遷之理，隱奥難明，今復以事顯之。如人從一步而至三步，若第一步去，第二步來，第二步去，則第三步來，是則有去有來，即所謂動也。然凡有去來，即屬緣生。既屬緣生，即無自性。既無自性，全體即空。若是，則第一步去，去無所去，第二步來，來無所來，一步如是，步步皆然。由是而知諸法即去來而無去來，即動轉而無動轉。故云，即動而求靜，以知物不遷。即遷而不遷，豈有物而可動哉？

夫人之所謂動者，以昔物不至今，故曰動而非靜，我之所謂靜者，亦以昔物不至今，故曰靜而非動。動而非靜，以其不來，靜而非動，以其不去。

此即常人之遷以明不遷也。蓋常人謂昔物不至今，以見昔物遷去於昔故，不至於今，故曰動而非靜。此則不達緣生無性，則見物遷去，所以謂之動也。論主謂昔物不至今，以見昔物緣生無性，去即不去故，不至於今，故曰靜而非動。此則了達緣生無性，則去即不去，所以謂之靜也。動而非靜、以其不來者，蓋以其昔物遷去於昔，故不來也。靜而非動、以其不去者，蓋以其昔物去即不去，故不去也。然則昔物既從緣空，故不去不來，有何物而可動哉？如是，則遷流之見謝，而諸法性空之理明矣。而或人由不達肇公所見緣生無性之理，又錯解靜而非動、以其不去之文，遂謂肇公所言昔物不至今者，如前舟載魚，後舟載筍，前舟之魚自住前舟不至後舟，故以昔物住昔不來而駁之，是乃或人之謬解耳，豈肇公之見也哉。又靜而非動、以其不去者，蓋以其昔物緣離而去，去即不去，故云不去，非謂昔物住昔而不去也。而或人由錯解靜而不去之文，遂以昔物住昔不去而駁之，故知其文理俱不通矣。

且或人本不達肇公所明物不遷理，又見清涼《疏鈔》謂肇公所言物不遷濫於小乘，遂即倚傍其言而抑之駁之，此又不通《疏鈔》之意也。蓋《疏鈔》謂肇公所言物不遷、濫於小乘者，以小乘論云，有爲之法，若此處生即此處滅，無容從此轉至餘方。《鈔》釋曰，此生此滅不至餘方，同不遷義。而有法體是生是滅，故非大乘。大乘之法，緣生無性。生即不生，滅即不滅。故遷即不遷，則其理懸隔。然肇公論則含二意，顯文所明，多同濫前義。蓋由肇公意以物各性住爲不遷，則小乘無容從此轉至餘方故。然下論云，談真有不遷之稱，導俗有流動之説，此則以真諦爲不遷，而不顯真諦之相。若但用於物各性住爲真諦相，寧非性空無可遷也。已上皆不獨小乘矣。又云顯文所明、多同前義者，蓋《疏鈔》文。然《疏鈔》既云含有二意，則文義以物各性住與小乘無容從此轉至餘方，多同，理實懸隔也。又云若但用於物各性住爲真諦相，寧非性空無可遷者，蓋真諦則泯一切法也。既以物各性住爲真諦相，豈非是以無物無住而爲真諦不遷者哉？故永明亦謂肇公所言性住，是以無性爲性也。既以性空真諦爲不遷，豈得濫同小乘生滅之理乎？縱清涼謂濫於小乘，不云同於凡夫，而或人既以昔物住昔不來而駁之，則抑同常見凡夫矣。若是則尚不能同於小乘，又豈能安住大乘而濫於小乘耶？是則非惟於《疏鈔》文義不通，亦乃與倚傍言意相悖，良可歎也。

又或人亦由不達肇公所明緣生無性、無有去來之静，妄謂肇公以昔物住昔不去謂之静者，蓋有物有住即有爲，有爲即生滅，安得謂之静乎？斯亦或人之謬解耳，又豈肇公之見也哉？此正所謂於無過中求其有過，不特謗法，亦且欺人。又謂非駁肇公，將以駁天下之所是，則又不特只欺肇公，又乃輕欺天下之人矣。竊思或人之所以招謗法欺人之罪者，非有他心，但以其不識文理而致然也。可不審哉？

然則所造未嘗異，所見未嘗同。逆之所謂塞，順之所謂通。苟得其道，復何滯哉？

明上造雖同而見不同也。蓋昔物不至今一耳，然其所見，誠迷悟不同，故云所造未嘗異，所見未嘗同。以見物遷去，則逆乎無生，常以是塞，故云逆之所謂塞。見物不去，則順乎無生，真以之通，故云順之所謂通。

苟悟物物緣生無性而無生，則不爲去來動轉之所留滯矣，故云苟得其道，復何滯哉。

傷夫人情之惑久矣。目對真而莫覺。既知往物而不來，而謂今物而可往。往物既不來，今物何所往？何則？求向物於向，於向未嘗無。責向物於今，於今未嘗有。於今未嘗有，以明物不來。於向未嘗無，故知物不去。覆而求今，今亦不往。

歎常人所迷委，辯法無去來，以明物不遷也。目對真而莫覺者，謂萬法本如，不動不變，不離當處，常自湛然，而常人日用不覺，所以聖人傷歎之也。既知下，牒上以明今昔之物各不相到，謂既知往物而不來今，則今物又豈往於昔乎？往物下，牒定不相到義。何則下，徵辯物不相到，立不遷義，以破有物流動之見。言求向物於向、於向未嘗無者，謂向物緣生無性，去即不去，無即不無，故云於向未嘗無，非謂向物住向而不無也。又因常人見向物遷去執以爲無，故此明去即不去，無即不無，是乃即常人之遷以明不遷也。責向物於今、於今未嘗有者，謂向物既緣生無性，則不至於今，故今不有向也。於今下，牒明向物不來。於向下，牒明向物不去。然則向物之所以不去者，蓋向物以緣離而去，去即不去，故云不去，非謂向物住向而不去也。而或人自不解説者之意，反以向有墮常今無墮斷而駁之，豈異跛驢不能疾步，而反責駿馬之奔逸者也。覆而求今、今亦不往者，謂向物既從緣無性而不來，則今物亦從緣無性而不往。蓋今物不往，亦往即不往也。故《華嚴》云，譬如河中水，湍流競奔逝，各各不相知，諸法亦如是。斯乃即湍流奔逝，不妨波波從緣無體而不相周到，故各不相知。如即今昔競往，不妨物物緣生無性而不相往來，故各不相至。故《華嚴》云，諸法無體性，亦無有作用，是故彼一切，各各不相知也。然此既以物物從緣無性、不相往來而明不遷，是乃即遷以明不遷矣，又安容以向有今無斷常遷滅之妄議而參於其間哉？

是謂昔物自在昔，不從今以至昔，今物自在今，不從昔以至今。

此呈上今昔之物各不相至也。上二句呈今不至昔，下二句呈昔不至今。所言昔物在昔等者，謂昔物不來，如似在昔，故云昔物自在昔，非遷今以至昔，故不從今至昔。今物不往，如似在今，故云今物自在今，非遷昔以至今，故不從昔至今。是則今昔不相至，法法不相到，有何物而可遷乎。然則所謂昔物在昔、今物在今者，良以今昔之物從緣無性、不相往來，假名曰在，實無所在也。蓋在猶去來，既無去來，安得有在。故清涼以物各性住爲真諦相，則知物物無物，在亦無在矣。是則無去無來，亦無所住，故名爲之不遷也。而或人固守其文，不會其意，遂以有物有在而駁之，得不自招謬斥之過歟？

故仲尼曰，回也見新，交臂非故。

引證今昔之物各不相至也。言見新非故者，謂新故從緣無性而不相至，則新不至故，故不至新，故見新非故也。然此引新故從緣無性而不相至，以證今昔之物各不相至者，正顯萬法從緣而無自體，故各不相知相到也。

如此，則物不相往來明矣。既無往返之微朕，有何物而可動乎？

結上往物不來、今物不往也。言無住[一]返之微朕者，謂今物從緣無性不去於昔，故不往，往物亦從緣無性不來於今，故不返。既無往返之微迹，有何物而可動哉？

然則，旋嵐偃嶽而常靜，江河競注而不流，野馬飄鼓而不動，日月歷天而不周，復何怪哉？

此引動而不動之事，以成上遷而不遷之理也。若約比量而言，量云，諸法是有法，遷而不遷是宗法。因云，物物緣生無性而不相至故。同喻云，前波非後波等。所謂物物緣生無性、而不相至等者，蓋以物物從緣空故不相往來，如波波從緣無體而不相至，是故諸法遷而不遷也。故《宗鏡》釋云，前風非後風，故偃嶽而常靜，前波非後波，故競注而不流，前氣非後氣，故飄鼓而不動，前日非後日，故歷天而不周。理本如是，復何怪焉。是則三支無過，能立極成矣。而或人竟謂肇公立法宗似因非、有宗無因者，以其錯解肇公之意故也。何者？肇公原以物無去來之義明不遷，不以有物有住明不遷，而或人既錯解其意，遂以有物有住爲不遷因，故云有宗無因。以致妄談般若，謬斥先聖，可不辯哉。然則是辯也，非特辯或人也，亦將以辯爲或人之所昧者。蓋或人一也，容可已也，昧其言者或未可必也，難可已也。余豈好辯哉？將恐昧其言者亦墮謗法之坑故也。噫，聖人有言曰，人命逝速，速於川流。是以聲聞悟非常以成道，緣覺覺緣離以即真。苟萬動而非化，豈尋化以階道。覆尋聖言，微隱難測，若動而靜，似去而留，可以神會，難以事求。

此引聖人之言以明遷也。或謂前説不遷，此又何云遷耶？答：前對執遷者，故云不遷，乃即遷以明不遷不異於遷。此對計常者，故又云遷，乃即不遷以明遷，不異不遷。故二乘悟滅即不滅，遷即不遷，以成道即真也。苟萬下，釋成所證。苟，誠也，非化謂不遷也，尋，即也，蓋二乘之所以成道即真者，誠萬動而不遷，故悟之以階道，非即遷以階道也。覆尋下，明聖言難測。若動下，明難測所以。蓋由聖人即無動無滅而言動言遷，故若動而實不動，似遷而實不遷。是故若以神會，即悟無動無滅以契不遷，若以事求，則但見其遷。故云可以神會，難以事求也。明遷不遷竟。

是以言去不必去，閑人之常想，稱住不必住，釋人之所謂往耳。豈曰去而可遣，住而可留耶？

此呈上文兩節之意也。言去不必去等者，蓋以説遷，乃即不遷以言遷不異不遷，故不必於遷，但防人之常想耳。説不遷，乃即遷以稱不遷不異於遷，故不必不遷，但釋人之所往耳。是知説遷不遷，惟在拂人之情執，本無定法可説，豈可以遷爲遷，以不遷爲不遷者哉？故云豈曰去而可遣、住而可留耶。

故《成具》云，菩薩處計常之中，而演非常之教。《摩訶衍論》云，諸法不動，無去來處。斯皆導達羣方，兩言一會，豈曰文殊而乖其致哉？

此引證上文兩節之意也。先引經以證遷，次引論以證不遷。羣方者，謂隨宜導達之方不一也。兩言一會者，謂説遷不異不遷，説不遷不異於遷，是雖對機言異，而遷與不遷之致無殊，故云豈曰文殊而乖其致哉。

是以言常而不住，稱去而不遷。不遷故雖往而常靜，不住故雖靜而常往。雖靜而常往，故往而弗遷，雖往而常靜，故靜而弗留矣。

此結上文兩節之意也。蓋前説不遷不異於遷，故云言常而不住，不住即遷也。次文説遷不異不遷，故云稱去而不遷。不遷故雖遷而不遷，不住故雖不遷而遷。雖不遷而遷，故遷而弗遷，雖遷而不遷，故弗遷而遷矣。如是，則遷與不遷未始暫異，亦非遷非不遷，而名物不遷耳。前以諸法性空之義而明物不遷者，乃真諦之不遷也，此所謂不遷而遷、遷而不遷、非遷非不遷，而明物不遷者，乃中道第一義諦之不遷，他詎可以遷不遷而思議者哉？

然則莊生之所以藏山，仲尼之所以臨川，斯皆感往者之難留，豈曰排今而可往？是以觀聖人心者，不同人之所見得也。

此答外人之難，以明聖人感往不同之意也。或謂上來説遷不異不遷，則莊生藏山、仲尼臨川豈非遷乎？答：莊生之所以藏山，仲尼之所以臨川，斯皆爲不覺遷者而感其已往難留，豈同世人排今往昔之見？是以云觀聖人心者不同人之所見得也。

何者？人則謂少壯(三)同體，百齡一質，徒知年往，不覺形隨。是以梵志出家，白首而歸，隣人見之曰，昔人尚存乎？梵志曰，吾猶昔人，非昔人也。隣人皆愕然非其言也。所謂有力者負之而趨，昧者不覺，其斯之謂歟？

此徵釋感往之意也。何以聖人感往難留耶？人則下，引事以釋感往之意。蓋時人唯知百齡一質，而不覺念念遷訛。故梵志白首而歸，隣人見之曰昔人尚存。梵志見其不悟，即以言警之云，吾猶昔人非昔人者，豈非莊生、仲尼之意乎？然隣人猶不悟形遷，故皆愕然而非其言。莊生所謂夜半有力者負之而趨，昧者不覺，與隣人不悟形遷，無以異也，故云其斯之謂歟。

是以如來因羣情之所滯，則方言以辯惑，乘莫二之真心，吐不一之殊教，乖而不可異者，其唯聖言乎？故談真有不遷之稱，導俗有流動之説，雖復千途異唱，會歸同致矣。

此結顯如來爲機説教不同，不乖一致，以成上言殊致一也。方言謂對機之言，乃治病之方，故云方言。蓋以羣情所滯不一，故如來乘一真心任病處方，隨機説法，雖復千差，其理不異，故云乖而不可異者其唯聖言乎。故談真下，結成言殊致一也。

而徵文者聞不遷則謂昔物不至今，聆流動者而謂今物可至昔。既曰古今，而欲遷之者何也？是以言往不必往，古今常存，以其不動，稱去不必去，謂不從今至古，以其不來。不來故不馳騁於古今，不動故各性住於一世。然則群籍殊文，百家異説，苟得其會，豈殊文之能惑哉？

此對徵文滯句之士，以明會理者不爲文言所惑也。夫凡所説法因群情耳，豈有定法可説哉，又豈容以如言取著者乎？而徵文者不悟此意，即如言取著，故聞不遷則謂昔物不至今，聆流動者又謂今物可至昔，是以復就執遷者即遷而明不遷，以拂如言取著之見也。既曰下，因聆流動者謂今物可至昔，故先以不遷按定。是以下，正明遷而不遷之義，拂其以遷爲遷之見。所謂言往不必往等者，蓋以聖人對計常者，雖説古今代謝物像變遷，然不妨古今萬物俱緣生無性，遷即不遷以説遷而物不遷，故云言往不必往、稱去不必去也。以言往而古今不往故，則古自住古，今自住今，故云古今常存。蓋以其古今各住而不動故，以稱去而今不去故，則今不去古，故不從今至古。蓋以其古而不來今故，然今古既不相往來，則不馳騁於古今，而古今既常存不動，則各性住於一世矣。然此既以古今緣生無性遷即不遷而言住，則知性住，是以無性爲性無住爲住，故永明謂，肇公所言性住是無性爲性也。若爾，則古今之性尚不可得，豈復有住乎？況清涼亦以物各性住爲真諦相，豈以有物有住而爲真諦之相者哉？而或人既不達無性無住真諦之義，反以有性有住而駁之，得非妄談《般若》乎？又今古既不相往來，則知言往不往，稱去不去，而聆流動者豈可以往爲往，以去爲去，而謂今物可至昔耶？則遷今至昔之見破矣。然則下，明會理者不爲文言所惑。羣籍殊文指衆經言，百家異説就衆論言。蓋明會理者知説遷不遷及殊文異説，但爲拂人之情執耳。元無定法，亦無殊致，故不爲文言所惑，而如語取著也。

是以人之所謂住，我則言其去，人之所謂去，我則言其住。然則去住雖殊，其致一也。故經云，正言似反，誰當信者，斯言有由矣。

　此結顯言殊致一之義，以明不可如語取著也。蓋以人所謂住，我言其去，然雖言去，不乖於住，由其以無動無滅而云去，故不乖住也。又人所謂去，我言其住。然雖言住，不乖於去，由其以去來即無去來而云住，故不乖去也。是則去住言殊，其致不異，豈可如言取著者乎？故經云下，引證言殊致一也。言正言似反者，謂言去實不乖住，説住實不異去，故云似反。言誰當信者，以其言殊致一之義，殆非言思可及，故人所難信。非唯難信，亦且難測，故前云可以神會，難以事求。則經之言信必有由矣。

何者？人則求古於今，謂其不住，吾則求今於古，知其不去。今若至古，古應有今，古若至今，今應有古。今而無古，以知不來，古而無今，以知不去。若[三]古不至今，今亦不至古，事各性住於一世，有何物而可去來。

徵釋言反之意，復詳辯不遷也。何以人所謂去我言住耶？人則下，釋也。蓋常人謂古能遷至於今，故求古於今，謂古不住，此則人之所謂遷也。吾則下，明我之所謂不遷耳。言求今於古知其不去者，謂以今時緣生無性不去於古，則於古求今而古中無今，故知今不去古矣。今若至古下，反推古今不相至義。今而無古下，順明古今不相至義。若古不至今下，牒結不遷以破其遷，則遷古至今之見破矣。然前後諸文皆對遷以廣明不遷者，欲人即遷而契不遷，故論題名爲「物不遷」者，良有以也。

然則四象風馳，璇璣電卷，得意毫微，雖速而不轉。

此引遷而不遷之事，以成上古今遷而不遷也。四象即四時，凡四時備更一周年，璇璣即北斗七星，凡一日一夜一周天，蓋取其遷也。言得意毫微等者，謂苟得緣生無性無遷，有去來之意毫微，則四時雖如風之馳，璇璣如電之卷，亦不可得而流轉矣。

是以如來功流萬世而常存，道通百劫而彌固，成山假就於始簣，修途托至於初步，果以功業不可朽故也。功業不可朽故，雖在昔而不化，不化故不遷，不遷故則湛然明矣。故經云，三灾彌綸而行業湛然，信其言也。

此呈上古今不遷，以明如來道業亦不遷也。道即所證之理，業即所修之因，以其因真而果不謬，故流萬世而常存，通百劫而彌固也。成山下，引喻以明功業不滅。果以下，以法結明。蓋成山假始簣而就，長途托初步而至，然始簣初步竟不可謂之滅不滅也。何者？謂始簣若滅，山假何成？始簣不滅，始土尚存，山相寧顯？始簣既爾，初步亦然。由是而知其所謂昔因不化不遷者，乃化而不化，遷而不遷，故云不化不遷，非謂昔因住昔不化爲不遷也。而或人由不達化而不化遷而不遷之義，妄以昔因住昔不化而駁肇公者，得不謬斥先聖哉？故經云下，引證功業不滅。然前則約物約時以論不遷，此明如來功業不遷，則知世出世法皆不遷也。

何者？果不俱因，因因而果。因因而果，因不昔滅。果不俱因，因不來今。不滅不來，則不遷之致明矣。復何惑於去留，踟蹰於動靜之間哉？

此徵釋昔因不化不滅，以結不遷之致也。何以昔因不化不滅耶？果不下，釋也。蓋以因果從緣無性，各各寂滅而不相至，則果不至因，因不來果，故不俱也。然雖不俱，而不妨因因而果。因因而果因不昔滅者，滅而不滅也。果不俱因因不來今者，不滅而滅也。既不滅而滅，滅而不滅，則不可謂之滅，亦不可謂之不滅，是則非滅非不滅。非遷非不遷而名曰不遷，則不遷之致明矣。豈復迷惑踟蹰於遷不遷之間哉？然此一節，《宗鏡》引《中論》八不之義以會釋之，如欲委悉，請覽彼文。

然則，乾坤倒覆，無謂不靜，洪流滔天，無謂其動。苟能契神於即物，斯不遠而可知矣。

此結舉動而不動之事，而許智與理冥，

境與神會者，默而識之，則非言思分別可能知也。故《宗鏡》釋云，若能觸境明宗，契神即物，假使天翻地覆，海沸山崩，尚不見動靜之朕兆，況其餘之幻化影響乎？故云，苟能契神於即物，斯不遠而可知。凡究心者宜深鑒諸，毋得自昧己靈，妄談《般若》而謬斥先聖，以招謗法之罪，非惟自害，亦害他人。慎之哉，慎之哉。

物不遷論辯解終

余抱病巖阿，偃臥北窻下，幻居界師從雙徑來，持所解《物不遷論》示余，徵言以跋。乃擁納起，命童子讀而聽焉。其大要主之以諸法寂滅，而復量以三支，融以中道第一義諦。蓋不執論主之辭，而自出其言外之意，意切至而辭彰明矣。顧余素寡昧，今病且老，筆研生塵，尚不能處分目前，其何能一息古今，神會乎遷流不動玄旨。力辭之弗獲也，漫爲寐語末簡。

萬歷丁酉普門示現日，古杭雲棲寺沙門袾宏謹跋。

予聞入無生者方知刹那，故《五十計較經》有菩薩白佛曰，我罪滅如何不見罪滅之相。佛曰，汝曹心能轉生否？對曰，我心若不轉生，則不能與如來共語。佛曰，汝曹心轉生時，見心初生之相否？對曰，不知。佛曰，汝曹既不知心生初相，豈罪滅相汝曹獨知之乎？即此以觀心轉不轉生相滅相，皆不越一刹那耳。而物非物遷不遷又豈能越之哉？予以是知駁《不遷》辯《不遷》者，刹那未知，無生尚遥，而駁駁辯辯，得非掉棒打月乎哉？則予也亦不免多口之咎。

明釋達觀跋。

校勘記

〔一〕「住」，疑爲「往」。

〔二〕「壯」，底本作「莊」，據文意改。

〔三〕「若」，底本作「苦」，據文意改。

（潘桂明、李永晟整理）

○九三四

大乘義章[一]

遠法師撰

大乘義章目次[二]

卷第一

義有五聚。一、教法聚。二、義法聚。三、染法聚。四、淨法聚。五、雜法聚。（欠之。）

○第一，教法聚，三門。

一、衆經教迹義。一、敘異説。二、辨是非。三、顯正義。

二、三藏義。一、釋名。二、辨相。三、開合廣略。四、制[三]立。五、大小有無。六、三藏次第。七、料[四]簡寬狹。

三、十二部經義。一、翻名解釋。二、體相。三、約時分別。四、通別。五、總別。

○第二，義法聚中，二十六門。

一、佛性義。一、釋名。二、辨體。三、料簡有無、内外、三世、當現之義。四、明因義。五、就性所以。

二、假名義。一、釋名。二、假名[五]有無。三、辨相。

三、入不二門義。一、釋名。二、辨相。三、約説分異。

四、二諦義。一、釋名。二、辨體。

五、二無我義。一、釋名。二、辨相。三、約宗分異。四、就人辨定。

六、如、法性、實際義。一、釋名。二、辨相。三、大小有無。

卷第二

七、三解脱門義。一、釋名。二、辨性。三、分相。四、制定其名。五、制立其數。六、次第之義。七、就地分別。八、重空之義。

八、三有爲義。一、釋名。二、辨相。

九、三無爲義。一、釋名。二、辨相。三、得之分齊。四、多少不同。五、三性分別。六、漏無漏分別。七、有無分別。八、常無常分別。九、約對四無共相收攝。十、約對四諦共相收攝。

十、四空義。一、辨相。二、攝相。

十一、四優檀那義。一、釋名。二、開合廣略。三、隨別廣釋。

十二、四悉檀義。一、釋名辨相。二、定別其相。三、通局義。四、相攝義。

十三、四真實義。一、釋名。二、體相。

卷第三本

十四、四諦義。一、釋名。二、開合辨相。三、染淨因果分別。四、理事分別。五、十六聖行分別。六、有作無作、有量無量相對分別。七、同異分別。八、虛實分別。九、十諦分別。

十五、四緣義。一、釋名。二、辨相。三、就法分別。四、大小同異。

十六、五果義。一、列名辨相。二、對六因分別。三、對十因分別。四、對四緣分別。五、對漏無漏分別。六、三性分別。七、三世分別。八、諸地分別。九、學等分別。十、斷法分別。

十七、六因義。一、辨相。二、就時分別。三、對果分別。四、歷法分別。五、大小同異。

十八、四空義。一、辨相。二、攝相。此一章與卷第二所出者文義全同，故省。

十九、五法三自性義。一、明五法。二、明三性。三、相對分別。

二十、六種相門義。

卷第三末

二十一、八識義。一、釋名。二、辨相。三、根〔六〕塵有無。四、大小有無。五、真妄依持。六、真妄熏習。七、迷悟修捨。八、迷悟分齊。九、修捨分齊。十、對治邪執。

卷第四

二十二、十因義。一、列名解相。二、十因生法。三、對二因分別。四、對六因分別。五、對緣分別。六、對果分別。七、對人辨異。

二十三、十一空義。

二十四、十二因緣義。一、釋名辨體。二、開合廣略。三、約時分別。四、界地分別。五、三性分別。六、淺深分齊。七、就人分別。八、約智分別。

二十五、十八空義。一、辨相。二、異同。三、修入次第。

二十六、二十二根義。一、釋名辨體。二、分相。三、治斷差別。四、得果不同。五、就人分別。六、得捨成就。七、因起(七)次第。

卷第五本

〇第三，染法聚，六十門。

一、煩惱義，三十門。

一、二障義。一、釋名。二、體相。

二、三障義。一、釋名。二、斷處。

三、三根、三道、三毒煩惱義。一、釋名。二、廢立。三、相對辨異。四、料簡優劣。

四、三使義。一、釋名辨體。二、斷處。三、約對三障辨同異。

五、三漏義。

六、四縛、四流、四枙(八)義。

七、四取義。

八、四種身結義。

九、五住地義。一、釋名。二、辨體。三、地起不同。四、心相應不相應。五、即心異心。六、見修分別。七、對果辨因。八、治斷分齊。

十、五蓋義。一、釋名。二、體性。三、離合。四、次第。五、對行辨蓋。

卷第五末

十一、五下分結義。

十二、五上分結義。

十三、五慳義。

十四、五心栽義。

十五、五心縛義。

十六、六垢義。一、列名辨釋。二、約對使纏彰其差別。三、約對十使彰其依別。四、就識分別。五、就界分別。六、就性分別。七、約道分別。

十七、七漏義。

十八、七使義。

十九、八慢義。

二十、八種惡覺義。

二十一、八妄想義。一、釋名。二、因起。三、約對五住共相收攝。

二十二、八倒義。一、釋名辨相。二、約教分定。三、就人辨定。四、倒起所因。五、約對三倒辨其同〔九〕異。六、對二著我共相收攝。七、約對十使共收攝。八、對境分別。九、治斷差別。

二十三、九結義。

卷第六

二十四、十使義。一、釋名辨相。二、三性分別。三、利鈍見修分別。四、相應不同。五、約境隨界分別。六、九十八使等分別。七、緣縛不同。八、成義差別。九、發業潤生。十、因起次第。

二十五、十纏義。一、釋名辨相。二、對使垢料簡同異。三、纏依差別。四、見修分別。五、六識分別。六、就界分別。七、就位分別。

二十六、十障義。一、釋名。二、立障所依。三、辨相。四、治斷處所。

二十七、十四難義。

二十八、十六神我義。

二十九、六十二見義。

三十、八萬四千煩惱義。

卷第七

二、諸業義，十六門。

一、身等三業義。一、釋名辨性。二、辨相。三、開合廣略。四、輕重。五、上下。

二、三性業義。一、釋名辨體。二、分相。三、就人分別。

三、三受報業義。一、釋名。二、辨相。三、就處分別。

四、三界繫業義。一、釋名。二、能繫。三、所繫。四、處分別。五、治斷。

五、三時報業義。一、釋名辨相。二、定其業體。三、界趣分別。四、因緣分別。五、得果多少遲速分別。

六、曲〔一〇〕穢濁業義。

七、黑白四業義。一、釋名。二、辨相。

八、五逆義。一、釋名辨相。二、三業三毒分別。三、輕重分別。四、多少次第。五、人處分別。六、受報久近。七、可盡不盡分別。

九、六業義。

十、七不善律儀義。一、釋名辨相。二、開合廣略。三、對治分別。四、得捨成就。五、形趣分別。

十一、八種語義。

十二、九業義。一、列名辨釋。二、三性分別。三、就趣分別。

十三、十不善業義。一、釋名。二、辨體。三、業起次第。四、料簡寬狹。五、作無作。六、三毒分別。七、界趣分別。

十四、十四垢業義。

十五、十六惡律儀義。

十六、飲酒三十五失義。

卷第八

三、苦報義，十四門。

一、二種生死義。一、釋名。二、辨相。三、就位分別。四、就界分別。五、因緣分別。六、治斷分別。

二、四生義。一、辨相。二、通局。三、寬狹。

三、四有義。一、辨相。二、就時分別。三、就處分別。四、五陰六根有具不具。五、染淨分別。六、凡聖有無。

四、四識住義。一、辨相。二、漏無漏分別。三、就地分別。四、三世分別。

五、四食義。一、辨相。二、就起分別。

六、五陰義。一、釋名。二、辨相。三、先後次第。四、三性分別。五、漏無漏分別。六、常無常分別。七、三界有無。

卷第八末

七、六道義。一、釋名。二、開合。三、辨相。四、明因。

八、七識[三]住義。

九、八[三]難義。一、釋名。二、辨相。三、五趣分別。四、煩惱業報分別。五、約對四輪明治差別。

十、九衆生居義。

十一、十二入義。一、釋名。二、出體。三、辨相。四、隨義分別。五、對陰分別。六、對界分別。

十二、十八界義。一、釋名。二、三聚分別。三、內外分別。四、三性分別。五、就地分別。六、有爲無爲分別。七、有漏無漏分別。八、學等分別。九、三斷分別。十、三對分別。十一、識緣不同。

十三、二十五有義。

十四、四十居止義。

卷第九

○第四，淨法聚，一百三十一門。

因法，一百十三門。

一、發菩提心義。一、釋名辨體。二、因起次第。三、就位分別。

二、迴向義。一、釋名辨相。二、修之所爲。三、約對餘行辨定因異辨寬狹。

三、金剛三昧義。一、釋名。二、體性。三、開合辨相。四、就位分別。五、有惑無惑。

四、斷結義。一、釋名辨相。二、治道差別。三、緣境總別。四、漸頓。五、假實。六、品數多少上下之義。七、依禪地。八、就位分別。九、就識分別。

五、滅盡定義。一、釋名辨體。二、出入之相。三、時節分齊。四、就界分別。五、就地分別。六、有漏無漏分別。七、就人分別。八、對第八解脱辨其同異。九、釋文。

六、一乘義。一、釋名義。二、辨體相。

七、二種莊嚴義。一、釋名。二、辨體。三、就位分別。四、就人分別。

八、二種種性義。一、行位相對定其先後。二、就位分別。三、就行分別。

九、證教二行義。一、釋名。二、辨相。三、料簡可説不可説義。

卷第十

十、三歸義。一、釋名。二、所歸。三、能歸。

十一、三學義。一、釋名定體。二、辨相。三、就位分別。四、攝相。五、對治。

十二、三聚戒義。一、釋名。二、論體。三、辨相。四、制立。五、大小不同。六、大小異。七、總別。

十三、三種律儀義。一、釋名。二、辨相。三、所防同異。四、就界分別。五、就趣分別。六、就形分別。七、就人分別。八、得捨分別。

十四、止觀捨義。一、釋名。二、定體。三、辨相。四、制立。五、修起次第。六、約境分別。七、就位分別。八、就人分別。

十五、三慧義。一、釋名。二、辨體。三、就位分別。四、就界分別。五、就人分別。

十六、三種般若義。

十七、三智義。一、辨相。二、就人分別。

十八、三量智義。一、釋名義。二、辨相。三、就位分別。

十九、同相三道義。一、釋名。二、辨體。

二十、别相三道義。一、釋名。二、定位。三、辨相。

二十一、三種住義。一、釋名。二、辨相。

卷第十一

二十二、煩等四心義。一、釋其名。二、定體性。三、辨其相。四、開合廣略。五、長短分别。六、就界分别。

二十三、人四依義。一、釋名義。二、開合辨相。三、侍佛多少。四、得義多少。五、所化差别。

二十四、法四依義。一、釋名。二、辨相。三、次第。四、對四無礙共相收攝。五、約對人依辨〔三〕明可依不可依義。

二十五、四聖種義。一、辨相。二、就人分别。

二十六、四親近行義。

二十七、轉業四行義。

二十八、四修定義。

二十九、四不壞淨義〔四〕。一、辨相。二、就處分别。

三十、四堅義。

三十一、四種道義。一、《雜心》八。二〔五〕、《成實論》第二《法聚品》。

三十二、四種善法義。《成實論》第二《四法品》。

三十三、四種味義。《成實論》第二《法聚品》。

三十四、四德處義。一、辨相。二、約對四家會名分别。三、就位分别。

三十五、四種求知義。一、辨相。二、對妄顯治。

三十六、四陀羅尼義。一、釋名。二、修德〔六〕。三、約聞思修證四義分别。四、約對三昧辨其同異。五、就位分别。六、大小有無。七、明因。

三十七、四無量義。一、釋名辨性。二、開合制立。三、次第。四、三緣分别。五、體用分别。六、修得之義。七、就處分别。八、大小無量差别。

三十八、四無礙義。一、釋名。二、辨相。三、隨義具論。四、相對辨。五、大小有無。六、大小不同。七、對力無畏彰别本末。

三十九、菩薩四無畏義。

四十、四攝義。一、釋名。二、辨體。三、約對六度共相收攝。四、就位分别。五、因起次第。

卷第十二

四十一、五願義。

四十二、五戒義。一、列名解釋，科簡癈立。二、遮性分別。三、得戒有分具。四、就時分別。五、約就人趣形報分別。

四十三、五品十善義。一、釋名。二、開合辨相。三、約就人位辨其通局。四、所治同異。

四十四、五停心義。一、釋名辨相。二、治患不同。三、三善分別。四、就地分別。

四十五、五聖支定義。

四十六、五聖智三昧義。

四十七、五智義。一、辨相。二、定體。三、漏無漏分別。四、就位分別。五、就人分別。六、就處分別。

四十八、五忍義。一、釋名義。二、就位分別。

四十九、五種菩提義。

五十、五種方便義。

五十一、五種善法義。

五十二、五行義。一、釋名。二、辨體。三、就位分別。

五十三、五生義。

五十四、五無量義。一、釋名。二、辨相。三、次第。四、約對十盡共相收攝。五、對二十無量共相收攝。

五十五、五德舉罪義。

五十六、五種教誡義。

五十七、六波羅蜜義。一、翻名解釋。二、論體。三、開合辨相。四、通就諸行同相分別。五、別就諸行異相分別。六、修之所爲并論是非。七、六度相攝。八、資導爲因。九、就位分異并辨優劣不同。十、因起次第。

五十八、六念義。一、釋名義。二、開合辨相。三、隨別廣釋。四、次第。五、念之所爲。

五十九、六種決定義。

六十、六妙行義。

六十一、六種善法義。

六十二、六和敬義。

六十三、六修定義。一、辨相。二、行義差別。三、就位分別。四、就地分別。五、就界分別。六、約智分別。七、依受分別。

六十四、六三昧義。

六十五、六攝義。

六十六、七善律儀義。一、辨相。二、開合廣略。三、對境分別。四、支因具不具。
六十七、七淨義。一、辨相。二、就位分別。
六十八、七財義。
六十九、七種大乘義。
七十、七地義。一、釋名。二、定體。三、辨相。
七十一、八戒齊義。一、釋名定數。二、辨相。三、具得因緣。四、界趣分別。五、形報分別。六、對境分別。七、受持之義。

卷第十三

七十二、八禪定義。一、通解八禪。二、別釋八禪。三、明定具。四、明定難。
七十三、八解脱義。一、釋名辨相。二、論體。三、就位分別。四、就處分別。五、得捨成就。六、約對餘門辨定優劣。
七十四、八勝處義。一、釋名辨相。二、論體。三、就人分別。四、就處分別。
七十五、八行觀義。一、釋名辨相。二、就位分別。
七十六、八大人覺義。
七十七、八法攝摩訶衍義。
七十八、九次第定義。
七十九、九想觀義。一、辨相。二、定體。三、所緣。四、治患不同。五、約對十想辨其同異。六、約對諸禪辨定先後。七、約對道品辨定本末。八、修起所爲。
八十、九斷智義。一、釋名辨相。二、約道分別。三、就處分別。四、得捨成就。五、建立所以。

卷第十四

八十一、十想義。一、釋名辨相。二、體性。三、就處分別。四、就人分別。五、約受分別。
八十二、十一切入義。一、釋名辨相。二、體性。三、就處分別。四、約對餘門辨定優劣。
八十三、十聖處義。
八十四、十種慰喻義。
八十五、十願義。一、釋名義。二、據修分別。三、就行分別。四、行位分別。五、因果分別。
八十六、十種供養義。一、明供養。二、明供心。
八十七、十無盡藏義。
八十八、信等十行義。一、釋名。二、辨相。三、對治。四、因起次第。五、修行分別。六、所成分別。七、約對六度共相收攝。八、離合廢立。九、淺深分齊。

八十九、十明義。

九十、十忍義。

九十一、十無生忍義。一、釋名。二、辨相。三、就位分別。

九十二、十住義。一、釋名。二、辨相。三、定位。四、起説因緣。

九十三、十行義。一、釋名。二、辨體。三、修起所爲。四、起行所依。五、定位。六、起説因緣。

九十四、十迴向義。一、釋名義。二、辨相。三、定從。四、起説因緣。

九十五、十地義。一、釋名。二、辨體。三、論位。四、起説因緣。

九十六、十功德義。一、釋名。二、辨相。三、約對五行定其位分。

九十七、見性十法義。

九十八、涅槃十因義。

九十九、菩薩十力義。

一百、菩薩十無畏義。一、辨相。二、對四無畏辨其同異。

百一、三乘共地義。一、釋名辨相。二、約小論大。三、辨明菩薩行之通別。

卷第十五

百二、十智義。一、釋名辨相。二、體性。三、同異相攝。四、辨境。五、就處分別。六、諸智相緣。七、諸根相應。八、辨境修智。

百三、十一智義。一、辨相。二、大小通局。

百四、十一淨義。

百五、十二頭陀義。一、釋名辨相。二、對四聖種辨其同異〔一七〕。

百六、十二巧方便義。

百七、十三住義。一、列名辨相。二、漸頓。三、約修分別。四、約行分別。五、八法攝住。六、修成分齊。七、治斷分齊。

百八、離十四垢業義。

百九、離隱六方離四惡友攝四善友義。

百十、十四化心義。一、釋名辨相。二、就處分別。三、三性分別。四、得捨成就。五、化事差別。六、大小不同。

卷第十六本

百十一、十六特勝義。一、釋名辨相。二、約對四念分別。三、所求成差別。四、就位分別。五、約禪分別。六、就人分別。七、隨義分別。

百十二、菩薩十八不共法義。

卷第十六末

百十三、二十種法師德義。

百十四、三十七道品義。一、通釋。二、別解。三、約對九法分別。

卷第十七本

賢聖義。一、釋名。二、辨相。

卷第十七末

賢聖義之餘。

卷第十八

果法，有十八門。

一、涅槃義。一、釋名。二、滅之分齊。三、定體。四、開合辨相。五、雜義分別。

二、無上菩提義。一、釋名。二、定體。三、辨相。四、得不得。五、約位通局。六、約時分別。七、菩提涅槃一異。

卷第十九

三、淨土義。一、釋名。二、辨相。三、明因。四、約身明土。五、凡聖有無。六、質之同異。

四、三佛義。一、釋名義。二、辨相。三、約時分別。四、明因。五、常無常分別。六、說不說分別。七、次第分別。

五、三智義。一、辨相。二、攝相。

六、三不護義。

七、三念處義。

八、四一切種淨義。

九、二智義。一、約境辨定。二、體相分別。三、約對盡智無生智分別[二八]。

十、四智義。一、約境辨定。二、體相分別。三、約對盡智無生智分別。

十一、四無畏義。一、釋名。二、定其體性辨其境具。三、智斷分別。四、自利利他分別。五、寄對顯德。六、約對十力辨其同異。七、大小所說不同。

卷第二十本

十二、五分法身體〔一九〕。一、釋名。二、辨相。三、三學分別。四、三聚分別。

十三、五眼義。一、釋名。二、辨相。三、修成次第。四、約境分別。五、就人分別。六、所見分齊。七、明因。八、約對上十眼共相收攝。

十四、六通義。一、釋名。二、論體。三、修得之義。四、大小不同。五、三性分別。六、三業分別。七、通明示現等分別。八、修起次第。九、依經辨相。

卷第二十末

十五、十號義。

十六、十力義。一、釋名。二、定體。三、辨相。四、分齊差別。五、作業不同。六、次第義。七、教化教授分別。八、大小所説不同。

十七、十八不共法義。一、列名辨相。二、辨定是非。三、體性。四、就處分別。五、三業分別。六、四緣分別。

十八、百四十不共法義。一、辨相。二、作業。三、對十八不共共相收攝。

○第五雜集疑不傳歟。

大乘義章目次終

校勘記

〔一〕底本據《卍續藏》，校本據《大正藏》。

〔二〕底本原校云目録新作。

〔三〕「制」，底本在下文「六」字上，據内文移至此。

〔四〕「料」，底本作「科」，據内文改。

〔五〕「名」，底本原校云一本作「法」。

〔六〕「根」，底本作「相」，據内文改。

〔七〕「起」，底本作「記」，據内文改。

〔八〕「枙」，底本作「扼」，據内文改。

〔九〕「同」，底本作「因」，據内文改。

〔一〇〕「曲」，底本作「四」，據内文改。

〔一一〕「識」，底本脱，據内文補。

〔一二〕「八」，底本作「七」，據内文改。

〔一三〕「辨」，底本作「并」，據内文改。

〔一四〕「二十九四不壞淨義」，底本脱，據下文補，以下各序號逐次退後一位。
〔一五〕「二」，底本脱，據文意補。
〔一六〕「德」，底本原校云一本作「得」。
〔一七〕「異」，底本後衍「二」字，據内文删。
〔一八〕「一約境」至「分別」，疑衍。
〔一九〕「體」，内文標題作「義」。

大乘義章卷第一 草書惑人，傷失之甚。傳者必真，慎勿草書。

遠法師撰

義有五聚。一者教聚。二者義聚。三者染聚。四者淨聚。五者雜聚。

教聚之中，別有三門。一、衆經教迹義。二、三藏義。三、十二部經義。

衆經教迹義，三門分別。一、敘異説。二、辨是非。三、顯正義。

言異説者，異説非一。晉武都山隱士劉虬説言，如來一化所説，無出頓漸。《華嚴》等經，是其頓教，餘名爲漸。漸中有其五時七階。言五時者，一、佛初成道，爲提謂等説五戒十善，人天教門。二、佛成道已十二年中，宣説三乘差別教門。求聲聞者，爲説四諦。求緣覺者，爲説因緣。求大乘者，爲説六度。及制戒律，未説空理。三、佛成道已三十年中，宣説大品空宗《般若》《維摩》《思益》，三乘同觀，未説一乘，破三歸一，又未宣説衆生有佛性。四、佛成道已四十年後，於八年中説《法華經》，辨明一乘，破三歸一，未説衆生同有佛性，但彰如來前過恒沙，未來倍數，不明佛常，是不了教。五、佛臨滅度，一日一夜，説《大涅槃》，明諸衆生悉有佛性，法身常住，是其了義。此是五時。言七階者，第二時中三乘之別，通前〔二〕説七。此是一説〔三〕。又誕公云：佛教有二，一頓二漸。頓教同前。但就漸中，不可彼五時爲定，但知昔説悉是不了，雙林一唱是其了教。此是二説。又菩提流支宣説，如來一音，以報萬機，大小並陳，不可以彼頓漸而別。此是三説。

次辨其非。劉虬所云佛教無出頓漸二門，是言不盡。如佛所説四阿含經、五部戒律，當知非是頓漸所攝。所以而然，彼説被小，不得言頓。説通始終，終時所説，不爲入大，不得言漸。又設餘時所爲衆生聞小取證，竟不入大，云何言漸。是故頓漸攝教不盡。此是一非。

又復五時七階之言，亦是謬浪。若言初時爲提謂等説人天法，不論出道，何所依據。人天教門，如來一化，隨諸衆生，有宜便説，豈局初時。又《提謂經》説諸衆生吾我本淨，吾我本淨是衆生空。又説諸法皆歸本無，諸法本無即是法空。又復提謂爲衆懺悔五逆等罪，悟解四大五陰本淨，陰大本淨亦是法空。二空即是出世直道，云何名爲人天教門。又説法時，提謂波利聞法獲得不起法忍，時四天王得柔順忍，三百賈人得成信忍，三百龍王得信忍根，阿須輪[三]等發菩提心，山神、樹神、水火神等皆得十善，作菩薩道，二百賈人得須陀洹。不起法忍者，是七地已上無生忍也。柔順忍者，四地已上所得忍也。信忍在於初、二、三地，信忍之根當應在彼解行終心。菩提心者解行之初，言得十善作菩薩者當應在彼種性已上，亦可在彼賢首已去。須陀洹者，是小乘初果。此皆成就出世正道，云何名爲人天教門。又《普曜經》明佛與彼提謂波利二人授記當得作佛，號曰密[四]成，明知所説非人天教。又提謂等聞法已去，不向鹿苑，憍陳如等未豫斯會，云何以此與後作漸，是大難解。

第二階云如來於彼十二年中唯説三乘差別教門，依何文證。經中但云求聲聞者爲説四諦，求緣覺者爲説因緣，求大乘者爲説六度，何曾説言在十二年。又若衆生於餘時中樂聞是法，或在此時樂聞餘法，佛豈不説。判無斯理。然實別教，如來一化，有宜便説，不得定言在十二年。云何得知。如四阿含、五部戒律，是小乘法。《戒經》説言，釋迦如來於十二年中，爲無事僧略説《戒經》，從是已後，廣分別説。《增一阿含》亦同此説。明知戒律始終通制。又《長阿含·遊行經》者佛涅槃時方始宣説，明知經法始終通説，不止在於十二年中。又佛於彼五年之中説十萬偈《摩訶般若》，明諸法空，七年之中爲諸菩薩説《般周[五]經》，亦説色心一切法空，云何而言十二年中未明空理。以斯准驗，人言定謬。

第三階云，三十年中，宣説大品空宗《般若》、《維摩》《思益》，未曾破三以歸一[六]，又未宣説衆生有佛性，言義未了，是故彼[七]《法華》爲漸。然《般若經》佛成道已五年便説，云何定言在三十年。又《大品經·往生品》中，諸比丘等，聞説般若，讚歎檀度，遂脱三衣，以用布施。龍樹釋言：佛制三衣，不畜得罪，何故不重尸波羅蜜，犯戒行施。以此在於十二年前，佛未制戒，是故不犯。以是[八]證文，非局在於三十年中。《維摩》《思益》三十年者，依何文證。故知但是妄情安置。時分且爾。若言《般若》説三同觀，淺《法華》者，《涅槃經》中亦言此經出聲聞故名聲聞藏，出辟支佛故名緣覺藏，出菩薩故名菩薩藏。又《師子》中説十二緣，下智觀故聲聞菩提，中智觀故緣覺菩提，上智觀故菩薩菩提，上上智觀阿耨菩提。彼經亦説三乘同觀，應淺《法華》。又《勝鬘》中説，摩訶衍出生一切聲聞緣覺世及出世間一切善法，彼經亦應淺於《法華》。彼既是深，《大品》同觀，何爲獨淺。若言《般若》不破三乘，淺《法華》者，《大品經》中舍利弗問：若都不退，空復不異，何故得有三乘差別，不唯一乘。須菩提答：無二無三，若聞不怖，能得菩提。此與《法華》無二無三，其言何別，而言非是破三歸一。又龍樹云：當知，《般若》於《華手經》《法華經》等無量經中，最以爲大。云何言淺。若言《般若》不説佛性，淺於《涅槃》者，經説佛性亦名般若波羅蜜，亦名第一義空。《大品》所説般若及空即是佛性，云何説言不明佛性。又《大品》中宣説真如、實際、法性，龍樹釋言：法名涅槃，不戲論法，性名本分[九]，猶如黄石金性，白石銀性，一切衆生有涅槃性。此與佛性有何差别，而言不説佛性。既齊淺深之言，無宜暫[一〇]施。又《維摩經》以不思議解脱爲宗，斯乃十解脱中初解脱門。當知此是頓教法輪，云何言是不了義經。《思益》亦爾。

第四階云，四十年後宣説《法華》，破三歸一，未明佛性，又説如來前過恒沙，未來倍數，猶是無常，是故與彼《涅槃》爲漸。經中實説佛成道已過四十年説《法華經》。然與《大品》前後難定。何故如是。龍樹菩薩釋《大品經》云：須菩提聞説《法華》舉手低頭皆成佛道，是故今問退不退義。以此文證，前後不定。若言《法華》破三歸一，深於《大品》，此如前破。若言《法華》未説佛性，淺於《涅槃》，是義不然。如經説，性即是一乘。《法華經》中辨明一乘，豈爲非性。又《法華》中，不輕菩薩若見四衆，高聲唱言，汝當作佛，我不輕汝。以知衆生有佛性故，稱言皆作。但言皆作，即顯有性。若言如來前過恒沙未來倍數未明常者，是義不然。當知，彼説踊出菩薩所見之應，前過恒沙，未來倍數，不論真身。若論真身，畢竟無盡。云何得知是應非真。經言，我成佛已來，説法教化踊出菩薩。復言，我常在靈鷲山，及餘住處，天人所見。明知是應。此應何故未來倍數。以其所化踊出菩薩，於未來世，過倍數劫，皆悉作佛，不假佛化，如來爾時息應歸真，故言倍數。理實佛化畢竟無盡。

問曰：若言前過恒沙是應非真，何故論中説爲報佛。釋言：約化顯實故爾。化[一一]來多時，明真久矣。彼既説應未來倍數，何得報[一二]此疑真不了。又《涅槃》中，嘆《涅槃經》有大利益。如《法華》中八千聲聞得授記莂，成大果實。得益既齊，所明寧異。如龍樹實[一三]云：《法華經》者，最爲甚深，以説聲聞得作佛故，是故餘經皆付阿難，唯《法華經》獨付菩薩。准驗斯文，不得言淺。

第五階云，如來垂終說《大涅槃》，獨爲究竟了義之唱，然實《涅槃》垂終所說，未必垂終偏是了義。如雙林前宣說《勝鬘》《楞伽》《法鼓》《如來藏經》《鴦掘摩羅》《寶女經》等，皆是圓滿究竟了義，何獨《涅槃》偏是了義。如佛初年說《寶女經》及《尼揵子》，二年宣說《廣博嚴淨》，五年宣說《摩訶般若》，七年宣說《般周三昧》，九年宣說《鴦掘摩羅》及《法鼓經》，十年宣說《如來藏經》。如是等經，皆是圓滿究竟了義，何獨《涅槃》偏是了義。誕公所言頓漸之言，義同前破。然佛一化，隨諸衆生，應入大者，即便爲說。隨所宣說，門別雖異，無不究竟，何獨《涅槃》偏是了義。菩提流支言，佛一音以報萬機，判無漸頓。是亦不然。如來雖復一音報萬，隨諸衆生，非無漸頓。自有衆生，藉淺階遠，佛爲漸說，或有衆生，一越解大，佛爲頓說，寧無頓漸。辨非如是。

次顯正義。於中兩門：一、分聖教，二、定宗別。聖教雖衆，要唯有二，一是世間，二是出世[一四]。三有善法，名爲世間。三乘出道，名出世間。就出世間[一五]中，復有二種：一、聲聞藏，二、菩薩藏。爲聲聞說，名聲聞藏。爲菩薩說，名菩薩藏。故《地持》云：十二部經，唯方廣部是菩薩藏，餘十一部是聲聞藏。彼文復言，佛爲聲聞、菩薩行出苦道，說修多羅，結集經者集爲二藏，聲聞所行爲聲聞藏，菩薩所行爲菩薩藏。龍樹亦云：迦葉、阿難於王舍城結集三藏，爲聲聞藏。文殊、阿難於鐵圍山集摩訶衍，爲菩薩藏。聖教明證，義顯然矣。此二亦名大乘小乘半滿教也。聲聞藏法，狹劣名小，未窮名半。菩薩藏法，寬廣名大，圓極名滿。教別如此。

言定宗者，諸經部別，宗趣亦異。宗趣雖衆，要唯二種，一是所說，二是所表。言所說者，所謂行德。言所表者，同爲表法，但法難彰，寄德以顯，顯法之德，門别無量，故使諸經宗趣各異。如彼《發菩提心經》等，發心爲宗。《温室經》等，以施爲宗。《清淨毗尼》《優婆塞戒》，如是等經，以戒爲宗。《華嚴》《法華》《無量義》等，三昧爲宗。《般若經》等，以慧爲宗。《維摩經》等，解脱爲宗。《金光明》等，法身爲宗。方等如門，如是經等，陀羅尼爲宗。《勝鬘經》等，一乘爲宗。《涅槃經》等，以佛圓寂妙果爲宗。如是等經，所明各異。然其所説，皆是大乘緣起行德究竟了義。階漸之言，不應輒論。教迹之義，略之云爾。

三藏義，七門分别。釋名，一。辨相，二。開合廣略，三。制立，四。大小有無，五。三藏次第，六。料簡寬狹，七。

第一釋名。言三藏者，謂修多羅、毗尼、毗曇。

修多羅者，中國之言。此方釋者，翻譯非一，或名法本，或復翻爲真[一六]説語言，或名契經，或翻名綖。人家所以翻爲經本，盖依《仁王》《百論》故爾。如《仁王》中，佛告大王，經[一七]本、偈經，乃至論義，一切皆如。以彼經中名修多羅爲經[一八]本故，人即執此，用爲翻名。又《百論》中名其經本爲修妬路，或云經[一九]本，人復執此，定爲翻名。盖乃隨義以名經體，非正翻名。

何者本義。本義有四：一、理教相對，教爲理本，故名爲本。二、就教中經論相對，經爲論本，故名爲本。三、就經中自有本末。本自三義，一總爲别本，二初爲後本，三略爲廣本。是義云何。修多羅中，義别有三：一、總修多羅，該[二〇]攝十二，莫不皆成一修多羅。故《涅槃》云：始從如是，終至奉行，如是一切名修多羅。二、别修多羅。就前總中，開分十二，餘不收者還復攝在修多羅中，名之爲别。三、略修多羅。十二部中，初略標舉一切，通名爲修多羅，後廣解釋，説爲十二。如言色者即是根本略修多羅部，謂十一種青黄等色是其廣釋修多羅部。如喻經中，譬如長者有一大宅，即是喻説略修多羅，其宅朽等，是其廣釋。譬喻經攝如是一切。此三種中，總修多羅望別十二，總爲別本，故名爲本。別修多羅望彼祇夜、重誦之偈，及望譬喻、論議之經，初爲後本，故名爲本，望餘非本。略修多羅，望廣十二，略爲廣本，目之爲本。四、就論中，自有本末[二一]。有二種：一、略爲廣本，如迦旃延所作之論，與《毗婆沙》廣論爲本。二、廣爲略本，如《毗婆沙》，與《阿毗曇》及《雜心論》以爲本等。本義如是。彼《仁王》中所云本者，就經以說，總爲別本，故名爲本。初爲後本，略爲廣本，亦名爲本。彼《百論》中，就論以說，略爲廣本，故名爲本。此等乃是隨義傍翻，非正翻名。人復所以翻爲直說，依《成實論》故爲此釋。彼文說言，修多羅者，直說語言。人即執此，以爲翻名，蓋乃是其辨釋之辭，非正翻名。訶梨跋摩作論解[二二]釋十二部經，對彼祇夜、伽陀、偈經，故指序[二三]言修多羅者直說語[二四]言，如似說言熱者是火，豈是翻名。何故偏對祇夜、伽陀。以此二種一向別故。

人復所以翻名契經，依彼《增一阿含序》故，便作此釋。彼言，契經是第一藏，毗尼第二，毗曇第三。明知契經是修多羅。又依《雜心業品》之文，彼文說言斷律儀者如《契經品》，乃其所指是《修多羅品》，人即執此以爲翻名。斯乃隨義以名其經，非是翻名。以其聖教稱當人情，契合法相，從義立目，名之爲契。此既方言，何用私情種種圖度。

若正相翻，名之爲綖[二五]。何以得知。今此且以三門釋之：一、准定方言。二、以義解。三、以文證。

准方言者，外國之人正名世人縫衣之綖爲修多羅。那得異翻。

言義解者，諸法星蘿[二六]，散周法界，所以次第顯理[二七]在世，不墜不失，良以聖教貫穿故爾。貫法之能，如綖貫華，故名爲綖。

言文證者，如律中說，如種種華，散置案上，風吹則落。何以故。無綖貫故。如是種種名、種種性、種種家出家，令佛法疾滅不久住。何以故。不以經教攝取法故。故目聖教以之爲綖[二八]。佛法如華。所被衆生三業如案，造過非如風，由過滅法，如華零落。若無言教記持彼法，法則隱滅。良以言教記持在，世人雖造過，法常不滅。以有此能，故説如綖。又《雜心》言，修多羅者，名曰結鬘，能貫諸法。貫法，猶是綖之義也。

言毗尼者，名別有四，一曰毗尼，二名木叉，三曰尸羅，四名爲律。言毗尼者，是外國語，此翻名滅。外國説滅，凡有三種：一者涅槃，二，尼彌留陀，謂四諦中滅諦名也。三曰毗尼。此三何別。若通論之，體一名異，其猶眼目。外國之言，一法十名，此三即是十中數也。若別分之，非無差異。異相如何。涅槃、彌留，當體立稱。是二何異。義釋有三。第一義云，所滅不同。如《涅槃》釋，諸經[二九]火滅，名[三〇]爲滅度，此即是其彌留陀滅。離諸覺觀，稱曰涅槃。第二釋云，通局有異。涅槃之滅，偏據滿處。尼彌留陀，滅義通因。是故滅諦有滅皆收。第三釋云，通別以分。隨事別滅，説爲涅槃。通相三[三一]滅，名尼留陀。約對品異，名爲[三二]事別。盡、止、妙、出，四義寛通，名爲通相。此二雖異，當體是滅。若論毗尼，體非是滅。有爲行德，能有所滅，故名爲滅。又能證得寂滅之果，故説爲滅。何故戒行名曰毗尼。有其兩義。一者，戒行能滅業非，故稱爲滅。二、能得彼究竟滅果，故説名[三三]滅。何故律教得名毗尼。亦有兩義。一、能詮於毗尼之行，從其所詮，故號毗尼。二、能生於毗尼行德，從其所生，故稱毗尼。

言木叉者，此名解脱。解脱有二，一者無爲，二者有爲。無爲解脱，直名木叉。有爲解脱，名毗木叉。是故《相續解脱經》言，涅槃解脱名爲木叉。五分法身，有爲解脱，名毗木叉。何故戒行名爲解脱。有其兩義：一者，戒行能免業非[三四]，故名解脱。二、能得彼解脱之果，故名解脱。是以經言，戒是正順解脱之本，故名波羅提木叉也。何故律教名爲解脱。釋有兩義：一、能詮於解脱行德，故名解脱。二、能生於解脱行德，故名解脱。

言尸羅者，此名清涼，亦名爲戒。三業炎非，焚燒行人，事等如熱。戒能防息，故名清涼。清涼之名，正翻彼也。以能防禁，故名爲戒。何故律教名之爲戒。亦有兩義：一詮戒行，故説爲戒。二能生戒，故説爲戒。所言律者，是外國名。優婆羅叉，此翻名律。解釋有二，一就教論，二就行辨。若當就教，詮量名律。若當就行，調伏名律。毗尼之教，詮此律行，故稱爲律。又生律行，故復名律。

阿毗曇者，名別有四：一名優婆提舍。二名阿毗曇。三名摩德勒伽，亦云摩多羅迦，此正一名，傳之音異。四名摩夷。優婆提舍，此正名論，論諸法故。阿毗曇者，此方正翻，名無比法，阿謂無也，毗謂比也，曇摩名法。解釋有二，一就教論，二據行辨。言就教者，三藏之中毗曇最爲分別中勝，故曰無比。言就行者，毗曇詮慧，慧行最勝，故曰無比。毗曇之教，詮此勝行，故名無比。又能生彼無比之慧，故曰無比。摩德勒伽，此方正翻，名行境界。辨彰行儀，起行所依，名行境界。言摩夷者，此名行母。辨詮行法，能生行故，名爲行母。與前境界，其義相似。

此三之中，各有苞含蘊積，名藏。三藏名義，略之麤爾。

第二門中，言體性者，三藏皆用教法爲體。何者是教。音聲字句，與法相應，是其教也。聲是聲入，三聚法中色法所收。名、字、句等，諸論不同。依如《毗曇》，是其法入，三聚法中非色非心不相應攝。名、字、句等三種何別。長短屈曲高下之法，説之爲字。攝字表法，説以爲名。拘攣名字，共相屬著，以成文頌，説之爲句。直説音聲，表法便足，何用字等。若直音聲，不與字法和合相應〔三五〕，不成言語，與風鈴等音聲無別。

要與字合，方成言語。雖與字合，得成言語，若當不與名法相應，不得以此表呼前法。良以與彼名法相應，故曰表法。雖得表法，若當不與句法相應，名字分散，不成文頌。良以與彼句法相應，故攝字等，得成文頌偈句差別。依如《成實·不相應品》，廣非前義。彼論不説聲外別有非色非心字等可得。彼説字等是其聲性，即彼聲上表召之業説爲字等，理[三六]不相離，聲恒是實，字等恒假。其猶色與色業之別，當體是色，色上相續動作是業，色性恒實，業恒是假。以此類彼，相[三七]在可知，不勞説其韻數多少。此三何別。即就聲上音韻屈曲説之爲字，召法曰名，衆多名字説以爲句。大乘法中所立字等，相同成字[三八]。故《地持論[三九]》云字者所謂惡阿等音，不説聲外別有非色非心字等。又《大智論·句義品》云：天竺語法，衆字成語，衆語成句。字、句、語等，增減爲異，即聲爲語，字等與語增減爲異，寧得異聲。三藏體性，略辨如是。

第三門中，廣略不定。或説爲一，所謂一切三藏之法，通名内論。或分爲二，謂經與論。一切本教，通説爲經。隨順釋者，斯名爲論。若隨人別，亦分爲二，謂聲聞藏及菩薩藏。或分爲三。三有三門：一、三藏分別，謂修多羅、毗尼、毗曇。二、三乘分別，所謂一切三乘法也。三、隨大小漸頓分別，所謂局教、漸教、頓教。一切小法，名爲局教。大從小入，名爲漸教。大不從小，名爲頓教。或分爲四。四有兩門：一、修多羅、毗尼、毗曇及以雜藏，分爲四種。三學別論，即以爲三。三學雜説，名爲雜藏。二、隨人分四，所謂三乘、凡夫法也。或分爲五，謂修多羅、毗尼、毗曇、雜藏及與菩薩藏也，前四小乘，後一大乘。或分爲六，大乘三藏，小乘亦三。或分爲八，小乘之中有修多羅、毗尼、毗曇及與雜藏，大乘亦爾。或分十二，謂十二部。如《地持》説，大乘之中唯一方廣，小乘十一，大小通論，故有十二。大小隱顯，備如十二部經中釋。或分十八，小乘有九，大乘亦爾。小乘九者，十二部中除彼授記、無問自説及以方廣。大乘九者，十二部中除彼因緣、譬喻、論義。大小各九，故有十八。有無所以，廣如十二部經中釋。或復分爲二十四部，大乘十二，小乘亦爾。或復分爲八萬四千，隨別廣論，數別難窮。開合之義，略辨如是。

第四門中，差別有三，一隨教本末，二約法辨異，三就行以分。

言本末者，經律是本，論是其末。但就本中，經、律兩分。末中亦二，所謂毗曇、摩德勒伽。汎釋法相，名阿毗曇。辨宣行儀，名摩德勒伽，亦云摩夷，以生行故。本末如是。於中隨義分別有三：一，化教所説，名修多羅，行教所説，名曰毗尼。汎宣理事因果是非，是化教也。辨彰行儀，是行教也。就彼末中，釋修多羅，名阿毗曇，解毗尼者，名摩德勒伽，亦名摩夷。第二，就彼化行兩教集善義邊，名修多羅。化行兩教離惡義邊，名曰毗尼。釋此二中所有化教，名阿毗曇。釋此二中所有行教，名摩德勒伽。第三，直取集善行教，爲修多羅。離惡行教，名曰毗尼。於此二中汎爾分別止作之義，爲生物解，名曰毗曇。辨其修相，爲起行心，名摩德勒伽。此一門竟。

言約法者，如彼《相續解脱經》説，三藏皆是如來本教，於中隨法分爲三種。若言聞法歸依三寶，修習諸行，如是之義，名修多羅。分別一切戒行輕重，持犯得失，如是之義，名曰毗尼。分別一切情理虛實、諸諦差別、因緣法相、五明處等，無量義門，名阿毗曇。此二門竟。

言就行者，行別有三，謂戒、定、慧。詮定之教，名修多羅。詮戒之教，名曰毗尼。詮慧之教，名阿毗曇。三藏之中，皆明三學，何故如是別配三行。《毗婆沙》中，釋有兩義。一以義分，隨彼一切聖教之中，詮定之義，斯皆攝之，爲修多羅，詮戒之義，以爲毗尼，詮慧之義，判爲毗曇。第二，隱顯互相助成。修多羅中，雖明戒、慧，助成定行。毗尼藏中，雖明定、慧，助成戒行。毗曇藏中，雖明戒、定，助成慧行。以隱顯相從，故爲此判。分相雖然，義猶難解。何故如是。以修多羅直彰法體，令心正住，生定義强，故名詮定。阿毗曇者，廣開法義，令心照知，生智義强，故名詮慧。毗尼詮戒，義在可知。

第五門中，明其大小有無之義。通而爲論，大小皆具。小乘三者，四阿含等是修多羅，五部戒律是其毗尼，《毗婆沙》等是阿毗曇。大乘三者，《華嚴》等經是修多羅，《清淨毗尼》等是其毗尼，《大智論》等是阿毗曇。若别論之，小乘具三，大乘不具。何以得知。如《大智論》龍樹釋云：迦葉、阿難於王舍城結集三藏，爲聲聞藏。文殊、阿難於鐵圍山集摩訶衍，爲菩薩藏。又《法華》云：不得親近三藏學者，名習小乘，爲三藏學。准驗斯文，定知小乘備明三藏，大乘不論。何故如是。此就如來本教故爾。如來所化小乘衆生，鈍根難悟，聞説經律，不能廣解，是故如來重以毗曇分别開示，方能悟入，故有三藏。如來所化大乘衆生，利根易悟，聞説經律，即能深解，不假如來重以毗曇分别解釋，是故不具。以〔四〇〕不具故〔四一〕，不説三藏，其猶大乘九部經中無論義經，與此相似。以義細推，如來本教亦得具有，但無部别，所以不論。若通末代，並具不疑。末代之中，雖有衆生聽受大乘，不能悟入，是故菩薩爲之作論，解釋佛經，故有大乘阿毗曇也。大小有無，略辨如是。

第六次第，略有四門：一，起説次第。佛初成道第六七日，仙人鹿苑，爲陳如等，轉四諦法，是故先明修多羅藏。若依大乘，第二七日宣説《華嚴》，修多羅也。依《僧祇律》，五年已後廣制戒律。若依《四分》，十二年後因須提那廣制戒律。故次第二明毗尼藏。如來後於毗舍離國，因於跋耆諸比丘等本末因緣，遂爲比丘説五怖畏，所謂殺生，乃至飲酒，故次第三明毗曇藏。第二，明其結集次第，經論不同。《智度論》中，明佛滅後，摩訶迦葉先令阿難誦修多羅，次優婆離誦出毗尼，後令阿難誦出毗曇。《阿育王傳》次第復異，彼文之中先令阿難誦修多羅，第二迦葉自誦毗曇，後優婆離誦出毗尼。《五分律》中次第復別，先優婆離誦出毗尼，次令阿難誦修多羅，復令阿難誦出毗曇。本事應一，傳者不同，故有此異。第三，明其化益次第。《毗婆沙》云：爲初入者，説修多羅，以其教化，令生信故。爲已入者，宣説毗尼，令其受持，起修行故。已受持者，爲説毗曇，令其依行，生正智故。第四，明其行修次第。先明毗尼，令其學戒。次修多羅，令其習定。後明毗曇，令修智慧。戒、定、智慧，義次第故。

第七門中寬狹義者，三藏相望，不辨寬狹。今以三中修多羅藏，對十二中修多羅部，辨其寬狹。十二部中修多羅部，義別有三：一、總修多羅。二、別修多羅。三、略修多羅。備如前解。此三種中，總修多羅，一向是寬，統苞[四二]十二，該括三藏。略修多羅，其義次寬，十二部經及三藏中皆通有之。別修多羅，望三藏中修多羅藏，互有寬狹。三藏之中修多羅藏，具攝十二，是故言寬，不攝毗尼、阿毗曇藏，故名爲狹。十二部中修多羅部，不攝其餘之十一部，故名之爲狹，該通三藏，是故名寬，雖不具足全攝三藏，三藏之中通皆有故。良以是非差別雖[四三]分，今以四句相對辨之。一者，是其修多羅藏，亦得名爲修多羅部，謂初藏中修多羅部。二者，是其修多羅藏，而不得名修多羅部，謂初藏中餘十一部。三者，非是修多羅藏，而得名爲修多羅部，謂彼毗尼、阿毗曇中修多羅部。四者，非是修多羅藏，而復非是修多羅部，謂彼毗尼、阿毗曇中餘十一部。三藏之義，略辨如是。

十二部經義，五門分別。翻名解釋，一。體相，二。約時分別，三。通別，四。總別，五。

第一釋名。所言經者，就喻名法。聖人言説，能貫諸法，如經持緯，故名爲經。經隨義別，故有十二。十二名者，謂修多羅、祇夜、伽陀，乃至末後優婆提舍。修多羅者，是外國語，此翻名綖。聖人言說，能貫諸法，如誕[四四]貫華，故名爲綖。與前經義，大況相似。第二祇夜，此翻名爲重誦偈也。以偈重誦修多羅中所說法義，故名祇夜。第三名爲和伽羅那，此名授記。行因得果，目之爲記。聖說示人，故稱爲授。第四伽陀，此翻名爲不重頌偈。直以偈言顯示諸法，故名伽陀。第五名爲憂陀那經，此翻名爲無問自說。不由諮請，而自宣唱，故名無問自說經也。第六名爲尼陀那經，此翻名爲因緣經也。籍現事緣，而有所說，名因緣經。第七名爲阿波陀那經[四五]，此名譬喻。如《百喻》等，立喻顯法，名譬喻經。第八名爲伊帝越多伽經，此名本事。宣說他人往古之事，故云本事。第九名爲周[四六]陀伽經，此名本生。陳已往報，稱曰本生。第十名爲毗佛略經，此名方廣。理正曰方，義備名廣。教從旨因[四七]，名方廣經。若依小乘，語正稱方，言多曰廣。第十一者名阿浮陀達摩，此翻名爲未曾有經。青牛行鉢，白狗聽法，諸天身量，大地動等，曠古希奇，名未曾有。說此希事，名未曾有經。第十二者名優婆提舍，此名論義。問答辨理，名論義經。名義如是。

第二門中，廣略不定。據體唯一，莫不皆是音聲言教。言教之體，如三藏中具廣分別。就相分二，所謂長行及以偈誦。制名有三：彼修多羅、祇夜、伽陀，就體制名，名彼教體爲修多羅、祇夜、伽陀。方廣一部，從理立名，理是方廣，從之名也。餘之八部，隨事立名[四八]，隨彼授記、無問事等以制名也。定名有四。制、定何別，而分兩門？制者所謂立名所依，定者所謂定其名相。定之云何？十二部中，初修多羅，從喻爲名，以聖言說能貫法故說之爲綖。祇夜、伽陀，當相爲名。論義、授記、無問自說，此[四九]三部，體事合[五〇]。論是體也，義是事也，授是體也，記是事也，自說體也，無問事也，名中含此，是故說爲體事合目。餘之六部，隨事受稱。

大小隱顯，離爲十二。大乘[五一]中，唯一方廣，小乘十一，合有十二。故《地持》云：十二部經，唯方廣部是菩薩藏，餘十一部是聲開藏。《涅槃》亦言，十二部經，唯方廣部菩薩所持，餘十一部二乘所持。理應齊具，何故如是。蓋乃是其隱顯門也。大乘之中雖有十二，同爲顯其方廣之理，故從所詮同名方廣。小乘之中亦具十二，但小乘中方廣經者，直以語廣名爲方廣，非顯廣理，隱入餘中，故有十一。

又復大小有無互彰，離爲十八，小乘有九，大乘亦然。小乘九者，十二部中除去授記、無問自說及與方廣。小乘之中不明行因作佛之義，故無授記。法淺易諮，故無無問自說經也。未顯廣理，故無方廣。大乘九者，除去因緣、譬喻、論義。大乘衆生利根易悟，不作因緣、譬喻、論義方始悟解，故無此三，但有餘九。若就大小具義論之，各具十二，合說通有二十四部，廣則無量。體相如是。

第三門中約時別者，十二部中[五二]本生、本事，唯說過去。授記一門，唯說未來。方廣一部，所說之理不屬三世，理平等故，若從詮別，得通三世。自餘八部所說，一向通於三世。

第四門中言通別者，十二部中修多羅者，義別有三：一、總修多羅，統包十二。二、通修多羅，通遍在於十二部中。於十二部中初略標舉一切，通名爲修多羅。三、別修多羅。就前總中開分十一，餘不收者還復攝在修多羅中，名之爲別。別修多羅，望餘十一，有通有別。今先就彼別修多羅、祇夜、陀[五三]三部相望，并對餘部，辨其通別。此[五四]相望，一向是別，無相通理。望餘九部，義有通別。通而論之，餘部之中長行直說，斯皆是其修多羅攝。若別分之，唯取直說陰、界、諸入、十二因緣、四部[五五]等法，爲修多羅。餘九部中長行直說，悉皆攝入餘九部中。祇夜亦然，通而論之，餘九部中有重誦偈，一切皆是祇夜所攝。若別分之，唯取重頌別修多羅所說法者以爲祇夜，餘九部中重頌偈者悉皆攝入餘九部中。伽陀亦爾，唯不重頌以爲異耳。

次就授記、本事、本生三部相望，及對餘六，明其通別。此三相望，一向是別，以其時異，自他別故。若望餘六，義有通別。通而論之，授記之中具餘六部。若別分之，授記之中雖有因緣、譬喻等事，悉成授記，無其餘義。向言通時授記之中具餘六部，云何得具。籍現事緣，與人授記，即是因緣。以喻況彼未來所得，即是譬喻。無問自説(五六)，即是自陳。彰彼未來所證之理，即是方廣。説彼未來所有神變，名未曾有。問答辨宣未來三(五七)事，即是論義。具足如是。授記望餘，通別既然，本生望餘，通別亦爾。通而論之，本生之中具餘六部。具相云何。類前授記，義在可知，唯時別耳。若別分之，本生之中雖有餘義，悉成本生，無其餘義。本事望餘，通別齊然，唯有自他以爲別耳。

次就無問及與論義二部相對，及望餘四，辨其通別。無問、論義二部相對，一向是別，無相通理。何故如是。論義經者因問起答，無問經者不由問起，是故不通。望餘四部，義有通別。通而爲論，無問之中得有因緣、譬喻、方廣及未曾有，論議之中亦具此四。差別分之，無問之中設有餘義，攝成無問，無其餘義，論義之中別亦同爾。

次就方廣及未曾有二部相對，并望因緣、譬喻二部，辨其通別。方廣、未有二部相望，一向是別，事理異故。望餘二部，義有(五八)通有別。通而論之，方廣、未有二部之中，皆有因緣、譬喻之義。籍現事緣而説方廣，或説未有，即是因緣。借喻況彼方廣之理、未曾有事，即是喻經。若別分之，方廣之中雖有因緣、譬喻之義，攝屬方廣。未曾有中因緣譬喻，屬未曾有。自斯以外，所有因緣、譬喻言説，顯示一切陰界入等諸法相者，判屬因緣、譬喻經也。

次就因緣、譬喻二部相對，以辨通別之義。此二相望，義有通別。而(五九)論之，於因緣中亦有譬喻。故《涅槃》中，解因緣義，莫輕小惡，以爲無殃，水渧[六〇]雖微，漸盈大器。水盈大器，即是譬喻，成因緣經。譬喻之中亦有因緣，如因現在事相因緣而興喻況，是譬喻中因緣經也。若別分之，因緣之中設有譬喻，攝屬因緣，譬喻之中設有因緣，判屬譬喻。如佛制戒，因於比丘犯過因緣起説義强，假令立喻，判屬因緣。《百喻經》等，爲使衆生因喻知法，縱因現事而説譬喻，喻顯法强，判屬喻經。通別如是。

第五門中言總別者，小乘法中初修多羅，亦總亦別。統攝十二，莫不皆是一修多羅，是故名總。就中，隨義開分十一，餘所不收，還復攝在修多羅中，是故名別。餘之十一，一向是別。大乘法中修多羅部，望餘十一，義同前釋。方廣望餘，亦總亦別。統攝十二爲一方廣，是故名總。於中開出餘之十一，餘所不收，還復攝在方廣部中，是故名別。餘十一部，一向是別。

問曰：若使修多羅中統攝餘別，令修多羅具[六一]餘別部，合爲十二。就《涅槃》中開分四相，何不總別合爲五相。如是類難，法門非一。釋言：齊類亦得無傷。但經論中彰法不同，不可一類。云何不同。不同有六：一、唯總門。如説一乘一實諦等，統攝三乘以爲一乘，統收二諦爲一實諦，故名爲總，如是一切。二、唯別門。如陰界入、十二因緣、四真諦等。三、總別通門。如六度等，如《大品》説六波羅蜜一一爲主，皆收餘五，故通名總。分相各異，故皆名別。總別之義，彼此齊有，是故名爲總別通門。大乘行德，多皆同爾。四、總別異門。如經中説，衆生佛性，不即六法，不異六法。言六法者五陰及我，我唯是總，五陰唯別。又如三諦，一實唯總，二諦唯別。總別不通，故名異相，如是一切。五、亦總亦別，及一向別門。如彼十力、五眼、六通、三聚戒等。於十力之[六二]中，是處非處亦總亦別，餘九唯別。五眼之中，佛眼一種亦總亦別，餘四唯別。至佛之時，統收四眼，皆名佛眼，名之爲總。

分出餘四，唯取見實爲佛眼者，名之爲別。六通之中，神通一種亦總亦別，餘五唯別。三聚戒中，律儀戒者亦總亦別，餘二唯別。是等門中，並有斯義，是故名爲亦總亦別及一向別，如是一切。六、非總別門。廢詮亡對，以論道理，理非總別，體非假集，是故非總。更無所成，是以非別。如上所説，涅槃四相乃是第二一向別門，今此所論十二部經乃是第五亦總亦別及一向別門。法門不同，有此差異，寧可一類。

問曰：若使十二部中修多羅部亦總亦別，三藏之中修多羅藏得如是不。釋言：亦得。一切聖教統攝皆是一修多羅。就中開出十二部經，修多羅部亦總亦別。還即就此總修多羅分爲三藏。是故得説修多羅藏亦總亦別，餘二唯別。十二部經，辨之麤爾。

義法聚中〔六三〕，此卷〔六四〕有六門。佛性義。假名義。入不二門義。二諦義。二無我義。如、法性、實際義。

佛性義，五門五別。釋名，一。辨體，二。料簡有無内外、三世當現之義，三。明因義，四。就〔六五〕性所以，五。

第一釋名。佛者，是其中國之言，此翻名覺。返妄契真，悟實名覺。舉佛樹性，故明佛也。所言性者，釋有四義。

一者，種子因本之義。所言種者，衆生自實如來藏性，出生大覺，與佛爲本，稱之爲種。種猶因也。故經説言，云何名性。性者所謂阿耨菩提中道種子。《大智論》中亦云，性者名本分種，如黄石中所有金性，白石銀性，一切衆生有涅槃性。斯文顯矣。

二、體義名性。説體有四：一、佛因自體名爲佛性，謂真識心。二、佛果自體名爲佛性，所謂法身。第三，通就佛因佛果同一覺性，名爲佛性，其猶世間麥因麥果同一麥性。如是一切，當知是性不異因果，因果恒別，性體不殊。此前三義，是能知性，局就衆生，不通非情。第四通説，諸法自體故名爲性。此性唯是諸佛所窮，就佛以明諸法體性，故云佛性。此後一義，是所知性，通其内外。斯等皆是體義名性。

三、不改名性。不改有四：一、因體不改，説之爲性，非謂是因常不爲果説爲不改。此就因時不可隨緣，返[六六]爲非因，故稱不改。故經説言，若殺衆生，喪滅佛性，無有是處。又復説言，因不改者，得果之時，因名雖改，因體不亡。因體即是如來藏性，顯爲法身，體無變易，非如有爲，得果因謝。就體以論，故名不改。二、果體不改，説名爲性，一得常然，不可壞故。第三，通就因果自體不改名性。如麥因果，麥性不改，以不改故，種麥得麥，不得餘物。如是一切，佛性亦爾，佛因佛果，性不改故，衆生究竟必當爲佛，不作餘法。經説佛性，旨要在斯。第四，通説諸法體實不改名性。雖復緣別，内外染淨，性實平等，湛然一味，故曰不改。此是第三不改名性。

四、性别名性。性別有四：一明因性，別異於果。二明果性，別異於因。第三，通就因果體性，別異非情。故經説言，爲非佛性一切草木石等，説於佛性。四就一切諸法理實，別於情相虚妄之法，名之爲性。故經説言，如來藏者，非我、衆生，非命非人。又復經言，佛性雖住陰界入中，而實不同陰界入也。以此界別，故名爲性。佛性名義，麤判如是。

第二，次辨性之體狀。然佛性者，蓋乃法界門中[六七]一門也。門別[六八]雖異，妙旨虚融，義無不在。無不在故，無緣而非性。無緣而非性故，難以定論。是以經中，或説生死以爲佛性，或説涅槃以爲佛性。或説爲因，或説爲果，或復説爲非因非果。或説爲空，或説爲有，或復説爲非空非有。或説爲一，或説爲異，或復説爲不一不異。或説爲有，或説爲無，或復説爲非有非無。或説爲内，或説爲外，或復説爲非内非外。或説爲當，或説爲現，或復説爲非當非現。或説色心以爲佛性，或復言非。或説一切善惡無記以爲佛性，或復言非。如是一切，無非佛性。雖復異論，莫不皆入一性門中。性義既然，執定是非，無不失旨。

經説摸象，喻失在此。斯等諸法，云何名性。爲性之義，備如初門。良以諸法無不性故，詮題異辨，廣略難定，或立爲一，乃至衆多。

所言一者，雖復緣別染淨之殊，性旨一味，湛然[六九]若虚空，故云一也。

或分爲二。二有四門：一、約緣分二，緣有染淨。染謂生死，淨謂涅槃。生死涅槃，體皆是性。故《涅槃》中，師子菩薩問於佛性，如來讚言，師子菩薩具二莊嚴，能問二二，佛具二嚴，能答二二，一謂涅槃，二謂生死。二、體用分二。廢緣論性，性常一味，是其體也。隨緣辨性，性有淨穢，是其用也。三、能所分二，一能知性，二所知性。能知性者，謂真識心。以此真心覺知性故，與無明合，便起妄知，遠離無明，便爲正智。如似世人以有報心覺知性故，與昏氣合，便起夢知，遠離昏氣，便起正智。若無真心覺知性者，終無妄知，亦無正知，如草木等無智性故，無有夢知，亦無悟知。此能知性，局在衆生，不通非情。故經説言，爲非佛性，説於佛性。非佛性者，所謂一切牆壁瓦石。又經説言，凡有心者悉是佛性。此等皆是能知性也。所知性者，謂如、法性、實際、實相、法界、法經[七〇]、第一義空、一實諦等。如經中説第一義空名爲佛性，或言中道名爲佛性。如是等言，當知皆是所知性也。此所知性，該通内外。故經説言，佛性如空，遍一切處。四、對果分二，一法佛性，二報佛性。法佛性者，本有法體，與彼法佛，體無增減，唯有隱顯淨穢爲異。如礦中金，與出礦時，體無多少。亦如凍水，與消融時，體無增減。如是等言，當知皆是法佛之性。報佛性者[七一]，本無法體，唯於第八真識心中有其方便可生之義。如礦中金有可造作器具之義，非有器具已在現中。如樹子中未有樹體，唯有方便可生之義。若無生性，雖以無量百千方便，佛不可生，如燋種中樹不可生。如《勝鬘》説，如來藏中具過恒沙一切佛法。《如來藏經》説，衆生中具足如來一切種德。馬鳴論説，從本以來，具足一切性功德法。《華嚴經》說，一切衆生心微塵中，具無師智、無礙智、廣大智等〔七二〕。如《涅槃》說，衆生身中未有德體，如樹子中未有樹體，箜篌之中未有聲體。如是等言，當知皆是報佛之性。問曰：向言法佛之性，本有法體，其相云何。如妄想心，雖未對緣現起煩惱，體是一切過恒沙等諸煩惱性。真心如是，雖未從緣現成諸德，體是一切三昧、智慧、神通、解脱、陀羅尼等一切德性。是諸德性，同體緣集，不離不即〔七三〕，不異不脱。二相如是。

或分爲三。三有四門：一、約緣分三。如《涅槃》說，一不善五陰，二善五陰，三佛果五陰。不善陰者，佛性集成外凡五陰，陰即是性，如凍是水。故經說言，生死二法是如來藏。言善陰者，佛性集成三乘聖人無漏五陰，陰即是性。言果陰者，佛性集成佛果五陰，陰即是性，如湯是水，鐶釧是金。二、約緣就實，以分三種，一者染性，二者淨性，三非染淨性。性在生死，名爲染性。性在涅槃，名爲淨性。此二約緣。就實論性，性外無緣可隨變動，以不變故古今一味，是故名爲非染淨性。三、體相及用以分三〔七四〕。如馬鳴說，一者體大，謂真如性。二者相大，謂真如中具過恒沙性功德法。三者用大，謂真心中備起法界染淨之用。此三如後八識章中具廣分別。四、對果論三，一者法佛性，二報佛性，三應佛性。法報兩性，義如前釋。應佛性者，應佛有二。一者法應，以得現化法門力故，普門皆現。二者報應，以本大悲大願力故，隨物異示。法應家性，本有法體，如來藏中現像〔七五〕起法門是其體也。報應家性，本無法體，唯有方便可生之義。

或說爲四。如《涅槃》說：一、闡提人有，善根人無。二、善根人有，闡提人無。三、二人俱有〔七六〕。四、二人俱無〔七七〕。是義云何。佛性有四，一不善陰，二善五陰，三佛果陰，四是理性。四中前三隨用以分，後一就實。不善陰者，凡夫五陰，真妄所集。唯真不生，單妄不成，真妄和合，方有陰生。攝陰從妄，唯妄心作，如夢中身，昏夢心作，如波，風作。攝陰從真，皆真心作，如夢中身，皆報心作，如波，水作。從真義邊，説爲佛性。與《勝鬘經》生死二法是如來藏，其義相似。善五陰者，地上之身，通而論之，地前亦有。此陰，真心緣治合成。攝陰從緣，緣治所造，如莊嚴具，模樣所作。攝陰從真，真心所爲，如莊嚴具，真金所作。真作義邊，説爲佛性。佛果陰者，是佛果德，與前善陰，大況相似，滿不滿異。言理性者，癈緣談實，實之[七八]處無緣。以無緣故，真體一味，非因非果。與《涅槃》中非因果性，其理一也。四中，初一闡提人有，善根人無。第二善陰，善根人有，闡提人無。第三果陰，二人俱無。第四理性，二人俱有，通而論之，三人俱有，佛亦有故。四種如是。

經中或復説性爲四，一是因性，二是果性，三是因果性，四非因果性。言因性者，所謂生死十二因緣能與菩提作因緣故名爲佛性。是以經言譬如胡荿能與熱病作因緣故名爲熱病，因緣亦爾。問曰：因緣是虚妄法，云何能與菩提作因。然彼生死十二因緣，起由妄情，託真如立，故經説言十二因緣皆依真實第一義心。就妄論之，雖是虚搆，據真緣[七九]攝，斯無不實。窮緣悟實，便成大覺，是故因緣能爲佛因。故經説言，因者所謂十二因緣也。言果性者，謂大涅槃、如來藏性。體雖淨[八〇]，從緣説染。染時爲因，復隨對治，息染爲淨，淨相始顯，説之爲果。果德寂滅，名爲涅槃。故經説言，果者，所謂無上大般涅槃也。是因果者，所謂觀察十二緣智，未滿爲因，滿足爲果。此是方便有作行德。故經説言，是因是果，如十二緣所生之法。非因果者，如實法性，旨通染淨，而非因果。故經説言，非因非果，名爲佛性。癈緣談實，就體指也。

又如經中説，性爲五。如《涅槃》説，一者因性，二因因性，三者果性，四果果性，五非因果性。言因性者，謂十二緣能與涅槃爲本因故。

問曰：因緣是生死法，云何能與涅槃作因。釋言：因緣真妄集成，攝緣從妄，妄心所爲，虛誑無法，不名佛性，攝緣從實，皆真心作。故《地經》言，十二因緣，皆真[八一]心作。由真作故，窮之得實，便名涅槃。故得爲因。因故名性，義如前釋。言因因者，謂菩薩道。道起必由十二緣生，從因起因，故曰因因。然此通説證教兩行以爲因因，非獨教行。言果性者，謂大菩提。言果果者，謂大涅槃。前言果者，方便菩提，有作之果[八二]。此果者，性淨涅槃，無作果也。通而論之，性淨方便，俱是菩提，並是涅槃。爲別兩門，異名互説。此之二果，雖復同時，隨義分之，得以菩提顯彼涅槃。菩提能顯，義説爲因。涅槃所顯，義説爲果。然彼菩提，返望前因，已受果名，涅槃是彼果家[八三]果，故云果果。云何因中因緣之理單説爲因，所生行德名爲因因，乃至果中方便菩提單名爲果，性淨之體名爲果果。以彼因中始終[八四]方便，依理起行，是故理本直名爲因，行爲因因。果據終極，攝德歸體，德名爲果，體名果果。然彼果中方便菩提説名爲果，性淨涅槃則爲果果。何故因中證教兩行通爲因因。以果類因，因中教行應名爲因，證爲因因。但彼因中位分參差，義別前後。凡時生死，就本説因。聖道之中，證教雖殊，同依前起，但名因因。果無先後，故就同時體德分二，隨義左右隱顯言耳。非因果者，釋不異前。

又准經中乳酪等喻，分性爲六。喻相如何。一雜血乳，二出血乳，三者是酪，四者生蘇，五者熟蘇，六者醍醐。以此況性，差別有六。四門分別。第一，依彼《迦葉品》中，凡夫佛性如雜血乳，須陀斯陀斷小煩惱所有佛性如出血乳，那含之人佛性如酪，羅漢佛性如似生蘇，緣覺、菩薩性如熟蘇，佛如醍醐。第二，依彼《如來性品》説，凡夫佛性如雜血乳，聲聞佛性如出血乳，緣覺如酪，菩薩佛性如生熟蘇，七地已還如似生蘇，八地已上如似熟蘇，佛如醍醐。第三，通説凡夫二乘乃至大乘善趣之人所有佛性如雜血乳，種性解行如出血乳，初地如酪，二地已上乃至七地如似生蘇，八地已上如似熟蘇，佛如醍醐。第四門中，凡夫、二乘、地前菩薩所有佛性如雜血乳，初地佛性如出血乳，二地已上佛性如酪，八地已上性如生蘇，後身佛性猶如熟蘇，佛如醍醐。此後兩門，義有文無。

或復隨義分性爲七。如經中説，衆生佛性，不即六法，不異六法。不即六法，以之爲一。不異六法，即以爲六。通前説七。言六法者，所謂五陰及以我也。何者是我。五陰和合，假名集用，説名爲我。真性緣起，集成此六，六即是性，故云不異。性體平等，妙出名相，稱曰不即。又如經説，涅槃河中有七衆生，不離性水，性隨人別，亦分七種。七衆生者，一是常没，二是暫出還没，三出已即住，四住已觀方，五觀方已行，六行已後〔六五〕住，七水陸俱行。然此所説，差別有五。一、常没人，喻一闡提，常没三塗。暫出還没，喻彼外凡乃，至小乘煗、頂之人。雖作善業，以不堅固，還墮三惡，故名還没。亦可取彼求有凡夫乃至念處，以爲還没。煗、頂已上，聖性成就，逕百千世，必得解脱，成爲住人。出已即住，喻彼忍心、世第一法。此人畢竟永出三途，故説爲住。亦可煗、頂俱名住也。觀方，喻於須陀洹人，觀察四諦。行，喻斯陀。住，喻那含。水陸俱行，喻阿羅漢、緣覺、菩薩乃至如來。是一門竟。第二，常没，喻外凡夫，常没三有。暫出還没，喻五停心總别念處，聖性未成，還復退故。住，喻煗等。聖性成就，必得涅槃，故名爲住。餘皆如前。此二門竟。第三，常没，喻外凡夫。暫出還没，喻五停心總别念處。住者，喻於四賢忍心。觀方，喻於四沙門果。觀已行者，喻於緣覺，觀四諦已，趣入因緣。行已住者，喻於菩薩。捨離煩惱，故名爲行。爲化衆生，不捨三有，因〔六六〕之爲住。水陸俱行，喻於如來。此三門竟。第四，常没，喻外凡夫。暫出還没，喻五停心總别念處。住，喻煗等，乃至大乘解行之人。言觀方者，喻於初地。觀已行者，喻二地上，乃至七地。行已住者，喻八地上，乃至十地。水陸俱行，喻於如來。此四門竟。第五，常没，喻於一切凡夫二乘，常住凡夫二乘地故。暫出還没，喻彼大乘善趣之人。分未決定，容有退失，故名還没。住，喻於彼種性解行。觀方已後，同前第四。此等差別，隨義左右，莫不依性。性隨此等，故有七種。

又隨人別，分性爲八。當體爲一，通前爲八。

如《寶性論》，説性爲十，一者體性，二者因性，三者果性，四者業性，五相應性，六行性，七時差別性，八遍[八七]處性，九不變性，十無差別性。彼論偈言：體及因果業，相應及與行，時差別遍處，不變無差別。

初體性者，論釋有三。一、如來藏，染時之體。二[八八]、法身，淨時之體，即前藏體顯名法身。此二唯就衆生以説。三、真如體，旨通染淨内外諸法。體融一味，故説爲如。隨義辨體，名乃無量，且隨隱顯理實論三。此三乃是諸法之體，故名體性。

言自[八九]性者，性從緣起，集成行德，行德未圓，説之爲因。因行雖衆，且論四種，一者信心，二是般若，三是三昧，四是大悲。故彼論言，信心與般若，三昧大悲等。以治四障得四果故，且説四耳。言四部[九〇]者，如彼論説，一闡提謗法，二外道著我，三聲聞畏苦，四緣覺捨心，捨諸衆生。對治此障，故説四因。信大乘故，斷除謗法。般若實照，遠離著我。三昧空定，除滅畏苦。大悲隨物，對治捨心。得四果者，謂得如來淨、我、樂、常。以有此能，故説四因。就因辨性，故名因性。是以經言，佛性者，名大信心，名般若波羅蜜，名首楞嚴定，名大慈悲。斯文顯矣。

言果性者，佛性之體，緣起成德，德滿名果。果德雖衆，且論四種，一淨，二我，三樂，四常。故彼論云，淨我樂常等，彼岸功德果。以翻四倒，除滅四障，對四因故，説果爲四。翻四倒者，聲聞計佛無常、無樂、無我、不淨，同凡夫法，故説如來淨、我、樂、常。除四障者，一者緣相，謂無明地，對除彼故，説果爲淨。二者因相，謂無漏業，以有此業，能招變易，不得自在，對治彼故，説佛真我。三者生相，謂意生身，是苦法故，不得真樂，對治彼故，説果爲樂。四者壞相，謂變易死，不得真常，對除彼故，説果爲常。對四因者，信治謗法，得其淨果，慧除妄我，得佛真我，定除畏苦，得佛真樂，以大悲心不捨有故，得佛真常。然此四果，體相各二。淨中二者，一是因相，本來無染，二是勝相，離染清淨，此方便淨。我中二者，一離外道虚妄著我，二離聲聞倒見無我。樂中有二，一離諸苦，二除煩惱。常中二者，一離有爲斷邊，二離無爲常邊。斯等差別，同皆是果。就果辨性，故言果性。

言業性者，業性有二，一者猒苦，二求涅槃。故彼論言，猒苦求涅槃，欲願等諸業。依性起作，故名爲業。業即是性，故名業性。是以經言，若無如來藏，不得種種猒苦樂、求涅槃也。然上因性在於善趣，今此業者，種性以前，大乘善趣忻厭心也。

相應性者，明因及果即性而起，與性相應。如莊嚴具與金相應，名相應性。因相應中，義別有三：一信大乘，爲法身因。二者定慧，爲佛智因。三悲心，與彼如來大悲爲因。此等皆悉與性相應。果相應中，亦有三種，一者五通，二知漏盡，三漏盡無垢。此之三果，不離於性，名果相應。就相應義以辨性故，名相應性。

言行性者，行別有三，一妄見凡夫起顛倒見，二實見聖人離妄想心，三者如來無戲論習。三行雖殊，性體不二。其猶種、殻、牙、莖等異，殻性無別。就行辨性，故云行性。故彼論言，不見實者，説言凡夫。聖人及佛能見衆生如來藏中真如無差別。

時差別者，有三種時：一、不淨時，位在凡夫。二、淨時，所謂菩薩。三、善淨時，名爲如來。故彼論言，有不淨有淨，及以善淨等，如是次第說，衆生菩薩佛。就時差別以分性故，名差別性。

言遍處者，處別有三，一者凡夫，二者菩薩，三者如來。三處雖殊，性無不在，如器雖異，空無不在，故名遍處。就遍處義以辨性故，名遍處性。故彼論言，如空遍一切，而空無分別，自性無垢心，亦遍無分別。

不變性者，就前三時明性不變。一、凡夫時，性體不變。不變有三：一耶[九二]念，風不能吹變。二業結，水不能漬變。三病死，火不能燒變。二、菩薩時，性體不變。不變有二，一生不變，二滅不變。故彼論言，菩薩佛性，不生不滅。三、就佛時，性體不變。不變有四，一生不能生，二老不能老，三病不能病，四死不能死。是以如來常恒清涼，體真不變。就不變義以辨性故，名不變性。

無差別者，明其衆義體無差別。故彼論言，法身及如來，聖諦與涅槃，功德不相離，如光不離日。當知此等隨門異辨，而體不別。故經說言，佛即涅槃，涅槃即是第一義空，第一義空即是實諦，實諦即佛性，如是等也。就無差別義以辨性故，名無差別性。

又隨人別，或時分性爲三十三。何者是乎。如《涅槃》說，如來佛性，義別有七，一常，二樂，三我，四淨，五真，六實，七名爲善。後身佛性，義別有六，一常，二淨，三真，四實，五善，六少見。我是佛義，不得同佛究竟自在，故不說我。樂，涅槃義，分相涅槃唯在佛果，不得永安，故不說樂，理實通有。九地佛性，義別有六，一常，二淨，三真，四實，五善，六可見。六七八地佛性有五，一真，二實，三淨，四善，五者可見。然向九地聞見之窮，十地眼見如來究竟，故說爲常。八地已還，未得同彼，略隱常義，理實有之。從初歡喜乃至五地佛性有五，一真，二實，三淨，四者可見，五善不善。以其未得般若空慧，但能除麤惑，微障未遣，名善不善。地前佛性，略無分別。此則初地乃至如來，二種五種，兩種六種，一種七種，都合有其二十九種。通彼凡夫、聲聞、緣覺、大力菩薩四人佛性，則有三十三種佛性。隨緣廣分，性(九二)乃無量。故經說言，佛性者，不名一法，不名百法，不名千法，當知一切善不善者，斯名佛性。

第三門中，差別有四。一明有無，二明内外，三就世論，四辨當現。

言有無者，義有兩門，一約緣以論，二就體分別。言約緣者，經説有四：一、闡提人有，善根人無。二、善根人有，闡提人無。三、二人俱有。四、二人俱無。義如上辨，今重論之。闡提有者有不善性，佛性緣起爲不善故，不善之法即是佛性。此不善性，闡提則有，善人無也。善根人有，闡提無者，謂善性也。佛性緣起，三乘無漏，名之爲善。善即是性，故名善性。此性聖有，闡提無也。二人有者，同有理性。二人無者，同無果性。言就體性辨有無者，佛性之體，亦得説有，亦得説無，亦得説爲非有非無。所言有者，如來藏中緣起法界、恒沙佛法，説之爲有。所言無者，解有兩義。一、離相名無。如淨醍醐，體雖是有，而無青黄赤白等相。亦如一切衆生心識，體雖是有，無有大小長短等相。佛性亦爾，體雖是有，而無一相無相之義。如後八識章中具辨。二、無性名無。如來藏中恒沙佛法，同一體性，互相緣集，無有一法別守自性。如説諸法以之爲常，離諸法外無別有一常性可得，諸法齊爾，故説爲無。有無如是(九三)。非有非無者，非謂有無兩法並説爲非有無，亦非無(九四)除捨有無二法爲非有無，亦非有無合爲一法爲非有無，亦非有無二法之中別立一法爲非有無。當知，説彼無法爲有，有則非有，還即説此有法爲無，無則非無，是故爲名(九五)非有非無。故經説言，有無方便，入非有非無。遣相論之，妙絶四句。何等爲四。一者非有，二者非無，三者非有非無，第四非是非有非無。緣起諸法，皆無自性，以無性故説無爲有。無爲有故，有即非有。無無性故，説有爲無。有爲無故，無即非無。還即説彼有無之法爲非有非無。非有非無，亦無自性。故經説言，乃至如離[九六]性也。還即説此非有非無爲有無故，有無之法亦不可得。是即佛性，理絶形名，心言不及，無取無捨，正智所知，聖慧巧悟，妙在其中。此一門竟。

言内外者，義别兩門：一、隨相以分。二、情理相對。言隨相者，衆生爲内，山河大地非情物等以之爲外。若當説彼因果之性，局在衆生，得言是内。若説理性，性通内外。雖復約彼内外相辨，而體平等，非内非外。言情理者，即彼妄想[九七]陰界入等以説性故，得言在内，而真平等，妙出情妄，名之爲外。故經説言，斷脱異外有爲法依持，建立者是如來藏。又經復言，性雖住在陰界入中，而實不同陰界入也。以不同故，名之爲外。不同情取，亦得説爲非内非外。故經説言，衆生佛性，非内非外。此二門竟。

言就世者，論其性體，古今常湛，猶若虚空，非三世攝。故經説言，佛性非是三世攝也。隨緣辨性，有是三世，有非三世。相狀如何。今先就佛辨其性相。如來佛性，據因以望，得説未來，對因辨果，得爲現在，捨對論之，非三世攝。良以如來體窮真性，悟法本如，非先有染，後息爲淨，德同法性，故非三世。又復所得常不生滅，故非三世。故《涅槃經·迦葉品》云：如來佛性，非是過去、現在、未來。後身佛性，據前以望，名爲未來，就佛返望，名爲過去，形前對後，説爲現在。隨所得處，分離生滅，契合如理，亦得説爲非三世攝。若非三世，何故經言後身佛性現在、未來，少分見故名爲現在，具見在當名爲未來。此亦不違非三世言。蓋乃對果説之爲現，對因名果説爲未來，捨對論之則非三世。九地菩薩下至初地，論其行實與十地同。然經中説，九地以還，聞見佛性，未眼見故，一向是其三世所攝。

種性解行所有佛性，窮實如言，分顯之處平等離相，亦非三世。但今爲判地前皆凡，佛性一向三世所攝。下至闡提，佛性同爾。隨相流轉，名三世攝，體非生滅。此三門竟。

言當現者，若就凡說，因性在現，果性在當。若就佛論，果性在現，因性過去。語其理性，旨通當現，體非當現。此四門竟。

第四門中就性辨因，於中兩門：一、緣正分別。二、生了分別。

言緣正者，親而感果，名爲正因，疏而助發，名爲緣因。佛性望果，是何因攝。經說正因。其法佛性，還望法佛以爲正因，如礦中金與出礦金爲正因矣。其報佛性，還望報佛以爲正因，如彼樹子，不腐不壞，有可生義，與樹作因。緣〔九八〕正因〔九九〕如是。若就菩提總爲一果，佛性本體起果義强，故說正因，諸度等行方便助發，說爲緣因。若分果德性淨、方便二種差別，是則緣正差互不定。若望性淨菩提涅槃，是則佛性同體相起以爲正因，諸度等行名爲緣因。若望方便菩提涅槃，諸度等行同類生果名爲正因，佛性理資，說之爲緣。緣正之義，麤呪如是。此一門竟。

言生了者，望方便果，報佛之性是其生因，真心體上從本已來有可生義，生彼果故。故《涅槃》云，佛性雖無，不同兔角〔一〇〇〕，雖以無量方便，不可得生。佛性可生，以可生故名爲生因。

問曰：何故兔角之無，無而不可生，佛性之無，無而可生。釋言：兔角於四無中是畢竟無，故不可生〔一〇一〕。望性淨果，法佛之性但是了因，非是生因。云何得知非是生因。如《涅槃》說，涅槃因者所謂佛性，佛性之性不生涅槃，故非生因。是義云何。性淨因果，體一無別，隨時分異，在染爲因，出纏爲果。據因以望，因外更無果體可生。據果以望，果外更無因體能生。故非生因，但是了因。是義云何。諸佛之性，是真識心體有，從本已來，有可顯了成果之義，故名了因。如瓶中燈有可了義，破瓶則見。以有如是可了義故，《涅槃》説云，佛性雖有，不同虛空，虛空雖以無量方便不可得見，佛性可見。可見猶是可了義矣。以可了故，名爲了因。問曰：何故虛空之有，有而叵見。佛性之有，有而可見。釋言：虛空説無爲有，故有叵見。佛性之有，説有爲有，故有可見。因義如是。

若就果德，總以爲一，是則佛性説爲生因。同一體性，轉變相起，義説爲生。不同有爲因果，互與異體相辨，因謝果起，説爲生也。諸度等行，方便顯了，説爲了因。是以經説，佛性如乳，方便之行喻以酵暖。乳能生酪，名爲生因。酵暖等緣，顯了於酪，故名了因。若就果德分其性淨、方便差別，是則生了二相不定。若望性淨菩提涅槃，諸度等行是其了因。故彼《金剛般若論》言，檀等波羅蜜，於實爲了因。斯文顯矣。佛性望彼性淨之果，但是正因，非生非了。言非生者，佛性之體，隱時名因，就因以望，因外更無果體可生，顯時名果，據果以望，果外更無因體能生，故非生因。是以經言，佛性之性，不生涅槃，涅槃之法，不從因生。更復説言，生因所起，名爲無常，了因所起，名之爲常。涅槃但爲了因所得，不從因生，故名爲常。言非了因者，佛性據體非是方便顯了之行，故望涅槃不名了因。若言佛性隨緣轉變，籍前起後，滿足涅槃，亦得名生，但非異體，無合掌有名之爲生。又復佛性在諸地中從緣顯了，滿足涅槃，亦得名了。但非異相顯了涅槃，故言非了。若望涅槃[一〇二]方便菩提教道之行得[一〇三]，亦生亦了。言生因者，籍修諸度，起彼報果，故名爲生。是以經言，復有生因，謂六波羅蜜阿耨菩提。言了因者，前諸地中所成方便教道行德，與體相應，德體雖成，望後猶爲闇障所覆，不得顯了。成大菩提中，有所修方便諸行，遣除闇障，了前諸德，成大菩提，故名了因。是以經言，復有了因，謂八正道阿耨菩提。佛性望彼方便之果，亦生亦了。言生因者，即性起彼方便果德，如從真金起莊嚴具，故名生因。是以經言，復有生因，謂首楞嚴定阿耨菩提。首楞嚴定即是佛性，故經説言佛性名爲首楞嚴也。言了因者，佛性爲彼方便行顯，體則明了，明了之性，資成果德，故名了因。是以經言，復有了因，所謂佛性阿耨菩提。辨因差别，略之麤爾。

第五門中，辨明經論説性所以。經多説空，破諸法性，説諸法空，今此何故宣説佛性。然彼清淨法界門中備一切義，諸法緣起，互相集成，就空論法，無法不空，據性辨法，無法非性。空之與性，各是一門。門别既殊，所[一〇四]爲亦異。説空爲破執有衆生。説性所爲，經論不同。《涅槃經》云：爲令衆生不放逸故，宣説佛性。若不説性，總心自輕，謂己不能成大菩提，無心趣道，多起放逸，故説衆生悉有佛性，定必當成，令捨放逸，隨順趣向。《寶性論》中，所爲有五：一、爲衆生於己自身生怯弱心，謂己無性，自絶不求，故説佛性衆生同有，當必得果，如礦石中有其金性，消融必得，木有火性，攢之必生，乳有酪性，緣具便出，增其勇猛求佛之心。此之一義，與《涅槃》同。二、爲輕慢餘衆生故，宣説佛性。彼當作佛，云何可輕。是以經中，不輕菩薩若見四衆，高聲唱言汝當作佛，我不輕汝，以知衆生有佛性故。三、爲妄執我衆生故，宣説佛性，不同情取。故經説言，如來藏者，非我、衆生，非命非人。四、爲執著虚妄法故，宣説佛性，不同所取。五、爲誹謗真如佛性，謂是則斷滅，故説佛性是真是實，常、樂、我、常。亦可爲於怖畏斷滅樂實衆生，故説佛性。佛性之義，略辨如是。

假名義三門分别。釋名，一。假名[一〇五]有無，二。辨相，三。

第一釋名。言假名者，釋有四義：一、諸法無名，假與施名，故曰假名。如貧賤人假稱富貴，如是等也。二、假他得名，故號假名。如假諸陰，得衆生名，假棟梁等，得屋宅名，如是一切。又復大小長短等事，假他得名。大假小故得其大名，小亦如是。長假短故得其長名，短亦如是。如是一切，故曰假名。三、假法之名，稱曰假名。世俗諸法，各非定性，假他而有，名爲假法。樹假[一〇六]之稱，故曰假名。四者，諸法假名而有，故曰假名。是義云何。廢名論法，法如幻化，非有非無，亦非非有，亦非非無，無一定相可以自別。以名呼法，法隨名轉，方有種種諸法差別。假名故有，是故諸法説爲假名。如一色法同體具有苦無常等一切諸義，隨義分別苦無常等諸法之外，無別有一色之自性。假施色名，呼集彼法，彼法隨名集成一色，色相方立，故色法假名而有。還即説此色無常等，以之爲苦，隨義分別色無常等諸法之外，無別有一苦之自性。假施苦名，呼集彼法，彼法隨名集成一苦，是故苦法假名而有。乃至宣説色苦、無常、空、無我等，爲非有無，隨義分別色等法外，無別有一非有非，無自性可得。假施非有非無名字，呼集彼法，彼諸法義隨此名字集成非有非無之法，亦假名有。色法既然，諸法同爾。假名有之，故號假名。名義如是。

第二，次辨假法有無。於中兩門：一、總解釋。二、別分別。總而論之，假法不定。云何不定。尋名取法，集用異本，非無假法，得言有體。據實以分，假無自實，得言無體。問曰：假法若有體者，何故經言但名但用但假施設，不説假體。釋言：經説但假施設，即是假體。假體非實，是故説言但假施設。總相如是。次別論之，假法有三，一體，二用，三者名字。於中義別，乃有四種：一、攝名用，從體説無。隨別以求，非直假體空無所有，名用亦無。如彼衆生，隨陰別求，生體叵得。既無生體，知復就何施名起用。設有所作，但是陰用。如是一切，是故就實，體用及名，一切皆無。第二，分名，異於體用。就實以求，但無體用，非無假名。何故如是。隨別以分，假體不立，故無假體。用必依體，以無體故，用亦不有，故無假用。名依相生，不依體發，故得有名。如貧賤人，雖復無其富貴體用，亦得假名説爲富貴，如是一切。三、分名用，異於假體。

就實以論，但無假體，非無名用。何故如是。體據自實，隨別求假。假無自實，是以無體。用謂集用，諸法和合，相假成用，故有假用。如以一縷獨不制象，衆多相假，便有制能，如是一切。既有假用，依用立名，名亦非無。四、攝體用，以從其名，非直有名，亦有體用。依和合相而起名字，故有假名。用此假名，統攝別法，皆成一總，故有假體。依體施用，故有假用。是故三種俱皆是有。有無如是。

第三辨相，開合不定，總唯一假，以一切法因緣集起，相假成故。或分爲二。二有兩門，一生法分別，二就因和法和分別。言生法者，假有二種，一衆生假名，二法假名。衆生假名，從內立稱，名不盡法。云何不盡。假通內外，內是衆生，外非衆生。經中直言衆生假名，外法不論，所以不盡。亦可衆生內外通目。內外法中總相集起，斯名衆生。衆生虛集，名衆生假。相狀如何。分別有三：一、內外分別。攬內五陰，以成衆生，名之爲內。攬外四大，成草木等，以之爲外。二、麤細分別。內中，攬陰以成假人，名之爲細，人成軍衆，以之爲麤。從細立稱，是故偏言衆生假名。外中，攬大成草木等，以之爲細，草木集成叢林等事，以之爲麤。三、染淨分別。染謂凡夫，淨謂賢聖。生死法中，五陰成人，以之爲凡。涅槃法中，五陰成人，以之爲聖。法假名者，就通爲目。法物事有，諸法通名。法體虛假，名法假名[一〇七]。相狀如何。分別有三：一、內外分別。內謂六根，外謂六塵。二、麤細分別。因和爲麤，法和爲細，此如後釋。三、染淨分別。染謂生死，淨謂涅槃。生死涅槃，經說不定。或有宣說生死假名，涅槃非假。生死不真，虛假而有，故名爲假。樹假之稱，故曰假名。涅槃體真，非是假名。以非假故，涅槃之號非是假名。良以生死是假名故，《維摩經》說出離生死名超假名。或有宣說涅槃假名，生死非假。涅槃無名，假爲施名，故曰假名。是以經言，涅槃無名，强爲立名。如抵[一〇八]

羅婆夷，實不食油，假言食油。生死法體，是有爲法，非是假立，故非假名。或有宣說生死涅槃二俱假名。生死涅槃，皆非定性，因緣假集，故說爲假。樹假之稱，故曰假名。亦可生死涅槃之法假名而有，故曰假名。故《地持》言，色假名，乃至涅槃一切假名。或有宣說生死涅槃俱非假名，廢名求法，法離名故。故《地持》言，一切諸法，離名自性。問曰：前說生死涅槃二俱假名，今言皆非，有何所以。釋言：將名以呼諸法，法隨名轉，故皆假名。廢名求法，法皆離言，是故一切皆非假名。今就第二，故說生死涅槃之法爲法假名。此一門竟。

次就因和法和分別。言因和者，是因和合假。言法和者，是法和合假。是二云何。於事分齊，攬別成總，以細成麤，名因和合假。攬別成總，如陰成人，以細成麤，如似細色成麤色等，於法分齊，無常、苦、空、無我等義，同體相成，名法和假。《成實論》中，因和合空名爲生空，法和合空說名法空。大乘法中，亦有此義，淺深爲異。二假如是。

或分爲三，如《大品經・三假品》說，一者受假，二者法假，三者名假。於中略以三門分別，一釋其名，二辨體相，三觀入次第。

先釋其名。言受假者，總合[一〇九]多法，故名爲受。受假多法聚集而成，故曰受假。言法假者，自體名法，法體虚集故云法假。言名假者，顯法曰名，依法依想，假以施設，故曰名假。此一門竟。

次辨其相。受法二門，相對分別。如龍樹說，假法是受，實法是法。總相雖然，義猶難解。於中略以兩義分別：第一，直就因和合中隨義分別。一切受法，攬細成麤，攝別成總，皆名爲受，隨別細分，皆名爲法。如人[一一〇]成衆，衆名爲受，人一是法，攬陰成人，人復是受，陰復是法，如是一切。受法雖異，同籍緣成，假集義一，故通名假。二就因和法和分別。一切因和，攬別成總，斯名受假。一切法和，苦無常等諸法相成，皆是法假。受法如是。言名假者，論釋有二：一、就通以釋，前受及法二種名字通爲名假。故論説言，用其名字取前二法，是其名假。第二，唯取受假之名以爲名假，法假之名判屬法假。故論釋言：於多名邊更有名生，説爲名假。如五陰名邊有衆生名生，根莖、枝葉、華果名邊有樹名生，衆樹名邊有林名生。如是一切，説名爲假。體相如是。此二門竟。

次辨觀入破遣次第。如論中説，先破名假。良以名字依法依想，假以施設，浮虚易破，故先破之。次破受假。受依法成，虚集易分，故次破受。後破法假。法是根本，微細難覺，難可分折，故後破之。破法云何。汎解有八：一、責情破。如説癡盲，貪著於我，三界虚妄，但妄心作，如是一切。二、推智破。如説智者不得有無，明法無性，如是一切。三、推因破。如推陰因，破衆生性，推其往因，破現常性，如是一切。四、推果破。如推當果，破現無因，如是一切。五、推對破。如説有我則有我所，若無有我則無我所。又如經説，有縛有解，無縛無解。如是一切，名推對破。六、推理破。如説諸法性自虚等。七、推名破，如説乳時不得酪名，明無酪性，如是一切。八、推實破。如人夜闇見繩爲蛇，言但是繩。見如來藏，以爲生死，言但是藏，本無生死，如是一切。以斯八種破壞諸法，名破法假。破法假已，到法實相。法實相者，即是法空。三假如是。

或分爲四，始從因生，乃至相續。於中略以五門分別：一、釋其名。二、辨其相。三、約時類，彰假差別。四、辨寛狹。五、對三假，苦[二]相收攝。

第一釋名。名字是何。一、因生假，亦名緣生。二、因成假，亦名緣成。三、相待假，亦名相形。四、相續假。言因生者，從因生果，別體相起，故曰因生。生假因起，名因生假。生託緣集，名緣生假。言因成者，法有總別，別爲總因，總爲別果，攬彼別因而成總果，果假因成，名因成假。又攬別緣而成總果，是故亦名緣成假也。相待假者，長短、大小、高下等事，相形分別，相待名[二二]別，名相待假。相續假者，有爲遷流，籍前生後，前後兩邊謂之爲相，攝對名續。所言假者，前後兩邊互以相望，相假成續，名相續假。亦可相續以成一法，一假續成，名相續假。名義如此。此一門竟。

第二門中，辨其體相。就初假中，名別有二，一名因生，二名緣生。就此二中，四門分別：一、隨法異論。正因生果，名因生假，如善惡業起苦樂等。緣因得報，名緣生假，如從煩惱生苦樂等。二、攝緣從因。一切諸法，異體相起，皆名因生，不簡親疏。故《地持》中宣說十因生一切法，以一切法十因生故，皆名因生。三、攝因從果[二三]。一切諸法，異[二四]體相起，皆名緣生，不簡親疎，而[二五]說四緣生一切法，以一切法四緣生故，皆名緣生。四者，因緣共顯諸法。一切諸法，別體相起，皆號因生，亦名緣生，是故經中十二因緣通名因緣。因緣通故，所生之法，齊號因生，同名緣生。問曰：向說正因起法名曰因生，緣因起法說爲緣生，因緣既殊，何不分二，乃合爲一。釋言：別立理亦無傷，但以此二別體起法，其義相似，故合爲一。又如向說因生緣生，亦有其義，故爲一矣。

第二假中，名亦有二，一名因成，二因緣成。就此二中，辨義不同，亦有四門：一、隨法異論。就彼攬別成總法中，同類之法以細成麤名目[二六]因成，如以細色成麤色等，異類相成名曰緣成，如以五陰成衆生等。同類親故說作因成，異類疎故說爲緣成。二、攝緣從因。一切諸法，但使攬別而成總者，斯名因成，對彼別體疎遠法故，說爲因矣。三、攝因從緣。一切諸法，攬別成者，斯名緣成，對彼過去親生因故。四、因成緣成，共顯諸法。一切諸法，攬別成者，齊名因成，同號緣成。問曰：向說同類相成名因成假，異類相成名緣成假，因緣既殊，何不別分，乃合爲一。釋言：別立理亦無傷，但以此二攬別成總，其義相似，故合爲一。又如向説因成緣成，亦有共顯諸法之義，故説爲一。

第三假中，諸法非一。其中長短、大小、高下，彼此往來，貴賤好惡，如是一切皆是相待。如一丈物，不對五尺，長相不生，長名不起，由對五尺，長相始分，長名得起，名相待假，如是一切。

第四假中，法亦非一。但令諸法，從前起後，次第相接，皆名相續。問曰：此續爲在於前，爲在於後。既云相續，寧容偏在。又問：此續云何名假。釋有兩義。一據兩邊迭相假籍，得成續義，故説爲假。相狀云何。如前念法假後念故，前得成續。後念之法假前念故，後得成續。相假成續，名相續假。此是一義。第二義者，兩邊雖異，續成一法，一法假彼前後兩邊相續而成，故名爲假。問曰：若爾，與彼前後緣成何別。釋云：一體隨義分異，分取攬別成總義邊，説爲緣成，分取前後相續義邊，説爲相續。又更分別，亦有少異。異相如何。緣成則寬，相續則狹。如緣成中，攬十二時合成一日，十二時中寅申相對，卯酉相生[二七]，時雖隔絶，不相接續，而得和合共成一日，故説爲寬。相續假中，雖復宣説十二時分續成一日，於中寅申卯酉相對，時中隔絶，不得説爲相續成目[二八]，唯相隣者得説爲續，故名爲狹。體相如是。此二門竟。

第三門中，約就時類彰假差別。因生假中，差別有四。一者，同類同時因生。如天上日生水中日，如面生像，如聲發響，如因香樹生孤遊香，如是一切，色聲香等，當分相生，故名同類。一時相起，稱曰同時。二者，同類異時因生，如麥生麥，穀生穀等。三者，異類同時因生。如從眼色生於眼識，如鐘生聲，如巖發響，如是一切。四者，異類異時因生。如過去世業與煩惱生今苦樂，斯乃緣生，同名因生。緣成假中，亦有四種。一者，同類同時緣成。如以細色成於麤色，衆多小聲成於大聲，如是一切。二者，同類異時緣成。如十二時合成一日，如是一切。以時成時，故名同類。前後合成，稱曰異時。三者，異類同時緣成。如大乘中五陰成人，毗曇亦爾，所謂四大成諸根等。四者，異類同時異時和合緣成。如《成實》中五陰成人。陰與人別，名爲異類。色心並故，稱曰同時。四心前後，故云異時。若依餘論，五陰成人一向同時。斯乃因成通名緣成。相待假中，亦有四種。一者，同類同時相待。如現在世人人相形，天天相比，如是一切。二者，同類異時相待。如以今人比劫初人，如是一切。三者，異類同時相待。如現在世，色心相形，空有相待，如是一切。四者，異類異時相待。如對過因宣説今果，如是一切。相續假中，亦有四種：一者，同類同時相續。如現在世，同類色物，互相接續，以繩相接，如是一切。二者，異類同時相續。如現在世，異類色物，迭相接續，以梨接杜，如是一切。三者，同類異時相續。如從前色生於後色，如是一切。四者，異類異時相續。如從過因，續生今果，如是一切。時類同異，略之云爾。此三門竟。

第四門中，辨其寬狹。於中有二，一就有無辨其寬狹，二就常無常辨其寬狹。就有無者，四假之中相待緣成及與相續，通於有無，因生一種，局在於有。問曰：相待通於有無，義在可知。緣成假中，云何通有無。此如經説，大涅槃中總攝一切智斷功德，智斷功德緣成涅槃，智是其有，斷是其無，是故緣成得通有無。又《地持》説二斷二智以成菩提，此亦緣成，得通有無。問曰：相續云何通有無。釋言：相生相續之義，局在於有。接對之續，義通有無，如涅槃法接續生死。

就常無常辨寬狹者，四假皆通常與無常。云何皆通。因生假中，句別有四：一者，無常還生無常。謂世間中，從無常因，生無常果。二者，無常生常。謂從[二九]世間無常之善，生彼出世菩提常果。故《涅槃》中佛答闍提：汝法之中，從其常性，生無常果。我佛法中，從無常因，生於常果，竟有何過。此則無常生於常也。三、常還生常。謂從佛性出生菩提。故經説言，復有生因，謂首楞嚴阿耨菩提。首楞嚴定即是佛性。四、常生無常。謂依真識發生妄識，依於常身，起化生滅。緣成假中，句别有三：一者，無常還成無常。謂世間中，攬五[二〇]陰成人，人成衆等[二一]。二、常還成常。謂出世中，常住五陰，成佛菩薩。三、常無常和合緣成。謂以八識合成衆生，前七無常，後一是常。相待假中，句亦有三：一者，無常還待無常。謂世間中，長短相形，大小相比。二、常還待常。謂佛菩薩上下相形，如是一切。三、無常待常。謂待生死，宣説涅槃，如是一切。相續假中，句别有四：一者，無常還續無常。謂世間中有爲相續。二、常續無常。謂彼出世常住果德，接對生死。三、無常續常。如《成實》説，從於滅定，起後心識。四、常還續常。謂以常因續生常果。故《地持》云：種性菩薩六入殊勝，展轉相續，無始法爾。問曰：常法則無遷變，云何説續。釋言：常法無遷變故，不就一法起盡説續，但説後起接於前德，故名爲續。如二地中常德起時，接於初地，如是一切。又就一法隨緣轉變，得[二二]説名續。如《地持》説六入相續，即其事也。寬狹如是。此四門竟。

次對三假共相收接[二三]。言三假者，如上所説受、法、名也。接相云何。釋言：法中通具四假。如一色法，從前起後，是因生假，過因所起，亦是因生，以細成麤，是緣成假。苦無常等，諸法相成，亦是緣成。大小相形，麤細相比，是相待假。前後相接，是相續假。受假之中，亦具四假。如説衆生，以之爲受。衆生各從過因而生，是因生假。攬陰而成，是緣成假。尊卑相形，貴賤相比，是相待假。起盡相接，是相續假，如是一切。四中，緣成是其正義，餘三是傍。何故如是。夫言受者，緣成假中接受多法，故名爲受，是故受義正當緣成。餘非受義，故説爲傍。名假之中，亦具四假。依如《成實》，名是聲性，從於四大擊發而生，是因生假。依於餘論，名是非色非心之法，從於想生，名因生假。故《地持》云：建立施設地等假名，是名地[二四]想。故知名字從想而生。依如《成實》，名是假聲，攬彼實聲和合而成，是緣成假。依如餘論，名是非色非心之法。然此有爲，一念之頃具生、住、滅。以生住等四相合成，名緣成假。多少相形，善[二五]惡相比，是相待假。前後相接，是相續假。若依《成實》，此四種中，緣成相續是其正義，餘二是傍。何故如是。彼說名字是其假聲，攬彼實聲，前後續成，是故正當緣成相續。餘不正成，故說爲傍。若依餘論，因生緣成及與相續是其正義，相待是傍。何故如是。彼說名字是非色非心依想而生。又生住等四相合成，前後續成，故說因生緣成相續以爲正義。相待非是親成名故，說之爲傍。問曰：《成實》亦說名字依四大生，何故彼宗不說因生以爲正義。釋言：有以彼《成實》中宣說四大和合生聲，是聲和合，方得成名，疎挾一重，是故因生不名正義。《地持》等中宣說名字親依想生，故說因生以爲正義，不類譬斯。問曰：何故法假之中四假皆正，名受二中有正有傍。釋言：法通四，俱是正。名受局故，有正有傍。隨法異論，假乃無量。假名[二六]義，略辨麤爾。

入不二門義，三門分別。釋名，一。辨相，二。約說分異，三。

第一釋名。入不二門，如《維摩》說，言不二者，無異之謂。即是經中一實義也。一實之理，妙寂離相，如如平等，亡於彼此，故云不二。問曰：諸法有一二三，乃至衆多，翻彼說理，理應不一不二不三，乃至不多，以何義故偏言不二。釋言：不一乃至不多，經有說處。故《涅槃》云：除一法相，不可算數。《華嚴》亦云：衆多法中無一法[二七]相，於一法中亦無多相[二八]。但今且就一不二門而辨道理，餘略不論。良以二者彼此通謂，是故偏對而說不二。又復二者別法之始，今此爲明理體無別，故偏對二而說不二。雖說不二，不一不三，乃至不多，悉入其中。是義云何。若立一相，以一對多，即是其二，翻對彼二，故名不二。若立多相，以多對少，還即是二，翻對彼二，故名不二。又立多相，於多法中彼此相對，亦即是二，翻對彼二，故爲不二。以是義〔二九〕故，遣多悉入不二。多少既然，遣染遣淨，遣縛遣解，遣有遣無，類亦同然。若立有相，以有對無，即是其二，翻對彼二，名爲不二。若立無相，以無對有，還即是二，翻對彼二，名爲不二。翻若當定立非有無相，以非有無對有對無，即復是二，翻對彼二，名爲不二。乃至建立不二門相，不二對二，還復是二，翻對彼二，名爲不二。是故不二，有相皆遣，有理悉收，故偏名之。理體名法，又爲心軌亦名爲法。此不二法，形對佛性、空、如等義，門別不同，故名爲門。又能通人，趣入名門。捨相證會，名之爲入。名義如是。

第二辨相。此不二門，是法界中一門義也。門別雖一〔三〇〕，而妙旨虛融，義無不在。無不在故，一切諸法悉是不二。諸法皆是，豈有所局。但《維摩》中且約三十三人所辨，以彰其異。所辨雖異，要攝唯二：一、遣相門。二相雙遣，名爲不二，非有所留。二、融相門。二法同體，名爲不二，非有所遣。

遣相門中，曲復有三：一、就妄情所取法中相對分二，翻除彼二，故名爲不二。如《維摩》說，我我所二，因有我故，使〔三一〕有我所，若無有我，則無我所，是爲不二。如是等也。二、情實相對以別其二，翻對此二，名爲不二。是義云何。據情望實，情外有實，將實對情，說之爲二。據實望情，情本不有。情既不有，實亦亡對，故云不二。如《維摩》說，實不實二，其實見者尚不見實，何況非實。如是等也。三、唯就實，離相平等，名爲不二。是義云何。就實論實，由來無異，異既不有，一亦亡對，故曰不二。維摩嘿顯，義應當此。遣相如是。

融相門中，義別亦三：一、就妄情所起法中，義別分二，二法同體，名爲不二。如經中說，無常即苦，苦即無常。是苦無常，同體無別，名爲不二。如是一切。二、真妄兩別，名之爲二。相依不離，名爲不二。如《維摩》說，明無明二，無明性即是明，名爲不二。如是一切。三、就真中義別分二，二法同體，名爲不二。於此門中，曲分有四：一、直就真體，隨義分二。如來藏中具過無量恒沙佛法，彼法同體，名爲不二。又如經說，空即無相，無相即無願，名爲不二。如是等也。二、就真中體用分二。如依真心緣起，集成生死涅槃，用不離體，體用虚融，名爲不二。如經中說，佛性、如來，無二無別。如是等也。三、就真體所起法中，相別分二。如經中說，佛性之性與不善俱，名爲無明。明〔一二〕與善法俱，名之爲明。如是等輩，彼二同依一佛性體，名爲不二。故《涅槃》云：明與無明，生於二相，智者了達，其性無二。無二之相，即是實性。如是等也。又如經說一實諦中開分二諦，二即一實，亦當此門。四、就真性所起法中，相別分二。如依佛性緣起，集成一切行德，德別名二。於彼德中，門別相即，名爲不二。如《維摩》說，佛、法、衆二〔一三〕，佛即是法，法即是衆，名爲不二。如是等也。不二雖衆，要不出此。

言其入者，義別有四：一、就信明入。於此不二，信順不違，故名爲入。二、就解説入。於此不二，解觀相應，名之爲入。三、就行論入。依定照見，明了現前，不見二相，可以住中，名入不二。不見二相，即是止也。明了不二，是其觀也。四、就證辨入。亡〔一四〕情契實，名之爲證。於得證時，不見如外有心能證。既無有心，寧復心外有如可證。不見能證，妄想不行。不見所證，虚僞不起。如不離心，妄想不行。心不離如，如心不異。是即真名入不二門。入不二義，辨之略爾。

次第三門，約說分異。如《維摩》中，義別

三階：一、維摩問諸菩薩等，以言遣相，明入不二。二、諸菩薩問文殊師利，以言遣言，明其不二。三、文殊問彼維摩詰，以默遣言，而顯不二。若此三皆是化益方便分齊，息相教入之階降也。若論自覺相應境界，不可言彰，叵以默顯。何故如是。據實以求，法外本無音聲、文字，何言能彰。法外亦無形相可得，誰用默顯。無言能彰，證處亡語[一三五]。非默能顯，證處絶相。詮相悉無，他所莫測，是故名爲自覺境界。對處無他，自亦亡對。問曰：《維摩》闡玄之極，亦使[一三六]默外猶有自覺相應境界，何故不論。釋言：爲化極於言默，言默之外不復可陳。不可陳處，從來未辨，豈獨今哉。不二之義，辨之略爾。

二諦義，兩門分別。釋名，一。辨體，二。

第一釋名。言二諦者，一是世諦，二第一義諦。然世諦者，亦名俗諦，亦名等諦。世名爲時，事相諸法，生滅在時，就時辨法，故云世諦。若爾，無爲非生滅法，應非世諦。釋言：有名不盡諸法，何等[一三七]諦之中，該攝有爲、無爲之法，有爲是世，無爲非世，從有立稱，故云世諦。與前衆生假名相似。又云，世者是其世人，一切事法，世人所知，故名世諦。故《涅槃》云：世人所知，名爲世諦。問曰：世法聖人亦知，何故偏言世人所知名爲世諦。釋言：聖人雖知此法，隨世故知，是故猶名世人所知。又復聖人就彼世人所知法中，知其虚假，虚假是其世法之實，故名世諦。若爾，聖人亦就凡夫生死法中知其苦集，所知苦集應名凡諦。然彼苦集雖是凡法，聖人知故，得名聖諦。世諦似彼，何緣偏就世間之人説爲世諦。釋言：互從皆得無傷。但經論中，爲明苦集非聖不知，故名聖諦。又知成聖亦名聖諦。世法虚假，雖是聖知，理非精上，故非第一。非第一故，判入世中。言俗諦者，俗謂世俗，世俗所知，故名俗諦。言等諦者，等謂齊等，統攝之義。世法非一，不可別論，等舉諸法，故云等諦。第一義者，亦名真諦。第一是其顯勝之目。所以名義。

真者是其絕妄之稱。世與第一，審實不謬，故通名諦。真即可實，世法虛誑，云何名諦。言虛誑者，對真辨義。然於世法，事實不無，故得稱諦。又復世諦實是虛誑，故名世諦。然彼世諦，若對第一，應名第二。若對真諦，應名妄諦。第一義者，若對世諦，應名出世。若對俗諦，應名非俗。若對等諦，應名非等。立名不可一一返對，是故事法且名世諦、俗諦等諦，理法且名第一義諦乃至真諦。諦者猶是真實之義，何故二種並得稱諦，不得並説爲真諦乎。釋言：今此諦門辨義，故通名諦。爲分真俗，是故世諦不得名真。實〔一三八〕若當就彼真實門中以論諸法，是即理事俱名爲真。故《地持》中，事實二性，同名真實。今據諦門，二俱名諦。二諦名義，略之云爾。

第二門中，差別有二，一分宗別，二約宗辨諦。

言分宗者，宗別有四：一、立性宗，亦名因緣。二、破性宗，亦曰假名。三、破相宗，亦名不真。四、顯實宗，亦曰真宗。此四乃是望義名法，經論無名。經論之中雖無此名，實有此義。四中，前二是其小乘，後二大乘。大小之中，各分淺深，故有四也。言立性者，小乘中淺，宣説諸法各有體性。雖説有性，皆從緣生，不同外道立自然性。此宗當彼阿毗曇也。言破性者，小乘中深，宣説諸法虛假無性，不同前宗立法自性。法雖無性，不無假相。此宗當彼《成實論》也。破相宗者，大乘中淺，明前宗中虛假之相亦無所有。如人遠觀陽炎爲水，近觀本無，不但無性，水相亦無，諸法像此。雖説無相，未顯法實。顯實宗者，大乘中深，宣説諸法妄想故有，妄想無體，起必託真。真者，所謂如來藏性恒沙佛法，同體緣集，不離不脱，不斷不異。此之真性緣起，集成生死涅槃。真所集故，無不真實。辨此實性，故曰真宗。此四宗中，別乃無量，且據斯義以別宗耳。前之兩宗，經同論別。後之二宗，經論不殊，隨義分之。前二宗中，言經同者，據佛本教，同顯在於四阿含中，無別部黨。言論別者，小乘衆生，情見未融，執定彼此，言成諍論，故有毗曇、《成實》之別。後二宗中，言經同者，據佛本教，隨就何經，以義分之，不別部帙，是曰經同。言論同者，大乘之人，情無異執，言無諍競，故無異論。有人一向言無四宗，是所不應。四中，前二不分自異，不待言論，後之兩宗，經中處處且有斯義，何須致疑。如《勝鬘》中明如來藏有其二種，一者空藏，即是不真，二不空藏，即是顯實。又如《鴦掘摩羅經》中，彼訶文殊不知真法，妄取法空，所取妄空即是不真，其所不知真實法者即是顯實。又《涅槃》中，見一切空，即是不真，不見不空，不空之實即是真宗。經説非一，何得言無。又人立四，別配部黨，言阿毗曇是因緣宗，《成實論》者是假名宗，《大品》《法華》如是等經是不真宗，《華嚴》《涅槃》《維摩》《勝鬘》如是等經是其真宗。前二可爾，後二不然。是等諸經，乃可門別，淺深不異。若論破相，違[一三九]之畢竟。若論其實，皆明法界緣起法門。語其行德，皆是真性緣起所成。但就所成行門不同，故有此異。《華嚴》《法華》，三昧爲宗。諸部般若，智慧爲宗。《涅槃經》者，以佛果德涅槃爲宗。《維摩經》者，以不思議解脱爲宗。《勝鬘經》者，一乘爲宗。如是諸經，宗歸各異，門別雖殊，旨歸一等，勿得於中輒定淺深。衆經宗別，分之麁爾。

第二，約宗辨其諦相。門別有四：一、約宗分法。二、以深攝淺，隨義具論。三、歷法分別。四、辨即離。約宗分者，約[一四〇]宗之中，事理相對，事爲世諦，理爲真諦。陰界入等，彼此隔礙，是其事也。苦無常等十六聖諦，通相之法，是其理也。第二宗中，因緣假有以爲世諦，無性之空以爲真諦。第三宗中，一切諸法，異[一四一]相之有，以爲世諦，無相之空，以爲真諦。此與前宗假名無性有何差別。前宗之中，觀因緣相，破法自性。此宗之中，觀諸法性，破因緣相。言法性者，妄想[一四二]諸法，以無爲性，故觀法性，不取緣相。前宗破性，觀法假有，如土木城，雖無定性，不無假城。此宗破相，觀法如似乾闥婆城，無城爲城，城即非城。城喻既然，幻化等譬，類亦齊爾。第四宗中，義別有二，一依持義，二緣起義。若就依持以明二者，妄想之法以爲能依，真爲所依。能依之妄，説爲世諦。所依之真，判爲真諦。然彼破性破相宗中，有爲世諦，無爲真諦。今此宗中，妄有理無，以爲世諦，相寂體有，爲真諦也。若就緣起以明二者，清淨法界，如來藏體緣起，造作生死涅槃，真性自體，説爲真諦，緣起之用，判爲世諦。此一門竟。

第二門中，以深攝淺，隨義具論。

初宗之中，隨義具論，凡有七種：一、情理分別。二、假實分別。三、理事分別。四、縛解分別。五、有爲無爲分別。六、空有分別。七、行教分別。言情理者，妄情所立我衆生等，以爲世諦，無我之理，説爲真諦。問曰：我等情取爲有，於法本無，説何爲諦。釋言：凡夫取陰爲我，陰隨情取，名爲我人，説爲世諦，非全無法。其真諦者，聖人知陰非我我所，陰從聖解，説爲無我，名爲真諦，亦非無法。言假實者，人天、男女、舍宅、軍衆，如是一切，有名無實，名爲世諦。陰界入等事相諸法，有名有實，説爲真諦。故《雜心》云：若法分別時，捨名則説等，分別無所捨，是名[一四三]第一義。言理事者，陰界入等事相差別，説爲世諦，十六聖行，通相之理，以爲真諦。十六聖行，後四諦中具廣分別。言縛解者，苦集縛法，説爲世諦，滅道解法，名爲真諦。言有爲無爲者，苦集及道，三諦有爲，判爲世諦，滅諦無爲，寂止勝法，説爲真諦。言空有者，十六行中空與無我，理中勝故，説爲真諦，餘名世諦。言行教者，三藏言教以爲世諦，三十七品説爲真諦。故《雜心》云：經律阿毗曇，是名俗正法，三十七覺品，是名第一義。初宗之中，具此七種。雖有七種，事理二諦正是宗歸。

第二宗中，世諦有二，一有，二無。有中，

隨義分爲三種：一、事相世諦，謂陰界等，於事分齊，真實不虚，故稱爲諦。此同初宗世諦事也。二、法相世諦，謂一切法苦無常等，法之實相，故稱爲諦。此之一門，是初宗中真諦法也。三、理相世諦，謂法虚假，因緣集用，世法實爾，名爲世諦。此之一門，不同前宗。所言無者，五陰之中無彼凡夫横計我人。世諦法中實無此我，故名世諦。此空無我，毗曇宗中一向説爲第一義諦。《成實論》中義有兩兼，若就五陰事法之中辨此無我，攝入世諦，若就性空第一義中，無彼妄情所立我人，即是真諦。今就初義説爲世諦。真諦之中，義別有二：一、因和合中無性之空，法和合中無性之空，以爲真諦。二、就性空第一義中，無彼凡夫所立我人，以爲真諦。

第三宗中，世諦亦二，一有，二無。有中，隨義分爲四種：一者事相，謂陰界等。此同初宗世諦事也。二者法相，苦無常等。此同初宗真諦法也。三者假名集用之相。此門同前第二宗中理相世諦。四者妄想，所謂世法道理，悉是妄想之有，如陽炎水。此之一門，不同前宗。所言無者，隨義有二。一者，陰上無彼凡夫横計我人，以爲世諦。若就無相，第一義中無彼凡夫横計我人，即是真諦。今就五陰因緣法中無彼我人，判入世諦。然此世諦，同前初宗真諦法也。二、就五陰假名法中無彼妄情所取自性。世諦法中，實無此性，故云世諦。故《地持》云：非有性者，世諦無性。此之無性，第二宗中説爲真諦。今入大乘破相宗中，義有兩兼。若就五陰因緣法中無彼凡夫所取自性，判屬世諦。若就無相第一義中無彼性者，即是真諦。今就初義説爲世諦。真諦之中，義別有三：一者，畢竟妄想空寂，以爲真諦。二、此空中無彼凡夫横計我人，以爲真諦。三、此空中無彼凡夫取[一四]立自性，以爲真諦。

第四宗中，世諦有二，一有，二無。有義不同，差別有六：一、事相有，謂陰界等。此同初宗世諦事也。二、法相有，苦無常等。此同初宗真諦法也。三、假名有。此門同前第二宗中世諦理也。四、妄想有。此門同前第三宗中世諦理也。五、妄想有，辨明心外畢竟無法，但是惑心妄想所見。六、真實有，謂如來藏緣起，集成生死涅槃。此後兩門，不同前宗。上來六種，世諦有也。所言無者，隨義有四：一者，陰上無彼我人。此同初宗真諦理也。二者，假名因緣法中無性之無。同第二宗真諦理也。三、妄想無。同第三宗真諦理也。故彼六地因緣觀中，逆觀因緣空寂之義，名世諦觀。四、妄想無。不同前宗。此之四種，世諦無也。真諦之中，義別有二，一有，二無。有者，所謂如來藏性恒沙佛法。無中有五：一者，真實如來藏中恒沙佛法，同體緣集，無有一法別守自性，名之爲無。二、此真中無彼凡夫横計我人。故經說言，如來藏者，非我衆生，非命非人。三、此真中無彼凡夫取立自性。四、此真中無彼二乘取因緣相。五、此真中無彼妄想空如來藏。此五通就如來藏體第一義中，隨義分別，同是真諦。此二門竟。

第三門中，歷法辨者，諸法雖衆，不出無、有。有中隨義差別有六，無中有五。有中六者，一、陰界等事相之有。二、苦無常等法相之有。三者，因緣假名之有。四者，諸法妄想之有。五、妄想之有。六、真實有。此六之中，初事有者，四宗之中同爲世諦。第二法相，初宗之中用爲真諦，後三宗中說爲世諦。第三假名，初宗未說，後三宗中說爲世諦。第四妄想，初二宗中未說此義，後二宗中說爲世諦。第五妄想，前三宗中未說此義[一四五]，第四宗中說爲世諦。第六真有，前三宗中未說此義，第四宗中分爲二諦，體爲真諦，用爲世諦。無中五者，一者，陰上無彼凡夫横計之無。二者，假名因緣法中無性之無。三、離妄想無。四、離妄想無。五者，真實寂滅之無。此五之中，第一無者，初宗之中說爲真諦，後三宗中義有兩兼，就世辨者判屬世諦，就真辨者判屬真諦。第二無者，初宗未說，第二宗中說爲真諦，後二宗中義有兩兼，就世辨者判屬世諦，就真辨者判爲真諦。第三無者，前二宗中未説此義，第三宗中説爲真諦，第四宗中義有兩兼，就世諦辨，説爲世諦，就真諦辨，攝入真諦。第四無者，前三宗中一向未説，第四宗中義有兩兼，就世諦辨，判爲世諦，就真諦辨，説爲真諦。第五無者，前三宗中亦所未説，第四宗中，一向説之爲真諦也。此三門竟。

第四門中，明即離者，就初宗二諦相望，即離不定，三句分別：一者，世諦即第一義。如説陰、界、十二入等事相差別，以爲世諦，即此法中所有諦理，説爲真諦。二者，世諦不即真諦，謂非數滅虚空無爲。三者，真諦望彼世諦不即不離。謂空無我即就陰上明空無我，名爲不離。然彼但無横計我人，不空陰法，故名不即。第二宗中所説二諦，形對不定。對前宗中陰上無人，得説性空即於世諦。今説性空即陰無性，不同前宗陰上無人，若對後宗，得言不即。後宗之中，即指妄想虚誑之法以之爲空，故名爲即。今此宗中，但就假名因緣法中説無定性，不空假名因緣之相，故曰不即。第三宗中所説二諦，一向相即。彼説諸法妄想虚誑，體是無法，其猶幻化。幻化之有，喻彼世諦。幻化之無，喻彼真諦。然彼幻有，無別體性，説無爲有。無爲有故，世諦即真。幻化之無，亦無別體，指有爲無，有爲無故，真諦即世。世諦即真，色即空也。真諦即世，空即色也。色即空故，有即非有。空即色故，無即非無。故《地持》云：從有無〔四六〕方便，入非有非無。第四宗中，兩種二諦，一者依持，二者緣起，備如前辨。若就依持二諦相望，不即不離，依真起妄，即妄辨真，得説不離，真妄性別，得云不即。故經説言，斷脱異外有爲法依持建立者，名如來藏。若就緣起二諦相望，得言相即，即體起用，用即體故。二諦之義，厥趣如是。

二無我義，四門分別。釋名，一。辨相，二。約宗分異，三。就人辨定，四。

二無我者，一人無我，二法無我。人無我者，經中亦名衆生無我，亦名生空，亦名人無我，亦名人空，亦名我空。衆法成生，故曰衆生。生但假有，無其自性，是故名爲衆生無我。衆生性相，一切皆無，説之爲空。寄[一四七]用名人。無我與空，義同前釋。性實名我，陰中無我，故曰我空。法無我者，亦名法空。自體名法，法無性實，名法無我。諸法性相，一切皆無，名爲法空。此即二種，俱名爲空，齊號無我。若別分之，空與無我，隱顯互彰。若依毗曇，陰非是我，名爲無我，陰非我所，説之爲空。《成實》法中，衆生空者，名之爲空，法體空者，名爲無我。故彼論中，觀生空者，名爲空行，觀法空者，名無我行。問曰：何故衆生空者説爲空行，不名無我。釋言：衆生著我之中，有十六種，所謂我、人、衆生、壽命、養育、知見，如是一切。若説空行，通攝十六我人等空，故名空行。若言無我，不攝餘空，爲是不論。若依《維摩》，衆生空者，名爲無我，法體空者[一四八]，名之爲空。故彼經言，衆生是道場，知無我故，一切法是道場，知法空故。空與無我，眼目之異，左右名之，皆得無傷。名義如是。

第二門中，生法二空，相對辨異，各有四門：一、辨惑情。二、對情彰理。三、顯法實。四、對實彰用。

先就生空，四門分別。言惑情者，計我心也。計我之心，開合不定。或總爲一，謂五見中我見心也。或分爲二，二有兩門。一、總別分二，總就衆生計有我人，名爲總計，別計諸陰以爲我人，名爲別計。二、即離分二，就陰計我，名之爲即，計有常我遍一切處，名之爲離。又就向前即陰計中，復有即離，指色爲我，名之爲即，餘爲我所，名之爲離，如是一切。或分爲四：一者即陰。如優樓佉所計我也，指陰爲我，陰滅我亡。二者離陰。如僧佉人所計我也，離陰有我，陰滅我存。若説離陰計我者，何故經言衆生計我終不離陰。彼起[一四九]傍陰，故説不離。然不指陰以爲我，故說爲離也。三、亦即亦離。如先尼計常我離陰，猶如虛空遍一切處，陰滅我存，作我即陰，陰滅我亡。四、不即不離。如彼犢子道人所計，五陰和合，更有我生。就陰辨我，故云不離。而我非陰，故曰不即。然今世人建立有體假名之我，大況似此。彼亦取其佛經之言，故爲此計。如經中說，衆生佛性，不即六法，不異六法。言六法者，所謂五陰及與我也。彼依此言，故說有我。然佛法中所說我者，諸陰和合，假名集用，故名爲我。彼立定實，所以是患。或隨陰別說之，爲五人計不同，或有宣說色陰爲我，或受或想，或行或識。或說十六，如《大品》說：一、我。二、衆生。三、壽者。四、命者。五、生者。六、養育。七、衆數。八、人。九、作者。十、使作者。十一、起者。十二、使起者。十三、受者。十四、使受者。十五、知者。十六、見者。此義如後十六我中具廣分別。又隨陰別所立不同，分爲二十。如一色中，人計不同，差別有四。有人計云，即色是我。此是一也。或有計云，色非是我，色是我所。此是二也。說何爲我，而云色者是其我所，彼乃指其受等四陰，以之爲我。未須分別我所起處。分別起處，在後六十五種我中，今此且可總相言耳。或有計云，色者是其我之窟宅，我居其中。此是三也。或有計云，我者是其色之窟宅，色住其中。此是四也。四中初一是其我見，餘三是其我所見也。如色既然，受、想、行、識，類亦齊爾。五陰各四，四五便有二十種計。此二十中，五是我見，十五是其我所見也。若具分別所起處者，便有六十五種計我。如一色中有其十三，即色是我，以之爲一，色是我所，離分爲四。有人計彼受陰爲我，色陰是彼受我所有，如人有物，如是差別。乃至有人計識爲我，說色以爲識我所有。如是說色與彼受、想、行、識之我以爲所故，便分四種，通前爲五。或有說色與彼受、想、行、識之我以爲窟宅，復分爲四，通前爲九。或有宣說受、想、行、識四陰之我，爲色窟宅，復分爲四，通前十三。此十三中，初一我見，後之十二是我所見。如色十三，乃至行、識，類亦同然。五陰之上各有十三，通合有其六十五種。六十五中，五是我見，即陰而計，六十我所，異陰計也。綺互相望，以爲異陰，非全陰外。多人别計有六十五，非是一人。惑情如是。此一門竟。

次對惑情，以辨道理。聖慧觀察，知但是陰，無别我人。故《地持》云：聲聞、緣覺，見陰離陰，我不可見。諸行緣起，生滅和合，陰與離陰，無我人性。即是理也。此二門竟。

次辨其實。見陰生滅，即是實也。故《維摩》言，既除我相，當起法相。應作是念，但以衆法合成此身，起唯法起，滅唯法滅。生滅是其法之實相，故云實也。此三門竟。

所言用者，依前五陰假名集用，便有人天男女等别。此之假用，有而非患。是故聖人常隨世俗，説有我、人、衆生、壽命。

上來四門，辨其生空。次明[一五〇]法空，於中四門。先辨其情。於前生空分齊之中，所立法實及以假用，執相取定[一五一]，望彼法空，悉名惑情，以此同是法著我故。此一門竟。次辨其理。菩薩正觀，知前所取畢竟無法，不但無性，相亦不有。無法即是遣情之理。此二門竟。次辨其實。既空情情[一五二]相，妄想心息，便見真實如來藏性自體法界秘密法門是其實也。此三門[一五三]竟。次辨其用。依前真實如來藏體緣起，集成生死涅槃，是其用也。如經中説，十二因緣，皆一心作。又云，三界[一五四]一心作。復言，法身[一五五]輪轉五道，名曰衆生。此是真實起生死也。又如經中，如來藏性，顯成法身。如是等義，起涅槃也。無我體相，麤況如是。

第三門中，約宗分異。於中有二，一定其宗别，二約宗辨異。言宗别者，宗别有四，一立性宗，二破性宗，三破相宗，四顯實宗。此四如前二諦章中具廣分别。此一門竟。

次約宗辨異。初宗之中，但明生空，不説法空。雖説生空，但説陰上無彼凡夫横計我人，目之爲空，未説衆生因緣虚假無性之空。第二宗中，具明二空。五陰及生，攬別成總，是因和合。因和合中空無定性，名衆生空。不同前宗陰上無人名衆生空。苦、空、無常等，集成諸法，名法和合。法和合中空無定性，是其法空。問曰：五陰因和無性，云何得名衆生空乎。釋言：五陰是我所法，從内作名，故曰生空。又復一切總因別起，通名衆生。彼生無性，故名生空。第三宗中，亦具二空，異於前宗。言生空者，前宗直就因和合中虚假無性名衆生空，不空假生，今此宗中假生亦無，故名生空。如似空中無事見人，當知彼人無人爲人，人即非人，不待以陰離分破壞方爲無人，如是一切。故《維摩》云，菩薩觀生，如第五大第六陰等。言法空者，前宗之中但説諸法苦無常等和合無性故名法空，不説空無假名諸法，此宗所説，假法亦空，故云法空。如空中華，無華爲華，華即非華，不待以彼苦無常等離分破壞方爲無華[一五六]，諸法如是。故《維摩》云，如燋穀牙，須陀洹身[一五七]見等，不但無性，相亦非有。第四宗中，亦具二空，與前復異。於中且以兩門分別，一依持門，二緣起門。若論依持，妄想法空，名衆生空，所依真寂，名爲法空。良以妄想衆生所起，故妄想空名衆生空。所依真實是法自體，法體寂故名爲法空。若就真實緣起門説，真如體寂，名爲法空，緣用寂滅，名衆生空。真體寂者，真實法界恒沙佛法，同一體性，互相集成，無別自性，故曰體寂。如説諸法以之爲常，隨義分別，諸法之外無別常體。我、樂、淨等一切諸門，類亦同爾。無有一法別守自性，是故諸法一切皆寂。此法體寂，名法空也。緣用寂者，彼如來藏緣起，集成生死涅槃一切諸法，用相寂滅，名衆生空。良以作用緣集在人，是故用寂名衆生空。宗別如是。

第四門中，就人辨定。人謂聲聞、緣覺、菩薩。菩薩之人，具解二空。聲聞、緣覺，經論不同。毗曇、《地持》、《十地論》等，説聲聞人但得生空，緣覺亦爾。《成實論》中，説聲聞等有得二空，不簡利鈍。《大智論》中，説利根者具解二空，如先尼等，鈍根之者單解生空。是義云何。釋言：此等各有所以。於中略以三門釋之：一、明如來所説不同。二、明聲聞根有利鈍，所解各異。三、正會其言。所説不同者，如來於彼立性宗中唯説生空，後三宗中具説二空，如上所辨。根利鈍者，聲聞人中，根有三品，謂下、中、上。此三品人，聞彼初宗立性之教，但解生空，以此教中未曾宣説法體空故。聞第二宗破性之教，鈍者但能悟解生空，中上二人通解二空。聞第三宗，中下二人但解生空，利人俱〔一五八〕解。聞第四宗，三品之人同解生空，不解法空，以彼但於衆生所起情相法中悟解空故。次會其言。阿毘曇者，據彼初宗，是故宣説一切聲聞但解生空。《成實》執彼第二宗中中上之人能解二空，過分説言，一切聲聞，莫問利鈍，同解二空。《成實》有此過分之失。《大智論》中，據第三宗，説彼鈍者但解生空，利解法空。此乃中下同名鈍根。《十地》《地持》據第四宗，是故宣説聲聞之人但解生空，妄想法中而得空故，亦可從彼初宗爲言。無我之義，略判如是。

如、法性、實際義，三門分別。釋名，一。辨相，二。大小、有無，三。

第一釋名。如、法性、實際義，出《大品經》。此三乃是理之別目，故龍樹言，如、法性等，實相異名。所言如者，是其同義。法相雖殊，理實同等，故名爲如。言法性者，自體名法，法之體性，故云法性。言實際者，理體不虛，目之爲實，實之畔齊，故稱爲際。名義如是。

第二門中，辨其體相。於中有三：一、通就二諦以別三門。二、唯就真諦以別三門。三、就觀入以別三門。

就初門中，論釋有二：一、通就諸法空有二義以別三門。二、通就諸法九義差別以別三門。

言就空有以別三者，世諦爲有，真諦爲空，

如、法性等，皆通此二。相狀如何。如論中說，如有二種。一、各各相如。謂地堅相、水濕相等。問曰：此等事相各異，云何名如。良以諸法皆有自相，自相齊通，彼此相似，故名爲如。又就地中，有多種地，同皆是堅，堅義相似，故名爲如。水等亦爾。亦可所說地等諸法，如其體實，不如狂人顛倒所見，故名爲如。二、真實相如。論自釋言：於彼相中求實叵得，即是空義，此之空義，諸法同等，故名爲如。言法性者，論釋有二。一、事法性，謂地堅性、水濕性等。故論說言，用無著心分別諸法各各自性，名事法性。二、實法性，諸法實相名實法性。此二法性，與《地持》同。言實際者，論言法性即是其實，如亦是實，據後爲言，證處名際。此就空有以別三門。

次就九義以別三門。先辨九義，然後就之以別三門。何者九義。如論中說：一、各各體。謂一切法各有自體，如彼眼根、四大所造淨色爲體，如是一切。二、各各相。相謂相狀，一切諸法各有相狀，故名爲相。三、各各力。力謂力用，一切諸法各有力用。四、各各因。謂一切法各有所因。五、各各緣。謂一切法各有所緣。因緣何別。蓋乃親疏以別二門，親生曰因，疏發名緣。六、各各果。謂一切法各自有果。七、各各性。性謂三性，一切諸法無出善、惡、無記三性，故名爲性。此非體性。若言體相(二九)，前體中攝。八者，諸法各有限礙。謂一切法各有分齊，如陰唯五，不得爲多，如是一切。又如色法，唯有十入及一少分，不得有餘。如是一切，名爲限礙。九、開通義。謂一切法義相開通，如似色義通於十入及一少分，心通六識，如是一切。九義如是。如、法性等，皆通此九。所言如者，論釋有三：一者下如。謂前九義各各差別，既言差別，云何名如。以一切法同有此九，故名爲如。二者中如。謂前九義皆是無常生滅之法。三者上如。謂前九義皆非有非無，非生非滅，究竟清淨。言法性者，論自釋言：九法中性，名爲法性。於中有三，謂下、中、上。義如前釋。所言異者，向前直取相似爲如，今此明其法之體性，故云法性。言實際者，論自釋言：九中證果，名爲實際。於前所說如及法性，窮證名果，一義如是。又論復言，此九法中，有相名如，空名法性，於中得果名爲實際。

此一門竟。

次就真諦以別三門。於中有四：一、遣生死涅槃之相，以別三門。二、遣三世差別之相，以別三門。三、就空理總別之義，以別三門。四、就實性有無之義，以別三門。言遣生死涅槃相者，如論中說，觀察生死涅槃皆空，名之爲如。問曰：經說生死是其無常、無樂、無我、不淨，涅槃是其常、樂、我、淨，云何言空。論言，爲破[一六〇]顛倒心故，宣說生死、苦、無常等，不欲令人著無常等，以實相中無常、苦等不可得故。又爲破人顛倒心故，宣説涅槃常、樂、我、淨，不欲令人著常、樂等，亦以實中常、樂、淨等不可得故。良以諸法皆不可得故，故[一六一]名爲如。言法性者，入彼如中，捨離所觀染淨法相，不見生死涅槃可得。此不可得法性自爾，故言法性。故論說言，譬如小兒見水中月，謂爲實有，入水求之，求之不得，便生愁憂。智者謂之：水中無月，法性自爾。法性如是，故云法性。言實際者，如與法性，是其理實，此之理實，聖所入處，故名爲際。言遣三世差別相者，如論中說，觀三世法不生不滅，寂靜平等，名之爲如。斯乃三世空，同曰如。言法性者，如論中說，法名涅槃，不戲論法性名本分種[一六二]，如黄石中金性，白石中銀性，一切法中有涅槃性，故云法性。言實際者，如向所説，法性名實，如亦是實，據後爲言，入處名際。言就空理總別分者，隨詮辨空，空有差別，説之爲如。故論説[一六三]，空有差品，名爲如矣。問曰：差品云何名如。以諸法中同有空義，故名爲如。言法性者，廢詮論理，理是一味，一味之理，是法體性，故云法性。是以論言，總爲一空，名爲法性。言實際者，論自釋言：如及法性，名之爲實，證處名際。言就實性有無分者，如經中說，如來藏中具過恒沙一切佛法，不離不脱，不斷不異。是諸佛法，同一體性，互相集成，無有一法別守自性。雖無一性，而無不性。無有一性，即是如義。而無不性，即是法性。言實際者，彼如、法性即是其實，證處名際。此二門竟。

次就觀門〔一六四〕入，以别三門。於中有二：一、就觀入息染分別。二、就觀入捨淨分別。言息染者，如論中說：何者是如。諸法實相，常住不動，以有無明諸煩惱故轉變邪曲，後息妄染，得於實相，如本不異，故名爲如。言法性者，論言，實相體雖清淨，與煩惱合，名爲不淨，息除煩惱，得本清淨，淨是一切諸法體性，故云法性。言實際者，如與法性，是其理實，菩薩知此廣大無邊微妙最勝，更不餘求，安住其中，住處名際。言捨淨者，如論中説，菩薩觀察實相法中無常、無樂、無我、無淨，捨離凡夫常、樂、我、淨，亦捨是觀。實相如本，故名爲如。論自爲喻：如水性冷，從火變熱，是火滅已，水冷如本，故名爲如。諸法如是，實相平等，如水性冷，隨觀轉變，如水變熱，觀心息滅，實相如本，如火滅已，水冷如本，故名爲如。准驗斯文，妄想緣智，決定滅盡。言法性者，實相常住，不變不動，法性自爾，故云法性。言實際者，若得證時，彼如、法性，即是實際。體相如是。

第三，次明大小有無。大乘具有，廣如上辨。小乘亦具，云何得知。如龍樹說，《雜阿含》中説十二緣是如法相，法住法位，有佛無佛，性相常住，即是如義。又復如彼《雜阿含》中說舍利弗善達法性，即是宣說法性之義。言實際者，龍樹釋言：小乘法中無其說處，雖無說處，理實有之。云何知有。論言，涅槃即是實際。小乘法中説涅槃故，即是宣說實際之義。但涅槃法有種種名，或名爲止，或名爲妙，或名爲離，或名爲出，或名實際，是故涅槃即是實際。問曰：雖知小乘法中具此三義，相别如何。龍樹釋言：聲聞法中，觀法生滅，名之爲如。滅離諸觀，得法實相，名爲法性。彼名涅槃爲實相矣。即此法性，聖所證處，名爲實際。如、法性、實際義，略辨如是。

大乘義章卷第一

校勘記

〔一〕「前」，底本原校疑爲「餘」，校本作「餘」。

〔二〕「説」，校本校勘記云一本作「論」，下小注「二説」「三説」之「説」字同。

〔三〕「輪」，底本原校云一本作「倫」。

〔四〕「密」，校本校勘記云《義林》及清涼《玄談》四作「齊」。

〔五〕「周」，底本原校云《義林》作「舟」，下一「周」字同。

〔六〕「一」，底本原校云一本後有「大」字。

〔七〕「彼」，底本原校云一本前有「與」字。

〔八〕「是」，底本原校云一本作「此」。

〔九〕「分」，底本原校云一本後有「種」字。

〔一〇〕「暫」，底本原校云一本作「輒」。

〔一一〕「化」，底本原校疑爲「未」。

〔一二〕「報」，底本原校疑後脱「佛」字。

〔一三〕「實」，底本原校疑衍。

〔一四〕「是出世」，底本原校云一本作「出世間」。

〔一五〕「間」，底本原校云一本無。

〔一六〕「真」，底本原校云一本作「直」。

〔一七〕「經」，底本原校云一本作「法」。

〔一八〕「經」，底本原校云一本作「法」。

〔一九〕「經」，底本原校云一本作「法」。

〔二〇〕「該」，底本原校云一本作「統」。

〔二一〕「末」，底本原校云一本後有「本」字。

〔二二〕「解」，校本校勘記云一本無。

〔二三〕「序」，底本原校云一本作「斥」。

〔二四〕「語」，底本原校云一本無。

〔二五〕「綖」，底本作「誕」，據底本原校及校本改，下一「綖」字同。

〔二六〕「蘿」，底本原校云一本作「羅」。

〔二七〕「理」，底本原校疑爲「班」。

〔二八〕「綖」，底本作「誕」，據底本原校及校本改，下二「綖」字同。

〔二九〕「經」，底本原校云一本作「結」。

〔三〇〕「名」，底本原校疑爲「故」。

〔三一〕「三」，底本原校云一本作「之」。

〔三二〕「爲」，底本脱，據底本原校及校本補。

〔三三〕「名」，底本原校云一本作「爲」。

〔三四〕「非」，底本原校疑爲「騎」。

〔三五〕「應」，校本作「忘」。

〔三六〕「理」，底本原校云一本作「雖」。

〔三七〕「相」，底本原校疑爲「義」，校本作「義」。

〔三八〕「字」，底本原校云一本作「實」。

〔三九〕「論」，底本原校疑衍。

〔四〇〕「以」，校本校勘記云一本作「故」。

〔四一〕「不具故」，校本校勘記云一本無。

〔四二〕「苞」，底本原校云一本作「包」。

〔四三〕「雖」，底本原校云一本作「難」。

〔四四〕「誕」，疑爲「綖」。

〔四五〕「經」，底本原校疑衍。

〔四六〕「周」，底本原校云一本作「闍」。

〔四七〕「因」，底本原校云一本作「目」。

〔四八〕「名」，底本原校云一本作「目」。

〔四九〕「此」，底本原校云一本後有「之」字。

〔五〇〕「合」，底本原校云一本後有「目」字。

〔五一〕「乘」，底本原校云一本後有「之」字。

〔五二〕「中」，校本無。

〔五三〕「陀」，底本原校云一本前有「伽」字。

〔五四〕「此」，底本原校云一本後有「三」字。

〔五五〕「部」，底本原校云一本作「諦」。

〔五六〕「説」，底本原校云一本作「記」。

〔五七〕「三」，底本原校云一本作「之」。

〔五八〕「有」，底本原校云一本無。

〔五九〕「而」，校本校勘記云一本前有「通」字。

〔六〇〕「渧」，底本原校云經作「滴」。

〔六一〕「具」，底本原校云一本作「共」。

〔六二〕「之」，底本原校云一本無。

〔六三〕「中」，底本原校疑後脱「別有二十五門」六字。

〔六四〕「卷」，校本校勘記云一本無。

〔六五〕「就」，校本校勘記云一本作「説」。

〔六六〕「返」，底本原校云一本作「及」。

〔六七〕「中」，底本原校云一本後有「之」字。

〔六八〕「別」，底本作「則」，據底本原校及校本改。

〔六九〕「然」，底本原校云一本無。

〔七〇〕「經」，底本原校云一本作「住」。

〔七一〕「者」，底本脱，據底本原校及校本補。

〔七二〕「等」，校本後有「當知皆是法佛之性」一句。

〔七三〕「即」，底本原校云一本作「斷」。

〔七四〕「三」，底本原校云一本後有「種」字。

〔七五〕「現像」，底本原校云一本作「緣」。

〔七六〕「有」，底本原校疑爲「無」。

〔七七〕「無」，底本原校疑爲「有」。

〔七八〕「之」，底本原校云一本無。

〔七九〕「緣」，底本原校云一本作「統」。

〔八〇〕「體雖淨」，底本原校云一本作「體性雖本是淨」。

〔八一〕「真」，底本原校云經作「一」。

〔八二〕「果」，校本校勘記云一本後有「果」字，下一「果」字同。

〔八三〕「家」，底本原校云一本後有「之」字。

〔八四〕「終」，底本原校云一本作「修」。

〔八五〕「後」，底本原校云一本作「復」。

〔八六〕「因」，底本原校疑爲「目」。

〔八七〕「遍」，校本作「返」。

〔八八〕「二」，底本原校云一本後有「者」字。

〔八九〕「自」，底本原校云一本作「因」。

〔九〇〕「部」，底本原校云一本作「障」。

〔九一〕「耶」，校本校勘記云甲本（延寶二年刊村上專精氏藏本）作「邪」。

〔九二〕「性」，底本原校云一本作「別」，校本校勘記云一本作「別性」。

〔九三〕「是」，底本原校云一本後有「緣起寂滅説之爲無」八字。
〔九四〕「無」，底本脱，據底本原校及校本補。
〔九五〕「爲名」，底本倒，據底本原校及校本正。
〔九六〕「離」，底本原校云一本後有「如」字。
〔九七〕「想」，校本校勘記云一本後有「等」字。
〔九八〕「緣」，底本原校疑衍。
〔九九〕「因」，校本校勘記云甲本無。
〔一〇〇〕「角」，底本原校云經後有「何以故」三字。
〔一〇一〕「生」，底本原校云一本後有「佛性無者因時無果於四無中是有時無非畢竟無故無可生」二十四字。
〔一〇二〕「涅槃」，底本原校云一本在後文「提」字後。
〔一〇三〕「得」，底本原校疑爲「德」。
〔一〇四〕「所」，底本原校疑爲「義」。
〔一〇五〕「名」，底本原校云一本作「法」。
〔一〇六〕「假」，底本原校云一本後有「法」字。
〔一〇七〕「法假名」，校本校勘記云甲本無。
〔一〇八〕「抵」，校本作「恒」，校本校勘記云一本作「坻」。
〔一〇九〕「含」，底本原校云一本作「合」。
〔一一〇〕「人」，校本校勘記云甲本後有「如」字。
〔一一一〕「苦」，校本校勘記云一本作「共」。
〔一一二〕「名」，校本校勘記云甲本作「各」。
〔一一三〕「果」，底本原校云一本作「緣」。
〔一一四〕「異」，底本作「果」，據底本原校及校本校勘記改。
〔一一五〕「而」，底本原校疑爲「故」。
〔一一六〕「目」，底本原校云一本作「曰」。
〔一一七〕「生」，底本原校云一本作「對」。
〔一一八〕「目」，疑爲「日」。
〔一一九〕「從」，底本脱，據底本原校及校本補。
〔一二〇〕「五」，底本原校疑衍。
〔一二一〕「等」，底本原校云一本作「生」。
〔一二二〕「得」，底本原校云一本前有「亦」字。
〔一二三〕「接」，底本原校云一本作「攝」，下一「接」字同。

〔二四〕「地」，底本作「依」，據底本原校改。

〔二五〕「善」，底本原校云一本作「美」。

〔二六〕「名」，底本原校云一本後有「之」字。

〔二七〕「法」，底本原校云經無。

〔二八〕「相」，底本原校云經無。

〔二九〕「義」，校本校勘記云一本後有「遺」字。

〔三〇〕「一」，底本原校疑爲「殊」。

〔三一〕「使」，底本原校云一本作「便」。

〔三二〕「明」，校本前有「無」字。

〔三三〕「二」，校本作「三」。

〔三四〕「亡」，校本校勘記云甲本作「已」。

〔三五〕「語」，底本原校云《義記》作「詮」。

〔三六〕「亦使」，底本原校云一本作「若便」。

〔三七〕「何等」，底本原校疑爲「世」。

〔三八〕「實」，底本原校疑衍。

〔三九〕「違」，底本原校云一本作「遺」。

〔四〇〕「約」，底本原校云一本作「初」。

〔四一〕「異」，底本原校云一本作「妄」，校本校勘記云一本無。

〔四二〕「想」，底本原校云一本作「相」，下十九「想」字同。

〔四三〕「名」，底本原校云論作「則」。

〔四四〕「取」，底本原校云一本作「所」，下一「取」字同。

〔四五〕「義」，底本後衍「者」字，據底本原校及校本删。

〔四六〕「無」，校本校勘記云甲本無。

〔四七〕「寄」，底本原校云一本作「宰」。

〔四八〕「者」，底本脱，據底本原校及校本補。

〔四九〕「起」，底本原校疑爲「我」。

〔五〇〕「明」，底本原校云一本作「辨」。

〔五一〕「定」，校本校勘記疑爲「空」。

〔五二〕「情」，底本原校云一本無。

〔五三〕「門」，底本作「開」，據校本改。

〔五四〕「界」，底本原校云一本後有「皆」字。

〔五五〕「身」，校本校勘記云甲本作「界」。

〔一五六〕「華」，底本原校疑爲「法」。

〔一五七〕「洹身」，底本原校云一本無。

〔一五八〕「俱」，校本校勘記云甲本作「但」。

〔一五九〕「相」，底本原校疑爲「性」。

〔一六〇〕「破」，底本原校云一本作「空」。

〔一六一〕「故」，底本原校云一本無。

〔一六二〕「種」，底本原校疑爲「猶」。

〔一六三〕「說」，底本原校云一本後有「言」字。

〔一六四〕「門」，底本原校云一本無。

大乘義章卷第二

遠法師撰

義法聚中，此卷有七門。三解脱門[一]義，亦名三空義。三有爲義。三無爲義。四空義。四優檀那義。四悉檀義。四真實義。

三解脱門義，八門分別。釋名，一。辨性，二。分相，三。制定其名，四。制立其數，五。次第之義，六。就地分別，七。重空之義，八。

第一釋名。三解脱門者，謂空、無相，及與無願。所言空者，就理彰名，理寂名空。言無相者，釋有兩義：一、就理彰名。理絶衆相，故名無相。二、就涅槃法相解釋。涅槃之法，捨離十相，故曰無相。言無願者，經中或復名爲無作，亦名無起。釋有三義：一、就理彰名。理中無有貪求願樂，故名無願。理中無有[二]作用集起，是故亦名無作無起。二、就生死法相以釋。生死之法，不可願求，故名無願。三、就行以論。於生死中不生願求，故名無願。不作願求，故名無作。不起願求，故曰無起。此三，經論名解脱門，亦名三治，亦名三空義[三]。或復説爲三三昧門。三脱三昧，經論同説。三治一門，如《地論》説。言三空者，如《仁王》説。言三脱者，對果名也。涅槃果德絶縛名脱，空、無相等與脱爲門，名解脱門。故龍樹言，行此三法，能得涅槃解脱果故，名解脱門。對治門者，對障名也。如《地論》説，三障對治，故名三治。言三空者，就理彰名，理如一味，隨詮以别，故有三種。三三昧者，就行名也。前三是數，後三胡語。言三昧者，此言正定。以心合法，離於邪亂，故曰三昧。此等差别，故名爲門。亦可通入趣入名門。名義如是。

第二辨性。三脱三治及與三空，以此[四]法爲體。三三昧者，以行爲體。但就行中用慧爲主。若論眷屬，是五陰性，心王是識，想數爲想，受數爲受，餘數爲行，隨生無作即是色陰。問曰：此三用慧爲主，何故經中説爲三昧。釋言：一切諸心心法，更相受名。如四念處，體實是慧，而名爲念，此亦如是。又龍樹言，此三智慧，若不住定，則是狂慧，多墮邪疑，無所能爲，以住定故能破煩惱，故從所依説爲三昧。又三昧者名爲正定，一切禪定若無此三，退轉不定，不名三昧。由此三故，正定不退，就能爲目，故名三昧。體性如是。

第三分相。隨法不同，乃有三階：一、三法相對，分别三門。二、兩法相對，以别三門。三、歷就一法，以别三門。言三法者，一是生死，二是涅槃，三第一義空。就彼生死，説無願門，生死多過，不可願故。就彼涅槃，説無相門，涅槃寂静，離十相故。就第一義，宣説空門。次就二法以别三門。於中乃有三種差别：一、生死涅槃二法相對以説三門。生死虚無，名之爲空。故《涅槃》云，空者，所謂一切生死涅槃之法。離十相故，説爲無相。遠離生死取捨願心，故名無願。故《維摩》云：不願是菩提，無貪著故。亦可生死體虚名空。相則鄙惡，不可願樂，名爲無願。無相同前。二、以生死對第一義，以説三門。就第一義，説空、無相。就彼生死，宣説無願。彼第一義，體寂名空，妙離諸相，故曰無相，生死叵樂，稱曰無願。三、以涅槃對第一義，以説三門。就第一義，説其空門。就彼涅槃，宣説無相及以無願。涅槃無相無願之義，不異前釋。次就一法以別三門。於中乃有三種差別：一、唯就生死。二、唯就涅槃。三、唯就理。就生死中，復有四種：一、唯就外境以説三門。外境之中，有體、相、用。體空名空。相空之義，名爲無相。用空之義，説爲無作。無用可貪，亦云無願。二、唯就心以別三門。内心有三，謂心、想、見。妄想之體，名之爲心。依心起相，隨之分別，説以爲想。依想執取，建立定性，説之爲見。心體空故，名之爲空。彼想空故，説爲無想[五]。彼見空故，説爲無願。三、境二心一，以説三門。經説生死，要唯三種，一名，二相，三者妄想。外境無體，但是名有，故説爲名。事相差別，説以爲相。就其内心，説爲妄想。彼名體空，説爲空門。事相無故，説爲無相。妄想心寂，説爲無願。四、心二境一，以説三門。如《地論》説，鄣有三種：一者，分別妄想之心。二者是相，謂依妄想，起外境界。三者是願，依前諸相，起取捨心。彼妄想空，名曰空門。彼相空者，名無相門。取捨願空，説[六]爲無願。上來四門，合爲第一，唯就生死以説三門。

次就涅槃以説三門。涅槃之中，有體、相、用。性淨涅槃，以之爲體。方便涅槃，以之爲相。應化[七]涅槃，以之爲用。彼體寂者，名曰空門。相寂之義，名爲無相。作用寂者，名爲無作。

次就理法以説三門。如《成實》説，理體寂故，名之爲空。是空理中無諸相故，説爲無相。無願求心，説爲無願。又《大智論》亦同此説。故彼論言，摩訶衍中，三脱是一，以行因緣故説三門。觀諸法空，説爲空門。於此空中不取於相，是時空門轉名無相。於無相中更無所作，是時無相轉名無作，以同體故。若人入空，終不起相，亦無所作。乃至入彼無作門中，亦知空義，不取於相。但隨人別觀入不同，故立三門。

第四門中，且就生死涅槃空理，制定其名。餘類可知。言制名者，立名所依。言定名者，定其名相。先就三脱制定其名。三解脱門，一正用生死涅槃空理以之爲體。空解脱門，制名定名，悉皆就體。無相門者，制名就體，説涅槃法與彼解脱以爲門故，若定其名，乃是體上遣相爲目。無願門者，制名就體，説生死法與彼解脱以爲門故，若定其名，乃是體上從厭受稱。次就三治制定其名，義同三脱，正説生死涅槃及空爲對治故。次就三空制定其名。然三空者，以理爲宗。於中空門制名定名，悉皆就體。無相門者，制名就詮，無相涅槃是空詮故，若定其名，乃是詮中遣相爲目。無願門者，制名就詮，生死之法是空詮故，若定其名，乃是詮中從厭受稱。次就三三昧制定其名。然三三昧，行心爲體，生死涅槃、第一義空是其境界。言無願者，制名就體。彼三昧心，於生死中不生願樂，名曰無願。若定其名，乃是體上遣患爲目，願求諸有是其患故，無彼願求説爲遣患。言無相者，制名就境，無相涅槃是三昧境，就境立稱，故曰無相，若定其名，乃是境上遣相爲目。言空門者，制名定名，同皆就境，空理是其三昧境故。此等立名，左右不同，各隨一義。

第五門中，制定其數。凡有五義：一、隨法不同。如《地持》説，法有二種，一有，二無。有爲無爲，名之爲有。無我我所，名之爲無。生死之法，名有爲有。涅槃之法，名無爲有。第一義空，名之爲無。此三法也，於有爲有，不願不隨，立無願門。於無爲有，願樂攝受，立無相門。於此二中，非願非不願，於有不有見，以是見故，建立空門。以見空故，不願涅槃，稱曰非願。不厭生死，名非不願。捨前二有，名不有見。二、隨根不同，建立三門。根有三種，謂利、鈍、中。爲鈍根者説無願門，令怖畏故。爲中根者説無相門，令趣求故。爲利根者宣説空門，令證實故。三、隨欲不同。如《大智論》説，欲有三種：一樂遠離，爲説無願。二樂寂靜，爲説無相。三者樂實，爲説空門。四、隨行不同。如《涅槃》説，行有三種，謂定、慧、捨。爲起定行，宣説空門，令心住故。爲起慧行，説無願門，令其觀察，斷生死故。爲起捨行，説無相門，令心依故。五、對患不同。如《大智論》説，患有二種，一見，二愛。爲見行者宣説空門，令其捨見。爲愛行者説無願門，令厭生死，不願求故。見愛等者爲説無相，宣説涅槃，遠離色、聲、香、味、觸相，治彼愛行，離生、住、滅，治彼見行，離男女相，義有兩兼。三門治患，差別非一，且論斯耳。

第六門中，明其次第。次第有三：一、修入次第。先説無願，令厭生死。次説無相，令求涅槃。後説空門，令其契證。二、據終成本末次第。空是德本，菩薩先觀，故先明空。由見空故，不見生死可以貪求，故次第二宣説無願。由證空義，不見生死，便與涅槃無相相應，故次第三宣説無相。三、約所空體、相、用等，明其次第。先説空門，空諸法體。次説無相，空諸法相。後説無作，空諸法用。次第如是。

第七門中，就地分別。小乘法中説之不定。有人宣説，三脱三昧唯在四禪、未來、中間及三無色，以無漏故。復有説者，言三解脱一向無漏，備如向辨。三三昧者，通漏無漏。無漏三昧，如三解脱。有漏之者，在十一地，所謂欲界根本四禪、未來、中間及四空處。大乘法中，三脱三昧通漏無漏。有漏之者，備如向説，在十一地。無漏之者，依於十地，所謂八禪、未來、中間。若復通論，亦依欲界，大乘宣説欲界地中有禪定故。攝地如是。

第八門中，義别有五。列名辨相，一。漏無漏分别，二。就人分别，三。就界分别，四。就地分别，五。

就初門中，先列其名。名字是何。謂空空三昧、無相無相、無願無願。就初彰名，名重空三昧，亦得名爲重無相、重無願矣。相狀如何。依如毗曇，分彼四諦十六聖行以爲三門。苦下二行，空與無我，判爲空門。次有十行，説爲無願。苦下有二，謂苦、無常。集下有四，因、集、有、緣。道下有四，道、如、跡、乘。説此十種爲無願門。滅下四行，盡、止、妙、出，爲無相門。言重空者，羅漢先以無學等智，觀察空門，直名空定。然後以彼有漏等智，觀前空智亦空無我，名空空三昧。此觀智上，空無我人，不空智體。重無願者，亦先以彼無學等智觀察苦等，直名無願。後觀此智亦是無常，不可願求，擊彼聖道，名無願無願。問曰：何故不以苦擊。違聖道故，道非是苦，若觀爲苦，即爲顛倒。何故不以因、集、有、緣，擊彼聖道。論言，因等相順聖道，不名爲擊。何故不以道、如、跡、乘擊彼聖道。釋言：若作道如等觀，是樂聖道，何名爲擊。重無相者，先以無學等見之智，觀彼滅下盡、止、妙、出，直名無相。後觀此智盡滅之處，非數無爲，亦是寂止，擊彼聖道，名無相無相。何者智盡非數無爲，云何擊乎。觀滅之智，應起不起，是其智盡非數無爲。欲擊彼智，先觀煩惱不起之處，數滅無爲，是其寂止。是寂止故，可願可樂。以此寂止可願樂故，所滅煩惱是可厭惡。後觀此智不起之處非數無爲，亦是寂止，可願可樂，與數滅同。以智盡處同彼數滅可願樂故，所滅之智與彼煩惱同可厭惡。擊之如是。問曰：何故不以妙、出擊彼聖道，偏用止行。釋言：非數非妙、出故。何故不以滅行擊之。以此濫同無常滅故。若依《成實》，諸法性空，名爲空門。於此空中，無相可取，名無相門。空中無其悕求願樂，名無願門。聖人以智觀五陰空，名空三昧。復觀此智亦是空故，名爲空空。觀陰空中無相可取，名無相三昧。復觀此智亦空無相，名無相無相。觀陰空中無悕求願，名無願三昧。復觀此智亦空無願，名無願無願。大乘法中，三門多種，備如上辨。於中細論，或同毗曇，或似《成實》。若説生死、涅槃、空理以爲三門，相同毗曇。若就空理義分三門，則同《成實》，淺深爲異。重空之觀多同《成實》，何故修此重空三昧。論言，如人以杖燒尸，死尸既盡，杖亦須焚。智亦如是，前用斷結，結患既亡，智亦須捨，故須修之。此一門竟。

次就有漏無漏分別。依如毗曇，重空三昧一向有漏，以其所觀非諦理故。《成實》無漏，故彼論言，重空、無相、無願三昧，重空名(八)勝。云何有漏，大乘無漏，同《成實》説。此二門竟。

次就人論。毗曇法中，重空三昧唯是利根阿羅漢得，非是餘人，以彼學人有煩惱故一向不得，鈍根羅漢所得三昧不自在故亦不能得。《成實》法中，一切羅漢及諸學人皆悉得之。故《成實》言，學人亦得，以證一切諸法滅故。大乘人中，種性已上一切皆得。若復通論，十信亦得。此三門竟。

次就界論。界謂三界。依如毗曇，重空三昧唯欲界起，非上二界。就欲界中，三天下人能起此觀，由説起故。《成實》無文，理應遍通。大乘法中，菩薩自在，於三界中隨身何處皆得修起。此四門竟。

次就地論。依如毗曇，重空三昧是有漏故，始從欲界乃至非想，一切地心皆得修起。欲界唯緣未來禪中所有無漏，爲重空觀。非想唯緣無所有處所有無漏，以相近故。《成實》法中，是無漏故，唯依初禪至無所有七依定中而得修起。大乘所辨，一切地心皆得修起。重空三昧，辨之麤爾。

三有爲義，兩門分別。釋名，一。辨相，二。

三有爲者，所謂色、心、非色非心三聚法也。質礙名色，慮知曰心。不相應行，違返前二，名非色心。此之三種，同名有爲。爲是集起造作之義。法有爲作，故名有爲。是義云何。釋有六種：一者，將因對果以釋，一切因緣皆能集果，能有所爲，故名有爲。二者，據果對因以釋，有爲果報皆爲因生，有此因爲，故名有爲。三、就法外生、住、滅等對法以釋，色等法邊皆有同時別體四相，用此四相，相色等法，由生相故色等法生，乃至由有第四滅相，色等法滅。此之四相，能有所爲，故名有爲。四、就色等對彼法外四相以釋，色等諸法皆有生等四相所爲，故名有爲。五、就法體前後四相解釋有爲，前後四相遷變曰爲，色等諸法，體有此爲，故名有爲。六、就同時同體四相解釋有爲，色等諸法，性如幻化，幻有稱生，幻無名滅，幻立云住，幻[九]變曰異，此四同體，互相緣集，稱之曰爲。色等諸法體有此爲，故名有爲。名義如是。

第二門中，辨其體相。先辨色法，次顯心法，後明非色非心之法。就色法中，兩門分別，一辨體相，二明假實。色之體相，論釋不同。毗曇宣説十一種色爲色法聚。何者十一。五根爲五，五塵爲十，通無作色，爲十一也。清淨四大所造眼、耳、鼻、舌及身，是其五根，爲外四大所造。色、聲、香、味、觸等，是其五塵。身口業中善惡無作，是無作色。《大智論》等亦同此説。《成實》宣説十四種色爲色法聚。何者十四。五根爲五，五塵爲十，加以四大，通前十四。五根如上。所言異者，毗曇法中，五根之體是實法色，爲四大造，與大別體，如人造畫，畫與人別。《成實》法中，五根之體是假名色，四大所成，根外無大，如陰成人，人外無陰，根亦如是。五塵[一〇]如上。所言異者，毗曇法中，大所造塵與四大異，《成實》法中，色、香、味、觸能成四大，不爲大造，唯一聲塵從四大生，有斯異也。四塵所成，地、水、火、風，是四大也。問曰：毗曇説無作色，《成實》法中何故不論。宗別不同，所説各異。毗曇法中，説無作業是色法故色中説之，《成實》説爲非色心故色中不論。又問：《成實》別説四大，毗曇法中何故不立。亦是宗別[一一]，所説各異。異相如何。毗曇宣説，堅、濕、暖、動四種實觸以爲四大，此之四大，觸塵中收，故不別説。《成實》所辨，地、水、火、風，攬四塵成，能成五根，根因塵果，根塵不攝，故須別論。此一門竟。

次辨假實。毗曇法中，十一種色皆是實法。毗曇多以性[一二]相中求，故無假色。《成實》法中，五塵是實，根大是假，攬塵成大，大成根故。若對理論，一切皆假，同是因緣假名法故。

次辨心法。於中略以五門分別：一、明心與數體之一異。二、開合辨相。三、明寬狹。四、辨通局。五、相應不同。

言一異者，《成實》法中，心與數法一體義分，不説心外別有諸數。如説識陰以之爲心，餘則名數，説受爲心，餘還名數，如是一切。毗曇法中，心與數別，六識是心，餘想、受等説爲心數。大乘法中，據末是別，窮本是一。是義云何。大乘法中，説識有三：一者真識，心與數一。二者妄識。是妄識中，麤細六重，始從無明，終至續識。此六重中，前之四重，心與數一，後之兩重，心與數別。以前四重心與[三]數一故，論中説爲不相應染。後二別故，論中説爲心相應染。馬鳴釋言：心與念異，故曰相應。是義如後八識章中具廣分別。三者事識。一向同時具有諸數，與毗曇同。心數一異，辨之麤爾。此一門竟。

次辨開合。心法開合，廣略不定。或總爲一，謂一心聚。或分爲二，謂心與數，六識是心，想等是數。或分爲四，謂受、想、行、識，心王名識，想數名想，受數名受，餘數名行。或分爲六，所謂六識。又依毗曇説，爲四十七心數法，心王爲一，數法之中有四十六。何者是乎。通地有十，通彼心王，合爲十一。通地十者，如彼論説，想、欲、觸、慧、念、思、解脱、憶、定及受，是説通地。於境取相，名想。於緣欲受，稱欲。令根、塵、識和合，名觸。於緣決定，名慧。記識不忘，名念。於善惡等思願造作，名思。於緣作相受彼相狀限量，名解脱。若無解脱，常守一緣，不能捨離。於緣發悟，名憶。常緣不亂，稱定。受違順中，名受。此十遍與一切心俱，名通大地。

善地有十，通前合爲二十一也。何者是乎。如彼論説，諸根有慚愧，信者[四]猗不放逸，不害精進捨，一切善心俱。言諸根者，所謂無貪、無瞋善根。以何義故不説無癡。無癡是慧，與通地中慧數體同，故此不論。於他衆生及衆具等離貪著心，名無貪。於衆生數及非衆生不懷瞋恚心，名無瞋。於惡自厭，名慚。於過羞他，稱愧。於三寶等淨心不疑，名信。身心離惡，稱猗。起善方便，離惡不作，名不放逸。不逼迫他[一五]，名爲不害。斷惡集善，懃方便修，名精進。内心平等，名之爲捨。此十遍在一切善中，名善大地。

不善地中，心法有二，謂無慚、愧。通前合爲二十三也。

大煩惱中，具説有十，别唯有五，通前合爲二十八也。何者是十。如彼論説，邪解不正憶，不順智失念，不信懈怠亂，無明掉放逸，是煩惱大地。顛倒解脱，名邪解。邪受境界，名不正憶。顛倒決定，名不順智。邪記妄受，名失念。於三寶等邪疑不淨，名不信。不斷惡修善，不勤方便，名懈怠。境界所牽，散隨諸緣，名爲亂。於法不了，名無明。躁動不息，名爲掉。離善方便，名放逸。此十遍在諸煩惱中，名大煩惱地。問曰：睡亦遍諸煩惱，何故不名大煩惱地。論自釋言：睡順正受，能速發定，是故不説。

别唯五者，所謂不信、懈怠、無明、掉及放逸。此之五種，體别餘數，故今取之，爲四十七。餘五不别，故不説之。云何不别。言邪解者，與通地中解脱數同。不正憶者，與通地中憶數體同。不順智者，與通地中慧數體同。言失念者，與通地中念數體同。亂，與通地定數體同。問曰：邪解、不正憶等，與通地中心數法同，何勞復説爲煩惱地。以此生惑功力等故。問曰：通中受、想、觸、欲，何故不説爲煩惱地。以不等故，大地不顯，故不説之。云何不等。想生見强，受及觸欲生愛中强，故曰不等。又問：何故不説思數爲煩惱地。思是一切衆行之主，故不偏説爲煩惱地。又思亦是生愛中强，故不説之。問曰：若言受想觸等生惑不齊，故不説爲煩惱地者，慧生見强，何故説爲煩惱地乎。釋言：見中更不論慧，是故不可説慧爲强，慧不强故，説之爲地。

小煩惱地差别有十，通前合爲三十八也。何者是乎。如彼論説，忿恨誑慳嫉，惱諂覆高[一六]害，是説小地。如論釋言：於益不益，應作不作，非作返作，瞋相續生，名爲忿。樂事益他，苦不益他，益事應作而故不作，不益他事，理不應作而復故作，瞋氣續生，説爲忿。於可欲不可欲，應作不作，非作返作，忿相續生，名爲恨。樂事他欲，苦他不欲，可欲應作而故不作，不可欲事，理不應作而復故作，忿之殘結，説爲恨也。詐現承事，名誑。悋惜財法，稱慳。忌他名利伎能功德，名嫉。怨會愛離，思惟心熱〔一七〕，名惱。覆藏自性，曲順時宜，稱諂。自陰〔一八〕過惡，名覆。謗〔一九〕他自舉，名高。欲逼迫他，名害。此之十種，唯在意地，不通五識，局在修斷，不通見諦。別起不俱，故名小地。

餘心數中更有五數，通前合爲四十三也，所謂覺、觀〔二〇〕、睡、眠及悔。麤思名覺，細思稱觀。一切煩惱睡著境界，名睡。身心昏昧，略緣境界，名眠。追變〔二一〕名悔。

十使之中復有四數，通前合爲四十七也，謂貪、瞋、慢、疑。愛染名貪，忿怒曰瞋，陵他稱慢，猶預曰疑。五見是慧，與通地中慧數同故，廢而不論。癡使與彼大煩惱中無明數同，是以不説。此無明使，體雖與彼大煩惱中無明數同，義有左右。大煩惱中無明數者，遍通一切使纏垢中。無明使者，局在使門，不通纏垢。又大地中無明數者，唯是相應，不通不共，通與一切煩惱俱故。無明使者，通攝相應及與不共。於中若有緣而不了，不與一切諸使俱者，是其不共。若非別緣，而與諸餘九使俱者，是其相應。毗曇如是。

《成實》法中，心數不定。攝末從本，有三十七。隨末別論，則有無量。

云何從本有三十七。如彼論説，通數有十，思、觸、念、欲、喜、信、懃、覺、觀、憶。前四後一與毗曇同，餘五別異。所言思者，如《思品》説愛分願求名思，不同毗曇愛爲煩惱，思爲通數。觸者，論言三和名觸。彼以心識依根觸塵故名爲觸，不説心外別有觸數，理實觸義遍通四心，今就行心説爲觸矣。念者，論言作發名念。作意起後，名爲作發。欲者，論言心有所須名欲。

喜者，論言心樂名喜。欲中增上，説爲喜也。毗曇無此。信者，論言必定名信。此通三性，毗曇唯善。不善中者，即名不信。懃者，論言心行發動名之爲懃。此通三性。入善法中，返名精進。毗曇唯善。言覺觀者，論釋多種。一、隨定以説，麤思名覺，細思名觀。二、隨慧以説，未知事中比知名覺，現知稱觀。三、就亂心以説，散心數起名覺，散心微少稱觀。憶者，論言知先所更名憶。以此十種，處遍三界，體通三性，故名通數。

善數有十，通前二十，所謂定、慧，無貪、瞋、癡，慚、愧，猗、捨，及不放逸。定者，義釋有通有别。通而論之，遍在三性，淨定是善，垢定不善，報定無記。别唯在善。論主就别説爲善數。慧者，義釋亦有通别。通而論之，亦在三性，正智是善，邪智是不善，汎知世事是其無記。别而論之，無漏之[三]慧説爲慧數，有漏善慧説之以爲無癡善根，顛倒之慧説爲邪見，餘不善慧及無記慧説爲覺觀。論主就别説無漏慧爲慧數也。無貪、無瞋、慚、愧，猗、捨及不放逸，與毗曇同。無癈[三]善者，毗曇法中體是慧數，更不别分。《成實》分取有漏善慧爲無癡故，所以别説。以何義故不説解脱。彼宗之中，説慧爲脱，更無别法，是以不論。

不善之中，數有十四，通前合爲三十四也。何者十四。十使煩惱相從爲六。五見之心，合爲邪見，即以爲一。貪、瞋、癡、慢及與疑使，復以爲五，通前六也。十纏之中，别數有五，謂無慚、愧、掉、悔及覆，通前十一。以何義故不説慳纏。是貪分故。以何義故不説忿、嫉。是瞋分故。以何義故不説睡眠。無明分故。問云：覆纏應是貪分，何故别論。釋言：覆者不偏屬貪，或有衆生怖畏打縛割截等事，覆藏己過，或爲財利。是義不定，所以别説。六垢之中，有諂及誑，通前十三。何故不説惱、恨、害等。是瞋分故。何不説高。以慢分故。問曰：諂、誑應是貪分，何故别論。諂義不定，或貪故諂，或畏故諂。誑亦不定，或貪故誑，或瞋故誑，或畏故誑。以不偏在，所以別論。加其放逸，通前十四。不善如是。

無記有三，謂識、想、受。彼宗之中，行前三心唯無記故。以此通前，爲三十七。據要如是。隨別以論，心法無量。如一貪心，隨別衆多，所謂惡欲、多欲、無厭、慳、著、現相、擊切、以利求利、羅波那等，如是非一。害他求利，名惡欲。廣求多利，稱多欲。更無多利，名無厭。所有一切不與他共，名慳。纏愛不捨，名著。以貪利故現欲得相，名現相。讚彼毀此，而取其利，名擊切。説餘所得，以招此利，名以利求利。心貪其利，口悦人意，名羅波那。瞋中隨別，亦有無量，所謂瞋、恨、憎、嫉、忿、恚、惱、害、迷、悷、專執、不忍、暴急、不悦、不調，如是非一。無明隨別，亦有衆多，所謂闇、鈍、嚚、騃、迷、妄、愚、拙、睡、眠、單致利等。緣而不了，名闇。悟解不速，稱鈍。損而不覺，名嚚。無心分別，曰騃。翻此謂彼，名迷。得而還失，稱妄。不辨是非，曰愚。所作不巧，名拙。心重欲眠重，名睡。攝心離覺，名眠。憙睡之病，名單致利。隨此等別，故有無量。此等別數，論中雖不一一具論，義實有之。

大乘法中，心法亦多，而經論中不辨定數，難以輒言。開合如是。此二門竟。

次辨寬狹。依如毗曇，約就四義，以辨寬狹，一善，二惡，三穢汙無記，四白淨無記。戒定慧等，名之爲善。煞盜婬等，説之爲惡。欲界地中，身邊兩見及上二界一切煩惱，名穢汙，亦名隱没。報生、威儀、工巧、變化，名曰白淨。就彼四十七心法中，心王及與十通大地，覺、觀及眠，統通四〔一四〕十四，最以爲寬。依如毗曇，悔通善、惡、白淨無記，不通穢汙，次以爲狹。以何義故不通穢汙。彼論説悔唯在欲界，是欲界故，上界一切穢汙中無。又欲界中〔一五〕緣事而起，不緣理生。以彼事中得失可知，是以生悔。理幽難覺，故不生悔。良以悔心不緣理，故欲界身見邊見中無，是故悔數一向不通穢汙無記。《毗婆沙》說，悔唯有二，謂善、不善，不通無記，以捷利故。大煩惱中不信、懈怠、無明、掉、放逸，小煩惱中諂、誑及高，餘數中睡，十使之中貪、慢及疑，此之十二，唯在不善、穢汙無記，次以爲狹。於中不信、懈怠、無明、睡、掉、放逸，此之六種，若與欲界身邊二見及上二界煩惱俱者，是其穢汙，餘是不善。諂、誑及高，貪、慢及疑，此之六種，在欲界者，斯名不善，在上二界，齊是穢汙。小煩惱中忿、恨、慳、嫉、惱、覆及害，不善地中無慚、無愧，十使中瞋，此之十種，唯在不善，最以爲狹。《成實》法中唯説善、惡、無記三性，於彼論中十種通數，統通三性。若復通論，定、慧兩數亦通三性，無貪、瞋、癡、慚、愧、猗、捨及不放逸一向是善，識、想及受一向無記，餘皆不善。寬狹如是。此三門竟。

次辨通局。於中約就三界以說。依如毗曇，無慚、無愧、瞋、忿、恨、害、惱、嫉、慳、覆及與眠數，此之十一，唯在欲界。覺、觀、諂、誑，上極初禪，高極三禪，餘通三界。若依《成實》，就前三十七心法中，諂之與誑，局在欲色。欲界可知，色界云何。如梵天王語諸梵衆言我令[二六]汝盡老死邊，即是其誑。手牽黑齒，屏處求之，即是其諂。餘通三界。問曰：覺、觀，二禪滅之，云何得通。依如彼論，麤重覺、觀二禪中滅，細通三界，故彼論言覺、觀之心遍通三界，以是心之麤細相故。三界之心，皆有麤細，麤皆名覺，細皆名觀。攝末從本，分判如是。若隨别論，惡欲、多欲、現相、擊切、以利求利、慳著、羅波那、忿、恨、惱、害、睡、眠、單致利等並在欲界，諂、誑、嫉妬通欲色界。如彼梵王語諸梵衆，汝但住此，汝等不須至瞿曇所，懼佛勝己，即是嫉妬。餘通三界。此四門竟。

次辨心法相應不同。毗曇法中，同時相應。同時之中，多少不定。若善心法在其欲界及初禪者，二十三法同時相應，十通大地，十善大地，覺、觀、心王。在中間禪，二十二法同時相應，唯除一覺，餘皆如上。二禪已上，二十一法同時相應，除覺去觀，餘皆如上。煩惱法中，分爲六分。瞋、忿、惱、害、恨、覆、慳、嫉，合爲一分。此八一向是不善故，二十二法同時相應。十通大地，即以爲十。大煩惱中，不信、懈怠、無明、掉、放逸，通前十五。無慚、無愧，通前十七。覺、觀與睡，并及心王，通前合爲二十一法。彼瞋、忿等，隨何現起，即以爲一，通前合爲二十二也。貪、疑、慢、高[二七]，爲第二分。就此分中，在欲界者是不善故，亦有二十二法相應。十通大地，五煩惱地，無慚、無愧、覺、觀、睡、心，爲二十一。貪、疑、慢等，隨何現起，即以爲一，通前合爲二十二也。若在初禪，是無記故，除無慚、愧，有餘二十心法相應。中間除覺，有餘十九。二禪已上，更除觀數，有餘十八。不共無明爲第三分，在欲界者是不善故，二十一法同時相應。十通大地，即以爲十。大煩惱中，除一無明，有餘四種，不信、懈怠、掉及放逸，通前十四。無二無明同時並故，除彼無明。加無慚、愧、覺、觀、睡、心，通前二十。不共無明即以爲一，通前合爲二十一也。在初禪中，除無慚愧，有餘十九。中間除覺，有餘十八。二禪已上，更除一觀，有餘十七。邪見、戒取，及與見取，爲第四分。在欲界者是不善故，二十一法同時相應。十通地中，除一慧數，有餘九種。邪見二取，體是慧數，無有二慧同時起故，除彼慧數。大煩惱中，有其不信、懈怠、無明、掉及放逸，通前十四。無慚、無愧、覺、觀、睡、心，通前二十。邪見等中，隨何現起，即以爲一，通前合爲二十一也。在初禪者，除無慚、愧，有餘十九。中間除覺，有餘十八。二禪已上，更除一觀，有餘十七。身邊兩見爲第五分。此之二種，若在欲界及初禪中，有十九法同時相應。十通大地中，除其慧數，有餘九種。身邊兩見，體亦是慧，兩慧不並，是以除之。大煩惱五，通前十四。覺、觀、睡、心，通前十八。身邊兩見，隨何現起，即以爲一，通前十九。以此二見是無記故，除無慚愧。中間除覺，有餘十八。二禪已上，更除一觀，有餘十七。諂、誑二纏爲第六分。在欲界者是不善故，二十二法同時相應。十通大地，五煩惱地，無慚、無愧、覺、觀、睡、心，通前合爲二十一法。此諂與誑，隨何現起，即以爲一，通前合爲二十二也。在初禪中，除無慚愧，有餘二十。中間除覺，有餘十九。二禪已上，無有諂、誑，不須論之。煩惱如是。

白淨無記，總爲一分。若在欲界及初禪者，有十三法同時相應，十通大地，覺、觀、心王。中間除覺，有餘十二。二禪已上，更除一觀，有餘十一。問曰：其餘諸心心法，何故不説。釋言：有以無慚、無愧與彼一切不善法俱，如餘一切不善法説。不信、懈怠、相應、無明、睡、掉、放逸，遍與一切諸煩惱俱，如餘一切諸煩惱説。十通大地，覺、觀、睡、悔，遍通一切三性法中，如餘一切三性法説，是以不論。毗曇如是。《成實》法中，前後相應，從彼了別違、順、中容三種識，復生三種想。了順之識，生於釋相[二八]。了違之識，生不釋相。了中之識，生中容想[二九]。當分相生，故曰相應。從彼三想，生三種受。釋[三〇]相生樂，不釋[三一]生苦，中容生捨。從彼三受發生行心。行中有三，一善，二惡，三是無記。若生善心，苦受生厭，厭離生死，樂受生欣，欣樂善法，捨生信、進、念、定、慧等。若生不善，苦受生瞋及瞋流類忿、恨、惱等一切煩惱，樂受生貪及貪流類一切煩惱，捨生餘結及彼流類一切煩惱。若生無記，苦受心後求苦對治，如寒求暖，熱求涼等，樂受心後求諸樂具，如種殖等，捨受心後生餘漫散無記行心。此等前後，當分相應，故曰相應。大乘法中，義有兩兼。同時相望，同時相應。異時相望，前後相應。同時相應，麤同毗曇，細者不同，毗曇別體，此同體故。異時相應，與《成實》同。問曰：前言同時相應，云何復得異時相應。釋言：心法體雖同時，隨義隱顯，非無先後差別之義，故得宣説前後相應。心法如是。

次辨非色非心之法。依如毗曇，宣説十四不相應行以爲非色非心法也。於中略以五門分別。一、釋名辨相。二、三性分別。三、就有漏無漏分別。四、就界分別。五、明捨不同。

就初門中，先釋其名。名字是何。一、無想定。二、無想報。三、滅盡定。四、衆生種類。五、命根。六、分[三]夫性。七、味。八、名。九、句。十、生，十一、住。十二、異。十三、滅。十四、得。此之十四，體非質礙，故名非色。又非情慮，稱曰非心。不同想等諸心數法與心相應，名不相應。有爲集起，稱之爲行。名字如是。

次辨其相。無想定者，諸外道等謂無想報以爲涅槃，爲求彼報，修無想定，學滅心想，依第四禪滅諸心法，心想滅已，得一有爲非色心法，領補心處，名無想定。《成實》法中不存此義，故彼論言，凡夫不能滅心心法，但心寂靜微細難覺，故云無想，非謂全無。今依毗曇，宣説無想。無想報者，依前定因，生四禪中廣果天處，初生有心，中間無心，逕五百劫，是心滅時，得一有爲非色心法，領補心處，名無想報。命欲終時，心想還生。以彼因時前後有心，中間無心，是故得報還與因同。前後有心，中間無心，報欲盡時，心想還生。心想生故，見未來世受生中陰，便謗涅槃，作如是念：我本謂呼實有涅槃，勤苦求之。今見未來還有生處，定知一切無有涅槃。以是謗故，死入地獄。以是過故，佛諸弟子都無求者。此無想報，《成實論》中説爲心法，但無麤想。滅盡定者，謂諸聖人，患心勞慮，暫滅心識，得一有爲非色心法，領補心處，名滅盡定。若依《成實》，是無爲法，非不相應。此義廣釋，如滅盡章。衆生種類者，有一有爲非色心法，能使衆生類類相似，是故名爲衆生種類。《成實》法中不存此義。言命根者，衆生身中有一非色非心命法，能持色心，令不斷絶，名爲命根。若依《成實》，説過去業以爲命根，不立非色非心命法。凡夫性者，有爲法中有一非色非心之法，未斷已來，凡諸衆生，悉令使凡。此之凡性，《成實》不立。所言味者，是字法也。有爲法中有一非色非心字法，與聲相應，方成語言，説之爲字。以此字法，攝聲成語，令人愛味，故名爲味。若依《雜心》子注中釋，外國遵字有其味音，故説爲味。所言名者，有爲法中有一非色非心名法，能攝彼字，表詮諸法，説之爲名。所言句者，有爲法中有一非色非心句法，拘攣名味，共相屬著，以成文誦，謂之爲句。此名、味等，《成實》法中唯是聲性，色法所收，法入所攝，不同毗曇。相狀如何。即彼音聲相續之中，屈曲、高下、長短之義，能成語言詮表之義，説爲味等。雖是聲性，聲恒是實，味等是假，聲是聲入，味等法入。此云何別。當體爲味，對法成詮，説之爲名。若當一字詮表義成，字即是名。若一不成，名〔三〕字方成，是即一字唯是其味，而非是名，多字和合，方是其名。若彼多字共名一法，名即是句。若當一字即成名者，多名聚集，方乃成句。《成實》如是。所言生、住、異、滅法者，非是諸法始起之生，經停之住，衰變之異，盡壞之滅，蓋乃一切有爲法邊別有非色非心相法，能生諸法，乃至能滅。此之四相，體雖同時，用在先後。生相用時，能生諸法，乃至第四滅相用時，能滅諸法。所相之法，初生，次住，終異，後滅，是毗曇家苦集之理。能相生等，是事非理。何故如是。有爲之法，無常爲理。前後四相，遷流運變，是無常義，故説爲理。同時四相，體非先後無常之義，故名爲事。若依《成實》，但説諸法初生，次住，終異，後滅，不説法外別有非色非心四相。《地持》亦爾。所言得者，有爲法邊有一非色非心得法，能得諸法，故名爲得。此是十四不相應行。《毗婆沙》中更有二種。一、聖人性，有一非色非心聖法，能令一切出世之人皆得爲聖。二者不得，有一非色非心之法，令所斷法不屬行人，故名不得。若通此二，便有十六不相應行。此一門竟。

次就善、惡、無記三性，分別其相。如《雜心》說，十四行中，二善五三，餘悉無記。言二善者，謂無想定及滅盡定。言五三者，四相及得，皆通三性，若在善中即名善，在不善中即名不善，無記亦然。問曰：此五在三性中，即隨彼法名爲善、惡、無記法者，此之五種亦在色心二種法中，何不隨法說爲色心，而名非色非心法乎。釋言：三聚通於三性，故隨所在即名善、惡、無記之法。三聚相望，不得相通，是故雖在色心法中而非色心。餘之七種，一向無記。此二門竟。

次就有漏無漏之義，分別其相。依如毗曇，此十四中，四相及得通漏無漏，在有漏邊即名有漏，在無漏邊即名無漏。餘皆有漏。若依《成實》，滅盡定者亦是無漏。此三門竟。

次就三界，辨其通局。彼無想定及無想報，唯在色界。滅盡定者，唯在無色非想地中。若依《成實》，滅盡無爲不屬三界，名、味及句在欲色界，不通無色，自餘八法並通三界。此四門竟。

次明其捨。無想定者，有二種捨，一退時捨，二生上時捨。滅盡定者，唯退時捨，無上可生故無生捨。無想報、衆生種類、命根，此等皆悉隨世斷故，命終時捨。凡夫性者，有二種捨，一者凡夫生上時捨，二者聖人見道時捨。凡夫之人，捨而還得，捨下凡性，得上凡故，聖人一捨，不復更得，有斯異也。問曰：凡性有二對治，一者斷治，二者捨治，此二何別。釋言：斷彼凡夫性上煩惱繫縛，是斷對治。捨彼凡性，是捨對治。問曰：此二，何者在先。釋言：不定，差別有三。一者，一向先斷後捨。謂諸凡夫趣上地時，先斷自地所有煩惱，然後上生，斷煩惱時自地之中凡夫性上所有繫縛一切皆斷，雖斷繫縛，凡性猶在，後生上時凡性方捨，是故名爲先斷後捨。二者，一向先捨後斷。謂次第人，乃至超越斯陀含人，入見道時捨彼凡性，故曰先捨。雖復捨之，令不屬己，而彼凡性猶成，在於過去、未來，爲彼三界修惑緣縛，後起修道斷彼惑時，彼凡性上繫縛方斷，故名後斷。三者，先斷後捨及先捨後斷。所謂超越阿那含人，先在凡時，或斷欲界所有煩惱，或斷初禪至無所有，後入聖道，入見道時，捨彼三界一切凡性，次起修道，斷彼三界修道煩惱，望彼凡時斷煩惱處，先斷後捨，望彼凡時未斷結處，先捨後斷。名、味、句等，於義不定。若論體性，念念中捨，刹那斷故。若論一向不行名捨，生無色時方名爲捨，無色一向不依名字起言説故。問曰：初禪已滅語言，何故無色方名不行。釋言：初禪滅語言者，定體之中滅於語言，而初禪地威儀心中猶發語言，是故不名一向不行。問曰：初禪威儀心中猶發語言，可不名捨，二禪已上不復發語，何不名捨。釋言：彼處猶借初禪威儀之心起言説故，不得名捨。問曰：有漏生上捨下，何處得有下地之心，借之起説。釋言：借者，二禪已上威儀之心與初禪同，是故名借，非從彼來名爲借也。四相及得，通漏無漏。有漏有三，一善，二惡，三者無記。善有二捨：一者退捨，退起下地諸煩惱時，捨彼上善。二者生捨，生上地時，捨下善故。不善之者，唯一斷捨。無記有二：一者穢汙，謂欲界中身邊二見及上二界一切煩惱，與此相應四相及得，唯一斷捨。二者白淨，所謂報生、威儀、工巧及與變化，此諸法中四相及得，捨之不定。與報俱者，唯命終捨，以報無記隨世斷故。若與威儀、工巧俱者，捨之不定。不善修者，念念中捨，刹那斷故。善修習者，三世得故，生上時捨。變化俱者，退禪時捨，失其本故，生上時捨，有漏生上必失下故。有漏如是。無漏俱者，有三種捨：一者退捨，謂得無漏，後還退失。二、轉根捨，謂轉鈍根爲利根時，捨彼鈍者。三、得果捨，得聖果時，捨因無漏。若通究竟，入涅槃時，捨有四種。毗曇如是。《成實》法中，唯説善惡無作之業及假名人爲非色心不相應行，自餘有爲皆是色心二法所攝。三有爲義，略之云爾。

三無爲義，十門分別。釋名，一。辨相，二。得之分齊，三。多少不同，四。三性分別，五。漏無漏分別，六。有無分別，七。常無常分別，八。約對四無共相收攝，九。約對四諦共相收攝，十。

第一釋名。三無爲者，一虚空無爲，二數滅無爲，三非數滅無爲。言虚空者，當體立目，虚之與空，無之別稱，虚無形質，空無有礙，故曰虚空。言數滅者，義釋有四。一、以慧數斷鄣得滅，名爲數滅，故經説爲智緣滅也。《毗婆沙》中亦同此説，故彼文言，數者是慧，滅是慧果，依於慧數而得滅故，名爲數滅。問曰：共念能斷煩惱，獨慧不堪，以何義故偏言慧滅。若依《成實》，獨慧能滅。毗曇、大乘，慧數爲主，故偏言之。此義簡餘施戒等滅。二、以無礙解脱數滅，名爲數滅，簡餘伏滅。三、約四諦及修道等種數別滅，名爲數滅。如《毗婆沙》説。故彼文言，苦忍智等所得之滅，別餘集等，名爲數滅。四、以煩惱品別而滅，名爲數滅，如欲界結九品別滅，如是一切。數滅如是。非數滅者，翻前可知。此等何故名曰無爲。義釋有二：一、對法外四相以釋。色心等法，爲彼法外四相所爲，虚空等三，不同彼故，名曰無爲。二、對法體四相以釋。色心等法，一切皆有初生、次住、終異、後滅，前後集起，稱〔三四〕之曰爲，虚空等三無彼爲故，名曰無爲。名義如是。

第二門中，辨其體相。虚空無爲，論釋不同。依如毗曇，虚空有二，一者有爲，二者無爲。除去色像方爲虚空，是其有爲。本來常空，是其無爲。有爲虚空，彼此不通〔三五〕，爲眼所行。無爲虚空，體是法入，無礙周遍，爲意所行。二中但取無爲虚空以爲三中虚空無爲。有爲空者，是六大中空大所攝。何者六大。所謂地、水、火、風、空、識。《成實》、大乘，並皆破彼有爲虚空，但説一種無爲虚空。但此虚空，有體有相，體則周遍，相則隨色彼此別異。故《地論》言，因彼色故種種差别，雖約色像彼此别異而不可見，故經説爲不可見相。問曰：世人皆見虚空，云何説爲不可見乎。釋言：世人但見空中光明之色，想心於中知無異物，作虚空解，便謂見空而實不見。若空可見，即是色法，色則無常。《涅槃》廣破，明空叵見。虚空如是。

次辨數滅。於中曲有五門分别：一、約對分别。二、約有漏無漏分别。三、約治分别。四、約時分别。五、約位分别。

言約對者，對有三種，煩惱、業、苦。

煩惱有二，一是染汙五住性結，二不染汙事中無知。染汙盡處，有是有非，永滅則是，伏滅則非。不染盡處，有是有非，爲其無礙解脱滅者是其數滅，如鄣通壅，不爲無礙解脱滅者則非數滅，如習五明所滅闇等。問曰：五明所滅之闇，爲當一向定非數滅。亦有是者，大小不同，小乘法中定非數滅，大乘法中義有兩兼。直爾習學五明滅者，非是數滅。斷無明地令彼滅者，是其數滅。何故如是。大乘宣説，事中無知，依無明地，以無漏慧，斷無明地，令彼無知永更不起，故是數滅。小乘不爾，故非數滅。又大乘中，隨無明地，無礙解脱二道滅故，是其數滅。小乘不爾，故非數滅。煩惱盡處，辨之麤爾。

次論其業。依如毗曇，唯有煩惱相應業思，與彼煩惱相應斷者，是其數滅。自餘一切不善身口及善、無記，有是有非。斷其緣縛，名爲數滅。不絶其體，故非數滅。問曰：有人[三六]斷煩惱故，令彼身口惡業不起，應是數滅，何故言非。釋言：毗曇性相中求，彼非親斷，故非數滅。問曰：若此非親斷故非數滅者，入見道時斷絶諸見，隨見所起貪、瞋、癡等一切皆斷，應非數滅。釋言：不類。解有三義：一、見與貪等，同是心法，同是煩惱，相生義親，故從根本判爲數滅。身口二業，望彼不爾，故非數滅。二、見與貪等，同是煩惱，互相緣縛，相縛義親，故從根本判爲數滅。身口不爾，故非數滅。三、見與貪等，同是煩惱，互相增長，相助義强，故從根本判爲數滅。身口不爾，故非數滅。云何相助。由見起於貪、瞋等結，由貪、瞋等令見牢强，故曰相助。是義云何。見所起貪，貪著諸見，愛樂不捨。見所起瞋，防護諸見，聞毁則忿。見所起癡，不覺見過，堅住不捨。見所起慢，持見自高，不肯捨離。以如是義，令見牢强，違返聖諦。以違諦故，見諦滅之，故爲數滅。身口不爾，故非數滅。問曰：若言染汙思外一切業盡非數滅者，何故論言十七學思斷黑白業。釋言：彼云學思斷者，正斷煩惱相應業思，故是數滅。自餘一切，但斷業上所有緣縛，不斷業體，故非數滅。何者是其十七學思，如四業章具廣分別。問曰：論説身口二業皆修道斷，云何今言非數滅乎。此如前釋，但斷業上所有緣縛，不斷業體。毗曇如是。《成實》、大乘，伏結止業，皆非數滅。滅盡結業，悉是數滅。彼宗辨義，務在通〔三七〕故，諸業如是。

次辨苦報。依《毗婆沙》，一切報盡，有是數滅，有非數滅。斷潤生惑，并斷報上緣縛之義，名爲數滅。由斷因故，令報不起，并餘一切緣差不受，悉非數滅。有人宣説，羅漢現報盡滅之處，是其數滅無餘涅槃，是義不然。云何不然。羅漢現報酬因勢極，所以滅盡，不由道滅，云何説此以爲數滅無餘涅槃。又彼現報起已滅者，是四相中無常之滅，種類〔三八〕不續，是非數滅，是中用何以爲涅槃。問曰：若此非涅槃者，更復用何以爲究竟無餘涅槃。釋言：彼宗二種涅槃，體性是一，隨其體時别得二名字。言體一者，煩惱業思數滅無處，是其涅槃。言隨時别得二名者，彼向涅槃身智未盡，望後猶有餘身智在，約後别前，名爲有餘。身智盡竟，望後更無餘身智在，彼前涅槃轉名無餘，非謂報盡更得涅槃。有人復言，報盡之處非是涅槃，無學聖人斷彼報上緣縛之義，是其報盡無餘涅槃。此義不然。斷緣縛者，乃是斷除煩惱所攝，何闕〔三九〕報盡。是義云何。斷煩惱時，其〔四〇〕斷二縛。一斷相應縛，斷煩惱故，不復同時縛諸心法。二斷緣縛，斷煩惱故，不復緣中縛外境界。緣縛有二。一者，緣縛苦集諦理，見道中斷。二者，緣縛陰界入事，修道中斷。羅漢報身是陰界入事相所攝，修道之中但斷報上緣縛之義，不斷報體，云何將此以爲報盡無餘涅槃。又復聖人斷緣縛時，身報未盡，是人後時，或經十年，或經百歲，酬因極竟，報身方盡，云何將前緣縛無處，以爲後時身盡涅槃，是大難解。又復煩惱非直緣縛自己報身，亦縛他身及外境界山河地等，若斷緣縛自己報身是其無餘涅槃攝者，斷他身縛應是他人無餘涅槃，而彼非他無餘涅槃。此亦同彼，何得偏將緣縛自報盡滅之處獨爲無餘。以如是義，定知毗曇斷因報盡皆非數滅。問曰：報盡非數滅者，何故論言一切果報皆修道斷。此斷報上緣縛之義及潤生惑，不斷報體。毗曇如是。《成實》法中，一切果報，但使無漏斷因報盡，皆是數滅。云何得知。如《成實》説，見道斷者，謂示相慢及彼所起諸餘法也。修斷法者，不示相慢及彼所起諸餘法也。示相我慢，是見諦惑。取立我相，而自高舉，名示相慢。三塗業果，是彼所起諸餘法也。不示相慢，是修道惑。不能推求，名不示相。闇昧心中，恃我陵物，名爲我慢。人天業果，是彼所起諸餘法也。此等皆爲見、修所斷，故彼斷處是其數滅。是數滅故，於彼宗中因盡名爲有餘涅槃，果亡[四二]名爲無餘涅槃。此義如後涅槃章中具廣辨釋。問曰：羅漢現報盡處，是數滅不。釋言：不定。以邊際智促報盡者是其數滅，餘死則非。《成實》如是。大乘法中，義同《成實》，除因報盡，悉是數滅。又大乘説，煩惱業苦皆是妄想，可斷滅故。約對如是。此一門竟。

次約有漏無漏分別。依如毗曇，有漏盡處，有是有非，爲其無礙解脱滅者是其數滅，不爲無礙解脱滅者非是數滅。無漏盡處，定非數滅。故彼論言，一切聖道，非數滅處。以何義故非道果攝。論自釋言：爲餘事故，斷諸煩惱，不爲非數，故非道果。何者餘事。所謂數滅。《成實》法中，有漏盡處，有是有非，爲無漏智所斷滅者是其數滅，餘非數滅。無漏盡處，有是有非，道力滅者是其數滅，餘非數滅。以無漏盡是數滅故，《成實》宣説斷滅空心爲滅諦矣。又彼宣説，空心二滅，一滅定暫滅，二無餘永滅。故知無漏亦有數滅。大乘所説，義同《成實》，故《楞伽》云：妄想爾炎慧，彼滅我涅槃[四二]。亦云：斷除三十七品所行，方得稱爲畢竟涅槃。此二門竟。

次約治論。治有二種，一有漏等智，二無漏聖智。依如毗曇，等智所斷，有是有非。若依八禪攀上斷下及修道時所斷之纏，是其數滅。增上忍時能令見惑永更不生，是非數滅。如是一切，後當廣辨。無漏所斷，亦有是非。所斷一切煩惱業思，是其數滅。不退之人在修道中，無礙道時，令所斷惑永更不生，是非數滅。退轉之人，在修道中，至後轉根，到不動時，令先所斷修道煩惱永更不生，亦非數滅。如是一切，此義如彼《毗婆沙》説。問曰：無漏轉根之時，所斷一切鄣根無知，是數滅不。釋言：非是。問曰：毗曇宣説，學人轉根之時，用一無礙一解脱道，以結未盡求盡求利猛，求利猛故無學轉根，用九無礙九解脱道，以其結盡求利[四三]貫故，此等既用無礙解脱斷鄣無知，何故所斷不名數滅。釋言：數滅滅相違法，非相違者雖捨不滅。彼轉根時所捨無知是無漏法，與後所得利根無漏同類相生，是自分因，相資之功在於利中，爲是不滅。又復鈍慧照境之功，治鄣之能，利中兼有，非全別異，故非數滅。如證果時捨向無漏不名數滅，此亦如之。問曰：人説微細無明在於根中，説之以爲鄣根無知，斷此無知，應名數滅，何故非乎。釋言：若有微細無明在於根中説爲鄣者，轉根之時，應捨無明，不捨無漏。轉根之時唯捨無漏，不言更有無明可捨，明知此中無別無明。但鈍無漏不同利知，名曰無知。以鈍妨利，説之爲鄣，體是無漏，是故離之不名數滅，非數滅故。《毗婆沙》云：非數滅多，滅漏無漏。數滅是狹，唯滅有漏。問曰：轉根既非數滅，何用無礙解脱道乎。釋言：轉時必觀諦理。始觀之心，與鈍得俱，於彼諦境，未得深明，未得決了，説爲無礙。終時方得於境決了，説爲解脱，與斷結同，故約斷結説爲無礙，説爲解脱，而其所無非是數滅。毗曇如是。《成實》法中，有漏智斷，皆非數滅，有漏唯伏，不能斷故。無漏智斷，方名斷滅。大乘法中，須有分別。若説世俗八禪等智以爲有漏，彼但伏結，非是數滅。無漏永斷，方是數滅。故《地持》云：若以世俗滅諸煩惱，彼非究竟，非解脱果。《涅槃》亦云：先以定動，後以智拔。若得涅槃，不捨世間，證空隨有，名爲有漏。亦能永滅，依實慧起，故能永滅。彼何所滅。著有之見，迷空之闇，空觀滅之。著空之執，迷有無明，有智能滅。約治如是。此三門竟。

次約時論。時謂三世，約此三時以辨數滅。依如毗曇，煩惱業思，有其二種，一是正體，二成就得。治有二種，一無礙道，二解脱道。無礙能斷，解脱得滅，亦名證滅。先論其斷，義則不定。若斷前因，令不生後，名之爲斷，唯斷過去。道邊無惑，故不斷現。當惑未起，未能生後，故不斷當。若遮惑果，令其不起，名之爲斷，唯斷未來。現有惑得，故不斷現。過去已起，故不斷過。若攝[四四]因果，名之爲斷，通斷過未。正遮後果，令其不生，名斷未來。後不生故，過去煩惱因義不生[四五]成，名斷過去。於現在道邊，無惑生後，亦不起前，故不斷現。若斷現得，令不生後，名之爲斷，則斷現在及遮未來，唯斷得能，不斷得體。若斷現得，令其所得過未煩惱不來屬己，名之爲斷，通斷三世。斷義如是。

若論得滅，在於解脱，義亦不定。約對以論，唯滅過未煩惱因果，不滅現在。現無惑得可以息滅，故不滅現。若望滅體，唯得現滅，不得過未。是義云何。過因後果，正滅在今，隨而得之，故得現滅。現所滅惑，過去未滅，故不得過。非當始滅，故不得當。若遮無[四六]惑果，令其不起，名之爲滅，唯滅現未，不滅過去。是義云何。解脱現時，煩惱不生，名滅現在。其所滅惑，後不續生，名滅未來。過去煩惱，起之已竟，非道所裁，故不滅過，與《涅槃》中斷善相似。故彼文言，滅有二種，一現在滅，二郍未來，具此二滅，名斷善根。斷惑亦爾。若令諸惑因義不成，名之爲滅，通滅三世。是義云何。對治現前，令過去惑不能生後，名滅過因。現不起故，後惑不起，無惑生後，名滅現因。後惑不起，無惑生後，名滅來因。與《涅槃》中斷三世因名斷善根，其義相似，以通滅故。《毗婆沙》云：數滅是多，通滅三世。非數滅少，唯滅未來。問曰：毗曇解脱無惑名得滅者，無礙道時亦無煩惱，以何義故不名得滅。釋言：有以無礙道時於其自品所未斷惑是未起無，故不得滅。惑雖不行，其得在故，於其自品所斷煩惱是不行無，非得斷無，故不得滅。若不退人，無礙道時令所斷惑永更不生，是非數滅，非滅諦收，故不得滅。問曰：無礙令所斷惑永更不生，彼惑家得何故不滅。無礙力微，不能滅故。問曰：無礙令所斷惑後更不生，非數滅者後更不生，便無所得，以何義故能得不滅。釋言：未來所得雖滅，過因仍在，生後細惑，得隨彼因，故在不滅。煩惱斷滅，其義既然，業思同爾。毗曇如是。《成實》法中，但斷煩惱業苦之體，不説斷得。設言得者，彼名行人成就彼法，名爲得矣。斷滅煩惱與毗曇同，斷業亦爾。生死苦報，或滅現在，令後不續，謂邊際智强抑令滅，或滅未來，由斷現因，令後不生。大乘法中，麤起結業，斷滅同前。若論同體自性無明，唯斷現在，令後不續，更無餘義。相狀如何。以同體智順真力故，能令即體自性無明更不生後，名之爲斷。此性無明，滅在解脱。得之方法，與上義同。此四門竟。

次就位論。位別有五：一、外凡位。小乘法中念處已前。二、内凡位。小乘法中暖頂已上，大乘法中習種已上。三、見道位。四、修道位。五、無學道。依如毗曇，義別有三，一者斷處，二者得處，三者成處。若論斷處，唯在外凡見道、修道。外凡位中，依世俗禪，六行斷結，見諦位中斷見諦惑，修道位中斷修道惑。內凡位中，雖學觀諦，但伏現起，不能永斷，爲是不論。無學惑盡，無可斷除，是以不論。問曰：無學修九無礙九解脱道，斷已所有鄣根無知，云何不斷。鄣根盡處非數滅故，所以不説。若論得處，在於外凡見、修、無學。外凡見、修，隨斷隨得。無學之位，於彼因中一切所斷，一時頓得，合爲果體。內凡一位，全無所得。若論成處，五位皆成。外凡所斷，內凡亦成。見、修、無學，成之可知。《成實》法中，義別有二，一斷得處，二成就處。斷得處者，在於內凡見、修二道。內凡位中，暖等四心，漸斷煩惱，故得數滅。聞、思二慧，但能伏除，未能永盡，是故所得非真數滅。故彼論言，從暖等來，漸斷煩惱，見滅乃盡。明知聞、思未能永滅。見、修二位斷得可知。彼宗之中，世俗八禪無斷結故，外凡一向無斷無得。無學無斷，義在可知。若論成就，內凡見、修及與無學皆悉成就，外凡不成。大乘法中，善趣已前悉名外凡。於彼外凡善趣位中，隨分之中斷麤五位，亦得其滅。故《華嚴經》説，賢首中得海印等塵數三昧，八相成佛，明於其中有斷有滅。內凡見、修有斷有滅，無學得滅而無可斷。數滅如是。

次辨非數。於中曲有五門分別：一、約煩惱業苦分別。二、約有漏無漏分別。三、約內外分別。四、約五趣分別。五、約三世分別。初約煩惱業苦分別。煩惱之中，除其無礙解脱對治，餘緣力故令不生者，是非數滅。業則不定。毗曇法中，染汙業思，與煩惱同。自餘一切，皆非數滅。《成實》、大乘，一切諸業等，皆同煩惱。苦報之中，依如毗曇，皆非數滅。《成實》、大乘，與煩惱同。此一門竟。次約有漏無漏分別。有漏法中，除其無礙解脱對治，餘緣力故令不生者，是非數滅。無漏不定。依如毗曇，一切無漏，應起不起，皆非數滅。《成實》法中，若以道力令無漏滅，是其數滅，如入滅定。餘緣力故令不生者，是非數滅。大乘法中，緣觀無漏，證實除捨，是其數滅，餘非數滅。此二門竟。次約内外而爲分別。非數無爲，通滅内外一切諸法。外草木等，應起不起，是外法滅。衆生内法，應起不起，是内法滅。此三門竟。次約五趣而爲分別。《毗婆沙》説，一切凡夫，於五趣中所有五識，得非數滅。是義云何。隨身所在，餘一切處五塵境界所生五識永不生故。此處五塵，餘處衆生亦不得緣，故彼五識亦非數滅。問曰：意識何故不論。於一切處所有境界，彼此意識得互相緣，非不生法，爲是不説。於惡道分已斷離者，得非數滅。何行能斷。論言，或有布施、持戒、聞、思、修、不淨觀、安般念等，或有修慧、修學暖等，能斷惡道，得非數滅。於中得滅前却不定，若自在者，修前善根即斷惡道，得非數滅。利根不退，名自在者。若鈍根者，至忍心時方始得滅。問曰：所斷三惡道分，爲當一時得非數滅，爲次第得。有人宣説，一時得之。評者不定。若修施、戒、聞、思等善，能斷處得，所未斷處則不得之。若修達分無漏善根，斷惡道者，於三惡道一時頓得非數滅矣。人天二道，有能永斷，更不受者，得非數滅。其中前却，後門更論。約趣如是。此四門竟。次約時論。時謂三世。非數無爲，但滅未來一切諸法，不滅過現一切法也。未來法中，有其二種。一者生法，現雖未起，當來必生。二不生法，緣差易奪，畢竟不生。當生之法，今雖未生，後必當起，非畢竟滅，是故不得名非數滅。不生之法，畢竟不起，是非數滅。過去之法，當時滅壞，是四相中無常之滅，非非數滅。滅謝已竟，亦非非數。何故如是。起已謝往，是過去有，性成在過，非無爲故，非非數滅。現在之法，起已未滅，非無爲故，非非數滅。是故非數，不滅過現。體相如是。

次第三門，明得分齊。虚空外無非所得法，今廢不論[四七]。數非數滅，多約内説。是人所得，今偏辨之。於中曲二，一約煩惱明得分齊，二約報説。

就煩惱中，初先正辨得之分齊，後論二滅得之先後。分齊如何。依《毗婆沙》，三界見惑增上忍時得非數滅，以增上忍次第無間入見諦道，所有見惑無重起故。以實細論，上上利根，不出觀者，暖心已去，得非數滅。由不出觀趣入聖道不重起故，論中多就極鈍者説，故言上忍得非數滅。忍中合有三十二重，最後一重名曰增上苦忍。乃至道比緣心得其數滅，無礙正斷説爲能得，解脱道後説爲正得。問曰：無礙以何義故不能正得。惑得在故。問曰：見惑增上忍時，已非數滅，更有何在，復須數滅。釋言：非數但滅當惑，令不重起，不滅前因，故須數滅。又非數滅但滅惑體，令後不生，不滅其得，故須數滅。問曰：非數已滅惑體，得何所得而須更滅。得前惑因，生後未滅煩惱果故。問曰：向言解脱道後正得數滅，何者是後。如論中説，解脱爲首，已後一切無礙解脱無漏心邊皆有得生，得前無爲，名爲後矣。故《毗婆沙》説，無礙道當得數滅，指解脱後一切無漏以爲當耳。見惑如是。

次論修惑。欲界修惑麤細九品，始從上上，乃至下下。對治之道，有九方便、九無礙道、九解脱道，始從下下，乃至上上。先就初品明得分齊，餘類可知。《毗婆沙》説，於聖人中，有不退法，不起觀者，方便道時，得非數滅。由不出觀，所斷煩惱永不起故。無礙道時，正斷其得，當得數滅。解脱道後，正得數滅。若不退人而起觀者，至無礙道得非數滅，數滅如前。若退法人，隨其起觀及不起觀，從方便道至無礙道，一切無有得非數滅。以退法人有重起義，爲是不得。數滅如上。初品既然，餘品乃至非想煩惱斷得例爾。問曰：退人所斷煩惱，於何時中得非數滅。《毗婆沙》云：信解脱人轉爲見到時，解脱人轉爲不動，爾時得之。聖人身在欲界，斷結得滅。如是身在色界及無色界，斷上煩惱。莫問退人。不出觀者，方便道時，得非數滅。若出觀者，無礙道時，得非數滅。良以諸天無退轉故，數滅似前，無礙正斷，解脱道後得其數滅。分齊如是。

次辨先後。《毗婆沙》中，四句辨之。或有煩惱，先得非數，後得數滅，如上所辨。見諦煩惱，增上忍時得非數滅，苦忍已去方得數滅。又修惑中，不退法人不出觀者，方便道時得非數滅，無礙道後方得數滅。此是初句。或有煩惱，先得數滅，後得非數。如上所辨。有退法人所斷修惑，無礙解脱得數滅已，後轉根時方得非數。此第二句。或有煩惱，數滅非數滅，一時而得，如上所辨。不退法人有出觀者，無礙道時得非數滅，當得數滅。理實細求，先得非數，後得數滅。此前兩句，説爲一門。又如論説，於彼欲界九品惑中，斷上上品，此惑相應染汙五識於所緣境不復更緣，得非數滅，以道治故，亦得數滅。此亦一時，餘品同爾。乃至斷除下下品時，此惑相應染汙五識於所緣境不復更緣，得非數滅，亦得數滅。此時欲界一切善法及不隱没無記之法，離緣縛故，亦得數滅。斷初禪地上上惑時，彼惑相應染汙三識於所緣境不復更緣，得非數滅，爲道所治，亦得數滅。乃至斷除下下惑時，此惑相應染汙三識於所緣境不復更緣，得非數滅，亦得數滅。此時初禪一切善法及不隱没無記之法，離緣縛故，亦得數滅。二禪已上，五識身無，爲是不説。此等皆名數非數滅，一時而得，是第三句。或有煩惱，數非數滅，二俱不得，常行者是。此第四句。約對煩惱，分齊如是。此一門竟。

次約報論。五道之報，亦有數滅非數滅義。《成實》、大乘，斷因離果，名爲數滅，餘緣不受，名非數滅。毗曇法中，斷因離果，皆非數滅，斷潤生惑及離緣縛，名爲數滅。分齊如何。三塗之報，依如《成實》，暖心已上，畢竟不受，得非數滅。故彼文言，世上正見者，往來百千世，終不墮惡道。彼名暖等爲上正見。依《毗婆沙》，若言利根，得自在者，暖心已去，得非數滅。若鈍根者，忍心已上，得非數滅。《涅槃經》云：三惡道報，住忍法時非數緣滅，從鈍言耳。此處定滅，故多言之。問曰：未來三惡道報，爲當一時得非數滅，爲當前後。此如前解。若修施、戒、聞、思等善，排滅惡道，滅則先後。若修理觀而斷滅者，滅則一時。於忍心時，修習理觀，堅住不退，一切惡道無重受義，故令未來無窮惡道頓非數滅。問曰：見惑於忍心中得非數滅，三惡道報亦於忍中得非數滅，爲同一時，爲在先後。釋言：先後。是義云何。忍中於彼上下四諦各十六行，合有三十二重觀行。初重觀時，三惡道報頓非數滅，無重受故。最後一重，增上忍時，見斷煩惱頓非數滅，無重起故。問曰：三塗是見惑果，以何義故果在先滅，惑在後滅。釋言：見惑有其二種：一、受生煩惱，潤生三塗。二、障道煩惱，染汙心起，妨礙聖道。受生過麤，初入忍時已能不起，故令惡道悉非數滅。障道惑中，細者難離，未至上忍，容使蹔起，是故不名得非數滅。增上忍後，次第無間趣入聖道，無重起義，爾時方得非數滅矣。數滅云何。依《毗婆沙》，苦忍已去得其數滅。此數滅者，斷彼閏生煩惱之得，令報不生，名爲數滅。又斷報上緣縛之義，亦名數滅。若斷潤生煩惱之得，名數滅者，四法忍心無礙正斷，四法智後得其數滅。若斷緣縛名數滅者，苦集諦下十一遍使，緣縛一切有漏之法，三塗苦報爲之緣縛，苦法忍、集法忍正斷彼得，令彼遍使不來屬己，未來無窮三惡道報悉脱緣縛。苦集二種法智已後，正得數滅。惡道如是。

次論人天。依《毗婆沙》，得聖之後，欲界人天各七生分，應是須陀、斯陀所受。除是已後，一切人天未來生死，增上忍後無重受義，悉非數滅。色無色界一切生處，各一生分，應是那含未來所受。除一生分，未來一切色無色生，增上忍後無重受義，增上忍時悉非數滅。欲界人天各七生分，何處得滅。斷欲界結，有九方便、九無礙道、九解脱道，從須陀洹向斯陀時，莫問利鈍。有不出觀得斯陀者，於彼最初方便道時，前六生分得非數滅，以不出觀得斯陀果，於此六生無重受故。縱有退者，退果不死，亦無受義。若有出觀得斯陀者，未得已前，容有受身，是故乃至六方便來，一向未得非數緣滅，至第六品無礙道時，得前六生非數緣滅，此無礙後定得斯陀，無重受故。從斯陀含向那含果，莫問利鈍，有不出觀得那含者，於彼第七方便道時，欲界人天第七生分得非數滅，以不出觀得那含果，欲界生死永不受故，縱使退果，不死亦不受之。若有出觀得那含者，未得已前，容使受身，要至第九無礙道時方得非數。非數如是。數滅云何。若斷潤惑名爲數滅，欲界未來無窮生死，九無礙道分分正斷，九解脱道得其數滅，不止七生。若斷緣縛，名爲數滅。至第九品無礙道時，正斷緣縛。至第九品解脱道後，欲界未來一切生死得其數滅，不唯七生。問曰：何故第九無礙獨斷緣縛。前八雖斷，未得出離，爲是不説。此處出離，故論説之。欲界如是。聖人身在欲界地中斷初禪結，初禪受身，何處得滅。斷初禪結，亦有九品方便無礙及解脱道。若不退人，以不出觀，盡初禪結，於彼最初方便道時，得彼初禪二種生處，各一生分非數緣滅。何者是其初禪二處。梵衆一處，梵輔大梵，共爲一處，聖人於此無重生義，是故宣説各一生分。不出觀斷彼結盡，更不退轉受彼生故。若數出觀二生已後，增上忍時，已非數滅，是故不論，以盡彼結者，以出觀故，未盡之間，容捨欲身，生於彼天，是故乃至九方便來，不得彼生非數緣滅，至彼第九無礙道時，方得彼生非數緣滅。此無礙後，無捨欲身生彼天故。若是退人，隨其出觀及不出觀，斷彼結盡，乃至第九無礙解脱，不得彼生非數緣滅，以退法人雖斷結盡，或容退起，生彼天故。非數如是。數滅云何。若斷潤惑名爲數滅，彼九無礙，一一能斷初禪地中無窮生死，非止一二。九解脱後，得其數滅，非止滅於二處二生。若斷緣縛名爲數滅，至彼第九無礙道時正斷緣縛，從彼第九解脱已後，於初禪中無窮生死，盡得數滅，非止一二。前八無礙，雖斷緣縛，斷之未盡，未得出離，所以不説，以九品結共縛初禪一切生故。身在欲界，望初禪地得滅既然，望二禪地至無所有，類皆同爾。

問曰：退人於上所斷皆是不得非數滅者，何時得乎。謂信解脱轉爲見到，爾時得之。若不轉根，至斷非想煩惱時得。

問曰：聖人身在欲地，斷除欲過，縱有退者，於所斷處七生之分得非數滅，以何義故退法之人斷上結時，於彼生分而不得於非數滅乎。釋言：欲結斷離之處，制立斯陀那含二果，果退暫爾，終不經生，故於彼生得非數滅。斷初禪結至無所有，無別得果，退得經生，非永不受，爲是不得非數緣滅。

問曰：聖人身在欲界，斷上生分，其義如是。身在初禪，至無所有，斷上生分，得滅如何。釋言：聖人生在上天，無退轉義，於彼上地，隨所斷處所有生分，莫問退人及不退人，一切皆得非數緣滅。

問曰：聖人身在下地，斷非想結，得滅云何。釋言：聖人斷非想結，亦有九品方便無礙及解脱道，莫問退人及不退者。有不起觀斷彼結盡，於其最初方便道時，彼一生分得非數滅，并得退人，於初禪地至無所有所未曾得非數緣滅亦悉得之，以不出觀得無學果，一切處生更不受故。若有出觀斷結盡，以出觀故，未盡之間，容使受身，是故乃至九方便來，不得彼生非數緣滅，至彼第九無礙道時方得彼生非數緣滅，并得退人，於初禪地至無所有所未曾得非數緣滅亦悉得之，此無礙後定得羅漢，一切處生不重受故。非數如是。數滅云何。若斷潤惑名爲數滅，彼九無礙，分分能斷非想地中一切生分，非止一生。九解脱後，分分得彼非想地中一切生分數滅無爲，非止其一。若斷緣縛名爲數滅，至第九品無礙道時方斷非想地一切生上所有緣縛，第九解脱得非想地一切生分數滅無爲，非止一生。約報如是。是中亦應辨二無爲得之先後，准上可知。分齊如是。

次第四門，明三無爲多少不同。先論多少。虚空最多，無一切法。今此且就數非數滅，以辨多少，其義不定。有一種義，數滅是多，非數滅少。數滅通滅三世之法，故名爲多，義如上辨。滅過去惑，不能爲因。滅未來惑，不能爲果。滅現在惑，不得因果。非數無爲，唯滅未來不生之法，故名爲少。有一種義，非數滅多，數滅是少。非數通滅漏無漏法，故名爲多。數滅唯滅有漏之法，稱之爲少。以斯驗求，無漏轉根定非數滅。良以二滅互有多少，是故應作四句分別，如《毗婆沙》説。第一句者，有法唯爲數滅所滅，而不爲彼非數滅滅，謂過現在有漏之法及未來世可生有漏。第二句者，有法唯爲非數滅滅，而不爲彼數滅所滅，謂未來世無漏之法不生者是。第三句者，有法雙爲二滅所滅，謂過現在無漏之法及未來世有漏之法不生者是。第四句者，有法不爲二滅所滅，謂過現在無漏之法及未來世可生無漏。多少如是。此一門竟。

次辨不同。依《毗婆沙》，以數非數二種之滅，對無常滅而辨其異。異有十種。

其一義者，約就有爲無爲辨異。數非數滅，是無爲法。無常滅者，即法而辨，是有爲法。依如毗婆闍婆提説，無常之滅亦是無爲，彼説法後無處爲滅，故曰無爲，評者不許。

第二，約得解脱辨異。若法滅已得解脱得，是其數滅。若法滅已而不得於解脱之得，是非數滅。若法散壞，亦不得於解脱之得，是無常滅。

第三，約就縛脱辨異。若是解脱不繫相者，是其數滅。有是解脱，非不繫相，是非數滅。未來染過，永更不生，通名解脱。有非解脱，非不繫相，是無常滅。此言不盡，理實無常通脱非脱，無漏無常是其解脱，有漏無常是非解脱。繫與不繫，類亦同爾。

第四門中，約時分異。三世法中而得滅者，是其數滅。未來法中而得滅者，是非數滅。現起法中而得滅者，是無常滅。

第五，約就三性辨異。數滅是善，彼得亦善。非數無記，得亦無記。無常滅者，通其三性，得亦如是。就善法説，即名爲善。就惡法説，即名不善。無記亦爾。

第六，約繫不繫辨異。數滅不繫，無爲法故。彼得是繫及與不繫，有爲法故。得彼八禪等智所滅，名之爲繫。得無漏滅，名爲不繫。非數不繫，非數[四八]無爲法故。得唯是繫，有漏法故。無常之滅，通繫不繫，得亦如之。就有漏説，名之爲繫。就無漏説，名爲不繫。

第七，約就學等分異。數滅非學亦非無學。數滅非心，是故非學亦非無學。彼得是學，亦是無學，亦得名爲非學非無學。得雖非心，從法説之。在因之得，從因説學。在果之得，從果得説無學。得彼等智數滅無爲，名爲非學非無學矣。非數緣滅，非學無學，得亦如是。無常之滅，是學無學及與非學非無學矣，得亦如是。就學因説，名之爲學。就無學説，名爲無學。就有漏説，名爲非學非無學矣。

第八，約就三斷分別。數滅不斷，無爲法故，彼得不定，或修道斷，或是不斷。有漏等智數滅家得，是修道斷，斷其緣縛。無漏聖智數滅家得，是其不斷。非數緣滅，體是不斷，無爲法故，彼得一向是修道斷。無常滅者，備具三種。見惑壞滅，是其見斷。修惑壞滅，是其修斷。無漏壞滅，是其不斷。得亦三種，准前可知。

第九，約就道果分別。數滅無爲，是其道果。乃至等智數滅無爲，爲道印證，通爲道果。彼得或道或是道果，或復非道，亦非道果。無漏因中數滅家得，名之爲道。果中之得，名爲道果。有漏等智數滅家得，非道非果。非數緣滅非是道果，彼得非道亦非道果，無記法故。無常之滅，或是道或非道果，所謂向中無常滅也。與彼聖道爲共有因，故通名道。或有是道，亦是道果，果中無常。或有非道亦非道果，有漏無常，彼得亦爾。

第十門中，約諦辨異。數滅無爲，是其滅諦。等智滅處，爲道印證，通亦名滅。彼得是其苦集及道三諦所攝。有漏等智數滅家得，是苦集諦。聖滅家得，是其道諦。非數無爲，非是滅諦，得苦集諦。無常之滅，是苦集道三諦所攝，得亦如是。多少不同，其義如是。

第五，約就三性分別。性謂善、惡、無記法也。義別有五：一、就體分別。數滅唯善，餘二無記。二、對人分別。順益名善，違損稱惡，非損益者説爲無記。若從是義，數滅唯善，以順益故。虚空無爲一向無記，非損益故。非數無爲，義合三性。三塗苦報非數滅者，有順益義，義説爲善。未來樂果非數滅者，有違損義，義説爲惡。餘非損益，義説無記。三、對理分別。順理名善，違理名惡，非違順者説爲無記。若從是義，數滅唯善，以其離相順理成故。餘二無記也，非違順故。四、對因分別。善因得者，名之爲善。不善因得，名爲不善。不爲違順二種因得，名爲無記。若從是義，數滅無爲一向是善，善因得故。虚空無爲一向無記，不爲善惡二因得。非數無爲，義通三性。戒、施等故，令惡不起，名之爲善。邪見等故，令善不生，名之爲惡。餘名無記。五、對果分別。能生樂報，名之爲善。生苦名惡。餘名無記。若從是義，三無爲法俱是無記，不作生因記得果故。

第六，有漏無漏分別。釋有四義：一、體是漏故名爲有漏，餘名無漏。若從是義，三無爲法悉是無漏，體非漏故。二、斷漏得故名爲無漏，餘名有漏。若從是義，一切數滅是其無漏，餘皆有漏。三、爲無漏智所證得故名爲無漏，餘皆有漏。若從是義，虚空非數一向有漏。數滅不定。爲無漏智斷障得者，一向無漏。爲世俗智斷障得中，有是有非。直爾等智斷障得者，是其有漏。等智斷竟，爲無漏智重印證者，判屬無漏。四、爲無漏智斷障得者名爲無漏，餘名有漏。據此以論，毗曇法中數滅無爲有是有非，聖智斷得是其無漏，等智斷得是其有漏。非數滅中，有是有非。用無漏智斷煩惱故，令餘業苦應起不起，是其無漏。餘非數滅，是其有漏。虛空無爲，一向有漏。《成實》、大乘，數滅無爲一向無漏，餘二無爲一向有漏。有漏無漏，具辨如是。

第七門中有無分別，諸論不同。毗曇法中，三無爲法一向是有。何故如是。彼宗之中，無不生心。三無爲法爲心所緣能生心故，明知是有。問曰：若有，何故經中說作無爲。此言無者，無他有爲，非無無爲。以非無故，謗涅槃者名爲邪見，得大罪報。《成實》所說三種無爲並是無法，如人無手，是中更復何所可有。又復經中說作無爲，明知是無。問曰：若無，云何生心。釋言：彼宗緣於無法得生心故，不妨是無。如人夢中所見境界悉是無法，故知緣無亦得生心。又問：若無，謗涅槃者何故得罪。釋言：煩惱其實盡滅，謗言不盡，違於滅義，是故得罪，非由謗有所以得罪。有無兩競，備如《成實》《涅槃》中說。大乘法中，義說不定。就事以論，得言是無。故經說言，虛空無故不生不滅，餘二類然。以是無故，經名無爲。望理而辨，此三乃是待對之法，無有別體，得言是有。故《地持》言，有爲、無爲，名之爲有，無我我所，名之爲無。又《地經》說，虛空界集，無爲界集，涅槃界集。若令無法，知何所集。良以大乘非定有故，破有定執，故《涅槃》言，我諸弟子，不解我意，唱言如來說三無爲一向定有。非定無故，破無定執，故《涅槃》言，我諸弟子，不解我意，唱言如來說三無爲一向定無。以斯准驗，有無之義，難以偏定。有無如是。

第八，以常無常分別。小乘法中，說三無爲一向定常。大乘法中，義別有五：

一、隨相分別。三無爲法，俱皆是常，不生滅故。

二、望本以釋。虛空本有，一向是常。餘之二種，滅事方有，義說無常，非是終盡名爲無常。

三、望終以論。數滅是常，餘二無常。數滅無爲，證理而成，一得永寂，故名爲常。餘二情有，得理則捨，故曰無常。故《大集》云：虚空情有，離心則無，是故無常。虚空既然，非數同爾。問曰：得理若捨虚空，諸佛菩薩爲何所依。釋言：捨空依於真如，離真如外更無所依。故《華嚴》云：普賢菩薩依於如如，不依佛國。虚空亦是佛國所攝。

四、攝法從情。三俱無常，以從妄心有起盡故。問曰：經説虚空無爲不生不滅，今云何言從心起盡。釋言：有以隨心現時不生滅故名曰無爲，以無爲故不生不滅。以理論之，心外無空，但是心有，故得説空隨心起盡。故馬鳴言，一切色法，本來是心，心外無色，亦無虚空。心外既無，寧不依心。以依心故，隨心起盡。虚空既爾，數非數滅理亦同然。云何有起。如人夢中見虚空界，見諸法滅，見煩惱盡，悉是心起。無爲同爾，皆妄心起故。《地經》中説，虚空界集，無爲界集，涅槃界集，云何有盡。如人夢中所見空等，寤時悉捨，無爲同爾，妄息皆捨。問曰：向言虚空非數情有法故，得理則捨，名爲無常。數滅無爲，證理而成，一得永寂，名之爲常。今云何言數滅無爲亦隨心盡。釋有兩義：一、簡妄異真。數滅之中，有妄有真。緣治斷得，名之爲妄。證實捨妄，説以爲真。前言常者是真數滅，此言盡者是妄數滅。故《地經》言，如人夢中見身墮河，施大方便，欲出此河，忽然便寤，即離一切勇猛據事。夢中墮河，喻在煩惱。夢中出河，喻得涅槃。寤喻實證。夢中出没，寤時悉捨，明知妄滅得實皆捨。二、情實相望，隨義分别。據情望實，情外有實，得實捨情，以爲數滅。是故數滅一得永常。證實返望，由來無情，知何所斷。爲今數滅，故説非常。故《地論》言，自性常寂，非先有染後時離也。

第五，攝法就實分别。於中有二：一、就實性，三無爲法，非常無常，據實本無，知復説何爲常無常。二、就實用，三無爲法，亦常無常，用隨心現名爲無常，無時不現故説爲常。是義云何。如《地經》説，菩薩以十身作空，空作十身。或於自身一毛孔中，現虚空界，或復不現，是故得言虚空無常。菩薩常住虚空三昧，令一切法悉爲空界，無時暫廢，故得言常。如龍樹説，菩薩或入滅盡三昧，令三世法悉皆滅盡，或時入彼不滅三昧，令三世法皆悉不滅，如夢所見，故得言非數無常。入滅三昧，無時不滅，是故得言非數是常。菩薩有時現斷煩惱，有時現行，是故得言數滅無常。菩薩住彼寂靜三昧，畢竟永寂諸煩惱等，是故得言數滅是常。常無常義，具辨如是。

第九門中，約對四無，共相收攝。言四無者，如《涅槃》説，一已有無，二未有無，三者互無，四畢竟無。起已謝往，現今無法，名已有無。當法未起，名未有無。牛中無馬，馬中無牛，如是一切，名爲互無。如龜無毛、兔無角等，如是一切，名畢竟無。四無如是。攝相云何。於中略以兩門分別，一就四辨三，二就三辨四。就初門中，先就已有辨三無爲宗別不同。依如毗曇，已有之無，非三無爲。何故如是。過去之法，當時滅壞，是四相中無常之滅，故非無爲。謝往已竟，往[四九]成在過，是過去有，復[五〇]非無爲。彼過去法，現無集用，是其有爲虚空所攝，故非無爲。問曰：毗曇説有現得過去世煩惱染業斷現得故，令過去世煩惱與業不屬行人，此之數滅是已有無，云何説言已有之無，無爲不攝。釋言：彼宗雖復宣説斷現得故令過去世煩惱染業不屬行人，而過去世煩惱與業有體常在，故非無爲。問曰：毗曇説斷現得，如是現得被斷滅已名爲數滅，此之數滅是已有無，今云何言已有之無非三無爲。釋言：彼説斷現得者，但令現得不能生後，不斷得體，故彼得體雖被斷已，謝滅過去，而非數滅。《成實》法中，過去之法當時滅壞，是無常滅，與毗曇同。謝滅已竟，今望全無。此之無處是虚空攝，彼宗宣説過去未來二世無故。問曰：已無何故不名非數滅攝。釋云：非數但滅未來，未起法故。此云何知。毗曇非數但滅未起，《成實》不非，明知共用。問曰：何故已有之無不名數滅。一切聖道但遮未來，已起之法不可斷故。問曰：現解斷過去因，遮未來果，名爲斷滅，今云何言但遮未來，不斷過去。此如上釋。過因已滅，現無可斷，但遮未來令不起時，使彼過因牽義不成，名斷過因，理實現無過因可斷。大乘法中，與《成實》同。問曰：大乘斷同體惑，同體之惑與智俱現，被斷謝往，即是數滅。如是數滅，是已有無，何説言與《成實》同，已有之無皆非數滅。釋言：大乘斷同體者，但斷此惑生後之義，不斷惑體，故此自[五二]體無明盡處亦非數滅。問曰：何故不斷惑體。惑體無常，自然滅壞，不假斷故。此已有竟。

次就未有，辨三無爲。宗別不同。毗曇法中，分別有三：一者，未來當起之法，現今未起，雖復未起，性有在當。此未來有，非無爲攝。二者，未來應起之法，以有現在見修二道令彼永滅，是數滅攝。三者，未來應起之法，餘緣力故，令其不起，是非數滅。《成實》法中，未有之無，三無爲攝。一者，當起而令未起，即此無法是虚空攝。二者，當起，以道力故令其不起，是數滅攝。三者，當起，餘緣力故令其不起，是非數滅。大乘法中，未有之無，相同《成實》。此未有竟。

次就互無，辨三無爲。宗別不同。毗曇法中，有爲之上互無他法，從其説處，有爲所攝。三無爲上互無他法，亦從説處，三無爲攝。《成實》法中，有爲之上互無他法，是虚空攝，以彼有爲不攝無故。三無爲上互無他法，義則不定。若虚空中互無他法，是虚空攝。數滅之上互無他法，義有兩兼：一、望所滅諸煩惱等以説互無，是數滅攝，正説彼無爲數滅故。二、望餘法以辨互無，是虚空攝，不無彼法爲數滅故。非數滅上互無他法，義亦兩兼：一、望所滅以辨互無，非數滅攝，正無彼法爲非數滅故。二、望餘法以辨互無，是虚空攝，不無彼法爲非數滅故。問曰：何故有上無他非有爲攝，空中無他即虚空攝。釋言：有上辨互無者，附有説無，不用彼無以爲有故，有法不攝。空中無他，正説此無爲虚空，故虚空所攝。問曰：何故空中無他令攝虚空，餘無爲中互無他法，或是數滅非數滅攝，或虚空攝。釋言：虚空是其寬故，空中無他全虚空攝。餘無爲中，除其所滅，互無他法，亦虚空攝。餘二狹故，唯望所滅以説互無，是其數滅非數滅攝。大乘法中，若就有爲虚空無爲非數無爲，以辨互無，與《成實》同。若就數滅以辨互無，麤同《成實》，窮實别異。所言異者，大乘法中説一切法但是心有，如夢所見，心生法生，心滅法滅，得涅槃時，妄心息故，隨心所見，一切法滅，故數滅中互無他法皆是數滅。問曰：若使得涅槃時諸法皆滅，便無衆生，佛何所化。釋言：據凡以望諸佛，導佛化生。就佛論佛，無佛異生，無生異佛。無佛異生，則無能化。無生異佛，亦無所化。故經説言，平等法界，佛不度生，衆生分别，説佛度生。此互無竟。

次就畢竟，辨三無爲。宗别不同。若依毗曇，龜無毛等，就事説無，即彼事攝。彼宗緣無不生心故，三無爲中畢竟無其生住異滅色心等法，還即是彼三無爲攝。問曰：就彼三無爲中，無生住等，應是互無，今云何言是畢竟無。釋言：有義，若望其餘有爲法中生住滅等以説其無，是互無攝。若説虚空數非數滅體無生等，是畢竟無。如兔無於牛羊等角，是其互無。菟自無角，是畢竟無。若就諦理，宣説畢竟無我人等，諦理所攝。《成實》所説，龜無毛等事上無事，是虚空攝。三無爲法自體畢竟無生住等，還即是彼三無爲攝。一切法中畢竟無性，第一義攝。第一義中畢竟無於一切諸相，當知亦是第一義攝。大乘法中，若就世事虚空非數説畢竟無，與《成實》同。若就數滅説畢竟無，亦數滅攝。於中分别，麤同小乘，細則不同。不同云何。小乘未能見一切法畢竟寂滅以成涅槃，故涅槃中但無自體生住滅等，不能畢竟無一切相。大乘法中，見一切法畢竟寂滅以成涅槃，故涅槃中畢竟無於一切世相。故《涅槃》云：世法、涅槃，終不相對。得涅槃時，涅槃之外無有世法對涅槃故。數滅如是。一切法中畢竟無性，畢竟無相，第一義攝。上來至此，歷就四無辨三無爲。此一門竟。

次就三無，以辨四無。先就虛空以辨四無。宗別不同。毗曇法中，虛空無爲，二無所攝，一者互無，二畢竟無。空中無餘色心等事，是其互無。空體畢竟無生住滅，是畢竟無。已有未有，此之二無，虛空不攝，備如前釋。《成實》、大乘所說虛空，皆具四無。義如上辨。次就數滅以辨四無。數滅之中，具攝三無，所謂未有、互無、畢竟。當來世中，染法不起，是未有無。無餘世事，是其互無。是數滅法自體畢竟無生住滅，是畢竟無。已起之法，遵不能滅，故已有無數滅不收。非數無爲亦具三無，與數滅同，但藉餘緣，不依見修二道對治，以爲異耳。

第十，約就四諦分別。苦、集、滅、道，是其四諦。若依毗曇，數滅無爲體性不定，或滅諦攝，或復不攝。差別有四。

一者，聖人聖智斷結，所得數滅，一向滅諦。

二者，聖人等智斷結，與彼無漏同治修故，所得數滅亦是滅諦。

三者，凡夫等智斷結，得其數滅，後入聖道，重爲聖智所印證故，亦是滅諦。云何印證。有人先在外凡夫時，用世俗智斷欲界結，或盡六品，或盡九品，後入見道，至第十六道比智時，無漏得生，得彼凡時所得無爲，名爲印證。若在凡時斷六品者，至道比智，不證第一須陀洹果，超證第二斯陀含果。先在凡時斷九品者，至道比智，不證須陀及斯陀果，超證第三阿那含果。何故唯説斷欲界結，或六或九，聖智所印，不説餘品。斷欲界結六品九品，應證果處，故爲聖印。餘非果處，是以不印。問曰：聖智爲緣故印，爲當不緣。釋言：不緣。云何得知。道比智心緣上界道，而印欲界煩惱無處，故知不緣。此第三竟。

四者，凡時等智斷結，雖得數滅，不入聖道，不爲聖智所印證故，非是滅諦。數滅無爲，體性如是，若作境界，與苦、集、道三諦爲境。證〔五二〕涅槃者，聞有涅槃則生苦惱，故爲苦境。邪見等緣，故爲集境。聖智緣故，能爲道境。虚空非數，體非四諦，若作境緣，唯與苦集二諦爲境，非滅道境。滅非緣智，故非滅境。道諦不緣無記無爲，故非道境。《成實》、大乘，數滅無爲，一向是其滅諦正體，若作境界，與毗曇同。虚空非數，體非四諦，能與苦集滅〔五三〕道諦爲境。樂有之者，緣無致惱，故爲苦境。緣起諸見，貪瞋癡等，故爲集境。緣之無性，破以入實，故爲道境。三無爲義之辨麤爾。

四空義，兩門分別。辨相，一。攝相，二。

四空之義，出《大品經》。所言空者，理之别目。理絶衆相，故名爲空。空隨義别，難以具陳。今據一門，且論四攝〔五四〕種。四名是何。一、法相空。二、無法相〔五五〕空。三、自法空。四、他法空。四中前二，遣法有無，後之兩種，破情顯理。成初二門。法相空者，破法有相。一切世諦有爲無爲，通名法相。此之法相，無法爲法，法即非法，故名爲空。其猶世間陽炎之水〔五六〕，無水爲水，水即無水。諸法像此，故龍樹言，一切法中自相叵得，名法相空。問曰：世諦之〔五七〕無爲空，應是第二無法相空，今云何言是法相空。釋言：世諦之〔五八〕無爲者，對彼理無，亦是其有，是故此空名法相空。故《地持》云：有爲無爲，名之爲有。無我我所，名爲無有。問曰：無爲應名爲無，云何稱有。以此事無，相有彼此，故名爲有。無法空者，破法無相，諸法理空，名爲無法。無法體狀，名無法相。此無法相，破有故立，無別自性，故名爲空。是以經言，無爲法相不可得故，名無法無〔五九〕相空。問曰：如來常以無生無住無滅説〔六〇〕無爲法，今云何言無法相空。龍樹釋言：對破生故，宣説無生。對破住故，宣説無住。對破滅故[六一]，宣説無滅。此等皆從生住滅邊得其名字，無別自性，故名爲空。又説，因緣非無之法，以之爲無。良以非無以爲無故，無即非無，故名爲空。自法空者，明前二空法性自寂，不由智慧强觀令空，名自法空。於中所空有其二種：一、世間性，謂地堅性、水濕性等。二、聖人性，謂如、法性、實際法等。此二法性，同皆是空，名自法空。世間性空[六二]，猶是向前法相之空。聖人性空，猶是向前[六三]無法相空。既[六四]是前空，何勞重説。良以世人謂前二[六五]空由觀故空，非法自空，爲破彼見，故復説之。他法空者，或有衆生謂如、法性、實際之外更有餘法，名之爲他，今爲破彼，明如等外更無他法，名他法空。

此一門竟。

次辨攝相。彼十八空，此四空中何相所攝。經論無文，准義相攝，麤亦可知。相狀如何。法相[六六]空中攝十一空，所謂内空、外空、内外空、大空、有爲空、無爲空、畢竟空、無始空、散空、諸法空、有法空。以此十一齊空世法，是故攝入法相空中。問曰：第六[六七]無爲空者，應是第二無法相空，何故攝入法相空中。釋言：此空但空世諦無爲之法，不是理無，是故攝入法相空中。無法相空，別攝三空，所謂空空、第一義空及無法空。以此三種齊空理無，是故攝入無法空中。自法空中，唯攝性空。彼性空者，明其諸法體性自空，不由觀力，故名性空。此義與彼自法空同，是故攝入自法空中。此前十五分相別攝，餘三共攝。彼法相空、無法相空，共攝二空，所謂相空、無法有法空。相空之中，明其自相及同相空。自相空者，明色等空，判屬第一法相空中。同相空中，有其二種。一明世諦苦無常等同相空寂，是空攝入法相空中。二明真諦同相理空，是空攝入無法相空。就彼無法有法空中，有法空者是法相空，無法空者攝入第二無法相空。彼法相空及他法空，共攝一種，不可得空。若説有法自相叵得，判屬第一法相空中。若説真如、法性等外，邪見所立微塵世性皆不可得，攝入第四他法空中。攝相如是。

問曰：此四與十八空，體性不殊。説十八空，其義廣足，何勞更説此四空乎。論自釋言：聖人説法，凡有四種：一、先略後廣，爲欲解義。二、先廣後略，爲易受持。三、先略後略，爲利根者。四、先廣後廣，爲鈍根者。此就一義，以分利鈍。利根之人，少言能解，故爲略説。鈍根之人，多言方悟，故爲廣説。若對多義，爲利根者，先後俱廣，彼能受故。爲鈍根者，先後俱略，不堪受故。彼《大品經》爲易受持，故先廣説十八空竟，復〔六八〕説四空。自餘廣略，類此可知。四空之義，辨之麤爾。

四優檀那義，三門分別。釋名，一。開合廣略，二。隨別廣釋，三。

第一釋名。四優檀那，出《地持論》。名者，所謂一切行無常，一切行苦，諸法無我，涅槃寂滅。有爲集起，目之爲行。行流非恒，稱曰無常。逼惱名苦。行同前釋。自體名法。法無性實，故曰無我。何故前二云一切行，後門之中説諸法乎。以苦無常止在有爲，是故云行。無我通於一切法，故説諸法也。涅槃無爲恬泊名滅。優檀那者，是中國語，此名爲印。故《大智論》明法無常、無我、涅槃，名三法印。《成實》亦爾。法相指定，不易之義，名印也。名義如是。

第二門中，廣略不定。或總諸法以之爲一，謂一法界，統攝一切善、惡、無記、生死涅槃，悉入其中。故論説言，入於法界大總相觀。或分爲二，謂生死、涅槃，以此統收，無法不攝。依法辨人，人亦無出凡之與聖，凡聖之外更無第三非聖非凡。或復分法，以之爲三，謂三自性，一者緣起，二者妄想，三名爲成。前二生死，後謂涅槃。彼生死中，無出心境。境無自性，從緣集生，故名緣起。內心不真，説爲妄想。涅槃之法，體非虛敗，自性成實，故稱爲成。或分爲四，謂此四門，苦無常等四中，前三是生死法，後一涅槃。無常與苦，生死可爾。無我理通，云何説之爲生死乎。然我、無我，隨法不定。經中或説生死有我，涅槃無我。或説涅槃以爲有我，生死無我。或復宣説二俱有我，或説俱無。若就其情，生死有我，涅槃無我。生死之中，凡情妄計，故説有我。涅槃之中，聖智離取，故説無我。故《地持》云：世間生處，皆由著我。若離著我，則無生處。若據其法，生死無我，涅槃有我。生死虚無，又不自在，故説無我。涅槃真實，具八自在，故説有我。是以經言，生死之法，無常與苦、無我、不淨，涅槃之法，常、樂、我、淨。若據空理，二俱無我，皆是緣起無性法故。若論其實，二俱有我。如經中説，二十五有，有我不耶，佛言有我，我者所謂如來藏義，如來藏者所謂佛性，此是生死有我義也。佛性即是涅槃之實，此是涅槃有我義也。今據一門，故説無我爲生死矣。亦可四中初二生死，後一涅槃，無我則通，蓋是生死涅槃理也。如《維摩經》迦旃延中，分法爲五，所謂無常、苦、空、無我，涅槃寂滅。就前無我，分出空門，即是五也。空與無我，有何差別而爲兩門。此如前説，經論不同。阿毗曇中，陰無我體，名爲無我，陰非我所，説之爲空。《成實論》中，衆生空者，名之爲空，法空之義，説爲無我。如《維摩》中衆生空者名爲無我，法體空者説之爲空。今依後門，分爲兩種，故有五也。若依《楞伽》，亦分爲五。所謂五法，一名，二相，三者妄想，四者正智，五者如如。五中，前三是生死法，後二涅槃。亦可前三是生死法，次一涅槃，後一是其生死涅槃法之實性。此之五義，如後五法三性章中具廣分别。又如《維摩·方便品》中，分法爲六，所謂生死、無常、苦、空、無我、不淨。佛身常住，通前六也。佛[六九]身常住，即是涅槃不遷義矣。又如經中分法爲八。生死有四，謂苦、無常、無我、不淨。涅槃有四，常、樂、我、淨。或分爲十。生死有五，苦、空、無常、無我、不淨。涅槃有五，常、樂、我、淨及以有也。或分十六。涅槃有八，一常，二樂，三我，四淨，五真，六實，七善，八有。生死亦八，翻前可知。若欲廣分別，乃至無量。今據一門，且論四耳。

第三門中，依上四門，次第廣辨。先釋無常。無常有三：一、分段無常。二、念無常，亦名少時。三者，自性不成無常。於中略以三門分別，一釋其名，二辨其相，三就大小料簡通局有無之義。

言分段者，六道因果，三世分異，名爲分段。分段非恒，故曰無常。念無常者，念謂心念。心道峻速，信[七〇]此念頃，顯法時分，故稱爲念。如經中說，一彈指頃，屈申臂頃，瞬息之頃，如是之言，寄其色相，顯法時分。或說一念一刹那等，寄心以顯。良以有爲生滅難覺，故寄色心顯其時分。念義如是。有爲念念遷流非恒，名念無常。所言自性不成實者，向前二種，前後遷變，破其常相，此性無常，破其常性。明前分段及與念法幻化虛立，體[七一]性無自實，名性不成。以不成故，無其常性，故曰無常。名義如是。

體相云何。分段無常，體相可知。念無常者，有爲之法，一念之頃具有四相，初生，次住，終異，後滅，前後遷變，故曰無常。然此四相，經論不同。如毗曇中，明有爲法其性羸劣，不能自生、自住、自異、自滅，要賴同時八相之法共相推變，方得初生乃至終滅。言八相者，如一念色，同時即有生、住、異、滅四大相法，及四隨相。此四隨相，亦名小相。彼大生邊有一小生，彼大住邊有一小住，彼大異邊有一小異，彼大滅邊有一小滅，故有八也。然此八相，就能爲名，以能生他故名爲生，乃至滅他故稱爲滅，非謂法起名之爲生，乃至法謝説名爲滅。若論體性，三聚法中非色非心不相應攝。論其行數，一一之中皆有初生、次住、終異、後滅之義。然此八種，體性同時，用即不定。相狀之用，剋必同時。遷法之用，用在先後。大生用時，能生八法，所謂能生所相法體及餘七相，合爲八也。此八有爲，有可生義，是故大生堪能生之。無爲之法，無可生義，是故大生不能生也。即此大生，亦是有爲，有可生義，是故爲彼小生生之。小生唯能生於大生，不生餘法。如是次第，乃至大滅起用之時，能滅八法，所謂能滅所相法體及餘七相，通有八也。此八有爲，有可滅義。大滅能滅，即是大滅亦是有爲，有可滅義，是故還爲小滅。所滅如色既然，一切有爲類皆如是。滅〔七二〕同〔七三〕爲相遷，方有初生，乃至終滅。毗曇如是。《涅槃經》中，亦同此說。故彼經言，有爲之法有生性故，生能生之，虛空之法無生性故，生不能生。又彼經言，生能生法，不能自生，不自生故，由生生生，生生不自生，復〔七四〕賴生故生。如《成實論·不相應品》廣非此義。彼論宣説，法起名生，法停曰住，法遷稱異，法謝名滅，不説法外別有諸相共相推遷。《地持》之中，亦同此義，故彼文中廣破法外別立相也。各是聖教，難定是非。念無常義，麤況如是。所言自性不成實者，明法同時同體四相共相破壞，無法自性，故曰無常。是義云何。世法虛幻，無一定性。以無性故，相有體無。相有名生，體無稱滅。相有名生，不同始起初出之生。體無名滅，不同終謝灰盡之滅。此生與滅，當知即是十二緣中逆順觀也。如經中説，無明生故乃至老死，是此生相。無明滅故乃至老死，是此滅相。此生與滅，幻炎像立，義説爲住，不同生後遷停之住。彼生滅等，雖復同體，性相乖〔七五〕異，故名爲異。又異凡夫所取實有，亦名爲異，不同住後衰變之異。四相如是。同一體性，隨義互分。以同體故，説住異滅，以之爲生，住異滅外無別生性，無生性故生性不成。還即説此生住〔七六〕異滅法，以之爲住，生等之外無別住性，無住性故住性不成。乃至説彼生住異法以爲滅故，生等之外無別滅性，滅無性故滅性不成。進退推求，畢竟無有一性可得，故曰自性不成實也。故《維摩》言不生不滅是無常義，良在斯耳。彼經所説，即生即滅，無生無滅，是故名爲不生不滅，非謂就彼一相空中説無生滅。又《地持》云：不知真實，無言説事，有生有滅，觀無言性，一切無常。此文亦顯性無常義。問曰：無常有麤有細，生滅是麤，不生不滅是其細者，苦中亦應有麤有細，得言逼惱是其麤苦，無逼無惱是細苦不。釋言：亦得。逼惱麤苦，義在可知。然此逼惱，守性不壞，非性無常，非無常故不名性苦，非性苦故義説爲樂。以實觀之，逼無逼性，惱無惱性，自性無安，方名微細自性壞苦，亦名微細虚集行苦。體相如是。

通局如何。三中，前二大小通論，自性無常大有小無。何故如是。小乘衆生未解法空，不能破壞諸法自性，故不説之。若使無常義別三門，小乘之中但有前二，無第三者，苦中亦三，小乘之中亦應有二，不具三苦。釋言：法門各別不同，何可一類。如無我中，義別有二，小乘衆生但解生空，豈可亦得類同三苦，小乘齊得二無我乎。義無斯理。雖知不同，有何所以。若總分別，得言苦者對緣而生，其相麤故，小乘衆生具能解知，故小乘中具明三苦。然無常者遷滅法體，法體之義微細難識，小乘衆生不能精究，故小乘中不明第三自性無常。若別論之，三苦之義具論有三，一對緣分別，第二約緣就體分別，三約三種無常分別。此義如後一切苦中具廣分別。初之兩門，相麤易知，小乘能解。後之一門，與無常同，小乘衆生但解前二，自體虚集微細行苦，小乘不解，故小乘中不明自體虚集行苦。是以經言，所説苦諦，中智所知，分別是苦，有無量種，非諸聲聞緣覺所解，我於彼經竟不説之。旨謂在此。無常之義，麤況如是。此一門竟。

次辨苦義。苦義有三，所謂苦苦、壞苦、行苦。辨此三苦，略有四門：一、對緣分別。第二、約緣就體分別。三、約三種無常分別。四、諸過相顯。言對緣者，緣別内外，内謂自心，外者所謂刀杖等緣。外中復二，一違，二順。違者，所謂刀杖等事，一切苦具。順者，所謂己身命財，親戚之類。苦緣別如是。從彼違緣而生苦者，名爲苦苦。刀杖等緣，能生内惱，從其所生，説名爲苦。從苦生苦，故云苦苦。從彼順緣離壞生惱，名爲壞苦。内心涉境，説名爲行，緣行生厭，厭行生苦，故云行苦。第二約緣就體别者，心性是苦，依彼苦上，加以事惱，苦上加苦，故云苦苦。就斯以論，向前三苦，至此門中通名苦苦。謂性苦上加前苦苦、壞苦、行苦，通名事惱。有爲之法，念念生滅，無常敗壞，故名壞苦。即此有爲遷流名行，行性不安，故云行苦。言約三種無常别者，就彼三世分段無常，宣説苦苦。心性是苦，於此苦上加彼三世分段麤惱，名爲苦苦。又以三世分段麤苦，顯法性苦，亦名苦苦。就念無常，宣説壞苦。即是向前第二門中行、壞兩苦，至此門中同爲壞苦。就彼自性不成無常，宣説行苦。同體四相，共相集起，目之爲行。虚集之行，體無自性，行性無安，故名行苦。所言諸過互相顯者，過有三種，謂苦、無常及與無我。以苦顯苦，名爲苦苦。此以事苦，顯有爲法性是苦也。無常故苦，名爲壞苦。無我故苦，名爲行苦。以法無我因緣虚集，故云行也。苦義如是。此兩門竟。

次辨無我。如論中説，無我有二，一人無我，二法無我。此義如前無我章中具廣分别。此三門竟。

次辨涅槃。如論中説，涅槃有二，一者有餘，二者無餘。此義備如涅槃章説。涅槃義者，非直斷絶生死因果，對治無處爲涅槃義。蓋如經説，法本不然，今亦無滅，是寂滅義。此是涅槃實相義也。四優檀那，厥趣如是。

四悉檀義，四門分别。釋名辨相，一。定别其相，二。通局義，三。相攝義，四。

四悉檀義，出《大智論》。言悉檀者，是中國語。此方義翻，其名不一。如《楞伽》中子注釋言：或名爲宗，或名爲成，或云理也。所言宗者，釋有兩義：一、對法〔七〕辨宗，法門無量，宗要在斯，故説爲宗。二、對教辨宗，教别雖衆，宗歸顯於世界等四，故名爲宗。故彼論云，四種悉檀，總攝一切十二部經八萬四千無量法藏，皆是真實，無相違背。准驗斯文，望教説宗，義無乖返故稱爲成，諸法理趣故名爲理。宗别不同，且分四種：一、世界悉檀。二者，各各爲人悉檀。三、對治悉檀。四、第一義悉檀。

言世界者，如論釋言：有法從於因緣而有，無别自性，譬如轅軸輻輞等事和合爲車，五陰諸法和合爲人，如是一切，世界故有，爲[七八]世界悉檀法也。云何名爲各各爲人。如論釋言：佛觀人心差别不同，而爲説法。於一事中，或聽不聽。如佛爲彼斷見衆生不信後世善惡業果，墮斷滅見，便説雜業雜受果報。爲計我者，便説無業無受報者。如是等事，名爲各各爲人悉檀。云何名爲對治悉檀。如論釋言：佛隨衆生心病所宜，爲説對治，或説不淨，或説慈悲，或説因緣分别界入安波念等，如是一切，名爲對治。第一義者，如論釋言：諸法實相，過語言道，心行處滅，遍[七九]無所依，不樂諸法，無初中後，不盡不壞，名第一義。四種悉檀，名相麤爾。

第二門中，定别其相。然彼四中，世及第一，當法分别，對治、爲人，隨化辨異。但就法中，有性有相，故分二種，世及第一。生死涅槃，因緣法相，名爲世界，如實法性，説爲第一。此别可知。對治、爲人，别相難識，是以釋者種種不同。今以義分，相亦可知。然彼一切二諦諸法，無不爲人，斯皆治病。但就一切爲人法中，當其門别，隨物所宜，應病授與，治物心患，即名對治。即彼一切對治門中，異門相望，互返不同，彰其爲人差别故爾，即名各各爲人悉檀。如説諸陰無我人等，對治我患，或時宣説假名之我，對治無患，此即是其對治所攝。何故二門互返不同。以其爲人不同故爾，即是各各爲人説也。又如經説不淨觀門，治貪欲患，宣説三十三天果報常、樂、我、淨，令物願求，捨離諸惡，治不善患，此即是其對治所攝。何故二門互返不同。良以爲人不同故爾，即名各各爲人悉檀。如是諸門，類此可知，勿得異釋。

第三門中，辨其通局。世界悉檀，通其爲人及與對治，而不通於第一義諦。即説世界差别法門，以爲對治及爲人，故世界悉檀通彼二中。不説世界爲第一義，是故世界不通第一。非謂處别説爲不通，淺深異故名不通耳。第一義者，分得通彼各各爲人及對治中，不通世界。良以宣説第一義諦，治物心患，是故第一通於對治。即就第一，彰其爲人各各不同，或説爲有，或説爲無，或復説爲非有非無，或説爲我，或説無我，或復宣説非我無我，如是種種爲人差别，是故第一通彼各各爲人悉檀。深淺别故，不通世界。對治、爲人二種相望，一向相通，無别法故。

第四門中，辨其相攝。就彼四中，攝末從本，要唯二諦，所謂世界、第一義也。對治、爲人，判屬何中。若總分之，對治、爲人判屬世諦，非第一義。故彼論云前三悉檀所不通者至第一義一切皆通，明知第一非前三種。所言通者，論自釋言：離一切過，無變無勝，義無隱滯，故名爲通。又彼論言，除第一義，諸餘悉檀皆可破壞。明知餘三非第一義。以實通論，二諦之中皆具有彼對治、爲人。具有之相，備以上辨。理實既通，何故論中説第一義不同前三。以世界中彰彼對治、爲人義顯故，第一中隱而不説。又復彼論説第一義異前三者，異彼世界及世界中對治、爲人，非謂異於第一義中對治、爲人。亦可就彼第一義中所有對治、爲人之義，約化辨異，攝入世界。據實論之，就第一義所明對治、各各爲人，即是第一，非世界也。悉檀之義，略舉綱網。

四真實義，二門分别。釋名，一。體相，二。

真實義者，法絶情妄，名爲真實，實深所以，目之爲義。實義虚融，理無不在，隨法辨異，難以定竿。今隨一宜，彰二論四。所言二者，一實法性，二事法性。所言四者，一世間所知，二學人所知，三煩惱鄣淨智所行處法，四智鄣淨智所行處法。此二與四，並是義門，隨情施設，無不爲物。今依文相，前之二種，據法以分，後之四種，隨情以別。就前二中，實法性者是真諦也，事法性者是世諦也。真諦之理，是法體性，名實法性。世諦差別，目之爲事。諸法自體，名事法性。名義如是。

體相云何。諸法分齊，差別有四，一事，二法，三理，四實。事者，所謂地、水、火、風、色、香、味等。法者，所謂苦無常等法之緣數。理者，所謂諸法相空。實者，所謂非有非無，如實法性。此四同體，隨義異分。今就此四，攝爲二種。於中隨義分之不定。若據凡聖所知以別，四中初一是事法性，餘三爲實。以初一門是凡所知，故説爲事，後三聖知，攝以爲實。若就有相無相分別，前二有相，説爲事性，後二無相，説爲實性。若就本末以分二者，前三爲事，後一爲實。具辨如是。案如《地持》，就初分也，二相如是。四種云何。即就前二種分別，離爲四也。就前事性分爲二種，謂世所知及學所知。就前實性亦分爲二，謂煩惱淨所行處法及智鄣淨所行處法。事有精麤，故別兩門。理有淺深，是以分二。亦可分事以爲前三，實爲第四。世所知者，地、水、火、風、色、香、味等一切種事，世俗通知，名世所知。學所知者，五明處等，事中微細，藉學以通，名學所知。此前兩門，事相不虛，説爲真實，非是就事彰理實也。煩惱鄣淨所行法者，謂四真諦，此義博深，世學不知，要離煩惱，清淨之智，方能照見。舉智別法，是故名爲煩惱淨智所行處也。智鄣淨智所行法者，謂法無我，此理淵深，餘智不達，唯佛菩薩離無明慧，方能證見。舉智別法，是故名爲智障淨智所行處法。此之四義，廣如論釋。且依其門，略舉名況。

大乘義章卷第二

校勘記

〔一〕「門」，底本作「開」，據校本改。

〔二〕「有」，底本作「主」，據底本原校及校本改。

〔三〕「義」，底本原校疑衍。

〔四〕「此」，底本原校疑衍。

〔五〕「想」，校本校勘記云一本作「相」。

〔六〕「説」，底本原校云一本作「謂」。

〔七〕「化」，校本作「作」。

〔八〕「重空名」，底本原校云論作「於空等」。

〔九〕「幻」，校本校勘記云甲本作「處」。

〔一〇〕「塵」，校本作「陰」。

〔一一〕「別」，底本原校云一本作「異」。

〔一二〕「性」，底本原校云一本作「體」。

〔一三〕「與」，底本原校云一本無。

〔一四〕「者」，底本原校疑衍。

〔一五〕「他」，底本原校云一本作「作」。

〔一六〕「高」，底本原校云新譯作「憍」。

〔一七〕「熱」，校本校勘記云甲本作「契」。

〔一八〕「陰」，底本原校云一本作「隱」。

〔一九〕「謗」，校本作「妨」。

〔二〇〕「覺觀」，底本原校云新譯作「尋伺」。

〔二一〕「變」，校本校勘記云甲本作「返」。

〔二二〕「之」，校本校勘記云甲本作「是」。

〔二三〕「廢」，疑爲「癡」。

〔二四〕「四」，底本原校疑後脱「義故此」三字。

〔二五〕「中」，底本原校云一本作「等」。

〔二六〕「令」，校本校勘記云一本作「今」。

〔二七〕「高」，疑爲「憍」。

〔二八〕「釋相」，底本原校疑爲「適想」，下二「釋相」二字同。

〔二九〕「想」，校本校勘記云甲本作「相」。

〔三〇〕「釋」，校本校勘記云原本（延寶二年刊大谷大學藏本）作「擇」，原本校勘記疑爲「適」。

〔三一〕「釋」，底本原校疑爲「適」。

〔三二〕「分」，疑爲「凡」。

〔三三〕「名」，底本原校疑爲「多」。

〔三四〕「稱」，底本作「評」，據底本原校及校本改。

〔三五〕「通」，底本原校云一本作「遍」。

〔三六〕「人」，底本脱，據校本補。

〔三七〕「通」，底本原校疑爲「道」。

〔三八〕「類」，底本原校云一本作「斷」。

〔三九〕「闕」，校本作「開」。

〔四〇〕「其」，校本作「具」。

〔四一〕「亡」，底本原校云一本作「喪」。

〔四二〕底本原校云：宋譯《楞伽》第二曰，妄想爾炎議，此滅我涅槃。「爾炎」者，此云「所知障」也。

〔四三〕「利」，校本後有「世」字。

〔四四〕「攝」，底本作「隔」，據底本原校及校本改。

〔四五〕「生」，底本原校云一本無。

〔四六〕「無」，底本原校疑衍。

〔四七〕「論」，底本原校云一本作「説」。

〔四八〕「非數」，底本原校疑衍。

〔四九〕「往」，底本原校云一本作「生」。

〔五〇〕「復」，底本原校云一本作「後」。

〔五一〕「自」，底本原校云一本作「同」。

〔五二〕「證」，底本原校疑爲「謗」。

〔五三〕「滅」，底本原校疑衍。

〔五四〕「攝」，底本原校云一本無。

〔五五〕「相」，底本原校云一本無。

〔五六〕「水」，校本校勘記云甲本作「外」。

〔五七〕「之」，底本原校云一本作「三」。

〔五八〕「之」，底本作「三」，據底本原校及校本改。

〔五九〕「無」，底本原校云一本無。

〔六〇〕「説」，底本原校云一本無。

〔六一〕「宣説無住對破滅故」，底本原校云一本無。

〔六二〕「名自法空世間性空」，底本原校云一本無。

〔六三〕「法相」至「向前」，底本原校云一本無。

〔六四〕「既」，底本作「即」，據底本原校及校本改。

〔六五〕「二」，底本原校云一本作「三」。

〔六六〕「相」，底本後衍「法」字，據底本原校及校本删。

〔六七〕「第六」，底本原校云一本無。

〔六八〕「復」，校本校勘記云甲本作「後」。

〔六九〕「佛」，校本校勘記云甲本無。

〔七〇〕「信」，底本作「惜」，據底本原校及校本改。

〔七一〕「體」，底本原校疑衍。

〔七二〕「滅」，校本校勘記云甲本無。
〔七三〕「同」，底本原校疑衍。
〔七四〕「復」，底本原校云一本無。
〔七五〕「乖」，校本校勘記云甲本作「卒」。
〔七六〕「住」，底本原校疑衍。
〔七七〕「法」，底本原校云一本作「治」。
〔七八〕「爲」，底本原校疑前脱「名」字。
〔七九〕「遍」，底本作「返」，據底本原校及校本改。

大乘義章卷第三本

遠法師撰

義法聚中，此卷有八門。四諦義、四緣義、五果義、六因義、四空義、五法三自性義、六種相門義、八識義。

四諦義，九門分別。一、釋名。二、開合辨相。三、染淨因果分別。四、理事分別。五、十六聖行分別。六、有作無作有量無量相對分別。七、同異分別。八、虛實分別。九、十諦分別。

第一釋名。苦集滅道，名四聖諦。逼惱名苦，聚積稱集，寂怕名滅，能通曰道。何故名聖而復云諦。如《涅槃》云：聖者所謂諸佛菩薩一切聖人，就聖辨諦，故云聖諦。何故就聖而辨諦乎。良以諦實唯聖所知，非凡能覺，聖所知者方名諦故，就聖辨之。所言諦者，世人一向以實釋之，此非一向，如《涅槃》中諦實兩別，故彼經言有苦有諦有實。直論苦事，名之爲苦。就彼苦中因緣有無，法相不謬，故稱爲諦。窮其本性，非有非無，説之爲實。通相釋之，實故名諦。實相云何。今以兩門分別釋之，一隨法深淺彰實不同，二隨教宗別明實有異。言隨法者，法之淺深，義別五重：一、法相實。二、虛假實。三、空無實。四、自體實，亦名性實。五、緣用實。

法相實者，苦集滅道，當相實爾，故稱爲實。如彼苦諦，凡夫爲樂，聖觀實苦，故名爲實。乃至道諦，凡夫迷謬，妄謂非道，聖慧觀之，知實是道，故稱爲實。是以經云，苦者實苦，不可令樂。集真是因，更無異因。苦若滅者，即是因滅，滅苦之道，實是真道。如是等法，返對情妄，故說爲實。

言假實者，苦集滅道，實是因緣虛假之法，故名爲實。於中分別，乃有四種：一、因和合假，攬別成總。二、法和合假，苦無常等諸法相成。三、妄相虛假，如虛空華，非有爲有。四、妄想虛假，苦集滅道，妄想假集，如夢所見。此之四種，同名假實。良以執定非真實故，因緣虛假，名爲實也。據此返望，前門所論，乃是諦相，非是諦實。

言空實者，苦集滅道，以理窮之，實是空寂，本無所有，故名爲實。於中分別，乃有五種：一者，陰上無人之空。二、因和合中無性之空。三、法和合中無性之空。四者，妄相虛無之空。五者，妄想虛無之空。此之五種，同名空實。據斯返望，前門所說因緣假有，是其諦相，非是諦實。

言體實者，苦集滅道，窮其本性，實是真實如來藏性。是以經言，於聖諦處說如來藏。又《涅槃》中，宣說苦實乃至道實，即是佛性常樂我淨。諦實如此，故稱爲實。於中分別，有其二種，一如實空，二如實不空。如實空中，有二種空：一、無相空。謂非有相，非無相，非非有相，非非無相，非有無俱相，非一相，非異相，非非一相，非非異相，非一異俱相，非自相，非他相，非非自相，非非他相，非自他俱相，如是一切妄心分別，皆不相應。二、無性空。恒沙佛法，同一體性，互相緣集，無有一法別守自性，故名爲空。如就諸法，說之爲有。是諸法外無別有一有性可得，還即說此有等諸法以之爲無。是諸法外無別有一無性可得，還即說此有無等法爲非有非無。有無等外無別有一非有非無自性可得，以此類知一切諸法畢竟無性，故名爲空。空義如是。言不空者，如來藏中從本已來具二種相：一、如實心。所謂真實阿梨耶識神[二]智[三]之性，以阿梨耶神智性故，與無明合，便起妄智，遠離無明，便爲正智。二、如實法。於彼自性清淨心中備具一切恒沙佛法，如妄心中備具一切諸虚妄法。以真心中具諸法故，與妄想合，能熏妄心，起種種行，遠離妄想，便成法界廣大行德。此空不空，同是諦實。據斯返望，前門之中遣相明空，乃是諦相，非諦實也。

緣用實者，苦集等相，究竟窮之，實是法界緣起集用，不染而染，起苦集用，不淨而淨，起滅道用。滅道有二：一、隨妄集起，對治滅道。二、捨妄顯真，真實滅道。諦實如此，故名爲實。上來五種[三]，隨分皆實，故稱爲諦。

言隨教者，教別既殊，明實亦異。毗曇法中，説實有二：一者有實，苦集滅道，法相實爾。二者空實，陰上無人，未空法體。《成實》法中，説實亦二：一者有實，苦集滅道，實是因緣，名用假有。二者空實，實無定相，未空因緣。宜明苦中法相實爾，名之爲實，未説虚假空寂等義。《成實》法中，辨明苦等[四]實是名用虚假之法，無有定性，故曰爲實。據斯返望前宗所明，建立定性，非真實也。若就大乘破相教中辨實，亦二：一者有實，苦集滅道實是妄相虚幻之有。二者空實，實無因緣假名之相，不但無性，相亦叵得。據斯返望，前《成實》中未空幻化因緣法故，不名爲實。若就大乘顯實教中辨實亦二，一空，二有。於中分別，略有三門：一、依持門。妄想所取苦集滅道，於情爲有，於理實無，名爲空實。妄情所依如來藏性，相雖叵見，而實是有，名爲有實。故經説爲不空藏矣。二、緣起門。如來藏性體如一味，名爲空實。緣起苦集滅道之用，名爲有實。如經中説，自性清淨，不染而染，十二因緣皆一心作，生死二法是如來藏法界輪轉，名曰法身[五]衆生。如是等言，是其真實緣起苦集。如來藏性顯成法身菩提涅槃諸地行德，即是真實緣起滅道。諦實如此，稱之爲實。宗別既然，隨宗皆實，故稱爲諦。四諦名義，略釋云爾。

第二門中，開合辨相。何者是苦苦之體相。開合不定。或總爲一，謂攝諸苦爲一苦諦。或分爲二，所謂分段、變易生死。六道之報，名爲分段。二[六]乘聖人微細生滅，説爲變易。

或分爲三，所謂苦苦、壞苦、行苦。辨此三苦，略有五門：一、對緣分別。二、約緣就體分別。三、約三種無常分別。四、諸過相顯。五、對三受以辨通局。言對緣者，緣別内外，内謂自心，外者所謂刀杖等緣。外中復二，一逆，二順。逆者，所謂刀杖等事一切苦具。順者，所謂己身命財，親戚之類。緣別如此。從彼逆緣，逼而生惱，名爲苦苦。刀杖等緣，能生内惱，説之爲苦。從苦生苦，故曰苦苦。從彼順緣離壞生惱，名爲壞苦。内心涉境，説名爲行。緣行生厭，厭行生惱，故名行苦。第二，對緣就體辨者，心性是苦，依彼苦上加以事惱，苦上加苦，故云苦苦。就斯以論，向前三苦至此門中通名苦苦，謂性苦上加前苦苦、壞苦、行苦，斯名事惱。有爲之法前後生滅，無常敗壞，名爲壞苦。即此有爲遷流名行，遷流不安，故名行苦。言約三種無常辨者，於彼分段無常分齊，宣説苦苦。於有爲法性苦之上，加彼三世分段麤苦，苦上加苦，故名苦苦。又以三世分段麤苦，顯有爲法體性是苦，亦名苦苦。就念無常，宣説壞苦。彼念無常，遷流滅壞，故名壞苦。是即向前第二門中行壞兩苦，至此門中同名壞苦。就彼自性不成無常，宣説行苦。同體四相，互[七]相集起，故名爲行。以此門[八]中同體四相共[九]破壞，行性不成，行性無安，故名行苦。言以諸過互相顯者，過有三種，謂苦、無常及與無我。以苦顯苦，名爲苦苦，謂以事惱顯有爲法體性苦也。無常故苦，名爲壞苦。無我故苦，名爲行苦。以法無我因緣虚集，故稱爲行。有爲行故，體性是苦。言對三受辨通局者，受別有三，謂苦、樂、捨。違緣生惱，名爲苦受。順緣生適，名爲樂受。中容境界所生受心，捨前苦樂，故名捨受。三受如是。對之云何。如經中説，苦受之中即具三苦，心性是苦，於性苦上加彼對緣所生事惱即名苦苦，前後生滅、無常敗壞名爲壞苦，即此前後遷流集起名曰行苦。亦可有爲自性虛集，名爲行苦。樂捨二受各具二苦，所謂行壞。行壞之相，不異前釋。三苦如是。

又如經中，分爲八苦，所謂生苦、老苦、病苦、死苦、愛別離苦、怨憎會苦、求不得苦、五盛陰苦。辨此八苦，略有三門：一、釋其名。二、辨其相。三、對三苦，共相收攝。

先釋其名。言生苦者，報分始起，謂之爲生，生時有苦，就時立稱，故名生苦。衰變名老，老[一〇]時有苦，就時爲目，名爲老苦。四大增損，謂之爲病，病時有苦，就時彰名，稱曰病苦。陰壞名死，死時有苦，就時立目，名爲死苦。亦可此等當體爲名，即指生老病死爲苦，故云生老病死苦也。愛別離者，所念分張[一一]名愛別離，愛別生惱，就緣立稱，名愛別離[一二]。怨憎會者，所惡强集名怨憎會，怨會生惱，就緣立稱，名怨憎會。求不得者，所悕不稱，名求不得，因彼生惱，就緣立稱，是故名爲求不得苦。五盛陰者，五陰熾盛名五盛陰，陰盛是苦，就體立稱，是故名爲五盛陰苦。亦盛[一三]者盛受之義，五陰之中盛前七苦，是故名爲五盛陰苦。若正，應言五陰盛苦。名義如是。

次辨其相。何者生苦。如《五王經》說，始從識支，乃至出胎，名之爲生。《涅槃經》云：生通始終。始終不同，經分爲五：一者初出，所謂識支報始名初，初起名出。二者至終，謂名色支，色心具足，對前説終。三者增長，謂前名色增爲六入。四者出胎。五者種類，謂出胎後，乃至老死。於中運運刹那新起，名之爲生。何者老苦。如《涅槃》中釋有兩義：一者終身老，所謂髮白形枯色變，是時名老。二者念念老，始從識支乃至老死，運運遷[一四]遷，名之爲老。就念念中，經分爲二：一者增長，謂從識支，乃至盛年，念念遷變。二者滅壞，年衰已後，念念老也。何者病苦。如《涅槃》中釋有兩義：一者身病，所謂四大增損不調及餘客病。二者心病，所謂歡喜、憂愁、恐怖、愚癡等也。何者死苦。如《涅槃》中説死有三：一、放逸死，謂謗大乘方等經典。二、破戒死，謂犯三世諸佛禁戒。三、壞命死，所謂身盡。此壞命中，經分爲二，一命盡死，二外緣死。命盡死中，經説有三：一者，命盡而福不盡，正報雖滅，依報猶存。二者，福盡而命不盡，依報雖亡，正報猶在，此亦通名命盡死也。三、福命俱盡，依正俱滅。外緣死中，經説有三，一者自害，二者他害，三者俱害。何者是其愛別離苦。所別有二，一内二外，内者自身，外者所謂親戚、眷屬及餘資生。何者是其怨憎會苦。怨憎有二，一内二外，内者所謂三惡道報，外者所謂刀杖等緣。何者是其求不得苦。所求有二，一因二果。因中有二，一者惡法求離不得，二者善法求欲不得。果中亦二，一者苦事求離不得，二者樂事求欲不得。苦復有二，一内二外。三塗苦報求離不得，是名爲内。刀杖等苦，求離不得，是名[一五]爲外。樂事[一六]亦二，一内二外。人天樂果求欲不得，是名爲内。資生眷屬求欲不得，是名爲外。何者是其五盛陰苦。如《涅槃》説，通攝前七以爲第八五盛陰苦。八苦體相，麤辨如是。

次對三苦，共相收攝。八中前七別配三苦，後一是總，總攝三苦。就前七中，有通有別。即壞即苦，即行即苦，義通前七，不待言論。緣而致惱，義有隱顯。生老病死，苦苦所收。若緣老時失於莊色，病失强力，死失壽命，而致惱者，壞苦所攝。愛別離者，壞若所收。怨憎會中，義有兩兼。三塗苦報刀杖等緣而强聚集，苦苦所收。涉求之行而强現前，行苦所攝。求不得中，義具三苦。於惡於苦，求離不得，苦苦所收。於善於樂，求合不得，壞苦所攝。涉求行心，求離不得，即是行苦。五盛陰中，一切斯具。八苦如是。如《地持》中，隨別分爲百一十苦。若廣分之，苦乃無量。苦諦如是。

次辨集諦。開合非一，總唯一集。或分爲二，二有三門：一、就性分二，唯善與惡。無記無報，是以不論。二、緣正分二，唯業、煩惱，業爲正集，故〔一七〕煩惱緣集。三、麤細分二，所謂分段、變易之因。或分爲三，所謂三界生死之因，據斯統攝一切分段變易之因悉在其中。或分爲四，分段變易各有緣正，合爲四也。分段因中，有漏業因，四住爲緣。變易因中，無涉〔一八〕業因，無明爲緣。問曰：無涉云何爲因。緣照無漏，能生三乘生滅法身，故説因耳。或分段〔一九〕爲五，所謂五道生死因也。或分爲六，所謂六道生死之因。又分段中三有之因，變易因中三乘之因，亦得分六。或分爲十，五道因中各有緣正，故有十也。或分十二，六道因中各有緣正，即爲十二。又分段中三有之因各有緣正，變易之中三乘之因亦有緣正，以此通論，亦有十二。故經説言，又如取緣有漏業因而生三有，無漏業因無明爲緣，生阿羅漢及辟支佛、大力菩薩三種意生身等。若廣分別，集亦無量。集諦如是。

次辨滅諦。開合非一，總唯一滅。或分爲二，二有四門：一、約所滅因果分二，生死因盡是有餘滅，生死果喪是無餘滅。二、約所滅分段變易二種分二，分段死盡是有餘滅，變易死盡是無餘滅。三、大小分二，二乘所得是其小滅，佛菩薩所得是其大滅。四、性淨方便分爲二種，無始法性本隱今顯是性淨滅，斷鄣而得是方便滅。或分爲三。三有三門：一、約所滅假實空心，以之爲三。因和合中取立定性，是迷假心。法和合中取立定性，是迷實心。無漏之慧，是其空心。滅此三心，爲三滅也。假實兩心，《成實》法中聞慧伏滅，暖等已去，見理永滅。大乘法中，善趣伏滅，種性已上漸次永滅。若論空心，《成實》法中，滅定蹔滅，無餘涅槃畢竟永滅。大乘法中，種性已上隨分漸滅，真德漸顯，至佛乃盡。二、約所滅煩惱、業、苦，三分分別。三、就人分別，謂三乘人所得滅也。或分爲四。分段之中因果盡處分爲二種，變易之中因果盡處亦分二種，故合四也。又復經中宣説，涅槃遠離十想，亦得分十。此義如後涅槃章中具廣分別。隨義異論，數別難窮。滅諦如是。

次辨道諦。開合非一，總唯一道。或分爲二，二有四門：一、因果分二，因[二〇]所行是其因道，果中所成是其果道。二、約對治分二，所謂分段、變易對治，爲二道也。三、大小分二，二乘所行以爲小道，大乘所行以爲大道。四、真妄分二，緣修對治是其妄道，真實行德是其真道。或分爲三。三有五門：一、聞思修分爲三種。此義如後三慧章中具廣分別。二、戒定慧分爲三種，戒定通具，慧爲道體。三、證助不住，開分三種。四、約位分三，所謂見、修及無學道。五、隨人分三，謂三乘人所行道也。或分爲四，四有三門：一、就行分四，謂聞、思、修、證。二、約位分四，謂方便道、見道、修道及無學道。三、隨人分四，謂聲聞、緣覺、菩薩及與佛道。或分爲五，謂聞思修報生識智及與證智，聲聞乘中見修無學分之爲三，緣覺、大乘各別爲二，合有五也。或分爲六，謂三乘中各分因果。或分爲七，謂七覺支。或分爲八，謂八正道。或分爲九，謂三乘中各有見修及無學道。或復分爲三十七道。廣則無量。道諦如是。

第三門中，分其染淨因果差別。四中前二是其染法，後二淨法。舉染令厭，彰淨令欣。就前染[二一]，先果後因。淨中亦爾。先果後因，故有四別。諸法之起，先因後果。何故諦中先果後因。觀門有二，一順二逆。尋因趣果，是其順觀。從果尋因，是其逆觀。今依逆觀，故先明果，後彰因矣。良以果兼美惡顯著，欣厭義强，是以先明。因相微隱，欣厭義微，是以後説。

第四門中，理事分別。宗別不同，所説亦異。依如毗曇，六道果[二二]別，是其事苦。即此事上有苦、無常、空、無我等四義寬[二三]通，説爲理苦。又復一切有漏諸法，莫問内外，但從前生後，不簡近遠麤細之别，悉是果義。於此果上具苦、無常、空、無我等四種道義，盡是理苦。六道因果是其事集，即此事上因、集、有、緣，四義齊通，説爲理集。又復一切有漏諸法，莫問内外，但前生後，不簡近遠麤細之殊，悉是因義。於此因中因、集、有、緣，四義寬通，盡是理集。以理苦集通諸法故，聖人無有一道[二四]。有漏中[二五]具有二，具苦智處而無集智，具集智處而無苦智。隨過麤細盡亡之處，品别無爲，是其事滅。即此事上盡、止、妙、出，四義齊通，説爲理滅。戒定慧等三十七品道行差别，是其事道。即此事上道、如、跡、乘，四義齊通，説爲理道。若依《成實》，生死因果，莫問麤細，一切皆是事苦事集，無漏因果是事滅道。即此事上緣用虚假無性之空，是其理也。緣用虚假，是世諦理。無性之空，是真諦理。大乘法中，分段變易二種因果，是事苦集。此二盡處，數滅無爲及彼對治，是事滅道。即此事中平等實性緣起之相，是其理也。平等實性，是真諦理。緣起之相，是世諦理。理之淺深，備如初門。

第五，十六聖行分别。四諦之中各有四行，故有十六。

苦中四者，謂苦、無常、空與無我。逼惱名苦。苦法遷流，説爲無常。苦非我所，故名爲空。苦非我體，名爲無我。問曰：苦中唯有此四，更有餘義。義别衆多。如《華嚴》説，所謂果報、擔累、危脆、怨毒、惱害、障礙、繫縛、陰蓋、遮難、難苦事等，如是非一。今據一門，且論此四。問曰：何故偏説此四。釋言：苦中義别衆多。既言且論，寧可具責。問曰：無常通苦、集、道，空與無我遍通四諦，以何義故偏攝苦中。釋言：法門有通有别。若就通門，無常、空等，義通餘諦。今就别門，無常、空等，身邊兩見對治法故，攝入苦中。是義云何。身邊兩見迷苦而生，無常治邊，空與無我對治身見，是故隨對攝入苦中。何故身邊偏迷苦生。報法麤現，相狀顯著，人多取此以爲神主，隨計斷常，是故身邊偏緣苦生。此義具釋如十使章。問曰：苦中具有四行，以何義故偏名苦諦，不名無常、無我等諦。釋言：皆得。不可並彰，且說苦耳。設立餘名，會歸一難。又隨義釋，非無所以。義釋有三：一、苦麤易覺，人皆同識，就易以名。二、苦過麤重，生厭義强，故偏名之。三、苦義唯別，不通餘諦，故偏名苦。餘無常等無如是義，故經論中多不說之。

集中四者，謂因、集、有、緣。能生曰因。聚果名集。能有來果，故評[二六]爲有。緣此得報，故說爲緣。問曰：集中唯有此四，更有餘義。釋言：集中義別無量，所謂生、造、作、起、滅、出，由籍方便，至到趣向，次第開道，如是非一。今據一門，且論此四。問曰：因果正相對法，前苦諦中不說其果，今集諦中何故說因。釋言：苦集各有多義，名皆不盡，隱顯互彰，何可具責。又復果義麤顯易識，不假言論，故不說果，因細難覺，故須說之。又復苦中若立果行，無由得顯人天樂果。是苦、無常、空、無我等爲可厭法，故不說果。對苦說因，因即可厭，故說其因。又苦諦中說苦、無常，對治愛行，說空、無我，對治見行，若說其果，無此治能，故不說果。約對治等，說因可厭，是以論之。問曰：集中具有四義，何故名中偏彰集諦，不說因等。釋言：皆得。不可並存，且以集名。又復集義攝果義顯，故偏名矣。

滅中四者，謂盡、止、妙、出，亦名滅、止、妙[二七]、離。盡滅有過，故云盡滅。寂止惱患，故名爲止。捨遠麤礙，稱之爲妙。出離纏縛，名出名離。問曰：滅中唯有此四，更有餘義。釋言：滅中義別多衆，所謂無爲、寂靜、安隱、解脱、不動、不燃、不熾、休息、無惱、清淨、快樂、無礙、無相，如是非一。今據一門，且論此四。問曰：四中以何義故偏名滅諦。釋言：皆得。不可並立，且彰滅耳。又復滅者除遣義彰，相顯易識，故偏名之。餘止妙等[二八]同世俗上[二九]妙出等，故不名矣。

道中四者，謂道、如、迹、乘，亦名道、正、迹、乘。能通名道。如法正行，名如名正。尋之趣向〔三〇〕果，故稱爲迹。依之達到，故説爲乘。又復運通亦名爲乘。問曰：道中唯有此四，更有餘義。釋言：道中義亦非一，所謂無漏、無礙、無障、安隱、解脱、出離、清淨、對治、方便、能度、至到，如是〔三一〕非一。今據一門，且論此四。問曰：四中以何義故偏彰道名。釋言：皆得。不可並立，且論道耳。又復道者，通到義彰，相顯易識，故偏名道。十六聖行，辨之麤爾。

第六門中，有作無作，有量無量，相對分別。小乘衆生所觀四諦，名爲有作，亦名有量。大乘所觀，名爲無作，亦名無量。有作無作，約行分別。有量無量，當法分別。云何就行分作無作。據小所觀，望後猶有無量諦觀可皆以修作，對後別前，故名有作。據大所觀，望後更無餘觀可作，故名無作。總相如是。然彼小中，隨義別分，亦有有作無作之義，因中所觀名爲有作，果中所觀名爲無作。大乘亦爾，因中所觀名爲有作，果中所觀名爲無作。量無量者，分別有三：一、就寬狡〔三二〕明量無量。小乘所觀苦集二諦，止在分段因之與果，所觀滅道，唯是分段因果對治，法有局限，故名有量。大乘所觀苦集，統通分段變易二種因果，苦通分段變易之報，集通分段變易之因，滅盡分段變易之因果，道攝分段變易對治，法無局限，名爲無量。二、就深淺明量無量。小乘法中，依如毗曇，但明苦者真實是苦，不可令樂，乃至道者真實是道，未説餘義。《成實》法中，唯明苦等名用虚假，無性之空，未窮法本，故名有量。大乘法中，若據説相，明其苦等幻化之有畢竟空寂，窮實論之，苦等體性即是真實如來藏性緣起法界，以窮深故，名爲無量。三、就麤細明量無量。小乘之中，總相麤觀，名爲有量。大乘法中，別相細觀，説爲無量。是以經言，所説苦諦，中智所知，分別是苦，有無量種，非諸聲聞、緣覺所知，我於彼經竟不説之。集、滅、道等，類亦同然。此是麤細量無量也。

第七門中，明其四諦體之同異。於中四諦義[三三]差別有二，一者諦相，二者諦實。今先就相辨其同異。於中滅道有其二種：一者，緣修對治滅道，謂三乘人除結無爲緣修之治。二者，體證真實滅道，謂佛菩薩體證無爲圓通實德。今先以彼對治滅道，望於苦集，辨其同異。於中滅諦是無爲法，望餘三諦，一向別體，苦集道諦，同異不定。若依毗曇，苦集有二，一麤二細。過業煩惱得今苦果，現業煩惱得當來報，是其麤也，此乃是其事苦事集，有爲之法，念念生滅。就此者[三四]爲，義分苦集，説之爲細，以爲理苦集也。就麤以論，若就事論[三五]，苦集及道一向別體，若據細辨，苦集同體。道諦不同。相狀如何。一念有爲，從前集起，義説爲苦。即此有爲，能生於後，義説爲集。其猶世人，望父爲子，望子爲父，是故苦集一向同體。道是無漏，不同前二。若依《成實》，唯説結業以之爲集，所受生死名爲苦諦。微細生滅，悉是苦攝。一種[三六]事相苦集。然彼所説集道別體。苦望集道，義別有三：一者，苦諦與集同體，謂依報心造作集因，集體是苦，故云同體，以彼宗中宣説報心體是苦故。二者，苦諦與道同體，謂依報心修起聖道，道諦是苦，故云同體。問曰：毗曇何不如是。釋言：毗曇明其報心不常續故，集道起時無其報心，是故苦諦不與集道二諦同體。彼《成實》中，説報常續，集道起時恒有此報，是故苦諦得與集道二諦同體。三者不同，謂餘一切無記心中苦報之心，不與集道二諦同也。

大乘之中，所説不定。先就分段辨其同異。於中苦集略有二種：一、就三世因果不同，以分苦集。若據斯義，苦集望道所辨同異，與《成實》同。第二，就彼微細生滅，義分苦集。若據斯義，苦集二諦一向同體，與毗曇同。即此苦集望於道諦，不同毗曇。云何不因[三七]。分別有二：一者，苦集與道同體，謂依報心起於聖道，報心即是苦集所攝，是以苦集與道同體，良以大乘亦説報心常相續故。二者，苦集諦與道別體，謂餘一切有漏法中苦集諦也。分段如是。次就變易辨其同異。於中不定。若就凡時隨相麤分，單有集諦。隨義通論，得有苦集同體之理。無明住地是其集諦，即此無明生滅之義，即説爲苦，是故苦集同一體也。若據聖時，三諦同體。一念無漏當分治結即是道諦，即此道者從前無漏變易業生，即名爲苦，復能生後，即名爲集，是故三諦同一體性。對治滅道望於苦集，同異如是。次就真實滅道二諦，辨其同異。此二相望，一向同體。萬德圓寂，即説爲滅，虚通之義，即説爲道，更無別體，是故宣説滅道同體。望彼苦集，對治滅道一向別體，真妄異故。諦相如是。次就諦實，辨其同異。據實以論，四諦同體，苦集二諦無別體故，用滅道性以之爲體。故《涅槃》中説，彼苦集二諦之實，即是佛性，即是涅槃，即是如來常樂我淨一切佛法。《寶性論》中亦説，法身、如來、聖諦，及與涅槃，四法無別。滅道二諦無別體故，還即説彼苦集實性以之爲體。是以經中説十二緣以爲佛性，見十二緣名爲見佛見法見僧。又説五陰以爲佛性，一苦滅等，良以染淨無別體故。經中説言，凡夫未成佛，菩提爲煩惱，衆生成佛時，煩惱爲菩提。義在於此。其猶迷人所取之南，與彼悟時所解之北，無有二性。同異之義，其相像此。

第八門中，辨其虚實。虚實之狀，難以一定。於中略以三門分別：一、就諦相優劣分別。苦集是虚，滅道是實。苦集迷生，所以是虚。滅道解起，所以是實。苦集既虚，云何稱諦。實是虚誑顛倒之法，是故云諦，非同滅道二諦實也。二、攝法從情，四俱是虚，皆是妄想分別法故，故《維摩》云，見苦、斷集、證滅、修道，是即戲論。《地經》亦説，五[38]地中分別四諦，名取染淨分別慢也。三、癡情論法，四俱是實。經中設遣，但除情計，不破其法。是以經言，但除其病而不除法。法云何實。實有五重，如初門中具廣分別。究竟窮之，唯有二種：一、體[三九]實。窮諦本性，唯如來藏真實法界，亦名真如，亦名實際，亦名法性，亦名一實，亦名佛性。二、緣用實。謂清淨心不染而染，緣起生死，苦集二門不淨而淨，緣起涅槃。滅道二門，實相如是。

第九門中，十諦分別。言十諦者，如《地經》說，始從世諦，乃至第十菩薩地成如來知諦。然彼四諦，統含法界恒沙佛法，隨義別論，重繁難計，且從一數十門觀之。此十，一一皆通四諦。就彼四中，直知苦集滅道法相，名爲世諦。知其空寂，無人無法，名第一義。知其苦等，有二無二，一實之相，名爲相諦。知其緣起法界門別，名差別諦。就彼別中隨說不同，集成各異，名說成諦。迷彼四諦，苦果事起，名爲事諦。迷之造集，能生後苦，說爲生諦。解彼四諦，能滅染累，名盡無生諦。解達苦等，名入道諦。窮其體實緣起法門，便成大乘如實行德，行分因果，是故名爲菩薩地成如來智諦。然此四諦，統攝淵廓，難以究窮，且隨詮況，略示網緒。

四緣義，四門分別。釋名，一。辨相，二。就法分別，三。大小同異，四。

第一釋名。所言緣者，由籍之義，緣別不同，故分爲四，一者因緣，二次第緣，三者緣緣，四增上緣。言因緣者，親生之義，目之爲因，用因爲緣，故曰因緣。次第緣者，籍前心法，次第生後，所生之心次前後起故名爲次，以後生故說之爲第，前心與後次第爲緣，名次第緣。言緣緣者，六塵境界爲心所緣，故名爲緣，由彼所緣與心作緣，故名緣緣。亦可疎助名之爲緣，以緣[四〇]故名緣緣。增上緣者，起法功强故曰增上，以此增上爲法緣，故名增上緣。於中亦有非增上者，從勝受名，故曰增上。此一門竟。

次辨其相。四緣之義，諸論不同。《成實論》中宣說三因以爲因緣。一者生因。所謂一切善惡等業，能生一切苦樂等報，故名生因。二者依因，所謂色心互相依立，故曰依因，其猶尼乾立拒舉瓶相假而立，彼亦如是。三者習因。如人習善增長善法，習惡增長惡法，如是一切，後起增前故名爲習，用習作因名爲習因。用此三因，以爲因緣。心法續起，爲次第緣。六塵生識，以爲緣緣。六根生識，爲增上緣。故《成實論》云：言緣緣者，所謂色等。增上緣者，所謂眼等。若依毗曇，就彼六因離合爲四。何等爲六。一所作因，二共有因，三自分因，四者遍因，五相應因，六者報因。所作因者，諸法起時，除其自體，萬法不障，令其得生，名所作因，如空生色，如是等也。共有因者，諸法起時，同時同性共有之法，展轉爲因，名共有因。自分因者，同類之法，籍前生後，名自分因。言遍因者，苦集諦下疑、見、無明，增上一切染汙法故，名爲遍因。於中差別，乃有十一：苦下有七，所謂五見，疑及無明。集下有四，邪見、見取、疑及無明。相應因者，止在心法，如心起時，同時即有諸心數法與心相應，是相應法展轉相助〔四二〕，能有所作，名相應因。前共有因，相扶體立，此相應因，相扶有用。言報因者，一切有漏善不善法，能生一切苦樂等報，名爲報因。此義廣釋，如六因章。於中自分、遍因、報因、相應、共有，此之五因，合爲因緣。所作因中離爲三緣，以彼所作寬通故爾。就所作中，分取心法生後之義爲次第緣。總相如是。

於中別論，乃有三門：一、定別諸心。二、就生死辨定諸心。三、明諸心相生次第。言定別者，心別有十：一、方便善心，所謂一切聞思修等相應之心。二、生得善心，謂從過去修習所成，信、進、念等相應善心。三、不善心，謂欲界中除身邊見，餘煩惱業〔四三〕相應之心。四、穢污無記，亦名隱没，謂欲界中身邊兩見及上二界一切煩惱相應之心。五、報生心，謂三界中報無記心。六、威儀心，謂行、住、坐、卧、見、聞等心。七、工巧心，所謂一切營生之心。八、變化心，謂依諸禪起化之心。九者學心，謂三乘人無漏因心。

十、無學心，謂三乘人無漏果心。此十心中，欲界有八，除學、無學。《成實》法中，欲界地中有電光定，得發無漏。若從是義，欲界亦有學、無學心。毗曇不立。色界有八，除不善心及工巧心，一切上地無有不善及工巧心故。《成實》法中，上界得起欲界不善。毗曇不立。無色界中，下三空處但有六心，除不善心、威儀、工巧及變化心，有餘六種。《成實》法中，無色亦起欲界不善。大乘宣説無色界中有形色故，亦有威儀、變化等心。毗曇不立。非想地中，但有方便、生得、穢汙、報生四心，彼無無漏，除學、無學。餘如上説。心別如是。

次就生死辨定諸心。此十心中，二心得生，所謂不善及穢汙心，一切受生依煩惱故。五心得死，謂生得善、不善、穢汙、報生、威儀，此五心中得命終也。不善命終，唯在欲界。威儀命終，通欲、色界。生得、穢汙，遍通三界。報心不定。《毗婆沙》中有二種説。一家宣説三禪已還無捨受報。若從是義，三禪已還無有報心而命終者，命終必在捨受心故。一家宣説三禪已還亦有報捨。若從是義，報心命終，遍通三界。於中下死向上生者，必在生得、報生、威儀三心中死。若有下地，不善、穢汙不上生故。若色界死，向下生者，必在生得、穢汙、報生、威儀心死，一切上地無不善故。若無色死，向下生者，必在生得、穢汙、報生三心中死，彼無不善威儀心故。若欲界死，欲界生者，五種心中皆得命終。若色界死，當地生者，四心命終，除不善心。三禪已還，報心有無，義如上判，今且論有。若無色死，當地生者，必在生得、穢汙、報生三心命終，彼無不善威儀心故。問：何故方便善心、學無學心、工巧變化心，不得命終。以命終時心微劣故，不得在此強心中死。生死如是。

次辨諸心相生次第。於中唯就隣次相生以明次第。次第有七：一、同處法相生次第，謂同地法互相因起。二、於上法修起次第，如依欲善，起初禪等。三、於下法防過次第，如依上地方便善心及穢汙心，起下地中生得善等。四、於下法退轉次第，如依上善，退生下結。五、於上於下遊觀次第，如九地中漏無漏善互相因起。六、於上於下受生次第，如彼生得報心等死，染汙生等。七、於下於上體用次第，如從淨禪起變化心，化心次第起淨禪等。今就此義以明諸心相生次第。

先論方便。欲界地中方便善心，於自地中能生一切，除欲界中四禪化心，於上能生方便善心、學無學心。修起次第，從欲界地聞思慧等，起初禪地方便善心。遊觀次第，從欲界中聞思慧等，起初二禪方便善心、學無學心。次第正受，起初禪地方便善心、學無學心。超越正受，起二禪地方便善心、學無學心，聲聞超越[四三]禪不過一故。餘一切地相望例然。若論菩薩，於一切地，隨所有心，皆悉能起。何故不生上地生得。一切生得皆隨身報，身在下地則無上地生得善故。何故不生上地不善。一切上地[四四]無不善故。何故不生上地隱没。上地隱没愛著自地，要先起彼方便善竟，然後生愛，愛自所得，是故不從下地方便經[四五]起上地穢汙之心。何故不生上地報心。身在下地，無上報故。何故不生上地穢汙[四六]。身在欲界，雖起初[四七]禪眼耳等識，彼所生所生[四八]識必依上地眼耳等根，上地之根必依上地淨禪而生，不依下地善心生故。何故不生上地工巧。一切上地無工巧故。何故不生上地化心。上地化心是其上地淨禪果故。欲界如是。

色界地中方便善心，於自地中能生一切，除自地中上禪化心。於上地中，生方便善學無學心。於下欲界，生方便善心、生得善心，不善穢汙及變化心。遊觀次第，生方便善，生得善心。欲界生得是捷疾故，從上方便次第生之，餘一切地生得善心皆不如是。退轉次第，生不善心及穢汙心。起用次第，生下化心。何故不生欲界地中報生、威儀、工巧之心。彼微劣故，不從上善次第生之。同界之中，望於下地，得生五心。遊觀次第，生下方便學無學心。退轉次第，生下穢汙。起用次第，生下化心。色界如是。

無色界中方便善心，於自地中能生一切，望上不定。空處、識處，能生上地方便善心、學無學心。無所有處，望上唯生方便善心。非想地中，無無漏故，不生學心及無學心。非想望上更無所生，望於下地得生四心。遊觀次第，生下方便學無學心。退轉次第，生下隱没四空定心。不起化故，不生化心。方便如是。

次辨生得。欲界地中生得善心，於自地中能生一切，除變化心。於上地中，唯生穢汙。謂欲界中生得命終，上一切地染汙生故。何故不生上地方便學無學心。非方便故。何故不生上地生得、報生、威儀。界地别[四九]故。何故不生上地化心。以變化心上禪果故。色界生得，於自地中生方便善、生得穢汙、報生、威儀，除變化心、學無學心。於上地中，唯生穢汙。於下地中，得生不善及穢汙心。無色生得，於自地中生方便善、生得善心、穢汙、報生。於上地中，得生穢汙。於下地中，得生不善及穢汙心。

次明不善。得[五〇]不善心，於欲界中能生一切，除變化心。於上不生。

次明穢汙。欲界穢汙，與不善同。色界穢汙，於自地中生方便善、生得、穢汙、報生、威儀，除變化心、學無學心。於上不生。於下欲界，生方便善、生得不善及穢汙心。爲依下善防自地退故，起欲界方便善心、生得善心。於上命終，下染受生，故起欲界不善穢汙。同界望下，生方便善及穢汙心。問曰：何故色界穢汙得生欲界生得善心，同界下地不起生得。釋言：欲界生得善心强利捷疾，能防上退，是故起之。上界生得，軟鈍不利，不能防上[五一]，所以不起。無色穢汙，於自地中生方便善、生得、穢汙及報生心。於上不生。於下欲界，生不善心及穢汙心，謂彼命終，欲界生故。於下色界，生方便善及穢汙心，爲防上退，起下方便，上死下生，故起染心。同界望下，如望色界。有人説言，同界望下但起生得及穢汙心。論無此言，人之謬語。

次辨報心。欲界報心[五二]，於自地中，除方便善及變化心，生餘一切。以微劣故，不生方便。非淨禪故，不生化心。於上地中，但生穢汙，謂彼命終，上地生故。色界報心，於自地中能起生得、穢汙、報生及威儀心。於上地中，但生穢汙。於下能生不善穢汙，謂彼命終，生下地故。無色報心，於自地中能起生得、穢汙、報生，於上生染，於下但生不善穢汙。問曰：不善尚能次第生方便善，報心云何不能如是。論自釋言：報心羸劣，故不生善。不善與善，境界不異，以見過故，不善心後能生善心。又復不善是强盛心，故能生善。問曰：若言報心羸劣不生善者，方便善心何故生彼。論自釋言：善心息時，捨勤方便，故得生羸劣報心。

次辨威儀。欲界威儀，同欲界報。色界威儀，同色界報。

次辨工巧。與欲界中報威儀同。問曰：威儀及工巧心，何故不生方便善心。論言：此二自樂所作，是故不生方便善心。何故不起學無學心。非方便故。何故不起變化之心。非淨禪故。

次辨化心。欲界化心，於自地中，唯生化心，於上地中，唯生方便，謂從化心入根本禪。色界化心，於自地中，唯生化心及方便善。同類相起，故生化心，從用歸本，故生方便。於上唯生方便善心，謂二禪化還入二禪，乃至四禪類亦同然，於下不生。

次辨學心。色界學心，於自地中生方便善學無學心，於上唯生方便善心及與學心。以何義故不生無學。上地無學必依上[五三]地淨禪起故。於下欲界，生方便善生得善心。同界望下，生方便善及與學心。以何義故不起生得。如彼《雜心》子注釋言：欲界生得，强而捷利，故從學心次第生之，上界生得，弱而不利，故學心後不得生之。以何義故不生無學。下地無學必依下地淨禪生故。

無色學心，與色界同。除望欲界，去欲界色〔五四〕遠，不生彼故。

次辨無學。色界無學，於自地中生方便善及無學心。以〔五五〕何義〔五六〕故不生學心。得無學時捨學心故。退無學時煩惱心退，非學心退〔五七〕，故無學心不生學心。於上地中，生方便善及無學心，謂阿羅漢遊戲諸地，或從無漏起有漏心，或從有漏起無漏故。於下欲界，生方便善及生得善，亦以欲界生得强利故得生之。同界下地，生方便善及無學心，上界生得不强利故所以不生。無色無學，於自地中亦生方便及無學心。於上於下，類亦同然。次第如是。

就所作中，分取六塵生識之義，以爲緣緣。分取六根生識之義，及餘一切萬法不障，爲增上緣。體相如是。此二門竟。

次就諸法辨定其緣。若生心法，具籍四緣。心法必有相應共有，如是等事，即是因緣。心籍前生，是次第緣。心籍塵生，是其緣緣。心依根起，是增上緣。若依毗曇，無想正受、滅盡正〔五八〕受，從三緣生。彼宗宣説，無想滅盡是有爲法，同時共有生、住、滅等，互〔五九〕相扶助，是其因緣。籍前心起，是次第緣。萬法不障，是增上緣。以非心法，故無緣緣。自餘一切非心之法，悉二緣生，所謂因緣及增上緣。所有自分共有法等，是其因緣。萬法不障，是增上緣。不籍前心開導生故，無次第緣。以非心法，不能緣境，故無緣緣。故《雜心》云：心及諸心法，是從四緣生，二正受從三，謂〔六〇〕餘説於二。若依《地持》，唯心心法從四緣生，自餘一切非心之法，但二緣生。皆無次第、緣緣之義。故彼論云：次第、緣緣，是心心數法。籍前開導，故有次第。籍彼六塵，緣攝受生，故有緣緣。《大智論》中，亦同此釋。故彼文言，心心數法，相續無間，名次第緣。心心數法，緣塵生故，名爲緣緣。準驗斯文，次第、緣緣局生心法，不生非心。有人釋言：非心之法亦籍緣緣。經論無文，直是人語，此言謬浪，無宜輒受。此三門竟。

次約大小辨其同異。同異之相，如《大智論》說，所言同者，四緣名義與毗曇同。所言異者，小乘法中，隨相執言，菩薩了知，猶如幻化，如水中月，但無定性，不無幻相。故彼文言，如水中月，雖可眼見，不可手捉。聖人破者，破可捉月，不破可見。四緣亦爾，相有體無，不可定取，故異二乘。四緣名義，略辨如是。

五[六一]果義，十門分別。列名辨相，一。對六因分別，二。對十因分別，三。對四緣分別，四。對漏無漏分別，五。三性分別，六。三世分別，七。諸地分別，八。學等分別，九。斷法分別，十。

第一門中，列名辨相[六二]。五果之義，出《地持論》。《毗曇論》中亦廣分別。酬因曰果。果別不同，一門說五。五名是何。一是報果。二是依果。三、士夫果，《毗曇論》中名功用果。四、增上果。五、解脱果。言報果者，善惡等業得苦樂報，名報果。言依果者，依善生善，從惡生惡，如是一切同類之法，後依前生，故名依果。士夫果者，如《地持》說，卜占印筭、宰官理務，如是一切，各有果生，名士夫果。士[六三]夫是人，士夫所作名士夫果。功用果者，如毗曇說，功力所得名功用果。兩言雖異，其義不殊。增上果者，如《地持》說，二十二根名爲增上，各有果生名增上果，如眼生識，如是一切。若依毗曇，一法生時，過去現在一切萬法於此不障，皆名增上，生法望彼，名增上果。此則通矣，不唯止在二十二根。解脱果者，依如毗曇，無漏聖道及與等智滅諸煩惱，名解脱果。若依《地持》，無漏聖道永斷煩惱名解脱果，世俗等智滅諸煩惱，彼不究竟，非解脱果。此一門竟。

次對六因分別五果。言六因者，謂所作因、自分因、相應因、共有因、遍因、報因[六四]。所作因者，一法生時，萬法不障，名所作因。自分因者，一切有爲，同類相起，名自分因。相應因者，諸心心法，同在一時，相應造緣，互相依藉而有作用，名相應因。共有因者，有爲法中同時之法名爲共有，共有之法相依而立，名共有因。前相應因止在心法相依有用，此共有因統通三聚相因體立，有斯異也。言遍因者，苦集諦下見疑無明，遍能增長一切有漏，名爲遍因。言報因者，善惡等業，能生苦樂，故名報因。此義廣釋，如六因章。問曰：何因能得何果。答曰：所作得增上果及解脱果。别對如是。通即亦得功用果也，以説三緣爲所作故，義如下釋。自分、遍因，能得依果。相應、共有，得功用果。報因一種，能得報果。此二門竟。

次對十因以明五果。此義如後十因章中具廣分别。此三門竟。

次對四緣分别五果。言四緣者，如向所説，六因之中自分、遍因、相應、共有及與報因，此之五種説爲因緣。所作因者，説爲三緣，謂次第緣、緣緣、增上緣。就四緣中，因緣一種，能得三果，所謂報果、依果及功用果。於中報因能得報果，自分、遍因能得依果，相應、共有得功用果。餘之三緣，能得三果。次第緣者，得功用果。緣緣一種，得增上果。增上緣者，得增上果及解脱果。此四門竟。

次對有漏無漏之因以明五果。有漏有三，一善二惡，三者無記。善有二種：一、斷結善，所謂世俗無礙之道。二、不斷結，所謂欲界一切善法及八種中〔六五〕解脱勝〔六六〕進一切善法。斷結善者，得果多少，論説不同。若依毗曇，能得五果。以此善法能得善報，故有報果。同類相起，故有依果。同時之中，相應、共有互相扶成，有功用果。不障萬法，有增上果。以斷結故，有解脱果。若依《地持》，但得四果，除解脱果，世俗斷結非解脱故。不斷結者能得四果，除解脱果。善法如是。不善法者，亦得四果〔六七〕。無記法者，能得三果，除解脱果及與報果，有餘三種。有漏如是。無漏法中，有其二種：一、斷結無漏，所謂見修無礙之道。二、不斷結，所謂一切解脱勝進無漏善法。

斷結無漏，能得四果，除彼報果，以無漏法不得報故。不斷結者，能得三果，除解脱果及與報果。此五門竟。

次就三性分別五果。若論善業，還用善法以爲四果，除其報果，善非報故。用不善法以爲二果，所謂功用果(六八)及增上果。從前善心，生後不善，次第緣起，名功用果。用前善心以爲意根，生不善識增上緣起，名增上果。以不善法非是報故，無其報果。非是同類相生法故，無其依果。非解脱故，無解脱果。用無記法，以爲三果。除其依果，非同類故。非解脱果，以無記法非解脱故。不善業者，還用不善以爲三果，除其報果及解脱果。用彼善法以爲二果，謂功用果及增上果。從前不善，生後善法，次第緣起，名功用果。前不善心以爲意根，生後善心以爲意識，增上緣發，名增上果。不善非報故，無其報果，非同類故，無其依果。不善之法不斷結故，無解脱果。用無記法以爲四果，除解脱果。問曰：不善望無記法，非是同類，何因緣故得有依果。論自釋言：欲界地中身邊二見雖是無記，望彼欲界不善煩惱染汙類同，以同類故從彼不善起此無記，得名依果。又苦集下見疑無明是其遍因，此之遍因增長一切染汙之法，欲界地中身邊兩見依此因生，故名依果。無記之業，還用無記以爲三果，所謂依果、功用之果及增上果。無記之業非報因故，無其報果。無記非是解脱法故，無解脱果。用彼善法以爲二果，謂功用果及增上果。從前無記，次生後善，次第緣起，名功用果。無記之心以爲意根，生後善心以爲意識，增上緣發，名增上果。善非報故，無其報果。非同類故，無其依果。無記之法不斷結故，無解脱果。用不善法以爲三果，除其報果及解脱果。問曰：何故得有依果。此義與前不善之業望無記法生依果義同，功用增上，類前可知。此六門竟。

次就三世分別其相。過去之業，望三世法，得有四果，除解脱果，以解脱法不墮世故。現在之法〔六九〕，望現在法，得有二果，謂功用果及增上果。非前後故，無其報果及以依果。無解脱果，義同前釋。問曰：現在還望現在，無前後故，無後〔七〇〕報果及依果者，過望過去云何得有。釋言：過去還望過去，時中寬長，故得有之。現在望現〔七一〕，時中短促，所以不有者〔七二〕。現望未來，還有四果，除解脱果。未來之業，望未來法，得有三果，所謂報果、功用、增上，無其依果及解脱果。無解脱果，義在可知。以何義故，無其依果。未來未起，無前後故。若爾，何故得有報果。釋言：有以報因生果，異類相起，法雖在當，因果相分，故説有之。若論依果，同類相起，同類難分，要已起處得説依果，未來世中因之與果，同皆未起，難别前後，故無依果。若爾，何故有功用果及增上果。功用、增上不得〔七三〕前後而得有故。此七門竟。

次就諸地分别五果。地謂九地。法〔七四〕從欲界，乃至非想，得果云何。如《雜心》説，自地自地四，或以他地二，若正思惟地，亦有解脱果。初言自地自地四者，自地之業望自地法得有四果，除解脱果。所言〔七五〕或以他地二者，若有漏業還望他地有漏之法，得有二果，謂功用果及增上果。自地心後起他地心，次第緣起，有功用果。自地之心以爲意根，生他地識，增上緣發，有增上果。若無漏業望他地中無漏之法，得有依果，多少不定，故説爲或。問曰：何故有漏之法望他地中不説依果，無漏相望説依果乎。釋言：有漏繫地别故，異地相望，類别名異，故非依果。無漏非是繫地法故，異地相望，得説依果。若正思惟地，亦有解脱果者，謂八禪地無礙之道，當知又有其解脱果也。此八門竟。

次就學等分别五果。法有三種，一者學法，二無〔七六〕學法，三者非學非無學法。學業〔七七〕望學〔七八〕得有三果，所謂依果、功用果、增上果。同類相起，故説依果。相應、共有及次第緣，有功用果。前爲意根，後爲意識增上緣起，有增上果。以無學法亦爲三果，與前相似。用彼非學非無學法以爲三果，謂解脱果、功用果及增上果。無爲解脱非是學心、無學心，故有解脱果。從學心後起有漏心，次第緣起，名功用果。用彼學心以爲意根，生有漏心，以爲意識增上緣起，名增上果。無學業者，用無學法以爲三果，所謂依果、功用果、增上果。用彼學法以爲一果，謂增上果。謂無學後，退起學心，無學望彼不鄣礙故，有增上果。問曰：何故無其依果。上法望下，非依因故。又問：何故無功用果。非是相應共有法故，又非次第相生法故。問曰：向言無學心後退起學心，云何説言非是次第。釋言：雖復無學後退起學心，無學心中終無退理，要在有漏方有退義，故非次第。非次第故，無功用果。用彼非學非無學法以爲二果，謂功用果及增上果。無學心後，起世俗心，次第緣起，有功用果。無學意根生世俗心，以爲意識增上緣起，名增上果。若彼〔七九〕非學非無學業，還用非學非無學法以爲五果。用彼學法及無學法，亦〔八〇〕有二果，謂功用果及增上果。此九門竟。

次就斷法分别五果。法有三種：一是見斷，謂見諦惑。二是修斷，謂修道惑及與一切有漏業果。修道煩惱，正斷其體。自餘業果，但斷繫縛，不斷其體。三是無斷，謂無漏法業。見斷之業，用見斷法以爲三果，除彼報果及解脱果。用修斷法以爲四果，除解脱果。用無斷法以爲一果，謂增上果。見斷之業〔八一〕望彼等智斷結無爲，不能障故，有增上果。修斷之業，用修斷法以爲四果，除解脱果。用見斷法以爲二果，謂功用果，次第起故，及增上果，爲增上緣起彼法故。用無斷法以爲三果，謂解脱果〔八二〕、增上果。依世俗禪，滅煩惱故，得解脱果。依世俗禪，起無漏故，得功用果及增上果。無斷之業，用無斷法以爲四果，除其報果。用見斷法以爲一果，謂增上果。此果寬通，故得有之。用修斷法以爲二果，謂功用果及增上果。無漏心後，起有漏心，次第緣生，故有功用果。無漏意根，生有漏識，增上緣發，故有增上果。五果之義，略辨如是。

六〔八三〕因義，五門分別。辨相，一。就時分別，二。對果分別，三。歷法分別，四。大小同異，五。

初辨其相。六因之義，出《毗曇論》、《大智論》中亦廣分別。一所作因，二共有因，三自分因，四者遍因，五相應因，六者報因。故彼偈言，所作共自分，一切相應報，從是六種因，轉生有爲法。

所作因者，諸法起時，除其自體，萬法不障，令其得生，名所作因。如空生色，如地生於草木等也。故彼偈言，相似不相似，各除其自性，一切是作因，生時不〔八四〕鄣故。

共有因者，諸法起時，同時同性共有之法，展轉爲因，名共有因。如心心法集起之時，同時即有諸心數法生住滅等，説爲共有。若是禪定無漏之心，同時即有定道無作，望彼心法，亦是共有。如是色法及非色心不相應法集起之時，同時即有生住滅等，爲共有也。

自分因者，同類之法，藉前生後，名自分因。於中略以四義分別。

一、三性分別，所謂善、惡、無記性也。善法唯與善法爲因，不與不善、無記爲因。不善無記，望彼善法，亦無因義。不善還與不善爲因。若望無記，義須分別。無記有二，一者穢汙，二者白淨。欲界地中身邊二見及上二界一切煩惱，名爲穢汙。報生、威儀、工巧、變化，非煩惱故，名爲白淨。不善與彼穢汙無記互得爲因，同是染汙煩惱法故。若望白淨，則無因義。無記法中，迭互相望，穢汙還與穢汙爲因，白淨還與白淨爲因。穢汙、白淨二種相望，則無因義。

二、品數分別，品者所謂上中下品。善中有二：一者生得，過去久習，生便得之。二者方便，現在修起。若論生得，上中下品展轉爲因。以彼先成〔八五〕，非增〔八六〕習故。若論方便，下爲勝因，勝非下因。同品相望，亦有因義。不善法中，上中下品展轉爲因，以彼性成，非始習故。又從上地退生下時，下地煩惱上中下品一時頓得，隨何先起則爲因也。無記法中，穢汙無記與不善同。白淨之中，四種相望，生得(八七)唯與報生、威儀、工巧、變化四種爲因，威儀唯與威儀、工巧、變化爲因，工巧唯與工巧、變化二種爲因，變化唯與變化爲因。

三、就時分別，時謂三世。過去世中善惡等法，前起之者，與後爲因，及與現在未來爲因。現在世中善惡等法，前起之者，與後爲因，及望未來，爲自分因。未來之法還望未來，無自分因，以未起法無先後故。

四、就處分別。處謂九地，始從欲界，乃至非想。若有漏法，當地爲因，異地相望則無因義，以有漏法異地相望因果斷故。若無漏法，異地相望，展轉爲因。以無漏法不繫地故，雖復異地，展轉爲因，下爲勝因，勝非下因。

言遍因者，苦集諦下疑、見、無明，能生一切染汙法故，名爲遍因。總相如是。於中略以四句分別。

一、定別其相。遍因不同，有十一種。苦下有七，所謂五見，疑及無明，集下有四，邪見、見取、疑及無明，是十一也。然苦諦下具有十使，五利五鈍，集下有七，謂貪、瞋、慢、邪見、見取、疑及無明，何故但説苦下七使集四使爲遍因乎。以此十一迷理之惑，通迷一切有漏之法，能增一切染汙法故，説爲遍因。貪、瞋及慢，緣事煩惱，非是通迷一切有漏苦集之理，不能增長一切染汙，以是義故不名遍因。滅道諦下諸使煩惱，何故不名爲遍因乎。然滅道下諸使煩惱，迷於滅道，不能迷縛一切煩惱，不能增長一切染汙，以是義故不名遍因。十一遍使，迷縛一切五行煩惱。一切煩惱苦集諦攝，以是義故，唯就苦集説爲遍因。修道四使亦是事中縛(八八)事煩惱，不能增長一切染汙，以是義故不名遍因。

二、遍使遍因相對辨異。異有三種：一、寬

狹不同。十一遍使唯是〔八九〕苦集二諦之下見、疑、無明，不通其餘心心數法生住滅等，是名爲狹。遍因通攝苦集諦下見、疑、無明及餘一切心心數法〔九〇〕住滅等，是名爲寬。二、長短不同。十一遍使統通三世，名之爲長。遍因唯在過去現在，不通未來，是名爲短。三、就所生所使之法，通局不同。十一遍使，遍使一切有漏之法，是故名通。遍因唯生染汙之法，自餘善法、自淨無記非彼所生〔九一〕。就染中，從其生者望之説因，不從生者則非彼因，是故名局。遍使遍因，差别如是。

三、就時分别。時謂三世。此三世中，前爲後因，後非前因。如過去世，前起煩惱，望後説因，及望現在未來爲因。現在世中，前局〔九二〕後因，望未來世亦得説因。未來還望〔九三〕未來之法，則無因義，未來未起，無前後故。

四、就處分别。處謂欲界乃至非想。此地地中，當地説因，不望他地，彼染汙法繫地别故。故彼偈言，苦集於自地，見疑及無明，是一切遍因。

相應因者，止在心法。如心起時，即有一切諸心數法與心相應，是相應法展轉相助，有所爲作，名相應因。於中心王望數説因，心心相望則無因義，一時中無二心故。數望心王亦得説因，但就數中異數相望，展轉爲因，非同一數相望説因。

言報因者，一切三界有漏善法及與不善，能生一切苦樂等報，故名報因。因相如是。

第二門中，就時分别。時謂三世。六因之中，所作最寬，故通三世及非三世。有爲法中所作因者，通於三世。無爲法中所作因者，非三世攝。自分、遍因，唯在過現，不通未來，未來未起，無前後故。相應、共有及以報因，通其三世。故彼論言，作因一切法，二因説二世，餘三説三世。若使未來無前後故不説自分及遍因者，是則未來無前後故應無報因。釋言：報因異類牽果彰因義〔九四〕顯，故得説因。自分、遍因，同類相起，因相微隱，故不説也。

第三門中，對果分別。果别有五，一增上果，二者依果，三者報果，四功用果，五解脱果。增上果者，如彼眼識爲其眼根增上緣生，故望眼根爲增上果，乃至意識望意亦然。言依果者，從前生後，同類相起，名爲依果。言報果者，善惡等業，得苦樂報，名爲報果。功用果者，謂現在世[九五]有所成辨，名功用果。《地持》名此爲士夫果。解脱果者，爲《雜心》中世諦[九六]淨智及無漏道斷諸煩惱，所得無爲，名解脱果。《地持》之中明世俗智滅諸煩惱，彼非究竟，非解脱果，唯取無漏斷結之處爲解脱也。此五果中，所作因者得增上果。自分、遍因，同類相生，得彼依果。其報因者，得彼報果。相應、共有，得功用果。所作因中對治道者，得解脱果。

第四門中，歷法分別。法[九七]七種，一者報法，二者不善，三穢汙無記，四威儀等白淨無記，五者一切有漏善法，六除初念無漏之道，自餘一切無漏善法，七者初念無漏之法。此之七種，攝爲四階。初之一門，即爲一階。次有兩門，爲第二階。次有三門，爲第三階。末後一門，爲第四階。初階之中，要分爲二，一者心法，二非心法。彼心法者，從五因生，除其遍因，以彼報法非煩惱故。非心法者，從四因生，除其遍因之義[九八]類同前釋，除相應因，非心法故。第二階中，亦有心法及非心法。彼心法者，從五因生，除其報因，非報法故。非心法者，從四因生，除彼報因，非報法故，除相應因，非心法故。第三階中，亦有心法及非心法。彼心法者，從四因生，除其報因，非報法故，亦[九九]除遍因[一〇〇]，非煩惱故。非心法者，從三因生，除彼報因及除遍因，義同前釋，除相應因，非心法故。第四階中，亦有心法及非心法。彼心法者，從三因生，除其報因，以非報故，亦除遍因，非煩惱故，除自分因，以初無漏無自分故。非心法者，從二因生，謂所作因及共有因。無有一法從一因生。

第五門中，辨其同異。同異之義，如《大智論》説。所言同者，如彼中説六因之義相，同毗曇更無差別。所言異者，小乘法中，隨相定執，不知此等幻化緣起，菩薩了知如幻、如化、如水中月、明[一〇一]鏡中像等，畢竟無有一法別守自性。雖無定性，因緣不無，此即是其同異之相。六因之義，略辨如是。

四空義，兩門分別[一〇二]。辨相，一。攝相，二。

五[一〇三]法三自性義，三門分別。一明五法，二明三性，三相對分別。

先辨五法。五法之義，出《楞伽經》。自體名法。一切諸法各有體性，故云自體。法相不同，離分爲五：一名。二相。三者妄想，後翻經中名爲分別。四者正智。五者如如，後翻經中名爲真如。名雖少異，其義大同。此五之中，前三生死，後二涅槃。名者，所謂妄想施設諸法名字，宣説諸法流滅言教，故稱爲名。是以經言，名謂瓶等。又復世間假名之法，窮實無體，但是名有，故曰名也。所言相者，就彼世間假名法中事相差別，所謂色、聲、香、味、觸等，形色不同，故名爲相。是以經言，眼、色、耳、聲，如是一切處所形相色像等現，名爲相也。言妄想者，即前立名取相之心，虚搆不真，名爲妄想。故經説言，隨名取相，了別諸法，名妄想也。言正智者，了法緣起，無有自性，離妄分別，契如真照，名爲正智。言如如者，是前正智所契之理，諸法體同，故名爲如。就一如中，體備法界恒沙佛法，隨法辨如，如義非一，彼此皆如，故曰如如。如非虚妄，故復經中亦名真如。然此如理，旨通染淨，窮契在佛，是故通攝以爲涅槃。對實論之，五中前三是生死法，次一涅槃，後一是理。名義如是。

體相云何。生死法中，義別七重：一者根本迷實妄想。二依妄想，便有一切境界相生，如因昏夢，便有一切夢境界起。三依是相，復起心想，取爲實有，爲之施名。四依是心，便有名生。五依名已，復起心想，隨名取相，名爲覺觀。六依覺觀，起於言說。七依言說，復起心想，隨言取法。就此七中，第一、第三、第五、第七，說爲妄想。第二重者，說之爲相。第四、第六，說以爲名。然此名、相及與妄想，若隨情取，悉是狂惑顛倒所見，畢竟無法。若窮其本，皆是法界如來藏性，隨顛倒轉，爲此三事。故經說言，自性清淨，不染而染，義在於此。前三如是，後二云何。然就第八真識之中，隨義分二，一體，二用。論其體也，即是法界恒沙佛〔一〇四〕，同一體性〔一〇五〕，互相集成，一備一切〔一〇六〕，成一法〔一〇七〕。良以法界互相成故，無有一門別守自性。如說諸法以之爲有，隨義別分，諸法之外無別有法自性可得。有不可得有法是如，還即說彼有等諸法以之爲空。隨義別分，諸法之外無別空體自性可得。空不可得，空性亦如。乃至宣說一切諸法爲非有無，隨義分別有無等外，無別有一非有非無自性可得，是故亦如。諸門類爾。畢竟無有一法一義別守自性，皆無性故，說爲如如。論其用也，恒沙佛法集成心事。此之心事，在染與惑妄想應緣集成〔一〇八〕生死，說爲前三，名、相、妄想。在淨息染，契窮自體，便成法界差別行德。就此淨用，說爲正智。五法如是。此一門竟。

次明三性。三種自性，亦出《楞伽》。言自性者，諸法自體故爲自性。此猶是其〔一〇九〕法之異名，然性得〔一一〇〕不同，離分爲三：一者妄想，二者緣起，後翻經中名爲因緣。三者爲成，後翻經中名第一義。三中前二是生死法，後一涅槃。言妄想者，所謂凡夫迷實之心，起諸法相，辨〔一一一〕相施名，依名取相，所取不實，故曰妄想。故經說言，虛妄分別名字及相，名妄想也。心法非一，以何義故但云妄想，不說妄受及餘心法。然心法中想者正是取相之義，執取中强，故偏說之，理實一切心心數法皆是妄也。言因緣者，前妄想中能取之心及所取法，窮其體實，皆非自性，因緣之有，故曰因緣。法從緣起，故復經中說爲緣起。所言成者，諸佛如來離妄真智及智所證諸法如理，體非虛敗，自性成實，故名爲成。對前二種，此法勝出，故後[一二二]經中名第一義。此二門竟。

次以五法對三自性，辨其同異。此五及三，離合爲異，體性同也。故經説言彼三自性攝入五中，即攝五法爲三自性。相狀如何。彼五法中名、相、妄想，入三性中，攝爲妄想、因緣自性。正智、如如，合爲成性。故經説言，名、相、妄想，自性二相。正智、如如，則爲成相。對之且然，義猶難解。准依經文，五中前三，通爲妄想、因緣自性，不用分別。云何前三通得名爲妄想[一二三]、因緣[一二四]。妄想還爲妄想自性，義在易知。是以經言從名生於虛妄分別是妄想性，分別猶是妄想義也。彼名及相，尋名及相，尋名取之，雖非妄想，窮其根本，妄想所起，攝末從本，是故通名妄想[一二五]自性。故經説言，彼名及相，是妄想性。云何前三通得名爲因緣自性。名、相、妄想雖是情事，窮其體實，悉是幻化因緣之法，故曰因緣。通相如是。若別分之，亦得宣説五中名、相即是三中因緣自性。以彼名、相[一二六]從於妄想因緣生故，名因緣也。五中妄想，即是三中妄想自性。

五法三性，略辨如是。

六種相門義

六種相者，出《華嚴經·十地品》也。諸法體狀，謂之爲相。門別名門。此門所辨，異於餘門，故曰門別，如經中説不二法門、有盡解脱門等。若對行心，能通趣入，故曰門也。門別不同，故有六種，所謂總、別、同、異、成、壞。此六乃是諸法體義。體義虛通，旨無不在。義雖遍在，事隔無之。是以論言，一切十句皆有六相，除事。事謂陰界入等。陰界入等，彼此相望，事別隔礙，不具斯六，所以除之。若攝事相以從體義，陰界入等一一之中皆具無量六相門也。今且就一色陰之中，辨其六相，餘類可知。如一色陰，同體具有恒沙佛法，謂苦、無常、不淨、虛假、空、無我等一切佛法，是等諸法，義別體同，互相緣集，攝彼同體一切佛法，以成一色，色名爲總。就此總中，開出無量恒沙佛法，色隨彼法則有無量，所謂苦色、無常色、不淨色、名用色、空無我色，乃至真實緣起之色，如是無量差別之色，是名爲別。就彼別中，苦無常等諸法之上皆有色義，名之爲同。色義雖同，然彼色苦異色無常異[二七]，如是一切，各各不同，是名爲異。就彼異中，義門雖殊，其體不別，體不別故，諸義雖衆，不得相離，不相離故，隨之辨色，得攝爲一，是故名成，成猶略也。體雖不別，義門恒異，義門異故，一色隨之得爲多色，目之爲壞，壞猶廣也。據實論之，説前四門，辨義應足，爲約同異成前二門，故有六也。色義如是。今更就彼色無常中，以辨六相，餘類可知。總攝諸義，以爲無常，是名爲總。就此總中，開出無量恒沙佛法，無常隨彼則有無量，謂色無常、苦無常、不淨無常、空無常、無我無常，乃至真實緣起無常，有如是等無量差別，是名爲別。就彼別中，色苦等上皆有無常，是名爲異[二八]。無常雖同，而色苦等各各不同，是名爲異。就此異中，義門雖殊，體性不別，性不別故，義門雖衆，不得相離，不相離故，隨諸義門，所辨無常，得攝爲一，是名爲成。體雖不別，義門恒異，義門異故，無常隨之，得爲衆多，是名爲壞。如是色中，無量諸義及餘一切陰界入等，准此可知。六相之義既通諸法，依法成行，行亦齊有。是故初地第四願中宣説，一切菩薩所行，皆有總別同異等也。隨行所説，廣如《地論》。此六乃是大乘之淵綱，圓通之妙門。若能善會斯趣，一異等執，逍然無迹。六相之義，略辨如是。

大乘義章卷第三本

校勘記

[一]「神」，校本校勘記云一本作「智」。

[二]「智」，校本校勘記云一本作「知」，下一「智」字同。

[三]「種」，校本校勘記云一本作「重」。

[四]「等」，底本作「苦」，據底本原校及校本改。

〔五〕「法身」，校本校勘記云一本無。
〔六〕「二」，校本作「三」。
〔七〕「互」，底本原校云一本作「共」。
〔八〕「門」，底本原校云一本作「行」。
〔九〕「共」，底本原校疑後脱「相」字。
〔一〇〕「老」，底本作「左」，據校本改。
〔一一〕「張」，底本原校疑爲「離」。
〔一二〕「離」，校本校勘記云甲本後有「苦」字。
〔一三〕「盛」，校本校勘記云甲本前有「可」字。
〔一四〕「遷」，校本校勘記云甲本作「變」。
〔一五〕「爲內」至「是名」，底本脱，據底本原校補。
〔一六〕「事」，底本原校云一本作「中」。
〔一七〕「故」，底本原校疑衍。
〔一八〕「涉」，底本原校云一本作「漏」，下一「涉」字同。
〔一九〕「段」，底本原校云一本無。
〔二〇〕「因」，校本校勘記云甲本後有「中」字。
〔二一〕「染」，底本脱，據底本原校及校本補。
〔二二〕「果」，底本原校云一本作「苦」。
〔二三〕「寬」，底本原校云一本作「冥」，下一「寬」字同。
〔二四〕「有一道」，底本原校云一本無。
〔二五〕「中」，底本原校疑後有脱字。
〔二六〕「評」，底本原校疑爲「稱」。
〔二七〕「妙」，校本校勘記云甲本無。
〔二八〕「顯易」至「妙等」，底本脱，據底本原校及校本補。
〔二九〕「上」，校本校勘記云甲本無。
〔三〇〕「向」，底本原校疑衍。
〔三一〕「是」，校本校勘記云甲本後有「是」字。
〔三二〕「狡」，校本校勘記疑爲「狹」。
〔三三〕「義」，校本校勘記云一本無。
〔三四〕「者」，校本校勘記云甲本作「有」。
〔三五〕「若就事論」，底本原校疑衍。
〔三六〕「種」，底本原校云一本後有「因果」二字。
〔三七〕「因」，底本原校疑爲「同」。

〔三八〕「五」，底本原校云論作「六」。

〔三九〕「體」，校本校勘記云一本作「自」。

〔四〇〕「緣」，底本原校云一本後有「爲緣」二字。

〔四一〕「助」，校本校勘記云甲本後有「行」字。

〔四二〕「業」，底本原校云一本作「等」。

〔四三〕「越」，底本原校云一本無。

〔四四〕「地」，底本原校云一本作「界」。

〔四五〕「經」，底本原校疑爲「更」。

〔四六〕「穢汙」，底本原校疑爲「威儀」。

〔四七〕「初」，底本作「四」，據底本原校及校本改。

〔四八〕「所生」，校本校勘記云一本無。

〔四九〕「別」，底本作「斷」，據底本原校及校本改。

〔五〇〕「得」，底本原校疑爲「彼」或「欲」。

〔五一〕「上」，底本原校疑爲「退」。

〔五二〕「欲界報心」，底本脱，據底本原校及校本補。

〔五三〕「上」，底本作「淨」，據底本原校及校本改。

〔五四〕「色」，底本原校疑衍，校本校勘記云甲本作「絶」。

〔五五〕「以」，底本原校云一本作「問曰」。

〔五六〕「義」，底本原校疑衍。

〔五七〕「非學心退」，底本原校云一本無。

〔五八〕「正」，校本校勘記云一本無。

〔五九〕「互」，底本原校云一本作「果」。

〔六〇〕「謂」，校本校勘記云甲本作「諸」。

〔六一〕「五」，底本前衍「三」字，據校本删。

〔六二〕「第一」至「辨相」，底本原校云一本無。

〔六三〕「士」，底本作「土」，據校本改，下一「士」字同。

〔六四〕「所作因」至「報因」，底本脱，據校本補。

〔六五〕「種中」，底本原校云一本作「禪定」。

〔六六〕「勝」，底本原校云一本無。

〔六七〕「果」，底本原校云一本後有「除解脱果」四字。

〔六八〕「果」，底本原校云一本無。

〔六九〕「法」，底本原校疑爲「業」。

〔七〇〕「後」，底本原校云一本作「彼」。

〔七一〕「時中」至「望現」，底本原校云一本無。

〔七二〕「者」，底本原校云一本無。

〔七三〕「得」，校本校勘記云甲本作「待」。

〔七四〕「法」，底本原校云一本作「始」。

〔七五〕「所言」，底本原校云一本無。

〔七六〕「無」，底本前衍「無」字，據底本原校及校本删。

〔七七〕「業」，底本原校疑衍。

〔七八〕「學」，底本原校疑前脱「無」字。

〔七九〕「若彼」，底本原校云一本無。

〔八〇〕「亦」，底本原校云一本作「各」。

〔八一〕「見斷之業」，底本脱，據底本原校及校本補。

〔八二〕「果」，底本原校云一本後有「功用果」三字。

〔八三〕「六」，底本前衍「四」字，據底本原校及校本删。

〔八四〕「不」，底本原校云論作「無」。

〔八五〕「成」，校本校勘記云一本作「始」。

〔八六〕「增」，底本原校疑爲「始」。

〔八七〕「生得」，底本原校云一本作「報生」。

〔八八〕「縛」，底本原校疑爲「緣」。

〔八九〕「唯是」，底本原校云一本無。

〔九〇〕「法」，校本校勘記云甲本後有「生」字。

〔九一〕「生」，底本原校云一本後有「復」字。

〔九二〕「局」，底本原校云一本作「爲」。

〔九三〕「未來還望」，底本原校云一本無。

〔九四〕「彰因義」，底本原校疑爲「因義彰」。

〔九五〕「世」，底本後衍「爲」字，據底本原校及校本删。

〔九六〕「諦」，底本原校云一本作「俗」。

〔九七〕「法」，底本原校云一本後有「別有」二字。

〔九八〕「之義」，底本原校云一本無。

〔九九〕「亦」，底本原校云一本無。

〔一〇〇〕「因」，底本原校云一本後有「者」字。

〔一〇一〕「明」，底本原校云一本無。

〔一〇二〕底本原校云：此一章與卷第二所出者文義全同，故省。

大乘義章卷第三末

八識義，十門分別。釋名，一。辨相，二。根塵有無，三。大小有無，四。真妄依持，五。真妄熏習，六。迷悟修捨，七。迷悟分齊，八。修捨分齊，九。對治邪執，十。

第一釋名。八識之義，出《楞伽經》。故彼經中，大慧白佛，世尊不立八種識耶，佛言建立。所言識者，乃是神知之別名也。隨義分別，識乃無量。今據一門，且論八種。八名是何。一者眼識，二者耳識，三者鼻識，四者舌識，五者身識，六者意識，七者阿陀那識，八阿梨耶識。八中前六，隨根受名。後之二種，就體立稱。根謂眼、耳、鼻、舌、身、意，從斯別識，故有六種。體含真僞，故復分二。就前六中，對色名眼，乃至第六對法名意，依此生心，能有了別，故名眼識乃至意識。阿陀那者，此方正翻名爲無解，體是無明癡闇心故。隨義傍翻，差別有八：一無明識，

〔一〇三〕「五」，底本前衍「六」字，據校本删。
〔一〇四〕「佛」，底本原校云一本後有「法」字。
〔一〇五〕「性」，校本校勘記云甲本無。
〔一〇六〕「切」，校本校勘記云甲本後有「一切」二字。
〔一〇七〕「法」，底本原校云一本無。
〔一〇八〕「成」，校本校勘記云甲本無。
〔一〇九〕「其」，底本原校疑爲「立」。
〔一一〇〕「得」，底本原校云一本無。
〔一一一〕「辨」，校本校勘記云甲本作「執」。
〔一一二〕「後」，校本校勘記云甲本作「復」。
〔一一三〕「想」，底本原校云甲本後有「自性」二字。
〔一一四〕「因緣」，校本校勘記云一本作「自性」。
〔一一五〕「想」，校本校勘記云甲本作「相」。
〔一一六〕「相」，底本原校云一本無。
〔一一七〕「異」，底本原校云一本無。
〔一一八〕「異」，底本原校云一本作「同」。

體是根本無明地故。二名業識，依無明心，不覺妄念忽然動故。三名轉識，依前業識，心相漸麤，轉起外相，分别取故。四名現識，所起妄境，應現自心，如明鏡中現色相故。五名智識，於前現識所現境中，分别染淨違順法故。此乃昏妄分别名智，非是明解脱爲智也。六名相續識，妄境牽心，心隨境界，攀緣不斷，復能住持善惡業果不斷絶故。七名妄識，總前六種非真實故。八名執識，執取我故，又執一切虛妄相故。阿梨耶者，此方正翻名爲無没，雖在生死，不失没故。隨義傍翻，名别有八：一名藏識，如來之藏爲此識故。是以經言，如來之藏，名爲藏識。以此識中涵含法界恒沙佛法，故名爲藏。又爲空義所覆藏故，亦名爲藏。二名聖識，出生大聖之所用故。三名第一義識，以殊勝故，故《楞伽經》説之以爲第一義心。四名淨識，亦名無垢識，體不染故，故經説爲自性淨心。五名真識，體非妄故。六名真如識。論自釋言：心之體性無所破故名之爲真，無所立故説以爲如。七名家識，亦名宅識，是虛妄法所依處故。八名本識，與虛妄心爲根本故。名别如是。八中前六，有所了别，可名爲識，後之二種云何名識。釋有兩義。一義釋云：後二雖非了别之因，與[二]是了體，故名爲識。第二義者，八識並有了别之義，故通名識。云何了别。了别有三：一、事相了别，謂前六識。二、妄相了别，謂第七識。三者，真實自體了别，謂第八識。了别既通，是故八種俱名爲識。名義如是。

第二門中，辨其體相。於中廣略、開合不定。或説爲一，如彼色、心、非色非心三聚法中，一切之識總名爲心。或分爲二，二有三門，一通别爲二，二真妄爲二，三體相分二。言通别者，曲有兩門。其一義者，前六事識説以爲别，七八爲通。前六隨事取境各異，前後間起，故名爲别。七八常有，故説爲通。問曰：前六何故間起。前六心境别體難了，作念方知，作念各異，故六别起，不得一時[三]。又前六識生藉四緣，因緣、次第、緣緣、增上。所依六根爲增上緣，所緣六塵説爲緣緣，前生心法開導起後名次第緣，自分相應共有法等以爲因緣。無有一時具足六種次第緣義，爲是六識不得並生。問曰：若言次第緣別故令六識前後生者，毗曇所説無記心邊有十二數，十通大地及與覺、觀。善心起時二十二數，十二同前，加十善地。從無記心時十二同數，前有同類爲次第緣，可令頓起，十善大地前無同數爲次第緣，何得並生。望不善品爲難亦爾，五煩惱地睡無慚愧，十使隨一，何由並生。釋言：前生心心數法，總相爲緣，開導生後，非別相對，故後所起諸心心法，若多若少，皆同並生。問曰：心法非別相對，總藉前緣，後多心法一時生者，六識之心，何故不爾。藉前一識爲次第緣，令後多識一時並生，何爲不得。釋言：不類。心與數法，從來相扶，共造一緣，共辦一事，故得並生。六識相望，取境各別，成辦有異，故不並生，如想、受等一一數法不得並起，六識心王何容得並。問曰：《楞伽》宣説六塵一時俱現，六識並用，云何間起。釋言：彼説是妄識中集用六識，非事識收，事識不並。經論大同。問曰：何故妄中六識一時頓起，事識不爾。釋亦[三]妄中境從心現，心外無法，以心現故，一時並生。事識之中，心境別體，別體難了，故識不並。妄中六識並用既然，真中六識並用亦爾。問曰：事中取性無明始終常有，遍通六識，以何義故不名爲通。釋言：彼乃事別法中各立定性，不取爲一，故不名通。問曰：真妄二種識中所起六識，依根不同，取境各別，以何義故不説爲別。釋言：彼六相似別異，推體唯是一心所爲，心外無別，攝用從體，故説爲通。一義如是。第二義者，事、妄及真，三重識中所有六識，悉名爲別，三重識中所有通義，皆名爲通。事中通者，取性無明。妄中通者，妄執我相及無明地。義如後解。真中通者，真如心體，亦如後釋。通別如是。此一門竟。

次就真妄開合爲二。前六及七同名妄識，第

八名真。妄中，前六迷於因緣虛假之法，妄取定性，故名爲妄。第七妄識，心外無法，妄取有相，故名爲妄。第八真識，體如一味，妙出情妄，故説爲真。又復隨緣種種故[四]異變，體無失壞，故名爲真，如一味藥流出異味而體無異。又以恒沙真法集成，内照自體恒沙真[五]法，故名爲真。真妄如是。此二門竟。

次就體相分以爲二。如《起信論》説，一、心真如門，是心體性。二、心生滅門，是其心相。就真論體[六]，真體常寂，平等一味，名心真如。又如論釋，於此心中，無法可壞，故名爲真，無法可存，故説爲如。據妄攝真，真與妄合，緣集起盡[七]，名心生滅。心真如中，義别有二：一、如實空。論自釋言，從本已來，不與一切染法相應，離一切法差别之相，謂非有相，非無相，非非有相，非非無相，非有無俱相，非一相，亦[八]非異相，非非一相，非非異相，非一異俱相，亦非自相，亦非他相，非非自相，非非他相，非自他俱相，如是一切妄心分别，皆不相應，故名爲空。言非有相，出於有句。言非無相，出於無句。言非非有非非無者，出非有無句。非有無俱者，出於亦有亦無之句。餘亦如是。二、如實不空。論自釋言，謂離妄想，常恒不變，具過恒沙淨法滿足，雖復不空，無相可取，離念境界，唯證相應，真如如是。心生滅中，亦有兩門：一者本覺，生滅中真。二者不覺，生滅中妄。言本覺者，論自釋言：以對無明不覺心故，説之爲覺。以對後際始覺心故，説爲本覺。相狀如何。論自釋言：心體離念，等虛空界，無所不遍，即是如來法身體[九]，故名本覺。問曰：凡時未有智解，以何義故説之爲覺。論自釋言：從本已來，有大智慧光明義故，遍照一切法界義故，名之爲覺。是義云何。真心是其智慧三昧神通解脱一切德性，離染即是一切德故。故論説言，從本已來，具足一切性功德法。説彼心中智慧之性，以爲智慧光明之義。又此心中具過恒沙一切佛法，如妄心中具足一切諸虚妄法，心於彼法同體照明，由來無鄣，名照一切境界之義。以有此義，故説爲覺。《華嚴經》中亦同此説。故彼文言，一切衆生心微塵中，有如來智、無師智、無礙智、廣大智等。言不覺者，謂無明地迷覆真如，出生無量諸虚妄法，故曰不覺。此覺[一〇]不覺，緣集有爲一切生死，名心生滅。體相如是。

或分爲三。三有三門：一、事妄及真，離分爲三。二、真妄離合，説以爲三。三、真妄和合，本末爲三。事妄及真離分三者，於中曲有六門分別：一、分定其相。二、辨定其名。三、隨義分別。四、明相起相攝之義。五、明有修無修之義。六、明有盡無盡之義。初分其相。根、塵、識等一切諸法，廢本談末，悉是實有。以廢本故，不得云妄，不得言真。於此分中，了別之心名爲事識。攝末從本，會事入虚，一切諸法唯是妄想自心所現，如夢中事皆睡心現。於此分中，能起之心及妄分別，説爲妄識。是故經中説，一切法悉是妄想。更作一重攝末從本，會虚入實。一切諸法皆是佛性真心所作，如夢中事皆報心作。於此分中，能起之心變爲諸相，説爲真識，以一切法真所作故。《涅槃》宣説，一切諸法悉是佛性。三識如是。從本起末，亦得分三。廢末談本，心性本淨，緣起集成無盡法界，是其真識。依本起末，認實爲虚，非有見有，是其妄識。依本起末，認虚爲實，非實見實，是其事識。分相如是。此一門竟。

次第二門，定其名義。言事識者，《楞伽經》中名爲轉識，《起信論》中名爲意識。或復説爲分別意識，或名離識，或復名爲分別事識。言轉識者，隨六塵轉，不同妄識轉起外境，故爲轉識。言意識者，《起信論》中第八真識名之爲心，第七名意，前六事識從彼意生故名意識。意識分別六塵境界，故復名爲分別意識。約對根塵，離分六別，故名離識。分別六塵事相境界，故復名爲分別事識。問曰：此識妄中最極，以何義故不名妄識。通亦名妄，但爲分別，説之爲事。以諸凡夫二乘人等倒惑轉深，認虚爲實，故不名妄。於此分中，根塵及識，若因若果，一切皆實，以皆實故，經名四諦。故《遺教》云：苦者實苦，乃至道者真實是道。以真實故，二乘見之，名得聖果，闡提謗之，便成邪見，斷滅善根，墮阿鼻獄。事實如此，故不名妄。言妄識者，名義如前。何故此識偏名爲妄。良以此識會實入虚，推事無事，唯心妄見，故説爲妄。又此妄心，親迷真起，迷真妄取故名爲妄。言真識者，名義如上。良以此識會虚入實，實處無妄，故説爲真。此二門竟。

次第三門，從義分別。事妄及真，各有四重。事中四者，一是用相。謂六識心了別六塵事相境界，於事分齊，六識正是神知之體，是故此六亦名體相。二是我相。我有二種：一、法著我，謂取性心於根塵識妄立定性。此之性我，《起信論》中名執取相，又亦名爲執相應染。二、人著我，於陰界入計我我所。《起信論》中名此以爲計名字相，隨逐我人衆生等名，妄有建立。我相如是。三者闇相，不知諸法虚假無性，又不能知陰界入等非我我所。四者理相，明前三重非[一]有非無，因緣假有稱曰非無，假法無性故曰非有。又前三重非我我所，名爲非有，而有識等，故曰非無。非有真諦，非無世諦。四中初重事中之事，中二是其事中之妄，後一是其事中之真，以非有無道理心故。妄中四者，一是用相，謂六識心妄心變異爲根塵識，如夢所爲。於此分中，妄起六識，於自心所起六根，了別自心所作六塵，故名爲用。二者我相。我有二種：一、法著我，無明變起阿陀那識，執彼妄心所作之法，以之爲有。二、人著我，於彼妄心所起法中，計我我所，如人夢中，見身爲我，外爲我所。三者闇相，謂無明地不覺知心不了真如，又不能知妄心所起虚誑無法。四者理相，即前三重曰[二]非有非無。妄相無體説爲非有，妄情集起稱曰非無。又心所起根、塵、識等，心外無法，名爲非有，妄心虚現，故曰非無。

非有真諦，非無世諦。四中初重，妄中之事，中間兩重，妄中之妄，末後一重，妄中之真，以非有無道理心故。真中四者，一是用相，謂六識心。真心變異爲根、塵、識，如夢所現皆報心作，所作六識依於真心所作六根，了別真心所作六塵，故名爲用。問曰：此六與前妄中六識何別。釋言：六識真妄共起，攝六從妄，皆妄心爲，如繩上蛇，皆妄心造。攝六從真，皆真心作，如繩上蛇，皆是繩作。分取前義，爲妄六識。分取後義，爲真六識。二者我相。於此分中，我有二種。相狀如何。一、法實我，如來藏性，是真是實，性不變異，稱之爲我。又此真心爲妄所依，與妄爲體，故説爲我。故《涅槃》云：我者即是如來之藏[一三]。藏是佛性，一切衆生皆[一四]有佛性，即是我義。二者，假名集用之我。佛性緣起，集成我人，如依報心，集起夢身。故經説言，即此法界輪轉五道，名曰衆生。此即《涅槃》六法中我。五陰及我，是其六也。五陰離[一五]分，即爲五法。五陰和合，集成假人，爲第六法。故《涅槃》云，從凡夫我，乃至佛我，我性不改，名爲佛性。良以衆生真妄所集，亦如繩蛇，攝之從妄，悉是妄爲，攝之從真，皆是真作。今就真作，判爲此門。我相如是。三、無分別相。真心雖是神知之性，而非攀緣取捨之法，故無分別。又爲癡覆，未同佛智照明顯了故無分別，故爲妄熏，生無明地，隨妄流轉。四者理相。即前三重，體非有無，如實空義，離一切相，離一切性，名爲非有，如實不空，具過恒沙清淨法門，故曰非無。又能緣起生一切法，名爲非無，而體常寂，稱曰非有。此四重中，初重真用，中二真[一六]，後一真性，真如理故。辨相如是。此三門竟。

次明相起相攝之義。言相起者，依彼真中，集用六識，起妄六識。離真，妄法不獨起故。依妄六識，起事六識，執妄爲實，名爲事故，如人夢中謂根、塵、識悉是實事。依於真我，起於妄我，以真熏妄，起我執故。又聞[一七]性我，起於妄執。如《涅槃》説，依於妄我，起於事我，情計轉深，謂根塵等有定性故。又依妄心所起陰等，顛倒計有我我所故。依於真中無分別義，起妄識中無明住地。若彼真心，同於佛智照明顯了，無明闇惑無得生義。故《楞伽》云：如來之藏爲彼無始惡習所熏，名爲識藏，生無明地。《起信論》中，亦同此説。故彼文言，真如熏習，生無明地，依於妄中無明住地，起事識中迷性無明，闇性同故。又依真中非有無理，起妄識中非有無義，本末同故。由其妄識性非有無，所起事識，還非有無，理相同故。起相如是。言相攝者，攝彼事中所有六識，即是妄中集用六識。根塵亦爾，妄心變異爲彼事故。攝妄六識，即是真中集用六識，真心變異爲彼妄故。攝彼事中所起我相，即是妄我，於妄法中執爲事故。攝彼妄我，即是真我，真心變異爲彼我故。故得真我，無妄可存。攝彼事中迷性無明，即是妄中無明闇相，無明住地起彼闇故。攝彼妄中無明地體，即是真中無分別義，真心是彼無明性故。故《維摩》云，明無明二，無明實性即是明。明亦叵取，離一切數，心如虚空，離數如空，即是真心無分別義。又攝事中非有無義，即是妄中非有非無，妄(一八)變事，事則妄故。又攝妄中非有非無，即是真中非有無義，真心變異爲彼妄法，真外無別妄想法故。故經宣説，一切虚妄，唯一心作，所謂唯一真心所作。攝相如是。此四門竟。

次明有修無修之義。事妄及真，三種心中，並皆有修。以三種中皆有六識，六識分中近友聞法，思量修故。事妄二種，如《起信論》説。故彼文言，妄心熏習義有二種。一者分別意識熏習，謂凡夫二乘，厭離生死，隨力所堪，求無上道。二意熏習，謂諸菩薩發心勇猛，速趣涅槃。前則是其事識中修，後則是其妄識中修。彼説妄識以之爲意，生六識故。人言妄識不受熏習，一向無修，其言謬矣。彼論宣説真如熏妄，云何説言妄不受熏。彼説妄心熏習真如，何得宣説妄識無修，真識有修。《攝論》廣辨。修相如何。彼説，真心與妄和合名阿梨耶，亦名本識，亦名藏識。本爲緣熏，變生六識。六中意識，起聞思修，熏於本識，成聞思修善法種子。本熏無明，令其漸薄。無明薄故，起阿陀那執我亦薄。執我薄故，生起六識，起惑亦薄。如是展轉，有過斯盡，有德皆備。真修如是。問曰：事妄二熏，心中所有我相、闇相、理相，别有修不。釋言：無别。但彼我相是修所破，破離我故，所有闇相是修所滅。滅癡闇故，所有理相是修所觀，亦是所證。觀非有無，破取著故，證非有無，成定慧故。問曰：真中我等[一九]云何。釋言：真中所有假我，是修所轉。如《涅槃》説，轉不善五陰，爲善五陰。轉善五陰，爲果五陰。我亦如之。法實之我，是修所依，一切染淨依之起故。亦是所息，妄盡之時染用亦息，不復與彼爲依止故。亦是所顯，顯彼我性爲大涅槃真實我故。其第三門無分别相是修所依，依無分别，捨離一切分别相故。亦是所證，證成平等無緣德故。第四理相是修所依，依非有無，捨離一切有無見故。又依非有，成就斷德，依法非無，成就智德。又依非有，成就慧行，依法非無，成就福行。又依非有，成就證行，依法非無，成就教行。亦是所證，證法非有，成一切智。證法非有，果體清淨，證法非無，果德圓備。又證法非有，果體寂滅，證法非無，果用無盡。修相如是。此五門竟。

次論有盡無盡之義。隨相麁分，事妄二識一向有盡，見實法故，真心無盡，妄息顯故。以實通論，事妄及真，皆悉有盡有不盡義。事妄二心，體滅有盡。熏力在真，故曰不盡。故《起信論》説，妄熏習有其二種，一意識熏，二者意熏習[二〇]，如上辨。真心體常，研之唯明，所以不盡，妄滅之時，隨妄用息，故亦有盡。事妄及真，三識如是。

次第二門，真妄離合以説三種。於中兩門：一、立相門，明立三性。二、遣相門，明三無性。

立相門中，五門分別：一、定名引證，借喻顯示。二、辨體相。三、明一異。四、明修有無。五、明盡不盡。

就初門中，先定其名，次引文證，後以喻顯。名字如何。一、分別性。二、依他性。三、真實性，亦名爲相。言分別者，就妄論妄，妄心虚搆，集起情相，隨而取捨，故曰分別。此《楞伽經》及《地持論》説爲妄想。所取不真，故名爲妄。妄心取捨，故説爲想。《攝大乘論》亦説以爲意言分別。覺觀心中言有色等，名爲意言。分別自心所起境界，故曰分別。分別之體，故説爲性。分別體狀，因〔二一〕之爲相。依他性者，約妄辨真，妄起託真，真隨妄轉，故曰依他，性相同前。真實性者，就真論真，真體常寂，無妄可隨，故曰真實，性相如上。名字如是。次引文證。此三廣説，如《攝大乘論》。彼論依何建立此三〔二二〕。論説依經。故彼文言，一切經中，但説諸法虚妄不實，空寂不有，是分別性。若説諸法〔二三〕如幻如夢，如水中月等，是依他性。若説諸法是真是實，本性清淨，是真實性。又《地持經》説，心行稠林，句別有九：一、心離〔二四〕相，六識心別。二、心轉〔二五〕轉相，生、住、滅等。三、心無形相，心性空寂。四、無量〔二六〕相，順行無量虚僞境界。此四即是分別中義。五、自性不染〔二七〕，心性本淨。此一即是真實中義。六、心染不染〔二八〕，隨起煩惱。七、心縛解相，真心隨使。八、心幻起相，謂諸菩薩隨願受生。九、心隨道生相，謂諸凡夫隨業受生。此四是其依他性義。經説非一，略舉斯耳。文證如是。次以喻顯。分別如風，真實似水，依他如波。又依他性如繩作蛇，蛇依情作，分別如情，真實如繩。又論宣説，依他如地，又亦如礦。分別如似礦中沙石，燒融則盡。真實如金，融燒則現。喻相衆多，且舉斯耳。此一門竟。

次辨體相。

分別性中，開合不定。或總爲一，唯一分別。或分爲二：一、妄識分別，迷真起相。二、事識分別，迷虛立實。亦得分四：一、無明地，是妄識本。二、妄想心，謂八妄想，是無明起。三、取性心，是事識本。四、見愛等，是取性起。復更有四：一、妄識心，迷真起情。二、虛僞相，依情起於外境界相，如從睡心起夢境界。三、事識心，迷前妄境，不知心起，取爲實有。四、所取相，由前心取事相境界，作實相現，來應己心。亦得分八：一、妄想心，迷真起情。二、依妄心，起虛僞境。故《地持》云，依八妄想，起妄緣事。此二一對。三、不知前境虛妄無法，取之爲有，爲之施名，施名心生。四、名心生已，名字隨起。此第二對。五、名字起已，隨此名字，取所名法，即是覺觀。六、依覺觀，發起言説，言説隨生。此第三對。七、言生已，復起心想，取所説法，是則言語以之爲道，心以爲行。八、依此心行，一切違順苦樂等境，紛然應心。此第四對。於是生死互相熾燃，增長不絕。分別如是。

依他性中，開合不定。總之爲一，唯一依他。或分爲二，謂真與妄互以爲他，互爲能依。亦得分三：一是本識。如來之藏，爲於無始惡習所熏，生無明地，與之和合，共爲本識。二、依此本識，起阿陀那執我之心。此心恒與麁起無明、我見、我愛及與我慢四惑相應。何因生此。由於無始我習所熏故起此執。此所生體然是本識，本識變異爲此執故，故論名爲似我識矣，如夢中身，體是睡心。三、依本識，生起六種根塵及識。何因生此。由於無始陰界入等名字所熏及善惡等有分所熏，所以生之。論説如是。然此所生，體是本識，本識變異爲此事故。故論説爲似根識、似塵識、似識識，如夢中事，體是心故。三相如是。亦得分六。本識之中有真有妄，分以爲二，阿陀那識真妄共起，亦得分二，六識亦爾，即是六也。隨別細分，亦可無量，世俗諸法無非[三九]識故。依他如是。

真實性中，開合不定，總唯一真。亦得分二：一、有垢如，在染恒淨。二、無垢如，除染始淨。論説如是。復有二種：一、如實空，離性離相。二、如實不空，具過無量恒沙淨法。並如上辨。亦得分三：一、無垢如，本來常淨，無垢可處。二、有垢如，在染不汙。三、離垢如，除障始淨。亦得分四，如《攝論》説，一者垢如，在染常淨。二無垢如，除染始淨。三是淨相，修生真德。四是淨教，謂十二部經從其清淨法界流出，又云從淨法身流出故名爲淨。《涅槃》亦云，出於如來大智海中，故得爲真。亦得分五，謂五佛性：一者因性，是涅槃因。二因因性，是菩提因。三者果性，是菩提果。四果果性，是涅槃果。五非因果性，是理性矣。亦得説十，如《寶性論》説十佛性。廣則無量，故經説爲過恒沙法。體相如是。此二門竟。

次明三性一異之義。此三相望，不一不異。分末異本，得言不一，義如上辨。就妄説妄，是分別性。約妄論真，是依他性。就真説真，是真實性。以本攝末，得言不異。是義云何。如來之藏，是真實性。是性爲本，惡習所熏，生無明等，與之共俱，名爲依他，真外更無別他可依。就彼依他變異分中，虚妄浪取，説爲分別，依他之外無別分別[三〇]。又復緣[三一]攝一依他性，於中妄法即名分別，於中真法即名真實，故無別異。一異如是。此三門竟。

次明有修無修之義。此三識中，皆悉有修。分別性中，修有二種：一、事識中修。觀察五陰非我我所，并觀五陰虚假無性，諸法例爾。二、妄識中修。觀一切法妄想心現，心外無境，并觀妄心依他變爲，無別妄體。依他性中，修亦有二，一觀人空，二觀法空。於此二中，先起聞慧，聞二無我，熏於本識。本識被熏，成聞熏習。於本識中有真有妄，真受淨熏，妄受染熏。真受熏已，轉熏無明，令無明薄。無明薄故，於無明中無始積習我見種子隨而漸薄。此種薄已，起阿陀那，我執漸輕。此執輕已，起於六識，我見亦輕。此見輕已，起聞轉勝，以此轉聞還熏本識。如是展轉，以末熏本，本還熏末。思修亦然。以末熏本，壞[三二]本識中我見種子，成就出世法身種子。以本熏末，遮斷起惑，增長淨行，乃至究竟。真實性中[三三]云何有修。釋言：獨真即無修義。而言有者，一切所修，真妄共起。攝修從妄，悉是妄修。攝修從真，盡是真修。如前三性，真妄和合名依他性，於依他中分取妄邊名分別性，分取真邊名真實性，修亦如是。以有修故，妄盡之時，真獨成德。成德有二：一、真識心妄盡稱本，成就證行。二、從體起用，成就教行。此二皆用加行爲因，作意修習，名爲加行。證前加行，有其二種：一、觀諸法本來唯真，無妄可隨，能令妄心更不牽後，後不起前，遂成灰盡，真心獨顯。二、觀心外無別如理，如理之外亦無別心。如外無心，心不異如，心外無如，如不異心。心不異如，照而常寂，如不異心，寂而常照。由斯二觀便成證行。教前加行，亦有二種：一、觀真心體是一切功德法門，能生諸行。二、隨而修起種種善根。由斯二種，便成教行。修義如是。此四門竟。

次門[三四]有盡無盡之義。分別之性一向可盡，推窮無故。依他之性亦盡無盡，妄盡之時隨妄用息名之爲盡，於本識中所成行種妄盡之體[三五]，轉依會本，名爲無盡。真實之性一向無盡，以常住故。若復通論，分別體盡，熏力在真，名爲不盡，真性體寂，名之爲盡，妙用難窮，名爲無盡。立相如是。

遣相云何。論說有三：一、無相性，論亦名爲無分別性。觀察外境唯從心現，心外無境，名無相性。觀察妄心本識變爲，本外無妄，故復名爲無分別性。二、無生性。就實推真，無妄隨起，名無生性。三、無性性，論亦名爲無無性矣。如來藏中過恒沙法，同體義分，攝別成總，諸法悉有，將別分總，諸法悉如，無有一法別守自性，名無性性。就真論真，真體常寂，無前二相可遣爲無，名無無性。又真實有，非全無法，名無無性。第二門竟。

次第三門，真妄和合，本末分三。於中曲有四門分別，一定別其相，二辨一異，三明起修不起修別，四明有盡無盡之異。初定其相，如《攝論》說，一是本識，二阿陀那識，三生起六識。此三猶前依他性中之差別也。據妄攝真，真隨妄轉，共成衆生。於此共中，真識之心，爲彼無始惡習所熏，生無明地。所生無明，不離真心，共爲神本，名爲本識。此亦名爲阿梨耶識。故論説言，如來之藏，不生滅法，與生滅合，名阿梨耶。此阿梨耶，爲彼無始我見所熏，成我種子。此種力故，起阿陀那執我之心。依此我相，起於我見、我慢、我愛。執何爲我。依被[三六]本識，變起陰身，不知此無，執之爲我。又此本識，爲無始來六識、根塵名字熏故，成其種子。此種力故，變起六種生起之識及六根塵，如依睡心起於夢中根塵及識。定相麤爾。此一門竟。

次辨一異。分末異本，得言是異。攝末從本，得言是一。以是一故，一切諸法皆一心作，如夢中事皆睡心作。一異如是。此二門竟。

次明起修不起修別。於此分中，六識之心於善境界見聞覺知，正起行修。阿梨耶識，是修所因，是修所熏，是修所轉，不起正修，以無念故。阿陀那識，是修所轉，轉離我執，不起正修，以不起念近友聞法思量修故。此三門竟。

次明有盡無盡之義。於此分中，三識都盡。無明滅故，真無所從，不成本識，故本識盡。故論説言，四修滿時，本識都盡。信心、般若、三昧、大悲，是四修也。本識盡故，我執不生，故得宣説阿陀那盡。本識無故，六識不生，故六識盡。於此三中，所有之妄，體滅故盡，所依之真，用息故盡。體還歸本，得言不盡。三識如是。

或分爲四。四有四門：

一、開妄合真，以説四種。妄中分三，五識爲二，妄識爲三。故《楞伽》云：心爲採集業，意爲廣採集，諸識識所識，現等境説五。第七妄識，集起之本，故説爲心。依此集起一切妄境，隨而分別，名採集業。第六意識遍司諸塵，故説爲意。通司六塵，名廣採集。五識之心，隨境別了，名爲諸識。現在五塵，名識所識。唯知現在五塵境別，不通過未，故云現等境五也。妄分此三，此妄所依即是真識。通別爲四。

二、開真合妄，以説四種。真中分三。如《起信論》説，一者體大。謂真如法平等一味，不增不減。一切凡夫聲聞、緣覺、菩薩、諸佛等無差別，無有前際後際之異。二者相大。論自釋言：如來之藏，從本已來，具[三七]無量性功德法，如妄心中具足一切諸煩惱法。三者用大。用有二種，一者染用，二者淨用。染用[三八]有二：一、依持用。如來藏法，爲妄所依，能持於妄。若無此真，妄則不立。故經説言，若無藏識，七法不住，不得種苦樂求涅槃。二、緣起用。向雖在染而不作染，今與妄合，緣集起染，如水隨風，波浪集起[三九]。是以《不增不減經》言，即此法界，輪轉五道，名曰衆生。染用如是。淨用之中，亦有二種：一、隨緣顯用。真識之體，本爲妄陰，復[四〇]息妄染，隨緣始淨。淨中差別，説爲性淨無作因果。二、隨緣作用。本在凡時，隨緣造作六道生死，後隨對治，集生方便有作因果。淨用如是。以真識中具斯三義，妄識爲一，故合有四。

三、真妄俱開，以説四種。真中分二：一、阿摩羅識，此云無垢，亦曰本淨。就真論真，真體常淨，故曰無垢。此猶是前心真如門。二、阿梨耶識，此云無没。即前真心，隨妄流轉，體無失壞，故曰無没。故《起信論》言，如來之藏，不生滅法與生滅合，名爲阿梨耶。妄中分二，謂妄與事。真妄各二，故合有四。

四、體相不同，離分四種。相狀如何。如上所説，心真如門，是其心體，即以爲一。心生滅門，是其心相，於中分三。一是本識，真與癡合。二、依本識，起阿陀那執我之識。三、依本識，起於六種生起之識。以此通前，合説爲四。四相如是。

亦得分五。如上所辨，真性一，分別性二，依他性中義別三重，所謂本識、阿陀那識及生起識，是其五也。

亦得分六，於前五中，開分別性以之爲二，謂事與妄，即是六也。又如經説，始從眼識乃至意識，亦是六種。攝本從末，此六之外，更無餘識。故《維摩》中，説無我人，如第七情，畢竟無法。精猶識也。六根之外，無第七根。六塵之外，無第七塵。故六識外，無第七識。尚無第七，焉有餘識。問曰：經説想、受、行等，於六識中何識所收。依如《成實》，前後別起，皆是通名意識所攝。依餘經論，此想、受等，與六識俱，是法塵收，六識不攝。攝伴從主，六識所收。

亦得謂七，謂七心界，於前六上加意根界，是其七也。六識生後，名爲意根，此亦攝本從末言耳。

亦得説八，如《楞伽》辨。於中兩門：一、事妄及真，離分爲八。事識有六，真妄各一，故有八種。二、真妄和合，共爲八種，義如上辨。本識爲一。真與癡合，阿陀那識以爲第二。真妄共起執我之心，生起六識，復以爲六，通前爲八。真妄共爲，不遍在妄。

亦得説九。故《楞伽經·總品》中云：八九種識，如水中之波。其狀如何。分別有二：一、真妄分別，以説九種。妄中分七，謂六事識變[四一]與妄識。真中分二，謂阿摩羅及阿梨耶。義如上辨。以此通前，故合有九。二、真妄離合，以説九種。獨真爲一，所謂本淨阿摩羅識。真妄和合，共爲八種，義如上辨。共爲本識、阿陀那識及[四二]起六識，通前九也。

亦得分十。十有兩門：一、開真離妄，以説十種。妄中分七，義如上解。真中分三，所謂體大、相大、用大，亦如上解。二、真妄離合[四三]以説十種。離則説二，一真實性，唯真無妄，二分別性，唯妄無真。合則八種[四四]，謂依他性。於中本識説以爲一，執識爲二，生起六識，通前爲八。

三識離合，故有十種。

亦得開分以爲十一，真識[四五]爲一，妄識有六，事識有四，故爲十一。妄識六者，如《起信論》説：一無明心，二者業識，三者轉識，四者現識，五者智識，六相續識，亦曰不斷。此之六種，麤細分異。無明心者，所謂根本無明住地。故論説言，依阿梨耶，説有無明。言業識者，依前無明，便有妄念不覺而起，説之爲業。故論説言，以無明故，不覺心動，動名爲業。言轉識者，依前業識，心慮漸麤，轉起外境，隨而取著，故名爲轉。故論説言，依於動心，轉現外境，名爲轉識。言現識者，依前轉識所起境界，還顯自心，名爲現識。故論説言，現識能現一切境界，如明鏡中現衆色像，故云現也。又如論説，此現識中，隨其五塵對至即現，無有前後，以一切時任運而現，常在前故。就麤爲言，且云五塵一時俱現，理實六塵皆悉並現。言智識者，於前現識所了法中，分別染淨違順差別，名爲知識。故論説言，依於境界，起心分別愛不愛等，名爲智也。言[四六]相續識者，依前智識，心相轉麤，境界牽心，心隨境界分別不斷，如海波浪，故名相續。故論説言，依於智識，起苦樂覺，與此起念相應不斷，名相續也。又復此心能持三世善惡因果，令不失壞，故名相續。故論説言，此相續識，住持過去無量世等善惡之業，不令失壞，復能成就現在未來苦樂果報，令無差違，故名相續。又論説言，此相續識不斷力故，能令過去已經之事忽然而念，未來之事不覺緣慮，忽然念知[四七]。是故三界唯心所依[四八]，如夢所見，如鏡中像，無有自體，離心則無六識[四九]境界。以從心故，心生法生，心滅法滅。諸法生滅，皆隨於心。論説如是。然此六種，相則[五〇]難分，宜以喻顯。譬如世人依於報心便起昏睡不覺之心，起於睡中微動之念，業識如是。如人睡中微動[五一]心後，心想漸麤，轉起外境，轉識如是。又如夢中境界成已，還顯自心，色香味等一時俱現，現識如是。又如夢人於彼所現夢境界中，分別染淨違順等別，智識如是。又如夢中境界牽心，心隨境界分別不斷，續識如是。妄識之中，麤細不同，有此六階[五二]。有人釋言，第二業識是其妄識，後之四重是其六種分別事識。是義不然，依《起信論》，六識與此分齊全別。彼文宣說，第六相續不斷識後，別起六種分別事識。故彼文言，即此相續，依諸凡夫取著轉深，計我我所，種種妄執，隨事攀緣，分別六塵，名爲意識，亦名離識。依見愛起，云[五三]何關預。以妄識中六階差別，通真爲七。事識四者，如論中說：一、執取相。論亦名爲執相應染，所謂根本取性無明。二、計名字相。所謂十使麤起煩惱，隨名計著我、衆生等，集起諸結，是故説爲計名字相。三、起業相。謂依煩惱造種種業。四、業繫苦相。依業受報。以此通前，合爲十一。若就事中開合六識，通前十三。若就真中，分體、相、用三大差別，通前十五。

又隨義別，亦得分識以爲十八。彼六識中事識有六，事識之本妄識有六，妄識所依真識有六，故有十八。若[五四]使妄真[五五]齊有六者，何故經中但説八識。良以事識差別義顯，隨根分六。妄真不顯，不隨根別，故但言八。

又隨義別，亦得分識以爲六十。眼識有十，乃至意識類亦同然。眼識十者，就眼識中，事識有一，當相可知。妄識有六，如上所辨，始從無明乃至相續。真識有三，亦如上説，謂體、相、用。眼識之中有此十重，乃至意識，類亦同爾，故有六十。若復廣論，數別難窮。此等廣略，各據一門。體相如是。

第三，料簡根塵有無。於中兩門，第一約就事妄及真三種識中料簡有無，二約真妄共相三識料簡有無。就初門中，曲更有二，第一料簡根塵有無，二明所依麤細不同。

根塵有無，三門分別：一、通別分別。六識別故，有根有塵。七八通故，不説根塵。何故如是。六識別故彼此互起，以互起故生必有依，依有强弱，强者爲根，弱者爲塵，故説有之。問曰：《楞伽》宣説六識境界俱至，一時並用，云何説言六識互起，有根有塵。此如上辨，今更論之。《楞伽》所説境界俱至，一時並用者[五六]，准《起信論》，是妄識中第四現識。於此識中，境界俱至，諸識並用，不簡[五七]事識，事中六識無並用義。問曰：何故妄中六識一時並用，事識不爾。釋言：於彼妄識之中，説一切法皆是心作，心外無境，心所作法與心無隔，易可辨了，故得並照。於事識中，心外有法，法非心造，非心作法，與心別體，難可辨了，故不並知。不並知故，前後間起，故立根塵。七八常有，體不互起，則無依託，無依託故不得説言强者爲根，弱者爲塵，是以七八不説根塵。此就凡時料簡有無。若就聖時，七識八識緣起法身無量根塵。問曰：前六依根了塵，可名爲識，後二常通[五八]，不説依根了別諸塵，云何名識。釋言：後二雖無隨事了別之用，而是衆生神知之性了別之體，故名爲識。問曰：神知了別之體，名之爲識，體是識不。釋言：此二心識之體，體即是識。問曰：若使心識體故名爲識者，根之與塵亦應有體，以何義故不説根塵。釋言：良以根雖有體，得名爲根，而非對塵生識之用。塵雖有體，得名爲塵，而非對根生識之用。識雖[五九]有體，得名爲識，而非依根了塵之用。以此識體不依根用故不説根，不了塵用故不説塵。問曰：向説根塵有體，何者是本。真妄二心所作根塵，能爲事本，是其體也。通別如是。

二、真妄分別。前七妄識有根有塵，第八真識不説根塵。前六事識，根塵可知。第七妄識，無常法故，念念生滅，生有依託，故説有根，性是分別攀緣法故説之爲塵。真識常法，體無起滅，以無起故無所依託，故不説根，性非分別攀緣法故，不説有塵。

三、就通分別，八俱有根，亦通有塵。故《楞伽》云：依境及根識[六〇]故，有八識生。有相[六一]如何。前六可知。第七識中，有體有用。論其體也，無常流注，藉前生後，義説爲根，性是無明，迷覆真法，真法即是所迷之塵。論其用也，還以衆生〔六二〕眼等爲根，色等爲塵。是義云何。即前事識所依根塵，以理窮之，皆是妄想自心所現，其猶夢中所現根塵，此妄根塵還爲妄想六識所依，名七識中用根塵也。第八識中，有體有用。論其體也，就如來藏同體法中，義説根塵，彼如來藏非宜〔六三〕是其心識之體，亦是根體。故經説言，衆生身中有如來眼、如來耳等。如來藏中恒沙佛法，爲心所照，即名爲塵。故馬鳴言，從本已來，遍照一切法界之義。論其用也，還以衆生眼等爲根，色等爲塵。是義云何。即前事識所託根塵，窮實皆是真心所作，如人夢中根之與塵，皆報〔六四〕心作，此真所作還爲真用六識所依，名真識中集用根塵。通有如是。問曰：八識通有根塵，何故經中但就事識説根説塵。以前事識體別互起，依託義顯，故約根塵以別六識。後二體通，始終常有，依託義微，所以不説。有無如是。

次明所依麤細不同。於中略以四句分別：一、以麤依細，謂依真識起於妄識，依於妄識起六事識，復六識中依於意識起於五識，此皆名爲以麤依細。二、以細依麤，謂依色根生於五識，心通〔六五〕細法，依於五識生於意識，此等名爲以細依麤。三、同類相依，謂意識中得有多念相續之義，前後相望，同類説依。第七識體生滅相起，亦是同類以説依也。四、同體相依，第八識體還依自體如實法界。事妄及真三識根塵有無如是。此一門竟。

次就真妄共相三識料簡有無。言共三者，真與無明共爲本識，依本共起阿陀那識，依本共起六種生識。此三識中，六種起識有根有塵。根有二種：一者實依，依本識生。二者似依，以依自心所作六根。如人夢中眼等六識，實依睡心，似依眼等而實不依。所有塵者，唯是似塵，都無實事，如人夢中所見色等非有似有。阿陀那識亦有根塵。根有二種：一者實依，依本識生。二者似依，同類相望，似前生後。如人夢中執我之心，實依睡心，同類相望，似後依前。所有塵者，唯是似塵，都無實事。如人睡時取夢中身以之爲我，無身可取。本識一種，無所依生，得説無根，而體生滅，藉前起後，亦得説〔六六〕根。本識無緣，不説有塵，因迷真法，亦得説塵。根塵有無，辨之麤爾。

次第四門，明其大小有無之義。小乘法中但説六識，大乘法〔六七〕説八。彼小乘中未説心性妄想之義，故無七識。未説心體性真實，故〔六八〕無八識。問曰：小乘亦説六識體是取性闇惑之心，以何義故不名妄識。釋言：雖復闇惑名同，所迷有異。彼小乘中所説取性闇惑心者，心外法中妄取自性，不知名用無性之義，大乘法中所説妄識，迷覆真性，於己自心所現法中妄取爲有，是故不同。又〔六九〕問：小乘〔七〇〕中羅漢、辟支空觀之解，與大乘中緣智何別。釋言：不同。彼小乘中空觀解者，心外法中解知名用無性空義，不知諸法自心所現妄想無法。大乘法中妄識智者，解知心外畢竟無法，不但無性，乃至亦無因緣之相，但是妄想闇惑心現，如夢所現。有斯異也。又問：小乘〔七一〕中亦説心體諸法集成，與大乘中真識何別。然彼所説，於小乘中實是道理真實之心。名〔七二〕對大乘，彼乃〔七三〕宣説因緣虚法共相集成，故非真識。

第五，明其依持之義。於中有二：一、真妄相對以説依持。二、就真妄共相識中本末相對，以説依持。前中有三，一真妄相對以辨依持，二唯就妄，三唯就真。

真妄相對依持如何。前七妄識，情有體無，起必詑真，名之爲依。故《勝鬘》云：生死二法，依如來藏。《地持經》亦云：十二因緣，皆依一心。第八真心，相隱性實，能爲妄本，住持於妄，故説爲持。故《勝鬘》云：若無藏識，七法不住，不得種苦樂求涅槃。此是真妄依持義也。妄之依真，如波依水。真之持妄，如水持波。故《楞伽》云：譬如巨海浪，斯由猛風起，洪波鼓冥壑，無有斷絶時，藏[七四]海常住，境界風所轉[七五]，種種諸識浪，騰躍而轉生。無明大海雖爲風飄，水性不移，性不移故，名爲常住。性雖常住，而彼水相隨風波轉。喻彼真識雖爲妄想[七六]境界風動，真性不變。性雖不變，而彼真相，隨妄境界，起於七識，如海波浪。《楞伽經》中境界爲風，《起信論》中無明爲風，何故如是。此等皆有飄動義故。若復論[七七]，無明、妄心及與妄境，皆得爲風。故《起信論》宣説，無明、妄心、妄境，皆爲熏習。熏動真心，即是風義。但彼論中就其根本説無明風，《楞伽》據末説境界風，皆得無傷。有人一向説彼海水喻第七識，不喻真識。此言大偏，如彼經中説，如來識以爲藏識，第七妄心名業相識。經自説言，藏識如巨海，業相猶波浪，云何乃言水喻七識。彼文復云，如來之藏，爲彼[七八]無始[七九]惡習所熏，名爲藏識，生無明地，與七識俱，如海波浪。云何海水不喻真識。良以世人迷覆真心，妄取空義以爲真識，故爲此論。真妄相對依持如是。問曰：真妄一故相依，異故相依。是義不定。若全一體，則無依持。若全別體，亦無依持。不一不異，故説依持。故《楞伽》云，非異非不異，心俱和合生。此説妄識與彼真心和合生矣。

次就妄中以辨依持。第七妄識，諸虚僞本，説爲能持。前六事識，依妄而起，説爲能依。能持如水，能依如波，水在波生，水盡波滅，所況如是。故《楞伽》云，如水大流盡，波浪則不生[八〇]，如是意識滅，種種識不生。彼名妄識以爲意識，六種事識爲種種識，良以妄識爲六本故，妄想意滅，令彼種種六識不生。妄中本末依持如是。

次唯就真以辨依持。真有體用，本淨真心，説之爲體，隨緣隱顯，説以爲用。用必依體，名之爲依，體能持用，説以爲持。能持如水，能依如波。繩蛇等喻，類亦同爾。真妄相對依持如是。此一門竟。

次就真妄共相識中，本末相對以辨依持。真

與癡合，共爲本識，依本共起阿陀那識，依本共起六種生識。於此分中，本識爲本，餘二爲末，末生依本，名之爲依，本能持末，流注不斷，説之爲持，能持如水，能依如波。問曰：末中阿陀那識共起六識，得有相(八一)依持義不。釋言：不得。於此分中，六識親從本識而起。本識變爲，體是本識，故望本識説依説持。非阿陀那變爲六識，六識體非阿陀那識，故望陀那不説依持。如人夢中見聞覺知，從睡心生，不從夢中執我心起。若就緣由，説依説持，亦得無傷。是義云何。由阿陀那執我心故，熏於本識，不見法如，不證涅槃，變起六識及六根塵，離之則無。故經説云，以著我故世間受身，離我則無。行(八二)從是義，得説依持。依持如是。此二門竟。

次第六門，明熏習義。於中有二：一就真妄別相識中以辨熏習，二就真妄共相識中以論熏習。前中曲(八三)爲三，一定熏習法體，二總釋熏義，三廣顯熏相。

熏習法者，《起信論》中説有四種：一、淨法熏習，所謂真如。二、染因熏習，所謂無明。三、妄心熏習，所謂業識。第七識中，始從業識，乃至相續，通名業識。四、妄境熏習，所謂妄想(八四)心所起僞境。此四猶是《地持論》中，如是如(八五)實，凡愚不知，起八妄想，生二種事。真如熏習，猶彼如實。無明，猶彼凡愚不知。妄心，猶彼起八妄想。妄境，猶彼生三事中初虚僞事。問曰：事識及事根塵，以何義故不説熏習。以此條末熏習所起，故不説之。此一門竟。

次第二門，總顯熏習。如論中説，熏習義者，如衣無香，熏之令有，心亦如是，真中無染，妄熏令有，妄中無淨，真熏使有。故彼妄中得有方便對治行起。論釋如是。此二門竟。

次廣辨釋熏習之相。先明起染，後明起淨。就起染中，義別有二：一、就前四法明其熏習相生次第。二、別明熏習所起不同。

相生義者，如論中説，以依第一真如法故，

便起第二無明染因。以有無明染法因故，熏習真如，便起妄心。如人昏睡，覆報心故，便起夢心，以有妄心熏習無明，不了真如寂滅平等，不覺念起，便生妄境。如人夢心動發昏睡，起夢境界，以有妄境熏動妄心，便起念著，造種種業，受種種苦。念猶愛也，著猶見也。此事識中見愛煩惱造業受苦，皆依妄生。相生如是。

次明熏習所起不同。如論中說，從末尋本，次第辨之。妄境熏習所起有二：一、增長念，念猶愛也。二、增長取，取猶見也。妄心熏習所起亦二：一者熏習起變易果，謂受聲聞緣覺變易菩薩細苦。二[八六]起分段果，謂受凡夫分段麤苦[八七]，由妄識中相續之力住持諸業，得彼果故。無明熏習所起亦二：一、以無明迷覆真心，受妄熏習，成妄種子，生於妄識。二、以無明迷覆真心，受善惡熏，成事種子，生於事識。真如熏習所起亦二，一起無明，二起妄心。以彼真如無分別故，能起無明覺知性故，爲惑所覆，便生妄心。如人執[八八]心是知性故，昏睡所覆，便生夢知。起染如是。

次明起淨。起淨有二，一明真熏妄，二妄熏真。真熏妄中，初明能熏，後明所熏。能熏有二，一真體熏習，二真用熏習。體熏習者，如論中說，從無始來，具無漏法及不思議作業之性，熏習妄心，能令衆生厭生死苦，樂求涅槃，自信己身[八九]有真如法[九〇]，發心修行。法身本體，名無漏法。報佛本目[九一]，名作業性。是二亦如[九二]佛性義[九三]中具廣分別。由此二故，能熏妄矣。問曰：若使真能熏妄起善行者，一切衆生悉有真如，何不等熏，齊使發心，起修所行，趣入涅槃，而諸衆生有信不信、優劣、前後無量差別。論自釋言：真如本一，而諸衆生煩惱厚薄差别不同，是故前後優劣不等。又佛法中有因有緣，是二具足乃得成辦。如似木中雖有火性，人攢方出，若無人攢，不能自燒。衆生如是，雖有如性，以無正因，若無善友諸佛菩薩起行之緣，真法不能自除煩惱，自成涅槃。用熏習者，論自釋言：即是衆生外緣之力。謂佛菩薩證如起用，攝化衆生，令修善法。於中有二：一差別緣，二平等緣。差別緣者，論自釋言：修行之者，依佛菩薩，從初發心乃至成佛，於其中間，若見若聞，諸佛菩薩或爲眷屬，或爲師長，或爲知友，或爲給使，或爲怨家。諸佛菩薩於此衆生，慈悲方便，四攝攝取，令增善行，使入正道，名差別緣。此差別中，有近有遠，近者速疾，遠者久遠。此猶是其應身化也。平等緣者，論自釋言：諸佛菩薩，久發大願，誓度一切。以此善根熏習力故，自然常隨一切衆生，隨應見聞，而爲示現。謂示如來平等法身，令諸衆生，依三昧力，平等見佛。此猶是其真身益也。能熏如是。言所熏者，如論中説，所熏有二：一、未相應，謂熏凡夫、聲聞、緣覺及菩薩中初發心者，令於六識七識心中信順修行，未能捨妄與實相應。二、已相應，謂熏習出世法身菩薩，令捨妄心，除滅無明，契證真如，與佛如來法身相應，無有分別，唯依法力，自然修行，趣佛智海。

上來一門，明真熏妄，集起淨法。下次明其妄心熏真，發生淨法。於中有二：一是能熏，二是所熏。能熏之中，有總有別。總熏習者，論自釋言：以有妄心，厭離生死，求涅槃故，熏習真心，自信已性唯是真如，如外無法，但是妄心顛倒所見。以知外境無所有故，種種方便，修習離染趣真之行。雖有所修，不取不念。久修力故，無明則滅。無明滅故，妄心不生。妄心不生故，妄境隨已心相俱盡，名得涅槃。得涅槃故，自然成就不思議業用充法界。總相如是。

別熏習者，論釋有二：一、事識熏，謂凡夫二乘人等，厭生死苦，趣向涅槃。此六識中方便修行，熏發真也。二、意熏習，謂諸菩薩，見虛妄法無可貪取，知真如法寂靜安穩，發心勇猛，趣大涅槃。此七識中方便修行，熏發真也。良以妄識能生事識，生事識所依故名意，非事識中意根界也。能熏如是。所熏有二：一者熏生，熏生報佛方便功德。二者熏顯，熏顯法佛性淨功德。真妄別識熏習如是。問曰：真妄前後相熏，爲在一時。釋言：相熏必在同時。是義云何。染淨諸法，真妄共起，單真不生，唯妄不成。何故如是。唯真無妄，真性常湛，無爲不變，故無起作。唯妄無真，妄體不立，故亦無作。故《勝鬘》云，若無藏識，七法不住，不得種苦，不得厭苦樂、求涅槃。真妄相依，方能造作一切諸法。以共作故，攝法從情，皆是妄爲，攝法從本，皆真心作。如人夢中所爲諸事，攝事從末，昏睡所爲，攝事從本，報心所作。亦如世人見繩爲蛇，攝蛇從情，妄情所爲，攝蛇從本，皆是繩作。諸法像此。真雖能作，作必隨情，如繩作蛇，蛇由闇情。妄雖能作，作必詑真，如情作蛇，蛇必依繩。真無[九四]由情，名妄熏真。妄作由真，名真熏妄。如此相熏，義無先後，故説一時。真妄相熏，旨要在斯。無宜不記。

次就真妄共相識中，以辨熏習。共相識者，佛性真心與無明地合爲本識，名阿梨耶。依本變起阿陀那識執我之心，依本變起眼等六識及六根塵，義如上辨。今就此三，明相熏習，如《攝論》説。於中曲有三門分別，一辨熏相，二明能熏所熏[九五]差別，三明受熏不受熏異。

熏相如何。今此先明阿陀那識共阿梨耶相熏習義。彼阿陀那執我之心，熏於本識，成我種子。本識受彼陀那熏已，還能引彼心中我性，生阿陀那。如是相熏，往來無窮，是則陀那望於本識，互爲因果。問曰：此我何由可盡。由六識中聞無我教，修無我解，熏於本識，成無我種。本中真心受彼熏已，熏於本中無明令薄。無明薄故，令無明中我種轉薄。我種薄故，轉生陀那執我亦薄。如是展轉，乃至窮盡。次將六識對於本識明相熏發。彼六識中，起染起淨。所起染過，熏於本識，彼本識中所有闇性，受性染熏，成染種子。種子成已，無明厚故，引生六識。於六識中，染過轉增，如是展轉，積習無窮。於六識中所修善行，熏於本識。於本識中佛性真心，名爲解性。解性受彼淨法熏已，成淨種子。淨種成已，熏於無明，無明轉薄。無明薄故，變起六識，於六識中起善轉勝。如是展轉，乃至究竟。是則六識望於本識，互爲因果。論說如是。此一門竟。

次明能熏所熏差别。論説能熏，略有三種：一、言説熏(九六)，論亦名爲名字熏矣。名有二種，一者聲名，曰名(九七)言分别，二心語名，曰覺觀分别。以諸凡夫隨逐一切陰界入等諸法名字，分别取著，熏於本識，成陰界等諸法種子。二、我見熏習。以阿陀那及六識中我見之心，熏於本識，成我種子。三、有分熏習。善惡之業是三有因，名爲有分。以善惡業，熏於本識，成善惡種，名有分熏。能熏如是。言所熏者，是其所起，論名事用。麤分爲四，細分十一。麤分四者，一名引生，本識爲彼善惡等熏，成種子已，引彼種子，生未來果。二者果報，本識爲彼善惡等熏，變爲一切苦樂等報。三者緣相，本識爲彼我見熏故，起我我所自他之别。四者相貌，本識爲彼言説熏故，起陰界入有爲無爲、若内若外一切種事。又更分四：一、似我識。於阿陀那及六識中所取之我，非有似有，故曰似我。如夢中身，本識變爲，體是本識，名似我識。二、似根識。眼等六根，非有似有，名爲似根。本識變爲，體是本識，名似根識。三、似塵識。色等六塵，非有似有，名爲似塵。本識變爲，體是本識，名似塵識。四、似識識。彼阿陀那及六識心，非有似有，謂似凡夫所計之有，名爲似識。本識變爲，體是本識，名似識識。麤分如是。細分十一，如論中説：一者身識。謂五根身，本識變爲，體是本識。二、身者識。謂阿陀那執我之心，本識變爲，體是本識。三、受者識。論言謂意，是意根界，遍司諸塵，領納稱受，本識變爲，體是本識。四、應受識。謂六塵境應爲心受，故曰應受，本識變爲，體是本識。五、正受識。謂六識心正納六塵，領納名受，本識變爲，體是本識。六者世識。謂三世時，本識變爲，體是本識。七者數識。謂百千等，識義如前。八者處識。謂國土處，識義如上。九、言説識。一切言説，識如前解。此九是前言説熏起。十、自他識。自他身別，本識變爲，體是本識，名自他識。此一是前我見熏起。十一、名爲善道惡道生死之識。六道生死，本識變爲，體是本識。此一是前有分熏起。細分無量，差別如是。此二門竟。

次明三識受熏不同。義別[九八]有三，一者熏生，二者熏轉，三者熏成。

言熏生者，三識皆是心生滅門，皆有相熏相生之義。問曰：本識若爲熏生。如《楞伽》説，如來之藏爲彼無始惡習所熏，名爲藏識，生無明地，共爲本識，故名爲生。何者惡習。分別有三：一、本識中無明住地前後相起，以前無明熏於真心，生後無明，如人睡習，時至則睡。二、阿陀那識執我之心熏於本識，成[九九]種子，此種汙真，不見法實，生於無明。三、六識中所起煩惱熏於本識，成染種子，此種汙真，不見法實，生於無明。阿陀那識生相云何。有人宣説，唯生我執，不得生起無我之解。何故如是。我執無處，不復是其阿陀那收，爲是一切無我之解非阿陀那。道理不盡，其義云何。凡夫本來數聞説我，生於我想，熏於本識，成我種子。此種力故，生於執心，定計有我。此人後時聞説無我，生無我解，熏於本識，成無我種。此種之力，生於執心，定計無我。何爲不得。爲是一切聲聞、緣覺、諸小菩薩，於一切時常計無我。此我無我，皆從熏生。執我之心，於大乘中名煩惱障。無我之執，於大乘中名爲智障。六識之心，生相云何。由本識中染種子故，熏起六識，染過踰[一〇〇]增。由本識中淨種子故，熏生六識，起淨轉勝。問曰：陀那望於六識，得有相熏相生義不。釋言：亦得。由阿陀那執[一〇一]我心故，熏於本識，成我種子，生起六識，見我轉增。由阿陀那執無我故，熏於本識，成無我種，此種力故生起六識，於六識中我見漸薄，無我解增。熏生如是。

言熏轉者，三識不定，於中悉有熏轉之義。於本識中熏轉如何。解有二種：一、由諸識修善起惡，熏於本識，令本識中善惡二種遷轉不定，或增或減。二、由修習真觀力故，熏滅無明，令真〔一〇二〕稱本，常寂不動〔一〇三〕觀法本來唯真無妄，是真觀矣。阿陀那識熏轉如何。分別有二：一、六識中聞説無我，起聞思修，熏於本識，成無我種，此種力故，熏阿陀那，我執漸微，無我解起。二、六識中聞説佛性常住，真我古今平等，如如一味，起聞思修，熏於本識，壞無明地，無明壞故本識不成，本不成故種子不立，種不立故執識不生，執不生故無我解滅。前離我執，經中名爲滅煩惱障，後離無我，名除智障。六識之中，熏轉如何。分別有三：一、六識中修善造惡，熏於本識，成善惡種，此種成已，熏生六識，善惡不定。惡種熏起，惡增善減，如斷善人。善種熏起，善增惡減，如生善人。二、六識中修習空觀，觀生無我，觀法無我，熏於本識，成解種子。此種成已，壞本識中有見種子。有種壞故，所生六識不起有見。有見息故，分段漸滅。三、六識中修習真觀，觀法本來〔一〇四〕純真無妄，能令妄法更不生，復熏於本識，壞無明地。無明壞故，本識不成。本不成故，六識種子無處存立。種不立故，分段之中六識不生。六不生故，空觀亦滅。空觀滅故，變易轉盡。變易盡處，名得涅槃。熏轉如是。

次辨熏成。熏習成種，名爲成矣。於此門中，唯有本識受熏成種，餘悉不受。何故如是。解有七義：一、以本識緣起之本，能聚、能散、能受一切諸法。所熏聚積成種，名爲能聚。散生諸法，説爲能散。餘識不然，所以不受。二、以本識爲諸識原，變起諸識，故〔一〇五〕於諸識中與善造惡，悉是其功。攝〔一〇六〕一切歸本，故本識中受諸法熏，積集成種。餘不如是，所以不受。三、本識中具有明闇二種之法，真心是明，無明是闇，闇能受染，增長生死，明能受淨，趣向涅槃，故遍受熏。餘識不爾，所以不受。四、本識中親含真體，牢固難壞，力能住持一切業果，故受一切染淨等熏，聚以成種，用之受果。餘不如是，爲是不受。五、本識微細，潛通諸法，與一切法同生同滅，相伴義觀[一〇七]，故能遍受一切法熏。餘識不然，所以不受。六、本識無緣，於善惡等無別記念，無別念故彼此諸法不相妨礙，故得通受一切法熏，聚積成種。餘識別念，彼此相礙，故不通受一切法熏。七、本識是心神知之性，心於諸法，性能領記，領別[一〇八]能受，記則能持，故本識中通受諸法，持令不失。餘非心法，不能如是，故不受熏。七中，前六簡別餘識，後一簡異非情之法。熏成如是。熏習義難，兼[一〇九]況且然。

第七門中，明其迷悟修捨之義。五識之中，不別明其迷悟修捨。於中迷悟修捨之義，隨意説之。意識之中，有迷有悟。謬執我人，取法性相，以之爲迷。解會空理，説之爲悟。悟解不同，分爲三種：一、生空觀，觀察五陰無我人故。二、法空觀，觀法虚假無自性故。三者如觀，觀察諸法非有無故。云何觀法。知非有無之一切法，猶如幻化。幻化之有，無法爲有，有則非有。幻化之無，有法爲無，無則非無。然則説此幻有無爲非有無，亦無非有非無可得，還即説此非有非無爲有無故，有無之相亦不可得。進退推求，無法可取。境界既然，心想亦爾，是故心想自然息滅。此三皆是心外法中以求理故，通攝以爲意識觀也。三中，前二是其增相，後一息相，息六識也。第七識中亦有迷悟。不知真實，妄取自心所起諸法，説之爲迷。返妄趣實，謂之爲悟。悟解不同，亦有三種：一者，妄想[一一〇]依心之觀。觀察三界虚僞之相唯從心起，如夢所見，心外畢竟無法可得。二者，妄想依真實觀。觀妄想心虚搆無自，依真而立，如波依水，迷依妄想。三者，真實離妄想觀。觀一切法唯是真實，緣起集成，真外畢竟無有一法可起妄想。既無有法可起妄想，妄想之心，理亦無之。三中前二是增相觀，後一捨相，捨七識也。第八識中亦有迷悟。隨妄成染，不證自實，名之爲迷。離妄契本，説之爲悟。悟解不同，互以相成，不離不脱不異。良以諸法同體緣集[二二]，亦有三種：一、息相觀。生死涅槃，本是真識，隨妄所起，證實返望，由來無妄。妄想既無，焉有隨妄生死涅槃法相可得，故名息相。二、實性觀。內照真實如來藏性，唯是法界恒沙佛法，同體緣集，互以相成，不離不脱，不斷不異。良以諸法同體緣集互相成故，無有一法別守自性。雖無一性，而無不[二三]性。無有一性，即是如如一實之門。而無不性，即是真實常樂淨等法界門也。體性常然，古今不變。三、真用觀。觀察一切諸佛菩薩化用之門，是用門中備含染淨三乘[二三]諸法。法既圓具，依之成德，德無不施，是以大聖善入隨順世間故，能現一切煩惱等事。故經説言，八萬四千諸煩惱門[二四]，而諸衆生爲之疲勞，諸佛以此而作佛事。煩惱既然，業苦亦爾。又《地經》中説此等門煩惱等事爲發起殊勝之行，《維摩》説爲通達佛道。又復善入二乘法門，能現一切二乘之事。故經説言，示現聲聞、辟支佛等是[二五]菩薩行。又復善入一切菩薩作用門故，雖得涅槃，畢竟不捨菩薩所行，乃至善入諸佛如來作用門故，能以八相示成正覺，充滿法界，而無窮盡。此是第三真用觀也。

第八，明其迷悟分齊。六識分齊差別有五：一者迷處，在於外凡，常没之流。二、習解處，亦在外凡，隣於善趣。三、正解處，亦在外凡善趣位中。四、漸捨處，習種已上。五、終盡處，初地已上。次[二六]初地已上離六識故，經中説之爲出世間。又《楞伽》云：初地菩薩得二十五三昧，離二十五有，是三界身，遠離彼故，名捨六識。又《大智論》宣説初地入菩薩家捨離肉身，得法性身，此亦是其離六識義。若論殘習，十地乃盡。第七識中分齊有五：一者迷處，在於外凡。二、習解處，亦在外凡十信位中。三、正解處，習種已上。四、漸捨處，初地已上。五、窮盡處，在於佛地。是〔二七〕故如來究竟真實。第八識中分齊有四：一者迷處，在於外凡，乃至十信。二、習解處，習種已上。三、正解處，初地已上。四、窮滿處，在於佛地。問曰：六識盡在初地。初地已上便無六識，云何而得見聞覺知。釋曰：雖無事相六識，猶有七識緣照無漏所得法身及彼真識緣起法身眼耳等識，是故用之見聞覺知。問曰：若以緣照法身見聞覺知，與前六識有何差別。釋曰：前六是其事識，分別事相，心外取法。緣照法身所見聞覺知外無法，一切悉是自心所起，如夢所見，於自心相，分別照知。有此異也。問曰：真實緣起法身見聞覺知，與彼七識緣照何別。釋言：七識緣照法身者〔二八〕，但於妄想緣起法中分別緣照，又於真法分別緣照，不能離緣。真法身者，遠離妄想，心淨照明清淨法界，顯自心原，名爲見聞，非分別知。

第九，明其修捨分齊。先就事識辨修分齊，次就妄識，後就真識。

事識〔二九〕有二，一者障相，二者治相。障相有二：一、執取相，論中亦名執相應染，此是根本取性無明。二、計名字相。隨衆生名，取立我人。對治相者，是意識中相應之慧，治前二障，名對治相。《成實論》中說爲空心。計名字者，小乘法中見道時斷，大乘法中十信時斷。執取相者，小乘法中得無學時斷之畢竟，大乘法中種性時盡。故彼《大乘起信論》言，執相應染，二乘解脫信地菩薩所斷除也。彼說種性爲信地矣。對治相者，小乘法中入無餘涅槃時滅，大乘法中初地時盡。此一門竟。

次就妄識以辨修捨。妄識之中，亦有二種，一者障相，二者治相。障相有六。如《起信》說：一、心不相應無明住持〔三〇〕。不相應者，簡異二乘。二乘所斷，是無明數，與心別體，共心相應。無明地者，即指心體以爲無明，非是心外別立數法共心相應。故馬鳴言，即心不覺，常無別異，不別與心[二二]同知同緣，名不相應。二、依無明地，起於業識不相應染。愛著名染。不相應義，不異前釋。三、依業識，起於轉識不相應染。不相應義，亦同前釋。四、依轉識，起於現色不相應染。言現色者，猶是現識，能現自心所起色故，名現色染。不相應者，亦同前釋。五、依現識，起於智識心相應染。言相應者，心相轉麤，染與心別，共心相應，故云相應。故論説言，心與念異，同知同緣，故曰相應。念是貪數。六、依智識，起不攝[二三]識相應之染。言不攝者，猶是續識。相應同前。馬鳴論中攝此六種以爲二障。前之一種，名爲智礙，猶是智障。後之五種，名煩惱礙，猶是煩惱障。障相如是。對治相者，猶是七識緣照之解，治前六種，故名治相。次辨斷處。如彼《大乘起信論》説，前六障中，第六不斷相應染者，始從信地漸學斷除，淨心地時斷之畢竟。第五智識相應染者，從具戒地漸次斷除，乃至無相方便地時，斷之畢竟。具戒[二三]地者，謂第二地。無相方便，是第七地。第四現色不相應染，色自在地斷之畢竟。色自在者是第八地。能淨佛土，名色自在。第三轉識不相應染，心自在地斷之畢竟。心自在者，是第九地。善知物心，名心自在。第二業識不相應染，菩薩地盡，斷之畢竟，入如來地。第一根本無明住地，馬鳴論言，地前學斷，初地分除，佛地窮盡。故《勝鬘》云：無明住地，佛菩提智之所斷也。障之分齊，斷之如是。對治相者，初地漸捨，至佛乃盡。若復通論，種性已上亦分斷除。此二門竟。

次就真識明修分齊。真識之中，約緣有三：一者染相，與彼煩惱闇惑相應。二雜染相，真心與彼緣治相應。三者淨相，離妄始顯。若論染相，種性已上漸次息除，至佛乃窮。若復通論，十信已上亦有[二四]捨義。第二雜相，初地漸捨，至佛乃盡。若復通論，種性已上亦有捨義。故《地持》云，種性菩薩，六入殊勝，無始法爾。第三淨相，八地漸捨，至佛乃窮。故八地中，觀法無生無滅無出，知一切法畢竟平等，無有染相，亦無淨相。若復通論，初地已上亦捨淨相。故《大品》中宣說，初地得無生忍，證法本如，不見先染，後息爲淨，無取無捨，如如平等。修捨如是。

第十門中，對治邪執，顯示正義。先就事識對治邪執，次就妄識，後就真識。

就事識中，邪執有八。

一執定一。有人宣說，六識之心，隨根雖別，體性是一，往來彼此，如一猨猴，六窻俱現，非有六猴，心識如是，六根中現，非有六心。對此邪執，說心非一。識無別體，緣知爲義。六識之心，所依根異，所緣亦異，云何定一。若定是一，常了一塵，無有[二五]轉異。又復心法無往來義，隨有知處，即彼處生，不得說言一而往來。又彼所引猨猴爲喻，證心一者，是義不然。凡夫愚人，謂猴定一，六窻中現。然實猨猴念念生滅，此窻現者，不至彼窻。心識如是，依眼生者，不至餘根。如是，一切皆爾。

二執定異。有人宣說六識之心體性定異。對此邪執，說心不別。於事分齊，相續一慮，非全別體，如一猨[二六]遊泆六窻，非有六猴。若言六識各別有體，別體之法不相干預，眼識還應從眼識生，乃至意識還從意[二七]生，不得相起。現見五識從意識生，意識從於五識而生，明非別體。又若六識各別有體，有體之法不相妨礙，不相妨故，六識之心常應並有。若常並有，常應並用。不常並故，明非別體。

三執定常。有人聞說三世之中業果不斷，謂心定常，生死往來，常是一識，用雖興廢，心體不變。對治此執，說識無常。人中心異，天中亦異，六道之心，各各別異，云何是常。又如經說，苦相應異，樂相應異，不苦不樂相應亦異。如是一切，各各別異，云何是常。但諸凡夫不知心相，妄謂是常，猶如小兒，見旋火輪，謂不斷絕。若心常者，善應常善，惡應恒惡，無有變異。以變異故，定知無常。

四執定斷。有人聞説心識無常，便謂定斷。對治此執，説心不斷。現世造業，後必得果，云何定斷。譬如乳酪轉變雖異，置毒乳中，酪則殺人，心亦如是，造惡於中，必受苦報，明非是斷。

五執定有。如毗曇説，十八界等各住己性，是有不空。設言空者，但空陰上横計我人，不空法體。法不空故，心識定有。對此邪執，説識是空。空相云何。識者正以别知爲義。如一念識則具四相，初生，次住，終異，後滅。於此四中，何者是知，爲初相知，爲中爲後。若初相知，餘應不知。餘若不知，則不名識。若餘相知，初應不知。初若不知，初不名識。若言四相各别是知，便是四念各别知法，何關一念具足四相。若言四相别非是知，和合之中方有知者，非知共合，云何有知。如百盲聚，豈有所見。又復四相都無合理。云何無合理。生相現時，餘相未有，與誰共合。乃至第四滅現之時，餘相已謝，復與誰合。進退推求，都無合義，云何説言和合有知。知義既然，焉有定識。是故經中説色，乃至受想行識，一切皆空。

六執定無。有人聞説五陰空寂，便謂世諦因緣亦無。對治此執，説識非無。若無心識，云何而得見聞覺知。現見六識各具作用，明知不無。又若無識，則無善惡。若無善惡，亦無苦樂，則入邪見斷善根中，不宜受之。經言空者，就真爲論。於世諦中，不無心識。

七執心識獨立無數，如我〔二二八〕實説。對治此執，説有同時心心數法。故《涅槃》云，諸〔二二九〕弟子不解我意，唱言佛説定無心數。又《涅槃》説十大地中心數之定，明非無數。又龍樹云，譬如池水，珠在則清，象入便濁。水喻心王，珠象喻數〔二三〇〕。於彼喻中，不可説言水珠象一，心法如是，寧無别數。

八執心外定有别數，如毗曇説。對治此執，明非定别。故《涅槃》云，我諸弟子，不解我意，唱言佛説定有心數。若使心外定有别數，無預心事，無心之時何不別起。又若心外定有別數，識從意生，諸數〔三一〕亦應別有所依。若別有依，是義不然。云何不然。於彼宗中説三性心相應各異，如欲界地善心起時，二十二數相應共生。不善起時，二十二〔三二〕數相應共生。無記心時，有十二數相應共生。從無記心起善之時，十二同數，可有所依。自餘別數，除意〔三三〕何依。若無依生，是則心法無次第緣，經論不許。若無別依，依意〔三四〕生者，與識同依，明非心外。道理云何。即彼心體，同時具有受想行等諸義差別，不同《成實》前後建立。就一心體，隨義別分，不同毗曇異體建立。兩義兼通，故非諍論。此一門竟。

次就妄識對治邪執。邪執有六：

一執定無。有人聞説但有六識，無第七情，便言一向無第七識。對治此執，説有七識。如《楞伽》中説八識義，《勝鬘》亦云七法不住，若無妄識，説何爲八，説何爲七。又六識外無妄識者，聲聞緣覺入涅槃時，事識都滅，即應是佛，無別明妄識心故。入涅槃時，雖滅事識，癡妄猶在，所有癡〔三五〕妄識，何得言無。經中所言無七情者，事識之中無第七情，非無妄識。

二執定有。有人聞説有第七識，便謂七識別有體性。對此邪執，明妄無體。當知如來就心法中，分取虛妄分別之義爲第七識，何得於中別立體性。如似世人見繩爲虵，繩是實事，喻彼真識，虵是妄〔三六〕情，喻彼妄識。虵依繩有，虵無別體，妄依真立，云何有體。迷夢等喻，類亦同然。又經中説，若無真識，七法不住。若自有體，云何不住。又若妄識自有體性，便是實有，何得言妄。

三執事識以爲妄識。有人聞説真識名心，妄識名意，事名意識，便言小乘七心界中意根界者是第七識。對治此執，宣説妄識不同事識。七心界中意根界者，即是六識，生從義邊説爲意根，更無別法。妄識與彼分齊條異，云何言一。異相如何。如馬鳴説，妄識有六，始從無明，乃至相續，廣如上辨。事識有四，從執取相，乃至第四業繫苦相，亦如上辨。分齊各異，何得説言意根界者是第七識。又《楞伽》云，第七妄識唯佛如如住地菩薩所能覺知，餘皆不覺。云何説言意根界者是第七識。又若妄識是七心界，聲聞緣覺入涅槃時滅七心界，妄識應滅。若滅妄識，即應是佛。入涅槃時滅七心界，妄識猶在，未得同佛，明知全別。問曰：妄識若非意根，何故《楞伽》、馬鳴論説爲意乎。釋言：彼乃借名顯示，非即意根。如《楞伽》中説第七識以之爲心，馬鳴論中宣説真識以之爲心，豈可名同便是一物。心名雖同，真妄兩別。意名雖一，何妨差別。

四執麤爲細。有人宣説，眼見色時不知色空，即是七識迷惑之心，餘亦如是。若解色空，即是七識明解之心，餘亦如是。對治此執，須顯其異。言見色時[三七]不知空者，是六識中取性無明，非第七識。此之取性，猶是向前事識之中初執取相。問曰：若此是六識中無明心者，與七識中無明何別。此如上辨。以於心外事相法中，執性迷空，故非妄識。又於心外事相法中解知無性，是事識中分別之解，非七識知。

五執不滅。有人宣説，七識之心未見理時生滅無常，見理即常，究竟不滅。對治此執，説妄終滅。七識妄心，體唯癡闇，相唯分別。得聖會如，捨其分別，見實明照，盡其癡闇，更有何在而言不滅。道理如是，須以文證。如《楞伽》説，滅七種識，名出佛身血。云何不滅。又彼經言，妄想示涅槃慧，彼[三八]滅我涅槃。明知妄滅。又《唯識》，諸佛如來所行之處，唯有藏[三九]識，更無餘識。云何不滅。又《大智論》解釋如義，彼云實相如水性冷，觀智如大水隨火熱，若火滅已，水冷如本，故名爲如。如是實相，隨觀轉變。是觀滅已，實相如本，故名爲如。明知妄解終竟滅盡。若觀不滅，水冷之時，火應不滅。有人説言，經中説滅，但滅智中無明闇障，不滅智體。是義不然。《寶性論》中自有誠文，不但滅闇，亦滅智解。故彼論中説，有四障不得如來淨我樂常。一者緣相，謂無明地障佛真淨，斷離彼故得佛真淨。二者因相，謂無漏業障佛真我，斷除彼故得佛真我。三者生相，謂意生身障佛真樂，斷除彼故得佛真樂。四者壞相，謂變易死障佛真常，斷除彼故得佛真常。無明等外，别説無漏以之爲障，别説斷除，云何而言不滅無漏。人言智體不滅盡者，不滅之體即是真心，非第七識。問曰：若使七識滅者，誰得菩提，誰證涅槃。釋言：心相雖滅盡，心性猶在。心性在者，即是真識，是故就之説得證。

六執定滅。有人聞説妄心終滅，便言定滅，無熏習義。何故如是。於真識中具過恒沙淨法滿足，更無所少，何用妄熏。對治此執，説妄有熏。如《起信論》説妄熏真，云何不熏。若言真中淨法滿足不假熏者，法佛之性本有法體，可言滿足。報佛之性本來但有可生之義，未有法體，如子無樹，何得稱滿。報佛本無，假修方有，何爲不熏。熏力在真，故非定滅。問曰：真妄其性各别，云何相熏。此如上辨。一切所修，真妄共起，攝修從妄，悉是妄爲，攝修從真，皆是真作。真雖能作，作必隨妄，妄雖能爲，爲必依真。由真妄作[一四〇]，名真熏妄，由妄真作，名妄熏真。妄識之中，對治如是。此二門竟。

次就真識對治邪執。依如論中，邪執有二，一者凡夫人著我執，二者二乘法著我執。問曰：凡夫亦著諸法，何故偏名人著我執。釋言：細分亦著諸法，今對二乘，凡夫著我及著我所通名人執，諸法皆是我所攝故。就凡執中，隨義具論，略有二種，一者執有，二者執無。執有之中，别有四種：一、執實同神。有人聞説藏識是我，謂同外道所取神我。對治此執，説如來藏非我，非衆生，非命非人。二、執真中具足真染。如馬鳴言，有人聞説生死二法是如來藏，便謂真中具有生死。對治此執，説如來藏自性清淨，從本已來唯有清淨洹沙佛法，無有染汙。若言真中實有生死，而使證會永離生死，無有是處。若言有修緣起作用隨世法門，非無此義。三、執有淨相。如馬鳴言，有人聞説如來藏中備有一切諸功德法，不增不減，即謂真中有色心等自相差別。對治此執，説如來藏雖具諸法，依真如故無彼此相，無自他相，乃至亦無離自他相。翻對染故，説彼真中具一切法。又彼真中恒沙等法，同體緣集，無有差別，不得別取差別之相。四、執始終。如馬鳴説，有人聞説依如來藏始起生死，又復聞説如來之藏起生死故，雖得涅槃還起生死，起生死故涅槃有終。對治此執，説如來藏無始無終。以無始故，依起生死，生死無始。是以論言，若有宣説三界之外更有衆生初始起者，是外道説，非正佛法。以無終故，依成涅槃，涅槃無終。有執如是。

言執無者，有人宣説諸法空義以爲真識。對治此執，説真不空。於此識中具過恒沙一切佛法，云何名空。故《勝鬘》中説爲不空如來藏矣。《涅槃》亦云，有如來藏，雖不可見，破煩惱已，定必得之。彼文復言，若有人〔四一〕説無我空寂爲如來藏，當知是人久在生死，長受諸苦，不得解脱。而《楞伽》中，言依無我説如來藏者，於此藏中無妄所計，故名爲空，非無真法。故《唯識論》言，爲破外道著我我所，故説色等一切法空，非離言説如實境空。如實境者，諸佛如來所行之處，唯有藏〔四二〕識，更無餘識。對治凡夫邪執如是。

次明對治二乘妄〔四三〕執。於中有二：一者執有。二乘之人未得法空，見有生死涅槃之相，以此見故，深畏生死，趣求涅槃，迷覆真如。對治此執，説如實空離一切相，生死本寂，涅槃亦如。二執定無。二乘之人分見生空，利根之者小見法空，便取此空以爲究竟，覆障真實。對治此執，説實不空，具過恒沙一切佛法。八識如是。

大乘義章卷第三之下

校勘記

〔一〕「因與」，底本原校云一本作「用而」。

〔二〕「時」，底本作「體」，據底本原校及校本改。

〔三〕「亦」，底本原校云一本作「言」。

〔四〕「故」，底本原校疑衍。

〔五〕「真」，底本原校云一本作「佛」。

〔六〕「體」，校本校勘記云甲本作「真」。

〔七〕「盡」，底本原校云一本作「滅」。

〔八〕「亦」，底本原校疑衍。

〔九〕「法身體」，底本原校疑爲「平等法身」。

〔一〇〕「覺」，底本原校云一本作「心」。

〔一一〕「非」，底本前衍「非」字，據底本原校及校本刪。

〔一二〕「曰」，底本原校云一本無。

〔一三〕「之藏」，底本原校云經作「藏義」。

〔一四〕「皆」，校本校勘記云經作「悉」。

〔一五〕「離」，底本脱，據底本原校及校本補。

〔一六〕「真」，底本原校疑後有脱文。

〔一七〕「聞」，底本原校疑爲「闇」或「取」，校本作「闇」。

〔一八〕「妄」，底本原校云一本後有「心」字。

〔一九〕「等」，校本校勘記云甲本作「相」。

〔二〇〕「習」，底本原校云一本作「義」。

〔二一〕「因」，底本原校云一本作「目」。

〔二二〕「三」，底本原校云一本作「二」。

〔二三〕「諸法」，底本原校云一本作「法皆」。

〔二四〕「離」，底本原校云一本作「雜」。

〔二五〕「轉」，底本原校云論作「輕」。

〔二六〕「無量」，校本校勘記云甲本作「心無量自」。

〔二七〕「染」，校本校勘記云甲本後有「相」字。

〔二八〕「染」，校本校勘記云甲本後有「相」字。

〔二九〕「非」，校本校勘記云一本作「不」。

〔三〇〕「分別」，底本脱，據底本原校及校本補。

〔三一〕「緣」，底本原校云一本作「總」或「約」。

〔三二〕「壞」，校本校勘記云甲本作「懷」。

〔三三〕「中」，底本脱，據底本原校及校本補。

〔三四〕「門」，校本校勘記云甲本作「明」。

〔三五〕「體」，底本原校云一本作「時」。

〔三六〕「被」，底本原校云一本作「彼」，一本無。

〔三七〕「具」，底本原校疑後脱「足」字。

〔三八〕「用」，底本脱，據底本原校及校本補。

〔三九〕「波浪集起」，底本作「集起波浪」，據底本原校及校本改。

〔四〇〕「復」，校本校勘記云甲本作「後」。

〔四一〕「變」，底本原校云一本作「及」。

〔四二〕「及」，底本原校疑爲「生」。

〔四三〕「合」，校本校勘記云甲本作「分」。

〔四四〕「種」，校本校勘記云甲本無。

〔四五〕「識」，校本校勘記云甲本作「實」。

〔四六〕「言」，底本原校疑衍。

〔四七〕「知」，底本原校疑爲「起」，校本作「起」。

〔四八〕「依」，底本原校云一本作「作」。

〔四九〕「識」，底本原校云論作「塵」。

〔五〇〕「則」，底本原校云一本作「别」。

〔五一〕「動」，底本作「覺」，據底本原校及校本改。

〔五二〕「階」，底本原校云一本作「增」。

〔五三〕「云」，校本校勘記云甲本無。

〔五四〕「若」，校本校勘記云甲本後有「妄」字。

〔五五〕「真」，校本校勘記云甲本後有「妄」字。

〔五六〕「者」，校本無，底本原校疑衍。

〔五七〕「簡」，底本原校疑爲「闕」，校本作「闕」，校本校勘記云甲本作「預」。

〔五八〕「通」，底本原校疑爲「遍」。

〔五九〕「雖」，校本校勘記云甲本作「唯」。

〔六〇〕「識」，底本原校疑衍。

〔六一〕「相」，底本原校疑爲「根」。

〔六二〕「還以衆生」，校本校勘記云甲本無。

〔六三〕「宜」，底本原校疑爲「但」。

〔六四〕「報」，底本原校云一本作「執」。

〔六五〕「通」，底本作「道」，據底本原校及校本改。

〔六六〕「説」，校本校勘記云甲本無。

〔六七〕「法」，底本原校疑衍。

〔六八〕「故」，底本原校云一本後有「故」字。

〔六九〕「又」，底本原校疑衍，下一「又」字同。

〔七〇〕「乘」，底本原校云一本後有「法」字。

〔七一〕「乘」，底本原校云一本後有「法」字。

〔七二〕「名」，底本原校云一本作「若」。

〔七三〕「乃」，底本原校云一本作「所」。

〔七四〕「藏」，底本原校云經後有「識」字。

〔七五〕「轉」，底本原校云經作「動」。

〔七六〕「想」，底本原校云一本作「相」。

〔七七〕「論」，底本原校云一本後有「動」字。

〔七八〕「彼」，底本原校云經無。

〔七九〕「始」，底本原校疑後脱「虚僞」二字，校本後有「虚僞」二字。

〔八〇〕「生」，校本校勘記云經作「起」。

〔八一〕「相」，底本原校疑前脱「互」字。

〔八二〕「行」，底本原校疑爲「復」或「即」。

〔八三〕「曲」，底本原校疑衍。

〔八四〕「想」，底本原校疑衍。

〔八五〕「如」，底本原校云論作「真」。

〔八六〕「二二」，校本校勘記云一本後有「者熏習」三字。

〔八七〕「苦」，底本後衍「苦」字，據底本原校及校本删。

〔八八〕「執」，底本原校云一本作「報」。

〔八九〕「身」，底本後衍「身」字，據底本原校及校本删。

〔九〇〕「法」，校本校勘記云甲本無。

〔九一〕「目」，底本原校疑爲「因」。

〔九二〕「亦如」，校本校勘記云甲本作「上示」。

〔九三〕「義」，底本作「受」，據底本原校及校本改。

〔九四〕「無」，底本原校疑爲「作」。

〔九五〕「所熏」，校本校勘記云甲本無。

〔九六〕「熏」，底本原校疑後脱「習」字。

〔九七〕「名」，校本校勘記云甲本無。

〔九八〕「别」，校本校勘記云甲本前有「差」字。

〔九九〕「成」，底本原校云一本後有「我」字。

〔一〇〇〕「踰」，底本原校云一本作「愈」。

〔一〇一〕「執」，底本原校云一本作「報」。

〔一〇二〕「令真」，底本原校云一本作「真令」。

〔一〇三〕「動」，校本校勘記云一本作「運」。

〔一〇四〕「來」，底本原校云一本作「末」。

〔一〇五〕「故」，底本原校疑衍。

〔一〇六〕「攝」，底本原校疑衍。

〔一〇七〕「觀」，底本原校云一本作「親」。

〔一〇八〕「別」，底本原校云一本作「則」。

〔一〇九〕「兼」，底本原校云一本作「毻」。

〔一一〇〕「想」，底本原校云一本作「相」。

〔一一一〕「互以」至「緣集」，底本原校云一本無。

〔一一二〕「不」，底本原校云一本作「非」。

〔一一三〕「乘」，底本原校云一本作「業」。

〔一一四〕「門」，校本校勘記云甲本無。

〔一一五〕「是」，底本原校云一本後有「等」字。

〔一一六〕「次」，底本原校云一本無。

〔一一七〕「是」，底本原校云一本無。

〔一一八〕「者」，底本原校疑衍。

〔一一九〕「識」，校本校勘記云甲本無。

〔一二〇〕「持」，底本原校云一本作「地」。

〔一二一〕「別與心」，校本校勘記云甲本作「與心別」。

〔一二二〕「攝」，底本原校云一本作「斷」，下一「攝」字同。

〔一二三〕「戒」，底本作「成」，據底本原校及校本改。

〔一二四〕「有」，校本校勘記云甲本作「爲」。

〔一二五〕「無有」，校本校勘記云甲本無。

〔一二六〕「猨」，底本原校疑後脱「猴」字。

〔一二七〕「意」，底本原校疑後脱「識」字。

〔一二八〕「我」，底本原校云一本作「成」。

〔一二九〕「諸」，底本原校云經前有「我」字。

〔一三〇〕「數」，底本作「教」，據底本原校及校本改。

〔一三一〕「數」，底本原校云一本作「類」。

〔一三二〕「二」，底本原校疑爲「一」。

〔一三三〕「除意」，底本作「竟」，據底本原校及校本改。

〔一三四〕「意」，底本作「竟」，據底本原校及校本改。

〔一三五〕「癡」，底本原校云一本無。

〔三六〕「妄」，校本校勘記云甲本無。

〔三七〕「時」，底本作「等」，據底本原校及校本改。

〔三八〕「示涅槃慧彼」，底本原校云經作「爾燄識此」。

〔三九〕「藏」，底本原校云論作「真」。

〔四〇〕「作」，底本原校云一本作「修」。

〔四一〕「人」，校本校勘記云甲本無。

〔四二〕「藏」，底本原校云論作「真」。

〔四三〕「妄」，校本校勘記云一本作「法」。

大乘義章卷第四

遠法師撰

義法聚中，此卷有五門。十因義。十一空義。十二因緣義。十八空義。二十二根義。

十因義，七門分別。列名解相，一。十因生法，二。對二因分別，三。對六因分別，四。對緣分別，五。對果分別，六。對人辨異，七。

第一門中，先列十名，後辨其相。十因之義，出《地持論》。能生曰因。因義不同，一門說十。十名是何。一隨說因，二以有因，三種殖因，四者生因，五者攝因，六者長因，七自種因，八共事[一]因，九相違因，十不相違因，名字如是。

隨說因者，是名不足，若具應言隨名隨想[二]隨說因也。其義云何。廢名息想，去其言說，以求諸法，諸法體同，猶如幻化，因緣虚集，非有非無，無一定相[三]可以自別，賴名藉想，假於言說，設施彼法，法隨名等，方有種種事相差別，事相所隨，名相言說，是則法因，名隨說因。故論說言，彼[四]一切法名名已，想想已，說此諸法名想言說[五]，名隨說因。此因[六]最寬，諸法差別，皆由名故。

以有因者，諸法相望，迭相由藉，以有此故，得[七]有彼法，名以有因。於中有二。一、相順以有。如論中說，以有手故，有所作等。二、相違以有。如論中説，以有飢渴，求飲食等。此因寬長，所生之果亦寬亦長，遍一切處無不有故。

種植[八]因者，如彼世間種植之事，人功水土種子和合，名爲種植。以此種植與彼芽莖乃至菓實以爲因故，名種植因。此因亦寬，時分最促[九]，所生極長，以此因中具攝種子人功水土，故名爲寬。但取一運和合之時，説爲種植，故攝[一〇]爲促。所生之果，始從芽莖，乃至成就[一一]，故名爲長。

言生因者，直取種子親能生芽，故名生因。是因狹促，所生亦促。以此生因局在種子，不通水土，故名爲狹。芽生已前，説爲生因，不通於後，故稱爲促。所生之果，局在於芽，所以不長。斯乃且就外事爲言。若據染法，至果長通，後當辨之。

言攝因者，水土潤澤，攝生於芽，故名攝因。是因狹促，所生亦促。偏取水土，不收種子，故名爲狹。局在芽前，不通於後，故名爲促。所生之果，局在於芽，故説爲短。

言長因者，芽莖已後，次第增長，是名長因。是因狹長，所生亦長。以是因中不攝水土，故名爲狹。從芽已後，乃至成熟，皆是長因，故名爲長。若就内法，因增向果，亦有長義，所生之果亦統始終，故名爲長。

自種因者，還就種子，望後芽莖，乃至成熟，同類相起，簡別異類，故名自種。如麥生麥，穀生穀芽，是因狹促，與生因同。所生是長，從芽至熟皆是自種所生果故。

共事因者，如論釋言，從以有因乃至自種，名共事因，此等和合，共成世間因種事故，名爲共事。前隨説因，以何義故不名共事。以彼言説但可別法，不能生長，故非共事。是因寬長，無不在故。果無別體，不可論之。

相違因者，有爲之法，有成有壞，相違之法，違害前事，令其滅壞，障礙於生，名相違因。如彼論説，相違有六，此中唯取生相違法爲相違因。

不相違者，相順之法，助成前事，名不相違。

何者是乎。若別論之，牙生已後，所依水土是不相違。通以論之，種殖已後，所依水土皆名不違。此之十因，統通諸法，今且就彼因種之事以顯其相。

第二，明其十因生法。如論中說，十因具生染、淨、無記一切諸法。先明無記。就無記中，有內有外，外謂非情，內謂衆生。外中十因，釋不異前。內中有四，一是報生，二是威儀，三是工巧，四是變化。報生一門，從染因起，攝屬染法。餘之三種，論中不說，今宜辨之。能變化心，經論之中或說爲善[一二]，或名無記，今此且就無記以論因相。如何名相[一三]。言說辨宣[一四]威儀、工巧、變化，名隨說因。以有所須，及有所爲，起此三事，名以有因。方便之心，對緣初起，能生於後，名種殖因。初心方便，能生於後，名爲生因。外緣[一五]生攝[一六]因，次第漸增，名爲長因。當分相起，名自種因。從以有因，乃至自種，名共事因。與此相違，名相違因。順起不乖，名不相違因。無記如是。此一門竟。

染法因者，如論中說，十二因緣，隨言分異，名隨說因。以有因者，釋有三義。一者通就十二因緣相望以釋。以有前支，後支得生，名以有因。二就因果相對分別。以有過因，現果得生，以有今因，來報得起，名以有因。三就受生[一七]强者以說。三有受生，皆由於愛，故論說言唯愛能令諸有相續。以有愛故，諸有支生，名以有因。論依後釋，故論說言，顧念味著，諸有支生，名爲以有。味猶愛也。種殖因者，釋有兩義：一、業煩惱相對分別。業爲正種，煩惱緣助，是二和合，名種殖因。二、就內外相對分別。結業爲種，惡友、邪法、六塵境界以之爲緣，因緣和合，能生於後，名爲種殖。論依後釋，故論說言，無明等法現法種子，生餘生死，名種殖因。言攝因者，訓釋有二：一、業煩惱相對分別，業爲正種，煩惱緣助，煩惱之緣，潤彼業種，攝生後果，名爲攝因。二、就內外相對分別，業與煩惱合爲正種，惡友、邪法、六塵境界以之爲緣，攝無明行，令生後果，名爲攝因。論依後釋，故論説言，於現在世，不近善友，不聞正法，習不正思，無明等生，名爲攝因。惡友、邪法，如似水土。習近聽受，不正思惟，如似人功。由是力故，令無明行生後果報，是故名爲無明等生。此生，皆由惡友、邪法，不正思惟，是故名彼以爲攝因。言生因果[一八]者，訓釋有二：一、業煩惱[一九]相對分別，業爲正因，煩惱爲緣，業之正因[二〇]能生後果，故名生因。二者，内外相對分別，煩惱與業同爲正因，惡友、邪法以之爲緣，因能生果，故名生因。論依後釋。言長因者，無明行等漸漸增長，至未來世，生死果報，是名長因。故論説言，無明至後[二一]有，增進相求，至餘生死，名爲長因。准前世間種殖之事，應從生後增向老死以爲長因。但今論家[二二]，因增向果，亦名爲長。何故如是。後[二三]據内心，心有漸習趣果之義，增長義顯，故説爲長。彼前外種非是心法，無有漸習向果之義，增長不顯，故不名長。若互相從，皆得無傷。自種因者，六道種子，當分生果，名自種因。故論説言，各各種子，無明等生，名爲自種。六道因别，故云各各。彼彼因中，皆悉從於無明行等，生後果報，是故説爲無明等生。共事因者，始從以有，乃至自種，共成一種因緣之事，故云共事。隨説因者，但能别法，不能生長，故不説共。相違因者，無漏道品能違染法，名相違因。不相違者，猶是向前以有等事相對[二四]故來。染因如是。此二門竟。

次辨淨因。如論中説，始從種性，乃至涅槃，隨説故别，名隨説因。以有生死，樂求淨法，名以有因。種殖因者，種性地中所成善法[二五]如似種子，善友正説如似水土，解行之初，依先種子，對緣始習，能生於後，名種殖因。近善知識，聽受正法，堪能攝起出世道品，名爲攝因。地前所修，能生出世無漏道品，以爲生因。言長因者，若類世間種殖之事，初地已上運運增長，趣順菩提，名爲長因。若類染法，種性已去，乃至佛果，漸次增長，皆名長因。三乘種子，當分生果，名自種因。從以有因，乃至自種，名共事因，共成一種修道事故。染法違淨，名相違因。淨緣順淨，名不相違。故論説言，染法相違，是淨法因，淨法相違，是染法因。生法如是。

第三，約對二因分別。言二因者，如《地持》説，一是生因，二方便因。親而起體，名爲生因。疎而助發，名方便因。二因如是。今對十因辨明其相。如論中説，種子於芽是名生因，餘名方便。然此非謂唯取十中第四生因以爲生因。於十因中，但使種子能生芽義，皆屬生因，餘名方便。總相雖然，别猶難解，今宜辨之。就外無記，十因之中生因一種，唯是生因。隨説因、攝因、長因、相違因、不相違因，此之五因，唯是方便。隨説因者，以言别法，不生法故，非是生因。攝據外緣，故非生因。如《地持》説，芽莖已後方名爲長，故非生因。若就心法，不同此釋。相違因者，但能滅法，與彼滅法以爲方便，不能生法，故非生因。不相違者，與攝因同，故非生因。自餘四因，義有兩兼。以有因中通其緣正，以有種子，令芽得生，是其生因。以有水土，令芽得生，是方便因。種殖因中，亦通緣正。種子於芽，是其正因。水土於芽，是方便因。自種因中，種子於芽以説自種，判屬生因，種子望彼莖葉等事以爲自種，判屬方便，非親生故。共事因中，亦其二因。生及方便，相同以有，乃至自種，總攝彼等爲共事因。此一門竟。

今次就彼内無記因，攝以爲二。生因一種，唯是生因，自分生故。隨説因、攝因、相違因、不相違因，此之四種，是方便因。以有因中，具有二因。以有最初起無記心，能生於後，判屬生因。以有外境，能生於心，是方便因。種殖之中，亦具二因，相同以有。長因之中，具攝二因。最初種子次第增長，生初威儀、工巧、變化，是其生因，餘名方便。自種因中，亦具二因。以方便心，望初威儀、工巧、變化，以説自種，如是自種即是生因。望後威儀、工巧、變化，以説自種，是方便因，非親生故。共事因中，亦具二因，同前以有，乃至自種，總攝彼等，爲共事故。此二門竟。

次攝染因，以之爲二。十因之中，生因、自種，此之二因，唯是生因。問曰：向前無記法中自種因者，亦是生因，亦方便因，今此何故唯既生因。釋言：有以無記法中，種子望芽亦是自種，望餘莖等唯是自種，而非生因，故兼兩義。今此染中結業望生乃至老死，皆是自種，悉是生因，是故自種唯是生因。何故如是。染法力强，一因堪能親生多果，故望生死俱〔二六〕是生因。無記力弱，一種不能親生多果，故望唯〔二七〕莖等，不名生因。若〔二八〕使染中通望老死爲生因者，何故論言種子於芽是名生因。彼乃且就無記言耳。隨説、攝因，違、不違因，此之四種，唯是方便。義同前釋。餘之四因，義有兩兼。於四因中，正因生果，齊是生因，緣因起報，悉是方便。如以有中，以有結業，生於後果，判屬生因，以有外緣，起於後報，判屬方便。種植因中，云何具二。種植因者，内外和合，方名種殖，就種植中分取結業生於後果，判屬生因，外緣生果，判屬方便。長因之中，云何具二。如論中説，從無明行乃至老死，漸次增長，是名長因。就此生果增長之中，因增至果，判屬生因，因因自增，果果自長，判屬方便。問曰：何故因增至果得非〔二九〕生因，因因自增，果果自長，説爲方便。釋言：有以從因生果，因果位别，因滅果興，生相顯現，故説生因。因還望因，果還望果，無如是義，故不名生，但名方便。若通説生，理亦無傷。共事因中，云何具二。若更分别，不異以有，乃至自種，總説彼等，爲共事故。染法如是。此三門竟。

次攝淨因，以之爲一。十因之中，生因一種，唯是生因。隨説、攝因、違不違因，唯是方便。隨説、攝因，及不相違，成之方便。相違因者，退之方便。自餘五因，義有兩兼。以有因中，通其內外。以有最初道品種子，生後道品，判屬生因。以有外緣，能生出道，判屬方便。種殖亦爾。內外和合，名爲種殖。於中分取道品種子能生於後，判爲生因。分取外緣能生於後，說爲方便。長因之中，從道向道，漸次增長，是其生因。增長向滅，是方便因。問曰：何故染法之中從因向果名爲生因，淨法向果乃名方便。釋言：有以染法之果，所謂生死，生死有爲，可生法故，長因向彼，是其生因。淨法之果，所謂涅槃，涅槃無爲，非可生法，是故長因增長向彼但名方便。問曰：向前染法之因，因因相起，但名方便，何故淨中道道增長說爲生因。釋言：染麤從因向果，生相顯現，故名生因，良以對彼麤顯生故。因因相起，生相不顯，不名生因。淨法是細，道增向滅，一向非生。良以對彼非生法故，說道相起以爲生因。自種因中，以道望道，宣說自種是其生因，以道望滅，宣說自種是方便因。共事因中，亦具二因。若更分別，不異以有，乃至自種，總攝彼六爲共事故。二因如是。

第四門中，約對六因，具相收攝六因之義。如《阿毗曇》《大智論》中亦具分別。六名是何。一、所作因。謂法起時，諸法彼[三〇]不障，名所作因。《大智論》中名無障因。二、共有因。諸法起時，共有之法，生、住、滅等，共相助成，名共有因。三、自分因。一切諸法，同類相生，名自分因。《大智論》中名自種因。四者遍因。十一遍使，增長一切染污之法，名之遍因。何者十一。苦下五見，疑及無明，即以爲七。集下二見，邪見、見取，疑及無明，即以爲四，通前十一。五、相應因。諸心心法相應造境，名相應因。前共有因，相依體立，此相應因，相依有用。六者報因。諸業煩惱，得苦樂報，名爲報因。此義廣釋，如六因章。今對十因，共相收攝。於中先對外無記因，攝之爲六。就此十中，除相違因，餘九是其三因所攝。就餘九中，隨說、攝因，及不相違，此之三種是所作因。生因、長因，及自種因，此之三種是自分因，同類之法自相起故。以有因中，具有三因：一、所作因。以有水土，牙莖等生，名以有中所作因也。二、共有因。謂外色中生等四相，與彼外色相扶體立，名共有因。三、自分因。以有前色生後色故，名自分因。種殖因中，具有二因，謂自分因及所作因。種子與彼水土和合，名爲種殖。種望牙等，是自分因。水土潤澤，望彼牙等，名所作因。共事因者，具有三種，謂所作因、自分因、共有因。若更分别，不異以有，乃至自種，總攝彼六，爲共事故。此一門竟。

次就内法無記十因，具相收攝。除相違因，自餘九因，四因所攝，謂所作因、共有因、自分因、相應因。相狀如何。隨説、攝因、不相違因，此之三種，是所作因。生因一種，是自分因。以有因中，具有四因。以有六根及外境界，起無記心，是所作因。以有同時諸心法等，互相助成，是共有因。以前起後，是自分因。諸心心法，相應造緣，是相應因。種殖因中，具攝二因。就種殖中分取種子能生於後，是自分因。分取六根及外境界，是所作因。長因之中，亦具二因。同類相起，是自分因。心心相次，是所作因。自種亦爾。共事因中，具有四因，同前以有，乃至自種，總攝彼六爲共事故。相違因者，望壞彼法，爲所作因。非報法故，無其報因。非染法故，無其遍因。此三〔三〕門竟。

次對染因明〔三〕相收攝。還除相違，餘九是其六因所攝。隨説、攝因及不相違，此之三種，是所作因。生因自種，是其報因。以有因中，具有六因。以有根塵，生業煩惱，名所作因。心心法等，相扶體立，名共有因。業煩惱苦，同類相起，以前生後，名自分因。以有遍使增長一切染污之法，即是遍因。有同時心心數法，相應造緣，名相應因。以業煩惱生彼當果，即是報因。種殖因中，具攝二因，所謂報因及所作因。謂業煩惱對緣現起，能生後果，名爲種殖。是種殖中，業與煩惱，生於當果，即是報因。外緣生果，是所作因。長因之中，具有三因。煩惱業苦當分增長，是自分因。煩惱增長，起身口業，是所作因。作業煩惱，增長生苦，是其報因。共事因者，具攝六因。若更分別，不異以有，乃至自種，總攝彼等爲共事故。此三門竟。

次對淨因明相收攝。還除相違，餘九是其四因所攝。隨説、攝因及不相違，是所作因。以有因中，具攝四因，謂所作因、自分因、共有因及相應因。依於善友正説法等，增長道品，是所作因。道品法中，以前生後，同類相起，是自分因。同時具有定道無作，是共有因。無漏心法相應造緣，是相應因。種殖因中，具有二因，謂所作因及自分因。種殖之中，最初道品，對緣現起，名爲種殖。是種殖中，最初道品同類生後，是自分因。異類相起，是所作因。善友等緣，能生於後，亦是所作。生因不定。小乘法中，淨法種子必是有漏，以此種子生於出世無漏之道，異類相起，是所作因。大乘法中，淨法種子必是無漏，以此種子生於出道，同類相起，是自分因。就長因中，若有漏道，若無漏道，當分增長，是自分因。若從有漏增向無漏，從道向滅，是所作因。自種因中，小乘種子，望於出道及望涅槃以説自種，異類相望，是所作因。大乘種子，望於出道以説自種，同類相望，是自分因，望於涅槃以説自種，是所作因。共事因中，備攝四因，謂所作因、自分、共有及相應因。若具分別，不異以有，乃至自種，總攝彼等爲共事故。非染法故，無其遍因。非報法故，無其報因。

第五，約對四緣分別，如《地持》説。何者四緣。一者因緣，二次第緣，三者緣緣，四增上緣。六因之中，相應、共有、自分、遍因及與報因，此之五種，是其因緣。所作因中，分作三緣。就所作中，六塵生心，是其緣緣。心法次第，藉前生後，是次第緣。自餘一切，萬法不鄣，是增上緣。此義廣釋，如四緣章。今對十因共相收攝。

於中先攝外無記因以爲四緣。就十因中，除相違因，餘之九因，二緣所攝，所謂因緣及增上緣。九中三因，一向是其增上緣攝，謂隨説〔三三〕、攝因、不相違因。三因一向因緣所攝，所謂生因、長因及自種因，以六因中自分攝故。自餘三因，二緣所攝〔三四〕。以有因中，以有水土，令芽得生，是增上緣。以有種子，令芽生者，是其因緣，自分攝故。種殖因中，分取種子，望彼芽生，是其因緣，自分攝故。分取水土，能生於芽，是增上緣。共事因中，亦具二緣，同前以有，乃至自種，總攝彼等爲共事故。相違因者，望壞彼法，爲增上緣。此一門竟。

次説内法無記十因，以爲四緣。就此十中，除相違因，餘之九因，四緣所攝。隨説因者，是增上緣。以有因中，具攝四緣。就中分取相應、共有及自分因，以爲因緣。六根生心，是增上緣。六塵生心，是其緣緣。心法次第以前生後，是次第緣。種植因中，具攝四緣。分取種子能生於後，是其因緣，自分攝故。六根生心，是增上緣。外緣生心，是其緣緣。從初種殖〔三五〕次生後心，是次第緣。生長自種，具攝二緣。同類相起，是其因緣。次第相起，是次第緣。攝因、不違，各具二緣，所謂緣緣及增上緣。六根生心，是增上緣。六塵生心，是其緣緣。共事因者，具攝四緣，同前以有，乃至自種，總攝彼等爲共事故。相違因者，望壞彼法，爲增上緣。此二門竟。

次攝染因以爲四緣。就染因中，還除相違，攝餘九因，以入四緣。隨説因者，是增上緣。以有因者，四緣所攝。以有結業，能生後果，是其因緣。以有前心，生於後心，是次第緣。以有六塵，生於六識，是其緣緣。以有六根，生於六識，是增上緣。以有惡友倒説法等，增長結業，生於後果，亦是增上。種殖因者，四緣所攝。結業生果，是其因緣。心心相起，是次第緣。習近惡友，是增上緣。聽受邪法，是其緣緣。生因自種，二緣所攝。報因生果，是其因緣。心心相起，是次第緣。攝因及與不相違因，二緣所攝。習近惡友，是增上緣。聽受邪法，是其緣緣。長因之中，具有三緣，所謂因緣、次第、增上。從無明行，增長生果，是其因緣，報因攝故。從因生因，從果生果，亦是因緣，自分攝故。從於無明乃至生死，心心相起，是次第緣。從於煩惱，生於善[三六]業，是增上緣。共事因中，具攝四緣，若更分別，不異以有，乃至自種，總攝彼等爲共事故。相違因者，望壞彼法，爲增上緣。此三門竟。

次攝淨因以爲四緣。除相違因，餘之九因，四緣所攝。就此九中，隨説因者，是增上緣。以有因中，具攝四緣。以有前道，生於後道，是其因緣，自分攝故。以有同時心心數法，亦是因緣，相應攝故。以前生後，是次第緣。以有道法，緣之起道，是其緣緣。以有善友正説法等，攝生從道，是增上緣。種殖因中，具攝四緣。就種殖中，分取最初無漏道品，能生於後，是其因緣，自分攝故。境界生心，是其緣緣。六根生心，是增上緣。心心相起，是次第緣。生因、長因及自種因，三緣所攝。同類相生，是其因緣，自分攝故。異類起者，是增上緣。就此道中，心心相起，是次第緣。攝因、不相違因，二緣所攝，謂增上緣及與緣緣。近友生道，是增上緣。緣法起道，是其緣緣。共事因者，具攝四緣，同上以有乃至自種，總攝彼等爲共事故。相違因者，望壞彼法，爲增上緣。四緣如是。問曰：論中攝彼十因以爲生因及方便因。攝彼二因，以爲二緣。其生因者，説爲因緣。方便因者，是增上緣。今云何言十因之中具攝四緣。釋言：論家就無記因生外法者，故爲此判。若就内法，亦具四緣。故彼論言，次第緣、緣緣是心[三七]法攝。四緣如是。

第六門中，對果分別。若對十因，還有十果。云何十果。如向因中，隨分所作，即是十果，相顯可知。又彼論中宣説五果，一者依果，二者報果，三士夫果，四增上果，五解脱果。言依果者，如論中説，習善增善，習惡增惡，如是一切同類相起，是名依果。言報果者，有漏之業，所生苦樂，是名報果。士夫果者，《雜心》之中名功用果，士夫是人，士夫所作一切諸事各有成辨，名士夫果。二十二根名爲增上，各有果生，名增上果。斯乃且就内法爲言，外法之中增上緣起，當知亦名增上果也。無漏道品得解脱證，名解脱果。世俗斷結，非畢竟盡，非解脱果。五果如是。今對此果，明因所得。於中先就外無記因，以明得果。就十因中，除相違因，餘之九因能得三〔三八〕果，所謂依果、士夫果及增上果。隨説、攝〔三九〕因、不相違因，此之三因，得增上果。以有種殖，能得三果。分取種子能生後者，得其依果。分取水土能生後者，得增上果。分取人功，能成外事，名士夫果。生因、長因及自種因，能得依果。同類之法，迭相起故。共事因者，能生三果。同彼以有乃至自種，以接彼等爲共事故。相違因者，望壞彼法，爲增上果。然此無記，非報因故，無其報果。若望業行，説爲依報。如後染淨二因中説，非無漏故，非解脱果。此一門竟。

次就内法無記十因，以明得果。除相違因，餘之九因，能得三果，所謂依果、士夫果、增上果。隨説、攝因、不相違因，得增上果。以有因者，能得三果。以有六根及外境界，起無記心，是增上果。以人能起，是士夫果。以前起後，是其依果。種殖因者，能得三果，相同以有。生因、長因及自種因，能得依果，同類起故。共事因者，亦得三果，同前以有，乃至自種。相違因者，望壞彼法，爲增上果。然此無記非報因故，無其報果。非無漏故，無解脱果。此二門竟。

次對染因以明五果。染因之中，亦除相違，餘之九因，能得四果，除解脱果。隨説因者，得增上果。以有因者，能生四果。無明得〔四〇〕行等，以前起後，得其依果。以有結業，能生後果〔四一〕，故有報果。以有衆生，造諸業行，所作成辨，名士夫果。以有六根，生六識等，名增上果。種殖因者，能生三果。分取結業，能生後報，故得報果。分取外緣，攝生後報，名增上果。由身造因，受於來報，是士夫果。又近惡友，起業煩惱，終得來報，即是惡友士夫果也。然種殖因，望於當果，以説種殖。異類相生，故無依果。生因自種，能生報果。攝因之中，有其二果。以彼外緣攝生後報，是增上果。就攝[四三]因中，由近惡友，攝起結業，能生後報，即是惡友士夫果也。長因之中，有其二果。從因增長，至於生果，是其報果。因因漸增，果果自長，如是長因，能生依果。共事因者，能生四果，不異以有，乃至自種。相違因者，望壞彼法，爲增上果。非無漏故，無解脱果。此三門竟。

次對淨因以明五果。就淨因中，除相違因，餘之九因，能生五果。隨説因者，得增上果。以有因者，能生五果。以前起後，能生依果。信等諸根，各有所生，是增上果。人能修起，是士夫果。能得涅槃，是解脱果。小乘法中，暖等四心，是小乘性，性是有漏，得色界報，名爲報果。大乘法中，緣照無漏，得變易報，名爲報果。種植因者，亦得五果。如以有説，生因一種，能得三果。同類相起，得其依果。異類相起，得增上果。小乘種性，得分段報，大乘無漏，得變易報，是其報果。攝因得二。近友聽法，如是等緣，得增上果。由人修起，得士夫果。長因得四。同類相起，能得依果。信等相起，得增上果。終得涅槃，名解脱果。起變易報，名得報果。自種因者，亦得四果，與長因同。共事因者，能得五果，同前以有乃至自種，總攝彼等爲共事故。相違因者，望彼退道，爲增上果。非報因故，無其報果。

第七門中，就人辨異。人別有三，一者凡夫，二聲聞緣覺，三是菩薩。人別既殊，所知亦異。凡夫於此但知其事，不達餘義。二乘於此，但知假名因緣而有，無有定性，不窮其實。菩薩知此非有非無，幻化緣起，無有定相。十因之義，略辨如是。

十一空義。

十一空義，出《涅槃經》。所言空者，顯理之目，理寂名空。空隨詮辨，廣略不定。或總爲一，如《大品》説名爲獨空。廢詮談理，不分多門，故名爲獨，非法唯空説爲獨矣[四三]。或分爲二，我空、法空。或分爲三，空、無相[四四]、願。或分爲四。四有兩門。一如《維摩》説，謂空、無相、無作、無起。法無定性，名之爲空。無因緣相，名爲無相。無果可作，名爲無作。故彼經言，唯行無作，而現受身。因無所起，名爲無起。故彼經言，雖[四五]行無起，而起善行。二如《大品》説，謂有法空、無法空、自法空、他法空。已如上釋。或説爲五，如《無量壽經》説，空、無相、無願、無作、無起，是其五也。空與無相，義同前釋。無彼妄相願求之心，説爲無願。無作無起，亦如上釋。或分爲七，如《大品》説，此如上釋。或分爲九，如《雜心》説。或分十一，如《涅槃》説。或分十四，如《大品》説。或説十八，如《大品》説。或復説爲二十二空，或復説爲二十五空，如《涅槃》説。廣則無量。

今據一門，且論十一，所謂内空，乃至大空。此十一中，前十相空，精起[四六]法中破以明空，後一真空，真心體中性寂名空。此云何知。前之十空，猶六地中十法平等，《地持》名爲妄想境界，十[四七]法平等，故知相空。其大空者，《地經》名爲阿梨耶識觀，故知真空。人復説言，前十境空，後一智空，此亦有以。於妄分齊，心外有法，破之顯無，故曰境空。於真分齊，心外無法，一切諸法，皆即心説，就之辨空，名爲智空。復前十中，初之八空將無破有，第九一空用有破無，第十空空以非有無雙破有無，與《地經》中十平等同。前八空中，初之七空明無性空，破去衆生及法自性，後一明其無相之空，破遣[四八]衆生及法之相。前七空中，初六破遣衆生之性，後一性空破遣法性。前六空中，初五約就現在觀空，後一約就過去觀空。

就前五中，初之三門就事觀空，後二就法。

言内空者，衆生五陰是其内法，是内法中無有我、人、衆生、壽命、常、樂、我、淨，故名爲空，未空法體。言外空者，非情之法，説以爲外，是外法[四九]中亦無我、人、衆生、壽命、常、樂、我、淨，故名外空。此二別觀。内外空者，總觀向前内外諸法無我人等，名内外空。何故前別而後總乎。釋有兩義：

一、隨觀難易，分爲三種。始時觀内，未及其外。第二觀外，不及其内，故先別觀。第三觀熟方能合觀，故後總也。問曰：諸法總知則易，別知則難，故二乘人但能總相知於苦等，不能別知，菩薩方能差別異知，方[五〇]何今此先別後總。釋言：有以法有兩種，一是同相，二是別相。空無我等諸法齊通，名爲同相。色受想等事相各異，名爲別相。於此二中，若欲尋伺以知其別，總易別難，故先觀總，後觀其別。若欲尋別以知其同，別易總難，故先別觀，後爲總觀。今依後門，先別後總。此之一義，隨觀難易，故分三種。

二、對患不同，故分三種。人別有三：一者，著内情多，著外情少，故先觀内。二、著外情多，著内情少，故須觀外。三、内外俱著，故須總觀。此前三種就事觀空，次後兩門就法明空。法有二種，一者有爲，二者無爲。苦無常等生滅法數，是其有爲。三無爲等，是其無爲。有爲法中無我人等，名有爲空。無爲法中無我人等，名無爲空。問曰：向前内外等中離合爲三，今此有爲無爲法中，何不如是，唯別無總。釋言：准量理亦無傷，但今爲明内外二法同是有故，合觀則難，是故第三内外總觀有爲無爲。有無位別，合觀則易[五一]，故無第三有無總也。

此前五種，就現境界以明空義。無始空者，更無別義，但就過去觀前五空，名無始空，明此諸法非今始觀方無我人，無始已來常自空也。問曰：何故唯就過去説無始空，不就未來説無終空。准量應得，但今爲明過去法者起患根本，無始已來所執著處，故須觀之。過現既空，類當可知，故略不論。又三世法，次第相生，過爲現本，現爲過末，現爲當本，當爲現末。現法易觀，故先就之以觀空理。現由過生，故後就本觀無始空。以本類末，義在易知，故觀過現，類知未來，不假就當，觀無終空。又問：若爾，六通之中亦應如是，但知過現，何用天眼知未來乎。釋言：不類。六通知事，三世事異，故須別知。空義理同，可以類知，故不別論。

此前六種是衆生空。第七法空。言性空者，觀法虚假，無有自性，名爲性空。前七破性，下一破相，破遣[五二]衆生及諸法相，見因緣相亦無所有，是以經言，無所有者，如人無子名之爲空，非是就[五三]子明無性空。又如貧人無物名空，亦非就物明無性空。如人無子，遣衆生相。如貧無物，破遣[五四]法相。

此前八空，以無遣有。第一義空，以有遣無，名前八空爲第一義。彼第一義，亦皆空寂，是故名爲第一義空。是以經言，云何名爲第一義空。是眼生時，無所從來，及其滅時，去無所至，推其實法，了不可得，名第一義。云何名爲第一義空。有業有報，不得作者，故名爲空。良以宣説因緣業報爲第一義，故因緣外無別有彼第一義諦，性[五五]不可得，故名爲空。

此前九空，別遣有無。第十空空，存無雙遣。是以經言，是有是無，是名空空。是是非是，是名空空。是有是無，是名空空者，就詮彰理。是是非是，是名空空者，拂相顯寂。言是有者，牒前第九，有遣無也。言是無者，牒前第八，無遣有也。是名空空，就詮彰理，謂前所牒有無法性，即是第十空空義也。雖言有無是其空空，義猶未顯，故復後拂相以顯理寂。非是有無二相並立説爲空空，蓋乃有無二相雙捨名空空也，義意如是。言是是者，牒前經中是有無二種是也。言非是者，遣前是有是無是也。理非有故，是有非是，理非無故，是無非是。兩是俱非，故號空空。相狀如何。因緣之法，有無同體。以同體故，無法爲有，有法爲無。無爲有故，有則非有。有爲無故，無則非無。是以有無皆非自性，非自性故説爲空空。

此前十門，是其相空，破遣情相，以明空理。第十一空，就實辨空，就彼真性緣起行德説爲空也。是以經言，波若波羅蜜名爲大空。波若之體，即是真實如來藏識。如來藏中統含法界恒沙佛法，恒沙佛法同一體性，互相緣集，無有一法別守自性，故説爲空。法界皆空，空寧不大，是以就實説爲大空。《地經》之中，亦同此説。故彼文中，阿梨耶識名爲大空。前十相空，即是《地經》第六地中十法平等。雖不一一名數相對，其義大同。後一真空，即彼所顯無生法體。又彼六地所得十空三昧之中生空、法空、第一義空，即是此中前十相空。大空已後，餘之七空，即是此中大空不[五六]攝。十一空義，略辨如是。

十二因緣義，八門分別。釋名辨體，一。開合廣略，二。約時分別，三。界地分別，四。三性分別，五。淺深分齊，六。就人分別，七。約智分別，八。

第一釋名，并辨其體性。十二因緣者，謂從無明乃至老死，是其名也。

言無明者，癡闇之心，體無慧明，故曰無明。過去世中煩惱非一，以何義故偏説故明。釋有兩義：一、彰通隱別，故説無明。過去世中一切煩惱，皆有闇惑迷理之義，就斯通義，故説無明。二、舉强攝弱，故説無明。無明煩惱，迷於本際，集起生死，其力最强，從强以名，故説無明。但説無明，當知一切餘結皆隨，譬如世間王來王去，餘衆皆隨，主得其名，此亦如是。釋名既然，體相云何。於中差別，乃有四種：一、迷理無明，所謂迷於二諦之理。故經説言，不知諸諦第一義故，名爲無明，如是等也。二、發業無明，所謂三根、三道煩惱，三根煩惱能發思業，三道煩惱發身口業。三、覆業無明，謂造業已，重於前境起貪瞋等，覆助前業，令其增長。四、潤生無明，亦名受生，謂受生時諸煩惱等。若依毗曇，九十八使一切煩惱皆能潤生，斯則潤生受生無別。若依《成實》，唯愛能潤，餘但遠助。若據斯義，潤生則狹，局唯在愛，受生則寬，通於餘結。《地經》亦然，故經[五七]言，愛水爲潤，無明覆弊，我心溉灌，如是等也。

所言行者，諸業集起，名之爲行。集起有二。一就業體，緣中集起，名之爲行。二就功能，集起後果，故名爲行。名義如是。體相云何。於中具以七門分别：一、就性分别。行雖無量，要唯善惡，善惡二業能得報故。無記無報，是故不説。二、就具分别。所謂一切身口意業。三、約果分别。如《地經》説，所謂罪、福、不動業也。三塗惡業，名之爲罪。欲界地中人天善業，名之爲福。上二界中八種定業，説爲不動。四、對報分别。所謂苦、樂、不苦不樂三受之業。五、就處分别，謂三界繫。六、就時分别。所謂現報、生報、後報、不定報業。七、隨相分别。相别有四，一黑，二白，三黑白雜，四不黑不白。四中，前三是其有漏分段之因，後一無漏變易之因。業行無量，且論斯耳。此等如後業聚之中具廣分别。

所言識者，分[五八]别之義。於中分别，乃有三種：一、種子心識。作行以後，受生已前，所有心識，爲業煩惱所薰發[五九]故，能生後果，説爲識支。若復通論，無明行中所有心識亦是識支。二、求生心識，在於中陰。三、受生心識，名爲識支。謂受生時，最初一念染污之心，於彼父母精血等事，妄想起於華池等愛，非起婬愛。

言名色者，心從詮目，故號爲名，身形質礙，稱之爲色。良以心法冥漠難彰，非詮不辨，故從詮目，説以爲名。故《楞伽》云，以名宣説無色四陰，故説爲名。色相形現，可以現見，當相名色。十二因緣通而論之，皆是名色。良以此支，色心始具，名色相分段[六〇]，故偏名支[六一]。

言六入者，生識之處，名之爲入。入别不同，離分六種，所謂眼、耳、鼻、舌、身、意。前色增長，今爲五入。前名增長，今爲意入。

所言觸者，觸對塵境，目之爲觸。若依《成

實》，對後受支説想爲觸，觸假之初，故名爲觸。若依毗曇，以心法中觸數爲觸。此之觸數，依[六二]根就塵，能令根塵共相觸對，故名爲觸。大乘法中亦同此説。然觸有五：一、增語觸，謂意地觸能發法[六三]故。二、有對觸，謂五識中相應之觸。觸對現境，故名有對。三者明觸，謂無漏觸。四、無明觸，謂諸煩惱相應之觸。五、處中觸，所謂一切有漏之觸。故《雜心》云，增語及有對，明無明處中。五中，前二約根以分，後之三種隨性以别。此之五種，大小不同。小乘法中，所説不定。若取報觸以爲觸支，增語、有對及與處中是其觸支，餘二則非，以明無明非報法故。若説一切有漏之觸以爲觸支，除其明觸，餘四皆是。明觸無漏，是故不取。大乘法中，所説不定。若説分段，與小乘同。若説變易十二緣者，五觸皆是觸支所攝。

所言受者，領納名受。於中分别，廣略不定。或總爲二[六四]。或分爲二，一是身受，二是心受。五識相應，名爲身受。意識相應，名爲心受。或説爲三，所謂苦、樂、不苦不樂。或説五受，所謂苦、樂、憂、喜及捨。或説六受，謂六根中所生受也。或説十八，謂六根中各分苦、樂、不苦不樂三種受故。或復宣説三十六受，前十八中染淨分故。或説百八，如龍樹説，前三十六，三世分之，故有百八。

所言愛者，染境名愛。現在世中煩惱非一，以何義故偏名爲愛。未來生死，由愛牽起，愛力功强，故偏説之。雖但説愛，餘結皆隨，亦如世間王來王去，餘衆皆隨。於中分别，略有二種，一愛已身，二愛所須。廣分有五：一、於順情未得法中，起欲得愛。二、於順情已得法中，起不失愛。三、於違情未得法中，起不得愛。四、於違情已得法中，起求捨愛。五、於非違非順法中，起處中愛，非極違情，不生厭故。

所言取者，前愛增上，取著境界，故名爲取。若具分别，取有四種，一是戒取，二是見取，三是欲取，四是我取。此之四種，諸論不同。若依毗曇，一切三界戒取之心，説爲戒取。一切三界身見、邊見、邪見見取，通名見取。欲界一切諸鈍煩惱，通名欲取。上二界中諸鈍煩惱，緣自身起，通名我取。若依《成實》，身見一使，名我語取。實無我體，但著我名，故云我語。依此身見，起於邊見，取著斷[六五]常。若見斷者，則著五欲，名爲欲取，以無後世，貪現樂故。若見常者，有利有鈍。若鈍根者，則取持戒，望後世樂，名爲戒取。若利根者，計[六六]神是常，苦樂不變，則無罪福，故起邪見，説爲見取。若依毗曇，直説四取以爲取支，則爲具攝一切煩惱。若依《成實》，四取不攝諸鈍煩惱，是則取支通攝四取及餘一切諸鈍煩惱。

所言有者，現在行業，能有當果，故名爲有。此既是業，何不名業，乃名有乎。當果未有，由業有之，故從功能説[六七]爲有耳。論其體相，與行支同。

所言生者，來報始起，説名爲生。生之體狀，與識支中受生識同。

言老死者，衰變盡壞，名爲老死。與前名色、六入等同。

此之十二，迭相因由，互相緣藉，故名因緣。如四諦中論因緣者，業能親生，説之爲因，煩惱疎助，説之爲緣。今此不然。莫問一切煩惱業苦，從前生後，斯名因緣。名義體相，辨之麤爾。

第二門中，開合廣略，明因緣相。因緣之法，廣略不定，如《涅槃經·梵行品》説。或説爲一，謂十二因緣唯一有爲。或説爲二，謂十二緣唯因與果。過無明、行，現[六八]愛、取、有，是其因分。現在識等，當來生死，是其果分。或説爲三，於中乃有三門不同：一、三世分別。無明與行，是説過去。識支不定。若取因中種子心識以爲識支，是屬過去。若取最初受生心識以爲識支，是屬現在。若説求生心識爲識，義則不定，望其過因，説爲現在，望其現報，説爲過去。名色、六入，乃至觸、受，一向現在。愛、取、有三，義則〔六九〕不定。論其體性，起在於今，判屬現在。論其功力，能有當果，以因從果，判屬未來。《地經》之中，據斯説也。若如是者，過去之因，何不從果判爲現在。釋言：有以過因，現果起之已定，故隨世別，不相從説。未來未有，由因故有，是故攝因從果爲未。生、死二支，定屬未來。此是第一，三世分別。二、三道分別。如《地經》説，無明、愛、取，是煩惱道。行、有二支，是其業道。識與名色、六入、觸、受、生、死，七分説爲苦道。無明、愛、取，並是煩惱，以何義故，過説無明，現彰愛、取。是義應齊，但今爲分三世別異，隱顯互論，等分三世，非無所以。釋有兩義：一、本末分別。無明是本，理在先彰，過去説之。愛、取是末，理在後論，現在説之〔七〇〕。二、强弱分別。無明煩惱，迷其本際，建集生死，其力功强，過去説之。愛之與取，牽生未來，其力增上，現在説之。行、有二支，同皆是業，何故過去彰其行名，現在説有。理亦應齊，爲分三世差別異名，等分三世，非無所以。過去世中集起已定，當相名行。未來未有，由業有之，故就功能説爲有耳。識等五果，生、死二報，同皆是苦，以何義故，現彰識等，未説生、死。理亦應齊，爲分世別，隱顯異名，等分三世，亦有所以。現報起竟，故就報體，説爲識等。未來未起，就過以名，令物生厭，故説生死。此是第二三道分別。三〔七一〕苦分別，如《地經》説，無明、行、識，乃至六入，名爲行苦。觸、受二支，名爲苦苦。餘因緣分，名爲壞苦。三苦相〔七二〕通，何故如是。理實齊通，但今爲明觸、受二支，現諸緣生，心性是苦，於彼苦上加現事惱，苦上加苦，故云苦苦。無明、行等，起令義顯，故説爲行，行體是苦，故名行苦。愛、取、有等，趣向未來。生、老死等，敗壞之果，故名爲壞。壞體是苦，故名壞苦。此隨麤細隱顯論之，非盡道理。此是增數三門分別。或説爲四，如《涅槃》説，謂無明、行、生及老死，愛之與取攝入無明，有攝在行，識等五果攝入生死，故說四也。或分爲五，如《涅槃》說，謂受、愛、取、有及生也。識等五果攝入受中，無明攝入愛、取之中，行入有中，死入生中，故說五也。或說爲六，如《涅槃》說，所謂三世因之與果。或說爲七，如《涅槃》說，謂識、名色、六入、觸、受、愛及取也，餘略不論。或說爲八，如《涅槃》說，謂識、名色，乃至於有，無明攝入愛、取之中，行入有中，生、死攝入識等支中，故但說八。或說爲九，如《城喻經》說，除前三支，宣說餘九。或說十一，如爲薩遮尼乾子說，除生一法，說餘十一。薩遮尼乾子，弟共姊生，佛護其意，不說生支。或時具說十二因緣，廣如經辨。此之廣略，隨化故爾。

第三門中，就時分別。於中有六：一、五世分別。二、就[三]三世分別。三、就二世分別。四、就一世前後分別。五、就同時別體分別。六、就同時同體分別。

言五世者，如《涅槃》說，過去過去，立其二支。如彼經說煩惱因緣生於煩惱，是其一也。業生煩惱，是其二也。此明過去過去世中煩惱及業，生於其次過去世中無明支也。其次過去，建立二支。如彼經說煩惱生業，是其一也，謂過無明，生於行支。業生於苦，是其二也，謂從過行，生現五果。現立四支，如彼經說苦生煩惱，是其一也。從現五果，生於愛支煩惱。生煩惱，是其二也。從愛生取，煩惱生有，是其三也。從取起有，有緣生苦，是其四也。從現有支生未來苦，其次未來，建立三支。如彼經說，業緣生業，是其一也，謂未來世業業相生，如從意業發身口業。業生煩惱，是其二也，謂未來業，起於未來受生煩惱。煩惱生苦，是其三也，謂從未來受生煩惱，生於未來未來生支。未來未來，唯立一支，如彼經說，苦緣生苦，是其一也，從彼生支，起老死等。准彼三世十二因緣，生起老死應是二支，但彼直就能生因緣立十二支，不取所生，故從生支起於老死唯名一支。五世如是。此一門竟。

次就三世以分別者，因緣之法，體通前後，今據三世隱顯論之。過去世中未造業前一切煩惱，判爲無明。行支不定。若取因中種子心識以爲識支，行支則短，當造業時說爲行支，造業已後判屬識支。若取求生及受生心以爲識支，行支則長，造業已後，未死已前，斯屬行支。識支不定。若說種子心識爲識，在於過去造業已後，未死已前。若說求生心識爲識，在於中陰，所望不定，望過去因，說爲現在，望現在果，說爲過去。若說最初受生心識以爲識支，定屬現在。行、識二支，時分不定。若取因中種子心識以爲識支，識支則長[七四]，行支則短。當造業時，說爲行支。造業已後，受生已前，判屬識支。若取最初受生心識以爲識支，行支則長，識支則短。造業已後，受生已前，判屬行支。最初一念受生心識，判屬識支。故論說言，生有及死有，當知一刹那。名色支者，前後不定。若說種子及求生心以爲識支，於現在世，初生以後，悉是名色。若說初生以爲識支，第二念後方是名色。向後長短，經有成判。入胎五分，四根未具，名名色支。言五分者，《毗婆沙》云，胎中五時名爲五分。亦人一報攝爲十時，胎外有五，胎内有五。如《涅槃》說，胎内五中，眼、耳、鼻、舌四根未具，判屬名色，四根具已，未出胎來，判屬六入。所言觸者，經有成判，未別苦樂，是名爲觸，出胎以後，匍匐[七五]已前，不能思量分別違順苦樂等事，是故名爲未別苦樂，觸境方覺，故名爲觸。所言愛者，如經中說，染習一愛，是名爲愛。愛有二種，一者食愛，二是色愛。匍[七六]匐以後，未有色愛，但有食愛，名習一愛，自斯已來，判爲愛支。具二愛已，未有思想追求境界，是時名愛。已有思想，追[七七]求前境，未能造境，身行欲事，是時名取。身行已後，乃至未來受生已前，判之爲有。未來世中，最初一念受生心識，說爲生支。名色已後，判爲老死。此二門竟。

次就二世，分別十二。於中有二，一就過去望現説具，二就現在望後説具。何者過去望現説具。若就三世隱顯以論，過去唯有無明與行，現在唯有識等五果。就實通論，過去非直有無明、行，當知亦具愛、取及有，現在非直有於識等，當知亦有生及老死。過去世中，發業煩惱説爲無明，潤業煩惱説爲愛、取。故《地經》云：先際之因，謂無明、愛。過去世中所發之業，名之爲行。所潤之業，名之爲有。現在世中當其報體(七八)名爲識等，就過以彰，即是生死，識即是生，名色已後即是老死。何者現在望後説具。若就三世隱顯論之，現因唯有愛、取及有，當知當(七九)果唯有生與老死。據實通論，現因非直有愛、取、有，當知亦具無明及行。未來非但有生、老死，當知亦具識等五果。現在世中發業煩惱説爲無明，潤業煩惱説爲愛、取。故《地經》中先際之因名無明、愛，後際亦爾。現在世中所發之業説之爲行，所潤之業説之爲有。未來世中所有報體説爲識等，就過去説爲生、老死。此三門竟。

次就一世前後明具。現望過去，非但有彼識等五果，當知亦有生、死二報。具有之義，備如前辨。現望未來，非直有其愛、取有因，當知亦具無明及行。具有之義，亦如前辨。此四門竟。

次就同時別體明具，如《毗婆沙》具廣分別。彼論名爲刹那因緣，此奢摩達之所建立。相狀如何。彼文且就貪心起殺，明具十二，餘類可知。貪起殺時，貪相應愚，説爲無明。彼相應思，即名爲行。彼相應心，説之爲識。起有作業，必依色、心，説爲名色。必依六根，説爲六入。彼相應觸，説爲觸支。彼相應受，説爲受支。貪即名愛。貪相應纏，説之爲取。何者是乎。與貪相應，有無慚愧、睡及掉纏，通則俱是。於中分別，睡纏一種，於境睡著，不能堪忍，取執義顯，説之爲取。身口作業，能有當果，説名爲有，無作亦是。彼文不説彼前諸法有生、住、滅。生爲生支，變異名老，滅壞稱死，此雖同時，體性各異。此五門竟。

次就同時同體之法明具十二。十二因緣，根本唯心，故經說言，十二因緣，唯一心作。唯心作者，謂依妄心，便有一切色境界起，如依夢心，便有一切夢境界生。即彼心中闇惑之義，說爲無明。集起之義，說之爲行。了別之義，說以爲識。心與色相，說爲名色。是名色中，隨別不同，離爲六入。心觸前境，說爲觸支。心能領納，即說爲受。是心染境，即說爲愛。心有取執，即名爲取。能生後義，說之爲有。相起名生。虗無名滅，滅名老死。此十二中，就餘十一說爲無明，餘十一外無別無明自性可得。乃至宣說前之十一以爲老死，前十一外亦無老死自性可得。以十二緣同一體性，互相緣起，故十二緣皆無自性。無自性故，悉皆空寂。時分如是。

第四，約就界地分別。界謂三界，地謂九地。先約界論。《毗婆沙》中一論師說，欲界地中具十二支，色界十一，除名色支。何故如是。色界六根一時頓生，生即六入，故無名色。無色有十，無名色支及六入支。何故如是。彼處無色故無名色，彼無五根故無六入。若就彼說，應當說言識緣於觸。評〔八〇〕者言曰：於三界中悉具十二。欲界具有，義在可知。於色界中，雖復〔八一〕六根一時頓生，初生六根未能猛利，判爲名色，後轉猛利，說爲六入，故具十二。無色界中，無色有名，雖無五入而有意入，故具十二。若就彼說，應當說言，識緣於名，名緣於意。一一細論，通局衆多，非可具辨。約界如是。此一門竟。

次約地論。依《毗婆沙》，身在欲界，未離欲結，於欲界中起愛起取，亦起於有，於未來世有生、老死，此人則是欲界地中一愛取有，一生老死。此人後時，斷離欲愛，初禪未離，於初禪地起愛、取、有，未來當有初禪生死。此人現在具欲初禪二愛取有，二生老死。此人更斷〔八二〕初禪之愛，二禪未離，於二禪地起愛、取、有，未來當受二禪生、死，此人現具三愛取有，三生老死。

如是轉增，乃至斷離無所有愛，非想結在，於非想地起愛、取、有，未來當受非想生死，此人現具九地之中九愛取有，九生老死。此人命終，生非想地，用前非想愛取二支爲過無明，用非想有爲過去行，用前未來非想生死爲現五果，此人爾時於下八地愛取及有，非過去因，下八地中生老死報，非現在果，亦非未來。何故如是。論自釋言：因果成處，則可宣説過去、現在及與未來。此人於下因果不成，故不得名過、現、未來三世因緣。此人後時退生識處，用本所起識處地中愛取二支爲過無明，用本有支爲過去行，用本所有識處地中未來生死爲現五果，望上望下一切所有，悉非過去、現在、未來。義同前解。如是轉下，乃至退生欲界地中，用本欲界愛取二支爲過無明，用本有支爲過去行，用本欲界未來生死爲現五果，餘一切地所有因果悉非過去、現在、未來。義同前釋。身在欲地，起因受果，其義既然，在上亦爾。界地分別，其狀如是。

第五門中，三性分別。望理以論十二因緣，違理而生，斯是不善，隨相論之，於中亦有善、惡、無記三性差別。無明支者，依如毗曇，有其二種，一是不善，二穢汙無記。欲界地中一切煩惱，除身邊見，餘悉不善，以與無慚、無愧俱故。欲界地中身、邊二見，及上二界一切煩惱，皆是穢汙，不與無慚、無愧俱故，説爲無記。若依《成實》，一切煩惱斯是不善。大乘法中，所説不定。若望果報，同毗曇説。故《地持》云，起身見人，不謗所知，不因此見墮於惡道。若望於理，同《成實》説。行支有二，一善，二惡。樂因名善，苦因名惡。識支有三，一種子之識，與行支同。二求生心識，三受生心識，與無明同，此二必用煩惱心故。問曰：若使受生心識必由煩惱，云何名報。然彼識支雖是穢污，命根是報。又復所緣父母精血攬爲體者，亦是報法，從此判爲報無記耳。名色、六入，乃至觸、受，一向無記。於中非無善惡之義，今對往因説爲報故，斯名無記。愛、取二支，同無明說。有同行說。生同識說。老死同前名色等說。

第六，明其淺深分齊。於中增數，次第辨之。要攝唯二，一真，二妄。十二因緣所起[八三]，真妄所集，唯真不生，單妄不成，真妄相依，故有因緣集起之義。據妄攝真，皆妄心作。就真攝妄，皆真心作。隨心麤細，分齊有三，一事相因緣，二妄想因緣，三真實因緣。一因緣法，隨義分三。所言事者，六識分齊，所起生死煩惱業苦，當知即是事相因緣。言妄想者，則前事相以理求之，唯是妄想虛搆集起，如夢所見，心外畢竟無事可得，即是妄想因緣之義。言真實者，即前妄想因緣之體，窮其本性，唯是真識緣起所集，真外畢竟無妄可得，即是真實因緣之理。故《地經》云，十二因緣，皆一心作。皆心作者，謂真心作。又《勝鬘》云自性淨心不染而染，即是生死因緣集起。又如《不增不減經》說，即此法界，輪轉五道，名曰衆生。《楞伽》亦云，如來之藏，是其一切善不善因，能遍興造一切趣生，猶如伎兒變現諸趣。以斯驗求，生死因緣，皆是真作，如夢所見，皆報心作，如波水作，如夜見繩，以之爲蛇，蛇是繩作，如是一切。以真作故，因緣即真。故《涅槃》云：十二因緣名爲佛性，見十二緣，名爲見佛，亦名見法，亦名見僧。《勝鬘》亦云：生死二法是如來藏。隨義淺深，分齊有五：一、事相因緣，如毗曇說。二、虛假因緣，假有無性，如《成實》說。三、妄想因緣，如陽炎水、揵闥婆城，遠望似有，近觀本無，非但無性，相亦叵得。四、妄想因緣，皆妄心作，如夢所見，心外無法。五是真實集用因緣，皆真心作，真外無法。五中初二，猶是三中事相因緣，中間兩種，猶前三中妄想因緣，後之一種，猶前三中真實因緣。分齊如是。

第七門中，就人分別。人謂凡夫、二乘、菩薩。今就此等以辨因緣，於中有三：一明所有，二明起滅，三明所解。

言所有者，因緣有二，一是分段，二是變易。若論分段，凡夫具有善道惡道二種因緣。二乘人中，惡道因緣盡在見諦，故須陀洹名爲觝債，觝[八四]三塗債，善道因緣，終至無學，無學猶有生死殘果。大乘人中，惡道因緣盡在初地，故經説言初地菩薩離惡道畏。問曰：經説種性已上大力菩薩，爲變易死，惡道因緣是分段故，今云何言初地始盡。釋言：惡道義别三階，一、惡業爲因，四住爲緣，受惡趣報，在於外凡常没位中。二、惡業爲因，四住正緣緣力微薄，悲願佐助，受惡趣身，在於外凡善趣位中。三、惡業爲因，悲願爲緣，受惡趣生，在於種性解行位中。《勝鬘》以彼種性已上離前二種，名離分段，非無第三，故《地持》言種性解行或墮惡道。善道因緣，至佛乃盡，是故經中説佛一人斷有頂種。問曰：經説初地菩薩得二十五三昧，破二十五有，今云何言至佛乃盡。釋言：善道亦有三階。善業爲因，四住爲緣，受人天報，在種性前。二、善業爲因，四住正緣緣力微薄，悲願佐助，受人天身，在種性上。三、善業爲因，悲願爲緣，四住殘氣，隨而佐助，受人天報，在初地上。經以初地離前二種，故説初地破二十五有，非無第三。故《地持》中宣説解行轉惡趣報，入歡喜地，不言轉善。又《大智論》説初地上猶有肉身，良在於此。彼初地上雖復有之，但於應化人天身中微有淺[八五]氣，無純受者。分段如是。變易因緣，凡夫但有一無明支，無明住地先成就故。二乘之人有無明、行，而未受報。彼何時受。不愚法者，此身滅已，淨土中生，即便受之。愚法之人，未來無餘涅槃之後，心想生時，方乃受之。大乘人中，十住[八六]已上有無明、行，種性已上受生死果，至佛乃盡。所有如是。此一門竟。

次明起滅。先論分段。凡夫於彼分段因緣集起不滅。二乘求滅，不能學起。大乘之人，亦滅亦起，自斷[八七]故滅，化他故起。故經説言，亦不畢竟滅有爲法，化衆生故。次論變易。凡夫於彼變易因緣，未起未滅。二乘學起而未能滅。問曰：二乘亦能滅智，入般涅槃，云何不滅。釋言：二乘雖暫滅智，後必還生，非是永盡，故不名滅。大乘之人，亦起亦滅，始學故起，終盡故滅。此二門竟。

次約所解以辨因緣。凡夫於彼因緣法中，見有我人未流轉，起十二緣，以有我〔八八〕故，所起因緣便有繫屬，名爲我所。二乘解知無我無人，但諸因緣共相集起，以無我故，因緣之法無所繫屬，故非我所。大乘之人，深解因緣非有非無，離於二邊。是義云何。分別有三：一、就法相明非有無。十二緣法，從緣集生，本無自性，是故非有。從緣集故，不得言無。見法非有，是其逆觀。見法非無，是其順觀。二、相實相對，明非有無。妄情所起十二緣法，名之爲相。所依真諦，說以爲實。故經說言，十二因緣，皆依一心。依情起相，名爲非無。據實本寂，說爲非有。見實非有，是真諦觀。解相非無，是世諦觀。三、就實中體用分別。真諦常寂，無緣可得，名爲非有。即此真識，隨妄流轉，起十二緣，說爲非無。又佛菩薩隨世起用，亦名非無。見法非有，是實性觀。知法非無，是實相觀。就人如是。

第八門中，約智分別。智門非一，今且約彼四十四智、七十七智，辨因緣相。於中略以五門分別：一、先定三觀。二、明七方便。第三，約彼七方便義，辨明四十四智差別。第四，約前三種觀義及七方便，辨明七十七智不同。五、隨人辨異。

言三觀者，若依毗曇，說陰界入以爲三觀，此觀在於念處位中。若依《成實》，說觀無常、無我及苦，明之爲三。四〔八九〕觀在於四現忍中。此一門竟。

七方便者，先就色論，後類諸法。七名是何。一者觀色，二觀色集，三觀色滅，四觀色道，五觀色味，六觀〔九〇〕過，七觀色出。言觀色者，觀色果報，苦諦觀也。觀色集者，觀色因緣，集諦觀也。觀色滅者，觀色盡處，數滅無爲，滅諦觀也。觀色道者，觀色對治，無漏之道，道諦觀也。觀色味者，觀察前色能生愛味。觀色過者，觀察前色能生苦過。觀色出者，觀色得滅，出離生死。何故不說觀色生道。釋言：生道即是第八第一義觀，爲是不論。色中既然，諸法同爾。此七能與第一義觀爲方便故，名爲方便。此之七種，位在何處。若依毗曇，前四方便有〔九一〕四現忍及見道中，後三在於修道之中。依如《成實》，此七門〔九二〕在聞思地中。此二門竟。

次辨四十四智差別。四十四智，如《成實》說。此猶是前七方便中初四門觀，就十二緣爲此四觀，故有四十四智差別。十二因緣次第相生，因果相屬，有十一對。就此十一，從末尋本，逆以推之。先就老死對生爲四，一觀老死苦，二觀老死〔九三〕集，三觀老死滅，四觀老死〔九四〕道。次第逆推，乃至行支對前無明，亦有此四，所謂觀行苦、行集、行滅及行滅道。無明望前，更無集因，所以不說。何故逆觀。據果尋因，順諦觀故。此三門竟。

次辨七十七智差別。七十七智，如《成實》說。論文但言如經中說，現在世中生緣老死，不離生緣老死，過未亦然，是法住智。滅相觀者，是泥洹智。如是次第乃至無明，皆悉同然，不廣分別。爲是論家種種異釋，窮其體相。此智猶是七方便中第二集觀及無常等三觀所攝。以何義故，七方便中偏爲集觀。十二緣法，因緣爲宗，集是緣義，故偏爲之。集觀之中有六十六，三觀之中有其十一，彼此合說，有七十七。前六十六，觀因生果，住持不滅，名法住智。後之十一，觀苦、無常、空、無我等，趣向涅槃，名泥洹智。故論說言，增長生死，名法住智，損減生死，名泥洹智。相狀如何。現在世中，十二因緣次第相生，因果相屬，有十一對。過未亦然，便有三十三對因緣。今先就彼三世之中生緣老死，辨其觀相，餘類可知。現在世中生緣老死，有三集觀，一生緣老死，二者不離生緣老死。此二何別。《毗婆沙》云，初是正觀，後是審觀。何故須審。《成實》釋言，諸外道人多迷因緣，或説冥性爲衆生因，或説梵天以爲因等，佛爲破之，彰因作果，是實不虛，故説不離現在世中生緣老死。既有此二，過未同然，即分爲六。此六集觀，在聞思地四現忍中。總觀三世生緣老死，作三種觀，謂無常、苦及空無我。三觀雖殊，同趣涅槃，總攝爲一，名泥洹智。以此通前，合有七智。問曰：何故集觀之中三世分六，泥洹智中三世爲一。釋言：集觀觀因生果，生果不同，世別分之。泥洹智者，破生死相，趣向寂滅，寂滅平等，三世合一。三世之中生緣老死既有此七，次第逆推，乃至無明緣行亦然。十一對中皆有七智，是故合有七十七智。問曰：何不從無明行乃至老死，先從老死至無明行。因緣法中有二次第，一順二逆。從始至終，是順次第。從終至始，是逆次第。觀法多途，不可一定。復此〔九五〕是聲聞觀法。聲聞鈍根，從末尋本，其觀易成，是故然矣。又問：因緣相生無窮，老死望後，何故不説緣生之義。老死望後，更無所生，是故不説。若爾，何故《地經》之中宣説老死與後作因。釋言：老死轉望未來，實有因義。菩薩能見，故彼説之。七十七智，聲聞觀法，老死爲因，聲聞不見，故此不論。又復聲聞亦知老死緣生後義，今此且據一分爲言，是故不説。此四門竟。

次約人辨〔九六〕。通而論之，四十七〔九七〕智、七十七智，三乘同起。隨別論之，四十四智、七十七智，並是聲聞觀行之法。依如論文，聲聞人中有利有鈍。四十四智，鈍人觀行。七十七智，利人觀行。何故如是。前四十四，觀果由因，爲觀易成，鈍人能作，故言爲鈍。七十七智，觀因生果，爲觀難熟，利人方堪，故説爲利。菩薩於此因緣法中，觀門無邊，廣如《地經》，不可具辨。因緣之義，厥趣麤爾。

十八空義，三門分別。辨相，一。異同，二。修入次第，三。

第一辨相。十八空義，出《大品經》。法性虚寂，故名爲空。此空乃是法界門中一門之義。門別雖異，妙旨虚融，義無不在。無不在故，無法非空。是以經中或説色空，乃至宣説一切法空。良以諸法無不空故，隨詮辨異，廣略難定。是以經中或説一二，乃至衆多。所言一者，癈詮論空，空如一味。一味之空，妙絶衆相，故名爲一。故《大品》中説爲獨空。獨者，猶是不二之謂。經中或復説空爲二，所謂生空及與法空。或説爲三，謂空、無相及與無作。問曰：空門可名爲空，無相無作云何名空。龍樹釋言：此三種〔九八〕體一，隨行分異。行者觀空，無相可取，是時空門轉名無相。觀無相中，作起叵得，是時無相轉名無作。名雖變改，其體不殊，是故此三俱皆是空。如一智慧，或名念處，或名正道〔九九〕，或名覺支，或名爲力，或名無畏，或名無礙，此亦如是。經中或復説空爲四，如《大品》説，一法相空，二無法〔一〇〇〕空，三自法空，四他法空。此義如前四空章中具廣分別。或説爲五，謂五陰空。或分爲六，所謂五陰及衆生空。又如《大品·習應品》中説空爲七，所謂性空、相空、諸法空、不可得空、無法空、有法空、無法有法空。此七猶是十八空中後之七也。以何義故偏説此七。論自釋言：廣有十八，略爲七空，其猶道品，廣則具有三十七品，略唯七覺，此亦如是。以此七種多利衆生，故偏説之。論其體相，與十八中後七相似。又如《地經》説空爲十，所謂信空、性空、第一義空、第一空大空、合空、起空、如實〔一〇一〕不分別空、不捨空、得離〔一〇二〕、不離空。此如《地論》具廣分別。又六地中説十平等，亦是十空。如《涅槃》中説十一空，此之十一，如前章中具廣解釋。又如《大品·嘆淨品》中説十二〔一〇三〕空，所謂内空、外空、内外空、空空、大空、第一義空、有爲空、無爲空、畢竟空、無始空、散空、性空、相空，然猶是十八空中初十三空。若更解釋，不異於彼。問曰：何故十八空中偏説此等，不論餘五。論自釋言：此十三空，破法周[一〇四]盡，故偏説之。餘有五空，總相説空，更無別法，是故不論。又如《大品·六度相攝品》中説十四空，前十三空[一〇五]上更加一種一切法空，即是十四。此一切空，攝十八中後之五空，通名一切。問曰：何故説此十四，不説十八。論自釋言：十四空中一切法空，攝法周盡，設有餘空，皆入其中，是故但説此之十四。經中或復但説十八，所謂内空、外空、内外空、空空、大空、第一義空、有爲空、無爲空、畢竟空、無始空、散空、性空、自相空、諸法空、不可得空、無法空、有法空、無法有法空，名字如是。然此十八，隨詮差別，非是觀入淺深次第。

言内空者，如論釋言，眼等六入，名之爲内。是内法中，無我我所，及無眼等，故名爲空。

言外空者，如論釋言：色等六入，名之爲外。是外法中，無我我所，及無色等，故名爲空。

内外空者，總觀向前十二入法，無我我所，及無彼法，名内外空。又内外等，如念處説。何故前別而後總矣。此義如前十一空具廣分別。

言空空者，如論釋言，以空破空，故言空空。破何等空，依如論辨，破前三空，故説空空，不如《涅槃》有無雙遣爲空空也。又釋，破餘十七空故，名爲空空。有相之法，可須空破。空是理法，何須破乎。論自釋言：如人服藥，爲破諸病，是病破已，藥亦應出，若藥不去，藥復是患。行者如是，先以空義對治煩惱，若復著空，空復是患，故須破之。

言大空者，如論釋言，聲聞法中宣説法空以爲大空，摩訶衍中説十方空以爲大空。破十方界，廣多無邊，名之爲大。破彼大方，故名大空。問曰：外道宣説有方，佛法不爾，今此云何説有十方，破以爲空。龍樹釋言：聲聞法中雖不宣説三千界外更有十方無邊世界，大乘法中，隨順世諦，三千界外更有十方無邊世界[一〇六]，就真諦破以爲空。何者是乎。謂因四大和合之中，分別彼此，故說有方。第一義中四大本無，依何說方，是故名空。問曰：若使第一義中無彼方故名大空者，第一義空應名大空。論自釋言：第一義諦，理實是大，初得名故，餘不名大。問曰：何故宣說大空破於諸方。論言，爲破大邪見故。如諸外道計有定方，實而不空，故須說空，破彼定見。又爲除彼有無邊見，故說方空。如修慈者緣十方界而修慈心，彼於十方若謂有盡，墮有邊見，若謂無盡，墮無邊見，以是二見，即失慈心，故說方空，除彼二見，令慈不壞。問曰：何故《涅槃經》中說波若空以爲大空，《十地經》中說真識空以爲大空，彼《大品》中說十方空以爲大空。釋言：《涅槃》十一空中，相實俱論，彼前十空是其相空，後一大空是其真空。真智體中備含法界，法界皆如，故名大空。《地經》亦爾。初說生空、法空、第一義空，是其相空。梨耶識空，是其真空。梨耶識中，統含法界，法界皆如，故名爲大。彼《大品》中十八空者，並是相空，非是真空。以非真故，不得就實說爲大空，但破大方名爲大空。良以十八非真空故，龍樹說爲小智慧門，波若體寂是真空故，龍樹說爲大智慧門。大智門者，即是《涅槃》所說大空。以十八空破相之理，故名爲小。真照波若，契實離相，故名大矣。

云何名爲第一義空。如論釋言：諸法實相，是第一義。實相亦空，名第一義空。何者實相。諸法之實，所謂空理，空是一切諸法之實，實之體狀，故名實相。實相既是諸法之實，云何可空。論自釋言：實不可著，故說爲空。以說諸法爲實相故，諸法之外無別實相自性可得，故曰空耳。又說涅槃爲第一義，是涅槃空名第一義空。

有爲空者，陰、界、諸入、十二緣等，因緣集起，故曰有爲。所言空者，論釋有二：一、有爲中無我我所，及離常相，故名爲空。二者，有爲因緣法相不可得故，名之爲空。就初門中，離我我所，生空所攝。離常相者，亦是生空，亦是法空。故論釋言：若説我常是常空者，則人生空。若説陰常是常空者，則人法空。第一門中無因緣相，一向是其法空所收，不同《涅槃》就彼有爲唯明生空。

無爲空者，得法實相，離生住滅，契證涅槃，名無爲法，實相法中亦無無爲自相可得，名無爲空。問曰：若説無爲空者，與邪見人謗無涅槃有何差別？論自釋言：彼邪見人不信涅槃，然後生心謗無涅槃。無爲空者，但破定取涅槃之相，故名爲空，不同邪見。然此空者，破法體相，不同《涅槃》十一空中就無爲法明無我人説爲空也。

畢竟空者，如論釋言，以有爲空及無爲空破法畢竟，無有遺餘，名畢竟空。譬如羅漢永盡諸漏名畢竟淨，此空亦爾。

無始空者，法起非今，名爲無始，無始法空，名無始空。何故不説有始空乎？論自釋言，有始大惑，説有始故，最初之身則無因緣，是故菩薩先捨是過，觀法無始。觀無始時，有始已捨，是故不須説有始空。但於所觀無始法中，取相未捨，故今宣説無始法空。

言散空者，如論釋言，散名別離，如似五陰和合爲人，若分五陰，離張[一〇七]破散，人不可得，故名爲空，如是一切。

言性空者，如論釋言，一切諸法性自空故，名爲性空。如世間水，體無熱性，雖假大熱[一〇八]，暫時爲熱者[一〇九]停還冷。諸法必是，雖假衆緣，和合似有，若離衆緣，性不可得，故知諸法體性是空。問曰：前説畢竟空者即是性空，今此何故重説性空。論自釋言：今性空者，破諸法性，如彼水中，無其熱性，不無水相。畢竟空者，破諸法相，乃至因緣法相亦無。又性空者菩薩所行，畢竟空者是佛所行。

自相空者，諸[一一〇]相有二：一者同相，亦名總相。二者別相，亦名異相。苦無常等，是其同相。色、香、味等，是其別相。此二皆空，名自相空。性相何別而分二空。論言無別，但名異耳。

又性據體，相是外狀，如似比丘受持禁戒是比丘性，剃髮染衣是比丘相。又如梵志自受己法，以之爲性，頂有周羅，執三岐杖，以之爲相。亦如火大〔二〕，熱以爲性，赤色爲相。如是一切性相別故，分爲二空。問曰：直説相空便足，何須宣説自相空乎。爲明諸法自體相空，故説自耳。

諸法空者，陰界入等名爲諸法，是諸法中相別種種，一切皆空，名諸法空。問曰：若説諸法空者，是義不然。一切諸法各有自相，云何言空。答曰：諸法自相不定，故説爲空。

不可得空者，生死涅槃一切諸法，性相寂滅，求不可得，故名爲空。於中有三：一者，於彼陰界入中，求我叵得，名之爲空。二者，於彼諸因緣中，求法自性不可得故，名之爲空，如五指中求拳叵得。三、求法因緣亦不可得，名之爲空。問曰：爲小智故求法不得，爲實無故求法不得。論自釋言：法實無故，求不可得。然此空者，與畢竟空及自相空，有何差別，而復説之。論言，有人聞説上空，心生怖畏，是故今説因緣之中求不可得故説爲空。

無法空者，如論釋言，諸法滅已，名爲無法，是無自性亦不可得，故名爲空。

有法空者，諸法但從因緣而有，有即非有，故名爲空。

無法有法空者，有人執取有無二法，求不可得，故説無法有法空也。此前二空，別破有無；今此總破。又前二空破所取法，今此破於能取之情。又如論釋，有法空者破法生住，無法空者破法滅時，今此無法有法空者前後通破。又如論釋，觀現在法及無爲法一切皆空，名有法空。觀於過去未來法空，名無法空，以現無故。觀三世法及無爲法一切皆空，名爲無法有法空也。若廣分別，數別無量。

第二門中，以十八空，對波若空，辨其同異。論自問言，波若之空，與十八空，爲同爲異。若言異者，離十八空更復用何爲波若空。若言同者，云何説言菩薩欲住十八空者當學波若。論自釋言：亦同亦異。所言異者，波若之空見法實相，滅一切法差別之相，十八種觀，破諸法相，令諸法空，故名爲異。以此異故，欲住十八，當學波若。所言同者，論自釋言：十八是空，無所有相，波若亦空，無所有相，十八空中離相不著，波若亦爾，故稱爲同。以其同故，修學波若，則爲修學十八空也。

第三，明其修入次第。依如論中，所修有二：一、小智慧門，謂十八空。二、大智慧門，謂波若空。彼十八空，破相之空，隨詮局別，名之爲小。彼波若空，契實離相，名之爲大。又緣觀心，緣十八空，名之爲小，滅觀波若，照諸法[三]空，名之爲大。於此二中，先學小門，後學大門。所學小門，即《涅槃》中前之十空。所入大門，即《涅槃》中後一大空。又學小門即是世間因分行德，證入大門即是出世果分行德。若通詮教，則有三種：一、小智慧門，謂《波若經》。二、中智慧門，謂十八空。三、大智慧門，謂波若空。於此三中，先學小門，次學中門，後入大門。云何學小。依《波若經》，受持讀誦，正念思惟，如説修行。云何學中。依前修習小慧門故，得十八空，如入大海便得寶物。云何學大。依前修習十八空觀破相力故，便入甚深波若真空，得此空故，心相寂滅，猶如虚空，畢竟平等，無緣無取。十八空義，略之云爾。

二十二根義，七門分別。釋名辨體，一。分相，二。治斷差別，三。得果不同，四。就人分別，五。得捨成就，六。因起次第，七。

第一釋名，辨其體性。能生曰根。根義不同，廣略難定，今據一門，説二十二。名字是何。所謂眼、耳、鼻、舌、身、意，即以爲六。男根、女根及以命根，通前説九。苦、樂、憂、喜、捨，通前十四。信、進、念、定、慧，通前十九。未知根、知根及無知根，通前合有二十二也。

初六根者，對色名眼，乃至第六對法名意，

此之六種，能生六識，故名爲根。

男、女根者，剛決爲男，柔弱爲女，身形小分，能別男女，從其所別，名男、女根。根體即是身根小分，所生之識即是身識少分。

言命根者，若依《成實》，現在時中色心相續，名之爲命，過去之業能生於命，與命作根，故曰命根。若依毗曇，別有非色非心命報[一三]。此之命報，能持色心，相續不斷，故名爲根。《地持論》中，亦同[一四]此說。故彼文言，生理不壞，是其命根增上果也。

言苦根者，五識地中逼惱名苦，能生瞋結，故名爲根。

言樂根者，五識地中適悦名樂，能生貪結，故名爲根。

言憂根者，意識地中逼惱名憂，憂能生瞋，故名爲根。

言喜根者，意識地中慶悦名喜，能生貪結，故名爲根。

言捨根者，六識地中中容受心，捨前四受，故名爲捨，能生癡結，目之爲根。若在淨中，喜、樂及捨能生淨法，故名爲根。

言信根者，於境決定，名之爲信，信能生道，故名信根。

精進根者，練心於法，名之爲精，精心上達，目之爲進，根同前釋。

言念根者，守境名念，根同前釋。

言定根者，住緣不亂，名之爲定，根同前釋。

言慧根者，於法觀達，目之爲慧，根同前釋。

問曰：善法差別無量，以何義故偏説此五以之爲根。釋言：此五遍生諸善，其力功强，故偏説之。又是五種大煩惱地之對治故，偏説爲根。此義如後《道品》中釋。

未知根者，毗曇名也。《成實》名爲未知欲知，此見道中無漏慧也。毗曇何故説爲未知。釋有三義：一義釋云，在於見道十五心中，解脱之智，知諦未遍，故名未知。無道比智知上界道，故云未也。第二義者，在於見道十五心中，未曾有知，重知諦理，故名未知。問曰：若言未重知故名未知者，彼見道中一一諦下，皆有忍智。忍爲初知，智爲後知，云何不重。論自釋言：忍非智故，所以無過。何故非智。忍雖觀諦，與疑得俱，不能決了，是故非智。故論説言諸忍非智。良以諸忍非是智故，不名重知。問曰：若使忍非智者，亦應非見。釋言：不類。見者是其推求之義，忍心推求，故得名見。智者是其決斷之義，忍不決斷，故不名智。第三義者，智望忍心，得名重知，重知未遍，故名未知，上界道諦未重知故。毗曇如是。彼《成實》中名爲未知欲知根者，見道位中未有容豫解脱智知，故名未知。爲欲簡去解脱道故，説爲未矣，以解脱道修道攝故。言欲知者，去解脱中知之不遥，故名欲知。此言即是簡前之謂。見道已前，去解脱中知之玄隔，不得名欲，今爲簡彼，故説欲耳。此見道中無漏聖慧，能生於後，故名爲根。

言知根者，是修道中無漏慧也。准依毗曇，釋有三義：第一義者，修道門中，用解脱智，知諦周遍，故名爲知。第二義者，修道門中，於彼諦理，有智重知，故名爲知。第三義者，彼見道中，智望諸忍，得名爲重，重知未遍，故名未知。今修道中，道比智起，重知周遍，故名爲知。若依《成實》，釋有兩義：一義釋云，修道門中，有解脱智，知於諦理，故名爲知。此之一義，名當初果。第二義者，以修道智，重觀諦理，故名爲知。此之一義，名當斯陀那含果也。此能生後，故名爲根。

無知根者，《成實》説爲已知根也。若依毗曇，無學果中，觀諦已窮，不求更知，故曰無知。若依《成實》，先已知竟，故曰已知。無學果慧，能生後善，同類相起，故名爲根。問曰：信、進、念、定、慧根，及三無漏所生善法，於五果中，是何果乎。《地持》宣説是增上果，二十二根望其所生皆悉名爲增上緣故。此望何善，説爲增上。

謂望下善。若望同類及與上善，能生名爲自分因故，因緣所[二五]收，所生善法名爲依果。何者是其三無漏根所生下善。謂學等見、無學等見，聖人順舊遊觀無漏名等見矣。問曰：經説貪、瞋、癡等爲不善根，無貪瞋等爲三善根，二十二中何故不説。釋言：略故所以不論，更無餘義。如六通中無法智通、聖自在通，此亦如是。

名義且爾，體狀云何。初眼根者，依如毗曇，以彼四大造色爲體，體異四大。若依《成實》，攬大成眼，眼即四大，離大之外，無别造色以爲眼體。耳、鼻、舌、身，類亦同爾。意根體者，依如毗曇，心王爲體，想、受、行等皆非意根，法入收故。若依《成實》，無别心數，識、想、受、行能生後義，皆是意根。然《成實》中，行末之心生五識者，不名意根，以其所生非意識故。自斯以外，一切心識悉是意根。若依毗曇，一切六識迭互相生，皆是意根。男、女二根與身根同，身根少分爲此二故。良以此二既變心識，其力功强，别人相顯，故就身中分出此二。命根體者，依如毗曇，現在世中别有非色非心命法爲命根體。若依《成實》，過去世中善惡之業爲命根體。五受根者，依如毗曇，心數法中受數爲體。若依《成實》，受心爲體，更無别數。信等五根，論説不同。若依毗曇，善大地中信數爲信根體，精進數爲精進根體，通大地中念數爲念根體，定數爲定根體，慧數爲慧根體。若依《成實》，用彼信心爲信根體，乃至慧心爲慧心慧[二六]根體，無别數法。後之三根，若依毗曇，是智慧性，論其眷屬，是五陰性。同時心王，即爲識陰。同時受數，即爲受陰。同時想數，即爲想陰。自餘教法，以爲行陰。道共無作，即爲色陰。若依《成實》，慧心爲體，更無餘法。體性如是。

第二門中，分别其相。於中有六，一漏無漏分别，二三性分别，三三聚分别，四三界分别，五據因分别，六就果分别[二七]。漏無漏者，男女二根、憂根、苦根，一向有漏。三無漏根，一向無漏。信等五根，及以意根，通漏〔一八〕無漏。與三無漏相應之者名爲無漏，餘名有漏。眼等五根及與命根，大小不同，小乘法中一向有漏，大乘不定。法身眼等，法身之命，是其無漏，餘皆有漏。喜、樂及捨，諸論不同。毗曇、大乘，與信等同，通漏無漏。《成實》法中，喜唯有漏。何故如是。彼論釋言，喜者從於取假名生，著我故起，故唯有漏。樂、捨二受，通漏無漏。不從分別取著生故，有漏業果名爲有漏。就無漏法義説之者，名爲無漏。此義如彼八禪義中具廣分別。此一門竟。

次就三性分別諸根性者，所謂善、惡、無記。信等五根、三無漏根，一向是善。男根、女根，一向無記。意根一種，該通三性。眼等五根，大小不同，小乘法中一向無記，大乘不定，法身眼等體性是善，餘皆無記。命根一種，論説不同。若依毗曇，命是報法，一向無記。若依《成實》，説過去業以爲命根，唯善與惡，不通無記。人天命根，是善非惡。三途命根，是惡非善。大乘不定，法身之命體性是善，餘皆無記。五受根者，毗曇法中，憂通善惡，不通無記。論自釋言：方便生故，非報無記，非習學法，非〔一九〕是威儀、工〔二〇〕巧、變化〔二一〕，餘通三性。《成實》法中，所説不定。受陰之中，一切五受，悉是無記。行中義説，該通三性。大乘法中，文無定判，隨義以推，五受之根並通三性，憂慮世事，非損益者，是無記憂。餘同毗曇。此二門竟。

次就三聚分別諸根。言三聚者，所謂色、心、非色非心。眼等五根，男女二根，此七是色。意根、五受，信等五根，及三無漏，此之十四，是其心法。命根一種，諸論不同。若依毗曇，是其非色非心之法。《成實》法中，是色是心，及非色心。彼説過業以爲命根，於中通具身口意業，就三業中通作無作，身口作業説之爲色，意地作業説以爲心，三業無作是非色心。此三門竟。

次就三界分別諸根。界者，所謂欲、色、無色。於中兩門，一分三界非三界別，二就三界辨其通局。所言三界非三界者，二十二根中男根、女根、憂根、苦根，定三界法。三無漏根，定非三界。信等五根，意、樂、捨根，此之八種，與三無漏相應之者不屬三界，餘皆三界。眼等五根及與命根，大小不同，小乘法中定屬三界，大乘不定，法身眼等法身〔三二〕之命，不屬三界，餘皆三界。喜根不定。《成實》法中，定屬三界。毗曇、大乘，有是有非，無漏相應不屬三界，餘皆三界。次就一向在三界者辨其通局。男根、女根，定屬欲界。憂根、苦根，毗曇法中定在欲界。《成實》、大乘，麤在欲界。論其細者，苦極四禪，憂至非想。故經說言，苦樂隨身，至於四禪，憂喜隨心，至有頂也。喜根、樂根，毗曇法中在欲、色界。《成實》、大乘，麤同毗曇，論其細者，樂在欲、色，喜至非想。眼等五根，小乘法中在欲、色界，大乘法中麤同小乘，細通三界。故《涅槃》云：如非想天，亦色非色，彼有色故，亦有眼等。意、命、捨〔三三〕根，信等五根，遍通三界。此四門竟。

次就因義分別諸根。眼等五根，男女二根，是報法故，一向非因。命根一種，論說不同。若依毗曇，與眼等同，一向非因。若依《成實》，說過去業爲命根故，一向是因。三無漏根，大小不同。小乘法中，一向非因，破生死故。大乘法中，有因非因。緣照無漏，能招變易，一向是因。真證無漏，不招生死，說爲非因。信等五根，是有漏者一向是因，是無漏者同三無漏。意根一種，與因相應，說之爲因，非因〔三四〕相應，說爲非因。五受根者，論說不同。若依《成實》，受陰中者一向非因，行中義說，有因非因。若依毗曇，與諸煩惱結業俱者一向是因，餘皆非因。此五門竟。

次就果報分別諸根。眼等五根、男女二根，一向是報。信等五根及三無漏根〔三五〕，一向非報。意根一種，通報非根。命根一種，毗曇是報，《成實》非報。五受根者，《成實》是報，如彼論說乃至一切無漏中受亦皆是報。若依毗曇，除却憂根，餘之四種通報非報，報心俱者說之爲報，非報俱者名爲非報。憂根一種，一向非報。何故如是。憂根從於想分別生，是故非報。又復憂根，離欲時斷，報法不爾，是故非報[二六]。

第三，明其治斷差別。義有三種，一者見斷，二者修斷，三者無斷。見道除者，名爲見斷。修道除者，名爲修斷。無漏不爲二輪所除，名爲無斷。約此三義，分別諸根。依如毗曇，眼等五根，男女二根[二七]及與命根，此八是報，唯[二八]是修斷。問曰：報法不可斷除，云何說斷。依如彼宗，不斷報體，但斷報上煩惱緣縛，故名爲斷。問曰：何故唯修道斷，不通見斷。釋言：有以緣此所起貪瞋癡等皆是事惑[二九]，緣事之惑，修道所除，是故此等唯修道斷。若依《成實》，此八種中，命根是業，餘七是報。此業與報，亦見諦斷，亦修道斷。斷相云何。彼《成實》中斷煩惱故，令彼業果畢竟不起，名之爲斷。斷見惑故，令彼三途業果不生，名爲見斷。斷修惑故，令彼人天業果不起，名爲修斷。故《成實》言，見斷法者，謂示相我慢及彼所起諸餘法也。修斷法者，謂不示相慢及彼所起諸餘法也。示相我慢是見諦惑，推求而生，故曰示相，所起餘法是其業果。不示相慢是修道惑，非推求生，名不示相，所起餘者是其業果。問曰：毗曇何不如是。釋言：宗異，不可一類。彼毗曇中，斷煩惱因，令其業果畢竟不起，是非數滅，是故不說。故《雜心》云，入見道時，第八生後一切果報，皆非數滅。大乘法中，眼等五根及與命根，亦見諦斷，亦修道斷，亦是無斷。法身眼等常住之命，是無斷也。男女二根，據實以論，唯見諦斷，入淨心時得淨法身，捨離一切男女形故。隨相別分，女根一種唯見諦斷，故《地持》言菩薩於初阿僧祇時已捨女身。男根一種，通見諦斷及修道斷，男報殊勝，在後捨故。意根一種，亦見諦斷，亦修道斷，亦是無斷。與見惑俱，名爲見斷。與修惑俱，名爲修斷。與無漏俱，名爲無斷。憂根一種，依如[三〇]毗曇，亦見諦斷，亦修道斷。與見惑俱，名爲見斷。與修惑俱，名爲修斷。苦根一種，毗曇法中唯是修斷。若依《成實》，憂、苦是報，斷除之法，與眼等同。喜、樂、捨根，依如毗曇，亦見諦斷，亦修道斷，亦是無斷，與意根同。若依《成實》，喜是有漏，唯見諦斷及修道斷，不通無斷。斷除之相，與眼等同。樂、捨二受，通漏無漏。有漏之者，亦見諦斷，亦修道斷。無漏之者，是其無斷。信等五根，依如毗曇，是修道斷及與無斷。是有漏者，説爲修道，但斷緣縛，不斷善體。是無漏者，説爲無斷。若依《成實》，是有漏者，亦見諦斷，亦修道斷。是無漏者，説爲無斷。三無漏根，小乘法中一向無斷，大乘法中緣照無漏，亦見諦斷，亦修道斷，真證無漏，一向無斷。治斷如是。

第四，明其得果不同。言得果者，謂得出世四沙門果。如《雜心》説，九根得初果，或獲二沙門，説有十一根，究竟第四果。所言九根得初果者，須陀洹果其是初果，信等五根、意根、捨根、未知、知根，用此九根，得彼初果。於中信等，常相隨逐，是故有之。行必依心，故有意根。初果必依未來禪得，未來禪中唯有捨根，更無餘受，是故有捨而無餘受。未知無礙，知根解脱，故有九也。剋實同時唯有八根。若在因中，則無知根。若在果中，無未知根。因果通論，故説九根得初果也。所言或獲二沙門者，斯陀、那含是其二果。得此二果，或用九根[三]，或用八根，多少不定，故言或也。何故不定。斯陀人中有其次第、超越之異，次第用八，超越用九，是故不定。云何次第。有人先在外凡地時，於彼欲界九品惑中全未斷除，設有斷除，未盡六品，是人後時入見諦道，至第十六道比智時證須陀果，須陀果上更起修道，斷彼欲界六品惑盡，證斯陀含，名爲次第。云何超越。有人先在外凡地時，依未來禪，斷除欲界九品惑中，或六或七，乃至八品，後入見道，至第十六道比智時不證初果，超證斯陀，故名超越。彼超越者，用上九根，得第二果，與初果同。彼次第者，但用八根，得第二果，除未知根。此次第者，若用無漏斷結證果，所用八根同是無漏，皆是向體，亦是果體。若用等智，斷結證果，信等五根、意根、捨根，此之七種，通漏無漏。現行之者，一向有漏。同治修中所成就者，一向無漏。云何同治。彼欲界結，未來禪中世俗淨智亦能斷治〔一三〕，無漏法智亦能斷除，以同除故，修無漏時亦成等智，修有漏時亦成無漏。同治如是。彼有漏者，非是向體，亦非果體。彼無漏者，是其向體，亦是果體。第八知根，一向無漏，但可成就而不現行。然此知根，以無漏故，亦是向體，亦是果體。斯陀如是。那含人中，亦有次第超越之異，次第用八，超越用九，故云或也。云何次第。次第有二。有人先在外凡地時，於欲界結全未斷除，設令斷除，未盡六品，是人後時入見諦道，至第十六道比智時證須陀洹，須陀果上更起修道，斷六品盡，證斯陀含，斯陀果上更起修道，斷後三品，證那含果，此一次第。或復有人，先在外凡，用世俗智，斷除欲界九品惑中，或六或七，乃至八品，是人後時入見諦道，至第十六道比智時證斯陀含〔一三〕果，斯陀含果上更起修道，斷後餘結，證那含果，此二次第。云何超越。有人先在外凡地中，修得初禪，乃至非想，後入見道，至第十六道比智時越前二果，證阿那含，以欲界結先斷盡故，彼超越者用上九根證那含果，此九根中信等五根、意根、未知根及與知根，一向是定，餘一不定，或喜，或樂，或復是捨。依初二禪入見諦道，即有喜根。若依三禪，入見諦道，即有樂根。若依四禪、未來、中間入見諦道，則有捨根。超越如是。次第之人但有八根，信等五根、意根、捨根及與知根。此次第人，若用無漏而斷結者，八俱無漏，皆是向體，亦是果體。若用等智斷結證果，前之七根通漏無漏，彼現行者一向有漏，同治修中所成就者一向無漏。故〔一四〕彼有漏者，非是向體，亦非果體。彼無漏者，亦是向體，亦是果體。第八知根一向無漏，以無漏故，亦是向體，亦是果體。然此知根，亦但成就而不現行。

言十一根得四果者，羅漢之果，十一根得。信等五根，喜、樂、捨、意、知根、無知根，此十一根，能得究竟羅漢果也。於中知根是無礙道，無知根者〔一三五〕是解脱道。問曰：諸受不得並起，云何得具喜、樂、捨根。釋言：一往得羅漢者不具三受，如是之人，但用九根得第四果。喜、樂、捨中，隨何現起，餘二則無。若逕一退後重得者，具其十根，八根如上，喜、樂、捨中有二無一。若逕二退後重得者，得具十一。於三受中，前後具之，謂先依於未來、中間及第四禪捨根得果，後還退失，復依三禪樂根得果，後還退失，復依初禪二禪喜根得羅漢果，故有三受。問曰：羅漢曾逕二退，得具十一。彼那含果，何故不然。釋言：不類〔一三六〕。那含人中，有次第者，有超越者。彼次第者一向用於未來禪定斷結得果，未來禪中唯有捨根，更無餘受。何故如是。欲界煩惱唯未來禪〔一三七〕所斷除故。如是之人，設令退起欲界煩惱，失那含果，後重得時，必還依於未來禪中捨根而得，故無餘受。彼超越者，或依初禪二禪喜根入見諦道，證那含果，或有依於三禪樂根入見諦道，證那含果，或復依於四禪捨根入見諦道，證那含果，隨所用者，終無退理〔一三八〕。以見諦道唯〔一三九〕是無漏，不可退故。以無退故，不得退已重用餘根。是故那含極多九根，不類羅漢，良在於此。毗曇如是。若依《成實》，三無漏根，體唯是慧。若據斯義，是則初果三根所得，所謂慧根、未知根〔一四〇〕、知根。未知無礙，知根解脱。其次二果，三〔一四一〕根所得，所謂慧根及以知根。第四果者，三根所得，所謂慧根、知根、知已根。知根無礙，知已解脱。若復隨義，具以論之，得説十根得於初果，信等五根、意、樂、捨根、未知〔一四二〕、知根〔一四三〕。其次二果，九根所得，除未知根，餘皆如上。第四果者，十根所得，謂信等五根，意、樂、捨根、知及知已。於中知根是無礙道，知已解脱。問曰：何故義説樂、捨，不説喜乎。此如前釋。無漏之法已[一四四]在身中，義説爲樂，調停[一四五]名捨，喜取假生，著我故起，是故無之。

第五門中，就人分別。外凡人中，極少之者成就八根，謂無色界所有凡夫，具有命根、意根、捨根，信等五根。又闡提人生阿鼻者，亦具八根，謂身、意、命，及五受根。極多之者，具十九根，除三無漏。内凡夫人，具十八根，除三無漏，男女根中有一無一，以二形者不能修起七方便故。見諦道中具十九根，除去知根及無知根，男女根中有一無一，以二形人無得聖故。須陀、斯陀，此二果人，具十九根，除未知根及無知根，男女根中有一無一。那含之人，具十八根，除未知根及無知根，男女根中有一無一，并除憂根，以彼憂根唯局欲界不善地故。羅漢之人，亦具十八，除未知根及與知根，男女根中有一無一，并除憂根。人別如是。

第六，明其得捨成就。先明其得，次明其捨，後明成就。所言得者，先無今有，名之爲得。於中[一四六]且就報根以説。報通三界，欲界地中有四種生，一胎，二卵，三濕，四化。是四生中，胎、卵、濕生，生必以漸，以其諸根漸次[一四七]成就故。化生必頓，以其諸根頓成就故。漸生之者，最初一念頓得二根，所謂身根及與命根，爾時亦得意根、捨根。一切受生皆依染心，染心非報，所以不説。捨根亦爾，非報法故，所以不論。縱使非報，説得何傷。釋言：有以染汙之法，先來常有，非今始得，是故不説。若使今染與先染同，非新得者，今所得報與昔報同，何故説得。釋言：不類。報法世斷，刹那斷故，今所得者即是新得，染汙不爾，對治方斷，未[一四八]有未斷，隨所起者皆是本法，不名新得。問曰：何故受生之時，唯用染捨，不用餘受。論自釋言：受生命終，唯依捨故。頓生之者，寅最初一念，或得六根，或七或八。若無形者，頓得六根，謂眼等五根[一四九]及與命根，以化生者眼等五根必具足故。若一形者，頓得七根，六根如前，男女根中有一無一。若二形者，頓得八根，六種如上，加男、女根。欲界如是。色界生者，寂初一念，最〔一五〇〕頓得六根，眼等五根及與命根，彼處無其男女形故。無色生者，最初一念，唯得命根，餘非新得，彼無色故。此一門竟。

次辨其捨。先有今失，名之爲捨。於中具以五門分別：一、就時分別。捨時雖衆，今此且就命終以說。二、就處分別。處謂三界。三、就性分別。善、惡、無記三性心中皆得命終，捨彼諸根，不同受生唯在不善、穢汙無記。四、漸頓分別。一切化生，皆頓命終，其猶燈滅。胎、卵、濕生，有漸有頓。任報自死，漸而不頓。横緣而死，容有頓者，如斬首等。五、明所捨多少不同。於中先就欲界以論。欲界地中，若無記心漸命終者，或捨四根，或五或六。無形之人，頓捨四根，所謂身根、意根、命根、捨根。問曰：何故五根之中，唯捨身根，不捨餘根。以其身根寂後壞故。一形之人，頓捨五根，四根如上，男女根中隨捨一根。二形之人，頓捨六根，四根如上，加男、女根。若欲界死，生上界者，必捨五根，所謂身根、意、命、捨根，男女根中隨捨何根，二形之人不上生故。下餘門中，類此應知。頓命終者，所捨不定，或捨四、五、六、七、八、九，乃至捨十。相狀如何。或有衆生，於色根中但有二根，所謂身根，餘色根中有一無餘，如是衆生，頓捨五根，謂身、意、命根〔一五一〕，餘色根中有者捨之。或有衆生，於色根中但有四根，所謂身根，餘色根中有三無餘。如是衆生，頓捨七根，謂身、意、命、捨，餘色根中有者捨之。或有衆生，於色根中具足五根，所謂眼、耳、鼻、舌及身，無男女形，如是衆生頓捨八根，謂眼等五根、意、命、捨根。一形之人，頓捨九根，八根如上，男女根中隨捨何根。二形之人，頓捨十根，八根如上，加男、女根。無記如是。若不善心而命終者，捨根多少，與前相似。若善心中而命終者，如上無記，一一門中皆悉加於信等五根。問曰：捨惡與捨無記有何差別。釋言：有異。無記力劣，爲尚〔一五二〕有其世斷及刹那斷。言世斷者，隔世則滅，不得成就。刹那斷者，念念盡滅，不得成就。以其世斷刹那斷故，命終之時，即是斷捨。不善力强，對治方斷，非是世斷、刹那斷故，命終之時不現行故名之爲捨，非斷滅捨。問曰：捨善與捨不善、無記何別。善望前二，互有同異。若欲界死，生上二界，與無記同，即是斷捨。若欲界死，還生欲界，與不善同，但不行故名之爲捨，非令盡滅。欲界如是。色界之中，若無記心而命終者，頓捨八根，眼等五根、意、命、捨根。若善心中而命終者，頓捨十三，八根如上，加信等根。色界如是。無色界中，若無記心而命終者，頓捨三根，謂意、命、捨。若善心中而命終者，頓捨八根，三根如上，加信等根。此二門竟。

次辨成就。於諸根中，決定有者說其成就，若不定者則不說之。

二十二中，意、命、捨根，此三遍通，趣有一種，必成餘二。餘則不定。云何不定。若在無色，無眼等根。在四禪上，則無樂根。在三禪上，便無喜根。初禪已上，無男女根、憂根、苦根。斷善根者，即無信、進、念、定、慧根。凡夫則無三無漏根。

若有身根，必成四根，所謂身根、意、命、捨根。餘皆不定。若根缺者，則無眼、耳、鼻、舌等根。若在色界及無形者，無男、女根。在四禪上，則無苦、樂、憂、喜四受，無信等根及三無漏。義如前解。

若有眼根，必成五根，所謂眼、身、意、命、捨根，眼必依身，故成身根，餘三遍通，所以具有。餘皆不定，准前可知。耳、鼻、舌根，趣有一種，皆成五根，類眼可知。

若有樂根，必成四根，所謂樂根、意、命、捨根。餘皆不定。云何不定，聖人生在無色界中，得成下地無漏樂根。於此樂邊，無眼等根。凡在三禪則無喜根。生初禪上，無男女根、憂根、苦根。斷善根人，無信等根。凡夫則無三無漏根。

若有喜根，必成五根，所謂喜、樂、意、命、捨根。有喜之處，必定有樂，故有樂根。餘三通故，所以有之。餘皆不定。聖人生在無色界中，得成下地無漏喜根，於此喜邊，無眼等根。生初禪上，無男女根、憂根、苦根。若在欲界，斷善根者無信等根，一切凡夫無三無漏，是故不定。

若有苦根，必成七根，所謂苦根、喜、樂、捨根、身、意、命根。餘皆不定。根缺之者，則無眼、耳、鼻、舌等根。無形之者，無男女根。欲界地中，那含、羅漢則無憂根。

若有命根，唯成命根。餘則不定。若在無色，無七色根。若在欲、色入滅定者，則無意根及餘心法。

若有身根，必成二根，身根、命根。餘皆不定。若根缺者，則無眼、耳、鼻、舌等根。若在色界及無形者，無男女根。若入滅定，則無意根及餘心法。

若有眼根，必成三[一五三]根，謂眼、身、命。眼必依身，故有身根。命是報生，故有命根。餘皆不定。若根缺者，無耳、鼻、舌。若生色界及無形者，無男女根。入滅定者，則無意根及餘心法。

耳、鼻、舌根，但使有一，皆成三根。類眼可知。

若有意根，必具[一五四]三根，謂意、命、捨。餘皆不定。無色界中，無眼等根。凡夫之人，生四禪上，則無樂根。生三禪上，則無喜根。生初禪上，無男女根、憂根、苦根。欲界地中，斷善根者，無信等根。三界凡夫，無三無漏。

若有捨根，必成三根，與意根同。

若有樂根，必成四根，所謂樂根、意、命、捨根。樂必依心，故有意根。命是報主，故有命根。在下之時，必成上法，故有捨根。問曰：在下云何必得成就上捨？釋有三義：一、在下地，於上地中所未斷處一切味定皆悉成就，故得有之。

二、在下地，於上地中所修淨定皆得成就。第三，聖人身在下地，用上淨定及下無漏，斷上結時，同治修故，得成上地一切淨定及無漏定。是故有樂必成捨根。餘皆不定。云何不定。聖人生在四空地中，爾時成就三禪地中無漏、樂根，無漏生上不失下故，彼樂根邊無眼等根。凡夫生在三禪以上，則無喜根，有漏生上則失下故。凡夫在於初禪以上，無男女根、憂根、苦根。若在欲界，斷善根者，無信等根。一切凡夫，無三無漏。是故不定。

若有喜根，必成五根，謂喜、樂、捨、意根、命根。有意、命、捨，義同樂說。云何有喜必成樂根。亦有三義：一、在下地，於上地中所未斷處一切味定皆悉成就，故有樂根。二、在下地，於上地中所修淨定皆悉成就，故有樂根。第三，聖人身在下地，用上淨定及下無漏斷上結時，同治修故，得成上地世俗淨定及無漏定，故有樂根。以是之義，但有喜根，必成樂根。餘皆不定。云何不定。聖人生在四空地中，爾時有喜，無眼等根。生初禪上，無男女根、憂根、苦根。若在欲界，斷善根者，無信等根。一切凡夫，無三無漏根[一五五]。是故不定。

若有苦根，必成七根，所謂苦根、喜、樂、捨根、身、意、命根。餘皆不定。根缺之者，則無眼、耳、鼻、舌等根。無形之者，無男女根。欲界地中，那含、羅漢則無憂根。問曰：若使那含、羅漢無憂根者，亦應無苦，以何義故得有苦根而無憂根。釋言：憂者著欲故生，是故那含、羅漢之人有苦無憂，已捨欲故，見五欲[一五六]樂壞之時不生憂惱。苦則不爾，不從著欲分別而生，是故那含、羅漢之人有苦無憂。斷善根者，無信等根。凡夫之人，無三無漏。是故不定。

若有憂根，必成八根，謂五受根、身、意、命根。餘皆不定，如苦中說。

若有男根，必成八根，所謂男根、身、意、命根、苦、樂、喜、捨。餘皆不定。根缺之者，無眼等根。丈夫一形，則無女根。那含、羅漢及凡夫中得八禪者，則無憂根。斷善根者，無信等根。凡夫之人，無三無漏。

若有女根，且[一五七]成八根，但無男根，餘皆同前。

若有信根，且成八根，謂[一五八]信等五根、意、命、捨根。餘皆不定。生無色者，無眼等根。凡夫之人，生四禪上，則無樂根。生三禪上，則無喜根。生初禪上，無男女根、憂根、苦根。一切凡夫，無三無漏。

精進、念、定乃至慧根，皆同信根。

若有知根，必成十一，所謂知根、信等五根、喜、樂、捨根、意根、命根。餘皆不定。云何不定。生無色者，無眼等根。生初禪上，無男女根、憂根、苦根。在修道故，無未知根及無知根。問曰：前説斯陀、那含九根所得，云何今言必成十一。釋言：有以前據現用喜、樂、捨等，不得並用，故有九根。今論成就，故有十一。

有無知根，且[一五九]成十一，同前知根，但除知根，加無知根。

有未知根，必成十三，前十一上更加身根及與苦根。入見諦道，必在欲界，故有苦根。餘皆不定。若根缺者，則無眼、耳、鼻、舌四根。男女二根，隨人不同，有無不定。若依初禪乃至四禪，入見諦道，則無憂根，故曰不定。

第七門中，明其次第。一切受身，六根爲體，故先説之。既有六根，便可分別男女相異，故次明其男女二根。諸根相攝，不絕不斷，故次説命。諸根對境，能生覺心，故次五受。此前染法，染必有治，治謂淨法，一切淨法因信等生，故明信等。由信等故，出生[一六〇]聖道，聖分三位，是故後説三無漏根。二十二根，略之云爾。

校勘記

〔一〕「事」，底本原校云明本論作「成」。

〔二〕「想」，底本作「相」，據底本原校及校本改，下三「想」字同。

〔三〕「相」，校本校勘記云甲本無。

〔四〕「彼」，校本校勘記云甲本無。

〔五〕「説」，底本原校云一本後有「爲因」二字。

〔六〕「因」，底本脱，據底本原校及校本補。

〔七〕「得」，底本作「獨」，據底本原校及校本改。

〔八〕「植」，校本校勘記云甲本作「殖」，下三「植」字同。

〔九〕「促」，底本原校云一本作「短」。

〔一〇〕「攝」，底本原校疑爲「時」。

〔一一〕「就」，底本原校疑爲「熱」。

〔一二〕「善」，底本作「是」，據底本原校及校本改。

〔一三〕「相」，底本原校云一本作「想」。

〔一四〕「宣」，底本原校云一本作「説」。

〔一五〕「緣」，底本原校云一本後有「攝」字，一本後有「所」字。

〔一六〕「攝」，校本校勘記云甲本後有「名爲」二字。

〔一七〕「生」，校本校勘記云甲本後有「別」字。

〔一八〕「果」，底本原校疑衍。

〔一九〕「煩惱」，底本原校云一本無。

〔二〇〕「因」，底本後衍「煩惱」二字，據底本原校及校本删。

〔二一〕「後」，校本校勘記云甲本無。

〔二二〕「家」，底本原校疑爲「意」。

〔二三〕「後」，底本原校云一本作「染」。

〔二四〕「對」，底本原校疑爲「順」。

〔二五〕「法」，校本校勘記云甲本作「須」。

〔二六〕「俱」，底本原校疑爲「但」。

〔二七〕「唯」，底本原校疑衍。

〔二八〕「若」，校本校勘記云甲本無。

〔二九〕「非」，底本原校疑爲「名」。

〔三〇〕「彼」，底本原校云一本無。

〔三一〕「三」，校本校勘記云甲本作「二」。

〔三二〕「明」，底本原校疑爲「共」。

〔三三〕「説」，校本校勘記云甲本後有「因」字。

〔三四〕「攝」，底本原校云一本後有「所謂以有因種植因共事因」十一字。
〔三五〕「殖」，底本原校疑爲「子」。
〔三六〕「善」，底本原校疑爲「惡」。
〔三七〕「心」，校本校勘記云甲本後有「心」字。
〔三八〕「三」，校本校勘記云一本前有「三」字。
〔三九〕「攝」，校本校勘記疑衍。
〔四〇〕「得」，底本原校云一本無。
〔四一〕「果」，校本校勘記云甲本後有「法」字。
〔四二〕「攝」，校本校勘記云甲本無。
〔四三〕「矣」，底本原校疑爲「也」。
〔四四〕「相」，校本校勘記云一本無。
〔四五〕「雖」，校本校勘記云甲本作「唯」。
〔四六〕「精起」，底本原校云一本作「情緣」。
〔四七〕「十」，校本校勘記云一本無。
〔四八〕「遣」，底本原校云一本作「迷」，下二「遣」字同。
〔四九〕「法」，校本校勘記云甲本無。
〔五〇〕「方」，底本原校云一本作「云」。
〔五一〕「易」，校本校勘記云甲本作「難」。
〔五二〕「遣」，底本原校云一本作「迷」。
〔五三〕「就」，底本原校疑衍。
〔五四〕「遣」，底本原校云一本作「迷」。
〔五五〕「性」，校本校勘記云甲本前有「自」字。
〔五六〕「不」，底本原校云一本作「所」。
〔五七〕「經」，校本校勘記疑爲「説」。
〔五八〕「分」，底本原校云一本作「了」。
〔五九〕「薰發」，底本原校云一本作「熏動」。
〔六〇〕「段」，底本原校云一本無。
〔六一〕「支」，底本原校疑衍。
〔六二〕「依」，底本作「迴」，據底本原校及校本改。
〔六三〕「法」，底本原校云一本作「語」。
〔六四〕「二」，底本原校疑爲「一」。
〔六五〕「斷」，底本原校云一本作「行」。
〔六六〕「計」，校本校勘記云甲本作「説」。
〔六七〕「説」，底本作「境」，據底本原校及校本改，下一「説」字同。

〔六八〕「現」，校本校勘記云甲本後有「在」字。

〔六九〕「則」，校本校勘記云甲本作「別」。

〔七〇〕「之」，底本作「也」，據底本原校及校本改。

〔七一〕「三」，底本原校云一本後有「三」字，校本校勘記云一本後有「言」字。

〔七二〕「相」，底本原校云一本作「應」。

〔七三〕「就」，校本校勘記云一本無。

〔七四〕「長」，底本作「是」，據校本改。

〔七五〕「匐」，底本作「匍」，據校本改。

〔七六〕「匍」，底本作「葡」，據校本改。

〔七七〕「追」，校本校勘記云甲本作「思」。

〔七八〕「體」，底本原校云一本作「時」。

〔七九〕「當」，校本校勘記云甲本無。

〔八〇〕「評」，底本原校云一本作「許」。

〔八一〕「復」，校本校勘記云一本作「後」。

〔八二〕「斷」，校本校勘記云一本作「行」。

〔八三〕「所起」，底本原校疑衍。

〔八四〕「觝」，底本原校云一本作「觸」。

〔八五〕「淺」，底本原校云一本作「殘」。

〔八六〕「住」，校本校勘記云甲本作「信」。

〔八七〕「斷」，底本原校云一本作「行」。

〔八八〕「人未」至「有我」，底本原校云一本無。

〔八九〕「四」，底本原校云一本作「此」。

〔九〇〕「觀」，校本校勘記云一本後有「色」字。

〔九一〕「有」，校本校勘記云甲本作「在」。

〔九二〕「門」，底本原校云一本作「同」。

〔九三〕「死」，校本校勘記云一本無。

〔九四〕「死」，底本原校云一本後有「滅」字。

〔九五〕「此」，底本原校云一本後有「觀」字。

〔九六〕「辨」，校本校勘記云甲本後有「異」字。

〔九七〕「七」，底本原校云一本作「四」。

〔九八〕「種」，底本原校疑衍。

〔九九〕「道」，校本校勘記云甲本後有「義」字。

〔一〇〇〕「法」，校本校勘記云甲本後有「相」字。

〔一〇一〕「如實」，校本校勘記云甲本無。

〔一〇二〕「得離」，校本校勘記云甲本作「離苦」。

〔一〇三〕「三」，校本校勘記疑爲「四」。

〔一〇四〕「周」，校本校勘記云甲本作「闍」。

〔一〇五〕「空」，底本原校疑衍。

〔一〇六〕「界」，校本校勘記云甲本後有「故」字。

〔一〇七〕「張」，校本校勘記云一本作「馳」。

〔一〇八〕「大熱」，底本原校云一本作「火勢」。

〔一〇九〕「者」，校本校勘記云一本作「火」。

〔一一〇〕「諸」，底本原校云一本作「法」。

〔一一一〕「大」，底本原校云一本作「火」。

〔一一二〕「法」，校本校勘記云甲本無。

〔一一三〕「報」，底本原校云一本作「法」，下一「報」字同。

〔一一四〕「同」，底本原校云一本作「用」。

〔一一五〕「所」，校本校勘記云甲本作「取」。

〔一一六〕「心慧」，底本原校云一本無。

〔一一七〕「别」，校本校勘記云一本後有「漏及以意根」五字。

〔一一八〕「及以意根通漏」，校本校勘記云一本無。

〔一一九〕「非」，底本原校云一本無。

〔一二〇〕「工」，底本原校云一本無。

〔一二一〕「化」，底本原校疑後脱「無記」二字。

〔一二二〕「眼等法身」，校本校勘記云一本無。

〔一二三〕「捨」，校本校勘記云一本無。

〔一二四〕「因」，底本作「以」，據底本原校及校本改。

〔一二五〕「根」，底本原校云一本無。

〔一二六〕「報」，校本校勘記云甲本後有注文「此六門竟」四字。

〔一二七〕「根」，底本作「果」，據校本改。

〔一二八〕「唯」，校本校勘記云甲本作「但」。

〔一二九〕「惑」，校本校勘記云一本作「或」。

〔一三〇〕「如」，校本校勘記云甲本無。

〔一三一〕「或用九根」，底本原校云一本無。

〔一三二〕「治」，底本原校云一本作「除」。

〔一三三〕「含」，底本原校疑衍，下一「含」字同。

〔一三四〕「故」，底本原校云一本無。

〔一三五〕「者」，校本校勘記云一本無。

〔一三六〕「類」，校本校勘記云甲本作「得」。
〔一三七〕「禪」，校本校勘記云一本無。
〔一三八〕「退理」，底本原校云一本作「邊變」。
〔一三九〕「見諦道唯」，底本原校云一本無。
〔一四〇〕「根」，底本原校疑衍。
〔一四一〕「三」，底本原校云一本作「二」。
〔一四二〕「知」，校本校勘記云一本後有「根」字。
〔一四三〕「根」，校本校勘記云一本後有「未知」二字。
〔一四四〕「已」，底本作「未」，據底本原校及校本改。
〔一四五〕「停」，底本原校疑爲「適」。
〔一四六〕「中」，校本校勘記云一本無。
〔一四七〕「次」，底本原校疑衍。
〔一四八〕「未」，底本原校云一本作「先」。
〔一四九〕「根」，底本原校疑衍。
〔一五〇〕「最」，底本原校云一本無。
〔一五一〕「根」，底本原校疑爲「捨」。
〔一五二〕「爲尚」，底本原校云一本無。
〔一五三〕「三」，底本作「二」，據校本改。
〔一五四〕「具」，校本校勘記云甲本作「俱」。
〔一五五〕「根」，底本原校疑衍。
〔一五六〕「欲」，底本原校云一本後有「等」字。
〔一五七〕「且」，底本原校云一本作「亦」，下一「且」字同。
〔一五八〕「謂」，底本原校疑衍。
〔一五九〕「且」，底本原校疑爲「亦」。
〔一六〇〕「生」，校本校勘記云甲本無。

大乘義章卷第五本

遠法師撰

染法聚第三。此有六十門。染法聚煩惱義中，有三十門。此卷有二十三門。二障義。三障義。三根、三道、三毒煩惱義。三使義。三漏義。四縛、四流、四枙〔一〕之義。四取義。四身結義。五住地義。五蓋義。五下分結義。五上分結義。五慳義。五心栈義。五心縛義。六垢義。七漏義。七使義。八慢義。八種惡覺義。八妄想義。八倒義。九結義。

二障義，兩門分別。釋名第一。體相第二。

第一釋名。所言障者，隨義不同，乃有多種。或名煩惱，或名爲使，或名爲結，或名爲纏，或名爲縛，或名爲流，或名爲枙，或名爲取，或名爲漏，或名爲垢，或説爲惑，或説爲鄣，如是非一。勞亂之義，名曰煩惱。隨逐繫縛，稱之爲使。結集生死，目之爲結。結縛衆生，亦名爲結。能纏行人，目之爲纏。又能纏心，亦名爲纏。羈繫行人，故目〔三〕爲縛。漂流行人，説之爲流。能令衆生爲苦所枙，故名爲枙。取執境界，説以爲取。流注不絶，其猶瘡漏，故名爲漏。染汙淨心，説以爲垢。能惑所緣，故稱爲惑。能礙聖道，説以爲鄣。如是差別，無量無邊，今隨一義，且説爲障。名字麁爾。

第二，體中差別有二，第一略明五住之相，第二就之以別二障。言五住者，如《勝鬘經》説，一見一處住地，二欲愛住地，三色愛住地，四有愛住地，五無明住地。名字如是。體狀如何。三界五見，名見一處。欲界所有一切煩惱，除無明見，名爲欲愛。色界所有一切煩惱，除無明見，名爲色愛。無色界中一切煩惱，除無明見，名爲有愛。三界無明，名無明地。無明之中，義復有二，一者染汙，二不染汙。迷理無明，名爲染汙，事中無知，名不染汙，此二合爲無明住地。此義廣辨，如五住章。言別障者，障別有三：一、四住煩惱爲煩惱障，無明住地以爲智鄣。二、五住性結爲煩惱鄣，事中無知以爲智障。三、五住性結及事無知同爲煩惱，分別緣智以爲智障。

就初番中，四門分別：一、定障相。二、釋鄣名。三、明斷處。四、對鄣辨脱。

言定相者，云何得知四住煩惱爲煩惱障，無明住地以爲智鄣。以《勝鬘經》對《地持論》，驗之知矣。《勝鬘經》中説，二乘人但斷四住，不斷無明。《地持論》中説，二乘人煩惱鄣淨，非智鄣淨。煩惱淨者，猶〔三〕《勝鬘》中所斷四住，非智障鄣，猶彼不斷無明住地。定之麁爾。

次釋其名。五住之結，通能勞亂，齊能鄣智，何故四住偏名煩惱，無明住地獨名智障。理實齊通，但今爲分二障差別，隱顯異名，等[四]就隱顯，各隨功强，以別兩名。四住煩惱現起之結，發業招生，勞亂義强，偏名煩惱。異心之惑，與解別體，疎而遠翳，障智微故，不名智鄣。無明闇惑，正違明解，親而近翳，障智義强，故名智鄣。任性[五]無知，非是現起，不能發業招集苦報，勞亂微故，不名煩惱。名義如是。

次明斷處。略爲二階，第一大小相對分別，二就大乘世間[六]出世間相對分別。大小對中，義別三門：一、隱顯互論。二乘之人但除煩惱，菩薩之人唯滅智鄣。二乘非不分除智鄣，所斷微小，隱細從麁，是故不說。菩薩非不除斷煩惱，所斷相微，隱麁從細，是故不說。二、優劣相形。二乘解劣，但斷煩惱。菩薩治廣，二鄣雙除。故《地持》云：聲聞、緣覺煩惱鄣淨，非智鄣淨。菩薩種性，具足二淨。三、據實通論。二乘之人二鄣雙除，菩薩亦爾。此一門竟。

言就大乘世間[七]出世間相對辨者，解行已前名爲世間，初地已上名爲出世。於中分別，乃有四門：一、癈麁論細。地前菩薩於彼二障一向未斷，初地已上二鄣並除。故《涅槃》中宣說地前具煩惱性，良在於此。二、隱顯互論。地前世間但斷煩惱，初地已上唯除智鄣。地前非不分斷智鄣，所斷微小，隱細從麁，是故不說。初地已上亦斷煩惱，隱麁從細，是以不論。三、優劣相形。地前解劣，唯除煩惱。地上解勝，二鄣雙斷。四、據實通論，世及出世二鄣雙除。相狀如何。煩惱鄣中，有其二種，一是子結，二是果縛。子結煩惱，地前所除。果縛煩惱，地上所斷。子結之中，復有二種。一者正使，作意而生。二者餘習，任性[八]而起。正使煩惱，聲聞、緣覺乃至習種斷之周盡。習起之結，種性已上乃至初地斷之畢竟。故《地持》云：初阿僧祇，過解行住，入歡喜地，斷增上中惡趣煩惱、不善正使，名爲增上。習名爲中，入歡喜時，習悉皆斷。果縛之中，亦有二種：一者正使，作意現起。二是習氣，任運而生。正使煩惱，所謂愛佛、愛菩提等，始從初地，次第斷除，至不動地，斷之周盡。故《地持》云：第二僧祇，過第七住，入第八地，微細煩惱皆悉斷滅。八地以上，除彼餘習。故《地持》云：第三僧祇，斷除習氣，入最上住。智鄣之中，亦有二種，一者迷相，二者迷實。情所起法，名之爲相，不能悟解、知其本無，説以爲迷。如來藏性，説以爲實，不能窮達，説以爲迷。迷相無明，地前所除。迷實無明，地上所斷。迷相無明，復有二種，一迷相立性，二迷性立相。言迷相者，妄法虚集，以之爲相，不知虚集，建立定相。言迷性者，情所起法，無性爲性，迷此性故，立因緣相。迷相無明，聲聞、緣覺乃至習種，斷之窮盡。迷性無明，種性已上，乃至初地皆悉斷除。迷實無明，亦有二種，一迷實相，二迷實性。實性[九]空寂無爲之法，是其實相，不能知是寂泊無爲，故名迷相。如來藏中恒沙佛法真實善有，是其實性，不能窮證，説爲迷性。此二無明，説斷不定。若依《地經》，初地以上乃至六地，除其迷相，是故證得爲柔順忍。七地已上，斷迷實性，是故證得無生忍體。若依《涅槃》，九地已還斷其迷相，是故説爲聞見佛性。十地以上，斷迷實性，是故説爲眼見佛性。以此驗求，煩惱障者始終通斷，智鄣亦然。治斷麤爾。

第四，對鄣以別二脱。斷煩惱鄣，得心解脱。斷除智鄣，得慧解脱。是義云何。分別有三：一、隱顯互論。斷煩惱鄣，諸佛菩薩世諦心脱。斷除智鄣，真諦慧脱。何故如是。煩惱染事，故斷煩惱，世諦心脱。斷煩惱時，理實隨有一切解[一〇]脱，就主爲名，偏言心脱。無明鄣理，故斷無明，真諦慧脱。斷無明時，即理所成一切解脱，就主作名，偏言慧脱。第二，對鄣寬狹分別。斷煩惱時，唯除事中染愛心故，世諦心脱。斷智鄣時，除無明地及斷事中麤無明故，二諦慧脱。三、隨義通論。斷煩惱鄣，二諦心脱，世諦心脱，義如前釋。真心脱者，以彼愛結微細習氣，與無明地同一體性，縛真心故，斷煩惱時，真諦心脱。如《涅槃》説，斷除智鄣，二諦慧脱。備如前釋。此一門竟。

第二番中，亦有四門：一、定鄣相。二、釋鄣名。三、明斷處。四、對鄣辨脱。

言定相者，云何得知住性結爲煩惱障，事中無知以爲智障。如《涅槃經》説，斷除一切貪瞋癡等，得心解脱，一切所知無鄣礙故，得慧解脱。貪瞋癡者，即是五住性結煩惱。一切所知得無礙者，當知即是除事無知。又如《地經》以佛無礙爲慧解脱，當知即是除事無知。遠離癡染爲心解脱，當知即是五住性結爲煩惱鄣。又《雜心》云：如來斷除二種無知，一斷染汙，二斷不染。染汙無知，即是五住性結煩惱。不染無知，即是事中無明之心。准驗斯等，當知以彼五住性結爲煩惱鄣，事中無知以爲智障。定之麤爾。

次釋其名。何故五住性結煩惱爲煩惱鄣，事中無知以爲智障。五住性結，能起分段、變易生死，勞亂行人，名煩惱鄣。事中闇惑，能鄣如來種智明解，是故説之以爲智鄣。名義如是。

次辨斷處。處別有三：一、世出世相對分別。二、以功用望無功用相對分別。三、因果分別。

就初對中義別有三：一、隱顯互論。地前斷除五住性結，以彼捨相，趣順如故。初地以上斷除智鄣，以彼地上契合法界，了達諸法無鄣礙故。故《地經》云，於初地中，一切世間文誦呪術不可窮盡。二、優劣相形。地前菩薩，唯除煩惱。初地以上，智行寬廣，二障雙除。三、就實通論，地前地上皆除二鄣。

第二對中，義亦有三：一、隱顯互論。七地已前，唯除煩惱。八地已上，滅除智障。如八地中淨佛國土，斷除一切色中無知。九地之中，了物心行，滅除一切心行無知。第十地中，於諸法中得勝自在，斷除一切法中無知。此等皆是除事無知。二、優劣相形。七地已還，唯斷煩惱。八地已上，二障雙除。三、就實通論。七地已還，雙除二障。八地已上，類亦同然。

第三對中，義别亦三：一、隱顯互論。金剛已還，斷煩惱障。如來地中，種智現起，了達一切差别諸法，斷除智鄣。以事無知難斷除故，至佛乃盡。二、優劣相形。金剛已還，但斷除煩惱。如來果位，二障雙斷。三、據實通論，種性已上乃至如來，二障雙遣。治處且爾。

次對鄣辨脱。除煩惱障，得心解脱。滅除智鄣，得慧解脱。言心脱者，有其二種，一佛菩薩行世間心，二佛菩薩第一義心。斷四住故，世諦心脱。除無明故，第一義諦心得解脱。言慧脱者，謂照世間一切種智得解脱也。此兩門竟。

第三番中，亦有四門：一、定鄣相。二、釋鄣名。三、明斷處。四、對鄣辨脱。

言定相者，云何得知五住性結及事無知爲煩惱鄣，分别之智以爲智鄣。如《勝鬘》中五住及起同名煩惱，明知五住及事無知是煩惱障。言分别智爲智鄣者，如《寶性論》説，有四種鄣，不得如來淨、我、樂、常。一者緣相，謂無明地，以是鄣故不得如來究竟真淨。二者因相，謂無漏業，以是障故不得真我。三者生相，謂意生身，以是鄣故不得真樂。四者壞相，謂變易死，以是鄣故不得真常。彼既宣説，漏業障不得真我，是故定知分别緣智是其智障。又如《地論》八[三六]地中説智障淨因事謂不分别空三昧，以不分别爲智障淨，明知即用分别之智以爲智鄣。又《楞伽》云：妄想爾炎慧，彼滅我涅槃。滅爾炎慧方爲涅槃，明知所滅妄慧是障。又龍樹説，如彼覺觀，望下爲善，望第二禪即是罪過，乃至非想望下爲善，望出世道即是罪過。如是慧觀，望世爲善，望其實相亦是罪過。既言罪過，何爲非障。定之麤爾。

次釋其名。五住性結及事無知，體是闇惑勞亂之法，故名煩惱。分别之智，能礙真證無分别慧，故名智障。問曰：此智能顯真德，何故言障。釋言：此智能除闇惑，分能顯真，是故經中説爲了因。多義妨真，故復名鄣。如藥治病，若藥不去，藥復成患，此亦如是。云何妨真。如《維摩》説，寂滅是菩提，滅諸相故，此智是相，所以是障。不觀是菩提，離諸緣故，此智是緣，所以是障。不行是菩提，無憶念故，此智憶念，所以是障。斷是菩提，斷諸見故，此智是見，所以是障。離是菩提，離妄想故，此智妄想，所以是鄣。鄣是菩提，障諸願故，此智是願，所以是鄣。菩提真明，此智性闇，所以是鄣。如世樂受，性是行苦。如是等過，不可具陳，皆違真德，故説爲障。名義如是。

次辨斷處。斷處有二：一、地前地上相對分別。二、直就地上世間[三]出世間相對分別。

就初對中義，復有三：一、隱顯互論。解行已前，增相修故，斷煩惱障。初地已上，捨相修故，斷除智障。云何增相能斷煩惱。煩惱正以闇惑爲患，從初以來，修習明解，緣智轉增，闇惑漸捨，至解行時，明解增上，惑鄣窮盡，説之爲斷。云何捨相能斷智障。智障正以分別爲過，初地已上，窮證自實，緣修漸捨，分別過滅，名斷智鄣。二、優劣相形。地前菩薩唯斷煩惱，初地已上對治深廣，二鄣雙除。三、就實通論。地前地上並斷二鄣，煩惱通除，義在可知。云何地前能滅智鄣。事識中解，以漸息滅。妄識中智，漸現前故。如《地持》云：種性菩薩六入殊勝，展轉相續，無始法爾，當知即是真實行德。既得證實，寧不捨妄。故知地前亦斷智障。此初對竟。

次就地上世間[三]出世間相對分別。初二三地，名爲世間。四地以上，名爲出世。於中亦有三門分別：一、隱顯互論。三地以還，世間之行，斷煩惱障。四地已上，出世真慧，斷除智障。云何世間斷煩惱障。如《地論》説初地斷除凡夫我障，凡夫我是見一處住地。第二地中斷除能起犯戒煩惱，犯戒煩惱即是欲愛、色愛、有愛三種住地。第三明地斷除闇相聞思修等諸法妄障，闇相即是無明住地。云何出世間能斷智障。智障有三：一是智障，所謂分別空有之心。二是體障，所謂建立神智之體。相狀如何。謂彼緣智正觀諸法非有非無，捨前分別有無之礙，雖捨分別有無之礙，而猶見已以爲能觀，如爲所觀。見已能觀，心與如異。如爲所觀，如與心別。由見已心與如別故，未能泯捨神智之礙，説爲體障。三是治想。通而論之，向前二種俱是治想。但此一門，治中究竟，偏與治名。然此治想，亦是緣智。對治破前神智之礙，實心合如。雖復合如，論其體性，猶是七識生滅之法，障於真證無生滅慧，故名爲障。障別如此。

治斷云何。始從四地乃至七地，斷除智障。入第八地，斷除體障。八地已上，至如來地，斷除治想。云何斷智。四、五、六地，觀空破有，捨離分別取有之智。故《地論〔四〕》中廣明，四地觀察諸法不生不滅，捨離分別解法慢心。第五地中，觀察三世佛法平等，捨離分別身淨慢心。第六地中，觀法平等，捨離分別染淨慢心。此皆觀空，破取有心。第七地中，觀諸法如，捨前分別取空之心。離如是等，名斷智障。云何八地斷除體障。前七地中雖觀法如，猶見已心以爲能觀，如爲所觀。以是見故，心與如異，不能廣大任運不動。入第八地，破此智礙，觀察如外由來無心，心外無如。如外無心，無心異如。心外無如，無如異心。無心異如，不見能知。無如異心，不見所知。能所既亡，泯同一相，便捨分別功用之意。捨功用故，行與如等，廣大不動，名入八地。此德成時，名斷體障。云何八地至如來地斷除治想。向前八地，斷除體障，治想猶存。故八地云，此第八地，雖無鄣想，非無治想。然此治想，八地已上漸次斷除，至佛乃盡。彼云何斷。分別息故，真相現前，覺法唯真，本來無妄。以此見真，無妄力故，能令妄治前不生後，後不報前，於是滅盡，至極微細，不復可以觀解破遣，唯可修力任運捨之。八地已上熏修力故，令彼治想運運自謝，真證行德運運自顯。至如來地，妄盡究竟，真德窮滿，名除治想。此是第一隱顯互論。二、優劣相形。初二三地，對治微劣，唯斷煩惱。四地已上，對治深廣，二障雙除。三、就實通論，始從初地乃至佛地，當知念念二障並斷。緣智漸明，斷煩惱障，真德漸顯，滅除智障。治斷如是。

次對障辨脱。就此門中，除斷煩惱，二脱俱生，息除智障，二脱俱顯。相狀如何。前修對治斷煩惱時，能治之道必依真起，所依之真恒隨妄轉，故以妄修薰發真心，令彼真中二脱德生。真德雖生，猶與七識緣智和合，爲彼隱覆，真德不顯。息除彼智，真德方顯。其猶臈印，印臘(一五)與泥合，令彼泥上文像隨生，泥文雖生，臈印覆之不得顯現，動去臈印，其文方顯，彼亦如是。二障之義，難以淵窮，且隨大綱，略標旨況。

三障義，兩門分別。釋名，一。斷處，二。

言三障者，謂皮、膚、骨。論其體性，唯一無明，故《地持》中説爲智障。麤細不同，分爲此三。相狀如何。所障法身事等如髓。能障無明，階降不同，如皮、膚、骨。麤品無明，浮淺如皮，故就喻名説爲皮障。中品無明，次深如膚，故從喻稱説爲膚障。細品無明，窮深如骨，從喻立目説爲骨障。亦可從於所障爲名。所障法身階降有四，一皮，二膚，三骨，四髓。地前菩薩法身如皮，初地已上乃至七地法身如膚，八地已上至第十地法身如骨，如來地中法身如髓。能障無明差別有三，謂麁、中、細。麤品無明有兩種義，説爲皮障。一、麤品無明與彼先成下品法身一處在同，如似世人皮中之患，故曰皮障。二、麤品無明障於未起下品法身，故云皮障。中品無明亦有兩義説爲膚障：一、中品無明與彼先成中品法身，同在一處，如似世人膚中之患，故名膚障。二、中品無明障於未起中品法身，故稱膚障。細品無明，亦有兩義説爲骨障：一、微細無明與彼先成微細法身同在一處，如似世人骨中之患，故名骨障。二、微細無明障於未起微細法身，故名骨障。法身之髓，精窮出累，故不説障。隨義細分，理亦有之，故《地論》中説如來地有微細障。名義如是。

次辨斷處。初皮障者，始從解行，至歡喜地，斷之窮盡。故《地持》云初阿僧祇解行住過，入歡喜地，皮障斷也。第二膚障，始從初地，至第八地，斷之究竟。故《地持》云第二僧祇遠行住過入不動地，膚障斷也。第三骨障，始從八地，至如來地，究竟窮盡。故《地持》云第三僧祇過畢竟住入如來地，骨障斷也。相續解脱，亦如此説。三障之義，略辨如是。

三根、三道、三毒煩惱義，四門分別。釋名，一。廢立，二。相對辨異，三。料簡優劣，四。

第一釋名。言三根者，謂貪、瞋、癡。染境名貪，忿怒曰瞋，闇惑名癡。此三乃是思前煩惱，發生思業，故名爲根。言三道者，所謂貪、瞋及與邪見。貪、瞋同前。言邪見者，謬執乖理，目之爲邪，邪心推求，説之爲見。以何義故前三根中第三名癡，此三道中説名邪見？《成實》釋言：癡中增上，説名邪見。暢思煩惱必是增上，故説邪見。此三乃是思後煩惱，通暢前思，故名爲道。言三毒者，名同三根。以何義故，不同三道，乃同三根？三根之中，癡名是寬，故此同之。三道之中，邪見義狹，故此不同。然此三毒，通攝三界一切煩惱。一切煩惱，能害衆生，其猶毒蛇，亦如毒龍，是故就喻説名爲毒。名義如是。

第二門中，約對十使，料簡廢立。問曰：三根，十使之中具攝幾使？依如毗曇，唯攝三使，謂貪、瞋、癡，不攝餘七。何故如是？釋者相傳，以五義故建立三根。一、明貪等遍通六識，故説爲根，以能具生一切惡故，不同慢等唯在意地。二、通五行，謂迷四諦及障修道，以能具生一切惡業，故説爲根，不同見疑局在見諦。三、具使性，力强能生一切惡業，故説爲根，不同纏垢慳嫉等也。四、斷善根時，爲穿〔一六〕方便，是故證之爲不善根，不同一切無記煩惱。五、能發業，不同過未性成之結，要現行者能發業故。又此三種多惱衆生，名偏説之爲不善根。又此三種衆生多起，乃至蟻等亦常起之，是以偏説爲不善根。若依《成實》，三不善根具攝十使，貪、瞋二使當相各一，餘之八使總名爲癡。何故如是。以依三受及三境故。言三受者，謂苦、樂、捨，依苦生瞋，依樂生貪，依捨生癡。言三境者，謂違、順、中，依違生瞋，依順生貪，依中生癡。餘之八使，同依捨受中容境起，故通名癡。

次辨三道。問曰：三道，十使之中具攝幾使。若依毗曇，具攝五使，所謂貪、瞋、邪見、戒取及與見取。五中前二當相各一，後三合爲邪見業[七]道。以此五種是其增上，能暢思業，發動身口，是故偏説爲惡業道。以何義故不攝餘五。身、邊二見是無記故，不得説爲不善業道。疑、慢及癡，非增上故，不能暢思發動身口，故不説之。問曰：毗曇説，邪見等迷理煩惱，不動身口，云何説爲不善業道。論自釋言：迷理煩惱雖復不作刹那等起動身口業，而能遠作因等起故，説爲業道。若依《成實》，具攝七使，爲三業道。貪、瞋二使當相各一，五見之心通名邪見，彼宗宣説五見之心同能發起不善業故。

次辨三毒。問曰：三毒，十使之中具攝幾使。當知三毒最爲寬通，具攝十使。貪、瞋各一，餘之八使同名爲癡，同依捨受中容境故。

第三門中，約就三界二輪煩惱，辨其三根、三道、三毒差別之相。

先辨三根。若依毗曇，三不善根唯在欲界，非上二界，上二界中無不善故。就欲界中，通説見修二輪煩惱爲不善根，同能發起不善思故。若依《成實》，三不善根亦在欲界，非上二界。上二界中設起不善，繫屬欲界，是故偏説在於欲界。然《成實》中，在上二界亦得寄起欲界不善，不同毗曇一向不起界地斷故。復欲界中見諦煩惱一向定説爲不善根。修惑不定，若望煞等根本業思，修道煩惱非不善根。何故如是。凡夫之時修道煩惱但可成就而不現行，不現行故不能發起不善業思。及在聖時，修道煩惱雖復現行，聖人不起煞等業思，是故修惑非不善根。若望打縛如是等思，修惑亦得爲不善根，聖人亦起打縛等故。

次明三道。依如毗曇，三道煩惱亦在欲界，上二界中無不善故。就欲界中，亦通二輪。於中貪瞋通於見修，邪見業道正在見惑。何故如是。修道惑中無邪見故。若依《成實》，三道煩惱與《成實[一八]》中三根同也，但可優劣上下爲異。

次明三毒。三毒煩惱二輪齊等，通攝三界一切煩惱，斯名三毒。

第四門中，三門相對，辨其優劣。煩惱有三，謂上中下。三道煩惱唯在上品，不通中下。故《雜心》云，於中增上説爲業道。又《成實》云：暢思煩惱必是增上，故説邪見。若論三根，通取中上，不通下品，微下煩惱不發業故。三毒則寬，三品俱攝。三根等義，略辨如是。

三使義，三門分別。釋名辨體，一。斷處，二。約對三障辨同異，三。

三使之義，出在《相續解脱經》中。煩惱之性，隨[一九]而繫縛，名之爲使。使義不同，一門説三，一害伴使，二者羸使，三者細使。論其體性，乃是四住性成之結。麤細不同，分爲此三。言害伴者，四住使中麤品之使，能生現起諸煩惱結。所生煩惱與彼能生麤使爲伴，初至五地斷除彼使，伴亦同已[二〇]，名害伴使。故彼經言，不俱生惑與彼俱生煩惱爲伴。初至五地，修習抑止，令其不行，名害伴也。不俱生者，猶是所生現起煩惱，對緣現生，不同使性與報俱起，名不俱生。言俱生者，猶是能生麤品之結，久習性成，與報俱起，名曰俱生。不俱煩惱與俱生使相隨名伴，斷彼使地，伴亦隨傾，故説害伴。此舉害伴，彰其所伴使之麤也。言羸使者，四住使中中品之使，微劣於前，不能發生現起煩惱，故名爲羸。言細使者，四住使中下品之使，殘餘習氣，微下於前，故名爲細。名義如是。

次辨斷處。如經中説，初至五地斷除害伴，六地七地斷捨羸使，八地已上斷除細使。以八地上所依智障無明薄少，故令四住習氣不行。斷處如是。

次辨同異。今此三使與皮、膚、骨三障何別。釋言：三使是煩惱障，彼三障者是其智障。故彼《相續解脱經》中，就煩惱障宣説三使，就智障中宣説三過。三過猶是《地持論》中皮、膚、骨等智障所攝，煩惱即是四住之惑，智障即是無明住地。三使之義，略辨如是。

三漏義。

言三漏者，一切煩惱流注不絶，其猶瘡漏，故名爲漏，故經説爲諸漏瘡疣。漏別不同，一門説三。三名是何。所謂欲漏、有漏、無明漏。如《雜心》云：欲界地中一切煩惱，唯除無明，説爲欲漏。上二界中一切煩惱，唯除無明，説爲有漏。外道謂彼色無色界是其結盡無漏涅槃，對除彼見，故説爲有。三界無明，名無明漏。問曰：何故三界無明合爲一漏。以彼無明迷理之心，理相平等，不可別分，故能迷心從之説一。又問：四流四縛等中皆説其見，何故漏中不説見漏。《雜心》釋言：連注之義，是其漏義，見心捷疾，於連注義不相順故，不説見漏。雖不別説，當知攝在前二漏中。然此三漏，通攝二輪一切煩惱。三漏之義，略述如此。

四縛、四流、四枙義。

言四縛者，所謂欲縛、有縛、無明縛、見縛。名雖有四，體性唯三：一見，二愛，三是無明。癡闇之意，説爲無明。問曰：一切疑慢等結，攝在何中。當知皆是愛分所攝。有何所謂，偏攝在愛，不在餘中。爲分本末利鈍故爾，無明是本，理別爲一，餘皆是末，不得入中。復就末中，見是利惑，理復須別，自餘鈍者不得在中。爲是義故，疑慢等結不入癡見，攝在愛中。愛中既攝衆多煩惱，以何義故偏名爲愛。以愛重故，偏標其名。譬如世間王來王去，主得其名，彼亦如是。就此三中，愛分爲二，癡、見各一，故有四種。故《雜心》云：欲界地中一切煩惱，除無明見，説爲欲縛。色無色界一切煩惱，除無明見，説爲有縛。云何名有。諸外道人謂色無色畢竟無愛，爲破彼見，故説爲有。三界無明，名無明縛。三界諸見，説爲見縛。何故分愛，癡、見合乎。此義廣釋，如五住章。然此四種，繫縛衆生故名爲縛，漂流行人故名爲流，能令衆生爲苦所枙故名爲枙。名義雖異，體性不殊。四中初一，止在見諦見道時斷，後三通於見修二輪，上下通除。四縛等義，略辨如是。

四取義。

於境執著，名之爲取。取別不同，離分四種：一名欲取。二名我取，《成實論》中名我語取。三名戒取。四名見取。名字如是。於中辨釋，諸論不同。若依毗曇，欲界一切諸鈍煩惱，緣五欲生，同名欲取。於中亦有取自身者，從多立名，故説欲取。上二界中諸鈍煩惱，縛自身起，同名我取。三界之中戒取之心，説爲戒取。三界之中餘之四見，合爲見取。問曰：何故餘之四見合爲見取，獨一戒取爲戒取乎。《雜心》釋言：以等擔故。云何等擔。謂彼戒取熾燃集業及違正道，與餘四見功力齊等，故説等擔。云何違道。如諸外道取不食等以爲正道，佛諸弟子取糞掃衣、持戒行等以爲正道，乖違八正，故名違道。良以功力等餘四見，故獨爲一。若依《成實》，取身見者名我語取。以無我實，但取我名，故云我語，非緣内報名我語也。依此我見，起於邊見，取著斷常。若斷見者，則取五欲，名爲欲取，以無後世，貪現樂故。若常見者，有利有鈍。若利根者，説神是常，苦樂不變，則無罪福，故起邪見，説爲見取。若鈍根者，則取持戒，望後世樂，説爲戒取。《成實》如是。論宗不同，各隨一義，難定是非。問曰：何故流縛等中皆説無明，四取之中不説無明。《雜心》釋云：執取之義，是捷疾行。彼無明心非捷疾故，所以不説。四取之義，略之云爾。

四種身結義。

四種身結，如《成實》説。於彼世間自身他身繫著不捨，故名身結。結別不同，離分四種：一、貪嫉身結。二、瞋恚身結。三、戒取身結。四、取[三]身結。此四猶是貪、瞋、癡也。初一是貪，次一是瞋，後二是癡。相狀如何？《成實》釋言：於他資財生貪嫉心，名貪嫉結。他人不與，則生瞋怒，加刀杖等，名瞋恚結。此二是其在家之人鬭諍根本，亦即名爲隨順樂邊。若人持戒取爲清淨無漏聖道，又持烏雉[三]鹿狗戒等以爲真淨，名戒取結。即謂所取以爲真實，餘皆妄語，名見取結。此二是其出家之人鬭諍根本，亦即名爲隨順苦邊。就此四中，初二鈍使，後二是利。四種身結，辨之麤爾。

五住地義，八門分別。釋名，一。辨體，二。地起不同，三。心相應不相應，四。即心異心，五。見修分別，六。對果辨因，七。治斷分齊，八。

第一釋名。五住之義，如《勝鬘》説，一見一處住地，二欲愛住地，三色愛住地，四有愛住地，五無明住地。見者，所謂五利煩惱，推求名見。入見道時，一處并斷，名見一處。本爲末依，名之爲住。本能生末，稱之爲地。言欲愛者，欲界煩惱，除無明見，著外五欲，名爲欲愛。欲界非不愛己色身，著欲情多，故言欲愛。又爲別上，故云欲愛。住地同前。言色愛者，色界煩惱，除無明見，捨外五欲，著己色身，名爲色愛。色界非不可[三]亦愛己心，著色情多，故言色愛。又爲別上，故云色愛。住地同前。言有愛者，無色界中所有煩惱，除無明見，捨離色貪，愛著己心，説爲有愛。然此有愛，若當從彼所愛爲名，應名心愛。若就背下以立其名，名無色愛。今就破患，故名有愛。破何等患？外道多取四無色定以爲涅槃，滅離心愛，對破彼見，故説有愛。住地同前。言無明者，癡闇之心，體無慧明，故曰無明。

住地如上。此五皆能勞亂行人，故曰煩惱。名義如是。

第二門中，辨其體性。體性[二四]唯三，一見二愛，三是無明。五中，初一是其見惑，中三是愛，後一無明。煩惱無量，以何義故偏説此三。此三重故，所以偏説。唯[二五]説此三，諸結皆隨，譬如世間王來王去，餘衆皆隨。當知，一切諸煩惱中，除見無明，自餘諸結，悉入愛中。若使愛中備含諸結，以何義故偏名爲愛。受生三界，愛力增强，從强立稱，故偏名愛。問曰：《成實》説，除貪瞋，自餘煩惱皆癡使攝，今此何故攝入愛中。釋言：法門各異，不可一類。彼《成實》中約别三受及三境界，以别三毒。貪依樂受順境而生，瞋依苦受違境而發，癡依捨受中容境起。除貪除瞋，自餘諸結，皆依捨受中容境起，故攝癡中。今此爲分本末利頓差别不同，是故諸結悉入愛中。相狀如何。此義如彼四縛章中具廣分别。無明是本，理别爲一，餘皆是末，不得入中。復就末中，見是利使，理宜須别，自餘是鈍，不得入中。是以瞋、慢、疑等諸結不入癡見，攝在愛中。受[二六]分爲三，癡、見各一，故有五住。見通三界，何故爲一。釋有兩義：一、見是迷心，易可斷除，入見道時，一處頓盡，故從治處攝之爲一。是故論中説斷見惑猶如折石。二、見迷理生，理通不别，故從所迷合之爲一。何故分愛以爲三種。釋有兩義：一、愛性纏綿，難可斷除，治處非一，故别爲三。是故論中説斷愛結如絶藕絲。二、愛緣事生，事别内外色心之殊，故隨所緣分之三矣。三界無明，治非一處，何故爲一。良以無明微細難斷，若從治處，品别無量，不局在三，以是義故不隨界别説爲三耳。然復無明迷理闇惑不緣事生，所迷之理平等一味，故從所迷説以爲一。斯乃且就一門之中離合如是，若入餘門，癡之與見，亦得分多。故彼九十八使門中，癡見之心，分爲多矣。體性如是。

第三，明其地起之别。四住之中，地起不同，汎釋有四：一、性事分別。彼事識中取性煩惱，名之爲性，說之爲地。餘見愛等一切煩惱，隨境別起，說之爲事，皆名爲起。彼取性者，馬鳴論中名執取相，亦名執相應染。餘見愛等，馬鳴論中名計名字相。尋名計我及生諸結，名計名字。二、本末分別。於前事中，十使是地，十纏六垢是其所起。使、纏、垢等，有何差別。如毗曇說，根本增上，說之爲使。依使所生津液之結，說爲纏垢。云何津液。如瓶盛酥蜜，津液外出。津液結中，急縛名纏，輕繫稱垢。三、成起分別。一切煩惱，久習性成，說之爲地。成何處在。成在本識。對緣現生，說以爲起。四、前後分別。一切煩惱前能生後，名之爲地。後起依前，說之爲起。就無明中，如《勝鬘》說，無明爲地，恒沙爲起，此義云何。分別有二：一、就癡中麤細分別。妄識之中，任性無知，是無明地，緣而不了，是恒沙惑。二、癡妄分別。於妄識中，癡闇之心，是無明地，妄想分別，說爲恒沙。如《地持》說，如是如實，凡愚不知，當知即是無明地也。以是因緣，起八妄想，當知即是恒沙惑也。又復如彼《起信論》說，妄識之中，義別六重：一、無明地，所謂根本不覺知心。二是業識，依前無明不覺，妄念忽然而動。三是轉識，心想漸麤，轉起外境。四是現識，妄心所起虛浪之法應現自心，如明鏡中現衆色像。五是智識，於前妄心所現法中，分別違順染淨等別。六、不斷識，亦名相續識，妄境牽心，心隨妄境，相續不斷，猶如海浪[二七]。六中，初一是無明地，後五妄知是恒沙惑。問曰：若此是恒沙者，二障之中應智障收，何故論中說初一種以爲智礙，後之五種名煩惱礙。釋言：二障階降不定，五住相望，四住及起同爲煩惱，無明及起齊爲智障。故《地持》中，無明八妄同爲智障。就無明中，隨義更論，所起恒沙復爲煩惱，無明住地獨爲智障，故爲此說。問曰：於彼事識之中，取性無明是何地收，妄識之中，所有愛見是何地攝。釋言：不定。略有二義。一、隱顯互論。彼事識中取性無明，以本從末，攝爲四住。彼妄識中所有愛見，以末從本，收爲無明。二、隨義通論。妄識之中所有愛見，皆四住收。事識之中所有無明，亦無明攝。地起如是。

第四門中，明其相應不相應義。於中有二，一對心識明其相應不相應義，二就惑體明其相應不相應義。言對心者，心有三種：一、事識心，所謂六識。二、妄識心，謂第七識。三、真識心，謂第八識。彼事識中所有煩惱，有其相應不相應義。現起之者，與心相應。是義云何。煩惱之數，與心別體，共心同緣，故曰相應，如想、受等。故馬鳴言，心與念異，同知[三八]同緣，故號相應。性成之者是不相應，即説心體爲煩惱性，不別有數與彼心王共相應故。彼妄識中一切煩惱，亦有相應不相應義。是義云何。如馬鳴説，妄識之中，義別六重，廣如上辨。此六種中，根本四重名不相應染，末後兩重名心相應染。相應之義，釋不異前。不相應者，即妄心體性是煩惱，非是心外別有煩惱共心相應，名不相應。故論説言，即心不覺，常無別異，名不相應。問曰：何故麤者相應。釋言：麤者有時作意，別想而起，故與心別，共心相應。細者性成，非別起故，與心一體，名不相應。一切煩惱望彼真心，亦有相應不相應義。真妄和合，名爲相應。真妄性別，名不相應。故《地經》言心相應不相應相，論家釋言不相應者永可得脱。此一門竟。

次就惑體明其相應不相應義。惑體有四：一、無明地。二、無明起。三、四住地。四、四住起。此四重中，無明住地定不相應，故《勝鬘》言，心不相應無始無明，妄識之心，體是無明，故不相應。無明所起，經説相應，故《勝鬘》云，於此起煩惱，刹那相應。隨義細論，於中亦有不相應義。此云何知。如馬鳴説，業、轉、現識是不相應染，智識、續識是相應染。此五皆是無明所起，故知亦有不相應義。若爾，《勝鬘》何故一向説爲相應。爲別無明，故偏言耳。四住地者，總相麤論，唯心相應，隨義分〔二九〕，亦有相應不相應義。現行之者，共心相應。性成之者，與心同體，名不相應。以有此義，故《雜心》中，一家説使定心相應，一家説使定不相應。義既兩兼，不可偏取。四住所起一向相應，以彼麤起與心別故，故《勝鬘》云四住起者刹那相應。

第五門中，辨其即心異心之義。此約解心，明其即異。隨相別分，四住之惑一向異心，不與一切解心俱故，無明即心，細闇得與麤解俱故。問曰：若言四住之惑不與解俱，名異心者，見解起時修惑未斷，是時修惑豈可不與見解俱乎。釋言：不俱，解惑兩心不並起故。若不並起，彼見諦解，應治修惑。釋言：非治。心不並緣，故不並起。雖不並起，修道惑得與見解俱，故不名治。問曰：若言心不並緣，修惑見解不起〔三〇〕俱起者，無明與解亦應如是，何緣得並。釋言：不類。修道之惑是起煩惱，故與起解不得俱生。無明是其任性無知，非作意起，故得與彼起解同體。分相如是。隨義通論，四住無明皆有即心異心之義。彼四住中，有麤有細。麤者對緣作意現生，一向不與解心同體。細者與彼無明同體，任性成就，得與麤解同體之義。無明之中，亦有麤細。異相無明，説之爲麤。自性無明，説以爲細。於諸法中迷而不了，相返明解，名爲異相。妄識心體，性是無知，設於諸法緣照分明，猶是闇惑，名性無明。如人夢中雖有所了，性是昏睡闇昧之心。亦如樂受，性是行苦，此亦如是。此二無明，皆有即心異心之義。異相無明，望前品治，一向即心，前治起時後品無明猶在心故。望自品治及上品治，一向異心，彼治起時前品無明已斷滅故。自性無明，望前品治及自品治，一向即心，此治起時自性無明未斷滅故。望上品治，一向異心，後治起時前念無明已斷滅故。問曰：若言自性無明與自品治得同體者，云何能斷。釋言：此斷非是解生惑滅名斷。由同體智順真力故，令其即體自性無明更不牽後，故説爲斷。此義如後斷結章中具廣分別。

第六門中，約對見修分別五住。於中分別，凡有三種：一、隱顯互論。初一住地唯鄣見諦，後四住地唯障修道。見道之中，非不亦斷後四住地，隱鈍從利，故偏説見。修道之中，非不亦斷初見住地，隱利從鈍，故不説之。二、難易分別。初一住地偏障見諦，後四住地通障見修。何故如是。見惑易除，入見道時一處并斷，是故偏説。初見住地，障於見道，故《地論》言諸見縛者見道時斷。後四難斷，一處不制，始終方遣，故説後四轉鄣見修。三、就實爲論。五住煩惱並障見修，後四住地通障可解。初見住地，云何障修。釋言：見惑則是二種著我之心，無我之理不可頓見，諸地漸證，明知我心不可頓遣，諸地漸斷。故《地經》中宣説四地斷除身見爲護煩惱，第六地中斷除二我爲離鄣勝，明知見惑亦障修道。若言見惑通障修見，云何得名一處住地。言一處者，蓋乃從前二門爲言。就實通論，斯乃直名爲見住地，不名一處。見修如是。

第七門中，約對生死以别其因。生死有二，一者分段，二者變易。三有生死，名爲分段。三乘聖人生滅法身，名爲變易。五住之中，前四住地能與分段生死爲因。故經説言又如取緣有漏業因而生三有，取緣猶是四住地也。問曰：四住云何作因。解有兩義，一依四住造業牽生故説爲因，二由四住潤業受生故名爲因。依如毗曇，一切煩惱同皆能潤。若依《成實》，愛結能潤，餘惑佐助。《地經》亦爾。無明能與變易爲因，故經説言，無明爲緣，無漏業因，生阿羅漢、辟支、菩薩三種生身。問曰：無明云何能與變易作因。解亦有二：一、由無明起無漏業，生變易果，故説爲因。二、依無明起變易報，故説爲因。問曰：無明云何能起無漏之業。解有兩義：一、前爲後因。由前無明，修起後治。二、同時因。無明即是七識心體，依此心體，起無漏業，如依睡心而起夢知。故《勝鬘》云：無漏業生，依無明地。又問：無明云何能起變易之報。解亦有二：一、前爲後因。由前無明不了真如，令後生滅變易報起。二、同時因。無明即是七識心體，此依心體起變易果，如依睡心起夢中身，故説爲因。理實凡時無明住地亦起分段，依妄想心起生死故，如依睡心而起夢身。故《涅槃》云：身與煩惱一時而有。雖俱一時，要因煩惱而得有身，終不因身而起煩惱，如燈因炷，非炷因燈。此望無明以説同時，非望四住〔三〕。亦起變易之果，愛佛煩惱，能得變易法身果故，微故不説。

第八，明其治斷分齊。治斷之義，如《二障》中具廣分別，今略顯之。於中有二，一就大小相對分別，二直就大乘世出世間相對分別。就初對中，義別有三：一、隱顯互論。小乘法中唯斷四住，大乘法中唯滅無明。故《勝鬘》云：聲聞、緣覺斷除四住，不斷無明，無明住地唯佛所斷。小乘法中，非不亦有分斷無明，所斷微少，隱細從麤，故不説斷。設有無明，四住所攝。大乘法中，非不亦有分斷四住，所斷相微，隱麤從細，是故不説。二、優劣相形。小乘解劣，唯斷四住。大乘治廣，通滅五住。故《地持》云：聲聞種性，煩惱障淨，非智障淨。菩薩種性，具足二淨。聲聞之人煩惱障淨，當知即是四住斷也。菩薩二淨，當知即是五住斷也。三、就實通論。小乘法中分斷五住，大乘亦然。小乘法中，除愛除見，即是四住，所斷無明，即是第五無明氣分。此初對竟。第二，直就大乘之中世出世間相對分別。解行已前名爲世間，初地已上名爲出世。於中分別，乃有四種：一、癡麤論細。地前菩薩，五住煩惱一向未斷，初地已上，五住之結一切皆除。故《涅槃》云地前菩薩具煩惱性，良在斯矣。然初地上理實念念齊斷五住，隨相別分，非無先後。先後如何。初地見道，斷初住地。二地已上，乃至七地，除滅愛結，斷彼欲愛、色愛、有愛三種住地。八地已上，斷除無明。先後如是。二、隱顯互論。地前世間，唯斷四住。初地已上，唯滅無明。地前非不分斷無明，所斷微少，隱細從麤，是故但説斷除四住。初地已上，非不亦有斷四住義，所斷相微，隱麤從細，是故但説斷除無明。雖無明文，義亦應爾。准彼證教，類之可知。三、優劣相形。地前解劣，唯斷四住。地上解勝，五住皆斷。四、就實通論，地前地上並斷五住。始從種性，斷除五住，二障清淨，乃至佛地，皆亦如是。五住之義，難以具論，且隨麤相，略之云爾。

五蓋義，五門分別。釋名，一。體性，二。離合，三。次第，四。對行辨蓋，五。

第一釋名。言五蓋者，一貪欲，二瞋恚，三睡眠，四掉悔，五疑。於外五欲染愛名貪。忿怒曰瞋。言睡眠者，論釋不同。依如毗曇，一切煩惱，睡著境界，不能堪忍，名之爲睡。身心昏昧，略緣境界，説之爲眠。五識無用，名身昏昧，意識沈没，名心昏昧。昏心少不知能廣緣一切境界，故曰略緣。若依《成實》，心重欲眠，説之爲睡，攝心離覺，目之爲眠。言掉悔者，躁動名掉，於所作事追戀[三]稱悔。於法猶豫，説以爲疑。此五何故説之爲蓋。論解有四，一是障義，二破壞義，三是墮義，四是臥義。言障義者，論自爲喻。譬如小樹，大樹所覆，不生華果，衆生如是，欲界心樹，爲煩惱覆，不能生於覺意之華及沙門果，故名爲鄣。言破壞者，此五能破世及出世一切善法，故曰破壞。所言墮者，此五令人顛墮三塗，墮落生死，故名爲墮。所言臥者，此五令人轉迴三趣，長寢生死，故名爲臥。四中，初鄣正是蓋義，破等三種傍論其過。問曰：蓋覆爲異，通釋是一，其猶眼目，於中别分，義有左右。如《毗婆沙》，四句辨之。一、蓋而非覆，所謂過去未來五蓋。是義云何。蓋是障義，有處無道，斯名爲障。過未煩惱成就之處，必無聖道，故得名蓋。論其覆者，現起煩惱覆蔽人心，令不惺悟，故得名覆。過未煩惱成而不行，現起心處無此覆蔽，不妨念善，樂求淨法，故不名覆。二者，是覆不名爲蓋，除五蓋外諸餘煩惱現行者是。謂欲界中見、慢、無明，及上二界一切煩惱，此等非蓋，在後別解。三、亦蓋亦覆，五蓋煩惱現行者是。四、非蓋非覆，謂欲界中見、慢、無明及上二界一切煩惱過未者是，非五蓋收故不名蓋，不覆現心故不名覆。名義如是。

次第二門，辨其體相。於中曲有六門分別：一、多少分別。二、使纏分別。三、六識分別。四、三界分別。五、三性分別。六、約時分別。言多少者，《毗婆沙》云：此之五蓋，名五體七，種別三十。名五如上。言體七者，貪、瞋、癡[三]三，睡、眠、掉、悔，合爲七也。種三十者，貪欲、瞋恚、睡、眠及[四]掉，見修通斷，約彼四諦及望修道，各別爲五，此則別爲二十五也。疑唯見斷，約諦分四。悔唯修斷，約修爲一。通前合爲三十種也。多少如是。此一門竟。

次約使纏而爲分別。使謂十使，五見及疑、貪、瞋、癡、慢，是其十也。纏謂十纏，無慚、無愧、睡、悔、慳、嫉、掉、昏、忿及覆，是其十也。義如後解。蓋體七中，貪、瞋及疑是使煩惱，餘四是纏。問曰：何故使纏之中偏說此七以爲五蓋，餘者不論。《毗婆沙》中一論師云，此是世尊有餘之說，爲受化者故作此論。瞿沙釋云：此五能鄣衆生聖道及道方便，爲是偏說。又此五種，因果俱障，爲是偏說。因時障者，此五煩惱一一現時，則不得生有漏善心及不隱没無記之心，何況聖道及道方便。果時障者，五蓋之果，生惡趣中，則鄣一切諸善功德，以此過重，是故偏說。又《成實》云：此之五種，障定力强，爲是偏說。貪瞋二種，染汙故障。睡之與眠，昏沈故障。掉之與悔，動亂故鄣。疑心猶豫，敗善妨行，所以是鄣。問曰：使中五見煩惱何故非蓋。《毗婆沙》云：蓋能滅慧，五見是慧，不可以慧還滅於慧，爲是不說。又見妄執，翻違聖慧，非事緣動，障定力微，爲是不說。何故慢使不說爲蓋。《毗婆沙》云：所言蓋者覆没於心，慢令心高，覆没不顯，爲是不説。又復慢使恃己所長，欺陵於物，有慢心者不妨爲勝而求善法，行有此義，故不説蓋。何故癡使不説爲蓋。《毗婆沙》云：覆是蓋義，貪瞋等五，覆鄣用等，爲是宣説。無明覆鄣，勢用偏多，非五伴類，故於五中不説無明。又復無明最爲深重，非五流類，爲是不説，如謗法罪不入五逆。又復無明性少分別，鄣定義微，爲是不説。又復無明微細難覺，聖慧方遣，定中常行，非定所治，爲是不説。問曰：纏中無慚無愧，以何義故不説爲是[三五]蓋。此過麤現，修戒所防，非定親斷，爲是不説。又無慚無愧是不善地中通有，非別所治，是以不説。慳之與嫉，何不説蓋。彼違利他，不防自善，所以不説。忿之與覆，何故非蓋。忿義從瞋，覆義從貪，故不別説。此二門竟。

次約六識分別五蓋。依如《成實》，一切諸蓋皆在意識後[三六]行心中起。彼宗意識義通三性，五蓋不善故在意地。彼宗五識一向無記，五蓋不善故不在中。毗曇六識皆通三性，五蓋不善，六識俱有。總相雖然，於中分別，有通有局。是義云何。貪、瞋、睡、掉，遍通六識。眠、悔及疑，唯在意地。良以五識寤時所用取境分明，焉眠返有，爲是無眠。五識一念無思量性，不辨得失，爲是無悔。不能分別若是若非，爲是無疑。此三門竟。

次約三界分別五蓋。通論五蓋，悉在欲界，於中細辨，義有通局。瞋、眠及悔，唯在欲界。貪、疑、睡、掉，遍通三界。此雖遍通，於中分取在欲界者，説爲五蓋，非上二界。何故如是。《毗婆沙》云，以上二界無不善故。《成實》釋云，以欲界者一向鄣定，上二界者非全鄣故。此四門竟。

次約三性分別諸蓋。善、惡、無記，是三性也。通論五蓋，悉是不善，於中分別，義有通局。瞋唯不善，以與無慚、無愧俱故。貪、疑、睡、掉，依如《成實》，一向不善。若依毗曇，通惡、無記，在欲界者名爲不善，在上二界説之爲隱没無記。義雖兩兼，今唯分取不善爲蓋。眠、悔二種，體通三性，今唯分取不善眠、悔以爲五蓋，餘者不說。問曰：何故唯說不善以爲五蓋。《毗婆沙》云，對善法故說。何等是善法聚。謂四念處。何等不善。所謂五蓋。就麤重過宣說五蓋，故唯不善。此五門竟。

次約起時以辨多少。寤時起貪，三蓋並生，謂貪、睡、掉。眠中起貪，四蓋並生，於前三上更加一眠。瞋、疑及悔，類皆同爾同，與〔三七〕貪相似。寤時起睡，二蓋並生，謂睡與掉。眠中起睡，三蓋並生，於前二上更加一眠。體相如是。

次第三門，料簡離合。以何義故貪、瞋及疑獨立爲蓋，餘二合乎。解有三義：一、約使纏强弱分別。貪、瞋及疑是其使性，覆障力强，故獨立蓋。餘是纏性，覆障力微，故合爲蓋。二、約生緣以辨離合。此生因緣，《成實》所云。《毗婆沙》中說之爲食。煩惱因緣，資生煩惱，故曰食矣。其狀如何。貪、瞋及疑，生因緣別，故別立蓋。何者別緣。《毗婆沙》云，貪用淨想以之爲食，謂色是淨，便生貪染。瞋用害想以之爲食，以於衆生生怨害想，故生瞋恚。疑用世法猶豫之想以之爲食，以於世事猶豫不了，故生疑心。睡之與眠，生因緣同，故合立蓋。何者生緣。緣別有五，如《成實》說：一、單致利，所謂好樂睡眠之病。《毗婆沙》中說爲睡夢。二者愁憂，心不善〔三八〕樂。《毗婆沙》中說爲愁憒。三者頻申，《毗婆沙》中說爲欠呿。四、飲食不調，《毗婆沙》中名食不消。五、心退沒，所爲癈息。《毗婆沙》中名爲心悶。掉之與悔，生因緣同，故合立蓋。何者生緣。緣別有四：一、親黑〔三九〕覺，《毗婆沙》中名念親屬。二、國立〔四〇〕覺，《毗婆沙》中名念國土。三、不死覺，《毗婆沙》中名念不死。四、念所更喜樂之事。約緣如是。三、約對治以辨離合。如《毗婆沙》說，貪、瞋及疑，對治各別，故別立蓋。貪用不淨觀而爲對治，瞋用慈觀而爲對治，疑因緣觀而爲對治。睡之與眠，對治同故合爲一蓋，所謂智慧。掉之與悔，對治同故合爲一蓋，所謂禪定。離合如是。

次第四門，辨其次第。如《成實》説，一切凡夫多起貪欲，故先明貪。以著欲故，他侵則忿，故次明瞋恚，經言從愛生瞋、嫉妒等也。是人貪、瞋所勞亂故，則欲睡眠，故次明之。睡眠小息，貪瞋還成，嬈動其心，故次明掉。以掉動故，不具前〔四〕利，於所修善便生憂悔，故次明悔。以掉悔故，於出離法，不能正信，便作是念，爲有解脱，爲無解脱，故次明疑。煩惱亂起，未必一定，蓋且言耳。次第如是。

次第五門，對行辨蓋。義有通別，三門顯之。其一義者，別約三學，以辨五蓋。如《毗婆沙》及《成實》説，貪、瞋二蓋能發惡業，障戒義强，偏覆戒品。掉、悔動亂，定障義强，偏覆定品。睡、眠、昏沉，障慧義强，偏覆慧品。疑心敗善，妨於正行，通覆三品。其第二門，別約止觀，以別五蓋。如彼《深密解脱經》説，掉、悔動亂，鄣定義强，偏覆止行。睡、眠及疑，心無決了，鄣慧義强，偏覆觀行。貪、瞋穢濁，通覆止觀。其第三門，通望諸行，以辨其蓋。此五煩惱，通鄣諸行，以鄣通故。《毗婆沙》云：有此蓋者，尚不能生有漏善法，何況聖道及道方便。龍樹宣説，斷除五蓋，得初禪等。《地論》宣説，斷除五蓋，得四無量。五蓋如是。

大乘義章卷第五本

校勘記

〔一〕「梔」，底本原校云《雜心論》作「軛」。

〔二〕「目」，校本校勘記云甲本作「曰」。

〔三〕「猶」，底本原校疑爲「彼」。

〔四〕「等」，底本原校疑爲「若」。

〔五〕「性」，底本原校云通「運」。

〔六〕「間」，底本原校疑衍。

〔七〕「間」，底本原校疑衍。

〔八〕「性」，底本原校云通「運」。

〔九〕「性」，底本原校疑爲「相」，校本校勘記疑衍。

〔一〇〕「解」，底本作「德」，據底本原校及校本校勘記改，下一「解」字同。

〔一一〕「八」，底本原校疑衍。

〔一二〕「間」，底本原校疑衍。

〔一三〕「間」，底本原校疑衍，下一「間」字同。

〔一四〕「論」，校本校勘記云一本作「經」。

〔一五〕「臘」，底本原校疑衍。

〔一六〕「穿」，底本原校疑衍，校本無。

〔一七〕「邪見業」，底本作「業邪見」，據校本改。

〔一八〕「成實」，底本原校疑爲「毘曇」。

〔一九〕「隨」，底本原校疑後脱「衆生」二字。

〔二〇〕「已」，底本原校疑爲「亡」。

〔二一〕「取」，校本校勘記云甲本前有「見」字。

〔二二〕「雉」，底本原校疑爲「雞」。

〔二三〕「可」，底本原校疑衍。

〔二四〕「體性」，底本脱，據底本原校及校本補。

〔二五〕「唯」，底本作「雖」，據底本原校及校本改。

〔二六〕「受」，校本校勘記云甲本作「愛」。

〔二七〕「浪」，底本原校云一本作「波」。

〔二八〕「知」，校本校勘記云甲本作「智」。

〔二九〕「分」，底本原校云一本前有「細」字。

〔三〇〕「起」，校本校勘記云甲本無。

〔三一〕「住」，底本原校云一本後有「四住」二字。

〔三二〕「戀」，校本校勘記云甲本作「變」。

〔三三〕「癡」，校本校勘記云甲本作「疑」。

〔三四〕「及」，校本校勘記云甲本後有「眠」字。

〔三五〕「是」，底本原校云一本無。

〔三六〕「後」，底本原校疑衍。

〔三七〕「與」，底本作「共」，據底本原校及校本改。

〔三八〕「善」，底本原校疑爲「喜」。

〔三九〕「黑」，底本原校疑爲「里」。

〔四〇〕「立」，底本原校云一本作「土」。

〔四一〕「前」，底本原校云一本作「善」。

大乘義章卷第五末

遠法師撰

五下分結義。

五下分結者，一名貪欲，二名瞋恚，三名身見，四名戒取，五名爲疑。欲界之愛，貪外五欲，故名貪欲。亦可貪心悕欲前境，故名貪欲。違境忿怒，説名爲瞋。於身見我，名曰身見。取戒爲道，故名戒取。理實亦取施等爲道，但彼世人多取戒故，偏説戒取。據實應名戒等取矣。故《雜心》云：是中除等，但云戒取。於理猶豫，故名爲疑。然此五種，依如《成實》，具四下結，故名五下：一者界下，二者果下，三者人下，四所鄣下。言界下者，貪欲、瞋恚唯在欲界，非上二界，稱曰界下。故《成實》言貪欲、瞋恚不出欲界。言果下者，貪、瞋、戒取能得三塗下蔽之果，故名果下。故《成實》言貪欲、瞋恚名生惡道。戒取亦然，如持牛戒，成則爲牛[二]。若持不成，則起邪見，謗無因果，生地獄中。烏鷄狗戒，類亦如是。言人下者，所謂身見、戒取及疑，唯凡夫起，不在聖人，故名人下。故《成實》言，此之身見、戒取及疑，不出凡夫。所鄣下者，即此身見、戒取及疑，能障初果，名所障下。問曰：十使皆障初果，以何義故偏説此三障初果乎。《涅槃經》云：此三重故，所以偏説。譬如世間王來王去，主得其名，彼亦如是。又十使中見及疑，此之六使唯鄣見諦，入見道時名體俱盡。貪、瞋、癡、慢，通障見修，以通障故，入見道時雖分除斷，以不盡故不與斷名。就前所斷六使之中，三使是本，餘皆是隨。身見是本[三]，邊見是隨，以依身見取斷常故。戒取是本，見取是隨，以依戒取起彼見取爲勝故。疑復是本，邪見是隨，以從疑心起邪見故。但今就本，偏説身見、戒取及疑，能障初果。餘則皆隨，是故不論。以彼三本攝三隨故，不須別説邊邪二見及與見取爲下結也。問曰：何故不説癡、慢以爲下結。無彼上來四種下故，《成實》如是。若依毗曇，正具二下，名爲下結。一是界下，貪欲、瞋恚唯在欲界。二是人下，所謂身見、戒取及疑，唯凡夫起，論文正爾。其果下者，論雖不説，准依《成實》，理亦無傷。所障下者，一向不同。何故而然。《成實》法中宣説身見、戒取及疑，定障初果，是故須立所障之下。毗曇法中，此之三結，所障不定。戒障初果，如次第人所斷者是。戒障二果，超越斯陀所斷者是。戒障三果，超越那含所斷者是。以是義故，無所障下。五下分結，略標如是。

五上分結義。

五上分結者，如經中説，一是無明，二是憍慢，三是掉戲，四是色染，五無色染。癡闇之心，名曰無明。自舉陵物，稱曰憍慢。躁動之意，名爲掉戲。色界貪愛，愛己色身，名爲色染。無色界中貪愛煩惱，愛著己心，名無色染。然此五中，具三種上，名爲上結，一者界上，二者人上，三所障上。言界上者，此之五種，同皆在於上二界起，故名界上。故《成實》言，有人謂彼色無色界爲解脱故，説爲上結。言人上者，此之五種，斯皆是其學人所起，故名人上。故《成實》言，此五皆是學人行故，名爲上結。所障上者，此之五種，通能障於無學上果，故名上結。若別分之，色無色染及彼掉戲，上界所起，故名上結。問曰：掉戲欲界亦起，以何義故偏説上界以爲結乎。《成實》釋言：上二界中無麤煩惱，掉戲明了，故偏説之。無明、憍慢，此之二種，學人所起，以人上故，名爲上結。問曰：癡、慢凡聖此[三]通起，何故偏説學人起乎。釋言：理實凡聖通起，但今分取學人起者爲上結也。若爾，貪、瞋亦凡聖通起，何不分取聖人所起以爲上結，經中乃説貪欲瞋恚以爲下結。齊類應然，但今貪、瞋繫屬下界，相狀分明，故從下界判爲下結，已判下結，不宜復説聖人起者以爲上結。若論障果，不異前釋。

此之五種，通能障於無學上果，故名上結。問曰：下結能障下果，五上分結能障上果，中間二果誰爲障乎。釋言：就彼五下結中貪、瞋二結，以下界起，説爲下結。若論障果，通能障彼中[四]二果。五上分結，略之云爾。

五慳義。

五慳之義，如《成實》説，堅著不捨，目之爲慳。慳隨境別，離分爲五，一住處慳，二者家慳，三者施慳，四稱讚慳，五者法慳。住處慳者，有人於已住處生慳，作如是念：我獨住此，不用餘人，令我自在。是慳過患，凡有五種：一、於未來諸善比丘，不欲令來。二、於已來諸善比丘，瞋恚[五]不憙。三、欲令去。四、藏僧物，不欲與之。五、於僧施物，生我所心，計爲恩德。此是五過。是人於彼共有法中當不能捨，何況自身所有諸餘。以是過故，於解脱中終無有分。言家慳者，有人於彼往還俗家，生慳悋心，作如是念：我於此家，常獨出入，不用餘人。設有餘人，令我最勝。是慳過患，亦有五種：一者，白衣有不吉事，與之同憂。二者，白衣有利益事，與之同喜。三、斷白衣所爲勝福。四、斷受者，令不得施。五、生其家，爲廁中鬼及諸惡處。言施慳者，有人於彼施物之中，生慳悋心，作如是念：令我於此獨得施物，餘者不得。設令與之，勿使過我。是慳過患，亦有五種：一、常乏資生。二、令施者不得爲福。三、令受者不得財利。四、毁呰善人。五、心常憂惱。以此過故，是人未來生地獄中。設得爲人，常在貧窮，無有資財。稱讚慳者，有人於他稱讚之中生慳悋心，作如是念，令獨讚我，莫讚餘人，莫使勝我，名稱讚慳。是慳過患，亦有五種：一、聞讚餘人，心常擾動。二、毁呰善人。三、自高卑他。四、常被惡名。五、於未來百千世中，常無淨心。言法慳者，有人於法生慳悋心，便作是念，令我獨知十二部經，莫使他知。設令他知，勿使勝我。又自知義，秘而不説。是過差別，乃有七種：一、所生常盲。二、常爲愚癡。三、多怨中生，不得自在。四、退失聖胎。五、諸佛怨賊。六、善人遠離。七、無惡不造。五慳之義，辨之略爾。

五心栽義。

五心栽〔六〕義者，如《成實》説，栽謂栽蘖，故曰心栽。栽别有五，一者疑佛，二者疑法，三者疑戒，四疑教化法，五譏刺善人。言疑佛者，有人於佛，心不正信，作如是念，爲佛大邪，爲大師大。言疑法者，有人於法，心不正信，作如是念，爲佛所説經法是邪，爲當外道所説是邪。言疑戒者，有人於戒，心不正信，作如是念，爲佛所説戒法是勝，爲外道説牛戒等勝。疑教化者，有人於彼五度門等，心不正信，作如是念，此五度等，實能令人得於涅槃，爲當不得。言譏刺者，有人於彼善比丘所，横爲譏刺，令人輕薄。五中初一，違於敬佛。中間三門，違於敬法。後之一門，違於敬僧。五心栽之〔七〕義，略之云爾。

五心縛義。

五心縛者，如《成實》説，煩惱惡法，纏心不捨，故名心縛。心縛不同，略論五種：一、貪己身。二、貪外五欲。三、樂與在家出家衆合。四、於聖語心不喜樂。五、於善法得小爲足。五縛如是。

六垢義，七門分别。列名辨釋，一。約對使纏，彰其差别，二。約對十使，彰其依别，三。就識分别，四。就界分别，五。就性分别，六。約道分别，七。

第一列名，辨釋其相。六垢之義，如毗曇説，所謂害、恨、誑、高、諂、惱。於諸衆生，殘害之意，名之爲害。嫌怨不捨，目之爲恨。欺詐名誑。自舉曰高。邪曲稱諂。燋憂曰惱。此六皆能汙穢淨心，名之爲垢。此一門竟。

次對使纏，彰其差别。如《雜心》説，煩惱之中，根本增上説之爲使，所生津液〔八〕説爲纏垢。故彼喻言，如瓶盛蘇，津液流出，所盛之蘇喻使煩惱，所出津液喻於纏垢。就此所生津液結中，急縛之義，説以爲纏，輕繫之義，説之爲垢。如《雜心》中注釋如是。此二門竟。

次對十使彰其依別。如《雜心》説，害、恨二垢，依瞋恚生。由瞋使故，欲殘害彼。亦以瞋故，結恨不捨。誑、高二垢，依貪欲生。由貪使故，欺誑前人，取其財利。又以貪故，得利自高。亦以貪故，愛著自身，便自高心。諂垢依於五見而生，非聰利人不能諂故。惱垢依於見取而生，以見取人取小乃勝，求勝不得，便生惱故。故《雜心》言，害恨依瞋恚，誑高依貪欲，所謂五邪見，諂依由是生，説依見取果，是惱應當知。此三門竟。

次就識分別，識謂六識。此之六垢，起[九]在意地，不通五識。毗曇、《成實》，例同此説。此四門竟。

次就界分別，界謂三界。六垢之中，害、恨及惱，是瞋恚性，唯在欲界。諂之與誑，上極初禪。有其諂故，初禪梵王誑諂梵衆，言我最勝，莫至佛所。又以諂故，黑齒比丘往彼難詰，默然不對，執黑齒手，屏地求之，高至三禪。若依《成實》，上界雖起，繫屬欲界，彼宗煩惱得寄起故。此五門竟。

次就性分別，性謂三性。此六垢中，害、恨及惱一向不善，餘三不定。在欲界者一向不善。在上界者，論宗不同。若依《成實》，亦是不善。依《阿毗曇》，上界所有悉是無記。此六門竟。

次約道分別，道謂見修。此之六種，是修道惑，修道所斷，緣事生故，不通見諦。六垢之義，略辨如是。

七漏義。

七漏之義，《涅槃經》中具廣分別。如《成實》云七漏之義如《七漏經》，當應於彼《涅槃經》矣。一切煩惱，流注不絕，其猶創漏，故名爲漏。漏別不同，一門説七。七名是何。一是見漏，二是修漏，三名根漏，四名惡漏，五親近漏，六名受漏，七名念漏。言見漏者，蓋乃從於所鄣爲名。

見疑煩惱，能鄣見道，故名見漏。言修漏者，亦月[一〇]從於所鄣爲名。三漏煩惱，能障修道，故名修漏。言根漏者，如經中説眼、耳、鼻等能生曰根，依根生漏，故名根漏。言惡漏者，所謂一切惡象、惡王、惡國、惡知識等，能損害人，説之爲惡，惡能生漏，故名惡漏。親近漏者，衣服、飲食、房舍、醫藥，於此四事，近而生漏，名親近漏。言受漏者，受意[一一]覺能生諸漏，故名受漏。三惡覺者，如《涅槃》説，欲、瞋及惱是三覺也。言念漏者，邪念名念，念能生漏，故名念漏。名義如是。七中前二，是其漏體，後五是其生漏因緣。體謂一切諸結煩惱。約道不同，故分二種，障見諦者説爲見漏，障修道者説爲修漏。就後五種漏因緣中，根[一二]惡親近，是其漏緣，受之與念，是其漏因。就彼緣中，有内有外，根漏是内，餘二是外。外有違順，惡漏是違，親近是順。此三同能遠助生漏，故説爲緣。就彼因中，因受三覺而生漏故，説受爲因，因於邪念而起漏故，説念爲因。問曰：經説受想觸欲同是漏因，今是何故不説爲因。釋言：皆是。直是聖教隱顯言耳。七漏之義，略辨如是。

七使義。

七使[一三]義，如《雜心》説，隨逐繫縛，名之爲使。使别不同，一門説七。七名是何。一貪欲使，二有愛使，三是瞋使，四是癡使，五是慢使，六是見使，七是疑使。然此七種，猶是十使，貪分爲二，五見合一，故有七也。貪欲使者，欲界貪心，貪求五欲，名貪欲使。有愛使者，上二界中貪愛之心，名有愛使。外道謂彼色無色界以爲涅槃，無有貪愛，爲破彼見，故説有耳。忿怒名瞋，愚闇曰癡，自舉名慢，邪求稱見，猶豫曰疑，此義廣釋，如十使章。問曰：何故貪愛之心隨界分二，餘不如是。釋言：貪心染事而生，事别内外上下之殊，故隨所染上下分二。又復貪愛受生上下，繫力增强，故分爲二，餘不如是，故合爲一。相狀如何。如彼瞋使，正在欲界，上界無瞋，故說爲一。癡見及疑，迷理之惑，理同一味，故隨所迷通以爲一，不隨界別分爲二矣。慢使雖復緣事而生，自舉卑他，上下相同，無多異狀，故合爲一，不同貪使欲界貪外、上界貪内。又復慢使，於上下界，繫力微薄，是故不分。蓋乃且就總相而言。若入九十八使門中，亦隨界別，分之爲多。七使之義，辨之略爾。

八慢義。

八慢之義，出《涅槃經》、《成實論》中具廣解釋。自舉陵他，名之爲慢。慢別不同，離分爲八：一直名慢。二名大慢。三名慢慢。四、不如慢。五名憍慢，亦名傲慢。六名我慢。七增上慢。八名邪慢。八中前五對人以分，後三就其所恃以別。就前五中，初之一慢，於下境界及等處生。次有一慢，唯等處生。後之三種，上境處生。初言慢者，於下自高，於等計等，此過輕故，直名爲慢。此無所陵，何故名慢。《成實》釋言：是中有其執我相過，故說爲慢。言大慢者，於等自大，名爲大慢。言慢慢者，於上境處，謂己勝彼，此過最重，名爲慢慢。不如慢者，他實過己，玄絶非伴，謂己少劣，名不如慢。陵他多邊[四]，故說慢矣。言傲慢者，有人於彼父母師長，不能恭敬，名爲傲慢。此前五種對人辨也，後三就其所恃以別。言我慢者，有人於陰橫計有我，執我自高，故名我慢，此諸慢中執我心也。然此我慢，通於凡聖。在凡名爲示相我慢，在學心中名不示相。迷見諦故，説示相慢。不迷見諦，名不示相。增上慢者，實不得聖，而謂己得，名增上慢，以其聖法是增上故。言邪慢者，無德自高，恃惡陵人，名爲邪慢。就此八中，我慢是通，餘者是別。八慢之義，辨之麤爾。

八種惡覺義。

八惡覺之義，出《地持論》。邪心思想，名之爲覺。覺違正理，故稱爲惡。惡覺不同，離分有八。八名是何。一是欲覺，二是瞋覺，三名害覺，四親里覺，五國土覺，六不死覺，七族姓覺，八輕侮覺。思量世間可貪之事，而起欲心，名爲欲覺。思量世間怨憎之事，而起瞋心，名爲瞋覺，亦名恚覺。念知打罵，乃至奪命，名爲害覺，亦名惱覺。追憶親戚，名親理[一五]覺。念世安危，名國土覺。謂身不死，爲積衆具，名不死覺。又積衆具，資身令活，亦名不死覺。思念氏族，若高若下，名族姓覺。念陵他人，名輕侮覺，侮猶慢也。此八猶是修道四使。欲、親、國土，貪分攝。瞋、害二覺，是瞋分攝。不死覺者，是癡分攝。族姓、輕侮，是慢分攝。八覺如是。

八妄想義，三門分別。釋名，一。因起，二。約對五住共相收攝，三。

第一釋名。八妄想義，出《地持論》。謬執不真，名之爲妄。妄心取相，目之爲想。心法非一，以何義故偏言妄想，不説妄受及餘心法。分別取相是其想義，故偏説之。雖復説想，餘亦皆隨。妄想不同，分爲八種，始從自性，乃至俱相違。言自性者，取法自體，名爲自性。法實無性，妄謂有之，故云妄想。言差別者，於自性處取諸法相，相別彼此，故云差別。攝受積聚者，於前自性差別法中取其和合業用之相，此業用中攝受多法故云攝受，此攝受中積聚多法故曰積聚，取此之心，名爲攝受積聚妄想。我我所者，於彼攝受積聚法中有内有外，於内法中妄謂有人，名我妄想，於外法中謂有我所，名我所妄想。念妄想者，於前所取我所法中，取違、順、中三種境別，取順境界，用爲順情，可愛可念，名念妄想。言不念者，取違境界，以爲違情，不可愛念，名爲不念。非謂不緣説爲不念。蓋乃對於貪心以名，不爲貪心所愛念故，名爲不念。若對瞋心，違境是其瞋心所念，亦名爲念。言俱違者，中容境界，返彼前二，名曰俱違。取有俱違，名爲妄想。名義如是。

第二門中，差別有四。一、明八妄生於三事。二、單就八妄明相因起。三、唯就三事明相因起。四、八妄三事并對一切煩惱業苦明相因起。

初言八妄生三事者，如論中説。言三事者，一、虚僞事，謂心所起妄想境界，是境不真，故曰虚僞。二、見我慢事，顛倒之心，於身計我，執我明白，名之爲見。此我見中境上重結，不同八中我妄想也。執我陵物，名爲我慢。三、貪、恚、癡事。順境染愛，名之爲貪。違境忿怒，説之爲恚。中境不了，目之爲癡。三事如是。云何八妄生此三事。如論中説，初三妄想，生虚僞事，故論説言，自性差別，攝受積聚，此三妄想，是虚僞處。虚僞緣事，由此而生，如依夢心，夢境界生。次二妄想，生見慢事，謂依輕微我我所心，起重身見及我慢也。後三妄想，起貪、恚、癡，念妄生貪，不念生恚，俱違生癡。此一門竟。

次就八妄，明相因起。就此八中，略攝爲三，廣分爲五。所言三者，前三爲一，次二爲一，後三爲一。前三是本，依此三妄，起我我所，依我我所，起於後三。所言五者，初三各一，次二爲一，後三爲一。就此五中，自性妄想是其根本，依此起於差別妄想，謂於所取自性法中取差別相。故論説言，於自性處，起[一六]差別妄想。依此差別，起於攝受積聚妄想，謂於所取差別法中取其積聚和合用也。依此積聚和合之用，起我我所。依我我所，起念不念俱相違等。以我對所，便有違、順、中容境別，故起念等三種妄也。此二門竟。

次就三事明相因起。如論中説，依虚僞事，起見慢事。良以迷於虚僞境界，故起見慢。依見我慢，生貪、恚、癡。以見我故，順則生貪，違則生瞋，中境不了，便生無明，故從見慢生貪、恚、癡。此三門竟。

次就八妄及三種事，并對一切煩惱業苦，明相因起。於中開合，廣略非一，或説爲二，或分爲四，或離爲七，或别爲九。所言二者，如論中説，一是妄想，二妄想緣事。内心名想，境爲緣事。從過妄想，起於現在妄想緣事，如無明行，起現五果。不知現在妄想緣事，起於現在緣事妄想，如從五果，生愛、取等。不知現在緣事妄想，復起未來妄想緣事，如從愛等，起後生死。緣事生已，亦復生彼緣事妄想，如是心境，互相因起，一切生死流轉不息。二想如是。所言四者，一是根本迷理無明，二是八妄，三是三事，四是一切生死果報。依彼根本迷理無明，起八妄想。依八妄想，起彼三事。起義如前。依彼三事，起於一切生死果報。故論説言，如是如實，凡愚不知[一七]，起八妄想，生於三事，一切衆生器世間增。凡愚不知，即是第一迷理無明。起八妄想，即是第二。生三種事，即是第三。世間增者，即是第四。所言七者，根本無明以爲第一。八妄想中，前三妄想合爲第二，次二妄想合爲第三，後三妄想合爲第四。貪、恚、癡等，以爲第五。業爲第六。苦爲第七。此之七門，次第相生。於根本迷理無明，起自性等三種妄想。依自性等，起我我所。依我我所，起念不念俱相違等。依彼念等，起貪、瞋、癡。依貪、瞋、癡，起諸業行。依於業行，起生死苦。七相如是。所言九者，根本無明以爲第一，八妄想中前三妄想以爲第二，三種事中虚僞之事以爲第三，八妄想中我我所想以爲第四，三種事中見我慢事以爲第五，八妄想中念不念等以爲第六，三種事中貪恚癡事以爲第七，業行爲八，生死爲九。此之九種，次第相生。依初無明，起自性等三種妄想。依此三妄，起虚僞事。起義如前。依虚僞事，起我我所。依我我所，起見慢事。依見慢事，起念不念俱相違等。以見我故，對之便有違順等生。依於念等，起貪、瞋、癡。依貪、瞋、癡，起於業行。依業便受生死果報。因起如是。

第三門中，約對五住，共相收攝。言五住者，一、見一處住地。二、欲愛住地。三、色愛住地。四、有愛住地。五、無明住地。此義廣釋，如五住章。此八通論，皆是無明。智障淨智所遠離故，尋末取本，五住所攝。八中，初三是無明地。但無明中有地有起，任性無知，説之爲地，作意分別，説以爲起。此前三妄，作意起故，是起非地。

故論説言，如是如實，凡愚不知，起八妄想。凡愚不知，是無明地。所起妄想，是無明起。次二妄想，是五住中見一處地。但就見中，有地有起。輕微之想，謂有我人及有我所，説之爲地。重心窮徹，執定我人，説以爲起。我及我所，此二妄想，輕微之見，非重計執，故説爲地，所生見慢，是其起也。後三妄想，是欲愛、色愛、有愛三種住地。但就愛中，亦有地起。輕微之想，於外境界，取違、中、順三種境别，説之爲地。依此生貪、瞋、癡等，説以爲起。後三妄想，乃是輕微取相之心，故説爲地。所生貪等，是其起也。就無明中，隱細彰麤，見愛之中，彰細隱麤，義之左右。八妄想義，略之云爾。

八倒義，九門分别。釋名辨相，一。約教分定，二。就人辨定，三。倒起所因，四。約對三倒辨其同異，五。對二著我共相收攝，六。約對十使共相收攝，七。對境分别，八。治斷差别，九。

第一門中，釋名辨相。所言倒者，邪執翻境，名之爲倒。倒隨境别，難以限筭，今據一門，且論八種。八名是何。謂常、樂、我、淨、無常、無樂、無我、無淨，是其名也。八中，前四迷於生死有爲之法，名有爲倒。若從所立，名無爲倒。後四迷於涅槃無爲，名無爲倒。若從所立，名有爲倒。前四如何。生死無常，妄謂是常，生死實苦，妄謂是樂，生死無我，妄謂有我，生死不淨，妄謂是淨，是名顛倒。問曰：生死實是無常、苦、無我等，衆生何故計爲常、樂、我、淨法乎。如論中説，有爲相似相續覆故，不知無常，横計爲常。威儀〔一八〕故，不知實苦，妄計爲樂。作業覆故，不知非我，妄取爲我。薄皮覆故，不見不淨，謬執爲淨。又問：經中説生死法具有五義，無常、苦、空、無我、不淨。今此何故唯説四種，翻爲四倒。此之離合，優檀那中已廣分别。若就生死無我法中分二無我，則有五義。如《成實》説，衆生空者名之爲空，法體空者説爲無我。如《維摩》中，衆生空者名爲無我，法體空者名之爲空。

故彼經言，衆生是道場，知無我故。一切法是道場，知諸法空故。由分此二，故有五義。翻對此五，倒亦應然。今此合故，但云四耳。又問：無我理通染淨，今此何故偏説生死爲無我乎。然我無我通塞之義，優檀那中已具分別，今重顯之。我與無我，義別相對，凡有四種：第一，直就解惑二情相對分別。生死有我，涅槃無我。以著我故，世間受生，故説有我。是以經言，世間受生，皆以著我，若離著我，則無受生。斯文顯矣。二、就法相虚實相對。生死無我，涅槃有我。生死之法虚誑不實，又不自在，故名無我。涅槃真實，具八自在，故名有我。是以經言，生死無常，無我、樂、淨，涅槃是常，是我、樂、淨。三、據如理以通諸法。生死涅槃，二俱無我。故經説言，凡夫我空，乃至諸佛生死法空，乃至涅槃。四、就假用及以實性以貫諸法。生死涅槃，二俱有我。生死我者，有其二種：一者，世諦假名之我，所謂五陰和合爲人。故經説言衆生佛性不離六法，六者所謂五陰及我，故知假用有我不無。二、實性之我，我謂佛性。故經説言：二十五有，有我不邪。佛言有我，我者所謂如來藏性。生死之中，具斯兩義，故名有我，涅槃亦爾。諸法和合，假名爲佛，是其假我。佛性顯成法身之體，是其實我。我無我義，通局如是。今據第二，故説生死一向無我，涅槃有我。以説生死爲無我故，對之説倒，局在有爲。

無爲四者，涅槃實是常、樂、我、淨，妄謂無之，故名倒倒。問曰：涅槃實是常、樂、我、淨之法，衆生何緣起此四倒。釋言：如來隨化世間，示同有爲，衆生不解，執應迷真，故起此倒。問曰：涅槃備含多義，以何義故偏説此四，翻爲四倒。釋言：涅槃雖含多義，今據一門論此四種。經論之中凡有五義，所以建立，如涅槃章具廣分別，一離四患，二翻四倒，三除四障，四斷四過，五酬四因。離四患者，生死無常，無我、樂、淨，翻離彼故，宣説涅槃常、樂、我、淨。翻四倒者，如前所説無爲四倒，翻對彼故説是四義。除四障者，如《寶性論》説：一者緣相，謂無明地，障佛真淨，翻對彼故，説佛真淨。二者因相，謂無漏業，障佛真我，翻對彼故，説佛真我。三者生相，謂意生身，以此意生苦陰身故，障佛真樂，翻對彼故，説佛真樂。四者壞相，謂變易死，障佛真常，翻對彼故，説佛真常。斷四過者，如《寶性論》説：一、闡提謗法，斷離彼故，得佛真淨。二、外道著我，斷離彼故，得佛真我。三、聲聞畏苦，斷離彼故，得佛真樂。四、辟支捨心，捨諸衆生，斷離彼故，得佛真常。酬四因者，如《寶性論》説：一者信心，除前謗法，故得淨果。二者般若，除前著我，得佛真我。三者三昧，除前畏苦，得佛真樂。四者大悲，常隨衆生，除前捨心，得佛真常。以斯五義，故就涅槃建立四德，翻對彼故，説爲四倒。倒相如是。

第三門中，約教辨定。教別大小，所説亦異。於中分別，凡有三種：一、隱顯互論。小乘法中唯説常、樂、我、淨四倒，爲令衆生知有爲法無常苦故。然彼小中雖見如來苦無常等，乃是正見，不名顛倒，以佛示同有爲法故，是以不説無爲四倒。大乘法中唯説無常、無我、苦等無爲四倒，爲令衆生知無爲法常、樂、我、淨，趣大涅槃，故説斯倒。有爲四倒，小中已説，故更不論。設使説之，與小乘同，以無異故，猶不名説。二、簡大異小。小乘法中唯説常等有爲四倒，大乘法中具説八倒。小乘不説無爲四倒，義如前釋。大乘法中，欲使衆生知生死過，故須宣説有爲四倒。爲令衆生趣大涅槃常、樂、淨法，故須宣説無爲四倒。三、隨義具論。小乘法中具説七倒，大乘法中具説八倒。小乘七者，八倒之中除無我倒，説餘七種。彼説凡夫於有爲中具起四倒，於小涅槃起於三倒，常見無常，樂見爲苦，淨見不淨。何因緣故常見無常？外道之人取無想天以爲涅槃，彼報盡已，便謂一切涅槃無常。復何因緣樂見爲苦？外道心念，現見世人或少一耳，或少一目，便以爲苦，況復都盡，寧非大苦，故起苦倒。是以經言，凡夫寧受癡野干身，不求泥洹，以怖畏故。又復何因計爲不淨。外道念言，現見世間，以刀害死尸，刀是不淨，以道除結，道亦不淨，以不淨道所得涅槃，當知涅槃亦是不淨。又有人說，欲界身即是泥洹，又見此身不淨穢惡，謂真泥洹亦是不淨，是故宣說涅槃不淨。何故不起無我倒乎。小乘之中不說涅槃以爲我故，不得翻彼說無我倒。問曰：若使小乘涅槃是常、樂、淨，翻爲倒者，何故經言小乘涅槃唯有樂、淨，無有常、我。釋言：有以大乘法中說小乘人雖入無餘，未來心想當必更生，故說小乘涅槃無常。小乘法中但說其滅，隱生不說，故小乘人取小涅槃以之爲常。又大乘中說小涅槃是不滿足，終須遷轉趣向大乘，故名無常。小乘教中不云更去，故說爲常。問曰：未來心想生時，何因得生。以本所修無漏業因無明爲緣，是故得生，此生即是變易生矣。又問：無餘滅去心想，後還生者，有餘涅槃滅去煩惱，後還生不。釋言：不生。何故而然。煩惱原由見理而滅，故永不生。所滅之智，本但息滅，非見理斷，由是更生。又問：若使大乘法中說小涅槃更須遷轉名無常者，須遷轉故，應非樂、淨。釋言：齊類理亦應同，但以遷轉是無常義，故不名常。隨其所得寂滅離染，故云樂淨。小乘如是。大乘法中具說八倒，義如上辨。教別麤爾。

第三門中，就人辨定。人者，所謂凡夫、二乘。於中分別，爲有三種：一、隱顯互論。凡夫唯起常等四倒，不知生死無常等，故謂佛同己常、樂、我、淨，是故不起無爲四倒。二乘唯有無爲四倒，有爲四倒先已捨離，所以不起，謂佛同己無常、無樂、無我、不淨，是故起倒。二、簡終異始。凡夫是始，唯有常等有爲四倒。無爲四倒，凡夫未起，義如上辨。二乘之人，具起八倒，良以二乘於有爲中習倒未捨，是故猶起有爲四倒。又二乘人，未得法空，未知諸法自性無常，故有常倒。未知諸法自性壞苦，故有樂倒。未知諸法虛集無我，故有我倒。不得究竟淨法體空，故有淨倒。故《涅槃》云，汝諸比丘，於苦法事[二九]中，妄計爲樂，乃至不淨妄計爲淨。斯文顯矣。二乘之人，於無爲法，正起四倒，理在易知。問曰：二乘於自涅槃猶不起倒，説無常等，何故宣説如來涅槃爲無常等，起顛倒乎。釋言：有以小乘法中唯説數滅以爲涅槃，故於涅槃不説無常、不淨、苦等，但説無我。於佛所得數滅涅槃，亦同此見。但二乘人見已身智苦無常等，謂佛同然，故起四倒。三、隨義具論。凡夫、二乘並起八倒。凡夫於彼有爲法中起四顛倒，理在易知，何因起彼無爲四倒。凡夫之人亦聞如來同世有爲苦無常等，故於無爲起四顛倒。故《涅槃》中宣説凡夫八倒邪曲，二乘具起，義如上辨。就人如是。

第四，明其倒起所因。此之八倒，因何而生，緣何而起。因何生者，八倒因於三倒而生。如《涅槃》説因三起八，後門之中別當廣論。問曰：已知因三起八，直就八中得相起不。釋言：亦得。有爲倒中我、淨是本，依之集起常、樂二倒，依我起常，由淨計樂。故《地經》言，我、淨二倒，名爲惡心，非專念行。常、樂二倒，名爲惡意，是專念行。根本集起，是其心義。因緣現起，是其意義。我、淨是本，能集常、樂故名爲心，久習性成，非作心起，名非專念。常、樂是末，因緣現起故名爲意，作意而發，名專念行。皆是違理，故通名惡。無爲四倒，翻對有爲，本末可知，無我不淨還是根本，餘二是末。由計無我，便謂無常。以計不淨，便謂實苦。所因如是。所緣云何。八倒皆緣聖教而生，教別今古，所生亦異。有爲四倒，緣昔教生，無爲四倒，依今教起。云何有爲緣昔教生。如《涅槃》説，過去諸佛宣説涅槃常、樂、我、淨，彼佛滅後，諸外道等抄掠佛經，安置已曲，便得聞有常、樂、我、淨四種名字。雖聞其名，不達其義，便於已身妄想建立，説有常等。又《涅槃》云，如來過去爲菩薩時，隨化現世，爲諸衆生宣説佛性常、樂、我、淨。

菩薩後時，遷化他土，衆生本昔曾從菩薩聞有常、樂、我、淨名字，不解其義，便説己身常、樂、我、淨。因是衆生迭相承習，乃至今日，猶説己身常、樂、我、淨，如人夢中調〔三〇〕語刀刀。故經説言，一切凡夫所説我者皆是佛説，若離佛説，世間無有我之名字。常、樂亦然。云何無爲依今教起。如經中説，如來爲化諸衆生故亦同有爲，欲令衆生知有爲過故，説己身無常、苦等，令物同知。衆生聞已，便謂如來實同有爲，無常、苦等，無爲四倒因兹而起。倒起所因，略之云爾。

第五門中，約對三倒，辨其同異。先明三倒，後辨同異。言三倒者，謂心、想、見。釋此三義，諸宗不同，乃有四別：

一、依毗婆闍婆提説，心心數法，體雖同時，用別前後，故分三種。彼説云何。先想次心，後起見倒。初起微想，謂有常等，名爲想倒。次重起心，緣前所想，取爲定有，名爲心倒。後見成就，於所取中執見分明，説爲見倒。如《大智論・隨喜品》中亦同此説。故彼文言，先起想倒，次心後見。然彼文中宣説小乘所斷三倒，不説大乘。大乘所斷，不同此説。

二、依達摩多羅所説，直就同時心心數法，義分三倒。心是心王，想是想數，見是慧數。此三之中，見是倒體。心想非倒，與見相應，爲見所亂，通名爲倒。見能濁亂一切心法，何故唯言亂心亂想。心是其主，故偏説心。想能取相，助見中强，故偏説想。又《雜心》云，心之與想，世人多説，故偏説之。

三、准《成實》，約就四心，以爲三種。彼宗之中，識、想、受、行四心前後，就此四中説前三心以爲三倒。識爲心倒，想爲想倒，受爲見倒。良以受心覺境分明，故説爲見。此心想見，體非是倒，能生行中四顛倒見，以因從果，通名爲倒。又此三中皆有取性，故名顛倒。問曰：此宗六識之中皆有四心，何識三心説爲三倒。唯依前義，唯在意識，所成四倒唯在意故。若依後義，一切皆是。

四、依大乘，就七識心，義分三倒。七識妄心，性是乖理顛倒之法，名爲心倒。依是心故，便有一切妄境界起，如依夢心便有一切夢境界生。於此心境，妄取分別，説爲想倒。於所取法，違〔三〕立定實，執見分明，説爲見倒。故《華嚴經・十藏品》中，先説心倒，次想後見。又於諸法，初起微想，計之爲有，名爲想倒，重起心緣，名爲心倒，執見分明，名爲見倒。又復説〔三〕就前見倒之中，隨義分別，亦得説三。於諸法中建立法體，名爲心倒，此倒猶是自性妄想。次於所取自性法中，取差別想，謂此是色、此非色等，名爲想倒，此倒猶是差別妄想。後於自性差別法中，取其和合業用之相，名爲見倒，猶是攝受積聚妄想。三倒如是。

次辨同異。先對有爲四倒之心，辨其同異。依如毗婆闍婆提説，有爲四倒，即是三倒想中具四，心、見亦然，唯有始終增微爲異。如是説者，立十二倒。若依達摩多羅所説，有爲四倒即是見倒，心、想非倒，與倒相應，相從名倒。依如《成實》，四倒三倒一向差別。三倒是因，在前三心。四倒是果，在於行中。大乘法中，四倒三倒亦一向別，三倒是因，四倒是果。三倒是其迷理之倒，故説爲因。四倒是其迷法相倒，故名爲果。有爲如是。次辨無爲。若依毗婆闍婆提於〔三〕説，無爲三倒，與心、想、見三倒體一。想中具三，心、見亦然。若依達摩多羅所説，無爲法中無常、無樂、不淨三倒，體是見倒，非心非想。依如《成實》，心、想、見等三倒是因，在前三心。無爲法中三倒是果，在於行心。大乘法中，無爲四倒與心、想、見一向差別。心、想、見等，是迷理倒。無爲四倒，迷法相倒。是故不同。問曰：向説大乘法中心、想、見等是迷理倒，説之爲因。八倒是其迷法相倒，説之爲果。相狀如何。先以三倒迷於如理，取立生死涅槃法相，立相迷如，説爲三倒。於彼所立生死法中，不如實知，妄計常等，有爲四倒因茲而生。復於所立涅槃法中，不如實知，横計無常、苦、無我等，無爲四倒因茲而起。是故三倒親迷於理，説之爲因。八倒迷於染淨法相，名之爲果。三倒八倒，同異如是。

第六，約對二種著我共相收攝。何者二我。一、衆生著我，於彼諸陰集用之中謬計我人。二、法著我，於陰法中妄取定性。二我如是。今以此二約倒分別，先對有爲四倒以論。依名以定，二種著我是四倒中我倒所攝。隨義通論，二種我中各具四倒。若於五陰集用之中建立我人，是衆生我，即計此我爲常、樂、淨。此常、樂等，雖非我見，相從判屬衆生著我。故龍樹言，若計神常，是衆生我。樂、淨亦然。若於陰法建立定性，是法著我，即取此我爲常、樂、淨。此常、樂等，雖非我見，相從判屬法著我中。故龍樹言，若計法常，是法著我。樂、淨亦然。問曰：如是法著我者，與彼三倒所取何别。通釋三倒，亦是法我。於中别分，三倒之心迷性立相，此法著我迷相立性。相狀如何。情相諸法以無爲性，三倒之心迷此無性，立因緣相。我倒之中，法著我者，迷向所立因緣之相，立爲定性，有斯别耳。有爲麤爾。次辨無爲。無爲倒者，迷覆真法，横計無我、無常、樂、淨。此是邪見，非二我攝。

第七門中，約對十使分别諸倒。言十使者，一是身見，二是邊見，三是邪見，四是戒取，五是見取，六疑，七貪，八瞋，九癡，十名爲慢。於身見我，名爲身見。取斷立常，名爲邊見。謗無因果一切諸法，名爲邪見。非真對治，妄謂能淨，名爲戒取。取劣爲勝，名爲見取。於道猶豫，稱之爲疑。染境名貪。忿怒名瞋。愚闇曰癡。自高凌物，名之爲慢。十使之中，前五是其利使，後五是鈍。此義廣釋，如十使章。今對此十分别諸倒。於中先[二四]對有爲四倒分辨其相。經論不同，所明亦異。如彼毗婆闍婆提説，常等四倒，是十使中三使少分，不盡三使。就我見中分取我見以爲我倒，我所見者不説爲倒。邊見之中，分取常見以爲常倒，不取斷見。就見取中，分取樂、淨二種見取爲樂淨倒，自餘一切取劣爲勝，皆悉不取。以此重故，偏説爲倒。我所見等，輕故不説。又依達摩多羅所説，欲令四倒於十使中全攝二使及一小分，我倒之中全攝我見，樂、淨二倒全攝見取。常倒如上。於邊見中，但攝一邊。雜心論主存依後釋，《成實》亦然。問曰：何故唯説此等爲四倒乎？《雜心》釋言，具三義故，説此爲倒。一者使斷，執取之義。二者妄置，自有建立。三一向倒，全違正道。言使斷者，簡別五鈍。言妄置者，簡別斷見。邪見無所立，故言一向倒，簡異戒取，以戒取人猶爲果報持禁戒故。有爲四倒，辨之麤爾。次辨無爲。無爲倒中，常見無常，我見無我，樂見無樂，淨見無淨，是邪見攝。常爲生滅，樂見爲苦，淨計爲穢，此等皆是妄置之心，非是謗無。《毗婆沙》中名爲邪智，非是邪見。若通攝之，亦是邪見，更無餘義。問曰：斷常二種，相對俱名邊見。無常見常，常見無常，此二亦對，以何義故不俱名邊，而於常法計爲無常是邪見乎？通釋應齊，但今爲明一法異見是其邊見，異法異見不名邊見。一法異見名爲之邊，對彼一法彰邊顯故。無常見常，常見無常，異法異見，不對一法，彰邊不顯，故不名邊。若如是者，無常見常，亦應非邊，何故偏説常見爲邊？以彼常見對斷故邊，非對無常。攝使如是。

第八門中，約境辨倒。境別無量，今且約就四諦、五陰，二門分別。今先約境明有爲倒，後辨無爲倒。辨有爲中，先約諦論，後對陰説。約諦如何？如毗曇説，唯迷苦諦，見苦斷故。故《雜心》言，四倒不能遠尋至根，故不緣集，滅、道妄[二五]言。集是苦本，故名爲根。若尋至根，便知自身苦無常等，自然不起有爲四倒，故不緣之。《成實》法中，淨倒一種，偏迷苦集，苦集二諦是不淨故。常、樂二倒，迷苦、集、道。此三皆是無常及苦，故迷此三，計常計樂，悉名顛倒。我倒一種，通迷四諦，彼宗四諦悉無我故。大乘亦爾。次對陰説，義有通別。別而論之，迷色計淨，迷受計樂，迷識計常，迷想迷行而計於我。通而論之，迷於五陰，通起常、樂、我、淨四倒。有爲如是。次辨無爲。於中先約四諦以論，後對陰論。小乘法中，無常、苦倒，唯迷滅諦。不淨倒者，通迷滅、道，滅、道二諦皆是淨故。其迷道者，唯得名爲不淨之倒，而不得名爲無爲倒，所迷道諦非無爲故。小乘不説無我爲倒，故癈不論。大乘法中，無爲四倒通迷滅道，真實滅道皆是常樂我淨法故。言對陰者，小乘法中無常無樂迷於滅故，不緣陰生。不淨倒中。迷滅諦者不緣陰生，迷道諦者緣五陰起，迷於無漏五陰法故。此緣陰者，亦不得稱爲無爲倒，所緣陰法非無爲故。大乘法中，無常等四，通緣如來五陰法起。於中通別，對前有爲，相顯可知。

第九，明其治斷差別。有爲四倒，毗曇法中有伏有永。見道已前，一向伏斷。見道已上，一向永斷。就伏斷中，有通有別。別相念處，別伏四倒。觀色不淨，伏除淨倒。觀受是苦，伏除樂倒。觀心無常，伏除常倒。觀法無我，伏除我倒。總念已去，乃至世間第一法來，總緣五陰，通伏四倒。就永斷中，論説不同。如上建立十二倒家，見中四倒一向盡在見諦道中。心想倒中常倒、我倒，此亦盡在見諦道中。心想倒中樂、淨二倒，見修通斷，以見道中斷除樂淨二倒不盡，學人猶有習行欲事。如《大智論・隨喜品》中亦同此説。如彼達摩多羅所説，有爲四倒，盡在見道，不至修中。若爾，學人何故行欲。釋言：聖人雖無四倒，煩惱牽故，猶行欲事，如人飢急，吞食不淨。若依《成實》，大位以分，見道已前一向伏斷，見道之中一向永斷。就實通論，四現忍中亦分永斷，彼宗所説四現忍中現見空故。大乘法中，大位以分，世間伏斷，初世永斷。就實通論，種性已上分有永斷，究竟永盡在於初地。故《地論》言，諸見縛者，初地時斷。問曰：若使有爲四倒盡在初地，何故《地經》於四地中方説遠離身見、我慢。彼四地中所遠離者，是三倒中我見心也。以三地中猶見假我，是有不無，四地離之。亦可此據地相爲言，三地已還，相同凡夫，是故不説遠離著我，四地出世方説離之。有爲法中四倒如是。

次辨無爲。毗曇法中，四現忍心學觀四諦，伏除彼倒，見道永斷。《成實論》中，不説是倒，理實有之。治斷如何。聞思地中，別緣四諦，漸次伏之。四現忍去，次第永斷。大乘法中，治斷處所，與有爲同。十信位中，於大菩提真信成就，正能伏除。種性已上，隨分永斷。初地窮盡。八倒之義，略辨如是。

九結義。

言九結者，煩惱闇惑結縛行人，故名爲結。又能縛心，亦名爲結。亦能結集一切生死，故稱爲結。結義如是。然此結義，隨別異論，難以限算，今據一門，且論九種。九名是何。一名愛結，二名瞋結，三名癡結，四名慢結，五名疑結，六名見結，七名取結，八名慳結，九名嫉結，名字如是。九中前七，猶是十使，五見之心[二六]合之爲二，餘五各故，有七種。加以慳、嫉，故合爲九。相狀如何。言愛結者，於順境界貪染名愛，此猶貪使。言瞋結者，於違境界忿怒名瞋，此猶瞋使。言癡結者，於中境界緣而不了，故名爲癡，此猶癡使。總相雖同，寬狹有異。癡使則寬，癡結則狹。癡使之中有二無明，一者不共，二者相應。言不共者，於理於事，緣而不了，不與一切煩惱俱起，故名不共。言相應者，除前不共，自餘一切諸煩惱中闇彰[二七]之心，名爲相應。爾[二八]此唯取不共無明，以收癡結。何故如是。九結之中，要取作意獨立之者以之爲結，以獨立者力堅强故。故《雜心》云，獨立煩惱，入九結中。言慢結者，於方他自高，名之爲慢，此猶慢使。言疑結者，於正道中猶預不決，故名爲疑，此猶疑使。言見結者，身、邊、邪見，此之三種，顛倒推求，故名爲見，此即是其身見、邊見、邪見使也。言取結者，戒、見二取，取執境界，故名取結，此猶戒取、見取使也。

問曰：何故身、邊、邪見合爲見結，戒、見二取合爲取結。《雜心》釋言，以名等故，及事等故。言名等者，《雜心》釋言，身、邊、邪見是其女名，戒、見二取是其男名，男女相對，故云名等。何故三見説之爲女。女是内人，身、邊、邪見親迷於理，義在於内，故從所迷，就喻名女。何故二取説之爲男。男是外人，戒、見二取，隨他從起，不親迷理，義在於外，故就喻目，説之爲男。名義如是。言事等者，彼此各是十八使性，故云事等。何者十八。見結之中三界各六，故有十八。欲界六者，欲界邪見通迷四諦，即以爲四。身邊二見，屬[二九]迷苦諦，即以爲二，通前説六。欲界既六，色無色界類亦同然，故有十八。取結之中，三界各六，亦有十八。欲界六者，欲界見取通迷四諦，即以爲四。戒取迷於苦道二諦，即以爲二，通前説六。欲界既然，色無色界類亦同爾，故有十八。事等如是。具斯兩義，三見爲一，二見爲一。若依《成實》，則不如是。彼説，十使俱迷四諦，不可説爲名等事等，但以二取過患重故，別爲取結。云何過重。如彼《成實·九結品》説，戒取之過，難可捨離，世間之人，多取爲道，不見其過。如内道人取糞掃衣以爲道等，諸外道人取彼苦行以爲道等。又此戒取乖違八正，以有此故，雖有所行，空無所得。又能令人得二世苦，如持牛戒爲鷄戒等種種苦行，受現世苦，當墮惡道，受後世苦。戒取如是。見取過者，執著一切虚妄之法，不得真實，當知皆是見取之力。過狀如是。以有此過，説爲取結，不由名等。

言慳結者，於己身財，慳[三〇]惜不捨，故名爲慳。言嫉結者，忌他勝己故，名爲嫉。此二猶是十纏之中慳嫉纏也。何故纏中唯説此二以爲結乎。論自釋言，慳、嫉獨立，離於二故。八[三一]九結中自力孤起，不與他合，故云獨立。問曰：一切諸煩惱中，皆有無明及睡、掉等，云何言獨。釋言：有以無明、睡、掉，一切處有，彼此皆[三二]通，言〔三三〕廢不論。除此已外，不與一切諸使共起，故云獨立。此慳與嫉唯言不善，非善、無記，故云離二。何故唯取獨立爲結。此如上釋，獨立煩惱，其力堅强，結縛牢固，故説爲結。又前七結並是獨立，今爲同彼，唯取獨立。何故唯取離二煩惱以之爲結。不善煩惱，其力强盛，結縛牢固，所以偏取。若如是者，前七結中身邊二見唯是無記，上二界中一切煩惱亦是無記，非不善性，何故名結。釋言：前七是其使性，使性堅强，假令無記，亦能結縛，故説爲結。餘非使性，勢力輕微，要不善者方能結縛，不類前七，既〔三四〕在於此。問〔三五〕曰：睡、掉何故非結。論自釋言：睡、掉二纏，諸結俱起，不名獨立。又通不善、穢汙無記，不名離二，爲是不取。又問：眠、纏何故非結。論自釋言：眠與一切諸使相應，故非獨立。眠通三性，故非離二，是以不取。無慚、無愧，何故非結。論自釋言〔三六〕：無慚、無愧，雖復離二，而不獨立，是故非結。此無慚愧唯與欲界不善俱故，名爲離二。何故悔、纏不説爲結。論自釋言：悔雖獨立，而不離二，所以非結，善不善中皆有悔故。忿、覆二纏，何故非結。論自釋言：忿、覆雖獨立，而復離二。有人欲令是使性故，所以不説。忿是瞋性，覆是貪性。如是説者，但立八纏。《地持論》中亦同此説。問曰：六垢何故非結。論自釋〔三七〕言：急縛煩惱，説之爲纏。輕繫煩惱，説以爲垢。急縛之中，稍微之者猶尚不取，何況輕繫，是故不説。若依《成實》，則不如是。彼説云何。慳、嫉二纏，是弊煩惱，故説爲結，更無異義。云何是弊。彼論釋云：以有慳故，慳〔三八〕著身財，雖見貧苦，無心濟拔。以有嫉故，忌〔三九〕他得利。又復没〔四〇〕貪、瞋，最多罪過。瞋〔四一〕墮惡道，多由貪、瞋。以是過故，貪中出慳，瞋中分嫉。又慳與嫉，多慳〔四二〕天人，故偏説之。餘不如是，廢而不説。九結如是。

問曰：頗有見相應法，爲愛結繫，非見結繫，而得名爲見使使不。《雜心》言有，謂見道中集智已生，滅智未生，爾時於彼滅道諦下戒見二取相應心法，及非心法生住滅等，爲滅道下愛結所繫。以愛緣於有漏生故，而非見結。滅道諦下所有邪見，親緣理生，不緣有漏，是故不能結縛此法。苦集諦下十一遍使，已斷除故，復〔三〕不繫此，是故不名見結所繫。而爲同時戒見二取所使縛故，名見使也。良以二取九結之中非見結故，不名見結，十使之中是見使〔四〕名見使。九結辨之麤爾。

大乘義章卷第五末

校勘記

〔一〕「牛」，底本作「下」，據底本原校及校本改。

〔二〕「餘皆是隨身見是本」，底本脱，據底本原校及校本補。

〔三〕「此」，底本原校云一本無。

〔四〕「中」，底本原校云一本後有「間」字。

〔五〕「瞋恚」，底本原校云論作「頻蹙」。

〔六〕「棧」，底本原校云《成實論》作「栽」。

〔七〕「之」，底本原校疑衍。

〔八〕「液」，校本校勘記云甲本後有「之結」二字。

〔九〕「起」，底本作「地」，據底本原校及校本改。

〔一〇〕「月」，底本原校疑爲「乃」。

〔一一〕「意」，底本原校疑爲「三惡」。

〔一二〕「根」，底本作「恨」，據底本原校及校本改，下一「根」字同。

〔一三〕「使」，校本校勘記云甲本後有「之」字。

〔一四〕「多邊」，校本校勘記云甲本作「邊多」。

〔一五〕「理」，校本校勘記云甲本作「里」。

〔一六〕「起」，底本原校云論作「作」。

〔一七〕「知」，底本原校云論後有「以是因緣」四字。

〔一八〕「儀」，底本原校云一本後有「覆」字。

〔一九〕「事」，底本原校云經無。

〔二〇〕「調」，底本原校云經作「竊」。

〔二一〕「違」，校本校勘記云甲本作「建」。

〔二二〕「說」，校本校勘記云甲本無。

〔二三〕「於」，底本原校云一本無。

〔二四〕「先」，底本作「光」，據校本改。
〔二五〕「妄」，底本原校云一本作「亡」。
〔二六〕「心」，底本原校疑爲「中」。
〔二七〕「彰」，底本原校疑爲「障」。
〔二八〕「爾」，底本原校云一本作「今」。
〔二九〕「屬」，校本校勘記云一本作「局」。
〔三〇〕「慳」，底本原校云一本作「悋」。
〔三一〕「八」，校本校勘記云甲本作「入」。
〔三二〕「昏」，底本原校疑爲「皆」。
〔三三〕「言」，校本校勘記云一本作「今」。
〔三四〕「既」，底本原校云一本作「良」。
〔三五〕「間」，底本原校疑爲「問」。
〔三六〕「言」，底本後衍「云」字，據底本原校及校本删。
〔三七〕「釋」，校本校勘記云甲本無。
〔三八〕「慳」，底本原校云一本作「悋」。
〔三九〕「忌」，校本校勘記云甲本無。
〔四〇〕「没」，底本原校云一本無。
〔四一〕「瞋」，底本原校疑爲「顛」。
〔四二〕「慳」，底本原校云一本作「惱」。
〔四三〕「復」，底本作「没」，據底本原校及校本改。
〔四四〕「見使」，底本原校疑衍。

大乘義章卷第六

遠法師撰

染法聚煩惱義中，此卷有七門。十使義。十纏義。十部義。十四難義。十六神我義。六十二見義。八萬四千煩惱義。

十使義，十門分別。釋名辨相，一。三性分別，二。利鈍見修分別，三。相應不同，四。約境隨界分別，五。九十八使等分別，六。緣縛不同，七。成義差別，八。發業潤生，九。因起次第，十。

第一門中，先總釋名，後辨其相。所言使者，如《地論》說，隨逐縛義，名之爲使。蓋乃就喻以名煩惱。如世公使，隨逐罪人，得便繫縛。煩惱亦爾，久隨行人，繫縛三有，不令出離，故名爲使。毗曇、《成實》亦同此説。故《雜心》云，使之隨逐，如空行影[一]水行隨。《成實》説言，使之隨逐，如母隨子。亦如瘧病鼠毒未發[二]，如赤[三]鐵黑相，如種中牙，如債未還。此等皆是隨逐義也。有人釋言駈役名使，於義無爽，但非經論。名義如是。

次辨其相。使義開合，廣略不定，今就一門，且論十種，所謂身見、邊見、邪見、戒取、見取、貪、瞋、癡、慢及疑。

言身見者，亦名我見。五陰名身，身中見我，取執分明，從其所迷，故名身見。故《雜心》云，於五陰中審爾計著，名身見也。以見我故，從其所立，亦名我見。相狀如何。身見有二，一衆生著我，二法著我。於五陰中，建立我人，名衆生著我。於陰界入，取性執相，名法著我。此二如前無我章中具廣分別。

言邊見者，斷常乖中，故名邊見。相狀如何。若依毗曇，唯於苦中計斷取常，名爲邊見。若依《成實》，一切法中取斷計常，皆名邊見。故彼《成實·邊見品》云，一切法常，是名常見。一切法斷，是名斷見。一切法有，是名常見。一切法無，是名斷見。身與神異，身滅神在，是名常見。身與神一，身滅神亡，是名斷見。地、水、火、風、苦、樂、壽命，七分是常，是名常見，七分斷滅，是名斷見。死後更作，是名常見。死後不作，是名斷見。如是一切皆名邊見。問曰：無常橫計爲常，説爲邊見。常計無常，何故非邊見。此義如前八倒章中具廣分別。

言邪見者，謬執乖正，故名邪見。相狀如何。如經中説，謗無因果一切諸法，是其相也。問曰：五見斯皆是邪，何故謗無偏名邪見。《成實》釋云：此見重故，偏名爲邪。

言戒取者，於有漏法取爲能淨，故云戒取。相狀如何。戒取有二，一者獨頭，二者足上。不依諸見，直取苦行烏鷄戒等，以爲聖[四]道，説爲能淨，名爲獨頭。依諸見起，名爲足上。諸見是其戒取之本，戒取脚足，取此諸見以爲能淨，名足上也。問曰：戒取所取非一，或取苦行以爲能淨，或取持戒，或取布施，或取禮拜、糞掃衣等，或取諸見以爲能淨，如是非一，何故經中但云戒取，不説施取、苦行取等。《雜心》釋言：是中略故，且云戒取。若具，應言戒等取也。問曰：等略，以何義故偏就戒名，不就餘者。釋言：戒行取執者多，故偏言耳。取[五]云何取多。諸内道人多取持戒以之爲道，諸外道人多取烏鷄鹿狗戒等以之爲道，是故名多。自餘一切苦行等事，唯外道取，非佛弟子，是故名少。從多立稱，故名戒取。

言見取者，取諸見等以爲第一，故云見取。相狀如何。見取有二，一者獨頭，二者足上。言獨頭者，不依諸見，直取有漏下劣之法以爲第一，故名獨頭。如不淨中妄計爲淨，苦計爲樂，無想天報謂涅槃等。言足上者，依諸見起，故名足上。諸見是其見取之本，見取脚足，依此足上取爲第一，名足上也。問曰：見取所取非一，何故經中但云見取，不説餘者。《雜心》釋言：是中略故，但名見取。若具，應言見等取也。又問：等略，何故就見以彰取名，不就餘者。以從多故。一切世人多取己見以爲第一，故偏説之。又取見者，心則堅强，執固難捨，故偏説見。

所言貪者，於境染[六]愛，名之爲貪。貪相如何。於中廣略，開合非一。或分爲二，一愛己身，二愛所須。或分爲三，前二如上，加愛妻色。或分爲四，前三[七]上，加愛親戚。或分爲五，前四如上，加愛名稱。或分爲六，前五如上，加愛豪貴勢力自在。或分爲七，前六如上，加愛死滅，如論中説無有愛等。或分爲八，前七如上，加愛己見。或分爲九，前八如上，加愛善法，如説愛佛愛菩提等。若廣分別，貪有無量。若依大乘，此等一切皆是貪使。若依小乘，善貪非使。又小乘中，依如毗曇，唯貪是使，慳等非使。若依《成實》，多欲、惡欲、慳著、憍、逸，如是一切，皆是貪使。

所言瞋者，違境忿怒，故名爲瞋。依如毗曇，唯瞋是使。自餘忿恚、惱恨、嫉害，如是一切，斯不名使。若依《成實》，忿恚、惱恨、嫉妬、殺害、狠戾、專執、不忍、不悦、不調等事，悉是瞋使。大乘亦爾。

言無明者，依如毗曇，癡闇之心，體無慧明，故曰無明。若依《成實》，邪心分別，無正慧明，故曰無明。何故如是。毗曇闇惑爲過，《成實》唯以取執爲患，故説不同。大乘法中，癡闇取執，並是過患，兩義兼取。名義如是。體相云何。宗別不同，所説亦異。有一論師，宣説無法爲無明使。彼人所説，無智慧處即是無明，更無別法。如人不語，正名無語，是中更無不語法生。《成實論》中，非破此義。經説無明爲生死因，若是無法，云何爲因。若依毗曇，有二分別。一、對諸使以別無明。無明有二，一者不共，二者相應。言不共者，於彼諦理及以色、聲、香、味、觸等，緣而不了，不與一切諸使和合，名爲不共。言相應者，除前不共，自餘一切諸煩惱中無智之心，與諸使合，名爲相應。二、約境分別，無明有二。一者迷理，於四真諦，闇惑不了。二者迷事，於陰界入色、香、味等，不能正解，起諸業行。此等皆是無明使也。依如《成實》，無明亦二，一者取性，二者現起。言取性者，一切凡夫執性之心，此之取性，遍通一切善、惡、無記三性之心[八]中。故彼《成實·無明品》云，一切凡夫未入空者，常有邪見，名爲無明。彼文復言，貪中無瞋，瞋中無貪，無明不爾，一切處有。明知是通，此之取性是無明中根本正使。有人釋言，此取性者，是十使地，非無明使。彼人何故作如是説言。此微細不能驅役往來生死，故不名使。此語不然。依何文證，得知非使。如《成實》中解無明使，正説於此，云何言非。若言此是十使地故非無明使，與十爲地，何妨是其無明使乎。又若取性是十使地，不得説爲無明使者，三苦之中即行即苦，是三苦體，亦應非是三苦之中行苦所攝。然彼雖是三[九]苦之體，而得攝在行苦之中。此亦應然。若言取性不能駈役，令非使者，三有受生，皆由取性，若離取性，雖有諸業，不能牽果。是則取性駈役最强，何爲非使。又復論中隨逐解使，不以駈役解釋使義。駈役之言，自出人口，不關經論，何爲用此辨定是非。然彼論中隨逐解使，隨逐之中無過取性，何爲非使。以斯徵窮，取性是使，不得言非。言現起者，作意而生，止在不善，不通餘心。何者是乎。論文不定，人釋種種。有人釋言，貪、瞋、癡、慢及諸見中，各有九品。分前八品爲無明使，第九一品爲餘九使。此言定非。十使之中皆有九品，云何説言貪、瞋等中無前八品，無明使中無第九品，是大難解。又如論説，於欲界中貪、瞋、癡、慢各有九品，斷前六品，成斯陀含，斷後三微，成阿那含。若貪、瞋等無前六品，竟何所斷。無明使中無有後三，復何所除。以此推研，此言叵依。又人復言，簡去鈍使，直就五見，隨義以分，五見之中前之八品，見心未明，不得名見，但可説之爲無明使。此同前破。又《成實》中不以闇鄣爲無明使，何須分取不了之心爲無明使。又《成實》説，邪明之中無正慧明，名爲無明。若五見中前之八品，見未成故非見使者，前之八品邪明未成，亦應不得説爲無明。又《成實》言，邪見未成，説之爲疑。今云何言邪見未成，説爲無明。以此推窮，定知不以見前八品爲無明使。若爾，用何以爲無明。當知，無明就諸使上隨義以分，無別心體。云何義分，解釋有三：一、就餘九使隨義以分。餘九使中有闇鄣義，斯是無明，故因緣中無明支者，過去煩惱，悉名無明。又論説言，一切煩惱，迷覆[一〇]人心，皆令[一一]盲冥。盲冥猶是無明義也。二、三毒分別。除貪除瞋，自餘一切，悉是無明。故論説言，除貪除瞋，餘之八使從捨生故，斯名癡也。三、就邪見無正慧明，說爲無明。此就五見，隨義以分。於五見中，邪心推求，斯名邪見。即此五見，無正慧明，盡是無明。故論說言，邪見之心，無正慧明，名無明也。若無別體，應無十使。釋言：義別，故得有之。雖有三解，准依論文，後釋應是無明使體。《成實》如是。大乘法中，無明有二：一、事中無知，不解世法。二、性結無明，迷於理實。於中有三，謂麤、中、細。麤者，與彼四住相應，如小乘說。中者，所謂恒沙無明。細者，所謂無明住地。此等皆是無明使也。問曰：何故小乘法中不染無知非無明使，大乘是使。小乘法中，但爲斷除染汙煩惱得滅，便〔一二〕不用〔一三〕不求如來一切種智，故不說使。大乘法中，求佛種智，不染無知〔一四〕鄣佛種智，故說爲使。

言慢使者，陵物名慢。慢相云何。如《涅槃》說，慢有八種。八名是何。一、直名慢。二名大慢。三名慢慢。四、不如慢。五名憍慢，亦名傲慢。六名我慢。七、增上慢。八名邪慢。此義廣釋，如八慢章。

所言疑者，於境不決，猶預曰疑。疑有二種：一者疑事，如夜觀樹，疑爲是人爲非人等。二者疑理，疑諸諦等。小乘法中，唯取疑理，說爲疑使。大乘通取，皆須斷故。十使名相，辨之麤爾。

第二門中，三性分別。言三性者，所謂善、惡、無記法也。若依毗曇，欲界地中身邊兩見一向無記不記〔一五〕，不因是見墮惡道故。《地論》中亦同此說。餘之八使，一向不善。上二界中一切諸使，悉是無記。若依《成實》，三界上下一切十使，悉是不善。故彼《成實·雜問品》云，身邊二見是諸見本，云何無記。問曰：十使若俱不善，善、無記中取性無明是不善不。有人釋言：善、無記中取性無明是善無記，非是不善。此義不然。凡言不善，違理爲義。此既違理，何爲不得說爲不善。若是不善，云何得在善無記中。釋言：性惡在於相善及無記中，竟有何咎。若使性惡不得在於善無記中，生滅行苦亦應不在樂、捨受中。以此類彼，其義相似。

問曰：若使善中取性是不善者，善與取性爲一爲異。若當是一，取性不善，善亦不善，善是善故，取性亦善，斷取性時，善亦應斷。若當是異，取性便非相善之體，取性有漏，善應無漏。釋言：不定。善據其相[一六]，取性據體，體相别故，不得定一。不定一故，善感樂受，性招行苦。善資出世，取性鄣道。得出世時，斷除取性，善資不亡。不定異故，善業受果，必依取性。取性是漏，善名有漏。善中取性，一異如是。無記亦然。

問曰：上界所有十使若是不善，是不善爲繫上界，爲繫下地。此義不定。上界所有善無記中取性無明，性雖不善，非起不善，繫屬上界。若論現起，十使不善繫屬欲界，彼《成實》中欲界不善得寄起故。問曰：若爾，上界起使繫屬欲界，是則上界應無煩惱，若無煩惱，應是無漏，應是出世。釋言：上界現起不善唯屬欲界，與上界合故非無漏。又彼善中有取性故，不名無漏。非無漏故，不名出世。大乘法中，義有兩兼。若望果報，同《阿毗曇》，故《大品》云上界十使是其無記。對理而辨，義同《成實》，一切十使皆是不善。

第三，利鈍見修分别。先辨利鈍。依如毗曇，前五是利，推求性故，後五是鈍，非推求故。若依《成實》，總相兼[一七]分，相同毗曇，以實細論，前五唯利，後五種中貪、瞋、慢、疑一向是鈍，無明不定。若就五見以説無明，無明是利，彼説邪明爲無明故。就餘説者，無明是鈍。大乘法中，俱有此相。若復通論，十使之中俱有利鈍。數起名利，不數名鈍。此一門竟。

次分見修。如毗曇中，苦忍已去十五心來名爲見道，須陀已上終至無學名爲修道。若依《成實》，總相觀諦，不得説言苦忍已去，但得説言無想[一八]位中名爲見道。修道如前。大乘法中，初地見道，二地已上名爲修道。見修如是。

就十使中，五見及疑，唯障見諦，名爲見惑。貪、瞋、慢、癡，通鄣見修。障見諦者判爲見惑，障修道者判爲修惑。毗曇法中，依見所起貪、瞋、癡、慢能鄣見諦，緣事生者能鄣修道。《成實》法中，貪、瞋、癡、慢皆帶取性，取性重者能鄣見諦，取性微者能鄣修道。大乘所說，一切煩惱無不迷理，於中麤者判爲見惑，細爲修惑。問曰：此二起在何處。若依毗曇，見道已前，二輪並起，須陀已上，單起修惑。《成實》法中，文無定判。准義以分，見道已前單起見惑，修惑成就而不現行，須陀已上單起修惑。問曰：何故毗曇法中見諦已前二輪並起，《成實》見前單起見惑。釋言：毗曇約境分惑，迷理生者判爲見惑，緣事生者判爲修惑。凡夫本來常具此二，是故並起。《成實》法中，一切十使，斯帶取性，因[一九]皆迷理，但約輕重以分二惑。凡夫所起一切煩惱，取性心重，入見道時重取永亡，故凡所起悉名見惑。聖人煩惱，取性輕薄。凡夫起惑不能如是，是故凡夫不起修惑，但可成就。問曰：修惑由來未起，云何成就。釋言：見惑是修惑因，以有見因，修果定起，故曰成就。問曰：《成實》破毗曇家，離欲界欲，初禪未現已得成就。彼文破曰：云何未入已得成就。如人不識一字，自言解書，是所不應。准彼類惑，不應未起已得成就。釋言：惑心與善心異，不得相類。惑則久習，堅强難斷，雖復未起，剋必當生，故說成就。善法難生，雖有前因，未必當起，故未起者不名成就，不類在斯。大乘法中見修二惑，凡時並起，無明住地先常行故，見諦已上唯起修惑。見修如是。

第四，明使相應不同。於中有二：一、約六識以明諸使相應不同。依如毗曇，貪瞋二使及相應無明皆通六識，不共無明及餘七使唯在意地。若依《成實》，取性無明遍通六識，自餘一切唯在意地。《大智論》中同毗曇說。二、對五受以明諸使相應差別。言五受者，所謂苦、樂、憂、喜及捨。五識地中，逼惱名苦，適悦名樂。意識地中，愁惱名憂，慶悦名喜。捨通六識。五受如是。相應云何。依如毗曇，使與五受同時相應，彼説欲界具有五受。就此地中，不共無明唯捨相應。疑使與彼憂、捨相應。以疑惱故，與憂相應。息時在捨，故捨相應。論言，欲界喜麤疑細，是故不與喜受相應。在意地故，不與苦、樂二受相應。身、邊兩見，戒、見二取及與慢使，喜、捨相應。異見暢心，高慢揆[一〇]意，故喜相應。息與捨俱，故捨相應。非憂慼行，是故不與憂、苦相應。在意地故，非樂相應。邪見一使，憂、喜及捨三受相應。彼邪見人，聞有因果則生憂惱，故憂相應，聞無則喜，故喜相應。息與捨合，故捨想[一一]應。在意地故，不與苦、樂二受相應。貪與喜、樂、捨受相應。以通六識染著行故，喜、樂相應。息在捨故，與捨受[一二]相應。非違惱行，是故不與憂、苦相應。瞋與憂、苦、捨受相應。對貪可知。相應無明，五受相應，以常遍故。彼説初禪無憂無苦，有餘三受。彼眼、耳、身三識身中猶有樂受，定内有喜，定外有捨。就此地中，不共無明，唯捨相應。五見、疑、慢，喜、捨相應，在意地故。問曰：欲界疑、喜不俱，何故初禪疑、喜相應。論言，是中無餘根性，故與相應。彼説定内無餘根性，不論定外。問曰：疑心不決應惱，云何得與喜受相應。釋言：此喜非解理喜，故得相應。雖與相應，但有喜體而無喜用。餘禪亦爾。貪使及與相應無明，喜、樂及捨三受相應。彼無瞋使，所以不説。二禪地中，唯有喜捨。於此地中，不共無明唯捨相應，自餘一切喜、捨相應。三禪地中，唯有樂捨。於此地中，不共無明唯捨相應，自餘一切樂、捨相應。四禪已上，唯有捨受，一切煩惱皆捨相應。若依《成實》，前後相應，不在同時。從前受心，生後十使，相應不捨[一三]，故名相應。彼説欲界乃至四禪皆具五受。於中貪使，喜、樂相應。瞋使，與彼憂、苦相應。自餘八使，捨受相應。取性無明，五受相應。空處已上無有苦、樂，有餘三受。於中貪使唯喜相應，瞋使唯與憂受相應，自餘八使唯捨相應。取性遍通，約識就受，辨之麤爾。

第五，約境隨界分別。先對境論。境謂理事，理謂四諦，事謂一切陰界入等。依如毗曇，身邊二見唯迷苦諦，果處起故。戒取次寬，迷苦及道，不迷集、滅。何故如是。世間之人多謂苦行能盡往業，故說迷苦，如須跋等。或復有人，取著諸見及施、戒等，非真道法以爲真道，說爲能淨，迷覆真道，故說迷道。是故論言，內迷之者見苦則斷，外迷之者見道方除。何者內外而復說言迷內迷外。釋言：戒取緣有漏生，苦諦是其有漏法中之理[二四]理性故，說名爲內。道諦是其有漏法外之理性故，說之爲外。若人直謂現受苦果酬其往因而得脱者，名爲內迷。良以受苦不能壞障得解脱故，取爲能壞，取爲能脱，故說爲迷。若人取彼持戒等行以爲真道，說爲能淨，迷覆真道，故說爲[二五]外迷。彼內迷者，見苦之時，知苦不能壞障得脱，彼見方斷。外迷之者，見真道時，方知戒等非真道故，彼見方斷，是故說爲道非道淨。世間無人取集能淨，故不迷集。戒取之人，爲求滅果，終不取滅爲能淨因，故不迷滅。又說滅諦離過清淨，非顛倒見，故不迷滅。問曰：世人取苦能淨名迷苦者，彼戒取人取戒、取施、取諸見等以爲能淨，彼戒、施等體正是集，何故不得說爲迷集。釋言：有義，外道即取苦爲能淨故名迷苦，戒施諸見體雖是集，外道之人不謂是集取爲能淨，轉之爲道，方說能淨。是故但得說爲迷道，不名迷集。何故如是。戒取之心，多傍教生。聖教之中宣說懃苦能出生死，是故即取苦爲能淨。佛經之中不說集因是爲能淨，但說修道以爲能淨。是故外道不取爲集，說爲能淨，轉之爲道，方說能淨，不類在斯。問曰：外道雖取戒等以之爲道，本不緣道，云何得名迷道諦乎。執此乖彼，故說爲迷。問曰：毗曇說，理苦集爲苦集諦，不論其事。滅、道亦然。而彼外道所取苦行爲能淨者乃是事苦，取持戒等以之爲道，乃迷事道，不迷於理，云何得名迷苦道諦。釋言：有義，彼雖迷事，以事類理，故得説爲迷苦、道諦。云何類乎。事苦既能治[二六]往業，理亦應然，故説迷理，道中亦爾。如佛所説對治事道，非真道故，理亦應非，故説迷理。何者是其事苦事道，何者是其理苦理道，而言迷事類迷於理。從彼過去業煩惱因，得六趣報，名爲事苦。有爲之法，念念生滅，前能生後，義説爲集。後從前起，義説爲苦，此是理苦。六道報別，名爲事苦。一切有爲有漏之法，但從前生，莫問遠近，斯名爲果。於此果上，苦無常等四義寛[二七]通，説爲理苦。就彼道中三十七品，戒、定、慧等名爲事道，即彼事中道如迹乘四義寛[二八]通，説爲理道。理事如是。故説事[二九]類迷於理。戒取如是。邪見、見取及與疑使，通迷四諦。邪見之心，謗無四諦，故名通迷。見邪取之心，於果五陰取爲第一，名爲迷苦，於因五陰取爲第一，名爲迷集。取梵天等無想天等以爲涅槃，名爲迷滅。於彼戒取所立之道取爲第一，名爲迷道。又復取彼四諦之下邪見等心以爲第一，從其所取，亦即名爲迷四真諦。問曰：若使取四諦下諸見爲勝，便從所取名迷四諦，戒取亦取四諦下見以爲能淨，何故不言迷四諦乎。釋言：不類。彼見取者即取諸見以爲第一，不轉爲道方説第一，故隨所取名迷四諦。戒取不爾，轉之爲道，方説能淨，故隨所立名迷道諦。問曰：論中宣説三見[三〇]三隨轉，身見邊見隨，疑有邪見隨，戒取見取隨，云何戒取唯迷苦、道，見取通四。彼言隨者小分言耳，於苦、道下得言見取隨戒取生，集、滅諦下但隨邪見。若論疑使，通疑四諦。自餘一切貪、瞋、癡、慢，通迷四諦及鄣修道。若依《成實》，十使煩惱通迷四諦。故彼《成實·雜問品》云一切諸結見滅時斷。滅者是其四諦之理，故通迷諦。彼説如何。如彼身見，於果處起，即是迷苦。見我是常，不從因緣[三一]生，即是迷集。言我不滅，即是迷滅。以計我常，無道能除，即是迷道。邊見亦爾。戒取之中，謂苦能治，即是迷苦。不知邪行是苦因緣，即是迷集。妄取邪行以爲能淨，即是迷道，以説邪行爲正道故。無心斷除，趣向滅諦，即是迷滅。餘使如上。邪見、見取及與疑心，唯迷四諦。貪、瞋、癡、慢，通迷見、修。大乘亦爾。此一門竟。

次就界論，界謂三界。依如毗曇，十使之中，瞋唯欲界，餘使皆通。何故如是。如《雜心》説，上界無其無慚、無愧、慳、嫉、憂、苦六惱性故，又得禪定，寂止養身，故無瞋恚。又慈悲成故無瞋恚。若依《成實》，十使皆通。故彼《成實·雜問品》云：上界亦有妬嫉等故，有其瞋恚。云何知有。如彼梵王語諸梵衆，汝但住此之足，能令汝盡老死邊，莫詣瞿曇。即是嫉妬。嫉妬即是瞋使所收。餘通可知。大乘法中雖無文證，理亦應通。

第六門中，就前十使，辨明九十八使等義。於中有五：一、分十使爲九十八使。二、就九十八使明十一遍。三、就九十八使明九上緣。四、就九十八明十八無漏緣使。五、就九十八辨明百八諸煩惱義。

初言分十爲九十八者，依如毗曇，彼前十使，界、行、種別，爲九十八。界謂三界。行謂五行，四諦、修道，名爲五也。種謂十種。將彼十使，隨行分別，有三十六。苦下有十。集下有七，所謂邪見、見取，及疑、貪、瞋、癡、慢。滅下有七，與集相似。道下有八，謂前七上加一戒取。修道有四，貪、瞋、癡、慢。此等增減，廣如上釋。此三十六，隨界分別爲九十八。欲界地中具三十六。色界地中有三十一，謂五行下各除一瞋，餘者具有。無色亦爾，有三十一。是故通合有九十八。毗曇如是。《成實論》中，但言十使爲九十八，不列名字。然彼宗中十使煩惱俱迷四諦，並通三界，不知若爲作九十八。人家相傳釋有兩種。一言，十使在於九地，始從欲界乃至非想，即爲九十，修道四使已起未起，離之爲八，通前合有九十八使。何故修惑不隨地別。以非發業招生惑故。第二説者，十使煩惱迷於四諦，即爲四十，通修道中四使煩惱，有四十四，各有已起未起之別，爲八十八，通本十使，爲九十八。既非經論，難輒依信。辨相如是。此一門竟。

次就諸使明十一遍。如毗曇説，苦集諦下見、疑、無明，説爲遍使。遍使不同，離分十一。相狀如何。苦下有七，所謂五見、疑及無明。此無明者，唯取不共及與疑等相應無明，不取貪等相應無明。集下有四，邪見、見取、疑及無明。無明差別，義如前判。此之十一遍，能緣縛自地之中五行煩惱，故名遍使。問曰：何故唯説此等以爲遍使。有二種義：一、緣真起，簡苦集下貪、瞋及慢。然十一遍親緣諦生，苦集諦下貪、瞋、慢等諸見後起，不親緣諦，故不説遍。問曰：縱使不親緣諦，説遍何傷。釋言：有以苦集理通，貪、瞋、慢等不親緣故，緣縛不遍，是故不論。二、苦集性，簡滅道下諸使煩惱。問曰：何故簡滅道下諸煩惱乎。彼緣滅道，不能遍縛五行煩惱，非是遍使，所以簡之。若依《成實》，四諦之下一切十使，斯名爲遍。問曰：遍使、遍緣、遍因，有何差別。釋言：緣、使二種相望，互有寬狹。緣則通於諸心心法故名爲寬，但緣外境，不緣相應共有之法，故名爲狹。使則通緣[三]一切外境及縛[三]相應共有之法，故名爲寬，局在見、疑、無明煩惱，不通諸餘心心數法，故名爲狹。若以緣、使望彼遍因，互爲寬狹。使之與緣，縛三世一切有漏，故名爲寬，局在心法，不通非色非心之法，故名爲狹。設論遍因，通攝一切諸心心法及生住等非心之法，故名爲寬，於三世中前望於後名之爲因，非同時因，後非前因，故名爲狹。遍因如是。此二門竟。

次就諸使上緣分別。依如毗曇，十一遍中除身、邊見，諸餘九使能緣上地。在欲界者，緣上八地。在初禪者，緣上七地。乃至在於無所有處，緣上一地。非想地中無上地故，無上緣使。此等諸使，雖緣上地，而不繫縛。以其微細緣不及一切上使，皆不下緣，是所厭故。問曰：身見及與邊見，何故除之。以於自地果處起故。若依《成實》，一切十使皆緣上生，亦緣下起，隨其所緣，亦緣亦縛。故彼《成實·雜問品》云，如人貪心，貪於上地，瞋恚之心，憎惡上地，亦以彼法而自高舉，計彼有我，取爲斷常。故知緣上。彼文復言色無色界亦能緣於欲界境界，明知緣下。宗別不同，各隨一義。此三門竟。

次就諸使，明其十八無漏緣使。如毗曇説，九十八中有十八使緣無漏生，名無漏緣。何者是乎。滅道諦下各有三種，邪見及疑、不共無明，即以爲六。三界各六，故有十八。問曰：何故唯説此等爲無漏緣。釋有四義：一、緣真起，親緣滅道，簡滅道下貪瞋慢等有漏緣使。二、盡道性，盡者名滅，簡苦集下一切煩惱。三名不滿，簡道諦下戒取煩惱。戒取所迷不通四諦，故名不滿。四、獨作頭，簡去見取，以見取使隨他生故。故《雜心》云：貪緣不應責，非爲不饒益，寂靜第一淨，彼非無漏緣。貪緣不應責者，貪於滅道是功德法，非貪使故不應呵責。非爲不饒益者，滅道非是違損法故，不生瞋使。言寂靜者，以寂靜故，不生慢使。言第一者，滅道是其身〔三四〕第一法故取爲第一，而非見取。所言淨者，滅道淨故取之爲淨，而非戒取。是故唯説邪見、無明及與疑使爲無漏緣。此等雖緣而不繫縛，無漏微細，緣不得故。若依《成實》，十使煩惱通緣滅道，一切皆是無漏緣使。故彼《成實·雜問品》云：有人貪滅，憎惡泥洹，以自高便生慢心〔三五〕，緣道亦爾。明知貪等亦無漏緣，不獨邪見、疑、無明等。

次辨百八煩惱之相。如毗曇説，於彼九十八使之上，加以十纏，即是百八諸煩惱也。

第七次明緣縛不同。於中有三，一明諸使相緣多小，二明諸使縛義不同，三明諸使縛境差別。

言多小者，如欲界中苦下十使，一一皆爲十四使緣，如彼身見起已謝往，後起十使皆得緣之，以同品故。集下四使，邪見、見取、疑及無明，亦得緣之。以此遍使，遍緣一切有漏法故，餘皆不緣，以非自品，非遍緣故。身見既然，苦下餘九類亦齊爾。上界除瞋十三使緣。集下七使，一一亦爲十四使緣。如彼集下邪見煩惱起已謝往，後起七使皆得緣之，以同品故，苦下七遍亦得緣之，以廣緣故。餘皆不緣，以非自品非遍緣故。邪見既然，餘六皆爾。上界除瞋十三使緣。滅下七使，一一皆爲十五使緣。自品四使，謂貪、瞋、慢及與見取，以此自品有漏緣故。苦集諦下十一遍使，亦得緣之，以廣緣故。自品之中三無漏緣，緣滅(三六)諦生，故不緣使。餘非自品，非遍使故，一切不緣。上界除瞋十四使緣。欲界道下八使煩惱，一一皆爲十六使緣。自品五使，謂貪、瞋、慢、戒取、見取，以此自品有漏緣故。并十一遍，以廣緣故。自品之中三無漏緣，緣道諦生，故不緣使。餘非自品，非遍使故，一切不緣。上界除瞋十五使緣。欲界之中修道四使，一一皆爲十五使緣，自品四使及十一遍。餘皆不緣，以非自品非遍使故。上界除瞋十四使緣。此一門竟。

次明諸使縛義不同。縛有二種，一者緣縛，二相應縛。兩義分別：一、對非使以辨二縛。十使煩惱緣外六塵，緣而繫縛，名爲緣縛。同時之中，縛想、受等諸心數法，名相應縛。二、諸使相望以辨二縛。於中略以四句分別：一者，緣縛而(三七)非相應縛。二者，相應縛而非緣縛。三者，緣縛亦相應縛。四、非緣縛亦非相應縛。初言緣縛非相應者，就彼有漏緣使之中，除其自品相應無明，自餘一切，更互相望，得相緣故，名爲緣縛。不同時故，非相應縛。有漏緣使，望無漏緣，亦是緣縛，得緣彼故，非相應縛，不同時故。言相應縛非緣縛者，無漏緣中邪見及疑，望其自品相應無明，是相應縛，以同時故，非是緣縛，以無漏緣不緣使故。所言緣縛亦相應者，就彼有漏緣使之中，除不共無明，自餘一切，望其自品相應無明，亦是緣縛，亦相應縛。如彼身見前起已滅，後起之者緣前身見相應無明，名爲緣縛，後起身見相應無明緣前身見，亦是緣縛。問曰：後起相應無明不别緣法，云何能得緣前身見。與後身見相應緣故，身見無明同時起者名相應縛，諸使齊爾。不共無明，望相應無明，無相應義，是故除之，無二無明一時並故。又不共無明望於餘使，亦無相應義，是故除之。無漏緣使，不緣有漏，是以不説。言非緣縛非相應者，無漏緣中不共無明，望相應無明及望餘使，非是緣縛，緣無漏故，非相應縛，不同時故。無漏緣中邪見及疑，除相應無明，望於餘使，亦非緣縛，緣無漏故，非相應縛，不同時故。此二門竟。

次就諸使縛境差别。於中有三：一、明諸使縛境總别。二、約三世明縛不同。三、隨六識明縛有異。

言總别者，依如毗曇，貪、瞋及慢是自相使，餘之七種是共相使。云何自相。論自釋言：貪、瞋及慢，别緣事生，不能總緣一切法起，故名自相。如彼貪心，要於所見、所聞境界而起貪心，不能於彼不見不聞不思惟處而起貪心。貪心既爾，瞋、慢亦然。云何共相。見、疑、無明，總緣一切境界法起，故云共相。依如《成實·雜問品》中，應非此義。彼説十使皆有總緣、别緣之義，總皆名共，别皆名自，不得偏説。如以貪使或時總緣四天下起，云何定别。又彼論中引《長爪〔三八〕經》證貪、瞋等是總煩惱。如我見人，聞一切有，皆生忍心，忍即是貪。聞一切無，心皆不忍，不忍是瞋。執我自高，則名爲慢。又邪見人，聞一切無，心則貪喜。聞一切有，心則瞋惱。恃〔三九〕此自高，即是其慢。云何名别。見、疑、無明當知亦有别緣之義，云何定總。是故十使皆有總别。《成實》如是。理實十使皆有總别。毗曇所説，從多言耳。

次約三世明縛不同。如毗曇説，貪、瞋、慢使，若過去者，於彼三世有漏法中，唯縛彼使所緣境界，所不緣者則無縛義，所緣定故。若現在者，亦於三世有漏法中，唯縛彼使所緣境界，所不緣者使則不縛，所緣定故。在未來者，有生不生。若不生者，緣縛三世一切有漏，以未起故。三世有漏一切皆有可縛之義。若論生者，隨緣別縛。譬如有人遥射體〔四〇〕多人，若未放箭，多人皆有可射之義。若已放竟，隨所著者則名被射，餘不著者不名被射。貪等亦然，未起之者通縛一切，當起之者隨緣別縛。自餘七使，隨在過去、現在、未來，皆縛三世一切有漏，以彼見等共縛使故。此總相言，非是別相。差別之相，如後門說。若依《成實》，三世十使，一一皆縛三世有漏。

次隨六識相縛有異。如論中説，五識之中貪、瞋煩惱，若過去者，唯縛過去五塵境界。若現在者，唯縛現在。若未來者，則有二種，一者生法，二不生法。若生法者，隨緣別縛。若不生者，通縛三世色等五塵。若在意地，十使煩惱於三世中隨何世起，皆縛三世有漏諸法。若無漏法，緣而不縛。總相如是。於中分別，貪、瞋及慢於三世法別緣別縛，見、疑、無明總緣總縛。若依《成實》，十使煩惱唯在意地，一一皆能總縛三世，亦得別緣。緣縛不同，辨之麤爾。

第八，明其成義差別。依婆蹉部，有三種成：一者人成，彼宗之中説有人故。二者結成，煩惱定故。三者事成，境界定故。若依毗曇，有二種成：一者結成，煩惱定故。二者事成，境界定故。毗曇法中不説有人，故無人成。譬喻者説唯有結成，人事不成。彼宗之中不説有人，故無人成，境界不定，故無事成。如一境界，或時生貪，或時生瞋，或時生癡，或復生慢，或復生善，是故不定。以不定故，名爲不成。依如毗曇，當分生時，即名事成。成義如是。

第九，明其發業潤生差別之相。先明發業，後辨潤生。發業之中，宗別不同。依如毗曇，修道煩惱親能發起身口二業，緣事起故。見諦煩惱不能親發身口二業，迷理惑故。故《雜心》云：修道煩惱，刹那等起，起身口業。見道煩惱，作因等起，起身口業。修道煩惱云何名爲剎那等起。前念是其修道煩惱，後念即起身口二業，名剎那起。見諦煩惱但能遠生，名因等起，不能親生，故非剎那。問曰：若使緣事煩惱動身口者，見諦所斷，貪、瞋、慢等緣四諦下諸見而生，亦是緣事，何故不能親動身口。釋言：有以彼四諦下貪、瞋、慢等，唯緣諸見，不緣色、聲、香、味、觸等，是故不即起身口業，但能遠起身口。如是，意業云何。彼宗之中，思爲意業，思是通數，皆與一切煩惱相應，二輪煩惱皆能起之。若依《成實》，見諦煩惱具能發起善惡二業，修道煩惱一向不能起不善業。何故如是。在凡夫時，修道煩惱但可成就而不現行，是故不發。得聖之時，修道煩惱雖復現行，以輕微故不發惡業。善業云何，釋者不同。有人釋言：三果聖人但潤凡時有漏善業，人天受生不造新業，以之受生。此義不然，如《成實》說，三果聖人一切地中所有煩惱，隨所斷處則不造業。以此准驗，定知修惑未斷之處得發善業。又復現見諸學人等，得聖道已，修起八禪，用之上生，云何不造。以彼聖人造善生故，修道煩惱得發善業。此一門竟。次辨十使潤生差別。若依毗曇，於三界中，一切十使皆能潤生。若依《成實》，唯愛能潤。故《成實論·雜問品》云，唯愛能令諸有相續，邪見等中無如是事。《地經論》中亦同此說，故彼文言愛水爲潤。若言受生，癡見亦能起。彼文言，無明覆弊，我心溉灌。

第十，明其相生次第。於中兩門，一直就十使明相因起，二約地以論十使之中因起如何。無明爲本，依無明故便起疑使。依彼疑後，或生邪見，或起我見。依於我見，便起斷常，說爲邊見。由常見故，爲我未來更求勝處，受持禁戒，故起戒取。於彼戒取所取法中計爲第一，便起見取。由見取故，順則生貪，違則生瞋，持此自高便生慢使。一義如是。又更分別：無明爲本，因之起疑。疑後決定，便入二中。一入有中，便起身見。以身見故，說身死後或時如去，或不如去，若説如去則是常見，説不如去即是斷見。若見常者，爲神修善，持戒苦行，便起戒取。若見斷者，以無後世，貪現五欲，便生貪心，以貪心故他侵生惱，便起瞋心。二入無中，起於邪見。以邪見故，取邪爲正，便生見取。以見取故，恃己所見，欺陵他人，便起慢心。因起如是。一切且然，未必皆爾。此一門竟。次就地別以論因起。地謂欲界乃至非想。依如毗曇，同地之中十使相望皆得相生。若望他地，上得生下，下不生上。上地命終，得起下結，故言生下。要斷下結，得上禪定，得禪定已，方起上結，故不生上。十使之義，略云如是。

十纏義門〔四二〕分別。釋名辨相，一。對使垢料簡同異，二。纏依差別，三。見修分別，四。六識分別，五。就界分別，六。就位分別，七。

第一門中，先釋其名，後辨其相。所言纏者，煩惱纏心名爲纏。又縛行人，亦名爲纏。以實通論，一切煩惱無非是纏。今據一門，且論十種。十名是何。如《雜心》説，無慚與無愧，睡悔慳嫉掉，眠忿及與覆，是上煩惱纏。内無羞耻，故名無慚。外無赧懼，説爲無愧。眠之與睡，論釋不同。若依《成實》，心重欲眠，名之爲睡，攝心離覺，説以爲眠。若依毗曇，一切煩惱，睡著境界，不能堪忍，説之爲睡，身心昏昧，略緣境界，目之爲眠。五識名身，意識名心，是二昏昧，名爲眠也。於作善事，追變名悔。於己身財，堅著名慳。於他勝事，妒忌名嫉。躁動名掉。憤惱曰忿。隱過名覆。名義如是。就此十中，無慚、無愧是不善地，慳、嫉、忿、覆是小煩惱地，睡、眠、掉、悔是别心數。以此十種有急縛義，故説爲纏。此一門竟。

次對使垢料簡同異。此之一義，廣釋如前六垢章中。此二門竟。

次對十使明依不同。如毗曇説，無愧睡與眠，此三無明依，掉慳及無慚，是從貪欲生，覆纏二使依，悔即因猶豫，忿嫉瞋恚依，明智之〔四三〕所説。

論文如是。以癡覆心，不知羞耻，作惡無愧。又以癡故，煩惱起時，不自開曉，睡著境界，不能堪忍，説之爲睡。復以癡故，昏鄣覆心，無所覺知，説以爲眠。是故此三同依無明。以有貪故，追求五欲，不能止息，説之爲掉。以有貪故，慳惜己物，不能捨離，説以爲慳。以有貪欲，於追求中，無有羞耻，説爲無慚。是故此三同依貪欲。以有愚癡貪欲心故，作惡覆藏，不知發露，説之爲覆，故説覆纏二使依也，所謂依於貪欲無明。以有疑故，作善追變，説之爲悔，故説悔心因於猶豫。以有瞋故，於他忿惱，説之爲忿，忌他勝己，説之爲嫉，故説忿嫉依於瞋恚。若依《成實》，覆慳二纏是其貪使，忿嫉二纏是其瞋使，餘悉非使。此三門竟。

次就見修分別十纏。十纏之中，無慚、無愧、睡之與掉，此之四種通鄣見修，餘之六種唯鄣修道。若依《成實》，十纏煩惱通鄣見修。此四門竟。

次就六識分別諸纏。若依毗曇，無慚、無愧、睡、掉及悔通於六識，餘五在意。若依《成實》，一切在意，五識中無從想[四三]生。此五門竟。

次就三界辨其通局。依如毗曇，睡、掉二纏遍通三界，彼説煩惱睡著境界名爲睡故上界有之。自餘八纏，唯在欲界。《成實論》中雖無文説，准義以求，上界但無睡、眠及慳，得有餘七。彼宗上界有不善故，有無慚愧。彼有疑故，亦得有悔。有瞋使故，得有忿、嫉。有貪使故，得有覆纏。不善亂心，故得有掉。此六門竟。

次就位辨。依如毗曇，凡夫乃至斯陀之人，具足十纏。那含之人，但有睡、掉，無餘八種。羅漢全無。若依《成實》，斯陀已前，相同毗曇。那含之人，斷欲結故，無慳、睡、眠，有餘七種。羅漢全無。問曰：羅漢若無眠者，何故經中説羅漢眠。龍樹釋言，眠有二種：一、有夢眠，神應[四四]渾濁，種種異見。二、無夢眠，靜息而已。彼阿羅漢已捨夢眠，有無夢眠。何故有此。論自釋言：四大之身，法須飲食眠息將養，是故有之，不爲安穩著樂故眠。論復釋言，羅漢有二，一慧解脱，二俱解脱。俱解脱者具得八禪，以得禪故，得色界地微妙四大來在身中，身則安樂，是故無眠。慧解脱者不得上禪，不得禪故，不得上界勝妙四大來入身中，是故有眠。羅漢如是。佛復云何。龍樹釋言，佛永無眠，爲化衆生，示現有之。十纏之義，略辨如是。

十障義，四門分別。釋名第一，立鄣所依第二，辨相第三，治斷處所第四。

第一釋名。十障之義，出《十地論》。名字是何。一、凡夫我相障。二、邪行於衆生身等障。三、闇相於聞思修等諸法忘障。四、解法慢障。五、身淨我慢障。六、微煩惱習障。七、細相習障。八、於無相有行障。九、不能善利益衆生障。十、於諸法中不得自在障。

初言凡夫我相障者，此對初地無我真解，以我爲障。我有二種：一、自在名我，謂八自在，此就用也。二、自實名我，此據體也。實有二種：一者理實，所謂佛性，是故經言我者所謂如來之藏。二者情實，所謂凡夫。妄情所立生法自性，論其理實，得之在聖。妄情所立，起之在凡。爲別真我，就人以分，故舉凡夫。凡謂生死凡鄙之法，夫謂士夫。凡法成夫，故曰凡夫，此猶我人之別名也。執實名我。取我體狀，目之爲相。礙聖名障。

邪行於衆生身等障者，此對二地持戒淨行，説彼惡業以爲障也。惡業乖正，目之爲邪。集起名行，行起在緣，集必依具，言於生者即是緣也，言身等者即是具也。舉身統[四三]攝口、意二業，故名爲等。礙彼戒行，故名爲障。

闇相於聞等諸法忘者，此對三地聞法之解，説闇爲障。心無慧明，故稱爲闇，闇狀名相，此是障體。闇心迷境，境謂聞等三慧之法。於此法中，不能照了明記在心，故名爲忘。

解法慢者，此對四地出世真證，説三地中解心爲障。此解當地雖能解法，取相而知，名解法慢，慢故是障。前三地中，以我邪行闇忌爲鄣，今此何故説解爲鄣。彼前三地，世間行故，以福捨罪。四地已上，出世行故，以智捨相。是故不類。

身淨慢者，此對五地十平等心，以彼四地取淨爲障。前四地中得淨法身，取身淨相，名爲我慢，慢故是障。

微煩惱習者，此對六地十法平等，説五地中取染淨法分別慢心以之爲障。然慢有三，謂上中下。前解法慢，以之爲上，障於四地下忍之心。身淨爲中，障於五地中忍之解。取染淨慢，慢中最下，鄣六地中上忍之智，六地所除。對前中上，故説爲微。性是取慢，惑障之法，就過説惱。據微煩惱，顯前中上，類亦同然，俱是煩惱。何故前二説爲慢乎。爲障出世，所除之障，隨道取執，爲過輕微，不同前三性相俱違，故約所取以别其障，説爲慢矣。就初障慢，類後皆爾。然此微是其麤家殘氣，故名爲習。

細相習者，此對七地發起勝行，説六地中樂空爲障。以六地中得法平等，於空樂住，不能即空發起勝行，所以爲障。取有爲麤，著空爲細，細狀名相。麤家三〔四六〕氣，目之爲習。然其所取雖别空有，執性同故，猶得説爲麤家習也。

言於無相有行障者，此對八地無功用行，説七地中功用爲障。第八地中，報行純熟，捨離功用，名曰無相。望於無相，名功用修，以爲有行，礙於無相，故目爲鄣。

不能善益衆生障者，此對九地無礙説法，以彼八地不能爲障。前八地中，雖能淨土〔四七〕教化衆生，不堪無礙辨才益物，名爲不能。以不能故，説之爲障。

言於諸法不自在者，此對十地自在之智，説九地中無智爲障。前九地中，雖復無礙辨才説法，未能於佛所知深法照用無礙，名不自在。又復不能受佛如來雲雨説法，降注法雨，滅惡生善，名不自在。以不自在，故説爲障。

第二，明其立障所依。論主依何立此十障。斯乃依於《相續解脱》二十二愚，立此十障及第十一微細智鄣。二十二者，初地有二，乃至佛地，各有二種，是故通合有二十二。初地二者，一、衆生著我法著我愚，是利煩惱。二、增上中惡趣〔四八〕起〔四九〕煩惱。煩惱有三，謂下中上。中上煩惱能發惡業，受惡趣報，對果名因，名增上中惡趣煩惱。論主就初説爲凡夫我相障也。第二地中二種愚者，一者微細犯戒行愚，是彼二地律儀戒障。二者種種業趣行愚，是彼二地攝善攝生二種行障。不知種種善惡業故，不能攝善，不能攝生。論主就初説爲邪行身等鄣也。第三地中二種愚者，一、聞持滿足愚，障彼三地聞法解心。二、欲愛愚，障彼三地八禪定等。論主就初説爲闇相於聞等障。四地二者，一、法愛愚，愛三地中聞法解心。二、正受愚，愛〔五〇〕三地中禪定行等。論主就初説爲第四解法慢障。五地二者，一、背生死向涅槃愚，謂四地中取淨之慢，鄣彼五地十平等心，及障彼地大慈悲等利衆生行。二者，一向背於涅槃向世間愚，鄣彼五地諦觀等行。論主就初説爲第五身淨慢障。六地二者，一、多行相愚，謂五地中取染淨等分別慢相，障六地中十法平等。二、不能觀察多行生愚，障六地中因緣行觀。論主就初説爲第六微煩惱障。七地二者，一、微細相行愚，謂六地中樂空之心，障七地中十方便慧發起勝行。二、無相思惟方便行愚，障七地中修無功用。論主就初説爲第七細相習障。八地二者，一者無相無開發愚，謂七地中功用行心，障八地中無功用行。二、自在愚，障八地中淨佛國土三自在行及十自在。論主就初説爲第八有行障也。九地二者，一、不能於諸法及法名字總持自在愚，障九地中智成就行。二、樂説法自在愚，障九地中説成就等。論主就後説爲第九不能善益衆生障也。十地二者，一者大神通愚，謂障十地神通無上有上行等。二者微細祕密行愚，謂障十地七種智等。論主就後説爲於法不自在障。十地望佛，亦有二愚，一者一切爾炎微細正受愚，謂無明地，障彼如來一切智德。二、鄣礙愚，謂事中無知，障彼如來一切種智。《地論》説言，第十地中有智障者，當知是彼障礙愚也。立鄣所依，辨之麤爾。

第三門中，言辨相者，開合不定。或云一二，乃至衆多。所言一者，一切煩惱總爲一障。或分爲二，所謂見、修。十中初一是[五二]見諦惑，餘之九種是修道惑。就業煩惱亦得分二，第二第八是其業障，餘是煩惱。或説爲三，所謂見、愛及與無明，初一是見，第二能起犯戒煩惱即是其愛，後八無明。或説爲六，世間有三，出世亦然，三地已還名爲世間，四地已上名爲出世。世中三者，一是解障，謂執我心鄣無我解。二是行障，所謂邪行障於戒行。三者是其智用之障，所謂闇相障彼三地明淨之知。出世三者，始從解法，乃至細相，是其解障，分別有無障彼非有非無之解。二者行障，謂於無相有行鄣也，障彼八地無功用行。餘之二種，是智用障，不能利生，不知法故。或説爲十，始從我相乃至於法不得自在。或説二十，謂二十愚。廣如上辨。若廣分別，數別難窮。障相如是。

第四，明其除斷處所。於中有五，一序異説，二破邪執，三立正義，四難正義，第五釋通。言異説者，有人説言，此十鄣中障初地者，初地始心無礙正斷，乃至障彼第十地者，十地始心無礙正斷。何故得知。《涅槃經》説初依菩薩以爲凡夫具煩惱性，故知地前一向不斷。又《仁王》中宣説地前以爲伏忍，故知不斷。又如《地論》三地中説諸見縛者初地時斷，明知初障初地始除。又小乘中，鄣見諦惑，苦忍已去無礙正斷，障修道惑，斯陀行後無礙正治。以小類大，其義相似。唯佛地障，十地終心無礙正斷，如來地中解脱證除，以佛無學累外淨故。此是一論。又復人言，障初地障，初地始心無礙正斷，乃至障彼佛地之障，佛智初起無礙正斷。故經説言，無明住地，佛菩提斷。此是兩論。異説如是。此一門竟。

次破邪執。若言初障，初地始心無礙正斷，乃至第十，十地始心無礙斷者，是義不然。云何不然。如《地論》中，對十一障，説十一地，遠離初障，宣説初地，乃至遠離第十一障，説如來地。又如《相續解脱經》中，對彼二十二種愚故，説十一淨。二十二愚，備如前列。對初二愚，説初地淨。乃至對彼最後二愚，説佛地淨。若言十地作[五二]無礙道，正斷十障，彼如來地亦應如是。而如來地望彼微障解脱證除，非無礙者，十地亦爾，何勞致疑。若言佛地是無學故累外證除，全異十地，十地望前，隨分成處，更不進習，亦是無學，與佛何別。又若佛地是無學故出處説地，菩薩學中斷處説地，是則佛地是無學故出處解脱，菩薩在學，應當斷處説爲解脱。因果雖殊，同以出處爲解脱道。因果雖異，何爲不得同就出處説爲地乎。若言經説初依菩薩具煩惱性，令使地前全不斷者，即《涅槃》中宣説地前雖未階於初不動地，而能壞一切生死，是故名爲不可思議，云何不斷。又《大涅槃解》不到到，言不到者謂大涅槃，所言到者菩薩永斷貪欲、瞋、癡，是故能到。身口意淨，不犯四重五逆者[五三]故能到。不謗方等，不求闡提，是故能到。何處菩薩永斷貪等到大涅槃，種性已上。此云何知。即彼文言，須陀洹人八萬劫到，乃至辟支十千劫到。此言到者，到前菩薩所到涅槃。然彼須陀八萬劫到，乃至辟支十千劫到。到種姓地，名到涅槃。故知菩薩永破貪等到涅槃者，種姓已上，永斷貪等，到於涅槃，云何不斷。又《華嚴》中辨十住義云，言菩薩最初發心便成正覺，見法實相，具足慧身，等諸如來，云何不斷。又《華嚴》中宣説地前有其永斷，何故不依。彼文如何。《華嚴經》中辨十住義，十住位分在於習種。彼偈説言，第四生貴真佛子，從諸賢聖正法生，有無二邊悉不著，永[五四]離生死出三界。云何不永。又《地持》中宣説種性二障清淨，云何不斷。若言地前名爲伏忍證不斷者，即《仁王》中説，至金剛悉名爲伏，唯佛一人方能永斷。應十地還悉不永斷。經雖説伏，前立義家地上名永。彼雖宣説地前爲伏，何得於中全無永斷。又若宣説地前爲伏，於中無永，《仁王》宣説初二三地以爲信忍，應當無證。彼名信忍，於中有證。彼雖説伏，何妨有永。又若宣説地前爲伏，於中無永，《地經》宣説三地已還悉是世間，但厭不斷，應三地還亦無永斷。彼説爲厭，於中有永，地前名伏，何爲無永。又若地前唯伏不永，則無無漏。若無無漏，大力菩薩用何受於變易生死。以此一驗，其理足定。若言《地論》説諸見縛初地時斷，證非地前，經中亦説無明住地唯佛所斷，乃至後身猶被覆障，十地已還應無斷義。彼言佛斷，十地已還實有斷除。《地論》雖説見縛在於初地時斷，地前菩薩何爲不斷。又《地持》云，先解行住，見如是法，如是縛斷，見縛猶是凡夫我障。彼論既説解行中斷，云何説言初地已去無礙正除。又《地持》中説，煩惱障有三處過：一、增上中惡趣煩惱過，過解行住，入歡喜地。二、微細煩惱過，過遠行住，入不動地。三者，微細習氣行過，過無礙住，入第十地。彼增上中惡趣煩惱猶是初地二種愚[五五]中第二種愚，與彼我相同障初地，惡趣煩惱初地出過，非始斷故，凡夫我相亦應如是，云何説言初地始斷。若言初地斷處名過，不以出處名爲過者，是則第二微細煩惱，二地已上漸次斷除，八地時盡，應説二地以之爲過，不至八地。第三習氣八地已去漸次斷除，十地窮盡，應説八地以之爲過，不至十地。然彼斷處不名爲過，而至出處方名過故，明知第一惡趣煩惱，初地出過，非是始斷。又《地持》中説，解行住依世俗禪，修習一切菩提分法，發諸大願，斷惡趣報，入歡喜地。然彼所斷猶是初地二種愚中第二惡趣煩惱之果。彼果既是解行中斷，彼因何爲解行不除。又《地持》中説，解行住有五畏等初地之障。彼云解行上忍時，斷此過相，入歡喜地，得歡喜故，是諸過相悉無復有。若初地障解行不斷，云何説言解行上忍斷此過相，入歡喜地。若初地上方始漸斷，云何説言得歡喜時諸過悉無。又《地持》云，解行菩薩有軟中上方便展轉淨解脱，非無罪清淨，歡喜住中出障解脱，無罪清淨。若初地障解行不斷，云何得名展轉清淨。若初地上方始斷者，云何得名出障解脱無罪清淨，不名無礙。又如七卷《金光明經・三身品》説，地前菩薩聞法思惟，修行精進，破懶惰障，次破罪障，次破不尊重障，後破掉悔心障。破四障已，入歡喜地。依歡喜地，拔利益障已，入第二地。依第二地，破逼惱障已，入第三地。乃至最後，依第十地，破於一切所知之障，拔除一切根本心障，入如來地。以斯准驗，定知初障非是初地無礙正斷。若言小乘障見諦惑苦忍已去方始斷除，令大亦同者，此如後釋。又若初地無礙之道十三住分判屬初地，不在解行，彼小乘中須陀人進斷欲界六品修惑，彼無礙道四果別分，應屬斯陀，不屬初果。斯陀進斷欲界修惑七、八、九品，彼無礙道四果別分，應屬那含，不屬斯陀。那含進斷上二界結，彼無礙道應屬羅漢，不屬那含。然彼進斷上結，無礙四果別分，悉屬下果。初地無礙，何爲不得判屬解行，乃令屬後，説初地斷。又若初障初地斷者，彼無礙道聞、思、修、證四種心中，何心所攝。若用證斷，便是證除，不名無礙。若用修斷，修爲世間，爲是出世。若是出世，《地論》宣説聞思修等但是智因，能生出世，而體不能滿出世間，云何得判以爲出世。又《地論》言不[五六]現三界心心數法分別修智，名爲世間修道之智，云何出世。既非出世，何得判之以屬初地。若是世間，便屬解行，何得宣説初地正斷。初障既非初地正斷，乃至最後微障亦然。此是一非。若言初地乃至佛地皆依[五七]無礙正斷諸障，是義不然。菩薩無礙，備如前破。若當佛地無礙斷者，便名佛智以爲金剛，何故宣説十地終心爲金剛乎。又《大品》云無礙道中名爲菩薩，解脱道中名之爲佛，云何説言佛爲無礙正斷無明。經中説言無明住地菩薩斷者，彼説證除，何關無礙。此二門竟。

次立正義，障有總别。所言總者，凡夫我障以爲一品，乃至障佛微細智障各爲一品。所言别者，直就凡夫我相障中品别百千，乃至第十品别例然。唯第十一微細智障品定爲一，不别爲多，以窮終故。障相如是。若對總障以明斷處，初地家障解行地滿所修諸行，爲無礙道，正斷彼結。故《地持》云，諸見結[五八]者，解行時斷。彼文復言，解行住中行下忍時，五怖畏等諸過之相，增中忍時，中上忍時，下行上忍時，斷此過相，入歡喜地。又彼復言解行住中有軟中上方便展轉淨解脱，故知解行無礙正斷，初地心起解脱證除。故《地持》云[五九]，五怖畏等一切過相，得歡喜時悉無復有。彼文復言，歡喜住出障解脱無罪清淨，解脱種種煩惱上纏。故知初地累外證除。凡夫我障斷處如是。乃至最後微細智障，十地終心無礙正斷，佛地證除。然彼最初無礙道者，義説不定。若當分因以别其果，判屬解行。若當攝因以從果者，得言此道與彼初地爲方便故，判屬初地。諸地無礙，類皆同爾。若對别障以明斷者，就彼凡夫我相障中，品别無量。彼初品者，解行終心無礙正斷，初地始心解脱證除。第二品者，即前證邊復有緣照對治心起，爲無礙道，斷除彼結，無礙謝已，第二念中真證心證[六〇]心現，爲解脱道，證除彼結。第三品者，即彼第二證心起時，復有緣照對治心生，爲無礙道，治第三品，彼心謝已，第四念中真證心起，解脱證除。如是次第，乃至十地，治斷齊然。是故十地名爲漸淨，不同佛地頓得清淨。然第十一微智障者，局唯一品，金剛心起，無礙正斷，種智初起，解脱證除，更無異品。故《地持》云，如來住者，頓得清淨，不如餘住，漸次清淨。正義如是。此三門竟。

次難正義。若言初障解行終心無礙斷者，何故地前不名見道，不名出世，不名歡喜。又若地前無礙永斷，何故《仁王》宣説地前以爲伏忍。又若地前無礙永斷，何故經説初依菩薩具[六一]煩惱，名爲凡夫，不名爲聖。又若解行斷初障者，何故《地論》説諸見縛初地時滅。又若初障解行終心無礙斷者，彼小乘中障見諦惑亦應以彼世第一法爲無礙道正斷彼結，然小乘中障見諦惑要苦忍等見道心斷，大乘亦爾，何得異解。此四門竟。

次解邪難，以通正義。何故地前正斷見惑而不得名爲見道者，大乘法中見有二種：一者解見，緣觀諦理而斷煩惱。二者證見，緣觀心滅，真照現前。若通論之，解行終心，緣觀諦理，斷除見惑，亦得名見，故《地持》中説諸見縛解行時斷。但大乘中，滅觀真見，方是出世，出世分中宣説見道，故解行中雖能緣見，不與其名。如七地中修無功用而不得，名無功用。何故不名爲出世者，良以對彼滅觀真德爲出世故，地前緣見三界心心數法爲體，故非出世。何故不名爲歡喜者，正與惑對未得出離，心無安泰，故不名喜。如未來禪，雖斷欲結，以未出故，無其喜支，此亦同爾。已能永斷，何故《仁王》説爲伏忍。釋言：地前具有三義。一、有斷義，謂於四住增上及中并麤無明，漸次斷除，趣入歡喜。故《地持》中説種性地二障清淨，解行住中斷諸過相，入歡喜地。二、有伏義，於細四住及中無明，但能遮伏，未能永斷，故《仁王》中説爲伏忍。三、有未斷未伏之義，於彼四住微細習氣及善煩惱并細無明，未能斷伏。故彼《相續解脱經》説，地前菩薩煩惱亦行，善法亦行，是故不名上波羅蜜。彼《仁王》中，爲别五忍，對後彰劣，故就伏邊説爲伏忍，不可執此定言不斷。若以《仁王》説爲伏忍，即令於中全無斷者，《仁王》亦説金剛已還皆名爲伏，唯佛一人方能永斷，十地已還悉應不斷。彼説爲伏於中有斷，地前亦爾，何勞致疑。又若《仁王》宣説地前名爲伏忍，即使於中全無永斷，《仁王》宣説初二三地名爲信忍，豈可於中唯信無證。彼説信處，於中有證，彼説伏處，何爲無斷。何故經説初依菩薩具煩惱性名凡夫者，地前菩薩雖斷五住，無一住中遍漏盡之處，名具煩惱性，非全無斷。如小乘中貪、瞋、癡、慢，見諦道中雖分除義，由斷不盡，不與斷名，此亦如是。又復地前雖除六道分段生死，殘氣猶在，於六道中無漏盡處，故名凡夫，非無聖德。論言見縛初地斷者，彼說證除，不關無礙。如說無明佛菩提斷，豈是無礙，此亦同爾。若以小乘類同大乘，是所不應。小乘望大，有三不同[六二]相類。所言三者，一、小乘中見道已前全無無漏，大乘有之。小乘無故，不斷煩惱。大乘有故，能爲無礙，正斷初障。二、小乘中唯有一種緣照無漏，更無真證，是故所有斷結無漏，判屬出世。大[六三]乘之中，有二無漏，一是緣觀斷結無漏，體是世間，二是滅觀無結無漏，體是出世。以彼世間有緣治故，能爲無礙，正斷見惑。滅觀真德，體是出世，故說初地解脱證除。三、小乘中智解微淺，以微淺故，未見未斷名爲世間，有見有斷即名出世。大乘智深，有見有斷判爲世間，息見息斷，無見爲見，無斷爲斷，方爲出世。以此三別，是故大小不得相類。望彼初地説治既然，乃至望佛説治齊爾。十障之義，略辨如是。

十四難義。

十四難義，出《涅槃經》，彼《大品經・佛母品》中亦具分別。所言難者，執邪徵正，目之爲難。亦可邪執礙於聖道，能與出世爲留難故，名之爲難。難別不同，宣説十四。就十四中，常無常見有其四種，邊無邊見亦有四種，如去不如去復有四種，身神一異有其二種，是故合有十四難也。

常無常中四種見者，一、神及世間二俱是常。二、神及世間二俱無常。三、神及世間亦常無常。四、神及世間非常非無常。今先就神分別其相，後就世間。

所言神者，謂諸凡夫顛倒憶想，横計我人，名之爲神。言神常者，有諸外道説神是常，於中有二，一鈍二利。鈍根之者，爲是神故，修持所行，未來受報。又爲苦行，令神得脱。利根之者，說神定〔六四〕常，苦樂不變，則無罪福，多起邪見。言無常者，有諸外道說神無常，計無常故，爲今世樂，多起放逸。所言亦常無〔六五〕常者，有諸外道說神有二，一細二麤，細者是常，身死神在，麤者無常，身死神滅，如仙〔六六〕尼說。所言非常非無常者，有人見彼常與無常二俱有過。云何有過。若神是常，則無罪福、苦樂等報，猶如虚空，風雨不變。若神無常，便爲苦樂之所變改，猶如牛皮，風雨在中則便瀾〔六七〕壞。以是過故，說神非常亦非無常。雖復宣說非常無常，以我心故，必說有神。就神如是。

次就世間明常無常。言世間者，論說有三，一衆生世間，二五陰世間，三國土世間。於此三中，隨人取別，亦有常等四種異見。言世常者，有人說彼三種世間自然而有，不從因起，名之爲常。言無常者，有人宣說一切世間終歸斷滅，更無後續，故曰無常。所言亦常亦〔六八〕無常者，有人說言世間之中麤者無常，微塵是常，是故名爲亦常亦無常。所言非常非無常者，有人見彼常與無常二俱有過，是故宣說非常無常。此等四種，執定不捨，故名爲邪。

問曰：神者本來無法，於中妄取，可名爲邪。世間是有，設令取之，云何名邪。論自釋言：但破世間定執常等，不破世間。如人見蛇，妄謂瓔珞，有明眼者語言是蛇，非是瓔珞，佛亦如是。破彼常等，不破世間，現見世間無常生滅，云何定常。業報不失，云何說言定是無常。前二既非，寧有第三亦常無常。有爲生滅，業果不失，寧得定說非常無常。以是義故，常等四種皆悉是邪。此一門竟。

邊無邊中四種見者，一、神及世間二俱有邊。二、神及世間二俱無邊。三、神及世間亦有邊無邊。四、神及世間非有邊非無邊。今先就神分別四種，後就世間。

神有邊者，有人宣說衆生神我猶如微塵，或如芥子、麻麥、黍豆，或如棗〔六九〕等，寸燈尺蛇，蛛母中縷，或有説言小人神小，大人神大，或云一等如是，一切名爲有邊。神無邊者，有人説言神遍虚空，無處不有，身所至處，能覺苦樂，若無身處則不能覺，覺雖不遍，神實周普。言神有邊亦無邊者，有人説神有麤有細，麤者作身，細者常身，作身有邊，常身無邊。言非有邊非無邊者，有人見彼邊與無邊二俱有過，故説非邊非無邊也，雖復宣説非邊無邊，而不離神。就神如是。

次就世間明邊無邊。於中先就衆生五陰明邊無邊。言有邊者，説有種種。有人以想分别思惟衆生陰身，求其根本，不得其始，便作是念：若無原始，亦無中後，無初中後，便無世間，是故世間應當有始。以有始故，名爲有邊。此是一論。復有宣説，八萬劫外冥性爲始，始是其邊。此義云何。如《僧佉經〔七〇〕》説，迦毗羅仙得世俗禪，發宿命通，能知宿命，見過去世八萬劫事，過是已前，不復能見，便作是念：八萬劫外，不應無法，應有冥性。冥性微細，五情不知，從彼冥性，初生覺心，《涅槃經》中名之爲大，所謂最初中陰心識。從彼覺心，生於我心，《涅槃經》中名之爲慢。從此我心，生二種法，一色二心。就色法中，初從我心，生五微塵，所謂色、聲、香、味及觸。從彼五塵，生於五大，所謂地、水、火、風及空。從聲一塵生於空大，聲觸二塵生於風大，色聲觸塵生於火大，色聲觸味生於水大，從於色聲香味觸塵生於地大。地大從於多塵生故，最能生成一切萬物。次從五大，生於五根，從火生眼，從空生耳，從地生鼻，從水生舌，從風生身。復更生於五作業根，一手，二脚，三口聲，四男根，五女根。復有一種心平等根，所謂宍心，諸大合成，故云平等。色法如是。就心法中有其三種，謂染、麤、黑。染者是貪，麤者是瞋，黑者是癡。如是次第，從細生麤，後還從麤以至於細。如微塵中有其瓶、瓫諸器之性，故從微塵出彼瓶等，瓶等壞時還作微塵。世性如是。此性是常，從來有之，是故説之爲衆生邊。此是二論。復有人言，自然之性是世間邊，貧賤富貴皆是自然，不由往因。此是三論。復有人説，微塵是其世間之邊，微塵是常，不可破壞，不可燒斫，以微細故，但由罪福故有離合，罪福業集，塵合成身，罪福業盡，塵還離散，是故微塵是世間邊。此是四論。復有人説，自在天王是世間邊，由彼出生一切人民，故説爲邊，此是前邊。此是五論。復有人説，一切衆生受苦樂盡，自然至邊，譬如山頂轉於縷丸，縷盡自止，止處是邊，此是後邊。此是六論。言無邊者，有人宣説，衆生五陰廣多無量，故曰無邊。復有宣説，衆生五陰前無原始，後無盡時，故曰無邊。問曰：此説與佛法同，何過之有。以其定執衆生相故。言亦有邊亦無邊者，有人宣説，衆生五陰前後有邊，十方無邊。或有宣説，十方有邊，前後無邊。言非有邊非無邊者，有人見彼有邊無邊皆悉有過，故説非有邊非無邊也。雖復宣説非有非無，以其定執衆生五陰，所以是過。

次就國土明邊無邊者，言有邊者，有人宣説微塵是其世間之邊，微塵聚集，世間便成，微塵散故，世間便壞，是故微塵是世間邊。此是一論。復有人説，自在天王是世界主，造作天地一切萬物，萬物滅時天還攝取，如是天主是世間邊。此是二論。復有人説，自然之性是世間邊，國土世界自然而有。言無邊者，有人宣説國土世間前後十方皆悉無邊。言亦有邊亦無邊者，有人宣説國土世間前後有邊十方無邊，十方有邊前後無邊。或有宣説，上下有邊，八方無邊。或有宣説，八方有邊，上下無邊。言非有邊非無邊者，有人見彼有邊無邊二俱有過，便著非有非無邊也。以其定執，所以是過。上來廣辨邊無邊等四見差別。

此二門竟。

次辨如去不如去等。於中有四，一者如去，二不如去，三亦如去亦不如去，四非不如去。言如去者，如從前世來生此間，去向後世亦復如是，故云如去。不如去者，有人説言，如從前世來生此間，死後斷滅不如前去，名不如去。言亦如去不如去者，有人說言，身之與神，合以爲人，如從前來，死後神去，身不如去。言非如去非不如去者，有人見彼去與不去斯皆有過，故說非去及非不去。雖唯〔七一〕說不去及非不去，不能捨神。此三門竟。

次辨身神一異之義。於中有二：一、身與神一。二、身與神異。所言一者，有人說言，身即是神。所以者何。分折此身，更別求神，不可得故。又受苦樂，皆是其身，是故得知身即是神。所言異者，有人說言，身與神異，身相麤現，神即微細，五情不得，散心凡夫不能得見，攝清淨禪定之人乃能見之，故知是異。若不異者，身死之時神即隨滅，以其異故，身滅神在。十四難義，略之云爾。

十六神我義。

十六神我，出《大品經》。神謂神主，我謂我人。神我不同，略說十六。名字是何。一名爲我，二名衆生，三名壽者，四名命者，五名生者，六名養育，七名衆數，八名爲人，九名作者，十使作者，十一起者，十二使起者，十三受者，十四使受者，十五知者，十六見者。此等皆是我之別名。初言我者，論自釋言，於五陰中起我我所，故名爲我。何者是我，何者我所，是義不定。若異五陰別計有我，則名五陰以爲我所。若取五陰以爲我人，於五陰中隨取何陰以之爲我，即名爲我，餘陰爲所。言衆生者，計有我人依於五陰和合而生，故名衆生。問曰：佛法亦説五陰集成衆生，與彼何異。釋言：佛法説生假名，無其體實，彼說有體，是故不同。所言壽者，計有我人命根成就，住有分限，故名壽者。所言命者，即如向說我衆生壽〔七三〕等，命根成就，故名命者。所言生者，計有我人能起衆事，如父母生子，故名生者。言養育者，計有我人假藉衣食而得增長，故名養育。言衆數者，從彼我人有陰界等衆法之數，故名衆數。又取我人爲陰界等諸法之數，如說諸陰以爲我所。所言人者，諸有神主能行人法，故名爲人。所言作者，計有我人，用手足等，能作衆事，故名作者。言使作者，計有我人，能使役他，名使作者。所言起者，計有我人，能起罪福，故名起者。言使起者，計有我人，能使役他，起罪福業，名使起者。所言受者，計有我人後身受報，故名受者。言使受者，計有我人能令他人受苦樂果，名使受者。所言見者，計有我人用眼見色，故名見者。所言知者，計有我人，用餘五情，知餘五塵，故名知者。問曰：神我局唯十六，爲更有乎。論自釋言：略説十六，廣則無量。十六神我，略之云爾。

六十二見義。

六十二見，出《長阿含·梵動經》中。彼經所説本劫本見有十八見，末劫末見有四十四，是故通合有六十二。言本劫者，過去時也。言本見者，於彼過去起常見也。言末劫者，未來時也。言末見者，於未來世起斷見也。相狀如何。如彼經説，本劫見中常論有四，常無常論有四，邊無邊論有四，種種論有四，無因而有論有二，是故通合有十八見。常論四者，有人入定，憶識過去二十劫事，便作是言，我入定意，見過去世二十劫中成劫、壞劫，其中衆生不增不減，常聚不散，故知是常，唯此爲實，餘皆妄語。是爲初見。或復有人，三昧定意，憶識過去四十劫事，便作是言，我入定意，見過去世四十劫中成劫、壞劫，其中衆生常聚不散，故知是常，唯此爲實，餘皆妄語。是爲二見。或復有人，三昧定意，憶識過去八十劫事，便作是言，我以定意，見過去世八十劫中成劫、壞劫，其中衆生常聚不散，故知是常，唯此爲實，餘皆妄語。是爲三見。或復有人，以捷疾智，善能觀察，作是説言，我及世間皆悉是常。是爲四見。問曰：此四攝常盡不。答言：不盡，今此且言見二十劫四十八十。以實論之，或有衆生見於一切乃至八萬，今略不論。此一門竟。

所言亦常亦無常者，如經中説，有諸沙門婆

羅門等，起如是論：我及世間半常半無常，入四見中，齊見不過。何者四見。如此世界劫初成時，大梵已還，空無衆生。彼光音天有一天子，光音天中福命將盡，生於初禪大梵天中。彼天生已，便於是處生愛著心，作是念言，願餘衆生共我生此。時，光音天有諸天子，福命將盡，生此天中。彼先生者，便作是念：我於此處，最尊最貴，爲衆生父，自然而有，無造我者，我福是常。餘皆我作，我所化生，皆是無常。後生諸梵，亦生是心。是諸梵中，有命終者，來生人間，後修定意，憶識往事，便作是言，彼大梵王自然而有，無造作者，一向是常。後生諸梵，爲他造作，一向無常。是故世間亦常無常，此實餘虛。是爲初見。第二見者，如向後生諸梵之中，或有戲咲，放逸懈怠，以戲咲故，身體疲極，便失定意。以失意故，命終下生，後修定意，憶識往事，便作是言，彼不戲者常住彼天，永無遷變，彼是其常，我等戲故致此無常。是故定知，我及世間亦常無常。是爲二見。第三見者，如向後生諸梵衆中，或著相者，生欲染心，便失定意。以失意故，命終下生。後修定意，憶識往事，便作是念：彼梵衆中，不相著者常住彼天，我等相著，致此無常，流轉生死。是故定知，我及世間亦常無常。是爲三見。第四見者，或有衆生，以捷疾智，分別思量，我及世間亦常無常，此實餘虛。是爲四見。此二門竟。

邊無邊中四種見者，一有邊見，二無邊見，三亦有邊亦無邊見，四非有邊非無邊見。言有邊者，有人入定，觀察世間，齊己所見，生有邊想，便言世間一向有邊。是爲初見。言無邊者，有人入定，觀察世間，生無邊想，便作是言，世間無邊。是爲二見。言亦有邊亦無邊者，有人入定，觀察世間上下有邊，四方無邊，四方有邊，上下無邊，便言世間亦有邊亦無邊。是爲三見。言非有邊非無邊者，或復有人，以捷疾智，觀察世間，爲非有邊及[七三]無邊，便言世間非邊無邊。此義如前十四難中具廣分別。是爲四見。此三門竟。

捷〔七四〕種種論中四種見者，有人念言，我於善惡業報之中不知不見，若有聰明多智之人來問我者，我不能答，羞愧於彼，以羞彼故，於其善惡業果之中隨我意解，彼設問者，當如是答，此事如是，此事是實，此事〔七五〕不實，此事是異，此事不異，此事非異非不異等。是爲初論。或復有人，作如是見，我實不知爲有他世、爲無他世，若有沙門婆羅門等實有天眼及他心智能知遠事，彼來問我，我若答之，則爲妄語，畏妄語故，即用彼人所知之者以爲歸依，彼設問者，取彼所見，當如是答，此事如是，此不如是，此事是異，此事不異，此事非異非不異等。是爲二論。或復有人，作如是論，我實不知何者是善、何者不善，我若宣説此法是善、此法不善，則有所愛，若有所愛則有所恚，若有愛恚則有受生，畏受生故，用此非善非不善義以爲所歸，彼設問者，用此非善非惡答之，此事如是，此事是實，此事是異，此事不異。是爲三論。此事異者，異於善惡。此不異者，與彼虛空相似不異。或復有人愚癡闇鈍，一切法中自無所知，他有問者，隨他言答，取他世〔七六〕人所立諸見，用以答之，此事如是，此不如是，此異不異。是爲四論。此四門竟。

無因見中二種見者，有人先生無想天中，後生人間，修習禪定，憶識往事，便言無因而有世間。是爲初見。或復有人，以捷疾智，分別觀察，説言世間無因而有。是爲二見。上來十八，於本劫中起常見也。此本見竟。

末劫末見四十四者，有想之論有十六見，無想論中有其八見，非有想非無想論亦有八見，斷滅論中有其七見，現在泥洹有其五見，是故通合有四十四。有想論中十六種者，以想對色有其四句，對邊無邊復有四句，對苦對樂亦有四句，多少相對復有四句。對色四者，我此終後，有色有想，是爲初見，無色有想，是爲二見，亦有色亦無色有想，是爲三見，非有色非無色有想，是爲四見。邊中四者，我此終後，有邊有想，是爲初見，無邊有想，是爲二見，亦有邊亦無邊有想，是爲三見，非有邊非無邊有想，是爲四見。苦樂等中四種見者，我此終後，有苦有想，是爲初見，有樂有想，是爲二見，有苦有樂有想，是爲三見，非有苦非有樂有想是爲四見。多少四者，我此終後，有其一想，是爲初見，有若干想，是爲二見，衆多非一故名若干，有其小想，是爲三見，緣境狹故稱之爲小，有無量想，是爲四見，緣境寬故説爲無量。此一門竟。

無想八者，對色有四，對邊無邊復有四種，故有八也。對色四者，我此終後，有色無想，是爲初見，無色無想，是爲二見，亦有色無〔七〕色無想，是爲三見，非有色非無色無想，是爲四見。對邊四者，我此終後，有邊無想，是爲初見，無邊無想，是爲二見，亦有邊亦無邊無想，是爲三見，非有邊非無邊無想，是爲四見。以無想故，不可説爲苦樂等四，苦樂等四在心法故。又無想故，不可説爲一與若干，小與無量。此二門竟。

非有想非無想中八者，對色有四，對邊無邊復有四種，故有八也。色中四者，我此終後，有色非有想非無想，是爲初見，無色非有想非無想，是爲二見，亦有色亦無色非有想非無想，是爲三見，非有色非無色非有想非無想，是爲四見。邊中四者，我此終後，有邊非有想非無想，是爲初見，無邊非有想非無想，是爲二見，亦有邊亦無邊非有想非無想，是爲三見，非有邊非無邊非有想非無想，是爲四見。以其非有非無想故，不可説爲苦樂等四。又以非想非無想故，不可説爲一與若干，小與無量。問曰：何故不説亦有亦無想乎。理實應有，若更説之，不異前二，所以不説。若説亦有，不異初門，若説亦無，不異第二，是故不論。此三門竟。

斷滅七者，有人説言，我今此身四大六入，父母所生，乳餔所養，衣食所成，摩捫擁護，然是無常終歸斷滅，是爲初見。復有人言，我今此身不得滅盡，至欲界天，斷滅無餘，是爲二見。復有人言，欲界天身不得滅盡，色界地身諸根具足，彼報盡竟，斷滅無餘，是爲三見。復有人言，色界地中不得滅盡，空處報盡，斷滅無餘，是爲四見。復有人言，空處地中不得滅盡，識處報盡，斷滅無餘，是爲五見。復有人言，識處地中不得斷滅，無處有盡斷滅無餘，是爲六見。復有人言，無所有處不得滅盡，非想報盡，斷滅無餘，是爲七見。此四門竟。

現在泥洹五種見者，有人説言，我今此身即是泥洹。所以者何。我於現在，五欲自恣，受於快樂，是故此身即是泥洹，過是更無，是爲初見。復有人言，此現在身，非是泥洹，更有泥洹，微妙第一，我獨知之，餘人不達，如我斷滅欲惡不善，有覺有觀，離生喜樂，入初禪行，齊是名爲現在泥洹，過是更無，是爲二見。復有人言，更有泥洹，微妙第一，我獨知之，餘人不達，如我現在，滅離覺觀，内淨一心，無覺無觀，定生喜樂，入二禪行，齊是名爲現在泥洹，過是更無，是爲三見。復有人言，更有泥洹，微妙第一，唯我獨知，餘人不達，如我除喜行捨，憶念安慧受樂，入三禪行，齊是名爲現在泥洹，過是更無，是爲四見。復有人言，更有泥洹，第一微妙，唯我獨知，餘人不達，如我現在斷苦斷樂，先滅憂喜，不苦不樂，捨念清淨，入第四禪，齊是名爲現在泥洹，過是更無，是爲五見。問曰：何故不説四空以爲泥洹。理亦應説，略不論之。六十二見，辨之[七六]麤爾。

八萬四千煩惱義。

八萬四千諸煩惱者，經但有數，不列其名，何由可識。當應翻彼八萬四千諸度法門，即爲八萬四千煩惱。其猶六弊，翻對六度即爲六弊，此亦如是。所對八萬四千度門，後當別論。煩惱門竟。

大乘義章卷第六

校勘記

〔一〕「影」，底本原校云一本後有「影」字。
〔二〕「發」，底本原校云論作「脱」。
〔三〕「赤」，底本原校疑爲「熱」。
〔四〕「聖」，底本原校云一本作「正」。
〔五〕「取」，底本原校云一本無。
〔六〕「染」，校本校勘記云甲本作「深」。
〔七〕「三」，校本校勘記云甲本後有「如」字。
〔八〕「之心」，底本原校云一本無。
〔九〕「三」，底本後衍「無」字，據底本原校及校本删。
〔一〇〕「覆」，底本原校云論作「蔽」。
〔一一〕「令」，底本原校疑爲「爲」。
〔一二〕「便」，底本原校疑衍。
〔一三〕「用」，校本校勘記云甲本後有「説」字。
〔一四〕「知」，校本校勘記云甲本作「明」。
〔一五〕「不記」，底本原校云一本無。
〔一六〕「相」，底本後衍「其相」二字，據底本原校及校本删。
〔一七〕「兼」，校本校勘記云甲本作「麁」。
〔一八〕「想」，校本校勘記云甲本作「相」。
〔一九〕「因」，校本校勘記云甲本作「同」。
〔二〇〕「揆」，底本原校疑爲「擇」或「適」，校本校勘記云一本作「釋」。
〔二一〕「想」，校本校勘記云甲本作「相」。
〔二二〕「受」，底本原校云一本無。
〔二三〕「捨」，底本原校云一本作「差」。
〔二四〕「理」，底本原校云一本無。
〔二五〕「爲」，底本原校云一本無。
〔二六〕「治」，底本原校云一本作「對」。
〔二七〕「寘」，校本作「莫」。
〔二八〕「寘」，底本原校疑爲「寬」或「冥」。
〔二九〕「事」，底本原校疑前有脱字。
〔三〇〕「見」，校本校勘記云甲本後有「有」字。
〔三一〕「緣」，底本原校云論無。
〔三二〕「緣」，底本原校云一本作「縛」。

〔三三〕「縛」，底本原校疑爲「緣」，下一「縛」字同。

〔三四〕「身」，底本原校云一本無。

〔三五〕「以自高便生慢心」，底本原校云論作「亦以泥洹生自高心」。

〔三六〕「滅」，底本作「道」，據底本原校及校本改。

〔三七〕「而」，底本原校云一本無。

〔三八〕「爪」，底本作「狐」，據底本原校及校本改。

〔三九〕「恃」，校本校勘記云甲本作「特」。

〔四〇〕「體」，底本原校云一本無。

〔四一〕「門」，底本原校疑前脱「七」字。

〔四二〕「智之」，校本校勘記云甲本作「知」。

〔四三〕「想」，校本校勘記云甲本作「相」。

〔四四〕「應」，底本原校云一本作「亡」。

〔四五〕「統」，底本原校云一本作「該」。

〔四六〕「三」，底本原校疑爲「之」或「殘」，校本作「殘」。

〔四七〕「士」，校本校勘記云甲本作「者」。

〔四八〕「趣」，校本校勘記云一本後有「煩惱愚謂貪瞋等諸」八字。

〔四九〕「起」，校本校勘記云一本作「鈍」。

〔五〇〕「愚愛」，校本校勘記云甲本作「愛愚」。

〔五一〕「是」，校本校勘記云甲本無。

〔五二〕「作」，底本原校疑爲「依」。

〔五三〕「者」，底本原校疑爲「是」。

〔五四〕「二邊悉不著永」，底本原校云經作「諸法無所著捨」。

〔五五〕「愚」，底本作「過」，據底本原校及校本改。

〔五六〕「不」，底本原校疑爲「示」。

〔五七〕「依」，校本校勘記云一本前有「作」字。

〔五八〕「結」，底本原校云一本作「縛」。

〔五九〕「云」，底本原校云一本作「言」。

〔六〇〕「心證」，底本原校云一本無。

〔六一〕「具」，底本原校疑後脱「足」字。

〔六二〕「同」，底本原校云一本後有「不得」二字。

〔六三〕「大」，底本前衍「一」字，據底本原校及校本删。

〔六四〕「定」，校本校勘記云甲本作「無」。

〔六五〕「無」，底本原校疑前脱「亦」字。

〔六六〕「仙」，底本原校云《涅槃經》第三十九作「先」。

〔六七〕「瀾」，校本校勘記云甲本作「涓」。

〔六八〕「亦」，底本原校疑衍。

〔六九〕「棗」，校本校勘記云一本作「葉」。

〔七〇〕「經」，底本原校疑衍。

〔七一〕「唯」，底本原校疑衍。

〔七二〕「壽」，底本原校云一本無。

〔七三〕「及」，底本原校疑後脱「非」字。

〔七四〕「捷」，底本原校云一本無。

〔七五〕「事」，校本校勘記云甲本作「等」。

〔七六〕「世」，校本校勘記云甲本無。

〔七七〕「無」，底本原校疑前脱「亦」字。

〔七八〕「之」，校本校勘記云甲本無。

大乘義章卷第七

慧遠述

染法聚諸業義，有十六門。身等三業。三性業。三受報業。三界繫業。三時報業。曲穢濁三業。黑白等四業。五逆業。六業。七不善律儀。八種語。九業。十不善業道。十四垢業。十六惡律儀。飲酒三十五失。

身等三義業，五門分別。釋名辨性，一。辨相，二。開合廣略，三。輕重，四。上下，五。

第一釋名，辨其體性。色形聚積，名之爲身。起説之門，説之爲口。伺緣名意。依斯起作，故名身業，乃至意業。名字如是。體性云何。身業有二，一者作業，二無作業。言作業者，論釋不同。依如毗曇，三聚法中色法所收，十二入中色入所攝。彼説身作是礙性故，色聚所收。是實法色，眼所行故，色入所攝，所謂高下、正不正等。

若依《成實》，三聚法中色聚所收，十二入中法入所攝。色義同前。以何義故十二入中法入所攝。彼宗之中，實色非業，凡是業者要是假色，相續之中有損有益方名爲業。故《成實》言，餘處生時能有損益，名之爲業。相續之中，後起異前，名餘處生。大乘法中，實有作業，相續乃成，義有兩兼，不得偏取。作業如是。無作業者，依如毗曇，三聚法中色法所收，十二入中法入所攝。是礙性故，色法所收。此無作色，非眼所行，唯意識知，故法入攝。若依《成實》，三聚法中是其非色非心所收，十二入中法入所攝。彼宗不說有無作色，良以無作不同形礙故名非色，不同情慮故曰非心，爲意行故法入所攝。大乘法中，義有兩兼。是身業故，得名爲色。無色心相，名非色心。身業如是。口業亦二，一者作業，二無作業。言作業者，論釋不同。依如毗曇，三聚法中色法所收，十二入中聲入所攝。是礙性故，色法所收。是實法聲，耳所行故，聲入所攝。彼宗不說有假名聲以爲業矣。若依《成實》，三聚法中色法所收，十二入中法入所攝。是礙性故，色法所收。是假名聲，意所行故，法入所攝。相續之中方有損益，故名爲假。無作業者，論釋亦異。依如毗曇，三聚法中色法所收，十二入中法入所攝。是色性故，色聚所收。是無作法，意所行故，法入所攝。若依《成實》，三聚法中非色心收，十二入中法入所攝。不同形礙，故名非色。不同情慮，故曰非心。意所行故，法入所攝。大乘法中口業之相，類身可知。意業之中，諸論不同。依如毗曇，但有作業，無無作業。故彼論言，以三種故，意無無作。言三種者，謂善惡等三性法也。色法之中三性並故，善身口邊有惡無作，惡身口邊有善無作。心法不爾，善惡不並，善心之中無惡無作，惡心之中無善無作。以是義故，但有作業。然彼作業，三聚法中心法所收，十二入中法入所攝。是心數中思數爲體，故心法收。是意所行，故法入攝。若依《成實》，意地具有作無作業，故彼論言無有因緣令使意地無無作業。彼説作業，與毗曇同。所言異者，不説心外別有思體。故彼論言，思若非意，更復説何以爲意業，意行緣中説名爲思。無作業者，三聚法中非色心收，十二入中法入所攝。不同形礙，復非情慮，説非色心。意所行故，法入所攝。大乘法中有作無作，其中作業，思數爲體，三聚法中心法所收，十二入中法入所攝。無作業者，是心業故得言是心，非心相故得言非心，十二入中法入所攝。意業如是。此一門竟。

次辨其相。身業之中有其三種，善、惡、無記。善中有二，一止二作。離身三邪，是名爲止。禮拜等事，是名爲作。惡中亦二，一止二作。要期作心不禮拜等，是名爲止。作身三惡，殺盜邪婬，是名爲作。無記亦二，一止二作。捨無記心所起身業，是名爲止，起名爲作。問曰：善惡止業之中，捨彼惡作以爲善止，捨彼善作以爲惡止，無記之中何不捨彼善惡二作以之爲止，乃捨無記作起之業以爲止乎。若無記中還捨無記所作之業以爲止者，善中之止還應止彼善中之作。不捨惡作，惡亦同爾。釋言：不類。善惡二門正相違返，正[二]相違故，有二相翻，一總二別。總而論之，以善對惡，以惡對善。別而論之，善中之止必翻惡作，惡中之止必翻善作。無記望彼善惡二門，非正相違，非正違故，唯總相翻，無別相翻。總相翻故，無記翻彼善惡二門。不別翻故，無記之止不翻善惡二門之作，無記之作不翻善惡二門之止。當分之中，止作相翻。口業亦三，善、惡、無記。善中有二，一止二作。離口四過，是名爲止。讀、誦、讚、歎，如法之音，是名爲作。不善亦二，一止二作。不讀誦等，是名爲止。作口四過，是名爲作。無記亦二，一止二作。捨無記心所起口業，是名爲止，起名爲作。意業亦三，善、惡、無記。善有二種，一止二作。止離一切不善業思，是名爲止。起善業思，是名爲作。惡中亦二，一止二作。要期之心，止離善思，名之爲止。起惡業思，是名爲作。無記亦二，一止二作。止離威儀、工巧等心，名之爲止，起此名作。問曰：煞生、劫盜、邪婬是身作者，口教他煞，仙人忿怒煞乾陀羅一國人民，是何業乎。論釋不同。若依毗曇，是身業攝，究竟成煞要在身故。口教煞者，所教之人要身斷命，方始成業。仙人忿怒而煞人者，近住鬼神知仙意故，害彼國人。若依《成實》，口教煞者則是口業，意瞋煞者則是意業。故彼《成實·三邪品》云，口亦能教，意亦能爲，但身多故名爲身業。餘業道中互造例然。邪婬一種，唯是身作，以其成業要在身故。如《涅槃》説，此三業中，意名正業，身口二種名爲期業。期謂期會，從其業思，期會集成在於身口，故名期業。又彼經言，意直名業，身口二業名爲業果，以從業思成身口故。此二門竟。

次明開合廣略之義。開合不定。或總爲一，通名爲業。或分爲二，一者作業，二無作業，此如上辨。或説爲三，於中有三：一、就具分別，謂身口意三種之業。二、隨義分別，一者作業，所謂身口二種作業。二無作業，所謂身口無作之業。三者非作非無作業，所謂意業。三、就性分別，所謂善、惡、無記之業。或説爲四，謂黑白等四種之業。或説爲五，如《雜心》説身業有二，作與無作，口業亦爾，則以爲四，意唯有作，通前説五。若依《成實》，意地亦有作無作業，若從是義，説業爲六。或分爲九，身口意業各有三種，善、惡、無記，則爲九也。又如《成實·九業品》中更説爲九。何者是乎。彼説欲界有其三種，一是作業，二無作業，三者非作非無作業，此如上辨。色界亦爾，則以爲六。無色有二，一無作業，二者非作非無作業，通前爲八。及無漏業，通前爲九。或分十三，如毗曇説，身口有五，一者善作，二不善作，三無記作，無作有二，通前爲五。無作二者，一善無作，二惡無作。無記羸劣，不發無作。身業既然，口業亦爾，則以爲十。意地唯有三種作業，通前十三。若依《成實》，意地亦有善惡無作，據斯以論，業有十五。或復説爲二十三業，善業有十，謂不煞等，不善亦十，謂煞盜等，通身口意三種無記，便是二十三種業也。廣以分之，數别難窮。此三門竟。

次辨三業輕重之義。三業之中，何者最重。於中先以身口二業，對彼意業，以辨輕重，後别論之。言以身口對意辨者，意業最重，一切身口由意成故。又惡業中邪見最重，能斷善根，作一闡提。善業之中，三乘出道最爲殊勝。世間之中，非想業勝。皆是心作，故知意重。次就三業别明輕重。身中寂重，出佛身血。口中寂重，所謂破僧，謗方等經。意中寂重，所謂邪見。惡業如是。善業之中，菩提之業最以爲重。此三種中，身輕，口中，意爲寂重。此四門竟。

次辨上下得報不同。如龍樹説，不善有三，謂下中上，下生餓鬼，中生畜生，上生地獄。善中亦三，謂下中上，下生脩羅，中生人中，上生天生。又更分别，惡有四品，謂下中上，及與上上，下生修羅，中生餓鬼，上生畜生，上上之者生地獄中。善中亦四，下者生人，中者生天，上品之者得二乘果，上上之者得無上果。又《涅槃》中善分四品，下生欝單，中生弗婆，上生瞿耶，上上之者生閻浮提。盖乃對道以分上下。彼欝單越，不任受道，下善生之。中上二品，生處難解。若對道法，中品之善應生瞿耶，上生弗婆。但彼經中，中上兩品約報分耳。南閻浮提，受道中勝，上善生之。若對果報以分四品，下生閻浮，中生弗婆，上生瞿耶，上上之者生欝單越。三業之義，略辨如是。

三性業義，三門分别。釋名辨體，一。分相，二。就人分别，三。

第一門中，釋名辨體。三性業者，所謂善、惡及與無記。順名爲善，違名爲惡。此違與順，如下五品十善中釋。非違非順説爲無記，解有兩義：一、對果分别。中容之業，不能記得苦樂兩報，故名無記。二、就説分别。中容之業，如來不記爲善爲惡，故名無記。名義如是。體性云何。善有二種：一者生得，宿習今成。二者方便，對緣新起。不善唯一，不分生得、方便之別。何故如是。一切惡法，皆由過去久習性成，不假現在，方便修起，爲是不分。無記，有四：所謂報生、威儀、工巧及與變化。苦、樂兩報，名爲報生。進止往來，是其威儀。營世生務，説爲工巧。十四化等，名爲變化。此一門竟。

次辨其相。相别有五：一、約世法以爲三性。一切凡聖身口意中止作兩善，斯名爲善。止作兩惡，齊名不善。報生、威儀、工巧、變化，通名無記。二、約出家道法分别。一切凡聖身口意中止作兩善，名之爲善。止作兩惡，齊名不善。報生無記，威儀、工巧及與變化，義别有三，如律中説，順法所作，斯名爲善，違法所作，通名不善，非違順者説爲無記。三、對果分别。生樂名善，生苦不善，不能生者説爲無記。於此門中，凡夫學人身口意中止作兩善，名之爲善，能生樂故。止作兩惡，齊名不善，能生苦故。報生、威儀、工巧、變化，説爲無記，不能生故。無學聖人一切所作，通名無記，不能記得未來果故。故《地持》中，羅漢所犯名爲無記突吉羅罪。罪既無記，善等亦然。四、對理分别。理謂空理，順理名善，違理不善，非違非順説爲無記。於此門中，凡夫所作善、惡、無記，悉名不善，取性心起，違空理故。三乘聖人順理之行，名之爲善。三乘聖人隨事所作，説爲無記。五、對實分别。實謂不空如來藏性。於此實性，順名爲善，違名不善，非違非順説爲無記。於此門中，諸佛菩薩真證行德，名之爲善。凡夫二乘一切所作，悉名不善。菩薩法中緣修無漏，亦善不善，相順名善，以性違故説爲不善。餘非情法，説爲無記。此二門竟。

次就人論。人謂凡夫、聲聞、緣覺、菩薩及佛。凡夫二乘及與菩薩，具有三業。如來一人，大小不同。小乘法中，宣説如來有善、無記，無不善業，如《雜心》説。又如《成實》，佛報無記，餘德是善。大乘法中，宣説如來一向是善，無惡、無記，故《地持》云唯有如來一切皆善。《大智論》中亦同此説，故彼宣説十八不共一〔三〕向是善。三性之業，略之云爾。

三受報業義，三門分別。釋名，一。辨相，二。就處分別，三。

第一釋名。言三受者，所謂苦、樂、不苦不樂。逼惱名苦。適悦名樂。中容之受，捨前二種，是故名爲不苦不樂，亦名捨受。所言業者，善惡等因，起作三受，故名爲業。問曰：善惡能生五陰，以何義故偏云受業，不説色業、想等業乎。如《成實論·三受品》説，受是實報，故云受業，餘是名報，故闕不論。言受實者，苦樂等報，正酬過去善惡之因，故名實報。自餘色等，非是正對善惡二因，故不名實，但是相從説以爲報，故曰名報。彼論復言，受是最勝，故云受業，餘者不如，所以不説。所言勝者，酬因明顯，生欣生厭，其力功强，故名爲勝。餘不如是，故名不如。彼論復言，受於緣中相别可得，故云受業，餘不如是，癡而不論。云何受心緣中可得。如人説言火苦火樂，如是一切，以受緣中發生差别，酬報義顯，故名受業。此一門竟。

次辨其相。問曰：何業能得苦受，乃至何業能得捨受。釋言：惡業能得苦受，善業能得樂捨二受。惡業得苦，義在可知。善業之中，何者得樂，何者得捨。《毗婆沙》中兩師别論。一師釋云：善有三品，謂下中上。四禪已上上妙之善，能得捨受。故彼論言，得不苦不樂，是説爲上善。中下二善，皆得樂受。問曰：下地以何義故無捨受報。毗曇釋言：下地是麤，捨受是細。下地不寂，捨受寂静。又復下地作善之時，但爲受樂，不爲於捨，是故下地無捨受報。如此説者，三禪已還無有報心而命終者，無報捨故。一師所立，三品善中，上下二善能得捨受，中善得樂。如此説者，三禪已還亦有報捨，有報捨故，三禪已還報心之中亦得命終。《成實》法中，同向後説。三品善中，上下二善能得捨受，下者能得三禪已還捨受之報，上者能得四禪已上捨受之報。良以善法起不頓成，始微次著，終則微妙離相寂靜，是故上下同得捨受，中得樂受。問曰：捨受既從善生，酬遂善因，應名爲樂，以何義故説名爲捨。釋言：有以下善所得，通應名樂，以輕微故覺心不了，故名爲捨。上善所得實是勝樂，以寂靜故，捨麤覺心，故説爲捨。問曰：所感上下二樂名爲捨者，能感之善應名無記。釋言：不類。夫無記者，不能記得當來果報，方名無記。良以記法生果爲義，但令生果，斯名爲記。樂者是其覺知爲義，上下二樂，覺心微少，故不名樂，説爲捨矣。問曰：下善所得樂果，覺心微故便名捨者，下不善業所得微苦，覺心亦少，以何義故不名爲捨。釋言：不類。苦性麤重，違心義强，皆有覺知，故不名捨。樂性輕薄，起不違心，生覺義微，故説爲捨。問曰：苦樂並從業生，以何義故苦麤樂微。釋言：三界有爲之法，體是無常，生滅行苦。彼苦受者用彼微細行苦爲體，苦上生苦，苦增故麤。彼樂受者亦用微細行苦爲體，苦上生樂，浮薄故微。以苦麤故，輕重之苦皆名苦受。以樂微故，麤爲樂受，細爲捨受。此二門竟。

第三門中，就處論之。處謂三界五道差別。先就三界分別其相。苦受業者，依如毗曇，起在欲界，所得果報亦在欲界。若依《成實》，苦受之業，起通三界，繫屬欲界，欲界正起，上界寄起。所得果報，起通三界，繫屬欲界，欲界是其正受報處，上界是其寄受之處。問曰：上界云何起苦。釋言：上界報欲盡時生憂惱心，憂惱即是苦受攝也。故彼論言，苦樂隨身，至於四禪，憂喜隨心，至於有頂。憂苦並是苦受攝故。樂受業者，依如毗曇，在欲色界三禪已還，所受之報亦在欲色三禪已還。若依《成實》，樂受報業三界遍起，繫屬在於三禪已還，三禪已還是正起處，三禪已上是寄起處。所得之報亦通三界，繫屬在於三禪已還，三禪已還是正受處，三禪已上是寄受處。捨受業者，起通三界，受報不定。若依《成實》，三界受之。問曰：捨受既通三界，何故經中說四禪上有捨受乎。《成實》釋言：四禪已上更無餘受故偏說捨，然實捨受非不通下。若依毗曇，唯四禪上有捨受報，下地無之。下地設有受[三]，是方便捨。三界如是。

次就五道分別其相。苦受業者，五趣通起，受報亦然。下三趣中受總報若，人天二趣受別報苦。樂受業者，依如毗曇，五趣遍起，所得樂果有總有別。總報之果[四]，唯在人天。別報樂受，唯除地獄，遍餘四趣。此云何知。如《雜心》說，善業有四，一現報業，二生報業，三後報業，四不定報業。此四種中，地獄造三，除現報業，以地獄中無善報故。餘四趣中，具起四業。明知餘趣通有善報。若依《成實》，實受之業，五趣通起，所得樂受亦遍五道。故彼論言，善業大利，得人天報，乃至涅槃。善業小利，乃至三塗亦得少樂。捨受業者，依如毗曇，人天通起，報在色天。若依《成實》，捨受之業，五趣通起，受果亦然。三受報業，略述如是。

三界繫業義，五門分別。釋名，一。能繫，二。所繫，三。處分別，四。治斷，五。

第一釋名。三界繫者，所謂欲、色、無色繫業。欲謂欲界。染愛塵境，名之爲欲。欲別上界，名爲欲界。然欲界中亦著己身，但欲五塵，下有上無，爲別上界，就欲名矣。色謂色界。對下以名，應名無欲，以此界中著内色形，從其所著，故名爲色。色別上下，稱曰色界。言無色者，謂無色界。從其所[五]取，應名心界，以此界中絶其色報，背下彰名，故云無色。以斯别下，名無色界。言繫業者，釋有四義：一、就業體以辨繫義。有漏之業，體屬三界，是故名爲三界繫業。二、就得果以辨繫義。有漏之業，受報之處定在三界，是故名爲三界繫業。三、就業果相對辨繫。於三界中業果相縛，是故名爲三界繫業。故《成實》云：始從地獄，乃至他化，於中受報，名欲界繫。

始從梵世，至色究竟，於中受報，名色界繫。始從空處，乃至非想，於中受報，名無色繫。四、對惑辨繫。爲其當界煩惱緣縛，故名繫業。問曰：業果共相縛故名爲繫者，以何義故不名繫果，偏云繫業。釋言：就果説繫亦得，今據業門，故名繫業。又業是本，故偏説之。又問：煩惱亦能繫果[六]，以何義故不説煩惱以之爲繫，偏云繫業。釋言：煩惱理亦是繫，今就業門，故云繫業。又業正種，故偏説之。問曰：無記不定報業，何界繫乎。《成實》釋言：是欲界繫。所以者何。能是欲界業果報故。又問：繫業、繫法何別。釋言：繫業局在三業，不通餘法。若論繫法，通業煩惱及彼相應心心法等皆名繫法。名義如是。此一門竟。

次辨能繫。於中有四：一、漏無漏相對分別。有漏是繫，無漏不定。小乘法中，一向不繫。大乘法中，無漏有二：一者真證，一向不繫。二者緣照，亦繫不繫。望分段果，不集不招，故名不繫。望變易果，因果相縛[七]，亦名爲繫，謂於變易世間之中受果報故。二、就善、惡、無記分別。若言業體，定屬三界。又爲當界煩惱縛故名繫業者，一切有漏善、惡、無記，斯名繫業。若言得果定屬三界，又在三界因果相縛名爲繫者，有漏善惡名爲繫業，無記不繫，無果報故。就彼善惡二業之中，不善之業定繫欲界。善業有二，一定二亂。亂者所謂施、戒等善，繫屬欲界。定者所謂八禪定業，八中四禪繫屬色界，四空定業繫屬無色。三、就身口意業分別。身口二業繫屬欲色，意業一種通繫三界。四、就罪福不動分別。罪者所謂不善之業，福者所謂散善之業，言不動者八禪定業。此三種中，罪福二業繫屬欲界，不動業者繫上二界。此二門竟。

次辨所繫。於中有二：一、對繫業，明其所繫。二、對繫法，明其所繫。業所繫中，分別有四：一、就有漏無漏分別。依如毗曇，有漏報法從業所生，是業所繫。無漏不從有漏業生，非業所繫。若依《成實》，一切有漏皆從過去有漏業生，是業所繫。無漏之法，亦從過去施戒等生，但是業果，而非業繫。何故如是。經中説有不繫受故。又無漏法起必藉因，生必託緣，過去所修施、戒等善，以之爲緣，方便無漏以之爲因，因力大故，所以不繫。論釋如是。若言因果共相屬著，名之爲繫，理亦無傷。大乘法中，真證無漏非業所繫，變易無漏是業所繫。二、三性分別。依如毗曇，無記法中報無記法，是其業果，爲業所繫，餘非業繫。若依《成實》，有漏法中三性之法，皆從過去有漏業生，是業所繫。故彼論言，我説業報有其三種，善、惡、無記。言善報者，有人過去修善法故，今報純善。不善報者，不能男等，貪欲之報，毒蛇蝎等，瞋恚之報，如是一切。無記之報，義在可知。是業報故，是業所繫。又彼論言，諸所生法皆業爲本，若無業本，云何能生。故知諸法皆業所繫。三、内外分別。毗曇法中，衆生内報從業而生，是業所繫。外山河等一切境界，不從業生，非業所繫。問曰：一切山河大地乃是衆生依報之果，云何説言非業所繫。又人作善便生好處，若人造惡便生惡處，云何説言非業繫乎。毗曇釋言：外山河等還用外法四大爲因，不由業起，故非業繫。言作善業生於好處，作不善業生惡處者，業力如風，善業風故，吹諸衆生，好處受樂，惡業風故，吹諸衆生，惡處受苦，然所住處不由業起，故非業繫。若依《成實》，一切内外皆是業果，並是所繫。問曰：外法非衆生數，先自有之，不由業有，云何説言是業繫乎。又復外法同類相生，如豆生豆、麥生麥等，何用於業而云業果業所繫乎。《成實》釋言：外法雖復非衆生數，而是衆生共業果故，亦從業起。若言外法同類相生不由業者，是義不然。云何不然。如彼衆生，雖從父母和合所生，亦假於業，外法亦爾，雖復同類迭相因起，由業何傷。又一切物，不盡從於同類因生，如劫初時，一切萬物無因而起，明知由業。由業生故，是業所繫。四、三聚分別。言三聚者，所謂色、心、非色非心。依如毗曇，色法之中，唯報五根及彼扶根色、香、味、觸，是其業，業之所繫。自餘一切方便長養眼等五根及外五塵，皆非業果，非業所繫。心法之中，唯有報生心心數法，是其業果，業之所繫。自餘一切三性心法，皆非業果，非業所繫。非心法中，唯有命根無想天報衆生種類，及彼相應生住滅等，是其報法，業之所繫。餘皆非報，非業所繫。若依《成實》，有漏法中，一切色法，一切心法，及非色心，通是業果，是業所繫。上來四門，對業分別。次對繫法明其所繫。依如毗曇，欲界地中一切有漏，爲欲界中煩惱緣縛，名欲界繫。色界地中一切有漏，爲色界中煩惱緣縛，名色界繫。無色亦爾。《成實論》中不存此義。此三門竟。

次就處所分別繫相。依如毗曇，欲界繫業，唯欲界起，受報之時亦在欲界。色界繫業，起在欲、色，受報之時唯在色界，不通餘處。無色界業，三界通起，受報之時必在無色。問曰：何故下界之中得起上業，身在上界不起下業。釋言：以其界地斷故，身生上界，下地法斷，是故在上不起下業。問曰：若既欲界繫業唯欲界受，非餘處者，如經中說洗僧之福得生梵世，洗僧散善，是欲界業，云何而得上界受乎。釋言：洗僧福德因緣導生禪定，故生梵世，非洗僧福親能生彼，經就遠緣故説洗僧得生梵世。又問：禪定是上界業，唯上界受，非下界者，經説修慈正報梵世，後生欲界，身心無惱，云何而言非下界受。釋云：慈體是上界業，唯上界受。經中所説後生欲界身無惱者，彼修慈時前後方便，身口柔輭，不惱衆生，此之方便，是欲界善，故生欲界，身心無惱。若依《成實》，三界繫業當地亦起，在他界中亦得寄起。如在欲界修起八禪，則是下界寄起上業。又在上界起邪見等，則是寄起下界不善。又如初禪婆伽梵王語諸梵衆，汝但住此，我能令汝盡老死邊，汝等不須詣瞿曇所，亦是寄起欲界不善。又諸梵等，見佛禮拜，發言讚歎，則是寄起欲界善業。問曰：上界邪見等心是無記法，云何説言下界不善。《成實》釋言：經説邪見是苦因緣，其猶苦報所有四大一切皆苦。邪見如是，云何無記。是不善故，繫屬欲界。又《成實》中，三界之果亦得寄受。如上二界報欲盡時，心生憂惱，此之惱苦，繫屬欲界，上界寄受。又經中説，洗僧之福，得生梵世，亦是上界寄受欲果。又經中説，修慈因緣，正生梵世，後生欲界，身心無惱，亦是欲界寄受上報。大乘法中，同《成實》説，一切諸業，皆得寄起，悉得寄受，乃至正報亦是寄受，非直殘氣。此四門竟。

次辨治斷。於中有二：一、總明治斷。二、隨位別論。所言總者，毗曇法中，不善思業，煩惱相應，正斷其體。以斷體故，此業盡處，名爲數滅。自餘一切身口惡業及諸善業，但斷業思繫縛之義，不斷業體。不斷業體，故不名數滅。《成實》法中，斷煩惱故，令業不起，名爲斷業。然彼宗中，由斷煩惱，令業不起，悉是數滅，不同毗曇有是有非。故彼論言，見斷法者，謂示相慢及彼所起諸餘法也。修斷法者，不示相慢及彼所起諸餘法也。示相我慢是見諦惑，所起法者謂此所生業及苦果。不示相慢是修道惑，所起法者謂此所生業及苦果。故知斷處則是數滅。大乘法中，亦斷業體，以知諸業妄想心起，本無法故。總相如是。

次約諸位，別以論之。依如毗曇，三塗惡業，有是見斷，有是修斷。凡夫先來依見諦惑所起之業，見道時斷。凡夫先來依修道惑所起之者，欲界修道九無礙斷。此義如後四業章中具廣分別。欲界地中人天所受別報惡業，得那含時一切皆斷。人天善業，得那含時永斷繫縛，生上地時永更不行。上界善業，隨地各別，九無礙道斷其繫縛。生上地時，入涅槃時，永更不行。若依《成實》，三塗惡業，一向在於見道中斷。

問曰：毗曇三塗業中分爲兩分，有是見斷，有是修斷，何故《成實》三塗惡業唯見道斷。釋言：兩宗辨惑各異。毗曇法中，凡夫並起見諦修道二輪煩惱，迷理生者是見諦惑，緣事生者是修道惑。此二種惑，並發三塗不善意業。造業已竟，恒有能〔八〕得法，得彼往業，繫屬行人。入見道時，見惑所起不善家得一切皆斷，欲界修道九無礙時，修惑所起不善家得一切皆斷，故分兩處。身口二業，唯修惑起，彼是世斷，刹那斷故，無得得之，但爲欲界業思繫縛，斷業思時，彼縛亦斷，故名爲斷。《成實》法中，凡夫之時唯起見惑，修惑成就而不現行。何故如是。彼宗之中，一切煩惱皆有取性，凡夫起惑取性則重，見道時斷，是故凡夫所起煩惱，悉名見惑。聖人起惑取性輕微，凡夫起惑不能如是，故凡夫時不起修惑。良以彼宗凡時唯起見諦惑故，三塗惡業悉見惑起，是故一切唯見道斷。欲界人天別報惡業及與欲界一切善業，得那含時，一切不行。於中雖有禮拜等善，名用心起，是無漏善，非欲界業。上界善業，隨斷結處，一切不生。於中雖修禪定等業，名用心起，非是繫業。

大乘法中，三塗惡業未起之者，至種姓時畢竟不起，已起之者有重有輕，重爲定繫，輕爲不定。所言定者，有三種定：一者時定，現生後時定受報故。二者報定，定得果故。三者處定，定於三塗受果報故。言不定者，亦有三種：一、時不定，現生後時無定在故。二、報不定，遇緣則受，無緣不受。三、處不定，於六道中得受便受，無定所故。彼定業者，種姓時斷，不復用之受惡果報，以種姓上生自在故。彼不定業，初地時斷，故《地經》中宣說初地離惡道畏。又《地持》云，解行菩薩轉惡趣報，入歡喜地。明知初地惡業永盡。解行已還，以悲願力，用之受生。故《地持》云：種姓解行，或生惡道。又《涅槃》云：地前菩薩，過去世中微塵等業，以願力故，一切悉受。問曰：論説種姓菩薩超過聲聞、辟支佛上，聲聞法中入見道時已於惡道畢竟不受，云何種姓乃至解行猶受惡道。釋言：二乘於生死中一向猒離，不願不墮，故見道時三惡道業畢竟不受。地前菩薩悲願隨物，故於三塗受惡果報。若爾，地上何故不受。以業盡故。欲界人天別報惡業，亦至初地畢竟永盡。惡業如是。人天善業未起之者，至初地時，見法空寂，捨離取著，不復更起。若復通論，種姓已上見諸法如，不復起之。已起之者，亦有二種：一者定繫，取性心起。二者不定，隨順世諦，假名心起。彼定繫中有正有習，不定亦然。定中正者，種姓時盡，不復用之受生三有，以種姓上於六道中生自在故。定中習者，種姓已上，以悲願力，轉爲不定，用之受生，至初地時，究竟窮盡，故初地上名出世間。故彼《法華優婆提舍》宣說初地爲離分段。又《楞伽》云初地菩薩得二十五三昧，離二十五有。明知初地三有報盡。不定之中所有正業，初地已上猶用受身。彼初地上雖復内有法性之身，猶雜彼報。故《大品》中宣說七地有其肉身，良在於此。至八地時，究竟窮盡。故《涅槃》云八地已上[九]名阿那含，不復還來二十五有，又不更受臭身虫身。不定之中微細習氣，至佛乃窮。以十地還未窮盡故，不得名爲斷有頂種。唯佛盡故，獨佛善斷有頂種也。三界繫業，略之云爾。

三時報業義，五門分別。釋名辨相，一。定其業體，二。界趣分別，三。因緣分別，四。得果多少遲速分別，五。

第一釋名，辨其相。三報業者，所謂現、生、後報業也。受果於今，名之爲現。次現報起，目之爲生。過生方受，謂之爲後。現起善惡，造作彼報，名三報業。名義如是。相狀如何。開合不定。或分爲二，謂定不定。三時定受，名之爲定。不定受者，名爲不定。或分爲三，以時統攝，無出現、生、後時業也，良以受報無出現、生、後報時故[一〇]。定不定業得現報者，通名現業。生、後亦然。或分爲四，如經中說，前三種上更加一種不定報業，則以爲四。若現作業，現還受之，現若不受，於即不受名現報業。若現作業，次生應受，生若不受，於即不受名生報業。若現作業，生後應受，後若不受，於即不受名後報業。若現作業，於三時中遇緣便受，不遇不受，名不定報[一]。或離爲八，向前四業，望果各有定與不定，故有八也。相狀如何。有業屬現，還於現時定受果報，則以爲一。有業屬現，而於現在受果不定，遇緣便受，不遇不受，則以爲二。有業屬生，而於生時定受果報，則以爲三。有業屬生，而於生時受報不定，緣會便受，不遇不受，則以爲四。有業屬後，而於後時定受果報，不可移轉，則以爲五。有業屬後，而於後時受報不定，緣會便受，不會不受，則以爲六。有業不定屬於三時，而於三時定得果報，不可差脱，則以爲七。有業不定屬於三時，而於三時受報不定，緣會便受，不會不受，則以爲八。此八種中，義別有四。如經中說，一者時定而報不定，二者報定而時不定，三時報俱定，四時報俱不定。相狀如何。就彼三時定業之中分爲兩句。定得報者以爲一句，時報俱定。不定得者復爲一句，時定而報不定得者[二]。就彼不定三時業中，亦分兩句。定得報者以爲一句，報定而時不定。不定得者復爲一句，時之與報，二俱不定。此一門竟。

次辨業體。若對三報以定其業，此相易分。一切業中現所受者，說爲現業。次生受者，說爲生業。後中受者，說爲後業。若就四業以定其相，分別有二：一、隨心分別。求現報者，說爲現業。求生報者，說爲生業。求後報者，說爲後業。心無期爲[三]而造業者，說爲不定。二、就業相隨義分別。如《成實》說，利而不重，是現報業。所謂於佛及諸賢聖父母等所，數起善惡，數起名利，起不慇至，說爲不重。以求上境數起善惡，故得現報。若於上境，重心作業，此報廣大，非現能受，是故偏簡不重之者爲現報業。問曰：若言利而不重得現報者，末利夫人一食施佛，便得現果，何待利乎。釋言：有以利而不重得現報者，是現報業而得現果，就因爲論，不據其緣。末利夫人一食施佛而得果者，約心以分，是現報業，求現報故。若就業相以分四業，此不定業，得現果報，非現報業，以不利故，但可爲緣助彼過去不定報業而受今果，不關緣[一四]事。重而不利，是生報業，謂五逆等。於一境上不過起於一逆兩逆，故曰不利。於上境界，起此違害，非極重心不能成辨，故説爲重。此報重故，不得現受。何故如是。以身小故則無大苦，以命促故便無久惱，是故現在不受重報。五逆之業，引報促故，不至後中，故生受之。亦利亦重，是後報業。所謂輪王菩薩業等，彼業難成，非數[一五]不就，是故須利。彼報難階，毉至方尅，是故須重。以難成故，後中受之。不利不重，是不定業。就此業中，現及不定，善惡通論。生報業中偏説其惡，後報業中偏彰其善，蓋隱顯耳。此二門竟。

次就界趣分別其相。界謂三界，趣謂六趣。先就三界分別其業。於三界中，一一皆得具起四業，總相如是。若隨人地以別論之，則有無量。人謂凡聖，地謂九地，始從欲界，乃至非想。凡夫於彼九地之中，隨身何處，但令自地煩惱未盡，於自地中具起四業。若結盡者，在欲界中退種姓人，於自地中具起四業，以彼可退還生自地，故有生業。餘三可知。若不退者，於自地中但造三業，除生報義，起餘三種，以不退者次身必定生上地故。在上八地，自地結盡，莫問[一六]退性及不退性，於自地中皆造三業，除生報業，自地結盡，次身必定生上地故。一切上界皆無退故，不簡退者。自地如是。於上地中結未盡處，具起三業，除現報業，身在下故。身在欲界，於上地中結已盡處，退種姓人，亦起三業，除現報業，身在下故。退種姓人，容可退上，生彼地故，得有生業。後及不定，義在可知。若不退者，但造二業，除現生業，有餘二種。身在下故，除現報業。以不退者彼地結盡，次身必定生上地故，除生報業。若身在於初禪已上，至無所有，於上地中煩惱盡處，莫問退者及不退者，於上地中皆起二業，所謂後報及不定報。身在下故，不造現業。天無退故，次身隨逐有結處生，故結盡處不造生業。身在上地，於下地中一切不起，下結斷故。毗曇如是。若依《成實》，凡夫身在一切地中，於其自地，結盡不盡，皆起四業。於上地中所得禪處，具起三業，除現報業，起餘三種。於下地中，亦起三種，除現報業，以彼宗中三界之業得寄起故。凡夫如是。

次論聖人。若論聖人，身在欲界、二禪、三禪及第四禪，但令自地煩惱未盡，皆於自地具起四業，以此四地多生處故。身在初禪，於自地中煩惱未盡，唯造三業，除其後報。何故如是。初禪之中，天雖有三，處但有二，梵身一處，梵輔、大梵同在一處，聖人一處不重生故，無後報業。毗曇如是。若依《花嚴》《大智論》等，初禪有其四天三處，是則聖人在初禪中亦起四業。一切聖人身在四空，於自地中煩惱未盡，皆起二業，所謂現報、不定報業。現報之業，隨身受之，故有現業。不定之業，現在得受，故有不定。無多處故，無其生報及後報業。一切學人，隨所在處自地結盡，於自地中但造二業，所謂現報、不定報業。於自地中不重生故，不造生業及後報業。問曰：凡夫退種姓者，於自地中煩惱雖盡，猶起四業，聖人亦有退種姓者，何爲不得具起四業。釋言：聖人雖有退者，終不經生，是故不得具起四業，自地如是。一切聖人隨在何地，於上地中所得之處，結未盡者，具起三種，除現報業。身在欲界，於上地中結已盡處，退種姓人亦起三種，除現報業，退種姓人容可退上生彼地故。不退之者，於彼上地，結已盡處，但造一種不定報業。身不在彼，故無現業。更不生彼，故無生報及後報業。一切聖人，身在初禪至無所有，於上地中結盡之處，但造一種不定報業，以生天者無退轉故。何故聖人生天無退。以色界上無退緣故，於下地中一向不造。學人如是。

無學云何。釋言：無學得造現報及不定業二

等業。於中略以三門分別，一辨惑相，二約惑辨業，三就地分別。言惑相者，一切聖人修道煩惱伏斷不同，乃有四種：一、未伏未斷。未得上禪伏下煩惱，名爲未伏。未有聖慧斷下煩惱，名爲未斷。二、已伏未斷。已得上禪伏下煩惱，名爲已伏。未有慧除，名爲未斷。三、已伏少斷。已伏同前。言少斷者，如斯陀含，欲界修惑已斷六品，三微猶在，名爲少斷。一切地中同有此義。四、已伏已斷。已伏同前。言已斷者，已有聖慧斷之畢竟。此之四義遍通諸地。惑相如是。次約諸惑有無之義，明其起業多少不同。當知，聖人於彼未伏未斷之處，具起四業。就所起中，善具起四，不善唯二，謂現、不定。聖雖造惡，但起意業，不發身口，又意業中輕而不重，是故唯造現及不定，餘二全無。於彼已伏未斷之處及少斷處，但造善中現與不定，餘悉不起。於彼已伏已斷之處，一切不造，設令起之，是習非正，不能牽報。次就地論。依如彼宗，聖人身在欲界、二

種善業。雖無文證，准彼那含造業可知。毗曇如是。《成實》法中，人釋不同。有人說言，聖人一向不造新業用之受生，設令造者，但起現報、不定報業，不作餘二。論文似爾。故彼《成實・三報品》云，無學聖人不集諸業，學人亦然。雖有此言，其義難解。云何難解。有人先在見道已前修得初禪，依此初禪入見諦道，乃至那含後更修得二禪、三禪乃至非想，用之上生，則是聖人造業受生，云何不造。以此難故，今更釋之。無學聖人，一向不造。學人不定，結盡之處一向不造，與羅漢同，結未盡處得有造義。問曰：聖人作業生者，何故論言一切聖人散壞諸業，不集不積，滅不然等。答曰：聖人結盡之處，不集不造，非有結處亦不造義。故彼《成實・三報品》中問曰：若人離此地欲還能集起此地業不。論自釋言：有我心者還復起之，無我心者不復更起。無我心者，是其聖人。聖人於彼離欲之處方始不起，明知未離得有起義。問曰：聖人得造業者，造何

禪、三禪、四禪，煩惱未盡，得起四業。若已盡者，一向不造。若在初禪，煩惱未盡，得造三業，除其後報，若已盡者一向不造。於上地中，結未盡處，得造三業，除現報業，結已盡處，一向不造。於下地中，一向不爲。《成實》如是。大乘法中，分段之業，種姓已上一向不爲。若別分之，不善四業，種姓已上一向不作。人天善業，初地已上一向不爲。地前菩薩，縱令受身，但以悲願受於本業。初地已上，得法性身，設有人天微細習身，乃是本業，非是新作。種姓已上，不造業故，不須約就界地論之。種姓已前，位分未成，相同凡説。以實論之，十信已上亦能不起分段之業。聖人造業差别如是。

問曰：頗有自地煩惱猶未窮盡而得造作上地業不。釋言：得有。謂欲界中煩惱未盡，修習成就未來禪定，此則是也。未來禪定與彼初禪，同招梵果，故名上業。問曰：此業四種業中得具幾業。此義不定。依如毗曇，凡夫修得，則具三義，除現報業。聖人修得，則具二業，所謂生報、不定報業。相狀云何。或有凡夫，欲愛未盡，修得未來，得未來竟，更斷殘結，得初禪定，是人命終，用此未來及初禪定而生梵處，此則名爲生報之業。復有凡夫欲愛未盡，修得未來，則於欲界經生已後，復斷殘結〔一七〕，用此未來及初禪定生於梵處，此則〔一八〕名爲後，爲〔一九〕後報之業。不定〔二〇〕。凡夫如是。聖人何故但造二業。聖人之中，初二果人欲愛未盡〔二一〕，得未來禪，是人後時斷欲愛盡，用此未來及初禪定而生梵處，此則是其生報之業。不定可知。以何義故非後報業。聖人欲界經生之者，終不上生，不同凡夫經生而往，故非後業。又未來禪〔二二〕，禪中下品，設生梵處，唯得初天一身果報，不至二身，故非後報。若依《阿育王傳》，欲界地中經生聖人亦得上生。依如彼説，聖人亦用未來禪定爲三報業，與凡夫同。上界别如是。

次就趣論，依如毗曇，不善四業，五趣具起。

善中四業，人天鬼畜四趣具起。地獄之中但有三種，除現報業，地獄之中無善報故，雖有三種，成而不行。此義難解。如仙譽王殺婆羅門，生地獄中，發生信心，生甘露國，如慈童女在地獄中發生慈心，捨地獄身，如《涅槃》説魔王教彼[三三]地獄衆生，專念如來，於施隨喜，此等皆於地獄之中發生善心，云何不行。釋言：論説善不行者，當應就彼方便爲言，以地獄中無聞思修，名善不行，生得善根非令不行。向前所舉，當應悉是生得善矣。若依《成實》，善惡四業，五趣皆起，彼説三塗有善報故。此三門竟。

次辨因緣。現報業中，若當一作而獲報者，但可名緣，不得名因，斯乃現緣助於過去不定報業，得今果故。若當數作而得果者，得名爲因，用其多作方名因故。論中宣説利而不重是現報業，現業得果是甚難故，多作之者方得爲因。若論生後不定報業，一作多作，皆得爲因，亦得爲緣，經生業熟，得果易故。於中親生説之爲因，疎助他者説之爲緣。此四門竟。

次明得果多少遲速。問曰：幾業得一身報。《雜心》釋言，生後不定，得一身果。現報業者，但得別報苦樂等受，不得一身。多少如是。言遲速者，問曰：頗有前念作業，後念之中則得報不。論言不得，業未熟故，要經多時方乃得報。三時報業，略辨如是。

曲穢濁業義。

曲穢濁業，如毗曇説。彼論宣説，曲者從諂起，穢從瞋恚生，欲生謂爲濁，世尊之所説。諂心不端，難出生死，難入涅槃，猶如曲木難出稠林，故名爲曲。從斯曲法所起三業，皆名爲曲，以其因果相似法故。瞋恚之心，能穢自他，故名爲穢。穢法所起身口意業，名之爲穢，果似因故。貪心濁亂，猶如濁水，故名爲濁。濁法所起身口意業，名之爲濁。問曰：餘結亦能起業，何故不説。釋言：今據一門爲論，餘結[三四]起業皆入是中，所以不説。曲穢濁業，略之麤爾。

黑白四業義，兩門分別。釋名，一。辨相，二。

第一釋名。四業之義，衆經通説。名字是何。一黑黑業，二白白業，三黑白業，四不黑不白業。言黑黑者，是不善業。不善鄙穢，名之爲黑。因果俱黑，名黑黑業。言白白者，是其善業，善法鮮淨，名之爲白，因果俱白，名白白業。言黑白者，是其雜業，善惡交參，名黑白業。所言不黑不白業者，是無漏業。如《涅槃》云：無漏寂靜，離黑白相，是故名爲不黑不白。問曰：無漏白中最勝，以何義故名爲不白。《成實》釋言：一切世人重有漏善，故名彼善以之爲白。無漏捨彼，故名不白。又得涅槃寂靜之果，離於白相，從其所得，故云不白。又無漏業，白中最勝，過於餘白，故云不白。如轉輪王，體實是人，以殊勝故，世間咸言轉輪聖王清淨過人，無漏亦爾，故云不白。龍樹釋云：是無漏業，與空無相無作相應，離分別相，是故名爲不黑不白。又有漏業黑白相待，無漏離待，故名不黑不白業也。名字如是。此一門竟。

次辨其相。論釋不同。若依毗曇，色界善業名爲白白，三塗所受一切惡業名爲黑黑，鬼畜之中別報善業、欲界人天一切所受善惡二業名黑白業，亦名雜業。此前三種對治無漏，是第四業。故《雜心》云：色有中善業，是白有白報，黑白在欲中，俱黑説不淨，若有思[三五]能斷，是諸業無餘，當知第四業。問曰：何故色界善業偏名爲白。白相顯故，離無慚愧及瞋恚故。欲界善業，何故非白。雜不善故。無色善業，何故非白。彼實是白，白相不顯，是以不説。云何不顯。造因之時不具三業十善道相，受報之時但有生陰而無中陰，又生陰中但有四陰而無色陰，以如是等，白相不具，故不名白。何故三塗一切惡業皆爲黑黑。以其因果一向黑故。故彼《成實》破毗曇云：有人宣説色界善業以爲白白，三塗之業以爲黑黑，欲界人天所受之業以爲黑白，十七學思爲不黑白，是義不然。准彼以驗，故知毗曇三塗惡業以爲黑黑，何故宣説鬼畜之中別報善業以爲雜業。彼作因時與惡和雜，得報之時與苦參受，故説爲雜。地獄苦重，能感之因唯不善故。鬼畜報輕，能感之因得雜善故。此云何知。如《雜心》中辨明現報、生報、後報、不定報業，此四善業，地獄有三，除現報業，以地獄中無善果故。餘四趣中，具[二六]造四業。明知鬼畜有善業果，以其得造現報善故。又如經説，阿修羅等受報如天，明有善業。問曰：若言鬼畜之中有善果者，何故《成實》破毗曇云，有人宣説三塗之業爲黑黑乎。彼舉惡業，不妨有善。若有善者，與《成實》同。《成實論》家竟何所破。釋言：同者《成實》不破。於中異者，《成實》破之。《成實》宣説地獄之中，初出炎火，則得寒氷觸身之樂，并猪犬等食糞之樂，如是一切皆是善果。毗曇説爲不善之報，此乖《成實》，《成實》破之。不破善果，何故人天一切善惡悉爲雜業。以因雜惡，果雜苦故。

第四業者，如彼論説，有其十七無漏學思爲第四業。思是思數，此是業體，故偏説之。何者十七。如彼論説，説有十二思，斷於黑報業，四思能斷白，一思二俱離。是則通合有十七思。所言十二斷黑業者，見道之中有其四思，修道之中有八[二七]思，是故通合有其十二。見道四者，謂四法忍相應思也。此四正斷欲界地中三塗惡業，故云斷黑。問曰：忍體亦斷惡法，以何義故偏説思乎。釋言：忍心非不斷惡，但思是業，今爲辨業，故偏説之。相從以論，忍等是其思業眷屬，亦得名思。問曰：法智相應之思，何故不説。釋言：法智累[二八]外證除，非正斷故，所以不論。又問：比忍相應之思，何故不説。釋言：比忍相應思者，但斷上界無記染思，不斷不善，所以不説。修道八者，欲界地中修道對治有九無礙、九解脱道。九無礙中前八，無礙相應思也。此八正斷欲界黑業，故云斷黑。問曰：毗曇説三塗業以爲黑黑，見道中斷，是中何處更有黑業，而言修道八思斷黑。此如上釋。凡夫具依見修二惑，發三塗業。見道煩惱，迷理生故，但發意業。修道煩惱，緣事起故，具發三業。見修煩惱所發意業起已謝往，有得得之。入聖道時，斷彼業得，令不屬己，名之爲斷。見惑所起，見道中斷。修惑所起，欲界修道九無礙斷。第九一品在後別論，故説前八斷黑報業。修惑所起身口二業，以其世斷刹那斷故，無得得之，但爲修惑緣縛彼業，修惑斷時，修業免縛，名之爲斷。斷之品數，與斷修惑所發意業，其義相似。所言四思能斷白者，四禪地中修道煩惱相應染思，皆能繫縛自地善業，一一地中各有九品無礙解脱，斷其繫縛。就彼四禪九無礙中，分取第九相應思業以爲四思，此四正斷四禪善上繫縛之義，名爲斷白，不斷善體。問曰：四禪九無礙思皆能斷除善上繫縛，以何義故偏説第九能斷白乎。釋言：前八非不能斷，但彼四禪地地之中九品染思，共縛自地一切善法，前八重縛雖復斷竟，第九一重繫縛猶在，令自地中一切善法皆不得脱，故不名斷。彼第九品無礙起時，斷彼微品染汙業思，令自地中一切善法皆得解脱，故偏就之以説斷白。所言一思三俱離者，欲界修道九無礙中第九品邊相應業思，以之爲一，此思正斷黑黑業中第九微品，并斷欲界一切雜業，名爲俱離。故《雜心》云：斷黑黑業及黑白業，名俱離矣。於彼黑業及雜業中，不善意業斷其得體，自餘一切不善身口及雜業中一切善法，但斷繫縛，不斷得體。問曰：欲界前八無礙非但斷黑，亦斷雜業，以何義故不名俱離。釋言：前八斷黑業時，雜中惡業隨分亦斷，但雜善上繫縛未盡，是故不得説斷雜業，彼雜善業猶爲自地微品黑業及雜惡業所繫縛故。問曰：若言雜善之上繫縛未盡，不得名爲斷雜業者，前八無礙斷黑未盡，亦應不得説斷黑業。釋言：惡業斷體名斷，以斷體故，隨分盡處得與斷名。善斷繫縛，不斷其體。善斷縛故，欲界地中九品不善，共縛欲界一切善法。前八無礙雖斷善上八重繫縛，第九一重繫縛猶在，繫縛在故，一切善法未有脱處，故不説斷。問曰：若使惡斷體故隨分盡處得名斷者，前八無礙亦斷雜中八品惡業，以何義故不説斷雜。釋言：彼惡與欲界善合爲雜業，雖斷雜惡，雜善未出，故不説斷。其猶頭頂手足等事共成人身，雖斷手足，不名煞人，此亦如是。問曰：若言前八思時雜善未出，雖斷雜惡不名斷者，黑業之中，雖斷意業，身口二業未免緣縛，以何義故得名斷黑。釋言：有以彼黑業中意爲正業，身口隨業，意爲正故。前八思時，雖身口業未免緣縛，正業已除，故説斷黑。如人斬頭，或復截腰，手足雖在，而名被煞。雜中雖斷不善意業，善中意業被縛未出，善惡身口亦未免縛，故不説斷。問曰：無色無漏業思，何故不説爲無漏業。理亦通是，但非前三對治法故，所以不論。毗曇如是。《成實》法中四業，復異彼説。色界無色界業一向是白，及欲界中純善之業亦名爲白。阿鼻之業，一向是黑。自餘地獄及鬼畜中純苦之業，亦名爲黑。欲界人天非純樂業，及下三趣非純苦業，通名爲雜。一切無漏，通名不黑不白業也。就無漏中别而論之，唯取思心以爲業體，故彼《成實・九業品》云意思名業。通則俱是。《大智論》中，地獄之業，鬼畜少分，是其黑業。論自釋言，是中衆生大苦悶極，故名爲黑。一切天業，是其白業。論自釋言，三界諸天所受樂報自在明了，故名爲白。人及修羅八部神等所受之業，名黑白雜，以此業中有善有惡，受報之時苦樂雜故。一切無漏，能破不善及有漏善，并拔衆生善惡之果，名不黑不白。《涅槃經》中，三塗之業名之爲黑，上二界業説之爲白，欲界地中人天之業以之爲雜，一切無漏爲不黑不白。四業如是。

五逆義，七門分別。釋名辨相，一。三業三毒分別，二。輕重分別，三。多少次第，四。人處分別，五。受報久近，六。可盡不盡分別，七。

第一門中，釋名辨相。言五逆者，謂殺父、殺母、煞阿羅漢、出佛身血、破和合僧。此之五種，經名爲逆，亦名無間，何故此五偏名爲逆。以其背恩違福田故，煞父、煞母背恩故逆，餘三違於福田故逆。殺阿羅漢、破和合僧，違僧福田。出佛身血，違佛福田。問曰：三寶皆是福田，以何義故不説違法。釋言：謗法重於五逆，是故不入五逆罪中，其猶五逆不入四重。此五何故名無間業。釋有四義：一、趣果無間故曰無間。故《成實》言，捨此身已，次身即受，故名無間。二、受苦無間。五逆之罪，生阿鼻獄，一劫之中苦苦相續，無有樂間，因從果稱，名無間業。三、壽命無間。五逆之罪，生阿鼻獄，一劫之中壽命無絶，因從果因[二九]，名爲無間。四、身形無間。五逆之罪，生阿鼻獄，阿鼻地獄縱曠八萬四千由旬，一人入中，身亦遍滿，一切人入，身亦遍滿，不相障礙，因從果号，名曰無間。名義如是。

次辨其相。前之四種，相顯可知。破僧難識，今宜廣辨。破僧之義，汎釋有二，一破羯磨僧，二破法輪僧。於中略以六句分別，一明破法，二明破人，三明破時，四明破處，五明破相，六明破性。

言破法者，法有二種，一邪二正。邪爲能破，正爲所破。就正法中，汎釋有三：一、出家衆法，謂百一羯磨。出家之者，詳崇不乖，方得成僧，若不如是，不名爲僧，是故名爲出家衆法。二、出家行法，所謂四依，一盡形壽樹下常坐，二盡形壽著糞掃衣，三盡形乞食，四盡形有病服陳棄藥。共行此法，方名出家，方名爲僧，若不行此，不名爲僧，是故名爲出家行法。三、隨行別法。所謂禮拜、學問、誦經、坐禪、念定，乃至修習無漏聖慧，如是一切，隨人異習，非出家者同崇之法，是故名爲隨行別法。三中前二，是其僧法出家之行。後之一種，道俗通行，不止出家，不名僧法。就僧法中，初者是其羯磨僧法，第二是其法輪僧法。是僧[三〇]者，是其所破。非僧法者，非是所破。所破如是。何者能破。破羯磨中更無別法。破法輪僧，用於五邪，一者乞食，二者糞掃衣，三樹下坐，四不食酥鹽，五不食魚肉。前三相似，後二妄語。以此五種翻違正法，故名爲破。破法如是。

次辨破人。於中有三，一明所破，二明能破，三就能所辨定多少。

就所破中，有其二種：一、羯磨僧。出家之中具戒比丘，四人已上，不簡凡聖，在一界內，於彼百一羯磨之法同遵不乖，名羯磨僧。二、法輪僧。出家之士，不簡凡聖，同行如來四依正法，和而不乖，名法輪僧。有人説言，四真諦者是其法輪，會〔三〕諦之人名法輪僧。然彼四諦乃是隨人別行法中法輪之義，非僧法中戒僧法輪。若當四諦是法輪者，調達破僧，應説五諦翻違四諦，以説五邪翻四依故，明知四依是其法輪。若言聖人會諦之者是法輪僧，在家聖人應名爲僧，彼非僧故，明知不以會諦之人爲法輪僧。良以世人所取謬濫，今以四句辨之令異。辨相云何。一者，法輪而非無漏，謂出家凡夫奉行四依，故名法輪，未證聖道，故非無漏。二者，無漏而非法輪，謂在家聖人，內有聖解，故名無漏，不行四依，故非法輪。三者，無漏亦是法輪，謂出家聖人，內有聖解，故曰無漏，奉行四依，故名法輪。四、非無漏，亦非法輪，謂在家凡夫，內無聖解，故非無漏，不行四依，故非法輪。以此辨之，相別可知。此二僧中，破羯磨僧，通破凡聖。凡僧乖聖，亦名破故。破法輪僧，在凡非聖，聖信成就，不可壞故。所破如是。

次辨能破。破羯磨僧，見愛俱能。破法輪僧，局在見行，以利根人方能破故。又破羯磨，通其淨行、毀禁之人，除犯重者，皆能破之。破法輪僧，局在清淨，以毀禁人人不信故，不能破僧，故《雜心》云久清淨人乃能破僧。能破如是。

次就能破所破之人辨定多少。破羯磨僧，於一界內極少八人得成破僧，彼此成衆，別作法故。破法輪僧，於一界內極少九人，方得成破。何故須九。正衆四人是其所破，邪衆五人是其能破，故須九也。邪衆之中何故須五。調達一人自稱爲佛，餘四爲衆，故須五也。問曰：邪中有佛有衆故須五者，正中亦有佛之與衆，何不説十，乃説九乎。釋言：正中雖復有佛，佛非僧攝，是故不論。邪中調達雖自稱佛，體實是僧，故説爲五。又正破時佛不在衆，若佛在衆，調達比丘無有威德，不能破僧，故不論佛。問曰：破彼羯磨僧時，兩衆異處別作羯磨，故須彼此並皆成衆。破法輪者，但破行法，不關衆事，何須彼此皆成衆乎。釋言：有以破法輪者必須羯磨，和衆忍可，邪法方行，故須彼此皆成衆矣。破人如是。

次辨破時。於中有二，一明破時，二明破竟久近之時。正破時者，破羯磨僧，時節寬長，從佛在世，乃至法末，皆得破之。破法輪僧，時節短促，唯佛在世，不通末代。故《雜心》云：不結界前後，牟尼般涅槃，瘡肉未出時，及無第一雙，於此六時中，則無破法輪。不結界一，破僧前二，破僧後三，牟尼涅槃四，瘡肉未出五，無第一雙六，此六時中無破法輪。不結界者，破法輪時，必依羯磨，羯磨依界，故不結界不得破僧。言前後者，彼破僧前及破僧後，此二時中衆僧一味，不可破壞，故無破僧。已涅槃者，佛涅槃後，無正師故亦無邪師，故無破僧。所言瘡肉未出時者，調達惡人起於惡戒、惡見之患，如瘡瘡肉，此未出時，亦無破僧。無第一雙，舍利、目連，此之二人，弟子中標名第一雙，此未有時，則無破僧。何故如是。調達見佛有勝弟子，學佛別蓄勝弟子故。又此二人能和合僧，故有此雙，方起破僧，蓋乃是其佛力法力一切衆生善根之力故使然矣。問曰：世尊未出之時亦無破僧，何故不論。釋言：六時不破僧者，有僧時説。佛未出時，本未有僧，知後就何説爲不破，是以不論。以此六時不破僧故，名爲短促。問曰：破僧前後二時，一王舍城，調達比丘宣説五邪，行籌和衆，五百新學受籌之時，二在伽耶，邪正兩衆別作法時，此二時中何時正破。釋言：二時俱有破義。王舍行籌，破行法時。伽耶布薩，破衆法時。是故二時皆名破僧。問曰：伽耶別作布薩，乃破衆法，不關行儀，何故名爲破法輪乎。彼作羯磨，忍邪必定，故亦名爲破法輪矣。此正破時，破竟久近還復和合。如經中說，不經一宿，僧還和合。何因故和。由舍利弗及目連故。目連以通，令其調達眠而不覺。又現勝通，化彼新學五百比丘，令其生信。舍利辨說，令其生解，還來歸正，故得和合。破時如是。

次辨破處。如論中說，破羯磨僧，在三天下，除欝單越，彼無僧故。破法輪僧，唯在閻浮，不在餘方。何故如是。論自釋言，此有正道，故有邪道，此有正師，故有邪師，故在閻浮。又破羯磨，局在界內，所損之處亦在界內。破法輪者，破處局在一界之内，所損遍滿三千世界。故律經言，三千世界，一時之中，應學不學，應誦不誦，應習禪定，不習禪定，乃至應入無漏聖道，不得入之。破處如是。

次辨破相。破羯磨僧，要是大僧，一界之内下極八人，分爲兩衆，彼此各作如法羯磨，方名破僧。若一處作，一處不作，此直名爲別衆羯磨，不成破僧。又設二處並作羯磨，若當作其非法羯磨，以法羯磨〔三〕皆不成破，以其所作非僧法故。破法輪者，亦是出家具戒之人，在一界内，下極九人，正衆有四，邪衆有五。調達一人自稱大師，宣說五邪，四人忍可，違背正衆，不得同崇四依之法，名破法輪。有人釋言，調達五人化彼正衆四人從邪，方名破僧，故須九人。是義不然。化正從邪，破僧所損，非是破僧。所言破者，本是一和，今分兩和，方名破僧，與破羯磨大況相似。問曰：向前破羯磨中兩衆皆作如法羯磨方名破僧，破法輪中何不如是，一正一邪乃名破乎。釋言：兩異，不得相類。前破羯磨，情乖故破，非是法乖，故無別法。破法輪者，法乖故破，故立邪法，翻違正軌，名爲破矣。破相如是。

次明破性。破僧何性。若論破罪，是其口業

不善之性。若論所破，不和合性。不和性者，是四相中第四壞相，三性之中是不隱没無記性也。破僧如是。此破僧中，破羯磨僧，罪輕非逆。破法輪僧，罪重故逆。上來第一釋名辨相。此一門竟。

次就三業三毒分别。言三業者，五逆之中，煞父、煞母、煞阿羅漢、出佛身血，是其身業，破僧之罪，是其口業。言三毒者，前之四種，瞋心所起，破僧一種，貪嫉心發。以貪名聞，妬嫉心故，破壞僧輪。此二門竟。

次辨輕重。煞父最輕，煞母次重，煞阿羅漢罪復轉重，出佛身血轉轉彌〔三〕重，破僧最重。故《成實》云破僧最重。何故如是。離三寶故，令僧離佛，亦礙法寶。又於佛所起深嫉心，違轉正法。復惱大衆，應入聖者不得入聖，坐禪、學問、讀誦、禮拜，如是等事，一切不得。所以最重。此三門竟。

次辨多少次第之義。言多少者，一人極多得造幾逆。若論佛在，得具造五，先作破僧，後造餘四。若佛去世，極多造三，謂煞父母及煞羅漢。問曰：前説一人不過起於二三，今云何言得具起五。釋言：義推得有具理。就人别論，無過二、三。言次第者，煞父、煞母、煞阿羅漢、出佛身血，此四相望無其次第，隨何在先，皆得起之。若以破僧對煞父母、煞羅漢等，破僧在先，久清淨人能破僧故，若先煞父、煞母、羅漢，人不信受，何能破僧。若以破僧對出佛血，次第不同。若依《雜心》，要先破僧，後出佛血，清淨之人能破僧故。《四分律》中，先明出血，後明破僧。彼説云何。提婆達多先教世王殺害其父，自欲殺佛，望爲新王新佛化世，故先害佛。以害佛故，惡名流布，利養斷絶，五人相將，家家乞食，因即起於破僧之心，遂便破僧。故知破僧定在其後。二説云何。並是聖言，難定是非。若欲和會，律中所説，就最初者出血無犯，故得破僧，《雜心》所論，據彼後時所防者語，必先破僧，後得出血，若先出血，不得破僧。此四門竟。

次就人處分別其相。言就人者，依如《雜心》，唯男與女能成逆罪，唯男[三四]不能成其逆罪。就五逆中，破僧之罪，局唯男子，不通男女。《成實》無文，准彼所明七惡律儀，不能男等得有成義，五逆應然。於中破僧，其唯男子，餘通男女，不能男等亦能起之。言就處者，所謂三界五道處也。三界之中，欲界能起，上界不能。五道之中，人趣起之。就人趣中，破僧出血局在閻浮。餘通三天，除鬱單越。此五門竟。

次明受報時節久近。五逆之罪，若有作者，阿鼻獄中一劫壽報。問曰：有人具造五逆，是人爲當一劫之中具受五報，爲當前後。如《阿含》中，同在一劫，火有厚薄。《涅槃》亦然。若依毗曇，具五逆者，五劫受報，不在一時。《成實》亦然，故彼論言：是罪重故，久受[三五]重苦。於是中死，還是中生。若此劫盡，生於他方阿鼻獄中。問曰：五逆是生報業，次身受者可是生業，後餘劫中所受之者便是後業，云何名爲生報業乎。釋言：重罪報分相排，所以無過。若無初逆，不至後劫，是故猶名生報業矣。此六門竟。

次明五逆可盡不盡。五逆之罪是定報業，假修對治，但可令輕，不可令盡。故《成實》云：五逆之罪，但可令滅[三六]，不可都盡。如王法中有重罪者，但赦令輕，不可全放。故彼闍王煞父之愆，諸佛懺悔，如來但言阿闍世王重罪微薄，不言滅盡。五逆之業[三七]，略之云爾。

六業義。

六業之義，如《成實》說。所謂地獄、畜生、餓鬼，人、天之業，及不定業，是其六也。三塗業者，如經中說，十不善業，上生地獄，中生畜生，下生餓鬼。又身口意具起不善，生地獄中。具二重者，生畜生中。具二輕者，生餓鬼中。如彼《成實·六業品》中，無量分別，不可具論。人、天業者，散善下業，生於人中，散善上業，生於欲天。八禪定業，生色無色。不定業者，如論中說，微善下惡，名不定業。微末之善，或三塗受，或在欲界人天中受，故曰不定。下惡亦然。問曰：三塗無善業果，云何下善三塗中受。論釋不同。毗曇法中，地獄之中全無善果，鬼畜分有。《成實》法中下三惡皆有善果。六業如是。

七不善律儀義，五門分別。釋名辨相，一。開合廣略，二。對治分別，三。得捨成就，四。形趣分別，五。

第一門中，釋名辨相。不善律儀，無作惡也[三八]，惡法違損，稱曰不善。禁制之法，名之爲律，律猶法也。惡行順法，稱之爲儀。問曰：惡法何所禁乎。釋言：禁善通名禁矣。律儀不同，一門說七，謂煞、盜、婬、妄語、兩舌、惡口、綺語。相狀如何。如論中說，煞律儀者，屠牛、屠羊、屠犬、獵師、司獵、魁膾、守獄、養豬、養鷄、捕魚、捕鳥、呪龍等事，如是一切，是煞律儀。問曰：養豬、養鷄等事皆非是煞，云何名爲煞生律儀。養皆爲煞，故入煞中。盜律儀者，謂常作賊以活命等。婬律儀者，如論中說，非道行婬及婬女等。妄語律儀，論言所謂常習歌戲及俳兒等。兩舌律儀，謂喜讒謗，讀誦讒書[三九]，搆合國事，如是等也。惡口律儀，論言獄卒及常惡口自活命等。綺語律儀，謂常合集不正言辭，令人笑等。此一門竟。

次辨開合。總之唯一，就具分二。前三身業，後四口業，相別有七，義如上辨。對因分別有二十一，謂前七種隨上中下三品心發，是故合有二十一種。約惑分别有六十三，前二十一隨貪、瞋、癡三煩惱起，是故通合有六十三。

問曰：有人先依下心得惡律儀，後更以彼中上心起，更得以不。論釋不同。若依毗曇，一得已後，終不重得，與善律儀其義相似。若依《成實》，隨何心起，念念更得。又問：有人貪心之中得惡律儀，是人後時更以瞋、癡起於不善，重得以不。論亦不同，類前可知。此二門竟。

次對境論。問曰：爲望所煞、所盜、所婬等所而發律儀，爲於一切衆生邊得。答曰：一切衆生邊得。若望別境，但得不善，不名律儀，以其律儀類通故爾。由類通故，煞一衆生，得二無作，一惡業無作，二律儀無作。望餘衆生，但得一種律儀無作。問曰：已知不善律儀普於一切衆生邊得，爲於現在衆生邊得，亦於過未衆生邊得。論釋不同。若依毗曇，唯於現在衆生邊得，過去未來不可煞故。若依《成實》，通於三世衆生邊得，三世皆得起惡心故。此三門竟。

次明得捨成就之義。先明其得。依如毗曇，有二種得，一者作得，二受事得。言作得者，有人生在屠煞兒家，未煞已來未得律儀，一煞已後得惡律儀，乃至盡壽更無新得。言受事者，有人生在非屠煞家，作如是言，我當盡壽煞生自活，爾時即得不善律儀，乃至盡壽更無新得。盜等皆然。若依《成實》，隨行惡時，念念皆得不善律儀，不局前二。問曰：七種具作具受方得律儀，不具亦得。《毗婆沙》説，具足乃得，若不具者不名律儀。毗曇、《成實》不具亦得。故《成實》言，若具不具，皆得律儀。《雜心》説言，不能言者，得身律儀，非口律儀，明知不具。次辨其捨，依如毗曇，有四時捨，一受善戒。二者命終。三得諸禪。四二形生。設有衆生，發深善心，作永斷意。若不受戒，皆不能捨。《成實》法中，有三時捨，一受善戒，二者命終，三發深善心，要期不作。此三時中，捨惡律儀，得禪捨者，彼論不説。二形生者，論言不捨，故彼論言，不能男等亦得律儀，云何二形能捨律儀。問曰：有人受八戒時捨惡律儀，至明清旦捨八戒已，還復得彼惡律儀不。有人言得。復有人言，受八戒時捨惡律儀，得善律儀，至明旦已捨善律儀，亦更不得不善律儀，以無作事及受事故。捨義如是。次辨成就。問曰：幾時成就惡戒。依如《成實》，未捨已來，現在時中念念成就，以惡律儀念念生故，過未不成。毗曇法中，最初一念現在成就，第二念後若未當捨，念念之中現在成就及成過去，非心法故不通未來。此四門竟。

次就形趣分別其相。趣謂五趣。五趣之中，

唯人成就。餘趣之中，但有業道，無惡律儀。故《成實》言但人成就。毗曇亦爾。問曰：《成實》宣説龍等得善律儀，何故不得惡律儀乎。以善律儀從師而受，以緣强故，所以得之。惡不如是，所以不得。趣別如是。形別如何。依如毗曇，男、女、二形得惡律儀，餘皆不得。《成實》法中，不能男等亦皆得之。不善律儀，略之云爾。

八種語義。

八種語者，所謂見聞覺知而説，不見不聞不覺知説。相狀如何。今先明其見聞覺知四種心異，後明見等發語差別。見聞覺知，分別有三。一、隨根分別。如毗曇説，眼識隨生見，耳識隨生聞，鼻舌及身，塵到方知，合名爲覺，意識名知。二、約境分別。如《成實》説，六識之心，得現境界，名之爲見。故論説言，見名現信。不現[四〇]境界，藉教而知，説之爲聞。故論説言，聞名信於賢聖之語。於彼不見不聞境界，依前見聞，譬度知者，説以爲知。故論説言，知者比知。前三心後，重分別心，名之爲覺。云何分別。先因見已，後重思惟，起於見想，或忘前見，起不見想，此則是其見後覺也。聞知後覺，類亦可知。然此覺心，非直從於見聞及知三心後起，蓋亦從於不見不聞不知後生。如先不見，後忘不見，生於見想，此則是其不見後覺。不聞不知生覺例然。此是第二約境分別。三、就四心隨義分別。識心名見，得現境故。想心名聞，境不現故。又復想心知於假名，故説爲聞。受心名覺，覺違順故。行心名知，强分別故。四心如是。

次明見等發語不同。要略唯八，廣則衆多。廣相如何。若依毗曇所説，見等發語不同有三十二。十六正語，十六邪語，是故通合有三十二。十六正語者，心境俱實，有其八語，境虛心實，復有八語，故有十六。心境實者，有人實見，亦生見想，他問見不，答言實見，聞、覺、知等亦復如是，即以爲四。有實不見[四一]不見，生不見想，他問見不，答言不見，聞、覺、知等亦復如是，復以爲四，通前即爲八種實也。境虛心實八種語者，有實不見，後忘不見，便生見想，他問見不，答言實見，其境雖虛，以心實故，亦名實語，聞、覺、知等類亦同然，即以爲四。有人實見，後忘此見，生不見想，他問見不，答言不見，雖不稱事，以心實故，亦名實語，聞、覺、知等類亦同然，復以爲四，通前爲八。此前十六，是其正語。就邪語中，心境並虛有其八語，境實心虛復有八語，是故通合有十六語。境心並虛八種語者，有人實見，還生見想，他問見不，答言不見，聞、覺、知等類亦同然，即以爲四。有實不見，生不見想，他問見不，答言實見，聞、覺、知等亦復如是，復以爲四，通前爲八。境實心虛八種語者，有人實見，後忘此見，生不見想，他問見不，答言實見，雖當前事，以心虛故，亦名妄語，聞、覺、知等類亦同然，即以爲四。有實不見，後忘不見，便生見想，他問見不，答言不見，雖當前事，以心虛故，亦名妄語，聞、覺、知等亦復如是，復以爲四，通前爲八。并上八種，合爲十六。

彼《成實論》所明見等發語差別，人釋不同。有人釋言：見聞及知，此三是本，各別發語。覺者是前三種之後重分別心，無別所知，不別發語。若存此義，所發但有二十四語，見中有八，四正四邪，聞、知亦然，是故通合有二十四。於中具辨，與前不異。驗求《成實》，覺亦發語。云何得知。如彼《成實·八語品》中，明見發語差別已竟，聞、覺、知等亦復如是。論中既以聞、覺、知等類同見心，明知覺心亦別發語。若存此義，所發亦有三十二語，與上相似。問曰：覺心云何發語。有人先來曾起覺心，亦生覺想，他問覺不，答言實覺。此是初句。有人先來不起覺心，生不覺想，他問覺不，答言不覺。此是兩句。有人先來曾起覺心，後忘覺心，生不覺想，他問覺不，答言不覺，雖違前覺，不違已想，猶名實語。此是三句。有人先來不起覺心，後忘不覺，便生覺相，他問覺不，答言實覺，以稱想故，亦名實語。

此四正語。後四邪語，翻上可知。八種語義，略辨如是。

九業義，三門分別。列名辨釋，一。三性分別，二。就趣分別，三。

第一門中，列名辨釋。九業之義，出《成實論》。名字是何。如彼論説，欲界繫業有其三種，一者作業，二無作業，三者非作非無作業。色界亦爾，即以爲六。無色有二，一無作業，二者非作非無作業，通前爲八。及無漏業，通前爲九。言作業者，謂身口業。無作業者，所謂身口無作業也。無作差别，汎釋有九：一、形俱無作，所謂五戒、出家戒等。二、心俱無作，所謂禪戒、無漏戒等。三、要期無作，謂八戒等，乃至一切善惡諸業，皆有要期。相狀如何。如似世人起要期心，我齊某時常爲此業，隨所要期分齊已來，無作常生，過期則止，故曰要期。四、悕望無作。如有人言，我從今日常爲此業，不作期限。自從悕心，未息已來，無作常生，心息便止，故曰悕望。五、作俱無作。如人造作善惡業時，即有善惡無作隨生。六、從用無作。如人造作橋梁等事，隨人受用，無作隨生，名爲從用。七、事在無作。如人造作塔廟等事，未壞已來，常有善生，名爲事在。八、異緣無作。如人手書而成口業，如是一切。九、助緣無作。如人教他，自得罪福。此前九種，身口無作。依如《成實》，更有一種心法無作，唯從心生。毗曇無之。此無作中，除却心俱道共無作，餘者皆名無作業矣。所言非作非無作者，所謂意業。思是意業，不同向前身口作業，故名非作。不同身口無作之業，名非無作。無漏業者，所謂無漏身口意業。道共無作，是身口業。無漏思心，是其意業。問曰：無色以何義故無其作業。以無身口造作業故。此一門竟。

次就三性分别其相。言三性者，所謂善、惡、無記業也。欲界作業通其三性。色界作業，唯善、無記，不通不善。若言寄起，欲界惡業得有不善。毗曇法中，悉無寄起，界地斷故，欲界無作唯善與惡，不通無記。無記羸劣，不能發生無作業故。色界無作，其唯善業。若言寄起，下界惡業得有不善。無色無作，與色界同。欲界非作非無作者，該通三性。色界非作非無作者，當界以論，唯善、無記。若言寄起，欲界惡業得有不善。無色非作非無作者，與色界同。無漏業者，局唯在善。此二門竟。

次就趣論。趣謂五趣。若依毗曇、《成實》法中，人天二趣具起九業，餘之三趣唯起欲界三種之業，自餘六業皆悉不起。依《雜阿含・天品》之中，有鬼神母，名富那婆藪，佛爲説法，得入聖道。案如彼文，鬼道亦得起無漏業。方等經中，亦同彼説。然彼既能起無漏業，明知亦能起上界業，以無漏法依禪生故。九業如是。

十不善業義，七門分別。釋名，一。辨體，二。業起次第，三。料簡寬狹，四。作無作，五。三毒分別，六。界趣分別，七。

第一釋名。十不善業者，所謂煞生，乃至邪見。多生相續，名曰衆生。隔絶相續，目之爲煞。於他資財非理侵奪，故名爲盜。姧行違禮，稱曰邪婬。此三身業。問曰：一切打縛等事，亦是身業，何故不説？以彼輕故，所以不論。又打縛等是煞眷屬，助成煞業，但舉正業，助亦隨之，是故不論。又十業道唯論根本，彼是方便，所以不説。言不當實，故稱爲妄。妄有所談，故名妄語。言乖彼此，謂之爲兩。兩朋之言，依於舌起，故曰兩舌。言辭麁鄙，目之爲惡。惡從口生，故名惡口。前言兩舌，此言惡口，綺互言耳。邪言不正，其猶綺色，從喻立稱，故名綺語。此四口業。順境染愛，目之爲貪。違境忿怒，説以爲瞋。迷正道理，邪心推求，故曰邪見。問曰：三根三毒之中皆説爲癡，今此何故説爲邪見？《成實》釋言：夫邪見者，癡中增上。暢思煩惱，必是增上，故説邪見。此後三種，是意業道。然此十種，起作名業，能通曰道，總相如是。於中別論，釋有三義：一、對思以辨。不善業思，能起煞等，故名爲業。煞等十種，通暢前思，名爲業道。二、對果以釋。煞等十種，能起來報，故名爲業。通人至果，稱曰業道。三、當相辨釋。煞等十種，緣中集起，故名爲業。若望業思，通思名道。若望後報，通人至果，故名爲道。名義如是。此一門竟。

次辨體性。先論身業之中有作無作。先辨作業，宗別不同，所説各異。毗曇法中，説方便色爲身作業。此方便色，是其色入，爲眼所行。問曰：若此是色入者，於青黄等二十色中何色攝乎，所謂高下正不正等。若依《成實》，是假名色，法入所收。是義云何。於色塵上相續之中能有損益，是身作業。有人宣説，《成實》法中身業用彼思爲正體，身爲業具。是義不然。業前方便，思爲正主，身口爲具，正論成業，是則身業假色爲體。故《成實論・業相品》云：色法相續，餘處生時，能有損益，名爲身業。不言思是，明知不用思爲正體。色法相續，後起異前，名餘處生。次辨無作，依如毗曇，亦是色性，法入所收。若依《成實》，非色心性，法入所攝。

次論口業，於中亦有作無作別。先辨作業。依如毗曇，聲入爲體，爲耳所行。若依《成實》，是假名聲，法入所收。於實聲上前後相續能有損益，是口作業。次辨無作，與身業同。

次論意業。依如毗曇，意但有作，無無作業。以心法中三性不並，善時無惡，惡時無善，故無無作。故論説言，以三種故，意無無作。就作業中，思爲正主，餘心心法相從名業。若依《成實》，通作無作。思爲作業。隨此作邊，無作法生，名無作業。此無作業，亦非色心。業性如是。此二門竟。

次明業起次第之義。於中有二：一明業起次第之相，二明業道通局之義。

言次第者，業起次第，乃有四重，第一先起三根煩惱，第二次起不善業思，第三次起三道煩惱，第四次起身口七業。如欲煞生，或先起貪，或起瞋癡，次起思心，思欲斷命，從此思後，次起重貪，或重瞋、癡，通暢前思，然後重起威儀之心，發動身手，隔斷彼命。如煞既然，盜等亦爾。次第如是。

言通局者，業道相對，四句辨之：一、業而非道。所謂思心籌慮造作，故名爲業。前無所通，故不名道。二、道而非業。所謂思後貪、瞋、邪見，通暢思前，故名爲道。而非作性，故不名業。三、亦業亦道。謂身口七業，緣中起作，故稱爲業，通暢前思，故名爲道。四、非業非道，所謂思前三根煩惱體非起作，不同思等，故不名業，前無所通，故不名道。然此四種，若望來果，俱得稱業。齊得名道，能作來果，故通名業。能通至果，故通名道。問曰：思前三根之中有思業不。若依毗曇，思是通數，一切處有，故三根中亦有思業。但諸心法隨時受名，故隱不論。若依《成實》，心起先後，三根之中不得有思。問曰：思時有貪等不。若依毗曇，不善心邊常有煩惱，故思心邊亦有貪等，亦以心法隨時受名，所以不彰。若依《成實》，無別思數，愛分之願，説名爲思，是思業外更無別體貪等可得[四二]。若就思心，隨義説有，理亦無傷。問曰：思後三道之中有思業不。是義與前三根相似。問曰：正起身口業時，得有思心及三道不。若依毗曇，皆具有之。彰義隱顯，所以不説。依曇無德，爾時但有運動身口惡威儀心，是故一切不善業中皆有非[四三]威儀突吉羅罪。此三門竟。

次辨寬狹。於中以其十不善業，對彼三邪七惡律儀，以明寬狹。此三門中，身口意等三種邪行一向是寬，具四義故。何者四義，一具身口意，二通根本及與方便，三通輕重，四通作無作。具此四義，是故最寬。十不善業，望七律儀，互有寬狹。十不善業，三寬一狹。言三寬者，一通三業，二通輕重，三通作無作。言一狹者，唯在根本，不通方便。七惡律儀，三狹一寬。言三狹者，翻前可知。言一寬者，通其根本及與方便。言根本者，謂屠煞等。言方便者，謂蓄養等。此四門竟。

次辨有作無作之義。於中先就根本業道明作無作。就彼身口七業之中，邪婬一種一向具足作與無作。究竟成業，要在自身，是故有作。隨作即有無作罪生，故有無作。自餘業道，無作是定，作業不定。無作之業，若身自作，若教他作，皆悉隨生，故稱爲定。若論作業，自作則有，教他則無，故曰不定。根本如是。次就方便明作無作。當知，一切前後方便，作業是定，無作不定。云何不定。重心作者則有無作，輕心作者則無無作，故曰不定。有作無作，略辨如是。此五門竟。

次對三毒分別諸業。依如毗曇，一切業道皆三毒起，成則不定。煞生、惡口及瞋業道，瞋心所成。盜婬及貪，貪欲究竟。邪見業道，唯癡心成。餘三業道，具三事成。若依《成實》，邪婬一種，從三事起，唯貪欲成。自餘業道，皆三事起，具三事成。宗別各異，難以會通。此六門竟。

次就界趣分別業道。界謂三界。依如毗曇，十不善業，繫屬欲界，唯欲界起。若依《成實》，繫屬欲界，起則不定。煞、盜、邪婬、惡口、兩舌，唯欲界起。妄言、綺語，欲、色俱起。如梵天王自言尊勝，能令諸梵盡老死邊，即是妄語。此不應法，即是綺語。貪及邪見，三界皆起，彼邪不善得寄起故。趣謂五趣。如毗曇說，地獄五業道，欝單越有四，餘方各有十，及餘惡趣天。地獄五者，地獄唯起惡口、綺語、貪、瞋、邪見五業道也。受罪之時，惡罵獄卒故有惡口，惡口違法即是綺語，爾時忿怒即是瞋恚，貪及邪見成而不行。欝單四者，唯有綺語、貪、瞋、邪見，彼有欲〔四四〕詠故有綺語，貪、瞋、邪見成而不行。問曰：彼方有行欲事，何故不說有婬業道。釋言：彼方無有夫妻共相配疋，雖共行婬，無相凌〔四五〕奪，不名邪婬，是故不名邪婬業道。問曰：欝單有行欲事，欲因貪起，云何說言貪心成就，欲不現行。釋言：彼方起婬之貪，其實現行，但此貪心所起之婬，非十惡收。能起之貪，亦非不善業道所攝。故雖起此，不名貪欲業道現行。如人夫妻共相纏愛，不名業道，彼亦如之。問曰：若彼起婬之貪非業道者，善、惡、無記三性之中，何性所收。若性是善，貪欲煩惱不應名善。若是無記，論説欲界一切煩惱，除身邊見，餘悉不善，不言貪欲是其無記。若性不善，便是十惡業道所攝，何得説言不名貪欲業道現行。夫妻相愛事亦同爾。釋言：此貪性是不善，性雖不善，其過輕微，三毒所收，非業道攝。故雖現起，不名貪欲業道現行。問曰：欝單既有綺語，綺語必依貪、瞋、癡起，亦依彼成，何故不名貪等現行。釋言：彼方所有綺語，實依癡起，但佛經中宣説邪見以爲業業，不説癡心以爲業道。是故彼癡雖復現行，但是癡毒，猶故不名邪見現行，無推求故。良以彼方邪見不行，故無斷善破僧事等。問曰：彼方有歌詠等，此不應法，即是妄語，何故不説有妄語乎。彼無誑心，故非妄語。餘方十者，餘三天下各具十也。惡趣天者，謂餘鬼、畜及與天趣皆具十也。若依《成實》，唯欝單越，與毗曇同。自餘三方三惡及天皆具十業，彼地獄中重處雖少，輕處具有。十不善道，辨之略爾。

十四垢業義。

十四垢業，出《長阿含·善生經》中。何者十四。如彼中説有四結業，即以爲四。依於四處，作諸惡行，復以爲四，通前爲八。六損財業，通前十四。四結業者，謂煞、盜、婬及與妄語。問曰：何故不説兩舌、惡口、綺語。以在家者不能離故，所以不説。言四處者，所謂愛、恚、怖、癡處也。此之四種，起業所依，故云四處。六損財者，一是躭酒，二是博戲，三是放蕩，四迷妓樂，五惡友相得，六是懈惰。飲酒之過，有其六失，一者失財，二者生病，三者鬪諍，四惡名流布，五瞋怒暴生，六智慧目損。博戲之過，亦有六失，一財物耗減，二雖勝生怨，三智者所嘖，四人不敬信，五爲人疎外，六生盜竊心。放蕩之過，亦有六失，一不自護身，二不護財貨，三不護子孫，四常自驚懼，五諸苦惡法常自纏身，六憙生虚妄。迷於妓樂，亦有六失，一者求歌，二者求舞，三求琴瑟，四波内早，五多羅槃，六首呵那。此後三門，胡語不翻，不知是何。惡友相得，亦有六失，一方便欺誑，二好憙屏處，三誘他家人，四圖謀他物，五財利自向，六好發他過。懈惰之過，亦有六失，一者富樂不肯作務，二者貧窮不肯懃修，三者寒時不肯懃修，四者熱時不肯懃修，五者時早不肯懃修，六者時晚[四六]不肯懃修。十四垢業，辨之麤爾。

十六惡律儀義。

十六惡律儀，出《涅槃經》。無作之惡，常生相續，説爲律儀。律儀不同，宣説十六：一、爲利養羊，肥已轉賣。二、爲利故買，買已屠煞。三、爲利養豬，肥已轉賣。四、爲利故買，買已屠煞。五、爲利養牛，肥已轉賣。六、爲利故買，買已屠煞。七、爲利養鷄，肥已轉賣。八、爲利故買，買已屠煞。九者釣魚。十者捕鳥。十一獵師。十二劫盜。十三魁膾。十四兩舌，專行破壞。十五獄卒。十六呪龍。《毗曇論》中宣説十二，一者屠羊，二者養豬，三者養鷄，四者捕魚，五者捕鳥，六者獵師，七者作賊，八者魁膾，九者守獄，十者呪龍。此與前同。十一者屠犬，十二者司獵。此二異前。言屠羊者，如毗曇説，以煞害心，若賣若煞，悉名屠羊，攝十六中第一第二。言養豬者，亦以煞心，若賣若煞，悉名養豬，攝十六中第三第四。養雞亦爾，攝十六中第七第八。言捕魚者煞魚自活，捕鳥獵師亦復如是。言作賊者，常行劫盜。言魁膾者，常主煞人以自存活。言守獄者，守獄自活。言呪龍者，謂呪龍蛇戲樂自活。言屠犬者，謂旃陀羅屠犬自活。言司獵者，所謂王家主獵者是。就[四七]屠羊者，雖不起心煞餘衆生，而於一切諸衆生所得惡律儀，一切衆生悉皆可有作羊理故。餘者皆爾。問曰：此等七律儀中幾律儀攝。釋言：若依《涅槃》所説，煞、盜、兩舌三律儀攝，以此三種損惱處多，故偏説之。毗曇所説，唯煞、盜攝，作賊是盜，餘皆是煞。

十六律儀，辨之如是。

飲酒三十五失義。

飲酒之過，有三十五失，出《大智論》。一者，現世財物空竭。二、衆病之門。三、鬬諍之本，多致忿訟。四、裸露無耻。五、醜名惡聲，人不恭敬。六、覆没智慧。七、所應得物而不得之，已得之物而復散失。八、私匿之事，向他論説。九、種種事業，廢而不成。十、憂愁之本。十一、身力減少。十二、形色損壞。十三、不知敬父。十四、不知敬母。十五、不敬伯叔尊長。十六、不敬沙門。十七、不敬婆羅門。十八、不知敬佛。十九、不知敬法。二十、不知敬僧。二十一、惡人親附。二十二、疎遠善人。二十三、作破戒人，以其飲酒違戒法故。二十四、心無慚愧。二十五、不守根門。二十六、縱色放逸。二十七、人所憎惡，不憙見之。二十八、貴重親屬及諸知識，所共擯棄。二十九、行不善法，由其飲酒，多生罪故。三十、棄捨善法。三十一、明人智士所不信用。三十二、遠離涅槃。三十三、多種世世狂癡因緣。三十四、身壞命終，墮諸惡道。三十五、若得爲人，隨所生處，常當愚騃。

酒過如是，應當斷之。

大乘義章卷第七

校勘記

〔一〕「正」，校本校勘記云一本無。

〔二〕「一」，底本前衍「一」字，據底本原校及校本删。

〔三〕「受」，校本校勘記云一本無。

〔四〕「果」，底本原校疑前脱「樂」字。

〔五〕「所」，底本原校疑爲「著」。

〔六〕「果」，底本原校云一本作「業」。

〔七〕「縛」，底本原校云一本作「續」。

〔八〕「能」，校本校勘記云甲本無。

〔九〕「八地已上」，底本原校云南本《涅槃經》無。

〔一〇〕「良以」至「時故」，校本校勘記云甲本無。

〔一一〕「報」，底本原校云一本後有「業」字。

〔一二〕「得者」，底本原校云一本無。

〔一三〕「爲」，底本原校云一本作「限」。

〔一四〕「關緣」，校本校勘記云甲本作「開因」。

〔一五〕「數」，底本原校疑後有「起」字。

〔一六〕「問」，底本原校疑爲「簡」。

〔一七〕「結」，底本原校云一本後有「此人命終」四字。

〔一八〕「則」，底本原校疑後脱「是其」二字，校本後有「是其」二字。

〔一九〕「名爲後爲」，底本原校疑衍。

〔二〇〕「定」，校本校勘記云甲本後有「可知」二字。

〔二一〕「盡」，底本原校云一本後有「得初禪定是人命終」八字。

〔二二〕「禪」，底本原校疑爲「初」。

〔二三〕「彼」，底本原校云一本作「化」。

〔二四〕「結」，底本原校云一本作「法」。

〔二五〕「思」，校本校勘記疑爲「慧」。

〔二六〕「具」，校本校勘記云甲本無。

〔二七〕「八」，底本原校疑前脱「其」字。

〔二八〕「累」，底本作「黒」，據底本原校及校本改。

〔二九〕「因」，底本原校疑爲「目」。

〔三〇〕「僧」，底本原校疑後脱「法」字。

〔三一〕「會」，底本原校云論作「證」。

〔三二〕「以法羯磨」，底本原校疑衍。

〔三三〕「彌」，底本作「深」，據底本原校及校本改。

〔三四〕「唯男」，底本原校疑爲「餘皆」。

〔三五〕「受」，校本校勘記云甲本無。

〔三六〕「滅」，底本原校云論作「薄」。

〔三七〕「業」，底本原校云一本作「報」。

〔三八〕「也」，校本校勘記云一本作「法」。

〔三九〕「盡」，底本原校疑爲「晝」，校本校勘記云一本作「書」。

〔四〇〕「現」，底本原校云一本作「見」。

〔四一〕「不見」，校本校勘記云甲本無。

〔四二〕「是思業外更無別體貪等可得」，底本原校云一本作「思是貪分更無餘結」。

〔四三〕「非」，校本校勘記云甲本無。

〔四四〕「欲」，底本原校疑爲「歌」。

〔四五〕「淩」，校本校勘記云甲本作「陵」。

〔四六〕「晚」，校本校勘記云甲本作「曉」。

〔四七〕「就」，底本原校疑爲「然」，校本前有「然」字。

大乘義章卷第八

遠法師撰

染法聚苦報義，有十四門。

一、二種生死義。二、四生義。三、四有義。四、四識住義。五、四食義。六、五陰義。七、六道義。八、七識住義。九、八難義。十、九衆生居義。十一、十二入義。十二、十八界義。十三、二十五有義。十四、四十居止義。

二種生死義，六門分別。

釋名，一。辨相，二。就位分別，三。就界分別，四。因緣分別，五。治斷分別，六。

第一釋名。二種生死，出《勝鬘經》。名字是何。一、分段生死。二、變易生死。言分段者，六道果報三世分異，名爲分段。分段之法，始起名生，終謝稱死。言變易者，汎釋有三：一者微細。生滅無常，念念遷異，前變後易，名爲變易。變易是死，名變易死。故《地持》中，生滅壞苦，名變易苦。此通凡聖。二者[一]緣照無漏所得法身，神化無礙，能變能易，故名變易。變易是死，名變易死。此該大小。三者，真證法身，隱顯自在，能變能易，故言變易。變易非死，但此法身未出生滅，猶爲無常死法所隨，變易身上有其生死，名變易死。此唯在天。雖有三義，《勝鬘》所説第二爲宗，下諸門中聽此言耳。分段生死，《勝鬘》亦名有爲生死，變易生死，《勝鬘》亦名無爲生死，蓋乃從人以別名矣。凡夫多起有漏諸業，建集有果，名曰有爲。有爲衆生所受生死，名有爲生死。無爲生死，翻前立稱。聖人不起有漏諸業受分段報，名曰無爲。無爲聖人所有生死，名無爲生死。名義如是。此一門竟。

次辨體相。分段生死，開合不定。總之唯一。或分爲二，一善二惡，人天名善，三塗名惡。或分爲三，謂三界中所有生死。或分爲四，所謂胎生、卵生、濕生及以化生，此如後釋。或分爲五，謂五道中受生差別。或分爲六，六道報中生死不同，於前五上加阿修羅，名爲六道。隨類別分，數有無量。分段如是。變易之中，亦開合不定。總之唯一。或分爲二，一事識中變易生死，二妄識中變易生死。於六識中，緣照無漏所受之報，名事識中變易生死。第七識中緣照無漏所得之果，名妄識中變易生死。彼事識中變易生死，因果在㈢別，此世造業，餘世得報。如論中說，有妙淨土，出過三界，是阿羅漢當生彼中。如是等也。彼妄識中變易生死，有麤有細，地前名麤，地上名細。於中麤者，因果世別，與前相似。微細之者，前念爲因，後念果現，是中微細，不復可以世別論之。念念之中細分異世，亦得無傷。或分爲三，謂三乘人變易生死。或分爲四，如《勝鬘》說，一阿羅漢，二辟支佛，三大力菩薩。地前菩薩二輪煩惱全未斷除，而不爲彼煩惱所牽，又於三界受生自在，故名大力。問曰：地前大力菩薩，《涅槃經》中說爲凡夫，具煩惱性，《勝鬘》何故說爲變易。釋言：《涅槃》對初地上出世聖人，名爲凡夫，未斷地上二輪之惑，名具煩惱。若對聲聞、辟支佛等，此是大聖，二鄣清淨，何爲不得說爲變易。故《涅槃》中說，須陀洹八萬劫到，乃至辟支十千劫到，謂到性地阿耨菩提。此既大聖，變易何疑。四、意生身。初地已上受生如意，名意生身。意有何義，生如意乎。意有三義，一能速疾，二能遍到，三能無礙。初地已上受身如是。或分爲六，如《勝鬘》說，謂此三地及彼三種意生身等。此三地者，謂此地前羅漢、辟支、大力菩薩三乘地也。彼三種者，謂初地上三種生也。三種意生，如《楞伽》說：一、三昧意生身，謂從初地乃至五地，禪度增上，故名三昧意生身也。二、覺法自性性意生身，六七八地慧行成就，知法有性，知法無性，名爲覺法自性性身。前自性者，是法有性。有法之中，色爲礙性，心爲知性，如是一切，名爲自性。復言性者，是法無性。無是一切法之實性，故名爲性。此有無性，皆能善照，故名爲覺。三種類俱生無作行意生身，謂九地上無功用行，任運轉起，名種類俱生無作行身。此三彼三[三]，九地已上行報純熟。前七地中所修種類，至彼地中，報熟現前，名種類俱生。法流水中任運上昇，捨離功用。此三彼三，合以爲六。別則無量，變易如是。此二門竟。

次就位論，總相麤分。分段死者，是虛僞衆生。變易死者，謂阿羅漢、辟支佛、大力菩薩、意生身等。小乘之中凡夫學人，大乘之中外凡善趣，皆於三界妄愛受生，名爲虛僞。小乘人中羅漢、辟支，大乘人中種性已上，以無漏業，正智受生，故非虛僞。虛僞所受，名分段死。非虛僞受，名變易死。問曰：小乘須陀已上，大乘人中十信以上，亦有五分法身功德，何故不名爲變易死，乃名分段。釋言：是人於三界中有漏結業受生未盡，故名分段。雖有無漏五分法身，是因法身，未得果報，是故不得名變易死。麤分如是。於中細謂[四]，分段有二，一者惡道，二者善道。三塗名惡，人天名善。小乘法中，惡道分段，見道時盡。故須陀洹名爲觝債，觝三塗債。著[五]復通論，增上忍時，三惡道報皆非數滅，善道分段無學時盡。大乘人中，惡道分段盡處有三：一、惡業爲因，四住爲緣，受惡道報，十信時盡，以脩身或[六]心慧等行轉惡業故。云[七]《地持》中說爲善趣。又《華嚴》中宣說賢首能現作佛，明知亦能離惡趣報。二、惡業爲因，四住爲緣，緣力微薄，不能牽生，加少悲願，受惡趣身，種性時盡，故《勝鬘》中說種性上大力菩薩離分段死。三、惡業爲因，悲願爲緣，四住殘氣隨逐佐助，受惡趣生，初地時盡，地前未斷。初地盡故，《地經》

宣說初地菩薩離惡道畏，《地持》宣說解行菩薩轉惡趣報，入歡喜地。又彼隨助四住煩惱初地盡故，《地持》宣說增上及中惡趣煩惱初地出過。以其地前未斷滅故，《地持》宣說種性解行或墮惡道。惡道既〔八〕如是。

善道分段，亦有三階：一、善業爲因，四住爲緣，受人天報，種性時盡。二、善業爲因，四住爲緣，緣力微薄，不能牽生，加少悲願，受人天身，初地時盡，地前未斷。初地盡故，《楞伽》宣說初地菩薩得二十五三昧，破二十五有。前未斷故，《法華論》中宣說地前猶有三界分段生死。故彼論言，所言入生，乃至一生得菩提者，謂初地證智。所言八生至一生者，是其三界分段之生。三、善業爲因，悲願爲緣，四住殘習隨逐佐助，受人天生，至佛乃盡，自前未斷。至佛盡故，經嘆唯佛斷有頂種。十地已還，人天受生未窮盡故，《地持》但云解行菩薩轉惡趣報，入歡喜地，不言轉善。又十地已還，人天受生，煩惱未盡，故《地持》中唯說初地過增上中惡趣煩惱，不言出過善趣煩惱。以斯文證，人天殘習明至十地。

於中別分，人分段者，八地時盡，自前未斷。八地盡故，《涅槃經》中宣說八地爲阿那含，不受肉身。前未斷故，《大品經》中說前七地猶是肉身。天分〔九〕段者，至佛乃盡，自前未斷。至佛盡故，唯佛一人斷有頂種。前未斷故，八地以上唯名那含，非阿羅漢。問曰：地上徧生六道，何故偏說人天中生，以爲分段？釋言：地上惡業盡故，雖生惡道，但是應現。人天善業未窮盡故，生人天中，與彼凡時微業相應，名分段矣。

次辨變易。變易之中，有因有果。小乘人中，見道以上變易因生，無學果後變易報起。何者是乎。如論中說，有妙淨土出過三界，無煩惱者，是阿羅漢，當生彼中。如是等也。大乘人中，分齊有四：一、起因處，十信已上。二、得果處，種性以上。故《勝鬘》中說，種性已〔一〇〕上大力菩薩爲變易死。問曰：《法華優婆提舍〔一一〕》說解行前爲分段死，《勝鬘》何故説爲變易。釋言：菩薩種性已上有五種身：一、法性身，謂性種性及解行中清淨向等，如《地持》説六入殊勝，無始法爾，如是等也。二、實報身，謂習種性及解行中得前方便，如《地持》説若從先來修善所得，如是等也。三者生滅變易法身，所謂緣照無漏業果。四、分段身，謂無始來有漏業果。五、應化身，隨物現生。此五種身，各有因緣。法性身者，佛性爲因，謂[三]度爲緣。實報身者，六度爲因，佛性爲緣。更有餘義，如後二種種性中説。變易身者，無漏業因，無明爲緣。分段身者，有漏業因，悲願爲緣。應化身中，有其二種：一者法應，依法身起。二者報應，依報身現。此二種應，因緣各別。論其法應，如來藏中化用三昧法門爲因，悲願爲緣。若論報應，悲願爲因，化用三昧法門爲緣。此五身中，初二非死，次二實死，後一應死。是故於彼種性已上，實報身中有變易雜，應化身中有分段雜。《法華論》中據第四門説爲分段，《勝鬘經》中據第三門説爲變易，各是一義，不相乖背。此是第二得果之處。三、漸捨處，初地已上。四、窮盡處，在如來地。位分如是。此三門竟。

次就界論。界謂三界。於中略以二門分別：一、隨相分[三]別。分段生死是三界攝，三界有漏業之果故。變易生死非三界攝，出世無漏業之果故。故論説言，有妙淨土出過三界，是阿羅漢當生彼中。明知出世，如是一切。二、就性通論，二種生死皆三界攝。此義云何。如《勝鬘經》中説，世間有二，一無常壞，二無常病。無常壞者是分段三界，無常病者是變易三界。分段生死還是分段三界所收，變易生死還是變易三界所攝。問曰：分段於三界中分齊可知。變易生死於三界中分齊何處。唯聖所知。亦可變易依禪地説，依初禪地發無漏業，受變易報，繫屬初禪，如是一切。此四門竟。

次辨因緣。親生名因，疎助目緣。總相麤論，分段生死有漏業因，四住爲緣。故《勝鬘》云又如取緣有漏業因而生三有，取猶愛也。於受生時，或起婬愛，或復起於華池等愛，逐即受身，故説爲緣。受生三界愛力增强，故偏説之。變易生死無漏業因，無明爲緣。故《勝鬘》云：無漏業因，無明爲緣，生阿羅漢、辟支佛等。緣有二種：一、前後緣，以前無明，不見諸法本性平等，故求後生。二、同時爲緣，無明住地是七識體，變易業果依是得立，故説爲緣，如夢所作皆依睡心。總相如是。

隨別細分，分段生死有善有惡。惡道分段，義別三階：一、凡夫所受，惡業爲因，四住爲緣。二、十信所受，惡業爲因，四住正緣，悲願隨助。三、種性已上至初地受，惡業爲因，悲願正緣，四住隨助。若無惡業，苦果不生，是故用彼惡業爲因。若無悲願，則不往受，是故用彼悲願爲緣。故《涅槃》云：地前菩薩過去所有微塵等業，以願力故，一切悉受。且説願力，當知亦以悲力故受苦[一四]。善道分段，亦有三階：一、凡夫二乘乃至大乘十信所受，善業爲因，四住爲緣。二者，種性解行所受，善業爲因，四住正緣，悲願隨助。三、地上所受，善業爲因，悲願正緣，四住隨助。

變易有二，一事識中變易生死，二妄識中變易生死。事中變易，義別三階：一是羅漢、辟支所受，用事識中衆生空觀以爲正因，無明爲緣。二是種性解行所受，用事識中法空之觀以爲正因，無明爲緣。三、地上所受，用事識中非有非無息想之解以爲正因，無明爲緣。妄中變易，亦有三階：一、地前所受，用妄識中一切妄想依心之觀以爲正因，無明爲緣。二、地上所受，用妄識中一切妄想依真之觀以爲正因，無明爲緣。三是八地以上所受，用妄識中唯真無妄息想之觀以爲正因，無明爲緣。問曰：唯真無妄之觀，能令妄智更不牽後，云何能與變易作因？釋言：此觀望後同類，雖不牽生，望後勝品，非不能生，故得爲因。此等觀別，如前八識章中具辨。前分段死，因故緣新，由是因同，緣有差異。此變易死，緣故因新，爲是緣同，因有差別。隨義細論，分段之因，變易之緣，非無差別，異相難分，是以不說。理實無明亦扶分段，四住之習亦佐變易，相隱微少，故癈不論。此五門竟。

次辨斷處。分段之中，五道差別，斷處不定。小乘法中，大位論之，盡在無學。於中別分，三塗分段盡處有三。一、不受處。依如《成實》，暖心已上一向不受。於彼宗中，暖心已上名爲住分，不復退墮三塗中故。故彼《成實》引經證言，世上正見者，往來百千世，終不墮惡道。暖心已去，名上正見。若依毗曇，忍心以上，方是住人[一五]，一向不受三塗之報。《涅槃經》中亦同此說。據此言之，忍心以上方得名爲世上正見。此是第一不受處也。二、非數滅處。依如毗曇，增上忍時，三惡道報皆非數滅，於此一生定斷其因，不受報故。《涅槃經》中亦同此說。故《涅槃》言，增上忍時，三惡道報，當知不從智緣而滅。三、緣盡處，在見道中，潤惑永斷，業種燋故。人中分段，那含已去不復更受。天分段者，羅漢、辟支永更不受。大乘法中，大位分之，一切分段盡在種性。故《勝鬘》云分段死者是虛僞衆生。於中分別，分段現[一六]生死有其二種：一者定繫。爲業所牽，定繫時處。時者所謂生後時，處謂六道。二、不定繫。得業自在，得生自在，不繫時處。不繫時故，現生後時，隨意受之。不繫處故，六道之中，隨意受之。彼三塗中，定繫之者，十信已上修習身戒心慧行故，漸次斷除，種性時盡。不定繫者，種性已上漸次斷除，初地時盡。《地持》據此宣說，初地離惡趣報。人天定者，種性已上漸次斷除，初地時盡。若復通論，十信已上漸次斷除，初地時盡。《楞伽》據此宣說，初地得二十五三昧，破二十五有。不定之者，初地以上漸次斷除，至佛乃盡。於中分別，人分段者八地時盡，故八地上名阿那含，更不重受臯身肉身。天分段者，至佛乃盡，故佛一人，斷有頂種，度生死流。然初地上雖復說有人天分段，但有微習，謂於大悲應現身中少有殘氣，無有能〔一七〕受分段報者。分段如是。次論變易。變易之中，有因有果，盡處不定。小乘法中，變易之因，盡有二處。一、滅定暫滅，那含已上。二、無餘永滅，無學果中。變易之果，小乘未滅。大乘法中，變易之因，種性暫〔一八〕滅，至佛乃盡。變易之果，初地漸滅，至佛乃盡。二種生死，大況麤爾。

四生義，三段〔一九〕分別。辨相，一。通局，二。寬狹，三。

言四生者，謂胎、卵、濕、化。言胎生者，如今人等，稟託精氣而受報者，名爲胎生。言卵生者，如諸鳥等，依於卵殼而受形者，名爲卵生。言濕生者，如今夏日濕生虫等，不假父母，依濕受形，名爲濕生。言化生者，如諸天等，無所依託，無而忽起，名曰化生。若無依託，云何得生。如《地論》釋，依業故生。生相如是。

次就五趣辨其通局。四生之中，化生一種，全攝二趣及三少分。全攝二者，諸天、地獄，一向化生。三少分者，人、鬼及畜，少分有之。如劫初時，人、鬼及畜，一切化生，今時多無，故曰少分。胎生一種，人、鬼及畜少分有之，餘趣全無。卵、濕二生，唯在人、畜，餘趣皆無。人中卵生，如毗舍兒。毗舍法〔二〇〕母生其肉卵，卵中有其三十二兒。如是等類，是卵生人。人濕生者，如頂生王。過去有王，名曰善住，頂生肉胞，十月滿足，中生一兒，因字頂生。如是等，此是濕生人。畜生道中卵、濕可知。

次辨寬狹。如《雜心》問：爲生攝趣，爲趣攝生。論自釋言：四生攝趣，非趣攝生。何故如是。一切五趣，無出四生，故生攝趣。五道中陰，皆是化生，五趣不收，是故五趣不攝四生。四生之義，略辨如是。

四有義，六門分別。辨相，一。就時分別，二。就處分別，三。五陰六根有具不具，四。染淨分別，五。凡聖有無，六。

第一辨相。四有之義，出《阿含經》、《毗曇論》中具廣分別。生死果報，是有不無，故名爲有。有别不同，一門説四。四名是何。一者生有，二者死有，三者本有，四者中有。報分始起[三一]，名爲生有。命報終謝，名爲死有。生後死前，名爲本有。對死及中，故説爲本。兩身之間，所受陰形，名爲中有。

中有相隱，九句辨之。一、定其有無。經論不同。毗曇法中定有中陰，《成實》法中一向定無，有無偏定，故成諍論。故《涅槃》云：我諸弟子，不解我意，唱言如來宣説中陰，一向定有，一向定無。大乘所説，有無不定。上善重惡，趣報速疾，則無中陰，如五逆等。餘業則有。異於偏定，故無諍論。二、定其生分。生有四種，胎、卵、濕、化。一切中陰，同一化生。三、辨其形類。中陰之形，髣緣[三二]生陰。趣天中陰，髣緣似天。乃至趣向地獄中陰，髣緣地獄。四、明中陰形量大小。如論中説，生人中陰如有知小兒，上天中陰以漸轉大，如是中陰，隨所向處，小於生陰，准人可知。五、辨其形色。如《地持》説，色有好惡。好色有二：一者極好，如明月光。二者微好，如波羅捺衣。惡色亦二：一者極惡，如夜黑闇。二者微惡，如黑羊毛光。然實中陰色[三三]萬差，《地持》且就麤影[三四]爲言。六、明中陰趣向差别。如論中説，地獄中陰，向地獄時，足上頭下，直趣地獄。至地獄中，受報之時，形如人立。諸天中陰，上趣天時，如箭射空。餘則倚行。七、明中陰相見不同。有人宣説，一切中陰皆得相見。復有人言，上得見下，下不見上。如此説者，地獄中陰唯得見於地獄中陰，不見餘者。畜生中陰，能見畜生、地獄中陰，不見餘者。乃至天陰能見一切五趣中陰。八、明中陰所食不同。欲界中陰具足四食，其中段食還食生陰所食香氣。上界中陰則無段食，但有識、觸、意思食等。九、明中陰衣服有無。諸天中陰一向有衣。人中不定，如近佛地諸大[三五]菩薩轉輪聖王及白淨比丘尼等，福德殊勝，又具慚愧，中陰有衣。餘者則無。此一門竟。

次明四有時分久近。生有、死有，時分極短，唯止一念。故《雜心》云：生有及死有，是各一剎那。本有、中有，時分不定。本有極短至一念，長則或經億百千劫。中有長短，人說不同。有人宣說，極短一念，極長[二六]七日。如此說者，齊七日來，必得生處。若七日來不得生處，前陰滅已，更受中陰。有人復說，中陰極長壽七七日，七七日來必得生處，若不得處，死而更生。復有人說，壽命不定，乃至父母未和合來，常在不滅。此諸說中，後說爲善。此二門竟。

次就三界五道之處，分別四有。先就三界辨其通局。生死本有遍通三界，中有不定。小乘法中，欲色界有，無色則無。大乘法中，四空有色以有色故，亦有中陰。故《華嚴》中菩薩鼻根能聞無色宮殿之香，明知有色。次就趣論，當知四有遍通五趣。此三門竟。

次辨根陰有具不具。陰謂五陰，根謂六根。先就五陰明具不具。生死本有，此三若在欲界之中，定具五陰。色無色界，大小不同。小乘說，彼色界地中無想天處有色無心，四空地中有心無色，不具五陰，餘色界天齊具五陰。大乘說，彼無想天處猶有心想，四空有色，是則三界皆具五陰。故《地論》言，乃至有頂增長一切五陰苦聚。中有一種，定具五陰，終無缺減。次就六根明具不具。生有之中，唯有意根所緣之色，未成已體，故無身根，以無身故亦無眼、耳、鼻、舌等根。死有不定。欲界衆生，漸命終者唯有身根及與意根最後滅壞，頓命終者一念死時六根俱壞。色界衆生，無漸命終，是故死時六根俱壞。無色衆生，大小不同，小乘說彼唯有意根最後滅壞，大乘說彼猶有形色與色界同。本有之中，諸根不定。欲界衆生多具六根，乃至極小具身及意。色、無色界，大小不同。小乘說彼色界地中，除無想處，其餘諸天齊具六根。無想天中，無其意根。無色界中，單有意根，無餘五種。大乘說彼色無色界齊具六根。何故如是。大乘説彼無想無色有色心故。中有一種，定具六根，無殘缺者。何故如是。中陰身中受純業果，不受雜業報，故具六根。又中陰身形色精微，無有餘緣壞其根者，故具六根。又六根中求受生處，是故中陰定具六根。然此中陰，六根猛利，淨過諸天，一切世界應受生處，見聞無礙，以其求生自在力故。此四門竟。

次辨四有染淨之義。生有一種，唯染無淨，受生必是煩惱心故。餘通染淨。故《雜心》云一染三有二。言一染者，是生有也。三有二者，本、死及中，通染淨也。此乃局論凡夫二乘。若通菩薩願力受生，是則四有皆通染淨。此五門竟。

次就凡聖分別四有。凡聖雖異，齊具四有。凡夫可知。聖人之中，學具四有，無學唯三，略無生有，無學聖人更不生故。四有如是。

四識住義，四門分別。辨相，一。漏無漏分別，二。就地分別，三。三世分別，四。

四識住者，五陰之中色、受、想、行，爲識所依，故名識住。住義云何。依如毗曇，心王之體，依於同時色、受、想、行，故名識住。問曰：彼宗心心數法同時相依，何故偏説識依餘住，不説受等依餘住乎。釋言：住義理實齊通，但識是王，故偏説之。又破外道識依神住，故説識住。若依《成實》，心起前後，不説同時相依而住，但説心識緣餘四陰。緣而愛著，故名識住。問曰：彼宗貪在行心，識中無貪，云何經中説爲識住。釋言：依彼貪有二種，一者起貪，唯在行心，二者性貪，遍在四心。性貪通故，識中有之，故得就識説爲識住。何者性貪。取性煩惱(二七)，執著境界，故名性貪。問曰：性貪既通四心，以何義故偏説識住，不説受住，想行住等。釋言：住義理通四心，今以三義偏説識住。一、以初類後。識心在初，但言識住。餘類可知，故不具論。二、舉弱顯强。就四心中，識心取性最爲微弱，乃至行心取性最强，就弱説住，增强可知，故闕不論。三、爲破外道説識依神，故名識住。以彼外道多取心識依神我故。問曰：若言貪故住者，何故論言喜潤故住。釋言：理實貪著故住。貪心必由前喜而生，故説喜潤。又後貪中猶有喜義，助成彼貪，故説喜潤。問曰：前説性貪故住，性貪常有，何假喜潤。釋言：識中所有性貪，是前行中重貪氣分。彼前行中增上重貪，由喜潤生識中性貪。從本論之，故曰喜潤。問曰：色等望於何識説爲識住。若依毗曇，通望六識説爲識住。《成實》法中，人解不同。有人釋言，唯望意地行心説住，以彼行中貪愛强故。又人復言，通望六識行心説住，以前三[二八]心無貪愛故。此皆不然。經説識住，不言行住，云何説言望行心住。人復釋言，彼宗之中想受及行，是通名識，故云識住。若言行心是通名識，説識住者，論通非別，云何得分四識住異。當知《成實》亦望六識説爲識住。何以得知。毗曇法中，通望六識説爲識住。《成實》不非，明知共用。又六識中性貪義等住著不殊，故通望之以説識住。問曰：若言通望六識説識住者，六識之心局緣一色，不緣餘法，云何得有四種識住。釋言：通望六識之心説四識住，非謂一一皆具四住。又問：五識局在一念，云何名住。此言住者，住著名住，著[二九]不以經停説爲住故，一念五識亦得名住。問曰：何故唯説色、受、想、行等陰以爲識住，不還説識以爲識住。若依毗曇，識是心王，兩王不並，故不説識以爲識住。若依《成實》，識時少識，故不説識以爲識住。云何少識。六識之中唯有意識通具續念，自餘五識局在一念，不通相續，不如六想、六受、六行並通續念，故曰少識，少故不論。又復爲分能住、所住兩義差別，故不説識以爲識住。此一門竟。

次就有漏無漏分別。有漏四陰望有漏識名爲識住，無漏則非。何故如是。毗曇釋言，無漏之法，壞有漏識，故非識住。又無漏識，厭有漏法，亦非識住。又無漏識，於無漏法亦不貪著，故非識住。有漏之識，於有漏法樂著不捨，故名識住。《成實》亦同。此二門竟。

次就諸地分别識住。地謂九地，始從欲界，乃至悲想。若依毗曇，要當地法望當地識説爲識住，異地則非，麤細别故。若如是者，依下地身，起上心時，下地之身應非識住。論自釋言：住相成就，猶名識住。若依《成實》，莫問自地及與他地，但有緣著，斯名識住。此三門竟。

次就三世分别住義。若依毗曇，於三世中同時相依，斯名識住，異時則非。若依《成實》，於三世〔三〇〕莫問同時及與異時，但令緣著，皆是識住，不簡前〔三一〕。四識住義，略之云爾。

四食義，兩門分别。辨相，一。就起〔三二〕分别，二。

言四食者，所謂段食、觸食、思食，及與識食。此之四食，論釋不同。若依《成實》，羹飯等事，名爲段食。冷暖等〔三三〕名爲觸食。或有衆生以思活命，名爲思食。雖有此言，不知何思。有人釋言，過去業思，是其命根，令命不斷，説爲思食。若如是者，一切衆生所有壽命，皆由往思，不應言無。或當應以彼現在思想而活命者，説爲思食，如思玄妙〔三四〕得不死等。有漏識心，命報不壞，名爲識食。若依毗曇，欲界地中香、味、觸等，是其段食。心數法中有漏觸數，能知一切心心數法，令法今〔三五〕不散壞，説爲觸食。有漏思數起後不絶，説爲思食。有漏心識，是其心王，能令一切諸心數法住持不壞，説爲識食。問曰：無漏何故非食。釋言：無漏壞相續相，是故非食。此一門竟。

次就趣論。先論生陰。地獄之中，論釋不同。若依《成實》，但有識食。毗曇法中，具有四食。彼説地獄吞熱鐵等能壞飢餓〔三六〕，即爲段食。餘三心法，常有可知。鬼、畜兩趣，齊具四食。人中不定。若有心者，皆具四食。滅心之者，論説不同。若依毗曇，段食餘勢，令身不壞，更無餘食。故彼宗中入滅定者，遠至七日即須出定，若過七日，段食勢盡，起則身壞。《成實》法中，滅心之者，現雖無心，識得在故，猶名識食。以識食故，入滅定雖逕多時，身亦不壞。天中不定。欲界諸天，與人相似。色界諸天，若依《成實》，唯有識食。毗曇法中，彼有心者唯無段食，有餘三種，若滅心者，四食俱無。無色界天，與色界中有心者同，無色界中無滅心故。生陰如是。次辨中陰。《成實》法中，一切中陰唯有識食。毗曇不定。欲界中陰具有四食，隨其所起，還食彼趣所食香氣以爲段食，餘三心法，有之可知。色界中陰，唯無段食，有餘三種。彼説中陰雖有三食，思食最增，以求生故。四食如是。

五陰義，七門分別。釋名，一。辨相，二。先後次第，三。三性分別，四。漏無漏分別，五。常無常分別，六。三界有無，七。

第一釋名。言五陰者，所謂色、受、想、行、識也。質礙名色，又復形現亦名爲色。領納稱受，毗曇亦言覺知名受。取相名想，毗曇亦言順知名想。起作名行。了别名識，毗曇法亦云分别名識。此之五種，經名爲陰，亦名爲衆。聚積名陰。陰積多法，故復名衆。問曰：一色一受想等，無多聚積，云何名陰而復名衆。釋言：此等陰積之分，故名爲陰。多中之分，故復名衆。如衆僧中請得一人，名請衆僧。此亦如是。此一門竟。

次辨體相。色陰之體，離合不定，總唯一色。或分爲二，一内二外，眼等五根是其内色，色等六塵是其外色。或分爲三，如毗曇説：一、可見對，謂眼所行青黄等色。二、不可見有對，謂耳、鼻、舌、身所行之色。三、不可見無對之色，意根所行無作之色。前二種色，爲其對礙，色根所對，故名有對。後一無作，不爲對礙，色根所對，故名無對。《成實》法中，宣説無作非色心故，唯有前二，略無第三。或分爲六，所謂色、聲、香、味、觸、法六塵色也。前五可知。法塵色者，若依毗曇，五根無作，是法塵色。《成實》法中，過未五塵五根，四大假名之色，是法塵色。或分爲十，如《涅槃》説，故彼經中上下數處皆説十色，五根五塵是其十也。彼經何故不説無作。彼説無作但是色法，非是色事，成身相微，故陰不彰。或分十一，如毗曇說，五根、五塵及無作色，是其十一。彼說無作是身口業性，四大造故色陰收。《成實》法中，色有十四，五根、五塵及與四大，爲十四也。有人說言，《成實》法中，聲不成人，非是色陰。此言不然。陰積義異，成人法異，何得說言不成人故令聲非陰。云何陰異，成人法異。陰通內外，成人唯內，陰通色聲，成人唯色，是其異也。云何知聲是色陰。如彼《成實·色相品》說，言色陰者，所謂四大及大所因色、香、味、觸，亦因四大所成五根，是等相觸，故有聲生。舉此以釋色陰體相，寧非色陰。又毗曇中說聲爲陰，《成實》不非，明知失[三七]用。問曰：毗曇說無作色以爲色陰，《成實》法中何故不論。釋言：《成實》宣說無作爲非色心，行陰所收，色陰不攝，故此不論。問曰：《成實》根塵之外別說四大以爲色陰，毗曇法中何不如是。釋言：《成實》宣說四大是假名色，攬四塵成，能成五根，根塵不收，故別說之。毗曇法中宣說四大是實法色，觸入所攝，故不別說。色陰如是。

次明受陰。受陰體中，廣略不定，總唯一受。或分爲二，一者身受，二者心受。如《地持》說，五識相應，名爲身受，意識相應，名爲心受。問曰：五識是心非身，何故與此相應之受名爲身受。釋言：此從所依以名，五識依於五根之身而生意心，故所生受名爲身受，意識依心，故所生受名爲心受。又復苦樂亦得分二，惡果名苦，善果名樂。一切報[三八]受無出善惡二業果故。問曰：捨受何受中攝。釋言：樂攝，善業果故。

或分爲三，一苦，二樂，三不苦樂[三九]，亦名捨受。辨此[四〇]三受，略有五門，一分三受，二定優劣，三明通局，四生過不同，五厭捨難易。

就初門中，差別有六：一、當相分別。如彼《成實·受相品》說，損惱身心，名爲苦受。增益身心，名爲樂受。非損非益，名不苦樂。二、對因分別。一切惡果，斯名爲苦。一切善果，說爲樂捨。是義云何。依如毗曇，三禪已還下善業果，名之爲樂。四禪已上上善業果，説以爲捨。是則彼宗三禪已還無捨受報。若依《成實》，分善爲二，一欲界散善，二上界定善。散善之中，增上業果説爲樂受，微下業果名爲捨受，以此微樂，難覺知故。問曰：苦中亦有微下不善業果，何不名捨，偏説下樂爲捨受乎。釋言：苦果違害之法，性與情返，微有即覺，故入苦中，不得名捨。樂果順情，非切心法，微者難覺，故分爲捨。又復一切苦樂二受，皆用微細行苦爲體，於行苦上宣説苦受，苦受必重，爲心覺惱，故不名捨。於行苦上宣説樂受，樂受必微，於中上者爲心覺適，當相名樂，輕微之者非心能覺，博名爲捨。定善之中，下善業果名之爲樂，四禪已上勝善業果説之爲捨，以彼寂静難覺知故。三、對緣分別。緣有三種，謂違、順、中。違緣逼惱，名爲苦受。順緣生適，名爲樂受。中境所生，名爲捨受。四、對想分別。適想所起，名爲樂受。不適想生，名爲苦受。中容想發，名爲捨受。五、對行分別。生瞋是苦，起貪是樂，生癡是捨。六、就時分別。於中約對三緣辨之。若對違緣，相應時苦，離時生樂，久離則捨。若對順緣，初受生樂，中受則捨，久受便苦。或有順緣，相應時樂，離時生苦，久離則捨。若對中緣，初受時捨，久受生苦，離時生樂。或有中緣，初受時捨，久受〔四二〕樂著則生樂受，離時生苦。以此六義，分受爲三。

次明三受優劣不同。苦受最劣。樂捨二受，上中不定。若依毗曇，樂受定下，下善果故，捨受定上，上善果故。若依《成實》，在欲界地，捨受爲中，樂受爲上。在上二界，樂受爲中，捨受爲上。

次明三受通局之義。依如毗曇，苦局欲界，樂通欲、色，捨通三界。《成實》法中，麤同毗曇，以實細論，並通三界。故彼文言，苦樂隨身，至於四禪，憂喜隨心，至於有頂。

次明三受生過不同。於中有二：一、明三受

生過多少。苦生過少，局在欲界，生瞋恚故。樂生過中，在欲、色界能生不善穢汙法故。捨過最多，遍通三界，具生一切諸煩惱故。二、明三受生過輕重。捨受最重，能起邪見，斷滅善根，作闡提故。又生無明，能爲一切生死本故。苦樂二受[四二]輕重不定。若論所爲，樂重苦輕，爲求樂受，多作罪故。若論所生，苦重樂輕，瞋恚大罪，從苦生故。三受生過不同如是。

次明三受厭捨難易。於中有二：一、明三受起厭難易。欲界地中所有三受，苦爲易厭，人憎惡故。捨受次難，不煩惱故。樂受最難，保愛深故。若論上界樂捨二受，樂爲易厭，以其麤動易憎惡故。捨受難厭，以其寂靜難覺知故。二、明三受捨之難易。苦受易捨，得初禪時已遠離故。問曰：若言初禪離苦，何故經言二禪滅苦。釋言：初禪有眼、耳、身三種識在，此三識身苦根所依，所依未盡，是故不說初禪滅苦，理實苦受初禪滅盡。樂受次難，至四禪滅。捨受最難，涅槃時滅。三受如是。

或分爲五，所謂憂、苦、喜、樂及捨。此之五種，隨處不定。若在欲界，五識地中逼惱名苦，適悦稱樂，意識地中慮惱名憂，慶悦名喜，六識地中中容受心，捨苦樂等，説之爲捨。問曰：何故苦樂二受流至意地返名憂喜，捨不如是，六識地中通名爲捨。釋言：苦樂從微想生，憂喜二受從强想發，爲是須分。六識中捨，同微想生，爲是不分。欲界如是。若在初禪，眼、耳及身三識身中適悦名樂，意識地中慶悦名喜，四識身中中容受心説以爲捨。三中喜受通定内外，餘二定外。初禪已上，無鼻、舌識，亦無憂、苦，爲是不論。在二禪地，唯就意識説喜説捨。在三禪中，唯就意地説樂説捨。既在意地，何不名喜，乃説爲樂。是樂性故，雖在意地，不得名喜。故《雜心》中説之以爲樂根意行。《涅槃》中説下名爲喜，上名爲樂，麤況似此。四禪已上，唯有意捨，更無餘義。五受如是。

或分爲六，所謂六根所生受也。或分十八，六根所生各有苦、樂、不苦不樂，故有十八。又《成實》説，十八意行，亦是十八。謂五意識、第六意識所生之受，各有憂、喜、不憂不喜，故爲十八。或復分爲三十六受，如《成實》説，六根所生各有苦、樂、不苦不樂，並通染、淨，是故合爲三十六受。或分百八，如龍樹説，前三十六，三世分別，故有百八。若廣分別，受乃無量。受陰如是。

想陰體者，開合不定。總爲一想。或分爲三，一者適想，二不適想，三者非適非不適想。取順名適，取違不適，取中容者名爲非適非不適想。或分爲六，所謂六識相應想也。或分十八，六想之中各有三種，適、不適等，爲十八也。隨緣辨想，想亦無量。想陰如是。

行陰體者，廣略不定，總唯一行。或分爲二，一者心法，二非心法。心法之中，依如毗曇，汎爾具論，有四十六。行陰所攝有四十四[四三]。四十六者，通地有十，想、欲、觸、慧、念、思、解脱、憶、定及受。善地有十，所謂無貪、無瞋、慚、愧、信、倚，不放逸、不害，精進及捨，通前二十。不善有二，謂無慚、愧[四四]，以此通前，爲二十二。大煩惱中別數有五，不信、懈怠、無明、悼[四五]、放逸，以此通前，爲二十七。小煩惱中，有其十種，所謂忿、恨、誑、慳、嫉、惱、諂、覆、高、害，以此通前，爲三十七。餘數有五，所謂覺、觀、睡、眠及悔，以此通前爲四十二。十使之中，別有四數，貪、瞋、慢、疑，以此通前，爲四十六。此等如前三有爲中具廣分別。言四十四行陰攝者，就前四十六心法中，除受除想，自餘一切皆行陰攝。問曰：何故諸心法中偏分受、想，別爲兩陰，不入行中。《雜心》釋言，受爲愛根，想爲見本。以此二種，輪轉生死，故分別之。又復論言，受修諸禪，想修無色，以此二種別地義强，故別立陰。《成實》法中，心法無量，除識、想、受，自餘一切皆行陰攝。心法如是。非心法中，依如毗曇，宣説十四不相應行爲非色心，此亦如前三有爲中具廣分別。《成實》法中，唯説無作以爲色心不相應行。問曰：五陰通皆是行，以何義故偏説此一以爲行陰。《雜心》釋言：行陰之中有爲行多，故偏名行。餘四陰中攝行少故，更與異名。行陰如是。

次辨識陰，開合不定，總唯一識。或分爲二，一者有漏，二者無漏。或分爲三，一善，二惡，三者無記。或分爲四：一、善。二、惡。三、隱没無記，謂欲界地身邊兩見，及上二界一切煩惱相應之心。四、白淨無記，所謂報生、威儀、工巧、變化之心。或分爲六，所謂六識，始從眼識乃至意識。或分爲七，謂七心界，前六識上加以意根，是其七也。或分爲九，一方便善心，二生得善心，三不善心，四陰没無記，五報生心，六威儀心，七工巧心，八變化心，九無漏心。或分爲十：一、方便善心，所謂一切聞思修壽[四六]相應之心。二、生得善心，過習所成信、進、念等相應之心。三、不善心，謂欲界地除身邊見，自餘一切不善結業相應之心。四、隱没無記，謂欲界中身邊見兩，及上二界一切煩惱相應之心。五、報生心，謂三界中報無記心。六、威儀心，所謂一切行住坐臥、見聞等心。七、工巧心，所謂一切營生之心。八、變化心，謂作是念，我當化作如是事業，如是之心。九者學心，謂三乘人因體無漏及學等見，三乘因中斷結無漏是學心體，遊觀無漏是學等見。十、無學心，謂三乘人果體無漏及無學等見，三乘果中盡無生智是無學體，遊觀無漏是無學等見。或分十二，如《雜心》説，欲界有四，一者善心，二不善心，三隱没無記，四白淨無記。色界有三，於前四中除不善心，有餘三種。無色亦然。此十有漏，并學、無學，爲十二也。或分二十，欲界有八，一方便善，二生得善，三不善心，四隱没心，五報生心，六威儀心，七工巧心，八變化心，謂依上禪爲欲界化。色界有六，前八種中除不善心及工巧心，一切上界無有不善及工巧故，有餘六種。無色有四，前八種中除不善心、威儀、工巧及變化心，有餘四種。并學、無學，爲二十也。廣則無量。識陰如是。此二門竟。

次明五陰次第之義。諸論不同。毗曇法中，五陰同時。隨義以論，有二次第，一順二逆。順次第者，先明色陰，次受，次想，次行，後識。何故如是。論釋有三：一、麤細次第。色陰最麤，相狀顯著，故先明色。受細於色，麤餘心法，如人所患首足等痛，覺惱增强，故次明受。想細於受，麤餘心法，取相分明，故次明想。行細想受，麤於心識，作用相顯，故次明行。識心最細，故在後說。二、破患次第。如論中說，本際已來，男爲女色，女爲男色，染著處故，先觀色陰，令人厭離。樂受貪故，染著於色，故次觀受。想顛倒故，起樂受貪，故次觀想。以其貪愛，煩惱行故，起顛倒想，故次觀行。以依心故，起煩惱行，故後觀識。三、觀入次第。如論中說，二種色觀，入佛法中爲甘露門，一不淨觀，二安般念，故先觀色。以觀色故，便知受妄，故次觀受。知受妄已，想不顛倒，故次觀想。想不倒故，煩惱不行，故次觀行。煩惱不行，心則堪忍，故次觀識。上來三種是順次第。逆次第者，翻前即是。如論中說，淨穢之生，以心爲本，故先觀識。以觀識故，煩惱微薄，故次觀行。煩惱薄故，便起法想，想於一切苦無常等，故次明想。起法想故，貪受不生，故次觀受。貪受息故，能見色過，故次觀色。此逆次第。毗曇如是。《成實》法中，陰起前後，不得一時。次第如何。先明色陰，次識，次想，次受，後行。何故如是。心識之起，必託六根，於中五識依五色根，意識一種依於意根，從多爲論，識依色生，故先明色，第二明識。於識所緣，分別取相，故次明想。於取想所[四七]，領納違、順、非違非順，故次明受。於所受法，起貪瞋等，故次明行。大乘法中，亦說五陰體性同時，隨用隱顯，非無先後，其中次第，多同毗曇。此三門竟。

次就三性分別五陰。言三性者，所謂善、惡、無記性也。依如毗曇，陰別有九，相從爲三。所言九者，一生得善陰，二方便善陰，三無漏善陰，四不善五陰，五穢汙五陰，六報生五陰，七威儀五陰，八工巧五陰，九變化五陰[四八]。生得善者，一切衆生，無始已來曾修善根，未起邪見斷滅已來，此善相續，生便得之，名生得善。生得善根起身口業是其色陰，餘心法等爲餘四陰。方便善者，於現在世，近友聞法，思惟修習，起諸善根，是方便善。於中所起身口二業是其色陰，餘心法等爲餘四陰。問曰：方便與生得善，同是現起，有何差別。釋言：此二分齊難知。但由宿習，任性能起，是生得善。因他教化，聞法思惟力勵起者，是方便善。無漏善者，遠離繫縛，合理相應，是無漏善。於中道共無漏律儀是其色陰，餘心法等爲餘四陰。言不善者，一切無慚無愧俱者，是不善陰。於中所起身口惡業是其色陰，餘四可知。問曰：善惡相對之法，善中得有生得方便，不善何故總説爲一[四九]，不分二乎。釋言：齊類理亦應然，但今爲明惡法本來九品性成，非是方便進習始具，是故隱其方便之名。既隱方便，生得亦癈。又復善法難以頓成，須分上下令漸習，故説生得方便之異。惡法易斷，總相厭離，是以不分生得、方便兩種之別。言穢汙者，欲界地中，身邊兩見及上二界一切煩惱，能染汙心，名爲穢汙。於中初禪穢汙煩惱能動身口，具五陰性，如彼梵王語諸梵衆，汝但住此，我能令汝盡老死邊，即是妄語。牛牽黑齒屏處求之，是身邪諂。此身與口，是其[五〇]色陰，餘心法等是餘四陰。欲界穢汙是迷理惑，不能親發身口二業。二禪已上煩惱微細，不動身口。無色界中無身口業，一向不發，故無色陰，但有餘四。言報生者，過因所生眼等諸根是其色陰，報心法等爲餘四陰。言威儀者，身口進止是其色陰，起此心法爲餘四陰。言工巧者，身營世務，口言分處，是其色陰，餘四可知。言變化者，依其通體，或化色身，或化口語，是其色陰。欲起化時，先作是念，我今當作如是色像、如是語言，以此起化心心數法爲餘四陰。問曰：化心與身通體爲一異。釋言：是異。異相如何。變化心者是起化心，身通體者是起化力。又復化心是遠方便，身通體者親能起化。又復化心唯是無記，身通體者或時是善，或復無記。何故如是。通體有二，一是修慧，二是生慧。依定修得，是其修慧。天、龍、鬼等，不假習性，能[五一]變現，是其生慧。是修慧者，體性唯善，與定相應。生慧無記。又復化心或自地收，或他地攝，起自地化即自地收，起他地化則他地攝，論其通體，唯在自地。問曰：何不直依通體而起變化，別從化心而起化乎。雖有通體能起化事，若無化心，終不起化，故須化心。問曰：若使要從化心而起化者，何須通體。若無通體，雖有化心，欲化前事，終不能現，故復須之。問曰：化色爲當正從化心而現，爲當正從通體而發。釋言：化色正依通體，遠依化心。化心不能親動身口，是故必依通體化也。九陰如是。相從三者，初三是善，次一不善，後五無記。毗曇如是。《成實》法中，唯一行陰該通三性，餘皆無記。大乘所說，多同毗曇。此四門竟。

次就有漏無漏分別。依如毗曇，就向九種五陰之中，第三無漏，餘八有漏。《成實》法中，義有兩[五二]兼。若斷漏故名爲無漏，唯在行心，餘皆有漏。若不生漏名爲無漏，無學五陰一向無漏，凡夫五陰一向有漏。學人不定，若斷結處，是其無漏，結未盡處，是其有漏。大乘法中，真德五陰一向無漏，分段因果一向有漏，變易因果隨相無漏，體性有漏，以相順理故名無漏，以性違故名爲有漏。此五門竟。

次辨五陰常無常義。小乘法中，一向無常。大乘法中，大位以分，生死五陰一向無常，涅槃五陰一向是常。故經說言，色是無常，因滅是色，獲得常色，受想行識亦復如是。隨義通論，生死五陰有常無常，涅槃亦爾。生死陰中，有相有實。

六識七識，是其陰相。如來之藏，一在滅諦，是其陰實。陰相無常，陰實是常。涅槃陰中，有體有用，體則是常，用則無常。故經説言，功[五三]德莊嚴，有爲有漏，有礙非常，良以隨世有生滅故。此六門竟。

次辨三界有無之義。小乘法中，四空無色，滅定涅槃，一向無心。其無想定及無想報，兩論不同。毗曇無心。《成實》有之，故彼論言，凡夫不能滅心心法，但無麤心故説無想。大乘法中，四空有色。故《涅槃》言，如非想天，亦色非色，我説非色。非想既有，下三類然。又大乘中，説無想定乃至小乘無餘涅槃悉皆有心。六識雖亡，七識心在，故説有心。以有心故，受想行識四陰不無。五陰之義，麤辨如是。

大乘義章卷第八本

校勘記

〔一〕「者」，底本原校云一本無。

〔二〕「在」，底本原校云一本作「世」。

〔三〕「此三彼三」，底本原校云一本無。

〔四〕「謂」，底本原校云一本作「論」。

〔五〕「著」，底本原校云一本作「若」。

〔六〕「或」，底本原校疑爲「戒」。

〔七〕「云」，校本校勘記云一本作「故」。

〔八〕「既」，底本原校云一本無。

〔九〕「天分」，底本原校云一本無。

〔一〇〕「已」，校本校勘記云甲本無。

〔一一〕「舍」，校本校勘記云甲本作「捨」。

〔一二〕「謂」，底本原校疑爲「諸」。

〔一三〕「分」，校本校勘記云甲本無。

〔一四〕「苦」，底本原校云一本無。

〔一五〕「人」，底本原校疑爲「分」。

〔一六〕「現」，校本校勘記云甲本無。

〔一七〕「能」，底本原校云一本作「純」。

〔一八〕「暫」，底本原校疑爲「漸」。

〔一九〕「段」，底本原校云一本作「門」。

〔二〇〕「法」，校本校勘記云一本作「佉」。

〔二一〕「起」，校本校勘記云甲本作「趣」。

〔二二〕「緣」，底本原校云一本作「像」，下二「緣」字同。

〔二三〕「色」，校本校勘記云一本作「形」。

〔二四〕「影」，校本校勘記云一本作「顯」。

〔二五〕「諸大」，底本原校云一本無。

〔二六〕「極長」，校本校勘記云甲本作「長極」。

〔二七〕「識中」至「煩惱」，校本校勘記云甲本無。

〔二八〕「三」，底本原校疑爲「二」。

〔二九〕「著」，底本原校云一本無。

〔三〇〕「世」，底本原校云一本後有「中」字。

〔三一〕「前」，底本原校云一本後有「後」字。

〔三二〕「起」，校本校勘記云一本作「趣」。

〔三三〕「等」，校本校勘記云一本後有「觸」字。

〔三四〕「妙」，校本校勘記云甲本作「沙」。

〔三五〕「今」，底本原校云一本無。

〔三六〕「餓」，校本校勘記云甲本作「渴」。

〔三七〕「失」，底本原校云一本作「共」。

〔三八〕「報」，底本原校云一本作「現」。

〔三九〕「樂」，校本校勘記云一本前有「不」字。

〔四〇〕「此」，底本後衍「不」字，據底本原校及校本删。

〔四一〕「受」，校本校勘記云一本後有「時」字。

〔四二〕「受」，校本校勘記云一本無。

〔四三〕「有四十四」，底本原校疑衍。

〔四四〕「愧」，校本校勘記云甲本前有「無」字。

〔四五〕「悼」，疑爲「掉」。

〔四六〕「壽」，底本原校疑衍，校本校勘記云一本作「等」。

〔四七〕「取想所」，校本校勘記云甲本作「所想法」。

〔四八〕「九變化五陰」，底本脱，據底本原校及校本校勘記補。

〔四九〕「一」，底本作「二」，據校本改。

〔五〇〕「其」，校本校勘記云甲本無。

〔五一〕「能」，校本校勘記云甲本前有「而」字。

〔五二〕「兩」，校本校勘記云一本作「亥」。
〔五三〕「功」，底本原校云經作「福」。

大乘義章卷第八末

六道義，四門分別。釋名，一。開合，二。辨相，三。明因，四。

第一釋名。言六道者，所謂地獄、畜生、餓鬼、人、天、脩羅，是其六也。言地獄者，如《雜心》釋，不可樂故名爲地獄。《地持》中釋，增上可厭，故名泥犁。泥犁胡語，此云地獄。不樂可厭，其義一也。此之兩釋，皆對厭心以彰其過，非是當相解其名義。若正解之，言地獄者，就處名也。地下牢獄，是其生處，故云地獄。言畜生者，如《雜心》釋，以傍行故名爲畜生。此乃辨相，非解名義。若正解釋，言畜生者，從主〔一〕畜養，以爲名也。一切世人，或爲噉〔二〕食，或爲駈使，畜積此生，行〔三〕從是義，故名畜生。言餓鬼者，如《雜心》釋，以從他求，故名餓鬼。又常飢虛故名爲餓，恐怯多畏故名爲鬼。所言人者，如《雜心》釋，意寂靜故名之爲人。此就人德以釋人也，以人能思，斷絶邪念，名意寂靜。若依《涅槃》中，以多恩義故名爲人。人中父子親戚相憐，名多恩義。所言天者，如《雜心》釋，有光明故名之爲天。此隨相釋。又云天者，淨故名天，天報清淨，故名爲淨。若依《地持》，所受自然故名爲天。阿脩羅者，是外國語，此名劣天。又人相傳名不酒神。阿之言無，脩羅名酒，不知何義名不酒神。此之六種，經名爲趣，亦名爲道。所言趣者，蓋乃對因以名果也。因能向果，果爲因趣，故名爲趣。所言道者，從因名也。善惡兩業，通人〔四〕至果，名之爲道。地獄等報，爲道所詣，故名爲道。故《地持》言，乘惡行往，名爲惡道。亦可道者，當相名也。六趣道別，故名六道。此一門竟。

次辨開合。開合不定。總之唯一分段生死。

或分爲二，一者惡趣，二者善趣，以此二門統攝斯盡。或分爲三，所謂三界生死果也。或分爲五，謂三惡道、諸天及人。以何義故不説脩羅。依《法念經》，脩羅有二，一鬼二畜。良以鬼、畜兩趣攝故，更不别論。依《伽陀經》，脩羅有三，一畜二鬼，三者是天。以鬼、畜、天三趣攝故，不别論之。或分爲六，如上所説。脩羅雖復鬼、畜等攝，種類衆多，故别分之。隨形異論，差别無量。開合如是。此二門竟。

次辨其相。先辨地獄。地獄有二，一正地獄，二邊地獄。正地獄者，在大海下，麤分有八，細有一百三十六所。麤分八者，一活〔五〕地獄，二黑繩地獄，三衆合地獄，四叫唤地獄，五大叫唤地獄，六熱地獄，七大熱地獄，八阿鼻地獄。於此南方大海〔六〕之下五百由旬，有閻羅界，閻羅是鬼，分判罪人。閻羅界下五百由旬，至活地獄。如龍樹説，此地獄中諸受罪者，各共鬬諍，惡心熾盛，手捉〔七〕利刀，互相殘害，悶絶而死。宿業緣故，凉風來吹，獄卒咄〔八〕之，罪人還活。應聲即活，行〔九〕從是義，名活地獄。多由殺生故生其中。此地獄下，有黑繩獄，一切苦具轉過於前。以黑鐵繩，拼諸罪人，悉令斷絶，故云黑繩。此地獄中，苦事衆多，黑繩事顯，故偏名之。以其先世讒謗良善，妄言、綺語、兩舌、惡駡，枉〔一〇〕殺無辜，或爲姧史〔一一〕，酷暴無道，故生其中。此黑繩下，次有衆合，一切苦具轉重於前。於中獄卒化作種種虎、狼、師子、猪、羊、牛、犬，一切種形，殘害罪人。或復化作兩山相合，鐵輪鐵網，一切苦具，治〔一二〕諸罪人。以衆苦具，同皆合會，殘害罪人，故云衆合。以其先世多殺衆生，故生其中。此衆合下，次有叫唤，一切苦具轉過於前。有大鐵城，五百由旬，獄卒在中，或斫或剥，或刃或刺，或鞭或打，或棒或杵，打碎其頭，或駈東西，如是非一。令諸罪人發聲叫唤，故名叫唤獄。良以先世斗稱〔一三〕欺誑，非法斷事，受寄不還，侵陵下劣，惱諸貧苦，或破城邑，傷害剥切，離他眷屬，或復詐善誘誑殺之，令人叫[一四]唤，故生其中。此叫唤下，有大叫唤，一切苦具轉重於前。獄卒於中，或斮罪人，入熱鐵屋，令大叫唤，名大叫唤[一五]。以其先世熏[一六]殺一切穴居衆生，或復繫閉墜陷[一七]深坑[一八]，令大叫唤，故生其中。此叫唤下，有熱地獄，一切苦事，復轉過前。此地獄中有二銅鑊，一名難陀，二跋難陀，熱沸鹹水，涌波於中，獄卒羅刹，叉[一九]諸罪人，投之於[二〇]中，或投炭坑，或投沸灰，或以膿血，而自煎熬，名熱地獄。以其先世惱亂父母及諸師長一切沙門婆羅門等，令其心熱，故生其中。此下次有大熱地獄，一切苦事轉重於前。以其先世活煑衆生，或復生爛，或以木貫，生而炙之，或燒山澤及諸聚落、佛塔僧房，或推衆生令墜湯火，故生其中。此下次有阿鼻地獄，如《涅槃》說，此獄縱廣八萬由旬，其中苦事過前七獄及餘别處足[二一]二[二二]千倍，鐵網羅覆，上火徹下，下火徹上，交過通徹，一人入中，身亦遍滿，第二人入，身亦遍滿，壽命一劫，苦無暫廢。以其先世作五逆罪，謗方等經，起大邪見，謗無因果，斷滅善根，故生其中。十不善業，皆生此等八大獄中，向來且隨麤相言耳。所言一百三十六者，前八地獄一一各有十六眷屬，八是寒冰，八是炎火。八寒冰者，如龍樹說：一、安浮陀，此名多孔。應是陵山多諸孔穴，故名多孔。亦可此處凍諸罪人，令多穿穴，故名多孔。二、足[二三]浮陀，此名無孔。對前可知。此之二種，隨相名之。三、阿羅邏[二四]，此患寒聲。四、阿波波，亦患寒聲。五名睺睺，亦是寒聲。此之三種，從聲以名。六、漚鉢羅，此名青蓮，獄城相狀似青蓮華[二五]，故名青蓮。亦可此處凍諸罪人似青蓮色，名漚鉢羅。七、鉢頭摩，此名紅蓮。釋有兩義，準前可知。八名摩訶鉢頭摩，此名大紅蓮華，義亦同前。此後三種，從色名也。八炎火者，一名炭坑，二名沸屎，三名燒林，四名劒樹[二六]，五名刀道，六名刺棘[二七]，七名鹹河，八名銅柱[二八]。前八大獄東西南北，各有二冰及二炎火，故有十六。八大地獄各有十六，即是一百二十八所。通八大獄，便是一百三十六也。如《法念經》明此一百三十六所，名字各異，業果亦異，不可具論。正處如是。邊地獄者，或鐵圍間，或餘山中，或大海裏，諸治罪處，名邊地獄。地獄如是。

次辨畜生。如《法念經》説畜生中凡有三十四億種類，於中具有四生不同四食之異，業果差殊，備如彼經，不可具説。畜生如是。

次辨餓鬼。如《法念》説，餓鬼之中，處要有二，一在人中，二在鬼界。如彼經説，閻浮提下五由旬，縱廣三萬六千由旬，是餓鬼界。類別不同，有三十六：一、鑊身餓鬼，其形似鑊，無有頭頂、眼、耳、鼻、舌、手、足等相，住餓鬼界。初生之時，倍過人身，後〔二九〕漸增長，滿一由旬，猛火滿於鑊身之中，焚燒其身，飢渴熱惱，無能救者。人中十歲，當彼日夜，鑊身於彼壽五百歲。以其先世，爲貪財利，受雇屠殺，又受他寄，抵拒不還，故生其中。二、針口餓鬼，身〔三〇〕大如山，口如針孔，亦住鬼界，壽同鑊身，飢火燒身，燋燃無救，并受一切寒熱衆毒種種之苦。以其先世，雇人屠殺，或有婦人，夫令供養沙門淨行，誑言道無，如是等比，故生其中。三、食吐鬼。四、食糞鬼。五、無食鬼。六、食氣鬼。七、食法鬼。八、食水〔三一〕鬼。九、希〔三二〕望鬼。十、食唾鬼。十一、食鬘〔三三〕鬼。十二、食血鬼。十三、食肉鬼。十四、食香煙鬼。十五、疾行鬼。十六、伺便鬼。十七、地下鬼。十八、神通鬼。十九、熾燃鬼。二十、伺嬰兒便鬼。二十一、欲色鬼。二十二、住海渚鬼。二十三、使執杖鬼，是閻羅王。二十四、食小兒鬼。二十五、食人精氣鬼。二十六、羅刹鬼。二十七、火爐燒食鬼。二十八、住不淨巷陌鬼。二十九、食風鬼。三十、食火炭鬼。三十一、食毒鬼。三十二、曠野鬼。三十三、住塚間食熱灰土鬼。三十四、樹中住鬼。三十五、住四交道鬼。三十六、殺身餓鬼。鬼別〔三四〕無量，要攝如此。其中果報業因各異，備如經説。餓鬼如是。

次辨脩羅。依伽陀羅，脩羅有三，一天二鬼，三者畜生。《法念經》中，唯説二種，鬼之與畜。鬼脩羅者，是其殺身餓鬼所攝，住在地上衆相山中。

畜脩羅者，住在北方須彌山側海底地下，四重之別。入地二萬一千由旬，有其羅睺阿脩羅住，地曠一萬三千由旬，城名光明，縱廣正等八千由旬，有千柱殿，寶房行列，城地山〔三五〕池，一切樂具，皆以寶嚴。於其城內，有四寶園，各百由旬。一一園中，有三千種如願之樹。樹皆真金，精靈〔三六〕虚妙，如雲如影。其園池內，雜寶色鳥，遊集滿中。王住此城。城外別有十三住處，於一一處各有無量阿脩羅衆。羅睺脩羅，是師子兒，形如須彌，能變自身，大小隨意。人中五百歲當彼日夜，羅睺於彼壽五千歲。有四婇女，從憶念生，有其十二那由他婇女，以爲眷屬〔三七〕，圍繞羅睺。其王過去作婆羅門，於曠野處有一佛塔，高二十五里，於中畫作種種佛像，種種華菓樹林莊嚴。爲火所燒，是婆羅門〔三八〕救之得免。救已作念：我救此塔，有福以不。若有福者，願得大〔三九〕身。又外道中，多行布施，故受斯報。餘阿脩羅，於過去世，見他殺生，强逼令放，或爲名利，或爲王使，或習父祖不殺之法，非慈悲〔四〇〕心，不持淨戒，不作諸善，故生其中。次下二萬一千由旬，是其勇健脩羅住處。王名勇健，民名摩睺，此云骨咽，地名月鬘，漸廣前地。城名遊戲，縱廣正等八萬由旬，嚴好過前。其城住在〔四一〕四金山中，其山高廣五千由旬，王住此城。別更有城，名曰星鬘，民住其中。城外有園，縱廣一萬三千由旬。於中凡有七園差別，種種莊嚴。是諸脩羅，於中受樂。勇健脩羅，其形長大，如二須彌。若住自界，變身短小，勢力轉勝。人六百歲當彼日夜，此地脩羅壽六千歲。其王過去劫奪他物，供養外道離欲之人，故受斯報。餘衆往昔供養外道不離欲者及破戒人，故生其中。次下二萬一千由旬，有其華鬘脩羅住處，王名華鬘，民名遊戲，地名脩那[四二]。城名鉿毗羅，縱廣一萬三千由旬，莊嚴微妙，轉勝於前。華鬘脩羅所受之形，如三須彌，若住自界，現微小身，勢力轉增。人七百歲當彼日夜，此地脩羅壽七千歲。其王過去，飲食施與[四三]破戒病人，故受斯報。餘衆前世，因種種戲，聚物爲食，用以施人，本無淨心，故生其中。次下二[四四]萬一千由旬，有鉢訶婆[四五]毗摩質多脩羅住處，王名鉢訶，亦名波羅訶，此本一名，人語音異，亦名毗摩質多。所領之民，名一切忍。地名不動，廣六萬由旬。城名鉿毗羅，縱廣一萬三千由旬。七寶宫殿，微玅如天。毗摩質多，其形長大，如四須彌。若住本界，現微小身，勢力過前三地脩羅。人八百歲當彼日夜，此地脩羅壽八千歲。其王前世無正見心，見持戒者來從乞求，久乃施之，施已語言，我今施汝，有何福德，我以癡故施汝飲食，邪見心施，故受斯報。餘脩羅衆，於前世時，自爲身故，守掌菓樹一切諸物，已所不用，然後惠人，故生其中。此諸脩羅，與天怨對，共天戰競，備如經説，不可具陳。脩羅如是。

次辨人趣。人類無量，大約有四，謂四天下。人報差别，四天下人有八不同：一、住處不同。須彌山南有一海渚，名閻浮提，縱廣二十八萬里，人住其上。東方有渚，名弗婆提，倍廣閻浮，人住其上。西方有渚，名瞿耶尼，倍廣弗婆，人住其上。北方有渚，名欝單越，倍廣瞿耶，人住其上。二、形相不同。南閻浮渚，其地尖邪，人面像之。弗婆提渚，地如半[四六]月，人面像之。瞿耶尼渚，地如滿[四七]月，人面像之。北欝單越，其地正方[四八]，人面像之。三、長短不同。閻浮提人，身長四肘。弗婆提人，身長八肘。瞿耶尼人，長十六肘。欝單越人，三十二肘。四、壽命不同。閻浮提人，壽命不定，下極十歲，上極八萬四千歲。弗婆提人，壽命二百五十歲。瞿耶尼人，壽五百歲。欝單越人，定壽千歲。唯欝單定，餘皆不定。五、果報不同。南閻浮提人，壽十歲時，或飢饉劫，或疫病劫，或刀兵劫，三劫互起。東西二方，飢饉劫時，飲食不足而無餓死，疫病劫時，四大不和而不[四九]喪命，刀兵劫時，少增瞋恚，不相殺害。北鬱單越，全無變異。六、優劣不同。若論受道，閻浮提上，弗婆次下，瞿耶漸劣，鬱單最下。若論果報，鬱單最上，瞿耶次下，弗婆漸劣，閻浮最下。七、起業不同。東西南方，具行十惡。鬱單越國，但有綺語、貪、瞋、邪見，綺語業道，成而現行，餘三業道，成而不行，如十業章具廣分別。八、趣果不同。北鬱單越，死皆生天，不向餘趣，以無惡故。餘三天下，所向不定。人趣如是。

次辨天趣。天有欲、色、無色差別[五〇]。欲天有六：

一、四天王天。須彌四面[五一]乾陀羅山，去地四萬二千由旬，縱廣亦然，上有四王。東有天王，名提頭賴吒，此名治國，領揵闥婆及毗舍闍二部鬼神。南有天王，名毗樓勒，此名增長，主領鳩槃茶、薜荔多二部鬼神。西有天王，名毗樓博，此名雜語，主領龍、富單那二部之神。北有天王，名毗沙門，此名多聞，主領夜叉、羅刹二部鬼神。此四天王所領天衆，種類有四，處別四十。種類四者，一、鬘持天，餘處名爲持華鬘天。二、迦留[五二]足天，此名烏足天。三名常恣意天。四名三箜篌天。初鬘持天，有十住處，一名白[五三]摩尼，二名峻崖，三名果命，四名功德行，五名常喜，六名行道，七名愛欲，八名愛境，九名意動，十名遊戲林。此十居在須彌四面，龕窟中住。南方有二，東西亦然，北方有四。彼一一窟，廣千由旬，多有諸山，寶樹寶池，無量莊嚴。人[五四]五十年當彼日夜，彼天壽命五百歲也。此十天中業果各異，如《法念》說。迦留足天，有十住處，一行蓮華，二名勝蜂，三名紗聲，四名香樂，五名風行，六名鬘喜，七名普觀，八常歡喜，九名愛香，十名均頭。此十住處，皆繞須彌，業果差別，如《法念》説。常恣意天、三箜篌天，各有十處，不可具論。初天如是。

第二天者名忉利天，此翻名爲三十三天，在須彌頂。須彌山者，名善高山，亦名安明，去地八萬四千由旬，縱廣亦然。六萬諸山，以爲眷屬。上有三十三處差別，中有帝城，名曰喜見，亦高八萬四千由旬。帝城四面，各有八處，臣民所居。是中天王，名釋提婆那民，此方翻名能爲天主。釋者是能，提婆是天，那民是主。佛亦呼之爲憍尸迦，蓋乃從其本姓爲名。如龍樹説，過去世時，摩伽陀國有婆羅門，姓憍尸迦，名曰迦陀[五五]，有大福德，與其同友三十二人共修善業，命終皆生忉利天上，各在一處。本憍尸迦，今爲天主，故從本姓名憍尸迦。三十二友，即爲輔臣，居在四面，左輔右弼，前承後儀。并其天主，合三十三，是故名爲三十三天。如《法念經》具列名字，廣以分別。此前兩天，是地居天。

第三天者，名曰夜摩，此云妙善。於中凡有三十六處差別不同。是中天主，名牟脩[五六]樓陀。

第四天者，名兜率陀，此名妙足。如龍樹説，蓋乃從於天主爲名。

第五天者，名須涅蜜陀，此云化樂。自化樂具，已得受用，故云化樂。

第六天者，名婆舍跋提，此云他化自在天也。他化樂具，已得受用，故曰化他。此他化上，别有魔天，處近他化，亦他化攝。此六是其欲界天也。問曰：欲界日月星天，何天所攝？釋言：隨近，四天王攝。隨别分之，六天不收。何故如是？四天王天是其地居，彼是空居。又六欲天壽命短促，此壽一劫，是故不攝。欲天如是。

色界天者，經論不同。若依《雜心》《地持論》等，有十八天。初二三禪各有三天，第四禪中獨有九天，故合十八。若依《華嚴》，色界具有二十二天。初禪有四：一是梵天，二梵衆天，亦名梵身[五七]。此前兩天，小梵生處。三梵輔天，貴梵生處。四大梵天，是中間禪梵王生處，與前[五八]梵輔同在一處，臣民之別。二禪有四，一是光天，二少光天，三無量光天，四光音天。三禪有四，一者淨天，二少淨天，三無量淨，四遍淨天。四禪有十。當分有四，一者福天，二福生天，三福愛天，四廣果天。依《地持》等，此四禪中皆無初天，當應隨近攝屬第二，故不別論。此等差別，合有十二。第四禪中，隨其別脩[五九]更有六天，謂無想天及五淨居。無想天者，與前廣果同在一處。有諸外道取此無想以爲涅槃，修無想定，趣求斯報，是人命終，生廣果處，初後有心，中間無心，經五百劫，以此別得無心法故別爲一天。五淨居者：一、無煩天，亦名無凡。二、無熱天。三、善見[六〇]天。四、善現[六一]天。五、阿迦尼吒天，此名無小。阿那含人以無漏道，熏第四禪，熏有五階，是故得此五天之報。何者五階。謂下、中、上、上中、上上。下得無煩，乃至上上得無小天。熏之云何。那含先得第四禪竟，爲熏禪故，於四禪中先入百千無漏之心，次入百千有漏禪心，後入百千無漏之心，以漸略之，乃至先入二無漏心，次二有漏，後二無漏，是爲熏[六二]禪方便道成。然後復入一無漏心，次一有漏，後一無漏[六三]。如是五遍，合十五心，十是無漏，五是有漏，是爲熏禪究竟成就。此五遍中，初品爲下，乃至最後以爲上上，以純熟故。如是熏[六四]修第四禪竟，次熏三禪，次二，次初，熏法同前，然後生彼五淨居中。此五淨居，那含住處，是故亦名五那含天。以此通前，爲二十二。依《大智論》，五淨居上別更有一菩薩淨居，名摩醯首羅，此方名爲大自在天，是第十地菩薩住處。以此通前，色界合有二十三天。無色有四，一是空處，二是識處，三無所有處，四者非想非非想處。此等因行，如八禪中具廣分別。天趣如是。此三門竟。

次辨其因。因有通別，通而論之，唯善與惡。善謂十善，惡謂十惡。十惡是其三塗通因，十善是其人、天、脩羅三趣通[六五]因。故龍樹言，惡有三品，謂下中上，下生餓鬼，中生畜生，上生地獄。《地經》之中亦同此說。善亦三品，下生脩羅，中善生人，上善生天。問曰：脩羅，四惡趣攝，何故論言下善生中。釋言：脩羅，雜業所招。是雜業中有善有惡，惡業得彼總報之果，故名惡趣，善業得彼別報樂受，是故名爲下善生也。又復惡業得彼正報，故名惡趣，善得依果，故說善生。問曰：諸餘鬼、畜等中亦有樂受，並爲善生，何故偏言善生脩羅。釋言：脩羅樂受增上。如經中說脩羅所受其次〔六六〕如天，是故偏言善生脩羅。問曰：脩羅樂既次天，感樂之善應名爲中，何故名下。釋言：彼樂施福所招，施福增上故樂如天，施福望戒，不及戒善，是故名下。問曰：施福能生勝樂，何故不能生善道身，乃生惡趣。釋言：善趣必由戒得，彼非戒善，是故不能生善趣身。又脩羅中有鬼有畜，有是天者，鬼、畜脩羅樂不〔六七〕從善生，總報惡得，故名惡趣。天脩羅者，總報雖從善業而得，疑心劣故，不能會聖，是故名爲下善生也。通因如是。若論別因，六道之中種類無量，業因皆異，如《法念經》具廣分別。六道之義，辨之麤爾。

七識住義。

七識住者，如經中說。何故說者，爲破外道別計故也。有諸外道計識爲我，擇善而居，佛爲破之，故說識住，非我住也。識住不同，離分爲七。七名是何。欲界人天以之爲一，初禪爲二，二禪爲三，三禪爲四，空處爲五，識處爲六，無所有處以爲第七。此之七處，心識樂安，故名識住。問曰：何故不名受住、想行住等，偏云識住。釋言：住義理亦應通，但識是主，故偏說耳。問曰：欲界有三惡趣，何故不說。論言三惡有苦煎〔六八〕迫，識不樂安，是以不論。又問：色界具有四禪，第四禪中寂樂過下，以何義故不名識住。論自釋言：第四禪中有無想定，殘害心識，識不樂居，故非識住。又四禪中有五淨居，趣入涅槃，亦殘心識，識不樂在，故非識住。問曰：無色有四空處，以何義故不說非想以爲識住。論言：非想有滅盡定，亦殘心識，識不樂安，故非識住。七識住義，辨之麤爾。

八難義，五門分別。釋名，一。辨相，二。五趣分別，三。煩惱業報分別，四。約對四輪明治差別，五。

第一釋名。言八難者，一是地獄，二是畜生，三是餓鬼，四盲聾瘖瘂，五世智辯聰，六佛前佛後，七欝單越國，八長壽天。初三後一，就趣彰名。於中初三全[六九]攝三趣，是故直言地獄、畜生、餓鬼難也。第八一難，不盡天趣，長壽別之，是故名爲長壽天難。盲聾瘖瘂、世智辯聰，當體立稱，正用盲聾、世智辯聰以爲難故。佛前佛後，就時彰目。欝單一難，處別爲號。此之八種，能礙聖道，故名爲難。此一門竟。

次辯其相。此之八種，有四義故，所以是難，一苦障[七〇]故難，二樂障故難，三惡增故難，四善微故難。一切三塗，盲聾瘖瘂，苦障[七一]故難。長壽、欝單，樂障故難。世智辯聰，惡增故難。以其[七二]邪見違正道故，佛前佛後，善微故難。

所言地獄、鬼、畜難者，一切三塗，報障深重，無能會聖，是故爲難。問曰：若使三塗是難，無會聖者，是義不然。如方等說，有諸衆生，在地獄中，遇佛光明，尋光詣佛，聞法得道。如龍樹說，鬼、畜兩趣，聞佛説法，有得道者。如《長阿含天品》中說，鬼子母神，聞法得道。如《提謂經》諸龍、鬼等，聞佛說法，亦皆得道。三塗之中，不妨會聖，云何是難。釋言：三塗是障難處，不應得道，但有衆生久習勝因，遇墮三惡，今值如來及大菩薩不思議力，爲品[七三]緣故，有得道者。如難陀等，煩惱障纏，不應得道，佛爲緣故，得入聖道，此亦如是。無有自力及舍利等小因緣故能入聖道，故名爲難。又三惡中，值聖得道，多是權人，爲引餘生，令起出心，示有所得，非是實凡。實凡不得，故名爲難。

所言盲聾瘖瘂難者，盲不覩聖，聾不聞法，瘂不[七四]諮受，不堪入聖，是故爲難。問曰：一切盲聾瘖瘂，悉皆是難，有非難者。釋言：生盲、生聾、生瘂是八難收，餘者非難。問曰：一切盲聾瘖瘂，皆無見聞，不堪諮受，何故偏説生盲聾瘂以爲難乎。釋言：若非生盲聾瘂，容先見友，聞法諮受，後依階道，以非全障，是故非難。

世智辨者，有人聰利，妄執難迴，所以是難。

所言佛前佛後難者，佛前佛後，無佛法時，不知[七五]出道，無心求聖，所以是難。問曰：辟支出無佛世，佛前佛後，有何難乎。釋言：辟支久修純熟，自力能度，不假師教，其餘衆生，無如是者。故就餘人説之爲難。

鬱單越者，北鬱單越樂報殊勝，都[七六]無苦事，其中衆生，慧力微弱，不知厭離，觀過求出，是故爲難。問曰：欲天樂勝鬱單，何故非難。釋言：六天樂報雖勝，而彼天中慧力增强，堪能厭離，觀過求出，是以非難。又彼天中有佛所化鏡林鏡壁，諸[七七]天於中見已來世所向惡趣，愁憂心深，失於天樂，如隔千世，無有遺餘。又報欲盡，五衰現時，愁憂無賴。此二時中，能厭三有，趣求出離，是以非難。鬱單越國無如是事，所以是難。

長壽天者，色無色界，命報延長，下極半劫，名長壽天。彼天之中寂靜安隱，凡夫生彼，多謂涅槃，保著情深，又無佛法可依求出，所以是難。問曰：經説生般涅槃，行無行等，皆在長壽得涅槃果，云何説言長壽是難。釋言：難者就凡以説，彼生般等是那含人，生上得滅，是以無過。此二門竟。

次就五趣分別八難。地獄、鬼、畜在下三趣[七八]。盲聾、世智、佛前佛後及鬱單越，人趣少分。但就人中，盲聾、世智、佛前佛後，除鬱單越，在餘三方。鬱單唯在鬱單越國。長壽一難，天趣少分，以欲界天非是難故。此三門竟。

次就煩惱業報分別。地獄、鬼、畜、盲聾瘖瘂、長壽、鬱單，就報説難。於中地獄、鬼、畜、盲聾，是其苦報。鬱單、長壽，是其樂報。世智辨聰是煩惱分，邪見攝故。佛前佛後，煩惱業報三分不收，但無佛法可依求出，是故爲難。此四門竟。

次就四輪以辨對治。何者四輪。如《成實》說：一、住善處，謂生中國。二、依善人，謂值佛世。三、自發正願，謂具正見。四、宿植善根，謂於現在諸根完具。此四唯在天、人中有，故論名爲天人四輪。所言輪者，就喻名也。能摧八難，出生聖道無漏法輪，故名爲輪。四輪如是。治相云何。如論中說，初住善處，能摧五難，謂三惡趣、長壽、欝單。以在人天，生住中國，故離斯五。依善人者，遠離佛前佛後難也。以值佛世，故離斯難。自發正願，遠離世智辨聰難也。以正求故，離彼邪難。宿植善者，遠離盲聾瘖瘂難也。具諸根故，遠離彼難。八難如是。

九衆生居義。

九衆生居，如經中說。何故說者，爲破外道總計故也。有諸外道，總計衆生以爲神我，擇善而居，佛爲破之，故說斯九是衆生居，非我居也。何者是乎。欲界人天以之爲一，初禪爲二，二禪爲三，三禪爲四，無想爲五，空處爲六，識處爲七，無所有處以之爲八，非想爲九。此之九處，衆生樂住，名衆生居。問曰：向前七識住中不說無想及非想處，今此何故通說爲居。釋言：此處殘害心識，故非識住，不滅衆生，是故說爲衆生居也。問曰：欲界三塗之中亦有衆生，何故不說爲衆生居。釋言：衆生同厭三惡，非樂住處，是以不說。又問：色界第四禪中，除無想天，餘有八天，衆生樂住，何故不說爲衆生居。《雜心》釋言：彼四禪中，有五淨居，樂求涅槃，不欲久住，是故不說爲衆生居。餘有福生、福愛、廣果，或求淨居，或求〔七九〕無色，或求涅槃，不欲久住，是故亦非衆生居也。九居之義，略辨如是。

十二入義，六門分別。釋名，一。出體，二。辨相，三。隨義分別，四。對陰分別，五。對界分別，六。

第一釋名。十二入者，生識之處名之爲入，如八勝處名八除入。又復根塵迭相順入，亦名爲入。入義不同，離分十二，所謂眼、耳、鼻、舌、身、意、色、聲、香、味、觸、法。此十二中，初六是内，後六是外，内名六根，外名六塵。云何名眼，乃至名意。釋有兩義：一、約對以論。對色名眼，乃至第六對法名意。二、就能以釋。能見名眼，能聞曰耳，能嗅稱鼻，能嘗名舌，能覺稱身，能思曰意。云何名色，乃至名法。解云〔八〇〕有二：一、約對以釋。對眼名色，乃至第六對意名法。二、當相解釋。質礙名色。通而論之，聲、香、味等皆悉質礙，而彼色塵質礙相顯，故偏名之。又復形顯〔八一〕亦名爲色。響韻稱聲。芬馥名香，此名不足，於中亦有腥臊臭等，不可備舉，且存香稱，此則是其不盡語門。可嘗名味。可棠〔八二〕曰觸。自體名法。名字如是。

第二門中，辨其體性。眼等五根，淨色爲體。依如毗曇，四大所造，淨色爲體。若依《成實》，四大所成，假色爲體。問曰：四大既無增減，云何成根五種各别。釋言：四大所成法爾。如外四大雖無增減，而其所成粟、麥、豆等各各差别。又由業故成根差别。有業能生一種四大，集成眼根，能見於色。乃至有業生一四大，集成身根，能覺於觸。如施〔八三〕燈明，得其眼根。施鍾鈴等，得其耳根。如是一切。問曰：若使由業能見，乃至能覺，何用根乎。釋言：雖復有業爲因，必藉根緣。如穀雖復由業而得，必藉種子，此亦如是。次辨意入，以心爲體。依如毗曇，一切六識能生後義，悉是意根，齊名意入。自餘一切想、受、行等，以前生後，皆非意入，法入收故。問曰：若使一切六識能生後義，悉是意根，所生六識通得名爲意識以不。論自解釋，依有二種，一者共依，六識共依意根而生，二不共依，六識之心各别依根。望其共依，同名意識。望不共依，眼等五識，各别受名，不名意識。若依《成實》，義釋有三：一、通相以論，一切四心以前生後，悉是意根，同名意入。從前生義，齊名意識，法入所收。二、簡别五識，除生五識，自餘一切識、想、受、行，以前生後，悉是意入。據此一門，五識已前次第滅[八四]心，是法入收，非是意入。三、對別[八五]名意識，以明意入[八六]，識、想、受、行四心之中，局唯分取[八七]行末之心生意識者以爲意入，餘者皆是法入所攝。大乘所説，與毗曇同。內入如是。次辨外入。色等五塵[八八]以色爲體。依如毗曇，四大所造色、聲、香等，以爲五塵。《成實》法中，四大所因色、香、味、觸以爲四塵，四大相擊便有聲發，是則四塵是四大因，聲是大果。五塵如是。次辨法入。法入寬通，除前十一，自餘一切有爲、無爲，悉是法入。體性如是。

第三門中，次辨其相。

眼入有二，一肉二天。肉有二種，一者報根[八九]，二者長養。人、鬼、畜等所有眼根，從過因生，説爲報根。藉現飲食、醫藥等緣而得眼者，説爲長養。天眼之中，亦有二種，一者報根，二者方便。始從欲天，至色究竟，報得淨眼，是其報根。依於四禪，修得天眼，是其方便。問曰：經中説有五眼，何故是中但説二種。釋言：慧眼、法眼、佛眼，體是慧性，非是色根，故此不論。眼入如是。

次辨耳入，與眼根同。

鼻、舌、身入，亦有二種，一肉二天。肉與前同。天中但有報生之根，無其方便。何故如是。欲界諸天，爲欲嗅香、嘗味、覺觸，又爲嚴身，故有報根。色界諸天，爲嚴身故，亦有報根。然鼻、舌、身非神通性，塵到方覺，不能玄知，故不依禪[九〇]方便修起。問曰：若有天鼻、舌、身，經論之中何故不説。釋言：經論實説上天有鼻、舌、身，但此三根非神通性，與[九一]人無別，故經論中不説天鼻、天舌通等。

次辨意入。毗曇法中，六識生後，即爲六意。《成實》法中，意有通別。行末之心，生意識者，以之爲別。一切四心，生後爲意，以之爲通。別名之意，義別有三：一、五識後行末之心，生意識者，或[九二]爲意入。二、五意識後行末之心，生意識者，説爲意入。三者，第六獨頭識後行末之心，生意識者，説爲意入。若有意入〔九三〕，藉前五識開導生者，名五意識。不藉五識開導生者，名爲獨頭。别名如是。若論通者，要爲四重，廣爲十二。言四重者，識、想、受、行，能生一切，通名意根，齊名意入。言十二者，五識已後一重四心，五意識後一重四心，獨頭識後一重四心，三重四心各能生後，斯名意根，齊名意入，故有十二。隨義别分，意乃無量。

次辨色入。總唯一色。或分爲三，謂好、惡、中。或分爲五，所謂青、黄、赤、白、黑色。或分二十，如毗曇説，所謂青、黄、赤、白、煙、雲、塵、霧、光、影、明、闇、方、圓、長、短、高、下、正、不正等。《成實》法中無其定數。但彼論中，唯説青、黄、赤、白、黑等諸雜之色以爲色塵，自餘一切煙、雲、塵、霧、方、圓、長等皆是假〔九四〕色，法入所收，非是色入。光、影、明、闇，於彼宗中隨其色相，青、黄、赤等諸色所攝。若復廣論，色乃無量。

次辨聲入。總唯一聲，或分爲三：一者因受四大之聲，衆生身大〔九五〕能生受〔九六〕心，名受四大。依斯〔九七〕發聲，名爲因受。二、因不受四大之聲，謂外四大所發之聲。三、因俱聲，所謂擊鼓吹貝等聲，内外俱〔九八〕發，名曰因俱。廣則無量。

次辨香入。總唯一香，或分二種，如《成實》説：一、成質香，即樹香等。二、緣生香，依彼香質，緣生香氣，離質而去。緣生不同，或時成地，如香熏衣，令衣有香。或時成水，如香熏麻，令油有香。或時成風，如風經過香樹而來，風中有香。或復孤遊，更無所成。此二香中，成質之香，鼻根不聞，緣生香氣，來至鼻根，鼻根所得〔九九〕。問曰：香氣來至鼻時，爲當獨來，爲更有伴。外道宣説，十微相扶，來至鼻根。言十微者，色等五塵，地等五大。毗曇宣説，八微相扶，來至鼻根。言八微者，前十微中除聲及空。《成實論》中廣破此義。若言香氣與彼色等俱來至鼻，前質應滅，亦可都盡，又如燒香，質壞香盛，明知不與色等俱來，唯與風大俱來至鼻，或復孤來。或分爲三，如《雜心》説，謂好、惡、中。此好、惡、中，隨情分別，順情名好，違情名惡，非違非順説以爲中。隨相別論，香乃無量。

次辨味入。總唯一味，或分爲三，謂好、惡、中。或分爲六，謂辛、苦、甜、酢、鹹、淡[100]別。如《涅槃》中宣説，甜酥八味具足。彼文不數[101]，不知是何。隨別以分，味亦無量。

味[102]辨觸入。總唯一觸，或分爲三，謂好、惡、中。或分十一[103]，如毗曇説，謂堅、濕、煖、動、輕、重、澀、滑、冷、飢、渴等。堅是地大，濕是水大，暖是火大，動是風大，此四能造，後七所造。後七雖復四大所造，於中亦有增微不同。如《雜心》説，火風增故輕，地水增故重，地風增故澀，水火增故滑，水風增故冷，風增故飢，火增故渴。以義推之，觸應十五。十一如前。更應有四，地、火偏增，應立强劬仰反觸，地增故飽[104]，水增故滿，《成實》中有，毗曇不説。四大齊等，應當立一調停之觸，論中不辨。以此通前，故應十五。《成實》法中觸無定數，以義推之，有三十九：一堅，二輭，三輕，四重，五强，六弱，七冷，八熱，九澀，十滑，十一强[105]，十二濯。此之十二，是其外觸。十三猗樂，身離惱患，自覺猗適，故名猗樂。十四疲極，十五不疲極，十六病，十七老，十八身利，十九身鈍，二十身嬾，二十一身重，二十二迷，二十三悶，二十四瞪瞢[106]，二十五疼，二十六痺，二十七頻申[107]，二十八飢，二十九渴，三十者飽，三十一滿。三十二嗜樂，便其所憙，故云嗜樂。三十三不嗜[108]，身所不便，名不嗜樂。三十四者懵，三十五者欠呿[109]，三十六者痛，三十七者痒。三十八者急，如坐禪人所得急觸。三十九者緩。此後所列二十七種，是其内觸。此諸觸中，前三十四是彼《成實·觸品》中説。後之五種，隨義準置。此等皆是身之所覺，故通名觸。問曰：猗等是心數法，云何説之爲觸入乎。釋言：觸入皆是色法，寄心顯别。若復廣論，觸亦無量。

次辨法入。總唯一法，或分爲二，一者有爲，二者無爲。或分爲六，有爲有三，一色二心，三非色非心。依如[一〇]毘曇，善惡無作以爲色法，想受行等以爲心法，自餘十四不相應行爲非色心。若依《成實》，過未五塵身口作業及四大等假名之色以爲色法，五識已前次第滅心以爲心法。若復通論，一切六識從前生義悉是心法，假名衆生善惡無作爲非色心。無爲亦三，謂虚空、數滅，及非數滅，此義如前三無爲章具廣分别。相别如是。

第四門中，隨義分别。於中有六，一假實分别，二三世分别，三三界分别，四離合分别，五就因分别，六就報分别。初假實者，眼等五根，外道宣説是定性有，毘曇法中破彼定性，宣説眼等從因緣生。雖説從緣，而體是實，非處非假。《成實》法中，一向是假，以攬諸大集成根故。第六意入[一一]，毘曇是實，《成實》法中亦實亦假。一念生後，名之爲實。三相成念，目之爲假。色等五塵，毘曇法中一向是實，《成實》法中亦實亦假。五塵之法，止現一念，不通相續，名之爲實。又復不攬餘塵餘大，假以集成，故名爲實。所言假者，釋有兩義：一、因和合。攬細成麤，隣空之色，以之爲細，多集可見，目之爲麤。二[一二]、法和合。苦無常等，同體虚集，故名爲假。大乘法中，亦實亦假。實義同前。假有五種：一、因和合。二、法和合。此二同前。三、妄想虚假。色等諸法，誑想假有，如虚空華。四、妄想虚假。色等皆從妄心假集，如夢所見。五者，真實緣集之假。謂依真識緣集色等，故經中説三界虚妄，皆一心作。論自釋言：皆心作者，謂真心作。具斯五義，故名假矣。次辨法入，毘曇唯實，《成實》法中隨相以論，有實有假。過未五塵、三無爲等，是其實法。自餘一切，我人、衆生、舍宅、軍衆、藂林、艸木、四大等法，悉是假名。據理以論，一切諸法悉是假名[一三]，四假攝故。大乘亦爾。此一門竟。

次就三世辨定諸入。依如毗曇，十二入法，並通三世。若依《成實》，六根五塵局唯現在一刹那頃，不通過未。在過未者，法入攝故。法入一種，該通三世，以法寬故。大乘法中，文無定判。多同毗曇。此二門竟。

次就三界分別諸入。香味二塵，小乘法中唯在欲界，上界則無，上界無其段食性故。大乘法中，諸佛菩薩真實報果不屬三界，餘則如前。眼等五根，色、聲、觸塵，小乘法中定〔一一四〕在欲色。大乘法中，若佛菩薩真實報果，不屬三界，餘通三界，大乘宣説無色界中猶有色故。意入、法入，若無漏者，不屬三界，餘通三界。此三門竟。

次辨根塵離合之義。外道宣説六根六塵合而生知，根塵異處，云何得合。彼説眼根有其神光，去到前塵，故能見色。餘之四根，無光至塵，以神我力，感塵至根，是故合知。意根一種，神我將去，往到前境，故能知法。《成實論》中廣破此義。眼光若去，應見中間麤細之物。又若〔一一五〕光去，見火應燒，見水應濕。又若光去，遥覩遠色，應當遲見。見遠不遲，明知不去。又光若去，遥見遠色，不應生疑。又若光去，水精中物，淵中魚石，眼〔一一六〕悉見之，云何得到。又若見色合而見者，現見以物置於眼中，自所不了，明知不合。若言由我令餘四塵來至根〔一一七〕者，是中但陰，何處有我，説爲能感。若根無光，神我之力不能將去，塵亦無光，神我之力，焉能使來。又聲味等不離質體，縱有神我，何能使彼離質而來。問曰：若聲不離質者，彼此隔絶，云何可聞。釋言：世間見聞法爾。如色雖遠，眼能見之，聲亦如是，何足可怪。若言神我將意去者，是中無我，誰將意去。又意若去，身中無心，應名死人，人不名死，明知不去。又意若去他方之物，不見聞處具應知之。以不知故，明知不去。所破如是。正義云何。《成實》法中，眼根一種，離而生知。鼻、舌及身，合而生知。耳根一種，亦離亦合。耳鳴之聲，合而得聞。自餘外聲，離而得聞。意非色法，無到不到，非離非合。若依《雜心》，眼耳二根，離而生知，雖聞耳鳴，亦是離聞。鼻、舌及身，與《成實》同。意根一種，亦離亦合。故彼偈言，二境不近受，遠近境界一，餘一向近受。二境不近者，所謂眼、耳。遠近境一者，所謂意根。餘一向近者，謂鼻、舌、身。此四門竟。

次就因義分別諸入。十二入中，眼等五根、香、味、觸塵是無記法，一向非因。色、聲二塵，論說[二八]不同。《成實》法中一向非因，彼說五塵無罪福性，是故非因。毗曇法中，有因非因，身口業中善惡色聲一向是因，餘者非因。意根、法塵，通因非因，意根之中善惡俱者說之爲因，餘者非因。法塵之中，諸業煩惱及此相應共有之法，判之爲因，餘者非因。此五門竟。

次就報義分別諸入。眼等五根，依如《成實》，一向是報。毗曇法中，有報非報。過因生者，說之爲報。長養之根及依禪定修習起者，說爲非報。意入一種，通報非報。色等五塵，《成實》唯報。毗曇法中，聲入一種一向非報。何故如是？彼論宣說，色報無間，聲聲[二九]有間，是故非報。又復色報酬因已定，不隨心轉，聲則不爾，大小隨心，輕重任意，是故非報。問曰：若言聲非報者，經中宣說施鐘鈴等得好音聲，云何非報？論自釋言：由施鍾鈴，得好四大，在於咽喉發聲微妙，從其所依，故說爲報，聲體非報。餘之四塵，通報非報，報根俱者說之爲報，餘者非報。問曰：外色、香、味、觸等是其依果，云何非報？論自釋言：善惡業風吹諸衆生往好惡處，而所往處不由業生，是故非報。大乘法中，色等五塵通報非報，從過因生一向是報，變[三〇]化所爲及餘一切，現方便起，皆悉非報。法入之中，通報非報，善惡等法、三無爲等說爲非報，餘者是報。義別如是。

第五門中，對陰分別。陰謂五陰，分一色陰以爲十入，及一少分五根五塵，是其十入。言少分者，依如毗曇，法入之中善惡無作是其色陰。若依《成實》，法入之中過未五塵及四大等假名之色是其色陰，故言少分。餘四陰中，依如毗曇，分取識陰以爲意入，想、受及行攝屬法入。若依《成實》，隨義通論，一切四心能生後義悉是意入，一切心識從前生義悉屬法入。若簡五識，五識已前次第滅心是其法入，餘皆意入。皆是通名，意根攝故。若當對彼別名意識，行未之心生意識者是其意入，餘皆法入。

第六門中，對界分別。此十二入對十八界，云何分別。依如毗曇，五根六塵〔三一〕，十八界中即爲十一。意入之中分出六識，通前合爲十八界義。若依《成實》，五根五塵，十八界中即爲十一。法入之中開分六識，通前合爲十八界義。彼宗六識，法入攝故。十二入義，略辨如是。

十八界義，十一門分別：釋名，一。三聚分別，二。內外分別，三。三性分別，四。就地分別，五。有爲無爲分別，六。有漏無漏分別，七。學等分別，八。三斷分別，九。三對分別，十。識緣不同，十一。

第一釋名。眼等六根，色等六塵，及與六識，是其十八。能生曰根，能生識〔三二〕故。能坌名塵，坌汙心故。然此色等，當法立名，名六境界。而言塵者，偏對染心以彰名也。良以淨心多緣理生，染依事起，故偏對染以名塵矣。能了曰識，了諸塵故。此之十八，經名爲界，亦名爲性。界別名界，性別名性。諸法性別，故名爲界。此一門竟。

次就三聚分別諸界。言三聚者，所謂色、心、非色非心。十八界中，五根五塵一向是色，意根六識一向是心。法界之中，備含三聚。依如毗曇，善惡無作以爲色法，想受行等以爲心法，自餘十四不相應行及三無爲爲非色心。《成實》法中，過未五塵，四大等色以爲色法，五識已前次第滅心是其心法，假名衆生，善惡無作〔三三〕，三無爲等爲〔三四〕非色心。三聚如是。

色中別以三門分別：一、就四大分別諸色。依如《成實》，色、香、味、觸是四大因，能成四大，不爲大成。聲塵一種，是四大果，依四大生，不攬大成。眼等五根爲四大成。法界中色，義則不定。若論過未五塵色法，同前五塵，不爲大成。過未五根，同前五根，爲四大成。餘外假色，亦[二五]四大成。四大相望，得有相生，無相成理。毗曇法中，眼等五根，色、聲、香、味及法塵色，皆四大造。觸界不定。輕等七種，是四大造。堅、濕、暖、動，四大之觸，非四大造。問曰：爲當一種四大具造諸色，爲當别造。論者不同。有人宣説，一種四大，具造諸色。有人復言，聚者同造，異者别造。《雜心》所存，四大别造，都無共理。二、就對分别。色有三種，一可見有對，二不可見有對，三不可見無對。色界一種，可見有對。爲眼所行，名爲可見。爲其對礙色根所對，故名有對。聲、香、味、觸，是不可見有對。非眼所行，名不可見。有對同前。眼等五根及無作色，是不可見無對。非眼所行，故不可見。爲意所緣，不爲對礙色根所對，故名無對。三、約受分别。若有色法破壞逼迫，能生覺心，名之爲受。不生覺心，名爲不受。如《雜心》説，眼等五根，若現在者，能生受心，名之爲受。若在過未，不生覺心，名爲不受。色、香、味、觸，在於現在，不離根者名之爲受，餘者不受。聲塵及與法塵中色，一向不受，不生覺故。色法如是。

次辨心法。於中約就[二六]覺觀分别。依如毗曇，五識之中定有覺觀。意根、意識及與法界，義别三種：初禪已還，定有覺觀。中間禪地，無覺有觀。二禪已上，定無覺觀。問曰：五識何不如是。釋言：五識唯在欲界初禪中有，上地則無，是故五識唯在[二七]覺觀。若依《成實》，五識之中定無覺觀，以五識中無思惟故。意根、意識及心法界，麤同毗曇，細則不同。彼宗宣説，覺觀一心，遍通三界，以是心之麤細相故。就三界中，欲界地心定有覺觀。色無色界，禪方便有，定體則無，以其寂故。心法如是。

次辨非色非心之法。於中約就有無分别。若

對空理，一切法界斯名爲有。故《地持》云：有爲、無爲，名之爲有。無我我所，名無所有。隨相分別〔二六〕，三無爲法是其非色非心無法。有則不定。毗曇法中宣説十四不相應行以爲非色非心有法，《成實》宣説假名衆生、善惡無作以爲非色非心有法。此二門竟。

次就内外分別諸界。於中若就三分論之，六根是内，六塵是外，六識爲中。兩分論之，根塵如上，六識不定。毗曇法中，攝之爲内，故彼論言内界説十二。《成實》不爾，彼宗六識，法入所攝，是則六識攝之在外。此三門竟。

次就三性分別諸界。善、惡、無記，是其三性。依如《成實》，五根五塵及與五識，一向無記，意根意識及與法界，該通三性。毗曇法中，眼等五根，香、味、觸塵，一向無記，餘通三性。故彼論言，無記謂八種，餘則善不善。意根意識及與法界，善惡可知，何者是其色聲五識善惡之義。依如彼宗，善心禮拜讚歎等事，是善色聲。惡心發動身口二業，是惡色聲。五識地中，緣善境界而生五識，判之爲善。若緣可貪可瞋等境而生五識，判爲不善。問曰：何故毗曇法中宣説色聲該通三性，《成實》法中唯説無記。釋言：毗曇身口二業是色聲性，故通三性。《成實》法中，一切善惡皆在假中，實中則無。然彼論中，五塵唯實，不通假名，故無善惡。問曰：何故善之與惡唯在假中，不通實法。釋言：彼宗相續之中方有損益，一念無故。又問：五識，毗曇法中説通三性，何故《成實》説唯無記。釋言：毗曇不立假義，宣説善惡皆在實中，是故一念五識之中得有善惡。《成實》善惡，假中方有，五識唯實，故無善惡。又復毗曇，心法同時，五識心邊有善惡數，以王從數，故説善惡。《成實》法中，心獨不並，五識心起，直了五塵，更無餘義，故無善惡。問曰：若使《成實》法中五識無記，無善惡者，五識之心應非妙行。釋言：彼宗五識心體實非妙行，五識心後，行中無過，方名妙行。大乘所説，凡夫二乘與毗曇同，諸佛菩薩實報境界，根識唯善，塵通三性。此四門竟。

次就自地他地分別。言自地者，身在欲界，於自地中根塵及識一切具足。身在初禪，於自地中六根具足，塵但有四，色、聲、觸、法。彼無段食，故無香味。識亦有四，除鼻舌識，無香味故。身在二禪乃至四禪，於自地中六根四塵與初禪同，識則不定。毗曇法中，但有意識，餘識皆無。若無餘識，云何而得見色、聞聲、覺觸等事。彼論宣説，二禪已上借初禪識，故得見色、聞聲、覺觸。《成實》説彼與初禪同，當地具有眼、耳、身、意四種識故。身在四空，義則不定。小乘法中，但有意根、意識法界。大乘説彼根塵及識與四禪同，大乘説彼猶有色故。自地如是。言他地者，鼻、舌、身根及彼根識，唯當地起，不通他地。眼、耳、意根及此根識，身在下地，於上地中隨所有處，皆悉得起。六塵之中，香、味及觸，唯爲自地根識所了，不通他地，無玄知故。色界聲界，小乘法中四禪已還，隨身何處於他地中皆得見聞。不通無色。大乘所説，色界已還，與小乘同。無色界中，有同有異。説彼凡夫二乘之人，在無色界，於他地中所有色聲，皆不見聞，心微劣故。此同小乘。菩薩在彼，於他地中一切色聲，皆得見聞，心自在故，根明利故。此異小乘。法界不定。依如毗曇，有漏法界，四禪已還，隨身何處，於他地中皆得緣知。生住無色，則不如是，唯緣自地及上地法，不緣下地。故彼論言，無色不緣下地有漏。無漏法界，則不如是，於他地中隨身何處皆得緣知，不簡上下。若依《成實》，一切他地有漏無漏，於三界中，隨身何處皆得緣〔一一九〕知。然彼論中，説無色界雖緣下地有漏之法，心不通暢，如燒筋羽，非是不緣。大乘法中，與《成實》同。

問曰：有人身在欲界，用初禪眼，見自地色及他地色，所生眼識何地所攝。釋言：所生初禪地攝，依眼生故。又問：有人身在欲界及初禪地，用二禪眼，乃至用彼四禪地眼，見自地色及他地色，所生眼識何地所攝。依如毗曇，皆初禪攝。彼宗之中，二禪已上皆無眼識，借初禪識了諸色故。所言借者，二禪已上所有眼識與初禪識，麤細相似，是故言借，不從彼來説爲借矣。有人身生二禪已上，用自地眼及他地眼，見自地色及他地色，所生眼識當知亦是初禪所攝，類上可知。若依《成實》，一切眼識，隨眼處説，不借下識。大乘法中，文無定判，多同《成實》，無借識故。眼識既然，耳識同爾。若論身識，初禪已還即當地説，二禪已上所覺之觸必在當地，所生之識亦初禪攝。此五門竟。

次就有爲無爲分別。小乘法中，前之十七，一向有爲，法界該通有爲無爲。色法、心法、非色心法，是其有爲。虚空、數滅及非數滅，是其無爲。大乘法中，諸佛菩薩真實根識，體則無爲，用現有爲。六塵之中，三無爲法，一向無爲。自餘一切，就佛菩薩實報説者是其無爲，餘者有爲。此六門竟。

次就有漏無漏分別。毗曇法中，五根五塵及與五識一向有漏，從漏生故，漏依住故。意根意識及與法界，通漏無漏。《成實》法中，若斷漏故名爲無漏，與毗曇同。若不生漏名無漏者，凡夫諸界一向有漏，無學諸界一向無漏。學人不定。已斷結處，一切無漏。未斷結處，一切有漏。大乘法中，諸佛菩薩實報根識，體則無漏，明現有漏。六塵之中，通漏無漏。色等五塵，就佛菩薩實報説者是其無漏，餘是有漏。法塵之中，數滅無爲一向無漏，餘如五塵。此七門竟。

次就學等分別諸界。法有三種：一是學法，謂三乘人無漏之因。二、無學法，謂三乘人無漏之果。三者，非學及非無學，謂餘一切有漏諸法及三無爲。學等如是。小乘法中，意根意識及與法界，義通三種。無漏之因及學等見，説之爲學。學人汎爾遊觀無漏不斷結者，名學等見。無漏極果及彼無學等見智者，説爲無學。何者是其無漏極果。所謂盡智及無生智。何者是其無學等見。謂無學人遊觀無漏。自餘意根、意識、法界，説爲非學及非無學。餘十五界，一向非學及非無學。大乘所辨，凡夫二乘十八界法，與小乘同。諸佛菩薩十八界法，皆通三種。一切菩薩實報境界，根塵及識，悉名爲學。如《地持》説，種性菩薩六入殊勝，無始法爾，及從先來修善所得，如是一切，是學六根。依此生心，是學六識。實報所得淨土境界及依三昧所現境界，是學六塵。一切如來實〔三〇〕報境界，根塵及識，是其無學。餘者，非學及非無學。此八門竟。

次就三斷分別諸界。言三斷者，一是見斷，二是修斷，三是無斷。見諦斷法，名爲見斷。修道斷法，名爲修斷。自餘無漏〔三一〕無爲〔三二〕法等，名爲無斷。依如毗曇，五根五塵及與五識，此十五界，唯修道斷。自餘三界，亦見諦斷，亦修道斷，亦是無斷。見惑俱者説爲見斷，修惑俱者説爲修斷，餘名無斷。若依《成實》，五根五塵及與五識，通見諦斷及修道斷，不通無斷。斷見惑故，令彼三塗五根五塵五識不生，判爲見斷。斷修惑故，令彼人天五根五塵五識不起，判爲修斷。故彼論言，見斷法者，謂示相我慢及彼所起諸餘法也。修斷法者，不示相慢及彼所起諸餘法也。見諦惑體是示相慢，所起業報是其餘法。修道惑體〔三三〕不示相慢，所起業果是其餘法。彼《成實》中，斷因果喪，斯名數滅。是故見修二種惑果，從其根本説爲見斷及修道斷。意根意識及與法界，與毗曇同。大乘法中，十八界法皆通三種。初地所除一切生死十八界法，斯名見斷。二地已上一切所除十八界法，是其修斷。諸佛菩薩實報所成根識，無斷。塵〔三四〕通三種。此九門竟。

次就三對分別諸界。言三對者，如《雜心》説，一境界有對，二障礙有對，三緣有對。境界有對者，一切色根及心心法，能於外境〔三五〕囑對分了，名境有對。於此門中，六根六識及心法界是其有對，色等五塵及法界中非心之法是其無對，以非情故。障有對者，色根色塵共相礙對，障隔不通，名障有對。於此門中十界有對，所謂眼耳鼻舌身根，色等五塵。餘七心界及心法界，一向無對，非是色色相對礙故。問曰：若使五根五塵是障礙者，眼等根處不應得有色香味等。若得有者，便非障礙。論言：各住極微聚故，猶名障礙。緣有對者，心心法等對境能緣，名緣有對。於此門中，七界少分是其有對，謂七心界，法界少分。餘者無對，以無緣故。此十門竟。

次約諸識明緣不同。如《雜心》說，色界二識識[一三六]乃至觸亦然，諸餘十三界，一向意識緣。此乃宣說，色等五塵當分爲彼五識所緣，意識通緣一切法故，亦得緣之。自餘六根、六識、法塵，五識不了，唯意識緣。《成實》法中，文無定判，人釋不同。有人釋言，與毗曇同。有人復言，六根六識及與法塵，與毗曇同，唯意識緣。色等五塵，唯五識緣，意識不緣。若意識緣，盲應見色，聾應聞聲，不觸[一三七]之物應知堅輭[一三八]，如是一切，以盲聾等不見聞故，明意不緣。《大智論》中，同此後釋。據[一三九]實論之，意識通緣一切五塵，但不分了。何故得知。如人現在緣於十方一切色、聲、香、味、觸等，明知通緣。所以不了色、香、味等，非意正境，是故不了。若得通緣，龍樹何故宣說意識不知五塵。釋言：龍樹云不知者，不如五識知之顯了，故言不知，非全不緣。十八界義，略之云爾。

二十五有義。

二十五有，出《涅槃經》。從因有果，故名爲有。有別不同，爲二十五。何者是乎。如經中說，欲界十四，所謂地獄、畜生、餓鬼及與修羅，即以爲四。四天下人，復以爲四，通前爲八。欲界六天復以爲六，通前十四。色界有七，通前合爲二十一有。彼四禪地即以爲四，中間梵王以爲第五，無想天處以爲第六，一切淨居合爲第七。無色有四，謂四空處，通前合爲二十五也。問曰：何故四天下人分爲四種，五淨居等合之爲一。釋言：離合各隨所宜，今據一門，且分如是。二十五有，辨之麤爾。

四十居止義。

言居止者，三界衆生所居住處，名爲居止。止處不同，分爲四十。於中欲界有二十處。八大地獄，即以爲八。畜生、餓鬼，復以爲二，通前爲十。四天下人并六欲天，復以爲十，通前二十。色界地中有其十六。初禪有二，謂梵身天及梵輔天。初禪地中有大梵王，何故不説。與梵輔天同在一處，故不別論。二禪有三，謂少光天、無量光天及光音天，通前爲五。三禪有三，謂少淨天、無量淨天及遍淨天，通前爲八。四禪地中，當分爲〔二四〇〕三，所謂福愛、福生、廣果，通前十一。及五那含，通前十六。無想與彼廣果一處，故不別説。以此十六，通前合爲三十六處。無色四天，通前四十。若就色界别分大梵及無想天，是則居止有四十二。居止如是。

大乘義章卷第八末

校勘記

〔一〕「主」，校本校勘記云甲本作「生」。

〔二〕「嗽」，校本校勘記云甲本作「敢」。

〔三〕「行」，底本原校云一本作「斥」，校本校勘記云甲本無。

〔四〕「人」，校本校勘記云甲本作「因」。

〔五〕「活」，底本原校疑前脱「等」字。

〔六〕「大海」，校本校勘記云甲本無。

〔七〕「捉」，校本校勘記云甲本作「投」。

〔八〕「咄」，校本校勘記云甲本作「吐」。

〔九〕「行」，底本原校云一本作「斥」，校本校勘記云甲本無。

〔一〇〕「枉」，校本校勘記云甲本作「狂」。

〔一一〕「史」，底本原校疑爲「吏」。

〔一二〕「治」，校本校勘記云甲本作「活」。

〔一三〕「稱」，校本校勘記云甲本作「秤」。

〔一四〕「叫」，校本校勘記云甲本作「嗥」。

〔一五〕「唤」，校本校勘記云甲本後有「獄」字。

〔一六〕「熏」，校本校勘記云甲本作「動」。

〔一七〕「墜陷」，校本校勘記云甲本作「極垢」。

〔一八〕「坑」，校本校勘記云甲本作「插」。

〔一九〕「叉」，校本校勘記云甲本作「刃」。

〔二〇〕「於」，底本原校疑爲「鑊」。

〔二一〕「足」，底本原校云一本作「是」。

〔二二〕「二」，底本作「一」，據底本原校及校本改。

〔二三〕「足」，校本校勘記云一本作「尼羅」。

〔二四〕「邏」，校本校勘記云一本作「羅」。

〔二五〕「華」，校本校勘記云甲本作「色」，下一「華」字同。

〔二六〕「樹」，底本原校疑爲「林」。

〔二七〕「棘」，底本原校疑爲「林」。

〔二八〕「柱」，底本原校云一本作「鐘」，論作「橛」。

〔二九〕「後」，底本原校云一本作「彼」。

〔三〇〕「身」，底本原校云經作「腹」。

〔三一〕「食水」，校本校勘記云一本作「水食」。

〔三二〕「希」，底本原校云一本作「悕」。

〔三三〕「鬘」，底本原校云一本作「髮」。

〔三四〕「別」，底本原校疑前脱「差」字。

〔三五〕「山」，底本原校云經作「浴」。

〔三六〕「靈」，底本原校云一本作「微」。

〔三七〕「眷屬」，底本原校云一本作「供養」。

〔三八〕「門」，校本校勘記云甲本後有「若我不救王或加重罰非實信心非尊重心」十七字。

〔三九〕「大」，底本原校云一本作「人」。

〔四〇〕「悲」，底本原校云一本作「愍」。

〔四一〕「在」，底本原校云一本作「於」。

〔四二〕「那」，校本校勘記云甲本後有「婆」字。

〔四三〕「與」，底本原校云經作「於」。

〔四四〕「二」，底本原校云一本作「一」。

〔四五〕「訶婆」，底本原校云經作「呵娑」。

〔四六〕「半」，底本原校云經作「滿」。

〔四七〕「滿」，底本原校云經作「半」。

〔四八〕「正方」，底本原校云一本作「方正」。

〔四九〕「不」，底本原校云一本作「無」。

〔五〇〕「差別」，底本原校云一本作「天報」。
〔五一〕「面」，校本校勘記云一本後有「由」字。
〔五二〕「留」，底本原校云一本作「樓」。
〔五三〕「白」，底本原校云一本作「曰」。
〔五四〕「人」，校本校勘記云一本後有「中」字。
〔五五〕「迦陀」，底本原校云論作「摩伽」。
〔五六〕「脩」，底本原校云一本無。
〔五七〕「身」，校本校勘記云甲本後有「天」字。
〔五八〕「與前」，底本原校疑爲「梵衆」。
〔五九〕「脩」，校本校勘記云一本作「種」。
〔六〇〕「見」，底本原校云《華嚴》作「現」。
〔六一〕「現」，底本原校云《華嚴》作「見」。
〔六二〕「熏」，校本校勘記云一本作「動」。
〔六三〕「後一無漏」，底本原校疑衍，校本無。
〔六四〕「熏」，校本校勘記云一本作「動」。
〔六五〕「通」，校本校勘記云一本無。
〔六六〕「次」，底本原校云一本作「樂」。
〔六七〕「不」，底本原校云一本無。
〔六八〕「煎」，底本原校云一本作「逼」。
〔六九〕「全」，校本校勘記云一本作「合」。
〔七〇〕「障」，校本校勘記云一本無。
〔七一〕「障」，校本校勘記云一本無，下一「障」字同。
〔七二〕「其」，校本校勘記云一本作「具」。
〔七三〕「品」，底本原校云一本作「强」。
〔七四〕「不」，校本校勘記云一本作「無」。
〔七五〕「知」，校本校勘記云一本作「智」。
〔七六〕「都」，校本作「覩」。
〔七七〕「諸」，校本校勘記云一本無。
〔七八〕「趣」，底本原校云一本作「塗」。
〔七九〕「求」，底本原校云一本作「樂」。
〔八〇〕「云」，底本原校云一本作「亦」。
〔八一〕「顯」，底本原校云一本作「現」。
〔八二〕「棠」，底本原校云一本作「覺」。
〔八三〕「施」，校本校勘記云一本作「因」。
〔八四〕「滅」，底本原校云一本作「減」。

〔八五〕「別」，校本校勘記云一本無。

〔八六〕「入」，底本原校云一本作「識」，一本無。

〔八七〕「取」，校本校勘記云一本作「所」。

〔八八〕「塵」，校本校勘記云一本作「識」。

〔八九〕「根」，底本原校云一本作「相」。

〔九〇〕「禪」，底本原校云一本作「神」。

〔九一〕「與」，底本原校云一本作「而」。

〔九二〕「或」，校本校勘記云一本作「説」。

〔九三〕「入」，底本原校云一本作「識」。

〔九四〕「假」，底本原校云一本作「能」。

〔九五〕「大」，底本原校云一本作「本」，一本作「躰」。

〔九六〕「受」，底本原校疑爲「愛」。

〔九七〕「斯」，底本原校云一本後有「所」字。

〔九八〕「俱」，底本原校云一本作「共」。

〔九九〕「得」，底本原校云一本作「聞」。

〔一〇〇〕「淡」，底本原校云一本後有「差」字，一本後有「等」字。

〔一〇一〕「數」，底本原校云一本作「委」。

〔一〇二〕「味」，疑爲「次」。

〔一〇三〕「一」，底本原校云一本作「二」。

〔一〇四〕「飽」，底本原校云一本作「飢」。

〔一〇五〕「强」，底本原校云一本後有「劬仰」二字，校本校勘記云一本後有夾註「劬仰反」三字。

〔一〇六〕「蹬蕒」，底本原校云論作「蘉矓」。

〔一〇七〕「申」，底本原校云論作「伸」。

〔一〇八〕「嗜」，底本原校云論後有「樂」字。

〔一〇九〕「呿」，底本原校云一本作「去」。

〔一一〇〕「依如」，底本原校云一本作「若依」。

〔一一一〕「入」，底本作「八」，據底本原校及校本改。

〔一一二〕「二」，底本原校云一本作「三」。

〔一一三〕「名」，底本原校云一本後有「通」字。

〔一一四〕「定」，底本原校云一本作「唯」。

〔一一五〕「又若」，底本原校云一本作「若眼」。

〔一一六〕「眼」，底本原校云一本作「明」。

〔一一七〕「根」，底本原校云一本作「眼」。

〔一一八〕「論説」，底本原校云一本作「諸論」。
〔一一九〕「聲」，底本原校云一本作「入」。
〔一二〇〕「變」，底本原校云一本作「及」。
〔一二一〕「六」，校本校勘記云一本作「五」。
〔一二二〕「生識」，校本校勘記云一本作「識生」。
〔一二三〕「作」，底本原校云一本後有「及」字。
〔一二四〕「等爲」，底本原校云一本無。
〔一二五〕「亦」，底本原校云一本作「非」。
〔一二六〕「就」，底本原校云一本作「對」。
〔一二七〕「在」，底本原校云一本作「是」，校本校勘記云一本疑爲「有」。
〔一二八〕「分別」，校本校勘記云一本作「別分」。
〔一二九〕「得緣」，校本校勘記云一本作「悉得」。
〔一三〇〕「實」，底本原校云一本作「常」。
〔一三一〕「漏」，底本原校疑爲「爲」。
〔一三二〕「爲」，底本原校疑爲「漏」。
〔一三三〕「體」，底本原校云一本後有「是」字。
〔一三四〕「塵」，底本原校云一本作「故」。
〔一三五〕「境」，底本原校云一本後有「界」字。
〔一三六〕「識」，底本原校疑爲「緣」。
〔一三七〕「觸」，底本原校云一本作「解」。
〔一三八〕「應知堅輭」，底本原校云一本作「堅軟不知」。
〔一三九〕「據」，校本校勘記云一本作「拷」。
〔一四〇〕「爲」，底本原校云一本作「有」。

大乘義章卷第九

遠法師撰

淨法聚第四，有一百三十一門。淨法聚因法中，有一百十三門。此卷有九門。一、發菩提心義。二、迴向義。三、金剛三昧義。四、斷結義。五、滅盡定義。六、一乘義。七、二種莊嚴義。八、二種種性義。九、證教二行義。

發菩提心義，三門分別。釋名辨體，一。因起次第，二。就位分別，三。

第一釋名，辨其體相。發菩提心者，菩提胡語，此翻名道。果德圓通，故曰菩提。於大菩提起意趣求，名發菩提心。然此發心，經亦名願。要大菩提，令來[二]屬己，故名爲願。名義如是。

體相云何。隨義不同，略有三種，一者相發，二息相發，三者真發。言相發者，行者深見生死之過，涅槃福利，棄捨生死，趣向涅槃，隨相厭求，名相發心。言息相者，行者深悟諸法平等，知其生死本性寂滅，涅槃亦如，生死寂故無相可厭，涅槃如故[三]無相可求，返背前相，歸心正道，故名爲發。良以取相違背正道，故名捨相以爲發也。蓋乃廢外以歸其內，故名爲發。亦可離相平等之心，始起名發。故經説言，滅諸發不發，是發菩提心。言滅發者，滅諸相發。言不發者，不起相發。是發心者是無相發，無相心起名爲發矣。言真發者，菩提真性，由來已體，妄想[三]覆心，在而不覺，謂之在外，向外推求，後息妄想，契窮自實，知菩提性由來已體，無異趣求。知菩提性是已體故，菩提即心。無異求故，心即菩提。捨彼異求，歸心自實，故名發心。良以外求違背正道，是故捨彼歸心自實，説爲發心。此亦廢外以歸其內，故名爲發。亦可真證菩提之心，始起名發。體相如是。此一門竟。

次明因起次第之義。先就相發以明因起。彼相發心，因何而生，因大悲生。悲因何生，由依信慧。信慧因何，由聞正法。聞法因何，由近善友。是故菩薩[四]先近善友。由近友故，得聞正法。聞何等法，謂聞生死[五]大苦、涅槃至樂。因聞生信，信生死苦、涅槃大樂。因聞生慧，知生死苦、涅槃大樂。由信慧故，便起慈悲。信知生死是大苦故，念衆生未出，故起大悲。信知涅槃是至樂故，念衆生未得，故起大慈。由慈悲故，起菩提心。悲念衆生於苦未出，欲爲濟拔，自我不出，無由化他令出生死，是故發心願出生死。慈念衆生未得涅槃，欲爲授與，自我不得，無由化他令得涅槃，是故發心願得涅槃。故因悲慈起菩提心。

次就息相以明因起。息相發心，是修慧攝。聞慧因何，由聞正法。聞法因何，由近善友。是故彼依何生，由思慧生。思因何生，由於聞慧。聞菩薩先近善友。由近友故，得聞正法。聞〔六〕何等法，謂聞生死涅槃法空，如《大品》等。既聞是已，便知生死本性寂滅，涅槃亦如，成就聞慧。依聞起思，思惟生死涅槃法空。依思起修，觀諸法空。見法空故，捨彼相求，安心如〔七〕道，名息相發。息相如是。

次明真發因起次第。真發即是證行所攝。彼由何生，由於修慧。修因何生，因思而發。思依何起，依於聞慧。聞由何生，由聞正法。聞法因何，由近善友。是故菩薩先近善友。由近友故，得聞正法。聞何等法，聞知真實〔八〕如來藏性是已自體，如《勝鬘經》《楞伽經》等。既聞是已，便成聞慧。因聞起思，思量真實如來藏性是已自體。因思起修，觀察彼實，因彼捨妄，便證自實。以證實故，名真發心。因起如是。此二門竟。

次就位論此三發心。隨義通論，統〔九〕於始終。約位以分，非無差降。位要有三，廣開爲六。言要三者，如馬鳴論説，一、信發心，位在種性，此即是前相發心也。二、解發心，位在解行，此即是前息相發也。三者證發，位在地上，此猶是前真發心也。言廣六者，始從外凡，終至法雲，攝以爲六：一者外凡，隨想〔一〇〕趣求，名爲想發。二、十信位中，真信已成，以信趣順，名爲信發。三、習種位中，真解成就，以解趣順〔一一〕，名爲解發。四、性種位中，真行成就，以行趣向，名爲行發。五、解行位中，如觀道立，觀心趣順，名爲觀發，亦名道發。六、初地已上，證行成就，證心趣順，名爲證發。發心之義，略之云爾。

迴向義，三門分别。釋名辨相，一。修之所爲，二。約對餘行辨定因〔一二〕異辨寬狹，三。

第一釋名，辨其體相。言迴向者，迴已善法，有所趣向，故名迴向。迴向不同，一門説三，一菩提迴向，二衆生迴向，三實際迴向。菩提迴向者，是其趣求一切智心，迴已所修一切善法，趣求菩提一切種德，名菩提迴向。衆生迴向者，是其深念衆生之心，念衆生故，迴已所修一切善法，願以與他，名衆生迴向。問曰：佛法無有自作他人受報，他[一三]亦無他作自已受果，菩薩何須[一四]迴已善法，施與他人。設令與之，他人云何得此善利。釋言：佛法雖無自業他人受果，亦無他業自已受報，非無彼此互相助緣[一五]，以相助故，得以已善，迴施於彼。以迴向故，於未來世常能不捨，利益衆生，助令修善，故須[一六]迴向。又復迴向即是已家能化之因，迴向力故，未來世中衆生見者敬順受法，即是已家能化之果[一七]。良以佛法自作自受，故須迴向，以成已家能化之因，使未來世成就已家能化之果，堪能益物。三、實際迴向，是厭有爲求實之心，爲滅有爲，趣求實際，以已善根迴求平等如實法性，名實際迴向。此一門竟。

次明修習迴向所爲。何故修習菩提迴向。所爲有三，一者爲去，二者爲住，三爲增廣善根。言爲去者，一切凡夫心性樂有，若不迴向，所修善法堅住三界，不得出離。以迴向故，令所修善出離諸有，故修迴向。言爲住者，一切有爲無常磨滅，若不迴向，所修善根三有受報，受報已滅，不得常住。以迴向故，令所修善盡未來際常住不滅。故經中說，如海龍王注一滴雨，欲令此雨經劫不滅，若經平地，無由可得，降之大海，經劫不盡。迴向如是，求菩提故，令所修善常住不盡。言增廣者，爲有修善，局狹不多，爲佛修善，廣多無量，故修迴向。是義云何。菩提果德，廣大無邊，用一善根迴求彼故，於大菩提一一德邊皆有善生。一善迴向，增廣既爾，一切善根迴向例然。是故經中宣説迴向以爲大[一八]利。爲是三義，故須修習菩提迴向。

何以[一九]故修習衆生迴向。所爲亦三，一者爲去，二者爲住，三爲增廣善根。言爲去者，一切衆生心樂自樂，若不修此衆生迴向，得樂便住，不能隨物在苦攝化。以迴向故，得樂不住，常能隨物化益衆生。言爲住者，若不修此衆生迴向，得寂即滅，不肯住世，饒益衆生。以迴向故，常在世間饒益衆生。爲增廣者，自善狹小，曠益善多，爲令諸善隨物廣多，故須修習。是義云何。如修一善用以迴施一切衆生，衆生無邊，令此一善增廣無邊。一善迴向增廣既爾，一切善根增廣例然。爲是三義，是故修習衆生迴向。

何故修習實際迴向。所爲亦三，一者爲去，二者爲住，三爲增廣善根。言爲去者，一切衆生心性取著，若不修此實際迴向，所修善根隨有繫著，不能捨離。以迴向故，令所修善捨相出離，故須修習。言爲住者，情相之法，性自浮危，依之起善，磨滅不住，要與理合，方得固安[二〇]。故經説言，以法常故，諸佛亦常。爲令諸善合理常住，故須修習。爲增廣者，隨相修善，局狹不多，行與理冥，方乃廣大，如理無邊，是故菩薩爲令所修諸善如理廣大，是故修習。所爲如是。此二門竟。

次對餘行辨其同異寬狹之義。先辨同異。問曰：願心亦願菩提，願利衆生，願證實際，與三迴向有何差別。釋言：此二有同有異。所願[二一]修[二二]所[二三]向三義不殊，故説爲同。所言異者，真爾悕求，名之爲願，挾善趣彼，説爲迴向。次辨寬狹。問曰：迴向遍迴衆善，精進之心通策諸行，何者爲寬。釋言：此二雖並通遍，迴向恒寬，精進恒狹。何故如是。精進但策未生諸善，故名爲狹。迴向通迴已起未起一切善法，故名爲寬。問曰：隨此寬迴向邊，有精進否。答言：亦有。問：此精進與迴向俱，何爲不寬。答曰：精進雖復與彼寬迴向俱，而彼迴向通迴三世一切善法，故得名寬。精進但策未生迴向，不策所迴向已起善法，故説爲狹。問曰：若言精進之心但策未生，不策已生一切善者，四正勤中已生善法，方便令廣，云何説言不策已生。釋言：彼説已生善法令增廣者，令已生善流類在於未來之者續起增添，令前增廣，非謂策修已生善體。策斷已惡，義亦同然。迴向之義，隨行異論，廣別難窮，今據一門，辨之且爾。

金剛三昧義，五門分別。釋名，一。體性，二。開合辨相，三。就位分別，四。有惑無惑，五。

第一釋名。金剛三昧，出《涅槃經》。言金剛者，借喻名德。世間金剛有十四義：一、能破義。如經中說，譬如金剛所擬之處，無不破壞，謂壞一切沙礫、瓦石及諸鬼毒，三昧如是，能破一切煩惱業苦及諸外道魔怨等事。二、清淨義。如世金剛，體無瑕穢，三昧如是，體性清淨，無諸垢穢。三、體堅義。如世金剛，自體堅固，非物能俎〔二四〕，三昧如是，不爲一切煩惱業苦外道魔怨所能阻〔二五〕壞。四、㝡勝義。如經中說，譬如金剛，諸寶中勝，金剛三昧亦復如是，諸三昧中最爲殊勝。五、難測義。如經中說，譬如金剛，一切世人無能平〔二六〕價，金剛三昧亦復如是，一切衆生諸天世人無能平〔二七〕量。六、難得義。如世金剛，貧窮之人所不能得，金剛三昧亦復如是，世間衆生所不能得。七、勢力義。如轉輪王金剛輪寶，飛行自在，有大勢力。三〔二八〕昧亦復如是，具不思議六神通力。故經中說，菩薩住是金剛三昧，變〔二九〕身如佛〔三〇〕，遍滿十方恒河沙刹，又一念頃能至十方恒河沙界，如是等也。八、能照義。如世金剛，光明清淨，能有所照，金剛三昧亦復如是，能放智光，照窮法界。故經說言，菩薩得是金剛定目〔三一〕，一切皆見，明了無障。九、不定義。如經中說，譬如金剛，若置日中，色則不定，金剛三昧亦復如是，以此定力，能於十方現種種身，而無定相。十者主義。如轉輪王金剛輪寶，爲衆寶主，一切諸寶悉皆隨從。亦如輪王，爲諸一切小王隨從，金剛三昧亦復如是，爲諸行主，一切諸行悉皆隨從。十一、能集義。如世金剛，若有得者，一切寶物自然聚集，金剛三昧亦復如是，若有得者，一切種德自然而集。十二、能益義。如世金剛，能益貧人，金剛三昧亦復如是，能益衆生。十三、莊嚴義。如世金剛，能嚴身首，金剛三昧亦復如是，能嚴行者法身之首。十四、無分別義。如世金剛，雖具衆德，而無分別，金剛三昧亦復如是，雖有所作，而無分別。故經説言，菩薩住是金剛三昧，雖見衆生[三二]，無衆生想。雖見諸法，而無法想。雖有所斷，而無斷想。雖有所作，而無作想。菩薩行德具是[三三]衆義，如世金剛，是故就喻名曰金剛。言三昧者，是外國語，此云正定。心體寂靜，離於邪亂，故曰三昧。名義如是。此一門竟。

次辨體性。於中有二，一就心法分別，二就心體分別。言心法者，所謂一切諸心數法。今此三昧諸心法中，用慧爲體，觀理斷結，唯慧能故。是何等慧。小乘法中，四諦之慧。緣覺法中，十二緣慧。大乘法中，了達法界如實慧也。體性如是。若論眷屬，曠備法界[三四]一切種德。問曰：若此體是慧者，何故經中説爲三昧。釋有四義：一、諸心數法更相受名，如四念處，體實是慧而名爲念，此亦如是。二、從伴稱。是金剛慧，共定相隨，故從伴目，説爲三昧。良以散慧無所成辦，即定之慧堪有所能，故此金剛從伴名矣。三、就能爲名。是金剛慧，能令諸行正定不動，故從功能，名曰三昧。四、隨義受稱。是金剛慧，體含多義，於中含有正定安固不動之義，故曰三昧。心法如是。次就心體言其體性。心別有三：一者事識，所謂六識緣事之心。二者妄識，亦名業識，亦名現識，所謂第七虚妄之心。三者真識，所謂第八如來藏心。小乘金剛，用彼分別事識爲體，於事識中第六意識，分別觀解，能斷四住，不爲四住煩惱所壞，故曰金剛。大乘法中金剛有二，一緣治金剛，二者真證。緣治金剛，妄識爲體，於妄識中觀空之解，能除闇障，不爲闇惑之所破壞，故曰金剛。真證金剛，真識爲體，真識之心本性清淨，空義隱覆，遂成垢染，息除妄染，心淨照明，照明淨慧，證法本如，不見一法可起妄想，不起妄故，能除闇惑，不爲惑障之所破壞，故名金剛。以是金剛體是真故，故經中說以爲佛性、智印、三昧、首楞嚴等。體性如是。此二門竟。

次辨其相。先就毗曇，開合辨相。毗曇法中，義別兩門，一唯分取非想地中修道無礙以爲金剛，第二通取非想地中見修兩治以爲金剛。

先就初義開合辨相。總之唯一修道無礙。或分爲二，一者法智，二者比智。言法智者，謂欲界中滅道法智，此[三五]能治非想修惑，是故說之爲金剛也。何故唯取滅道法智，不取苦集。釋言：欲界滅道二境細於非想所受境界，觀細離麤，是故觀彼欲界滅道，能除非想修道之結。欲界苦集麤於非想，觀麤境界不能離細，是故不取苦集法智爲金剛也。言比智者，所謂苦集滅道比智，此比智中分取非想對治無礙爲金剛矣。或分十三。滅道法智即以爲二，苦集及道三比爲三，通前令[三六]說五。滅比有八，謂觀初禪乃至非想八地中滅，合爲八也。以此通前，合爲十三。問曰：道比何不分八，唯分滅比。釋言：上界八地之道是有爲法，互相因起，故合觀之，爲一道比。上八地滅是無爲法，隨其所滅，分別各異，不相因起，故別觀之。或復開分爲五十二，如《雜心》說，前十三智但觀諦理，一一智中皆四行觀，是故離分有五十二。何者四行。如前四諦章中廣釋。苦下有四，謂苦、無常、空與無我。乃至道下道、如、跡、乘，是其四也。或分八十，如《雜心》說。此之八十，根本二十。何者是乎。即就向前十三智中開道比智以之爲八，謂觀上界八地道故，以此通餘，合有二十。此二十智，各四行觀，故有八十。一義如是。

次就非想見修兩治開合辨相。總之唯一非想對治。或分爲二：一、非想地見道[三七]對治。二、非想[三八]地修道對治。或分爲三，一者比忍，二者法智，三者比智。初一對治非想見惑，後二對治非想修惑。或[三九]分十三，如《雜心》說，非想地中見惑對治有四比忍，修惑對治有九無礙，是故通合有十三也。或復開分爲四十五。何者是乎。

非想[四〇]地中見道對治有四比忍，修道對治有四十一，通前合爲四十五也。何者是其修道之中四十一乎。滅、道法智，即以爲二。苦、集及道三種比智，通前爲五。滅比智中有三十六，通前合爲四十一也。何者是其滅比智中三十六種。别觀上界八地之滅，有其八智，謂觀初禪乃至非想對治之滅。二二合觀，有其七智。三三合觀，有其六智。四四合觀，有其五智。五五合觀，有其四智。六六合觀，有其三智。七七合觀，有其二智。八地合觀，有其一智。從八至一，通合有三[四一]十六也。或復分爲一千四百九十二種金剛三昧，如《雜心》説。何者是乎。次前四十五金剛中，初四比忍各四行觀，即爲十六，此之十六，名數一定，更不開分。後四十一修道對治各四行觀，即有一百六十四種。然此一百六十四種，一一皆治非想地中九品修惑，各分爲九，便[四二]有一千四百七十六數。通前見道十六比忍，合有一千四百九十二也。問曰：何故見諦道中十六比忍不作九品，獨修道中各爲九品。釋言：上界一切見惑通相斷[四三]治，以一品治治九品惑，是故不作九品别分。修惑隨别九品斷治，是故治道九品别分。此千四百九十二種，從未來禪，乃至四禪，皆得具起。空處唯起四百六十八。何者是乎。於前四十五金剛中，唯得起於十三種智，謂苦、集、道三種比智，滅比智中離合有十。别觀無色四地之滅，有其四智。二二合觀，有其三智。三三合觀，有其二智。四地合觀，復有一智。是故滅智離合有十。通前三比，合爲十三。一一皆作四種行觀，有五十二。一一皆治非想[四四]地中九品修惑，爲九無礙，便有四百六十八也。何故不起見道四忍。彼宗無色無見諦故。何故不起滅道法智。無色不緣下地有漏，故亦不緣下地對治。何故不緣四禪中滅爲滅比智。亦以無色不緣下地有漏法，故不緣彼漏對治之滅。問曰：無色得緣下地無漏道不。釋言：有得有不得義。下地道中治下地者，無色不緣。治於自地及上地者，無色緣之。空處如是。識無所有次第漸滅，准[四五]之可知，毗曇如是。次就《成實》開合辨相。《成實》法中，文無定判，隨義以論，開合不定。總之唯一空觀無漏。或分爲九，謂非想地九品無礙。隨別廣分，品數無量，以無量心斷煩惱故。大乘法中，開合不定。總之唯一，謂如實智。或分爲二：一、一切智。二、一切種智。知一切空，名一切智。知一切種事相差別，名一切種。或分爲三，如《地持》說：一、清淨智，謂真諦慧。二、一切智，謂世諦慧。三、無礙智，於世諦中知之自在，名無礙智。又更分三：一、世諦智。二、第一義智。三、一實智。或分爲四：一、世諦智，知世事相。二、第一義智，知諸法空。三、一實智，知非有無。四、法界智，謂知真實如來藏中法界門別。隨門異辨，曠別難窮。開合如是。此三門竟。

次就位論金剛之義，有通有別。小乘法中，通別有五：一、簡聖異凡。見道已上，無漏聖慧能破難壞，通名金剛。二、簡修異見。唯取修道對治無礙以爲金剛，餘者皆非。三、簡上異下。如《雜心》說，唯非想地見修無礙是其金剛，餘者悉非。四、簡勝異劣。如《雜心》說，唯非想地修道無礙以爲金剛，餘者皆非。五、簡終異始。唯非想地修道治中末後一治是其金剛，餘者皆非。以此窮終，破障畢竟，故偏說之。大乘法中，通別有五：一、簡信異謗。十信已上，信心[四六]成就，永離謗法，同曰金剛。二、簡住異退。習種已上，解行成就，堅固難壞，齊名金剛。三、簡出世異於世間。初地已上，證真無漏，能破惑妄，不可破壞，悉名金剛。四、簡上異下。第十地中一切智能[四七]皆名金剛。故《地經》中十地菩薩初入地時得離垢三昧，離垢三昧猶是金剛破障之義。五、簡終異始。其唯最後窮終一念以爲金剛。故《地持》云，於寂後身菩提樹下，得衆相離垢[四八]障三昧，名[四九]金剛三昧所攝。以斯准驗，局在窮終。位分如是。此四門竟。

次明金剛有惑無惑。於中且就窮終以論。依

如毗曇，金剛心中亦得有惑，亦得無惑。無漏心中，煩惱不行，故言無惑。所斷惑得，唯在心邊，故云有惑。問曰：若言無漏心邊猶有惑得，不應言斷。若當言斷，不應有得。云何說言所斷惑得猶在心邊。釋言：金剛是其心法，所斷惑得是非色心。良以非心得與心並，是故於彼金剛心邊得有惑得。是金剛心雖與得俱，而今惑得更不牽後，故名爲斷。所斷惑得是無常法，與金剛心同時謝往，後更無續。以無續故，不復得彼過未煩惱令來[五〇]屬己，名得解脱。《成實》法中，亦有亦無。彼宗金剛必在相續實一念[五一]中無斷結故，於彼續中始起之時，見理未明，細闇猶在，得言有惑。終成之時，見理分明，取執皆盡，得言無惑。又復不同毗曇法中所斷惑得與治同處，故言無惑。問曰：終成若無惑者，無學何別。釋言：金剛是增進智，力勵觀理，力勵無惑。無學智者是順舊智，容預觀理，容預無惑，有斯異也。

大乘法中，人說不同。先序異說，次辨其非，後顯正義。

言異說者，昔來相傳，常有二論。一說定有。此云何知。金剛心者，是其學收，若全無惑，應名無學。又經中說無明住地佛菩提[五二]斷，若金剛中全無惑者，佛何所斷。又人宣說，一向無惑。此云何知。金剛心者，治惑明解，解惑不並，云何有惑。又若有惑，此惑須斷，應金剛後更立金剛，更不立故，明知無惑。異說如此。

次辨其非。先破定有。若定有惑，是金剛心則不能斷。若不能斷，不名金剛，不名無礙。得名金剛，得名無礙，定知能斷。以能斷故，不得言有。若言能斷，復言有者，燈能破闇，是燈之中應當有其所破之闇，彼不得有，此亦應然。又復若言金剛心中有無明地令佛斷者，應名佛智以爲金剛，應名佛智爲無礙道，而彼佛智不名金剛。非無礙故，不應說言金剛心中留殘無明，令佛正斷。又若佛智無礙正斷，便與經違。如《大品》說，無礙道中名爲菩薩，解脱道中名之爲佛。云何言佛爲無礙斷。又若佛智作無礙道，正斷無明，小乘法中應用盡智爲無礙道，斷非想惑。彼既不然，此亦不爾。次破定無。若定無惑，應名無學。非無學故，不應全無。又若金剛一向無惑，所見之理應與佛齊，所成智能應與佛等。如《地經》說，十地菩薩遍〔五三〕滿一切界，如稻麻葦，比如來智百千萬倍〔五四〕，乃至筭數畢竟不及，定知金剛惑障未盡。又復諸佛所以爲常，由惑盡故，證理窮故。若金剛心一向無惑，見理應窮。惑盡理窮，何爲不常。辨非如是。

次顯正義。金剛心中亦得有惑，亦得無惑。是義云何。無明有二：一、異相無明。於諸法中緣而不了，相返明解，故曰異相。二、自性無明。即彼緣照對治金剛，相雖明照，性是闇惑，名性無明。是二難分，宜以喻顯。異相無明，所緣不了，如闇中視。自性無明，如夢中見，雖有所了，性是昏闇。惑相如是。金剛心中，異相無明一切盡故，得言無惑，自性無明猶未盡故，得言有惑。以無惑故，於佛境界，照見悉知，與佛無別，是故經中說爲等覺。問曰：若等，云何得分佛菩薩異。釋言：金剛力勵除闇，佛心容豫。又金剛心緣照無惑，佛心無緣，有斯異也。問曰：若言金剛無惑，何故經說無明佛斷。釋言：彼說解脱證除，不關無礙。又以金剛猶有惑故，學分所收。又金剛心中所有之惑，體是妄識。攀緣之心，緣心未息。情與法別，不能融心，如法廣大。是故十地德〔五五〕劣於佛。至佛捨之，唯有真心。真心離緣，無簡彼此，故能融心，如法廣大。又真法中，統含法界恒沙佛法。隨法論〔五六〕論心，廣統〔五七〕法界，無一門中而無佛心，是故佛德廣大無量，超踰十地。故《地經》云十地菩薩遍滿十方一切世界，如稻麻葦，比佛功德畢竟不及，良在於此。又金剛中所有之惑，體是無常生滅法故，未同佛德常住不動。問曰：有惑，誰之所斷。釋言：金剛無礙正斷，種智心起解脱證除。問曰：金剛與惑同體，安能正斷。若能正斷，不應同體。

釋言：斷除異相無明，明起闇滅，解生惑喪，兩不相應，不得同體。斷性無明，解惑同體而得相斷。是義云何。斷有二種：一、以金剛觀察唯真無妄相〔五八〕故，能令自體更不牽後，斷其爲因牽後之義，故名爲斷。二、以金剛緣真力故，令後同類不起赴前，斷其爲果酬因之義，故名爲斷。問：爲偏斷闇惑義邊，亦斷金剛能治之義。釋有通別。別而分之，唯斷闇惑無知〔五九〕之義，闇體盡故，明亦隨滅。如燈油盡，明亦隨滅。通而語之，解惑俱盡，良以金剛觀真大明，故滅無明。觀真寂滅，無分別故，能息緣治。故經中說，不觀是菩提，離諸緣故。菩提道中具一切義，隨其所觀，各有所離，是故金剛解惑俱斷。問曰：解惑俱是無常，自然滅謝，何假金剛觀真斷乎。釋言：此雖無常自滅，力能牽後，相續不斷，故須金剛截令不續。問曰：解惑二俱滅謝，誰作種智。釋言：菩薩金剛心中，非唯妄智，亦有真德。妄雖滅盡，真德猶存。真明獨曜，說爲種智。問曰：金剛義含真僞，爲當真妄共斷煩惱，單妄除惑。釋有兩義：一、簡因異果，單妄能除，緣治爲因，真爲果故。以金剛中真德未顯，故不說斷。二、就義通論，真妄共斷，妄智緣真，故能滅惑，真相漸顯，故能除障。金剛心義，粗述如是。

斷結義，九門分別。釋名辨相，一。治道差別，二。緣境總別，三。漸頓，四。假實，五。品數多少上下之義，六。依禪地，七。就位分別，八。就識分別，九。

就初門中，先釋其名，後辨其相。言斷結者，煩惱闇惑，結集生死，名之爲結。又復煩惱，結縛衆生，亦名爲結。解生結盡，目之爲斷。宗別不同，說斷亦異。

先依毗曇分別解釋。於中先明所斷之結，後明治斷。結有二種，一者現起，二成就得。對緣現行貪瞋癡等，名爲起惑。是惑起已謝入過去，種類當生在於未來，於其中間有一非色非心惑得，在於心邊，得彼過去未來之惑，繫屬行人，名成就得。此得連持，如繩繫物，是故世人說爲得繩。

惑相如是。次辨治斷。治道有四：一、方便道，學觀未成。二、無礙道，觀心始熟。三、解脱道，順舊純熟。四、勝進道，發修上進。四中初一遮伏現起，後三斷得。初無礙道正斷惑得。此言斷者，與得同時，使不生後，故名爲斷，非令惑得不與道俱名之爲斷。彼無礙道與得同時謝往過去。解脱道起，證彼惑得盡處無爲。第三勝進，遠令前得畢竟不起，持前無爲，使之不失。有漏無漏斷結齊爾。

次就《成實》以辨治斷。於中亦先明所斷結，後明治斷。《成實》法中，惑亦有二，一者現起，二成就得。現起煩惱，與毗曇同。成就之得，與毗曇異，《成實》不説別有非色非心得法，但説假人成就過未煩惱因果名爲成就，亦名爲得。惑相如是。次辨治斷。先修八禪，伏其現起。如修初禪，伏欲界結。修第二禪，伏初禪結，兼伏欲界。乃至修習非想地定，伏無所有，兼伏下地。後修觀理〔六〇〕，斷其所得。總分麤爾。於中細論，理觀之中有伏有永。是義云何。聖道有三：一、方便道，學觀諦理而未能見。二、無礙道〔六一〕，觀而正見，見中增進。三、解脱道，見中順舊。三中初一與前禪定同伏現起，後二永斷所得煩惱，無礙正斷，解脱證除。無礙增明，故能正斷。解脱順舊，故但證除。斷相云何。煩惱之因起在過去，所生惑果成就，當來道起，於中隔彼因果，令過去者不能爲因，使未來者不能爲果，故名爲斷。據實論之，正遮後惑，令其不生，名之爲斷。但未來惑不起之時，令過去惑因義不成，義説斷因，非謂現有過因可斷。若説現有過去因力可斷除者，是則〔六二〕過去復有過去。云何過去復有過去。過去煩惱起已謝往，是一過去。生後之力流來至今，爲道斷滅，是二過去。此二過去，《成實》已破，明知現無因力可斷。問曰：若現令無因力，誰牽後惑，未來得生。釋言：過去所起惑因，當起之時，招感〔六三〕已竟，然後謝往。未來之惑，遠由彼力，所以得生，非現有力牽後令起。問曰：過去所起惑因，一道能斷，多道共治。釋言：多道。何故如是。過去一惑能生未來多品惑果，多品果中有麤細中。聖道初起，先斷未來多[六四]品之[六五]惑。麤惑斷時，令過去惑生麤惑邊因義不成。麤因雖斷[六六]，中細惑[六七]因義猶在，後道起時，方能斷盡，故藉多道。

次就大乘以辨斷相，亦先明惑，後辨治[六八]斷。惑有二種，一者四住，二者無明。諸愛及見是其四住，癡闇無知是其無明。四住之中有麤有細，麤者對緣作意現生，細者與彼無明同體任性成就。無明之中有麤有細，麤者是其異相無明，細者是其自性無明。於諸法中緣而不了，相返明解，名爲異相。七識心體，性是癡闇，設於諸法緣照分明，猶名闇惑，名性無明。如人夢中，雖有所知，性是昏睡。亦如樂受，性是行苦。惑相如是。次辨治斷。斷四住中，麤起之者，與《成實》同。微細之者，要滅無明，四住隨亡。其中治斷，如無明説。斷無明中，異相無明治斷有二，一就地前出入觀心以明治斷，二就地上相續觀心以明治斷。地前如何。先修禪定以爲治因，後修無漏而爲正治。正治有三：一、方便道，隨於何法，觀而未見。二、無礙道，觀而始見。三、解脱道，見而順舊。初方便道制伏無明，令不障後。良以無明先成在心，不可制伏令其不生，故但制伏令不障後。無礙正斷，其猶世闇[六九]明生闇滅。解脱證除。地前如是。地上云何。初地已上，無漏觀解運運相續，念念之中無不斷障。於彼相續明解之中，隨義分別。望其當分所除無明，説爲無礙。即[七〇]此無礙，望其前念所斷無明累外而生，説爲解脱。望其後念所滅無明，有能遮伏，令不障後，使其後解相續得生，即名方便。如是一切，斷此異相。緣照無礙，緣照解脱，斷性無明。用前總[七一]相緣觀之解以爲治因，後修真觀以爲正治。治別有三：一、方便道，觀真無妄而未能見。二、無礙道，見真無妄而未捨妄。三、解脱道，見真無妄而能捨妄。於此三中，初方便道漸覺體虚，名爲伏斷。第二無礙，正能永斷。良以無礙正見，唯真無妄想故，能令自體更不牽後，後不起前，故能正斷。以斷自體性無明故，治亦隨亡，如油盡故，明亦隨滅。第三解脱，累外證除，證法本如，體無妄故，於此門中緣照無礙，真證解脱。治斷如是。

第二，明其治道差别。於中有四：一、就有漏無漏分别。二、見修分别。三、忍智分别。四、法比分别。

漏無漏者，依如毗曇，治道有二：一、有漏道，謂世八禪攀上厭下，六行斷結。何者六行。觀察下地爲苦麤障，觀察上地爲止妙出，合爲六也。如觀欲界爲麁苦[七二]障，厭斷下結。觀初禪地爲止妙出，悕求上靜。以此六行，斷欲界結。乃至觀察無所有處爲苦麤障，觀非想地爲止妙出，斷無所有結。非想一地無上可攀，等智不斷。然此六行，多人合説，人别論之，於下三中隨觀一行，於上亦然，不具觀六。二、無漏道，所謂四諦十六行觀，以此理觀，斷諸煩惱。何者十六。觀苦有四，謂苦、無常、空與無我。觀集有四，因、集、有、緣。觀滅有四，滅、止、妙、離[七三]。觀道有四，道、如、迹、乘。此義如前四諦中釋。然此十六，多人合説，人别論之，一一諦下隨[七四]觀一行。《成實》法中有漏唯伏，不能永斷。故彼論言，世俗道中無斷結故，見諦道中[七五]不得名爲行三果者。論其永斷，要在無漏。大乘法中，斷除五住性結煩惱要是無漏，以此迷理，見理斷故。斷事無知，或[七六]是無漏。習學五明，斷事無知，是其有漏。斷無明地，令彼事中無知不生，必是無漏。此一門竟。

次就見修分别治道。依如毗曇，三界煩惱攝爲三分。始從欲界至無所有見諦煩惱爲第一分，非想地中見諦煩惱爲第二分，三界修惑爲第三分。此三界[七七]中非想見惑唯見解斷，三界修惑唯修道斷。無所有下見諦煩惱，治斷不定。若凡夫斷，用修道斷，世俗八禪修道攝故。若聖人斷，用見解斷。問曰：凡夫既無見解，云何能得斷見諦惑。釋言：凡夫雖無見解而用八禪，總厭下過，不分見修。是故斷彼三空已，還修道惑時，見惑隨滅。問曰：凡夫斷三空下修道惑時，見隨滅者，聖斷三界見惑之時，修道煩惱何不隨去，而須別用修道解斷。釋言：凡夫斷惑無有分齊，總相厭離，是故通(七八)斷。云何總厭。總觀下地一切有漏爲苦等故。聖人斷惑，必有分齊，見理之時，雖除理迷，染事猶在，故須別斷。《成實》法中，一切見惑唯見道斷，一切修惑唯修道斷。大乘法中，與《成實》同，不雜對治。此二門竟。

次就忍智分别治道。慧心安法，名之爲忍。於境決斷，説之爲智。依如毗曇，斷見諦惑，忍爲無礙，智爲解脱。斷修道惑，智爲無礙，智爲解脱。何故見惑，忍爲無礙，不得名智。釋言：見解安理名忍，所斷惑得猶與心俱，心俱得中有其疑得，帶疑不決，故不名智。何故見惑，智爲解脱。疑得已捨，心決了故。何故修惑，智爲無礙，智爲解脱。疑唯障見，不障修道，修道治邊一向無疑，故皆名智。何故疑惑唯障見諦，不障修道。釋言：疑是迷理煩惱，故唯障見，不迷事故，不障修道。問曰：若言疑迷理故唯障見者，聖人修道亦觀諦理，何故不障。釋言：聖人見諦道中見理分明，已捨疑得，修道門中雖重觀理，緣無不了，是故不爲疑結所障。問曰：若言疑不迷事，不障修者，現見有人迷事生疑，如夜見机，疑爲是杌、爲是人等，云何説言不緣事生。釋言：此疑是不染法，不能障道，是故不論。問曰：聖人修道心邊一向無疑，無礙、解脱俱名爲智，義則可爾。凡夫所起八禪修道亦斷疑得，得與心俱，何故無礙得名爲智。釋言：凡夫所修八禪雖斷疑得，緣事斷結，事麤易了，緣之心決，故得名智。緣何等事。謂觀下地一切有漏爲苦麤等。問曰：聖人觀下爲苦，得名緣理，凡亦緣苦，何故名事。釋言：聖人觀彼念念微細行苦，行苦理通，故得名理。凡夫但觀生、老、病、死、愛别離等八苦事惱，故名緣事。問曰：緣事安能斷彼迷理之疑。釋言：雖不觀理明白斷彼疑得，而觀下疑爲苦麤等，故能厭斷。毗曇如是。《成實》法中，一切治道，通名爲忍，通名爲智。以心安法，故通名忍。決斷無著，故通名智。大乘法中，忍智亦通，如説五忍，該始至終。二諦智等，通初及後。隨義具分，非無差異，始觀名忍，終成曰智。此三門竟。

次就法比分别治道。言法智者，亦名現智。如論中説，初知法故名爲法智，知現法故亦名現智。言比智者，正知之時，亦知於法。爲别法智，從初爲目，故曰比智，要依現智比度知故。此二如後十智章中具廣分別。治斷如何。毗曇法中，見道已前學觀未成，但伏未永斷[七九]。苦忍已上，法比觀成，方能永斷。欲界見惑，法忍無礙，法智解脱。何故不用比忍爲治。境界别故。又復比忍依法智生，法智生時欲界見惑已斷滅故，不至比忍。上界見惑，比忍無礙，比智解脱。何故不用法忍爲治。境界别故。雖見下諦，於上猶迷，是故不治。欲界修惑，法智無礙，法智解脱。何故不用比智爲治。比智生時，欲界修惑已斷滅故。上界修惑，滅道法智及四比智以爲無礙，亦即用此爲解脱。何故不用苦集法智爲上對治，偏用滅道二種法智。此義如前金剛心中已具解釋。欲界滅道細於上境，觀細捨麤，故能治之。欲界苦集麤於上境，設使觀之，不除上惑。問曰：若言欲界滅道細於上境，治上修惑，何故不治上界見惑。釋言：修惑緣事而生，觀細厭麤便能捨之，故觀欲界滅道二諦，除上修惑。上界見惑親迷諦理，要見彼諦方能捨之，是故不能除上見惑。毗曇如是。《成實》法中，若論伏惑，比智亦能。若論永斷，要唯理[八〇]現智，以其現智見理明故。大乘法中，斷迷理惑，現智能斷，比智能伏。斷迷事惑，現比俱斷。治道如是。

第三，明其緣境總别。境謂四諦。毗曇法中，觀諦有二，一總二别。總念處中，總觀四諦爲空、無我，名之爲總。煗、頂已上，別觀四諦，目之爲別。於中總觀但伏不斷，見不明故。別中始習，伏而未斷。苦忍已上，觀成能斷。《成實》法中，亦有總別。煗、頂、忍中，別而不總。世第一上，總而不別。世第一法中〔八一〕，總觀四諦名用虚假。無相已上，總觀諦空。於中若對世俗八禪，總別俱斷。故《成實》言從煗等來漸斷煩惱，見滅乃盡，謂無相中見理滅故。若就理觀，隨義分之，別觀但伏。總觀之中世第一法總觀未成，但伏未永斷〔八二〕。無相已上，總觀成就，方能永斷。問曰：何故毗曇法中總伏別斷，《成實》法中別伏總斷。釋言：兩宗立患各異。毗曇法中，闇爲患本，故經説言我昔與汝不見四諦，是故久流生死苦海。良以闇惑爲患本故，總觀未明，但能伏惑，別觀分明，故能永斷。《成實》法中，取爲患本。別觀之時取相未泯，故但伏惑，總觀泯相，故能永斷。大乘法中，亦有總別。入法平等，總觀諦空。隨有差別，別觀諦有。總別二觀，俱斷煩惱。著〔八三〕有之患，迷空之闇，總觀除之。著空之〔八四〕患，迷事無知，別觀遣之。總別如是。

第四門中，頓漸〔八五〕分別。毗曇法中，斷見諦惑，聖諦是漸，品數是頓。四諦下惑次第除之，名之爲漸。一一諦下九品之惑，一治頓斷，名之爲頓。良以見惑迷心易除，是故一治能破九品，故論説爲折石方便。斷修道惑，望於諦理，非漸非頓。於惑品數，得名爲漸。隨緣一諦即能斷之，不具觀四，是故不可説爲頓漸。始從欲界乃至非想，一一地中九品煩惱，品品別斷，故名爲漸。良以修惑染事而生，纏綿難捨，所以漸除，是故論中説斷修惑如絶藕絲。《成實》法中，斷見諦惑，望諦爲頓，品數爲漸。總觀四諦，斷迷諦惑，故名爲頓。隨其麤細，品數別斷，故名爲漸。斷修道惑，總觀諦空，亦能斷除，此則是頓。別觀亦斷，非漸非頓。緣一諦故，望惑品數，唯漸不頓。大乘法中，斷迷理惑，望諦爲頓，品數爲漸。總觀法空，斷彼迷惑，是故於諦名之爲頓。麤細漸除，故於品數名之爲漸。斷迷事惑，於境爲漸，品數亦漸，漸學諸法，次第斷除，是故於境名之爲漸。麤細漸斷，故於品數亦名爲漸。頓漸如是。

第五門中，明斷假實。毗曇法中，實法有斷，假中不論。聖道念念能斷結故，實中有斷。彼宗之中無別假法，故假不斷。以實斷故，見道八忍各别一念斷見諦惑，修道之中九[八六]無礙道各别一念斷修道惑。若依《成實》，假中有斷，實中無斷。故彼《成實·假名品》云，諸斷得事皆是假名，良以一念見理不明，故實不斷，相續乃明，故假有斷。大乘法中，始修之時相續能斷，一念見理不明了故。終成之時一念能斷，相續乃盡。以其念念見理明故，一念能斷。故彼《地經》七地中說，菩薩念念具足一切助菩提法。所俱之法，皆能治障，是故一念能有所斷。以障難窮，相續乃盡。故《地論》説，非唯初斷，亦非中後，前中後取，方能斷盡。假實如是。

第六，明其品數多少上下之義。先辨多少。毗曇法中，斷見諦惑有八無礙，謂四法忍及四比忍各别一念。若通解脱，有十六心。斷修道惑，有其八十一品無礙，品别一念。斷欲界惑有九無礙，乃至非想，皆有九品，故有八十一品無礙。若通[八七]解脱，便有一百六十二心。見修合説，有其一百八十[八八]品。《成實》法中，斷見諦惑，總相一品，别則無量，不止八忍、八解脱等。斷修道惑，地地之中總相麤分有九無礙、九解脱道，細分無量。故彼《成實·斷過品》云：以無量心斷諸煩惱，非八非九。言非八者，不同毗曇唯用八忍斷見諦惑。言非九者，不同毗曇地地之中用九無礙斷修道惑。大乘法中，亦無量心[八九]斷諸煩惱，不止八、九。始從種性，終至金剛，念念之中比[九〇]皆斷結故。品數如是。

次論上下。惑雖衆多，要爲三品，謂下中上。義釋不定。就過以分，麤惑爲上，以過重故，細惑爲下，以過微故，兩楹之間，説以爲中。就力以分，麤惑力微，浮麤易遣，説以爲下，細惑力强，難可制斷，説以爲上。故《勝鬘》云：無明住地，其力最上。中同前釋。解亦有三，謂下中上。麤解名下，細解稱上，兩楹之間説以爲中，以解對惑，上下不定。對向初門三品之惑，得言下解對治上惑，中對[九一]治[九二]中惑，上品之解對治下惑。此之一義，如《地持》説。故彼文云：解行菩薩行下忍時諸過相增[九三]，中忍時中，上忍時下。若對後門三品之惑，得言下解還治下惑，中品治中，上解治上，諸佛勝解能治無明最大惑故。品數如是。

第七門中，依禪分別。毗曇法中，斷見諦惑依六地禪。未來、中間、根本四禪，是六地也。次第之人，依未來禪。超越之人，六地禪中隨依何地。問曰：何故唯六地禪能斷見惑，非四無色。釋言：前六心分麤强，能緣下地有漏之法爲苦集觀，并緣彼治爲滅道觀，故斷見惑。無色心細，不能緣下有漏之法爲苦集觀，亦不緣彼對治滅道爲滅道觀，是故不能斷見諦惑。斷修道惑，所依[九四]不定。若以有漏等智斷結，用彼八禪方便之道治斷下結，不斷自地及上地結。以何義故不斷自地。有漏力微，不能斷除自地繫縛，如人被縛，不能自解。以何義故不斷上結。有漏於上唯生欣樂，不能厭故。以何義故不説未來。未來即是初禪方便。以何義故不説中間[九五]。是其初禪眷屬，不能斷除初禪地結，爲是不論。若用無漏聖道斷結，依六地禪及三無色除彼欲界及非想地，無漏大王不居邊故，就彼所依九地禪中依未來禪所發無漏斷一切結，依餘八地所發無漏唯斷自地及上地結，不斷下地。何故如是。無漏力大，故斷自地。能厭上過，故斷上地。無漏必依淨禪而生，淨禪起時下結已斷，是故無漏不斷下結。以是義故，依未來禪所發無漏，能斷一切三界煩惱。依初禪地所發無漏，能斷初禪乃[九六]至非想結，不斷欲界。乃至依彼無所有定所發無漏，能斷自地及非想結，不斷下地。《成實》法中，斷二輪惑並依四禪及三無色，并依欲界電光三昧。云何得知依於四禪及三無色。《成實》説爲七依定故。云何得知依於電光。《成實》説言離七依處更有欲界，如電[九七]三昧爲所依故。問曰：毗曇何故不説依於電光。毗曇所説欲界地中無此定故。又問：《成實》何故不依未來、中間。釋言：《成實》一向不説離初禪地別有未來，是故不依。然彼論中亦説梵王能至中間，當應相從，攝屬初禪，故不別論。以何義故，不依非想[九八]。非想心微，不發無漏斷煩惱故。問曰：《成實》宣説非想無漏心後入滅盡定，云何説言不發無漏。釋言：有以先依下地發無漏觀，觀非想地苦無常等，斷非想惑，然後用彼非想定心緣向所觀苦無常等，名爲無漏，實無現[九九]觀斷結無漏。大乘法中，斷二輪惑，多依四禪，以第四禪功力强故，是故如來成道之時依第四禪。理實通論，依欲界定，乃至非想，皆能斷結。問曰：欲界亂地無定，云何説言依欲界定。釋言：大乘欲界有定。故龍樹言，有欲界定，佛常依之。此與欲界電光何別。當應電光是彼定相，聲聞暫得名爲電光。又問：非想不發無漏，云何説言乃至非想。釋言：聲聞依非想定不發無漏，菩薩得發。故龍樹言：云何菩薩非想處定。實相相應，是爲菩薩非想[一〇〇]處定。實相俱故，名爲無漏。實相俱故，能斷煩惱。依禪如是。

第八門中，就位分別。毗曇法中，一切煩惱攝爲四分。非想見惑以爲一分，非想修惑爲第二分，無所有下見諦之惑爲第三分，無所有下修道之惑爲第四分。於中初分唯見道斷。第二分者，唯是那含金剛心斷。第三分者，或凡夫斷，或是聖人見道中斷。第四分者，或凡夫斷，或是聖人斯陀行去修道所斷。《成實》法中，斷見諦惑，位分不定。若論無相空慧所斷，要在見道。若通離[一〇一]相見空所斷，煗等已上皆斷見惑。故彼論言，從煗等來，漸斷煩惱，見滅乃盡。若通習觀想解所除，從聞思上皆斷見惑。故彼論言：多聞因緣、思惟因緣，滅假名心。煗等見滅，滅實法心。因和合中取立定相，名假名心。法和合中取立定相，名實法心。是二如前假名義中具廣分別。問曰：聞等非見諦解，云何能得斷見諦惑。彼是見道之方便故，所斷煩惱通名見惑，修道煩惱斯陀行去次第斷除。大乘法中，見諦煩惱斷處不定。若論真見解脱證斷，要在初地。故《地論》言，諸見縛者，先在初地見道時斷。若論[一〇二]緣見無礙所除，解行終心亦能斷之。故《地持》言，先解行住，諸見縛斷。若復[一〇三]通論，十信已上皆斷見惑。彼是見道之方便故，修道煩惱斷處不定。大位以分，二地已上漸次斷除。若復通論，初地之中滿心已去亦皆能斷，故《地持》中初地滿心名修慧行。位分如是。

第九，約就心識。有三：一者事識，謂六識心。二者妄識，謂七識心。三者真識[一〇四]。此三廣釋如八識章。治斷如何。事識之中，隔絶因果，名之爲斷，不滅心體。妄識之中，始則解生闇滅名斷，終則妄心盡滅爲斷，以知妄心本無法故。真識之中，融妄[一〇五]名[一〇六]名斷，不滅心體。良以真[一〇七]心絶[一〇八]妄成結，窮之則實，更無所除，故不滅心。事識中斷，如刀截繩，隔絶而已。妄識中斷，如火燒繩，通體皆盡。真識中斷，如解繩結，更無所除。斷結之義，辨之云爾。

滅盡定義，九門分別。釋名辨體，一。出入之相，二。時節分齊，三。就界分別，四。就地分別，五。有漏無漏分別，六。就人分別，七。對第八解脱辨其同異，八。釋文，九。

第一門中，先釋其名，後辨體性。名别不同，乃有四種：一名無心定，二名斷受定，三名滅受想定，四名滅盡定。通釋是一，於中别分，非無差異。無心定者，偏對心王以彰其名，心識盡謝，故曰無心。離於有心分別散動，名無心定。斷受定者，《地持論》中名斷受樂，此對受數以彰其名，五受皆亡，故曰斷受。離受散動，名斷受定。良以諸苦皆在受中，故斷此受，名斷受樂。故《地持》言，隨所有受，是真實苦，住定受滅，名斷受樂。滅受想者，偏對受想二陰[一〇九]彰名，想絶受亡，名滅受想。滅盡定者，通對一切心心數法以彰名也。心及心法，一切俱亡，名曰滅盡。又復三界緣心都盡，亦名滅盡。如初禪中雖滅欲惡，覺觀猶在，乃至非想雖滅下過，自地心在，以是義故不名滅盡。至此定中一切斯亡，故曰滅盡。定如前釋。名字如是。體性云何。論者不同，所説各異。如彼佛陀提婆所説，心法爲體。彼人何故作如是説。入滅定者，猶名衆生。若全[二〇]無心，不名衆生。是衆生故，明知有心。體雖是心，絶離麤想，故云滅盡[二一]。毗曇所説，非色心法爲滅定體。是義云何。彼論宣説，絶去心慮，得一非色非心之法，在於身中，須補心處，故説非色非心爲體。問曰：是中滅去心慮，心得滅不。釋言：不滅。何故不滅。能滅所滅同地法故，如欲界善，雖滅欲惡，不滅彼得，此亦如是。問曰：若此能滅所滅同地法故不滅得者，斷善根時，以欲界惡，斷欲界善，何故斷得。釋言：闡提斷善根時，具以方便、無礙、解脱三道斷善，極違善故，通斷其得。滅定唯以方便滅心，故不捨得。毗曇如是。《成實》宣説，心識盡處數滅無爲爲滅定體。問曰：若説心識盡處爲滅定體，是滅定中便無心識，應非衆生。又若無心，草木何別。《成實》釋言：心得在故，猶名有心。以有心故，亦名衆生，不同草木。何者心得。入滅定者成就過去未來世心，故名心得。不同毗曇別立非色非心得也。大乘法中，尋名取義，心識盡處爲滅定體。以實具論，滅盡定中亦得有心，亦得無心。言無心者，聲聞滅定無六識心，菩薩滅定全無六識，分有[二二]妄識，諸佛滅定六七全無。言有心者，聲聞、菩薩滅定之中猶有本識，真妄和合爲本識故。佛滅定中猶有真心。若有心識，云何滅盡。滅麤心故。體性如是。此一門竟。

次辨出入，滅盡定相。先就毗曇以辨出入。入時云何。依彼論中，先得八禪，極令純[二三]熟，次於八禪六種入定調練其心。故經説言，欲入滅定，必先調心。何者六種。一者順入，從初禪入，次第上昇，乃至非想。二者逆入，從非想入，次第下轉，至初禪出。三逆順入，從初禪入，至第二禪，却入初禪，次第上昇，至第三禪，劫入二禪，次第上昇，至第四禪，如是却入而復上昇，乃至非想。四者順超，從初禪入，超第二禪，入第三禪，超第四禪，入於空處，如是上超，乃至非想。問曰：何故唯超一地。聲聞超禪不過一故。五者逆超，從非想定，超無所有，入於識處，超於空處，入第四禪，超第三禪，入二禪中，超於初禪，起欲界心。六逆順超，從初禪地，超入三禪，却入二禪，超入四禪，却入三禪，超入空處，如是却入而復上超，乃至非想。然此六種，皆就有漏根本定中轉次相入，不入無漏，不由方便。問曰：上入至非想地即得出定，入散心不。釋言：不得。何故不得。若從彼出，赴[二四]於欲界散亂之心，便超八地，聲聞禪定無如是義。如人極上善心之後不起重惡，彼亦如是。問曰：若言至非想定不得即出起散心者，向前六中第三第六至非想定，云何得出。釋言：彼還次第下入至於初禪，或至二禪，然後出定，起欲界心。若爾便有八種調心，何得言六。彼逆入者同第二門，逆次第收，故合説六。調心如是。如是六種調[二五]心已竟，次起要期，作滅心意，又復要期，其時當出。作是念已，方入滅定。先入初禪根本定中，滅欲界心，次入二禪，滅初禪心，乃至轉入非想定中，滅無所有心。非想心後，以本要期，心心數法忽然而滅。問曰：有人一世之中數入滅定，爲當一一別須六種入定調心，爲當一調能多入定。彼宗如來一調已後，能多入定。聲聞之人隨別須調，入時如是。出時云何。在滅定中，隨時多少。至本要期，欲出之時，以本要期欲出之力，心心數法忽然而生。毗曇如是。

次就《成實》以辨出入。《成實》法中，趣入滅定有二次第。一種次第，先得八禪，次修聖道，斷欲界中修道煩惱，上至非想，非想地結或盡不盡。斷此惑已，次起要期，作滅心意，并起要期，其[二六]時當出。生[二七]此要期，後[二八]然後滅心。先入初禪根本定中，滅欲界心，乃至轉入非想定中，滅無所有心，非想心後，以本願力，一切心想忽然而滅。問曰：《成實》得八禪已，別修無漏，斷修道惑，然後滅心，毗曇法中何不如是。釋言：毗曇禪定斷結，得八禪時無所有下煩惱已盡，不須更修無漏斷結，然後滅心。設修無漏，但斷悲想一地煩惱，故異《成實》。此《成實》一種次第。第二次第，先依電光修習聖道，斷欲界中修道煩惱，乃至非想。次修八禪，得八禪已，次起要期，作滅心意，并起要期，其〔一九〕時當出，然後滅心，從初禪入，乃至滅定。問曰：毗曇亦得如是先斷修惑，後得禪不。釋言：不同。毗曇法中，依未來禪，發無漏觀，斷除三界修道惑時即得八禪，同治修故。雖得八禪，不能現前。更起方便，修乃現前。問曰：向説毗曇法中欲入滅定，先作六種入定調心，《成實》法中亦如是不。釋言：不須。但得八禪，則能滅心。何故如是。彼論宣説，得此禪已，別用無漏斷諸煩惱，無漏調心，是故不假。故彼《成實・六三昧品》云：得八禪已，即能滅心，不假六種。問曰：欲〔二〇〕入滅盡定時，爲作意滅〔二一〕，爲不作意。《成實》兩釋。一義釋云：作意滅心。是心方滅，若不作意，更緣餘法，不名滅心。良以行者斷煩惱來恒常制心，以制心故，欲滅即滅。故彼《成實》引經説言，欲入滅定，必先調心。第二釋云：不作〔二二〕滅意而心自滅，如人眠時不念而現，以常修故。入時如是，出同毗曇。問曰：出時前無意根，定後心識依何得生。釋言：定前最後之心爲意根故，後心得生。問曰：前心滅謝已久，何能生後，説爲意根。《成實》釋言：因義成故，雖滅生後，如業雖滅，能生後果。《成實》如是。

次就大乘以辨出入。大乘法中，義別有四：一據修始，與毗曇同，先得八禪，六種調心，要期方便，後乃出入。二據修終〔二三〕，相同《成實》，直得八禪，要期方便，即能出入，不假六種入定調心。三據修純，始從欲界，乃至非想，隨何地心，欲入即入，欲出即出，不假先作要期方便，又復不須從初禪入乃至滅定次第滅心。四據德成，無時不入，以常寂故，無時不出，以常用故。故經説言，不起滅定而現威儀，爲宴坐也。問曰：菩薩何因緣故，獨能常入，復能常出。釋言：菩薩畢竟不取一切心相，故能常入，不取滅相，故能常出。又復菩薩善入法界差别法門，法界門中有其寂靜滅心法門，菩薩住之畢竟不捨，故常滅心。復有分别不滅心門，菩薩住之，無時暫捨，故常不滅。出入定相，辨之麤爾。此二門竟。

次辨滅定時節分齊。毗曇法中，欲界衆生所入滅定，時雖能久，而不久入，於中極遠不過七日，若過七日，出定即死。何故如是。欲界衆生段食養身，段食之勢不過七日，故過七日，出定即死。上界衆生離段食故，入滅定者能經多時。雖經多時，不得過於彼報分齊，過出即死。《成實》法中，破毗曇家欲界衆生段食養身，七日須出，彼説一切入滅定者正受持身，縱逕多劫，出亦不死。於中或有出而死者，以本命根〔二四〕垂盡之時而入滅定，是故出時即便命終，不由在定多時故死。大乘法中，諸佛菩薩所入滅定，時無限齊。問曰：經説摩訶迦葉在鷄足山待彌勒出，從山而起，禮覲彌勒，現十八變〔二五〕，然後滅身。彼今在山，爲般涅槃，爲入滅定。釋有兩義：若依《成實》，彼入滅定，正受持身，故後能出，禮佛現化。若依毗曇，彼入涅槃，非是滅定。若是滅定，出即身壞，何能詣佛，禮事供養，廣現神化。又復依如《阿育王經》，宣説迦葉欲涅槃時，往辭世王。云入涅槃，定知所入非是滅定。又復世尊《付法藏》中，説佛滅後，迦葉持法，經二十年，摩訶迦葉般涅槃後，阿難持法復二十年，如是次第。故知彼今入般〔二六〕涅槃。問曰：若彼入涅槃者，後時何能詣佛禮覲，廣現神變。釋言：彼是留化神力，故能如是。如佛世尊般涅槃時，摩訶摩耶來至佛所，佛爲起坐。亦如舍利、目揵連等化火燒身。此等皆是留化力〔二七〕也。時分如是。

此三門竟。

次就界論。界謂三界。於中別以三門分別，一明得處，二明入處，三明成處。言得處者，修得之所，名爲得處。小乘法中，最初修得，要在欲地，非上二界，藉説起故。欲界地中有佛宣説滅心之法，故得修起。上二界中，無佛宣説，故不修起。問曰：上界無佛説法，得修諸禪，何爲不得修起滅定。釋言：凡夫過去已來曾得諸禪，以是凡夫常所得法，故上修起。凡夫本來不得滅定，以非凡夫常得法故，上不修起。若退重修，上界亦得。問曰：上界修得之時，爲得已得，爲得未得。釋言：斯乃得於未得，非得已得。何故如是。彼非心法，不得冥通三世成故。如人得戒，念念之中皆得未得，彼亦如是。大乘法中，始同聲聞欲界修得，終則不爾，三界皆得，於一切處滅心法門常現前故。言入處者，隨身所在，堪能入中，名爲入處。小乘法中，欲色兩界堪能現入，非無色界。何故如是。入滅定者斷絶心慮，欲色界中滅心色在，命根猶存[一二八]，故得現入。四空無色復絶心慮，命根不立，故不入矣。大乘法中，諸佛菩薩隨身何處，皆能現入。問曰：無色滅心即死，云何大乘一切處入。釋言：大乘説無色界猶有形[一二九]，故雖滅心，命根猶存。又大乘中，説有真心，常而不滅，無色界中入滅定時，雖息心用，心體猶存，故不命終。言成處者，隨身所在，成就不失，名爲成處。修得已後，於三界中隨身何處，皆得成就。依如毗曇，滅定是其非想法故，三界皆成。《成實》、大乘，宣説滅定不繫法故，三界皆成。處別如是。此四門竟。

次就地論。地謂欲界乃至非想。就此諸地以明滅定，先明定體，次論入心，後辨出心。滅定之體，宗別各異。毗曇法中，宣説滅定是非色非心有爲法故，繫屬非想，與非想定同招一果。《成實》説爲無爲法故，不屬三界。大乘法中，義則不定。若説[一三〇]六識七識心滅爲滅定體，是無爲故，不屬三界。若説第八真心體寂爲滅定體，亦非三界。若説第七妄識心寂爲滅定體，繫屬三界。總相繫屬，不別諸地。次論入心。聲聞滅定，非想心入，餘心麤强，難可滅故。菩薩法中，始同聲聞，成則不同。云何不同。始從欲界，乃至非想，一切地心皆能入故。次論出心。毗曇法中，或非想出，或無所有出。次第正受，非想心出。超越正受，無所有出。聲聞超禪不過一故，餘地不出。問曰：滅定非想地攝，從滅定起無所有心，應是次第，以何義故説爲超越。釋言：就地應非超越，論家約就九次第説，中間隔於非想定故。《成實》法中雖無文證，以義推之，與毗曇同。毗曇所立，彼不非故。大乘法中，諸佛菩薩於禪自在，一切地心皆悉得出。地別如是。此五門竟。

次就有漏無漏分別。先論定體，次辨入心，後明出心。滅定之[三二]體，諸論不同。毗曇法中，一向有漏，體是非想，有漏法故。《成實》法中，一向無漏，體是數滅，無爲法故。大乘法中，總相論之，體是無漏，故《地持》中説爲聖住。於中分別，亦有有漏無漏之義。若説六識七識心滅爲滅定體，一向無漏。若説第八真識體寂爲滅定體，亦是無漏。若説第七妄識心寂爲滅定體，相似無漏，性是有漏。次論入心。毗曇法中，入心有漏，非想入故。《成實》入心，一向無漏。問曰：滅定非想心入，《成實論》家無漏唯依四禪三空，欲界電光不依非想，云何説言入心無漏。釋言：《成實》非想地中亦有無漏。有何無漏。謂有順舊遊觀無漏。何者是乎。先依下禪發無漏觀，觀非想地苦無常等，斷非想[三三]結，然後用彼非想地心，觀非想地苦無常等，名非想地遊觀無漏。依此無漏，入滅盡定。大乘法中，有漏無漏皆悉得入。次明出心。毗曇法中，出定之心，或是有漏，或是無漏。非想心出，一向有漏。無所有處或漏無漏，無所有中具有有漏無漏心故。《成實》法中，出唯無漏。云何得知。如彼《成實·滅定品》中破毗曇云：有人宣説入心有漏，出心或漏，或是無漏。是義云何。答曰非漏，以其行者欲入滅定，先破一切有爲行已，然後入中，故入無漏，出緣泥洹，故出無漏。大乘法中，諸佛菩薩有漏無漏，皆悉得出。此六門竟。

次就人論。總相論之，唯是三乘賢聖所得。別相論之，小乘人唯有那含、羅漢人得。就彼那含、羅漢人中，論說不同。《毗婆沙》中，十人得之，謂非想地九品惑中，從斷一品乃至九品即爲九人，非想地中具縛爲一，令[一三]爲十人。此十人中，始從具縛乃至斷除八品惑來是阿那含，斷第九品是阿羅漢。《成實》法中無有非想具縛能得，要分斷除，方乃得云[一四]。分斷幾品，論中不辨。有人釋言：於非想地九品惑中斷前八品，唯一品在，患心勞慮，故入滅定。或可如此，或斷一二三四品等亦能滅心[一五]，斷之未盡是阿那含，盡是羅漢。大乘法中，種性已上一切皆得。若復通論，十信已上亦漸得之。此七門竟。

次對經中第八解脱以辨同異。毗曇法中，正用滅定爲第八解脱。《成實》法中，滅定與彼第八解脱一向別體，第八解脱偏在果中，滅盡定者通因及果。故《成實》言，滅盡定者學人亦得，第八解脱唯無學得。又彼論言，滅盡定者滅心心法，第八解脱滅諸煩惱。彼論復言，滅盡定者滅想受等，第八解脱滅無明愛。故知全別。大乘所説，與毗曇同。故《大品經·六度攝[一六]品》中宣説，菩薩第八解脱滅定爲體，涅槃亦爾。此八門竟。

次釋其文。如經中説，過一切非想非非想處，想受滅，身作證，名滅盡定。言過非想非非想者，論釋不同。毗曇釋云：過者名到，到非想地即能滅心，故名爲過，非謂要斷非想煩惱超出名過。《成實》釋云：超出名過。故彼論言，學人能見非想地中一切行空，斷非想結，名之爲過。但斷未盡，不能不生，故名學人。非是始到説之爲過。大乘法中，文無定判，唯[一七]義判之，與毗曇同。菩薩雖未斷非想惑，隨分亦得滅盡定故想受滅者，依如毗曇，理實通滅一切心法，但想及受二數强故，偏説滅之。此云何强。如論中説，煩惱法中受爲愛根，想爲見本，淨法之中受修諸禪，想修無色，故説爲强。《成實》非此。若説想受二數强故偏言滅者，心王最强，何故經中不説心滅。又復想受皆依心王，何不説心。若欲釋通，就主而言，應云心滅，但彼滅定滅八禪心，八禪定中受修諸禪，想修無色，故對想受以彰滅矣。《成實》所立滅盡定中，滅一切心，滅一切〔一三八〕法，通名爲受。受有二種，一者想受，二者慧受。有爲緣心，名爲想受。無爲緣心，名爲慧受。言滅想者，明有爲緣想受滅也，隱受在想，故云滅想。言滅受者，明無爲緣慧受滅也，隱慧彰受，故説滅受。問曰：心滅通攝空有，何不就通説心滅乎。爲彰空有二心滅故。餘經論中多同毗曇。身作證者，是中無心，唯有色身，定與身合，名身作證。故《成實》言，八解脱等皆是身證，何故獨説滅定身證。答曰：是中更無有心，唯有身故。滅定如是。

一乘義，二門分別。釋名義，一。辨體相，二。

第一門中，釋其名義。所言乘者，對人名也。行能運人，爲人所乘，故名爲乘。所言一者，釋有四義：一、簡別名一。二、破別名一。三、會別名一。四、無別名一。言簡別者，據實以論，唯一大乘，隨化分三，簡別彼三，是故言一。言破別者，佛隨衆生，假施三乘，衆生聞已，執爲定實，佛〔一三九〕爲破其所執假三，是故言一。故經説言，十方佛土唯一佛乘，無二無三。又經亦言，唯此一實，餘二非真。言無二者，一大乘外無別聲聞、緣覺二乘。言無三者，一大乘外無別聲聞、緣覺二乘，并無隨化所施大乘。問曰：直説無三之時無二已竟，何須別説無二無三。釋言：聲聞、緣覺乘者，是大乘家對。然大有二，一者實大，二者權大。聲聞、緣覺非直是彼實大家對，當知亦是權大家對。言無二者，無實大家所對二也。言無三者，無權大家所對二乘并無權大，故言無三。何者實大。如《華嚴》等所説是也。彼説菩薩實修一切十三住中無漏真德，息除妄想證性成佛，故名爲實。何者權大。如彼三乘別教之中所説是也。彼説菩薩三阿僧祇但修有漏六波羅蜜，不習諸地無漏真德度三僧祇，次於百劫修相好業，於最後身修世八禪，厭離[一四〇]斷煩惱，後觀四諦，道樹成佛。言不稱實，故名權大。破斯權大，并破餘小，是故言一。言會別者，總唯一大，佛隨衆生分一爲三，今還攝三以歸一大，因無異趣，果無別從，是故言一。故經説言，説大威儀以爲木叉毗尼法等，木叉毗尼即大乘學。又經復言，聲聞、緣覺乘即是大乘。《法華》亦云，汝等所行是菩薩道，良以根本無二法故。問曰：向前破三辨一，今復何故會三爲一。釋言：對情破其別取，故説破三。廢情就法，一外無三，是故會別即是一也。問曰：乘者人之所行，三乘人別，隨人説乘，乘應定別，云何爲一。釋言：此以理一故爾。故經中説，三乘雖異，同一佛性，其猶諸牛，色雖種種，乳色無別。三乘如是，佛性無別，性[一四一]無別故，證之未圓，唯一佛因，證之圓極，唯一佛果，是故就實唯一大乘。故經説言，世若無佛，非無二乘證二涅槃。一切世界唯一佛乘，更無餘故，無別二乘得二涅槃。會別如是。言無別者，就實論乘，由來無別，非有三別可會可破，猶如虚空，平等無二，是故言一。問曰：一乘以行爲體，行別千殊，云何乘一。釋言：法門有其二種，一別相門，二共相門。若就別相，乘有無量。今就共相，是故言一。其猶衆木共成一車，此亦如是。然此一乘，經論之中亦名大乘。解有兩義：一、隨人解釋。諸佛菩薩是其大人，大人所乘，故曰大乘。二、當法辨釋。備攝寬廣，是故名大。名義如是。

問曰：乘義、道義何別。總相釋之，能通名道，能運名乘。於中別分，乃有三種：一、就行法相對辨異。乘者是行，道者是法。行能運人，故説爲乘。法爲行履，能通行心，故説爲道。然就乘中非無有法，今對道法唯説爲行，道亦有行，對彼乘行，偏説爲法。二、就行中隨義分異。一切行德，能通名道，能運名乘。又復諸行，體通名道，用通名乘。云何體通，行無障故。云何用通，能運人故。三、就法中隨義分異。能通名道，能運名乘。又復諸法，體通名道，用通名乘。問曰：乘義、門義何別。總相分之，通入名門，能運名乘。於中分別，亦有三種：一、就行法相對辨異。門唯就法，通行人故。乘唯就行，能運人故。二、就行中隨義分異。一切諸行，門別名門，能運名乘。又復諸行，通〔一四二〕入名門，運通名乘。三、就法中，隨義分異。一切諸法，門別名門，運通名乘。又復諸法，通入名門，運〔一四三〕通名乘。問曰：道義、門義何別。釋言：體一，隨義名異。通入名門，通到名道。此一門竟。

次辨乘體。於中略以五門分別。一、乘〔一四四〕法分別。乘有二種，一者乘法，二者乘行。法有三種：一者教法，所謂三藏十二部經。二者理法，是其所謂佛性。於中分別二諦，一實緣起法界，是其理也。三者行法，六度等儀。言乘行者，要唯三種，一聞，二思，三是行修。依教生聞，依理成思，依於行法，集起行修。問曰：經説聞、思、修、證，今此行中何不説證。攝入修故。二、行斷分別。行德雖衆，無出三種，一智，二福，三者是報。波若是智，五度是福。又復波若一向是智，施、戒及忍一向是福，精進與禪亦福亦智，壽等八種是其報也。此三種中，依智起福，依福起報。故《地持》言，若報、報因，及與報果，皆依福起，福依智起。此三至果，轉名波若、解脱、法身。智爲波若，福爲解脱，報爲法身。行德如是。言斷德者，要唯三種：一、煩惱斷，五住結亡，此前智慧所斷滅也。二者業斷，分段、變易二種因亡，此前福德所遠離也。三者苦斷，分段、變易二種報盡，此前淨報所出離也。此三種中，斷煩惱故諸業不生，業不生故苦報不起，苦不起故得大涅槃。以斯行斷，爲一乘體。三、自利利他二行分別。自行有二：一、厭有爲，起離過行。二、求佛智，起集善行。利他亦二：一、大悲方便，拔令出苦。二、大慈方便，化令得樂。以斯兩行爲一乘體，自行之乘至果便住，化他行乘畢竟無盡，所化衆生不可盡故。四、證教分別。無始法性，顯成今德，名爲證行。依教修起，方便行德，名爲教行。此之兩行，該始及終。五、因果分別。因雖衆多，無出滅、道。果雖無量，不出菩提、涅槃之德。問曰：因行運人至果，可名爲乘，果德窮滿[一四五]，更無進趣，云何名乘。釋有三義：一、乘因至果，果仍因名，故説爲乘。二者，至果雖無去處，非是果德不能運去，如劫盡火，更無所燒，非火不能，此亦如是，以其能運，故説爲乘。三、至果中自行雖竟，化他未息，乘大涅槃，周旋齊[一四六]度一切衆生，故得名乘。乘體隨別，難以具論，略舉斯五，行無不攝。一乘如是。

二種莊嚴義，四門分別。釋名，一。辨體，二。就位分別，三。就人分別，四。

二種莊嚴者，一、福德莊嚴，亦名功德。二、智慧莊嚴。言福德者，善能資潤福利行人，故名爲福。福利是其善行家德，如清冷等是水家德。言功德者，功謂功能，善有資潤福利之功，故名爲功，此功是其善行家德，名爲功德。言智慧者，照見名智，解了稱慧，此二各[一四七]別。知世諦者，名之爲智。照第一義，説以爲慧。通則義齊。此福與智，經中或復名爲莊嚴，或復説之爲菩提具，或名助道，或稱律儀。言莊嚴者，如《涅槃》説，分別有四，一能嚴人，二能嚴心，第三嚴果，第四諸行共相莊嚴[一四八]，故曰莊嚴。能爲佛因，亦[一四九]名菩提具。資順菩提，名助道法。言律儀者，如《地持》説，内調名律，行合真則，故曰律儀。亦可調法名之爲律，行合戒律，故曰律儀。能嚴行人，故曰莊嚴。名義如是。此一門竟。

次辨體性。於中別以三門分別：一、就行分別。二、體德分別。三、體用分別。言就行者，行謂六度，攝此六[一五〇]種以爲福智。相狀如何。經論不同，乃有四別：

一、依《優婆塞經》，施、戒、精進以爲福

分，忍、禪、波若以爲智分。何故如是。施之與戒，隨事修行，資[一五一]助行人，福利義顯故説爲福，不能照見故不名智。精進雖能遍策諸行，而彼精進性是發動，隨事修行，精進相顯，故從戒、施，攝之爲福。餘三種中，波若正是照見之性，故説爲智。即彼波若安法名忍，忍體是慧，故攝智中，如五忍等。然就忍中，義別有三：一、他不饒益忍，加損能受。二、安苦忍，逢苦堪耐。三、法思惟[一五二]忍，於法能安。此三種中，前二非慧，後一是慧。彼經偏説法思惟忍爲忍度故，攝入智中。即彼波若住緣名定，定體是慧，故攝智中。然就定中，義別有二：一者事定，繫意住緣。二者理定，慧心不動。彼經偏説理定爲禪，是故禪度攝入智中。

二、依《相續解脱》及《地持論》，施、戒及忍同爲福分，波若智分，精進與禪亦福亦智。施、戒及忍但能資潤，故説爲福，體非慧性，不能照見，故不名智。波若慧性，故説爲智，簡別前門，故不名福。精進與禪那[一五三]，體性是福，從其所生，故分二種，福之與智。故《地持》説，依精進故，修行施、戒四無量等是其福分，起聞、思、修是其智分。依禪，修習四無量等是其福分，修陰界入巧便觀等是其智分。問曰：向説依精進故修行施、戒四無量等以爲福分，何故依禪唯修無量以爲福分。釋言：精進遍策諸行，是故通起施、戒等善以爲福分。施戒散善，不依禪生，是故唯起四無量等以爲福分。又問：精進起聞思修通爲智分，何故依禪唯起修慧巧便之觀以爲智分。正以精進遍策諸行，是故通起聞思修等以爲智分。聞思二慧乃是禪因，非是禪果，是故依禪唯起修慧以爲智分。

三、依《大品》等經，前之五度是其福分，體非慧性照明法故，故彼經中説之爲盲。波若是智，體是慧性照明法故，是故論中説之爲眼。

四、依《涅槃經》，前之五度，及事中波若，同爲福分，以其不能見實義故。照理波若，説之爲智，見實義故。故彼經言，福莊嚴者，從檀波羅蜜乃至波若非般〔一五四〕若波羅蜜。慧莊嚴者，是波〔一五五〕羅蜜。何者波若非波若〔一五六〕波羅蜜，何者波若是波羅蜜。彼説六度各有二種，一者布施乃至波若非波羅蜜，二者布施乃至波若是波羅蜜。隨事修行，不到實義，非是自性清淨度故，非波羅蜜。合理成者，是其自性清淨度故，是波羅蜜。於中前五體非慧性，一向爲福。就波若中，分取波若非波羅蜜，助成前五，亦判爲福。分取波若是波羅蜜，爲智慧也。上來第一，就行分别。

次就體德以分福智。真心爲體，從緣修生諸行爲德。心體本淨，從緣説染，後息妄染，真心始淨。真心始淨，内照法界，説之爲智。從緣修生方便行德，資順義强，通説爲福。體德如是。行體雖衆，無出證教。無始法性，顯成今德，是證行也。方便修生，是教行也。教行修起，資順義强，通説爲福。證行體明，照窮法界，説之爲智。體德如是。

次就體用開分二種。體謂證如涅槃之行，用謂隨緣世間之行。用隨世間，同世福善，説之爲福。體則合如，照第一義，説之爲智。隨世行中非無有智，隱而不彰，合如行中非無有福，隱而不説。故《涅槃》云：福莊嚴者，有爲有漏，以有果報，有礙非常，是凡夫法。慧莊嚴者，無爲無漏，無有果報，無礙常住，是賢聖法。是凡法者，諸佛菩薩常在世間，同凡行也。以〔一五七〕同凡故，有爲有漏，有礙非常。是聖法者，諸佛菩薩捨離世間，合如行也。以合如故，無爲無漏，無礙常住。此二即是《地經》之中常與無常二種愛果，福德是彼無常愛果，智是常果。然此二種，性不相離，故經中説，無常共常，常共無常。二種莊嚴，體性如是。此二門竟。

次就位論。位别有二：一、世間〔一五八〕出世間相對分别。地前世間，地上出世，然福與智，義有通别。通而論之，並通世間及與出世。所言别者，如《法鼓經》説，地前之行名爲福德，地上所行說爲智慧。良以地前在相修行，隨事猶[一五九]潤，故說爲福，於深法性未能證見，故不名智。初地已上，於深法性證見分明，故名爲智，簡別前門，故不名福。二、約眼見聞見分別。如《涅槃》說，初至九地，聞見佛性，未能眼見，因[一六〇]名爲福。十地若佛，同能眼見，說之爲智。位別如是。此三門竟。

次就人論。人謂凡夫、聲聞、緣覺、菩薩及佛。約就此人以辨福智，略有二門：一、對理分別。凡夫所行，隨事資潤，說之爲福，未能見理，故不名智。三乘所行，見理而成，故通名智，簡別前門，故不名福。二、對實分別。實謂不空如來藏性，凡夫二乘於實未見，一切所行通名爲福。諸佛菩薩見實性故，一切所行通名爲智。凡夫二乘非無智慧，隱而不彰。諸佛菩薩非無福德，隱而不說。二種莊嚴，略辨如是。

二種種性義，三門分別。行位相對定其先後，一。就位[一六一]分別，二。就行分別，三。

第一門中，約就行位，辨定先後。二種性者，一習種性，二性種性。此二種性，若據位分，習種在前，性種在後。若就行論，性、習同時。以同時故，前後不定。依體起用，先明性種，後明習種。尋用取體，先明習種，後明性種。與彼證道、教道相似。就位以論，教道在前，證道在後。世間之行爲教道故，所以在前。地上之行爲證道故，所以在後。據行論之，證教同時，以同時故，先後不定。依體取[一六二]用，先證後教，尋用取體，先教後證。先後如是。

第二門中，就位分別。爲辨種性，通對解行十地以論。於中義別，有其四門，一釋其名，二約解以分，三就行顯別，四通解行以彰其異[一六三]。

名字如何。言種性者，亦名十住。若言十住，當分爲名，解觀成就不退名住。若言習種，對後立稱。依前觀解，習後性種，所成行德，修而未成，說之爲習。望後佛果，能生曰種。第二性種，亦名十行。若言十行，當分以名，備具法界一切行性，故名爲行。言性種者，對前望後，以立其名。前習種中所修行德，至此位中成就不壞，故名爲性。望後佛果，能生曰種。解行之位，名有四別，一名解行，二名發心，三名迴向，四名道種。言解行者，對出世道以立名也。於出世道解而行故，名爲解行。言發心者，對果以名。於大菩提起意趣求，故名發心。亦可發求出世之心，故名發心。言迴向者，亦是對果以立其名。迴已善法，趣向菩提，故名迴向。言道種者，當分望後，以立其名。當分中之如觀道立，故名爲道，望後佛果，能生曰種。十地之位，亦有四名，一名十地，二名行方便，三名菩提分，四名聖種。言十地者，當分以名，行德成就住處名地。亦可望後能生名地。行方便者，當分以名，善起諸度，名行方便。菩提分者，當分爲名，出世之道名曰菩提，道行差別名菩提分。亦可此言對果以名，佛果之道名曰菩提，地上所行與彼爲因，名菩提分。言聖種者，當分望後以立其名，當分之中會正名聖，望後能生故説爲種。名字如是。此一門竟。

次就觀解以分其位。解別有四：一知教法，知諸教門[一六四]，若權若實。二知義法，知諸義門，若通若別。三知理法，知相空寂。四知實法，知一切法皆從佛性真心所起，體則是真。通則位位俱解此四。於中別分，習種位中偏解教法。故《華嚴》云：十住菩薩隨所聞法即自聞[一六五]解，不由他悟。性種位中，尋詮[一六六]達旨，解知義法。解行位中，破相歸寂，解知理法。初地已上，悟實窮本，解知實法。解有此別，故分四位。又更分別，習種位中尋詮取法，知世諦義。性種位中捨詮求理，知第一義。解行位中破離有無，趣入中道，知一實義。初地已上悟實隨緣，了知緣起無盡法界。解有此別，故分四位。第一，解知生死涅槃染淨法相。第二，解知無相空理。第三，解知非有非無一實之義。第四，解知如來藏中真實法界緣起之門。解別如是。理實通論，一一位中皆具此四。隨別論之，習種位中觀行初起，解知染淨差別法相。性種位中觀解轉勝，捨相趣寂，解知無相第一義諦。解行位中，觀解轉深[一六七]，破相畢竟，解知非有非無之法。初地已上，觀解畢竟，解知真實緣起法界。解有斯異，故分四位。此二門竟。

次約諸行以別其位。行有二階，一者行種，二者行德。此二之中，各有始終。就行種中，習種始[一六八]習，性種終成。行德之中，解行始習，十地終成。行有此別，故分四位。此三門竟。

次就解行以分四位。於中有二，一解行參論，二解行并説。言參論者，此四位中分爲兩對，前二一對，先解後行，後[一六九]二一對，先解後行。相狀如何。習種位中，成就教解，故《華嚴》云，十住菩薩隨所聞法，即自開解，不由他悟。性種位中，隨起教行，故《華嚴》中説爲十行。初對如是。第二對中，初解行住，修習理解，是故經中説爲解行，解爲行故。又《地經》中説彼解行爲觀分明，觀猶解也。初地已上，成就理行，故論名爲行方便持。據此以論，習種解行解觀成就，性種十地行德成也。言并説者，聞思修證四種之中，聞思是解，修證是行。習種位中，依教生解，成就聞慧。性種位中，依義生解，成就思慧。解行位中，依教起行，成就修慧。初地已上，依理成行，成就實證。解行相對，分別如是。上來四門，合爲第二就位分別。

第三門中，就行分別。然就行中，義別有四，一釋其名，二辨體相，三明真妄作滅之義，四約時辨異。

名字如何。性種性者，從體爲名。無始法性，説之爲性。此之法性，本爲妄隱，説之爲染。隨修對治，離染始顯，説以爲淨。始顯淨德，能爲果本，目之爲種。此乃顯性以成種故，名爲性種。種義不壞，故復名性。故論説言：性種性者，無始法爾。習種性者，從因爲名。方便行德，本無今有，從習而生，故名爲習。習成行德，能生真[一七〇]果，故名習種。性義同前。故論説言，若從先來修善所得，名習種性。名義如是。此一門竟。

次辨體相。此二種性，同[一七一]用真識以之爲體。真識之中，義別有三，謂體、相、用。體謂平等如實法性，古今常湛[一七二]，非隱非顯，非因非果。故經説言，非因非果，名爲佛性，此之謂也。語其相也，真實緣起，集成心事，所謂一切恒沙佛法集成真實覺知之心。此心妄隱，義説爲染。出纏離垢，義説爲淨。淨中之始，能爲果本，生後果故，説爲性種。語其用也，真識在染，與妄和合，起作生死，在淨隨治，集起行德，行德初立，能生後果，説爲習種。體相麤爾。此二門竟。

次辨真妄作滅之義。於中先明真妄兩心有作不作，後明真妄有滅不滅。問曰：真妄二心之中，何心能作習種行德，何心不作。釋言：唯真則無作義，單唯妄想亦無作理，真妄相依方有作義。是義云何。若唯真實而無妄者，真即平等，故無修作。若唯妄想而無真者，妄想之法，化化自滅，體既不立，焉有衆作[一七三]。故經説言，若無藏識，七法不住，不得厭[一七四]苦，樂求涅槃。由妄依真，真隨妄轉，故有修作。問曰：妄心何緣能作。釋言：妄心有三因緣，所以能作。一以[一七五]現在善友緣力，所以能作，謂諸衆生，於現在世，由佛菩薩善友教化，故妄心中能修種性一切行德。二以過去善行因力，所以能作，謂諸衆生，由其過去曾習衆善，薰發現心，故妄心中能修衆行。三以所緣真力故作，謂彼所依如來藏中具足一切功德法性，薰發妄心，故妄心中發生諸善。問曰：真心何緣能作。釋言：真心亦以三緣所以能作。一以現在善友緣力，所以能作，謂諸衆生，於現在世，由佛菩薩善友教化，故真心中出生諸行。二以妄修薰力故作，謂諸衆生妄想心中修集衆善，彼善薰心，故真心中起諸善法。三以自體薰力故作。是義云何。真心之體是如來藏，如來藏中具足一切恒沙法性，彼法薰心，故真心中發生諸善。若心體中不具一切恒沙法性，雖加功力，善不可生。作善[一七六]如是。次辨真妄有滅不滅。真妄別論，妄想緣修一向盡滅，真修不滅。何故如是。妄想之法，相[一七]有體無，窮之則盡，所以盡滅。故《楞伽》云妄想爾涅槃智[一八]，彼滅我涅槃。真實之法，相隱性實，研之則明，明顯真性，説爲行德，所以不滅。隨義具論，真妄皆有滅不滅義。是義云何。妄法體虚，終歸灰謝，所以盡滅。藉妄薰真，真實行德，由妄薰起，故言不滅。妄盡之時，真隨妄息，不復更起，故言真滅。真體常存，故云不滅。作滅之義，辨之麤爾。此三門竟。

次第四門，約時辨異。此二種性，在外凡時，但名佛性，不名行德。佛性有二，一法佛性，二報佛性。法佛性者，是性種因。報佛性者，是習種因。二性何別。法佛性者，本有法體，與彼果時，體無增減[一九]，唯有隱顯、淨穢爲異。報佛性者，本無法體，但有方便可生之義。此二如前佛性章中具廣分別。是二佛性，依[二〇]至性地，名二種性。法佛之性，轉名性種。報佛之性所生行德，名爲習種。是二種性，至解行中，名得方便及清淨向。彼習種性，至解行中名得方便。彼性種性，至解行中名清淨向。彼得方便及清淨向，至初地上，轉名二道。彼得方便，轉名教道[二一]。彼清淨向，轉名證道。教道[二二]至果，轉名報佛。方便菩提、方便涅槃，證道至果，轉名法佛。性淨菩提、性淨涅槃，此等雖復隨時變[二三]改，其義不殊。二種種性，辨之麤爾。

證教兩行義，三門分別。釋名，一。辨相，二。料簡可説不可説義，三。

第一釋名。證教兩行，出《地經論》。所言證者，乃是知得之别名也。實觀平等，契如名證。所言教者，義别有七：一、方便行德，依教修起，從其所依，故名教行。二、差别之行，可以教辨，行從詮目，故名教行。三、知諸佛所説教法，從其所知，故名教行。四、説法智行，能起言説，教被世間，故名教行。五、平等證行，約言分異，異從教别，故名教行。六、行能顯真，義説爲教，如因分行，名爲説大。七、上德下被，義名爲教，如《楞伽》云法報説等。然此[一八四]二行，藉教以彰，應通名教，行成合法，應通名證，爲別兩行，隱顯異名。實觀平等，證法義顯，故偏名證。方便行德，詮題易及，故獨名教。此證與教，集起名行。名義如是。此一門竟。

次辨體相。義別有九：

一、修成相對，以分證教。一切地前造修方便，名爲教行，以比始修，依言起故。一切地中所成之德，名爲證行，以此成德，證法性故。此二猶是《地經》之中最初所行成就佛法。《地證[一八五]論》釋言，最初所行是阿含行，成就佛法是證[一八六]行，此之謂也。又此教者是彼説大因分之行，是中證者是彼義大果分之行。

二、就位分別。地前所修，名爲教行，世間之行，依言起故。初地已上一切諸德同爲證行，行熟捨言，證法性故。此二猶是《地經》之中嘆衆二淨，彼説地前聞思修等爲阿含淨，猶此教行。十地行德同爲證淨，猶此證行。

三、真妄分別。一切妄修，此[一八七]名教行。一切真修，齊爲證行。故《地論》言，聞思修及[一八八]報生識智，是則可説，以可説故名之爲教。真智不爾[一八九]，離文字故，以離文字故説爲證。

四、直就妄修，隨義分別。妄修有二，一隨事造修福德之行，二依理所成智慧之行。福依事[一九〇]，易以言彰，故説爲教。慧依理成，照理分明，故言[一九一]爲證。問曰：妄修不能會真，云何名證。釋言：妄修雖不體會，緣中相應，故得名證。

五、就真中相實相對。因分之中得彼出世，真證無[一九二]相，説爲教行。彼相現於教行中故，尋相得實，説爲證行。此二猶是《地經》之中增上妙法光明法門。彼增上法是此證行，彼光明法是此教行。言光明者，論自釋言：此大乘法顯照一切餘法門故，謂顯世間修行心中。

六、就真中體德分別。無始法性，顯成今德，是其體也。從緣修起方便之行，是其德也。體爲證行，始顯淨智，證自體德故[一九三]爲教行，方便行德本依言教修習生故。此二猶是《地經》之中金莊嚴具所況[一九四]法是，金體清淨喻於證行，環玔等相喻於教行。

七、就真中體用分別。次前證教同説爲體，依此體上，教智外彰，説以爲用。體爲證行，證法性故。用爲教行，正説法智，照明世故。此二猶是《地經》之中摩尼珠光所況法是，珠體清淨喻於證行，光明外照喻於教行。故《地論》言，證智法明，摩尼寳中放阿含光。

八、就真體約詮就實。隨義分別，平等證體，説爲證行。即此證體[一九五]，約言分十，説爲教道。此二猶是《地經》之中虚空鳥跡、虚空畫處所況法是。平等虚空喻於證行，故《地論》言，鳥跡住處，名句字身住處，菩薩地證智所攝。空中鳥跡風畫[一九六]之處，喻於教行，故論説言，非不於中有此言説。十地差別，約言分十，故從詮目[一九七]，名爲言説。

九、就真中自分勝進相對分別。自分所成一切行德，若體若用，斯爲證行，自於此法已證得故。勝進分中上受佛教，名爲教行。此二猶是《地經》之中，嘆金剛藏證與阿含二[一九八]力并是。彼中宣説，妙無垢智，無量義辨，演説美言，真實相應，同爲證力，猶此證行。於佛教法念堅淨慧爲阿含力，猶此教行。體相如是。此二門竟。

次辨證教有可宣説不可説義。於中且就初對論之，餘類可知。然就初對修成門中，義別有三，一就證教二行相對以辨可説不可説義，二唯就證，三唯就[一九九]教。

證教相對，辨之云何。教行可説，證行叵論。蓋乃就其修證時語，始修之時未出名相，行外猶有名相可得，用之顯修，是故可説。得證之時，證諸法如，證外更無名相可得，知復用何表影[二〇〇]實證，是故證行一向不説。良以可説偏在教故，《地經》説言但説一分。言一分者，所謂因分，此名始修教道之行爲因分也。以其修[二〇一]行不可説故，《地經》説言，十地如是，不可説聞。證教二行相對如是。

次唯就證以辨可説不可説義。然證望教一向叵説，於中別論，亦有可説不可説義。義相云何。分別有五：第一，可以總相玄標，名爲可説，故《地經》中宣説五偈顯示義大。又復經中説之爲證，不可即相指以[二〇二]示人，名不可説，故《地經》云言説不及。此義如彼空中所有鳥跡風畫等處，可以玄談，名爲可説，不可即相指以示人，名不可説。第二，可以拂相顯示，名爲可説。不可相論，名不可説。何故如是。證離名相，不可説聞。今還道[二〇三]證不[二〇四]可説聞，言當彼法，名爲説證。故金剛藏彰地難説，名顯義大，若言證法可説可聞，言乖彼法，則不名説。第三，可以況詮顯示，名爲可説，故《地經》中用彼因分所修之行，況顯果分離相真德，名喻相應，喻猶況也。不可直詮顯示彼法，名不可説。第四，可以自體真法互相顯示，名爲可説。於中或有因果相顯，故《地經》中舉彼佛法，用顯地法。或復體用互相顯示，如《地經》説，彼經之中金莊嚴具所況之法，以用顯體，摩尼光等所況之法，以體顯用。或復行法互相顯示，故《地經》中用彼真智顯示地法。是等皆是自體真法互相顯班，名爲可説，不可用彼情相顯真，名不可説。第五，情實相望以説。據情望實，情外有實，可以談論，名爲可説。就實望情，實外無情，知復用何施名説實，故不可説。證中可説不可説義，差別如是。

次就教行以辨可説不可説義。教中隨義，亦有可説不可説義。教行之中，義含真僞。僞修可陳，名爲可説。真修難顯，名不可説。故《地經》中彰彼因分觀修之德，云言難説，自心知也。證教兩行[二〇五]，辨之云爾[二〇六]。

大乘義章卷第九

校勘記

〔一〕「來」，校本校勘記云甲本作「求」。

〔三〕「無相」至「如故」，校本校勘記云一本無。

〔三〕「想」，校本校勘記云聖本作「相」。
〔四〕「薩」，校本校勘記云甲本作「提」。
〔五〕「死」，底本原校云一本後有「無常」二字。
〔六〕「正法聞」，底本脱，據底本原校及校本補。
〔七〕「始」，底本原校云一本作「正」。
〔八〕「實」，底本原校云一本作「諦」。
〔九〕「統」，校本校勘記云聖本作「該」。
〔一〇〕「想」，底本原校疑爲「相」，下一「想」字同。
〔一一〕「順」，校本校勘記云聖本後有「復」字。
〔一二〕「因」，校本校勘記云聖本作「同」。
〔一三〕「他」，底本原校云一本無。
〔一四〕「須」，校本校勘記云一本無。
〔一五〕「助緣」，校本校勘記云聖本作「緣助」。
〔一六〕「須」，校本校勘記云一本作「修」。
〔一七〕「果」，校本校勘記云一本作「事」。
〔一八〕「大」，校本校勘記云甲本無。
〔一九〕「以」，底本原校疑衍。
〔二〇〕「固安」，校本校勘記云聖本作「安固」，甲本作「安」。
〔二一〕「願」，校本校勘記云甲本無。
〔二二〕「修」，校本校勘記云聖本無，甲本作「頂」。
〔二三〕「所」，底本原校疑衍。
〔二四〕「俎」，底本作「頌」，據底本原校及校本改。
〔二五〕「阻」，校本校勘記云聖本作「俎」。
〔二六〕「平」，底本原校云經作「評」。
〔二七〕「平」，校本校勘記云甲本作「秤」。
〔二八〕「三」，底本原校疑前脱「金剛」二字。
〔二九〕「變」，校本作「及」，校本校勘記云一本作「反」。
〔三〇〕「佛」，底本原校云《涅槃經》後有「其數無量」四字。
〔三一〕「目」，校本校勘記云聖本作「因」。
〔三二〕「生」，底本原校云經後有「而心初」三字。
〔三三〕「是」，校本校勘記云聖本作「足」。
〔三四〕「界」，校本校勘記云一本作「中」。
〔三五〕「此」，底本原校疑後脱「智」字。

〔三六〕「令」，底本原校云一本無。

〔三七〕「道」，校本校勘記云甲本後有「地見道」三字。

〔三八〕「想」，校本校勘記云甲本作「相」。

〔三九〕「或」，校本校勘記云聖本作「惑」。

〔四〇〕「想」，校本校勘記云甲本作「相」。

〔四一〕「三」，校本校勘記云聖本前有「其」字。

〔四二〕「使」，校本校勘記云甲本作「使」。

〔四三〕「斷」，校本校勘記云聖本前有「獨」字。

〔四四〕「非想」，校本校勘記云甲本作「悲相」。

〔四五〕「減准」，校本校勘記云聖本作「滅惟」。

〔四六〕「信心」，校本校勘記云聖本作「心信」。

〔四七〕「能」，校本校勘記云聖本作「德」。

〔四八〕「垢」，底本原校云論無。

〔四九〕「名」，底本原校云論無。

〔五〇〕「來」，校本校勘記云聖本作「未」。

〔五一〕「實一念」，校本校勘記云一本作「一念實」。

〔五二〕「提」，校本校勘記云甲本作「薩」。

〔五三〕「遍」，校本校勘記云聖本無。

〔五四〕「倍」，底本原校云一本作「億」。

〔五五〕「德」，底本作「能」，據底本原校及校本改。

〔五六〕「論」，底本原校云一本無。

〔五七〕「統」，校本校勘記云聖本作「充」。

〔五八〕「相」，校本校勘記云一本作「想」。

〔五九〕「知」，校本校勘記云聖本作「智」。

〔六〇〕「觀理」，校本校勘記云聖本作「理觀」。

〔六一〕「道」，底本後衍「察」字，據底本原校及校本刪。

〔六二〕「則」，底本原校云一本作「前」。

〔六三〕「招感」，校本校勘記云甲本作「招盛」，一本作「感盛」。

〔六四〕「多」，底本原校云一本作「龜」。

〔六五〕「之」，校本校勘記云甲本無。

〔六六〕「斷」，校本校勘記云聖本後有「生」字，甲本後有「而」字。

〔六七〕「惑」，校本校勘記云聖本無。

〔六八〕「治」，校本校勘記云聖本後有「道」字。
〔六九〕「闇」，校本校勘記云聖本作「間」。
〔七〇〕「即」，校本校勘記云聖本無。
〔七一〕「總」，校本校勘記云聖本作「增」。
〔七二〕「麁苦」，底本原校云一本作「苦麁」。
〔七三〕「離」，底本原校云一本作「出」。
〔七四〕「隨」，底本後衍「行」字，據底本原校及校本删。
〔七五〕「見諦道中」，底本原校云論無。
〔七六〕「或」，校本校勘記云聖本後有「是有漏或」四字。
〔七七〕「界」，校本校勘記云聖本作「分」。
〔七八〕「通」，底本作「滅」，據底本原校及校本改。
〔七九〕「斷」，底本原校云一本無。
〔八〇〕「理」，底本原校疑衍。
〔八一〕「中」，校本校勘記云聖本無。
〔八二〕「斷」，底本原校云一本無。
〔八三〕「著」，校本校勘記云聖本作「差」。
〔八四〕「之」，校本校勘記云聖本無。
〔八五〕「頓漸」，校本校勘記云聖本作「漸頓」。
〔八六〕「九」，校本校勘記云甲本作「爲」。
〔八七〕「通」，校本校勘記云甲本作「滅」，一本作「遍」。
〔八八〕「八十」，底本原校疑爲「七十八」，校本作「七十八」。
〔八九〕「心」，校本校勘記云聖本後有「以」字。
〔九〇〕「比」，底本原校云一本無。
〔九一〕「對」，底本原校云一本無。
〔九二〕「治」，校本校勘記云聖本無。
〔九三〕「增」，校本校勘記云甲本作「憎」。
〔九四〕「依」，校本校勘記云甲本作「作」。
〔九五〕「間」，校本校勘記云聖本後有「中間」二字。
〔九六〕「乃」，底本原校云一本無。
〔九七〕「電」，校本校勘記云聖本後有「光」字。
〔九八〕「想」，校本校勘記云甲本作「相」。
〔九九〕「現」，校本校勘記云聖本作「新」。

〔一〇〇〕「想」，校本校勘記云聖本、甲本作「相」。
〔一〇一〕「離」，校本校勘記云聖本作「雜」。
〔一〇二〕「論」，校本校勘記云聖本作「通」。
〔一〇三〕「復」，校本校勘記云甲本作「後」。
〔一〇四〕「識」，校本校勘記云聖本後有「謂八識心」四字。
〔一〇五〕「妄」，底本作「息」，據底本原校及校本改。
〔一〇六〕「名」，底本原校云一本無。
〔一〇七〕「真」，校本校勘記云一本無。
〔一〇八〕「絶」，校本校勘記云聖本作「隨」。
〔一〇九〕「陰」，底本原校云一本作「法」。
〔一一〇〕「全」，校本校勘記云聖本作「令」。
〔一一一〕「盡」，校本校勘記云甲本作「釋」。
〔一一二〕「有」，底本原校云一本無。
〔一一三〕「純」，校本校勘記云甲本作「絶」。
〔一一四〕「赴」，校本校勘記云聖本作「起」。
〔一一五〕「調」，校本校勘記云甲本無。
〔一一六〕「其」，校本校勘記云聖本作「某」。
〔一一七〕「生」，校本校勘記云聖本無。
〔一一八〕「後」，底本原校云聖本無。
〔一一九〕「其」，校本校勘記云聖本作「某」。
〔一二〇〕「欲」，校本校勘記云聖本作「垂」。
〔一二一〕「滅」，校本校勘記云甲本作「識」。
〔一二二〕「作」，校本校勘記云聖本後有「意」字。
〔一二三〕「終」，校本校勘記云聖本作「次」。
〔一二四〕「根」，底本原校云一本作「報」。
〔一二五〕「變」，校本校勘記云聖本作「反」。
〔一二六〕「般」，校本校勘記云甲本無。
〔一二七〕「力」，校本校勘記云一本作「身」。
〔一二八〕「存」，校本校勘記云聖本作「在」。
〔一二九〕「形」，校本校勘記云聖本後有「色」字。
〔一三〇〕「説」，校本校勘記云聖本作「論」。
〔一三一〕「之」，校本校勘記云聖本無。
〔一三二〕「想」，校本校勘記云聖本後有「想」字。
〔一三三〕「令」，校本校勘記云聖本作「含」。
〔一三四〕「云」，校本校勘記云聖本作「之」。

〔一三五〕「心」，校本校勘記云甲本作「必」。
〔一三六〕「攝」，校本校勘記云一本作「相」。
〔一三七〕「唯」，校本校勘記云聖本作「准」。
〔一三八〕「滅一切」，校本校勘記云聖本作「一切心」。
〔一三九〕「佛」，校本校勘記云甲本無。
〔一四〇〕「離」，校本校勘記云聖本無。
〔一四一〕「無別性」，校本校勘記云聖本無。
〔一四二〕「通」，校本校勘記云聖本後有「通」字。
〔一四三〕「運」，校本校勘記云聖本作「連」。
〔一四四〕「乘」，校本校勘記云聖本作「行」。
〔一四五〕「滿」，校本校勘記云聖本作「漏」。
〔一四六〕「齊」，校本校勘記云聖本作「濟」。
〔一四七〕「各」，校本校勘記云聖本作「若」。
〔一四八〕「嚴」，校本校勘記云聖本作「飾」。
〔一四九〕「亦」，校本校勘記云聖本無。
〔一五〇〕「六」，校本校勘記云聖本作「二」。
〔一五一〕「資」，校本校勘記云聖本作「實」。
〔一五二〕「惟」，校本校勘記云聖本後有「解」字。
〔一五三〕「那」，校本校勘記云一本作「度」。
〔一五四〕「般」，校本校勘記云聖本作「波」。
〔一五五〕「波」，校本校勘記云聖本前有「波若」二字。
〔一五六〕「波若」，底本原校疑衍。
〔一五七〕「以」，校本校勘記云甲本無。
〔一五八〕「間」，底本原校疑衍。
〔一五九〕「猶」，底本原校疑爲「資」，又云一本作「福」。
〔一六〇〕「因」，校本校勘記云聖本作「同」。
〔一六一〕「位」，底本脱，據下文補。
〔一六二〕「取」，校本校勘記云聖本、甲本作「起」。
〔一六三〕「異」，校本校勘記云甲本作「略」。
〔一六四〕「知諸教門」，校本校勘記云聖本無。
〔一六五〕「聞」，校本校勘記云聖本作「開」。
〔一六六〕「詮」，校本校勘記云甲本作「證」。
〔一六七〕「深」，校本校勘記云甲本作「除」。
〔一六八〕「中習種始」，校本校勘記云甲本作「始習種」。

〔一六九〕「後」，校本校勘記云甲本作「復」。

〔一七〇〕「真」，校本校勘記云聖本作「圓」。

〔一七一〕「同」，校本校勘記云甲本作「因」。

〔一七二〕「湛」，校本校勘記云聖本、甲本作「堪」。

〔一七三〕「衆作」，底本原校云一本作「作因」，校本校勘記云聖本作「作同」。

〔一七四〕「厭」，校本校勘記云聖本作「種」。

〔一七五〕「以」，校本校勘記云聖本無。

〔一七六〕「善」，校本校勘記云聖本作「義」。

〔一七七〕「相」，校本校勘記云甲本作「想」。

〔一七八〕「涅槃智」，疑爲「炎慧」。

〔一七九〕「滅」，校本校勘記云聖本作「滅」。

〔一八〇〕「依」，校本校勘記云聖本作「流」。

〔一八一〕「道」，校本校勘記云聖本作「導」。

〔一八二〕「道」，校本校勘記云聖本後有「教」字。

〔一八三〕「變」，校本校勘記云聖本作「反」。

〔一八四〕「此」，校本校勘記云聖本無。

〔一八五〕「證」，底本原校云一本無。

〔一八六〕「證」，底本原校云論後有「智」字。

〔一八七〕「此」，校本校勘記云聖本作「斯」。

〔一八八〕「及」，校本校勘記云聖本無。

〔一八九〕「爾」，校本校勘記云甲本作「等」。

〔一九〇〕「事」，底本原校云一本後有「生」字。

〔一九一〕「言」，校本校勘記云聖本作「説」。

〔一九二〕「無」，底本原校云一本作「之」。

〔一九三〕「德故」，校本校勘記云聖本、甲本作「故得」。

〔一九四〕「況」，校本校勘記云聖本作「説」。

〔一九五〕「體」，校本校勘記云甲本無。

〔一九六〕「晝」，校本校勘記云聖本作「盡」，下一「晝」字同。

〔一九七〕「目」，校本校勘記云聖本作「因」。

〔一九八〕「二」，校本校勘記云聖本後有「二」字。

〔一九九〕「就」，校本校勘記云甲本無。

〔二〇〇〕「影」，校本校勘記云甲本作「就」，一本作「彰」。

〔二〇一〕「修」，校本校勘記云聖本作「證」。

〔二〇二〕「以」，校本校勘記云聖本作「庠」。

〔二〇三〕「道」，校本校勘記云聖本作「遵」。

〔二〇四〕「不」，底本原校疑爲「亦」。

〔二〇五〕「行」，校本校勘記云甲本後有「辨兩行」三字。

〔二〇六〕「爾」，校本校勘記云：「此下聖本奥書曰：仁平四年九月十九日調卷了。」

（接下册）